数字资本科学原创专著

Original monograph on digital capital science

数字资本论

DIGITAL CAPITAL

李伟民　著

知识产权出版社
全国百佳图书出版单位
——北京——

图书在版编目（CIP）数据

数字资本论/李伟民著. —北京：知识产权出版社，2023.11
ISBN 978-7-5130-8957-9

Ⅰ.①数… Ⅱ.①李… Ⅲ.①信息经济学—研究 Ⅳ.①F062.5

中国国家版本馆 CIP 数据核字（2023）第 197258 号

责任编辑：杨　易　　　　　　　责任校对：谷　洋
封面设计：乾达文化　　　　　　责任印制：刘译文

数字资本论
李伟民　著

出版发行：知识产权出版社 有限责任公司	网　　址：http://www.ipph.cn
社　　址：北京市海淀区气象路 50 号院	邮　　编：100081
责编电话：010-82000860 转 8789	责编邮箱：35589131@qq.com
发行电话：010-82000860 转 8101/8102	发行传真：010-82000893/82005070/82000270
印　　刷：三河市国英印务有限公司	经　　销：新华书店、各大网上书店及相关专业书店
开　　本：720mm×1000mm　1/16	印　　张：36.5
版　　次：2023 年 11 月第 1 版	印　　次：2023 年 11 月第 1 次印刷
字　　数：635 千字	定　　价：288.00 元
ISBN 978-7-5130-8957-9	

出版权专有　侵权必究
如有印装质量问题，本社负责调换。

前　言

数字如梭，数据如歌。在人类发展进化的长河中，人们长期靠抽象数据去发现和探索未知领域的一般规律。大数据时代的到来，使人类第一次有机会和条件获得并利用大数据，进而使大数据成为巨大的数字经济和数字资产，并不断赋予其新的价值。

大数据、数据经济、数字货币和数字资本的产生和发展，已经和正在成为现代社会发展进步的重要标志。

人民，是创造和书写历史真正的源动力。人类社会发展到原始社会末期，出现了物品交换。随着社会生产力的发展，产生了作为一般等价物的货币交换，货币开始具有价值量化的规定性，这是人类发展的重要里程碑。

战国时期，诸侯争雄。公元前221年，秦始皇统一了中国，统一了文字、度量衡和数据。中国在唐宋时期，随着对外贸易和丝绸之路的发展和延伸产生了"农本主义"和"人以食为天"的商品经济。货币和数据成为不可或缺的工具。

纵观世界近代发展史，中国商品经济曾落后于欧洲国家。从15世纪到17世纪，葡萄牙、西班牙、荷兰相继崛起，史学家称这个时期为"重商主义"时代。18世纪，英国进入工业革命时期，瓦特发明了蒸汽机，极大地提高了劳动生产力。"劳动价值论"和"重农主义"取代了"重商主义"。亚当·斯密的《国富论》主张财富全部是劳动创造的。19世纪，德国振兴，于1871年完成统一，李斯特的"经济统治论"成为德国发展的理论基础。20世纪，苏联和美国先后崛起，其中，苏联成为全世界第一个社会主义国家；美国在1783年摆脱了英国殖民统治，宣告独立，经济得到迅速发展，1946年研制出世界上第一台电子数字积分计算机。21世纪，中国崛起，厚积薄发，从1987年9月第一封电子邮件发往德国到现在，中国已经和正在成为数字经济和数字资本强国，像巨人般屹立在世界的东方。

考察人类发展进步的历史，证明经济发展和理论研究始终相辅相成。马克思的《资本论》充分论证并深刻揭示了商品经济发展的一般规律，创造了剩余价值理论，在政治经济学领域实现了革命性变革，为科学社会主义奠定了理论基础。同时，根据经济社会的发展规律，揭示了未来高科技和数字经济的发展趋势。

前言

马克思认为，到了共产主义社会，科技的高度发展，机器人将代替人的一般脑力劳动。企业直接生产过程中一个人也没有，完全是自动化过程。一旦到了整体的自动化生产，这个时候就能实现对资本的完全消灭。因为生产自动化，情报系统非常发达，能及时把人的需求、类别、数据和结构传达到生产系统，实现整个社会对生产的自觉、有计划地调整和控制。这正是马克思早期的数字经济学思想，至今仍然具有重要指导意义。

周虽旧邦，其命维新。历史的车轮到了新时代，从硅谷到中关村，从城市到乡村，大数据、云计算、数字经济正在迅速发展，进而产生了数字产品、数字货币和数字资本。而研究数字经济和数字资本理论的重任就落在我们这一代学人的肩上。作者根据马克思资本论学说，以及对大数据、数字经济和数据资本的研究，给数字资本论做出如下明确定义：数字资本论，是研究并揭示数字资本产生、发展、应用和消亡一般规律的科学理论。专家评论说，剩余价值是马克思《资本论》的灵魂，数据价值是《数字资本论》的核心。

重任在肩，不辱使命。作者试图站在新时代理论创新的前沿，运用辩证唯物主义和历史唯物主义的世界观和方法论，根据对数字经济发展规律的专题研究，通过对"单一货币资本理论"的反思，对马克思"扬弃资本"理论的学习，实现对资本理论的继承、批判和发展，并创立了数字资本论。

在数字资本论中，根据对人类经济社会发展的历史以及对新时代社会基本矛盾和科技发展进步的分析，考察了从数字到数据，从数字产品到数据商品，从数字经济到数字资本产生和发展直至消亡的一般规律，论证了人是资本和数字资本的创造者，同时进一步论证了数字资本具有创造数据价值的价值。

数字资本论的创立，是经济学史上一次原创性、系统性、学术性数字资本理论创新工程。其主要内容包括，运用马克思政治经济学基本原理和逻辑，从经济科学和商品经济发展的维度，破解数字财富的密码；论述数字资本的渊源、量化、转化、生产和消亡的一般规律；阐述数字资本的生产过程、数据价值、定价模式、统计核算、市场体系、交易机制、数字货币、平台垄断、数据治理、私权保护、法律规范、风险管控、智慧城市及场景应用、评价标准和对外合作等。

专家评论认为，本书作为一部数字资本学原创理论研究专著，不仅填补了经济学研究领域的一项空白，贡献了中国专家智慧，丰富了马克思经济学宝库,而且对推动基础理论创新,促进全球经济社会进步和健康发展,对人类美好命运共同体构建,无不具有重要历史价值和重要指导意义,值得一读。

大凡新命,贵在坚韧。用马克思于1872年3月18日在伦敦为《资本论》法文版写的前言,作为本书前言的后语:"在科学上没有平坦大道,只有不畏劳苦沿着陡峭山路攀登的人,才有希望达到光辉的顶点。"

时在中春,阳和方起。作者写完本书大纲时,正好迎来了中国2022年春天的第一缕阳光。用《史记·秦始皇本纪》的名言祈愿这阳光照亮数字资本发展的前程,同时为人类进步送上光明。

最后作者想说,全世界人民联合起来,为建设一个美好的人类数字共同体而奋斗!

李伟民

2022年2月1日于北京静心斋

目　录

第一篇　数字资本的生产

第一章　数字和资本 ············ 3
 引言 ············ 3
 第一节　数字与数据 ············ 4
 第二节　货币和资本 ············ 13
 第三节　数字经济的产生 ············ 18
 第四节　数字资本的生产 ············ 23
 第五节　数字资本论的创立 ············ 27
 附录　数据源考释 ············ 30

第二章　数据的量化 ············ 32
 引言 ············ 32
 第一节　数字化和数据化 ············ 32
 第二节　记录和计量是数据化的根基 ············ 36
 第三节　金融业发展是复式记账的成果 ············ 37
 第四节　量化是数据化的核心 ············ 38
 第五节　数据量化的分类方法 ············ 45
 第六节　数据量化的技术体系 ············ 48
 第七节　有价值数据的可视化 ············ 55

第三章　数据的生发 ············ 62
 引言 ············ 62
 第一节　数据的重复利用 ············ 62
 第二节　数据的潜在价值 ············ 65
 第三节　数据的创新再利用 ············ 67
 第四节　数据的创新重组 ············ 68
 第五节　数据的不断创新拓展 ············ 70
 第六节　数据进一步创新开放 ············ 70
 第七节　数据折旧后的价值 ············ 72
 第八节　元宇宙与数字资本 ············ 73

第四章　数字资本的生产要素 ······································ 86
引言 ·· 86
第一节　数据是新生产要素 ····································· 86
第二节　数字产品是新生产业态 ································ 89
第三节　超级智能是新生产方式 ································ 92
第四节　机器人认知第四世界 ··································· 94

第五章　数字资产的生产过程 ······································ 98
引言 ·· 98
第一节　基础数据库建设 ·· 98
第二节　数字资产的生产过程 ································· 105
第三节　数据和数字资产的条件 ······························ 114
第四节　数字资产者及相关权益 ······························ 115
第五节　数字资产科学管理 ···································· 117
第六节　本章关键术语和定义 ································· 119

第二篇　数字资本市场

第六章　数字资本市场体系 ·· 127
引言 ··· 127
第一节　数字资本市场概述 ···································· 128
第二节　双边和多边型数字市场 ······························ 131
第三节　密集型数字市场 ······································· 135
第四节　网络平台市场 ·· 141
第五节　混合型数字市场 ······································· 144

第七章　数字资产定价 ··· 148
引言 ··· 148
第一节　数字资产定价概念和模型 ··························· 148
第二节　数字资产定价方法和公式 ··························· 149
第三节　密集型数字市场定价 ································· 156
第四节　双边和多边型数字市场定价 ························ 159
第五节　数字市场的个性化定价 ······························ 163
第六节　数字市场的竞争性定价 ······························ 164

数字资本论，是研究并揭示数字资本产生、发展、应用和消亡一般规律的科学理论。

—— 李伟民

作者简介

李伟民,河北省武安市人。历任河北省邯郸市公安局警官,邯郸市中级人民法院庭长,北京正仁律师事务所主任、高级律师,中共中央纪律检查委员会纪检监察研究所特邀研究员,国务院发展研究中心县域经济信息中心法律委员会主任,新世纪百千万人才工程国家级人选评审委员会委员,中国人民银行特种项目评审委首席法律顾问,首都版权保护专家团成员,中国国际经济科技法律人才学会副秘书长,中国法学会消费者权益保护法研究会副秘书长,中国消法研究会3·15金融消费论坛组委会秘书长,香港特区中国法制出版社总编辑兼学术委员会主席。

李伟民兼任中国政法大学、天津大学、华东政法大学、海南大学、北京吉利大学教授,北京大学法律论坛主讲教授,清华大学中国城市集成建设研究中心首席法律专家,对外经济贸易大学国际发展合作学院中国公益法学研修中心学术委员会副主任。主要作品有《法经考释》《数字资本论》《中国审判学》《中国科技法导读》《中国智慧城市建设与制度创新》《法学辞源》《法学辞海》《金融大辞典》《中华人民共和国法律全书》《世界法律词库》等136部。

李伟民教授先后主持过30多项国家级重点研究课题,包括中央反腐机制建设、国务院消费者保护立法、金融业发展、智慧城市建设、建设工程智能化管理等。李伟民教授的科研成果填补了多项学科空白,20多项研究成果被中央有关部门采纳,荣获优秀理论工作者特等奖、中国科学技术功臣勋章、全国劳动英模荣誉称号,入选《中国专家人名辞典》和《二十一世纪杰出专家》。

前　言

数字如梭，数据如歌。在人类发展进化的长河中，人们长期靠抽象数据去发现和探索未知领域的一般规律。大数据时代的到来，使人类第一次有机会和条件获得并利用大数据，进而使大数据成为巨大的数字经济和数字资产，并不断赋予其新的价值。

大数据、数据经济、数字货币和数字资本的产生和发展，已经和正在成为现代社会发展进步的重要标志。

人民，是创造和书写历史真正的源动力。人类社会发展到原始社会末期，出现了物品交换。随着社会生产力的发展，产生了作为一般等价物的货币交换，货币开始具有价值量化的规定性，这是人类发展的重要里程碑。

战国时期，诸侯争雄。公元前221年，秦始皇统一了中国，统一了文字、度量衡和数据。中国在唐宋时期，随着对外贸易和丝绸之路的发展和延伸产生了"农本主义"和"人以食为天"的商品经济。货币和数据成为不可或缺的工具。

纵观世界近代发展史，中国商品经济曾落后于欧洲国家。从15世纪到17世纪，葡萄牙、西班牙、荷兰相继崛起，史学家称这个时期为"重商主义"时代。18世纪，英国进入工业革命时期，瓦特发明了蒸汽机，极大地提高了劳动生产力。"劳动价值论"和"重农主义"取代了"重商主义"。亚当·斯密的《国富论》主张财富全部是劳动创造的。19世纪，德国振兴，于1871年完成统一，李斯特的"经济统治论"成为德国发展的理论基础。20世纪，苏联和美国先后崛起，其中，苏联成为全世界第一个社会主义国家；美国在1783年摆脱了英国殖民统治，宣告独立，经济得到迅速发展，1946年研制出世界上第一台电子数字积分计算机。21世纪，中国崛起，厚积薄发，从1987年9月第一封电子邮件发往德国到现在，中国已经和正在成为数字经济和数字资本强国，像巨人般屹立在世界的东方。

考察人类发展进步的历史，证明经济发展和理论研究始终相辅相成。马克思的《资本论》充分论证并深刻揭示了商品经济发展的一般规律，创造了剩余价值理论，在政治经济学领域实现了革命性变革，为科学社会主义奠定了理论基础。同时，根据经济社会的发展规律，揭示了未来高科技和数字经济的发展趋势。

前　言

马克思认为，到了共产主义社会，科技的高度发展，机器人将代替人的一般脑力劳动。企业直接生产过程中一个人也没有，完全是自动化过程。一旦到了整体的自动化生产，这个时候就能实现对资本的完全消灭。因为生产自动化，情报系统非常发达，能及时把人的需求、类别、数据和结构传达到生产系统，实现整个社会对生产的自觉、有计划地调整和控制。这正是马克思早期的数字经济学思想，至今仍然具有重要指导意义。

周虽旧邦，其命维新。历史的车轮到了新时代，从硅谷到中关村，从城市到乡村，大数据、云计算、数字经济正在迅速发展，进而产生了数字产品、数字货币和数字资本。而研究数字经济和数字资本理论的重任就落在我们这一代学人的肩上。作者根据马克思资本论学说，以及对大数据、数字经济和数据资本的研究，给数字资本论做出如下明确定义：数字资本论，是研究并揭示数字资本产生、发展、应用和消亡一般规律的科学理论。专家评论说，剩余价值是马克思《资本论》的灵魂，数据价值是《数字资本论》的核心。

重任在肩，不辱使命。作者试图站在新时代理论创新的前沿，运用辩证唯物主义和历史唯物主义的世界观和方法论，根据对数字经济发展规律的专题研究，通过对"单一货币资本理论"的反思，对马克思"扬弃资本"理论的学习，实现对资本理论的继承、批判和发展，并创立了数字资本论。

在数字资本论中，根据对人类经济社会发展的历史以及对新时代社会基本矛盾和科技发展进步的分析，考察了从数字到数据，从数字产品到数据商品，从数字经济到数字资本产生和发展直至消亡的一般规律，论证了人是资本和数字资本的创造者，同时进一步论证了数字资本具有创造数据价值的价值。

数字资本论的创立，是经济学史上一次原创性、系统性、学术性数字资本理论创新工程。其主要内容包括，运用马克思政治经济学基本原理和逻辑，从经济科学和商品经济发展的维度，破解数字财富的密码；论述数字资本的渊源、量化、转化、生产和消亡的一般规律；阐述数字资本的生产过程、数据价值、定价模式、统计核算、市场体系、交易机制、数字货币、平台垄断、数据治理、私权保护、法律规范、风险管控、智慧城市及场景应用、评价标准和对外合作等。

专家评论认为，本书作为一部数字资本学原创理论研究专著，不仅填补了经济学研究领域的一项空白，贡献了中国专家智慧，丰富了马克思经济学宝库，而且对推动基础理论创新，促进全球经济社会进步和健康发展，对人类美好命运共同体构建，无不具有重要历史价值和重要指导意义，值得一读。

大凡新命，贵在坚韧。用马克思于 1872 年 3 月 18 日在伦敦为《资本论》法文版写的前言，作为本书前言的后语："在科学上没有平坦大道，只有不畏劳苦沿着陡峭山路攀登的人，才有希望达到光辉的顶点。"

时在中春，阳和方起。作者写完本书大纲时，正好迎来了中国 2022 年春天的第一缕阳光。用《史记·秦始皇本纪》的名言祈愿这阳光照亮数字资本发展的前程，同时为人类进步送上光明。

最后作者想说，全世界人民联合起来，为建设一个美好的人类数字共同体而奋斗！

李伟民

2022 年 2 月 1 日于北京静心斋

目　录

第一篇　数字资本的生产

第一章　数字和资本 ·············· 3
　　引言 ····························· 3
　　第一节　数字与数据 ············· 4
　　第二节　货币和资本 ············· 13
　　第三节　数字经济的产生 ········· 18
　　第四节　数字资本的生产 ········· 23
　　第五节　数字资本论的创立 ······· 27
　　附录　数据源考释 ··············· 30

第二章　数据的量化 ·············· 32
　　引言 ····························· 32
　　第一节　数字化和数据化 ········· 32
　　第二节　记录和计量是数据化的根基 ··· 36
　　第三节　金融业发展是复式记账的成果 ··· 37
　　第四节　量化是数据化的核心 ····· 38
　　第五节　数据量化的分类方法 ····· 45
　　第六节　数据量化的技术体系 ····· 48
　　第七节　有价值数据的可视化 ····· 55

第三章　数据的生发 ·············· 62
　　引言 ····························· 62
　　第一节　数据的重复利用 ········· 62
　　第二节　数据的潜在价值 ········· 65
　　第三节　数据的创新再利用 ······· 67
　　第四节　数据的创新重组 ········· 68
　　第五节　数据的不断创新拓展 ····· 70
　　第六节　数据进一步创新开放 ····· 70
　　第七节　数据折旧后的价值 ······· 72
　　第八节　元宇宙与数字资本 ······· 73

目 录

第四章　数字资本的生产要素 ························· 86
　　引言 ··· 86
　　第一节　数据是新生产要素 ························· 86
　　第二节　数字产品是新生产业态 ·················· 89
　　第三节　超级智能是新生产方式 ·················· 92
　　第四节　机器人认知第四世界 ····················· 94

第五章　数字资产的生产过程 ························· 98
　　引言 ··· 98
　　第一节　基础数据库建设 ··························· 98
　　第二节　数字资产的生产过程 ··················· 105
　　第三节　数据和数字资产的条件 ················ 114
　　第四节　数字资产者及相关权益 ················ 115
　　第五节　数字资产科学管理 ······················ 117
　　第六节　本章关键术语和定义 ··················· 119

第二篇　数字资本市场

第六章　数字资本市场体系 ·························· 127
　　引言 ··· 127
　　第一节　数字资本市场概述 ······················ 128
　　第二节　双边和多边型数字市场 ················ 131
　　第三节　密集型数字市场 ························· 135
　　第四节　网络平台市场 ···························· 141
　　第五节　混合型数字市场 ························· 144

第七章　数字资产定价 ································ 148
　　引言 ··· 148
　　第一节　数字资产定价概念和模型 ············· 148
　　第二节　数字资产定价方法和公式 ············· 149
　　第三节　密集型数字市场定价 ··················· 156
　　第四节　双边和多边型数字市场定价 ·········· 159
　　第五节　数字市场的个性化定价 ················ 163
　　第六节　数字市场的竞争性定价 ················ 164

第八章　数字资产交易 ·············· 169
引言 ·············· 169
第一节　数字资产交易概述 ·············· 169
第二节　数字资产交易模式 ·············· 173
第三节　网络外部性与市场法则 ·············· 175
第四节　数字资本与经济增长 ·············· 177
第五节　现代数字资产交易管理 ·············· 180

第九章　市场竞争与垄断 ·············· 183
引言 ·············· 183
第一节　数字资产相关市场 ·············· 183
第二节　市场结构与竞争 ·············· 186
第三节　市场竞争与兼容 ·············· 190
第四节　平台市场垄断 ·············· 193
第五节　反不正当竞争与反垄断 ·············· 200

第十章　数字资产经营者责任和义务 ·············· 204
引言 ·············· 204
第一节　数字和网络经营模式 ·············· 204
第二节　经营主体的责任 ·············· 206
第三节　经营主体的义务 ·············· 209
第四节　虚拟人的权益和保护 ·············· 211
第五节　经营者法律适用 ·············· 212

第三篇　数据生存周期管理

第十一章　数据生存周期论证 ·············· 217
引言 ·············· 217
第一节　数据生存周期论证概述 ·············· 217
第二节　分析论证目标和范围 ·············· 223
第三节　分析论证序列和职能 ·············· 226
第四节　分析论证技能和方法 ·············· 229
第五节　数据生存周期分析管理 ·············· 231
第六节　专家分析论证报告 ·············· 232

第七节　专家论证会范例 ·· 234

第十二章　数字资本统计核算 242
引言 ·· 242
第一节　数字资本价值测度定义 ······································ 242
第二节　数字资本价值测度边界 ······································ 244
第三节　数字资产统计核算分类 ······································ 246
第四节　数字资本稽核方法 ·· 248
第五节　数字资本流量核算 ·· 250
第六节　数字资本溢出效应 ·· 253

第十三章　数字资产评估 258
引言 ·· 258
第一节　数字资产评估概述 ·· 258
第二节　数字资产评估方法 ·· 259
第三节　数字资产评估程序 ·· 260
第四节　数字资产评估报告书 ··· 261
第五节　数字资产评估机构和评估师 ································ 261
第六节　国际数字经济评估体系 ······································ 264
第七节　数据管理能力评估标准 ······································ 268

第四篇　资本积累与利润

第十四章　剩余价值转化为利润 ··· 273
引言 ·· 273
第一节　马克思剩余价值及利润观 ··································· 273
第二节　数字资本的盈利模式 ··· 278
第三节　剩余价值转换为利润 ··· 281

第十五章　获取利润的数学公式 ··· 286
引言 ·· 286
第一节　获取利润的数学公式 ··· 286
第二节　价格是隐藏利润的工具 ······································ 289
第三节　个性化定价是获利方略 ······································ 289
第四节　亚马逊式利润的未来 ··· 292

第十六章 劳动价值与劳动力贬值 ································ 296
 引言 ·· 296
 第一节 科技进步与失业率上升 ·························· 296
 第二节 内生增长与工资贬值 ······························ 299
 第三节 工时超长与利益压榨 ······························ 300
 第四节 资本增长与贫富差距 ······························ 303
 第五节 超级智能与岗位缺失 ······························ 306
 第六节 劳动者利益与补充对冲 ·························· 306
 第七节 劳动者权益的法律保护 ·························· 310

第五篇 数字金融与数字税

第十七章 数字货币 ·· 315
 引言 ·· 315
 第一节 数字货币的渊源和定义 ·························· 315
 第二节 区块链和分布式记账 ······························ 317
 第三节 央行数字货币 ·································· 320
 第四节 央行数字货币传导机制 ·························· 326
 第五节 私人数字货币 ·································· 332
 第六节 私人数字货币的定价和管控 ···················· 337

第十八章 数字票据 ·· 343
 引言 ·· 343
 第一节 数字票据的概念和源渊 ·························· 343
 第二节 数字票据的优势 ································ 344
 第三节 数字票据的法律特征 ···························· 345
 第四节 数字票据关系人及责任 ·························· 345
 第五节 数字票据权利和义务 ···························· 346
 第六节 数字票据抗辩权 ································ 346
 第七节 违规的法律责任 ································ 348
 第八节 票据专业术语定义 ······························ 350

第十九章 数字税 ·· 353
 引言 ·· 353

第一节　数字税起源和发展 ·············· 353
　　第二节　数字税定义和分类 ·············· 355
　　第三节　征收数字税的必要性 ············· 357
　　第四节　欧盟数字税经验借鉴 ············· 359
　　第五节　数字税的悖论 ················ 365
　　第六节　世界各国的单边数字税 ············ 367
　　第七节　数字税的生命周期 ·············· 370

第六篇　数据治理与应用

第二十章　数字原生企业转型升级 ············· 375
　　引言 ························· 375
　　第一节　数字原生企业诊断 ·············· 376
　　第二节　数字化转型升级目标 ············· 379
　　第三节　数字化转型升级阶段 ············· 380
　　第四节　数字化行业投资发展分析 ··········· 381

第二十一章　数据管理导则 ················ 383
　　引言 ························· 383
　　第一节　数据管理基本原则 ·············· 383
　　第二节　数据管理体系 ················ 384
　　第三节　数据资产管理 ················ 385
　　第四节　数据质量控制 ················ 386
　　第五节　数据风险管控 ················ 387
　　第六节　数据监督与评价 ··············· 388

第二十二章　数据治理标准 ················ 390
　　引言 ························· 390
　　第一节　数据治理总则 ················ 390
　　第二节　数据治理框架 ················ 391
　　第三节　数据治理顶层设计 ·············· 392
　　第四节　数据治理环境 ················ 393
　　第五节　数据治理域 ················· 394
　　第六节　数据治理过程 ················ 395
　　第七节　数据治理国际标准 ·············· 396
　　第八节　数据治理基本规范 ·············· 404

　　　　第九节　关键术语和定义 ·············· 409
　　　　附录　美国数据发展战略 ·············· 411

第二十三章　数据资产安全管理 ·············· 413
　　　　引言 ·············· 413
　　　　第一节　数据资产安全管理新局势 ·············· 413
　　　　第二节　数据资产安全管理系统工程 ·············· 414
　　　　第三节　数据隐私权安全保护 ·············· 415
　　　　第四节　数据分级安全管控 ·············· 417
　　　　第五节　数据资产安全管理授权 ·············· 419

第二十四章　数字资产质量管理 ·············· 422
　　　　引言 ·············· 422
　　　　第一节　数字资产质量管理系统工程 ·············· 422
　　　　第二节　数字资产质量管理基本原则 ·············· 424
　　　　第三节　数字资产质量度量 ·············· 427
　　　　第四节　数字资产质量改进和提升 ·············· 430

第二十五章　数字资本与智慧城市 ·············· 432
　　　　引言 ·············· 432
　　　　第一节　智慧城市的渊源和背景 ·············· 432
　　　　第二节　智慧城市建设的重要意义 ·············· 434
　　　　第三节　智慧城市建设的总体目标 ·············· 436
　　　　第四节　智慧城市存在的问题和解决方案 ·············· 438
　　　　第五节　智慧城市建设的指导思想 ·············· 442
　　　　第六节　数字资本与智慧城市建设 ·············· 442
　　　　第七节　外国智慧城市建设经验借鉴 ·············· 444
　　　　第八节　智慧城市发展前景和专家建议 ·············· 445

第二十六章　数字经济强国战略 ·············· 449
　　　　引言 ·············· 449
　　　　第一节　数字经济发展现状和挑战 ·············· 450
　　　　第二节　数字经济发展宗旨和目标 ·············· 451
　　　　第三节　国家数字化基础设施建设工程 ·············· 454
　　　　第四节　国家数据生产要素提升工程 ·············· 456
　　　　第五节　国家产业数字化转型升级工程 ·············· 458
　　　　第六节　国家数字产业化发展工程 ·············· 462

目录

第七节　国家公共服务数字化工程 …………………………… 464
第八节　国家数字经济安全体系工程 …………………………… 468
第九节　国家数字经济强国战略保障工程 ……………………… 469

第七篇　法律与规则

第二十七章　数据安全法律规范 ……………………………… 475
引言 ……………………………………………………………… 475
第一节　数据安全定义和原则 …………………………………… 475
第二节　数据安全与发展 ………………………………………… 477
第三节　数据安全基本制度 ……………………………………… 478
第四节　数据安全保护责任和义务 ……………………………… 478
第五节　政务数据安全与开放 …………………………………… 480
第六节　违反法律的责任 ………………………………………… 480

第二十八章　个人信息和隐私权保护 ………………………… 483
引言 ……………………………………………………………… 483
第一节　保护范围和基本原则 …………………………………… 483
第二节　个人信息处理规则 ……………………………………… 484
第三节　个人信息跨境提供的规则 ……………………………… 488
第四节　个人在个人信息处理活动中的权利 …………………… 489
第五节　个人信息处理者的义务 ………………………………… 490
第六节　个人信息和隐私保护者的责任 ………………………… 492
第七节　违反法律法规的侵权责任 ……………………………… 494

第二十九章　数字时代消费者权益保护 ……………………… 497
引言 ……………………………………………………………… 497
第一节　数字时代消费者权益保护概述 ………………………… 497
第二节　消费者的基本权利 ……………………………………… 499
第三节　经营者的责任和义务 …………………………………… 502
第四节　国家对消费者权益的保护 ……………………………… 507
第五节　消费者组织 ……………………………………………… 509
第六节　消费争议的解决 ………………………………………… 510
第七节　侵害消费者权益的法律责任 …………………………… 511
第八节　关键术语和定义 ………………………………………… 514

第八篇 对外交流与合作

第三十章 全球数字经济发展评价 ·· 519
 引言 ·· 519
 第一节 中美数字经济发展分析 ·· 519
 第二节 全球数字经济竞争力分析 ···································· 521
 第三节 全球数字产业竞争力分析 ···································· 524
 第四节 全球数字创新竞争力分析 ···································· 527
 第五节 全球数字设施竞争力分析 ···································· 528
 第六节 全球数字治理竞争力分析 ···································· 529
 第七节 全球数字经济发展综合评价 ································ 530
 第八节 主要国家金融科技风险投资分析 ························ 531
 第九节 全球区块链独角兽企业分析 ································ 532
 附图一 全球娱乐媒体行业市场规模 ································ 534
 附图二 全球新一代人工智能产业规模 ·························· 534

第三十一章 数字资本国际合作 ·· 535
 引言 ·· 535
 第一节 数字资本未来可期 ·· 535
 第二节 中美数字资本合作 ·· 536
 第三节 全球数字资本合作 ·· 539

主要参考文献 ·· 542
附录一 术语和定义 ·· 544
附录二 国外主要人物 ·· 554
后　记 ·· 561

第一篇
数字资本的生产

PRODUCTION OF DIGITAL CAPITAL

人民是数字资本的真正创造者。
数字资本具有创造价值的价值。

第一章　数字和资本

引　言

四方上下称之宇，古往今来称之宙。

在漫长的人类发展史上，从137亿年前宇宙大爆发，46亿年前地球诞生，到38亿年前地球上开始有鲜活的生命，开创了"数觉"之源。在旧石器时代的石头、树枝、棍棒和骨头上，人们发现了凹口，被考古界认为是古人类计数的标记。

在人类文明的长河中，古人类从动物性的"数觉"到为了生存征服自然，开始对"数"产生需求。直到6000年前古代文字的出现，有了"字"的概念。文字，标志着人类文明的开启。

在中国陕西省西安市蓝田县玉山镇上陈村，发现了距今210万年古人类用的工具。这不仅将原始人类离开非洲的时间追溯到212万年前，而且表明中国在200万年之前就有古人类在石头上做计数标记①。

人类发展到原始社会末期，从物与物的交换，到货币作为一般等价物出现，并成为不可或缺的工具，这是人类发展的巨大进步。

随着人类社会和商品经济的发展，数据是浮现经济价值的重要生产要素，并在实际应用中发挥着十分重要的作用。

公元前3800年，古巴比伦开始用数据普查人口，在人口普查系统中记录人口的数量和商品信息，如粮食、牛奶和蜂蜜，并据此征税。

公元前221年，秦始皇统一六国，开创郡县制，实行数字治国，统一文字、度量衡、货币和各种数据。在全国实行书同文、车同轨、国统管、法同治，使秦成为强大帝国。

1854年，英国伦敦突然发生霍乱疫情，当局通过数据进行排查，找到病源，控制疫情。

1946年，美国研制出世界上第一台通用计算机，即电子数字积分计算

---

① 中国两百万年前就有古人类[N].参考消息,2018-07-13(7).

机,每秒可进行5000次运算。

1969年,美国国防部高级研究计划局,建立了包括斯坦福大学、犹他大学、加利福尼亚大学洛杉矶分校和圣芭芭拉分校4所大学4台大型计算机构成的4个节点,宣告全世界首个计算机网络诞生。

1987年,中国北京市海淀区车道沟10号院,中国兵器工业计算机应用技术研究所向德国发送了第一封电子邮件。中国首封电子邮件发送成功,宣告了中国互联网时代已经悄然到来。

2022年,中国的第五代移动通信技术即5G,以及研发中的6G、大数据、云计算、物联网、区块链、人工智能等新的数字经济和数字资本时代已经和正在深度融合,健康发展。为了和大家共同携手揭开数字资本神秘的面纱,破解数字财富和数字资本帝国的密码,考察并揭示数字资本生产、发展、应用和消亡的规律,为了数字强国战略,为了人类发展进步,作者写了本书。

第一节　数字与数据

数字在转化成数据之前是砂粒,转化之后是金矿,提炼之后成黄金。数字是数据的基础,但数字不是数据。

数据在量化之前是旧值,在量化之后是新价。数据是数字的量化,但数据化不是数字化。

一、数据定义和渊源

数据,是指已搜索的原始的、未经过处理的关于客体的事实。本概念源于国际标准化组织对数据的定义。

在中国古汉语中,对数、数字和数据都有特别注释,展现了中华文化的博大精深。

数,形声、会意字。从攴(夂)娄(lou)声,指"敲屈着手指计算",因"攴"有"小敲"义,故数从攴(夂);又因"娄"有"空"义,计算时心中应没有杂念,才能专心致志,不出差错,故数从娄声并会意;楷书形体由小篆演变来,写作数;字头形体是楷书的简化字。数是合体字,夂部,左右结构,由"米女夂"组成,引申为数字、数据、数目。[①]

---

① 吴润仪.汉字详解字典[M].成都:四川人民出版社,2001:712.

（一）数据使用和存储的起源

早在旧石器时代，古人类在石头、棍棒和骨头上，就留下了凹口。这些凹口被认为是计数的标记，尽管目前学术界对此存在争议。最著名的发现是，1950年在刚果民主共和国发现了伊尚戈骨，它距今大约有两万年之久。这个有着凹口的骨头被解读为具有特殊的功用，被认为用作计算器或日历，也有人认为，骨头上的凹口是为了手握方便。20世纪70年代，在斯威士兰发现的列朋波骨其时间大概可以追溯到公元前35000年左右。这块刻有29个线条的狒狒腓骨，与当今在纳米比亚丛林中生活的土著人仍然使用的日历棒，有着惊人的相似之处。这表明它是早期古人类用来记录数据的主要方式之一，是古人类使用数据的发端，对人类发展有着重要贡献。

据史料记载，人类早期正式使用和存储数据的是古巴比伦人和古埃及人。古巴比伦人在公元前3800年进行人口普查；古埃及人用象形文字把数据写在木头或沙草纸上，用来记录货物的运送情况并据此收税。而印加人和他们的南美洲前辈热衷于记录税收和商业用途的数据，他们使用一种被称为"奇普"的精巧而复杂的打彩色绳结的方法，作为早期十进制的记账工具。虽然仅存的只有900多个打结绳在西班牙人入侵和后续的各种毁灭性灾难中得以幸存，但它们是历史上有记载的第一批大规模数据存储方法的范例之一。

在公元前411年，斯巴达与雅典作战。修昔底德将军在战争回忆中记述了被围困于雅典的普拉蒂亚部队如何翻越由斯巴达领导的伯罗奔尼撒军队所建的围墙而最终得以逃脱的情形。为计算城墙的高度，制造同等高度的越墙梯，他们在附近找到了一处砖块清晰可见的区域。指挥官为广大士兵下达了一项重要任务，每位士兵分头计数这些裸露砖块的层数，要在远离敌人的距离之外完成判断。修昔底德将军指出，考虑到计数是众多的个体数的集合，最常出现的那个计算数应该是比较准确的。这个最常出现的数，人们称为众数，普拉蒂亚人正是使用众数计量围墙的高度。由于使用的墙砖的大小是清楚的，因此，使用该计算方法成功打造出来了翻越城墙所需高度的墙梯。随后，普拉蒂亚军人得以成功逃脱。在历史上，修昔底德被称为收集和分析数据的科学家。

人们现在所认知的数据，源于18世纪由普利斯特利、牛顿和拉瓦锡等知识巨人引领的科学革命。到1809年，在早期数学家的研究基础上，高斯和拉普拉斯关于数的研究成果，为现代统计方法奠定了数学基础。

1854年，英国伦敦市宽街暴发霍乱疫情，当局针对该疫情收集了大量数据，约翰·斯诺医生根据这些数据绘制了疫情图。数据和疫情图证明他的分析是正确的，该霍乱是通过污染的水源传播的，而不是一直以来人们认为的空气传播。通过收集当地居民的数据，他研究确认患病的人都使用了相同的公共水泵。于是他向当局提出建议并要求地方当局关闭该水源，有效控制了疫情的发展。

（二）数字时代的数据

在数据产生和发展史上，在计算机广泛使用之前，数据收集一般限于研究人员进行某种实验或某项重要调查研究工作时才能使用。他们将收集到的高度结构化的数据，按照有序的行和列转录到纸上，然后通过传统的统计分析方法进行检验。到20世纪40年代，有些数据开始被存储到计算机里，帮助人们分析运转高速型工作。1989年，万维网的产生及其快速发展，以电子方式收集、生成、存储和分析数据使数据发挥出重要作用。面对网络上可访问的大量数据，人们面临一个新的挑战，即这些数据需要进行处理，才有新的价值。

目前，人们日常在网络上获得的数据可以分为三种类型，即结构化数据、非结构化数据和半结构化数据。

1. 结构化数据

长期以来，人们用手工撰写的保存在笔记本上或相关文件中的结构化数据，现今以电子的形式存储在电子表格或数据库中。电子表格样式的数据表由行和列组成，行记录的是数据，列记录的是字段。例如，某位自然人的姓名、性别、年龄、民族、身份、职业等。人们在网上订购商品时，实际上也正在贡献结构化数据。精心构建和制表的数据相对容易管理，并且易于进行统计分析。在大数据和云计算之前，统计分析方法局限于结构化数据的应用。

2. 非结构化数据

人们生活和工作中的文本、照片、视频和邮件等均属于非结构化数据。对这些数据的准确归类比较困难。在实践中，虽然网络的使用变得十分普遍，但很多潜在的数据信息仍然无法访问，因为它们缺乏现代化分析技术所需的结构。随着数字技术的发展，非结构化数据的访问、存储和使用成为可能。

3. 半结构化数据

根据数据的关键性特征，看起来像非结构化的数据，也不是完全没有结构。例如，人们常用的电子邮件，虽然正文的数据是非结构化的，但标题中包含了结构化元数据，专家将这些数据归类为半结构化数据。在一般情况下，元数据标签主要是解读性使用，并广泛用于向非结构化数据添加可识别的结构化信息。其实，人们在网站上给图像添加单词或标签，就可以被识别并且更容易搜索。在社交网站上也可以找到半结构化数据，这些网站使用主题标签，常用来识别特定主题的信息，即非结构化数据。

二、大数据概念和分类

（一）大数据概念

大数据，是指大规模即海量数据的集合体。大数据的基本特征是在收集、存储、整理、分析、应用、管理等方面极大超出传统数据软件工具能力范围的数据集。大数据具有数据规模海量、流转速度快、类型多样和数值密度低等典型特征。

目前，世界各国约80%的数据是以文本、照片和图像等非结构化数据的形式存在的，因此不适合传统的结构化数据分类方法。

大数据现在不仅是指用于以电子方式生成和存储的数据总体，而且还常用来指数据量大和复杂程度高的特定数据集。为了从这些数据集中提取有用的信息，就需要云计算和智能化数字技术。

（二）大数据分类

1. 搜索引擎数据

搜索引擎数据，是指输入关键词能生成与之最为相关的网站内容，同时也会收集到大量信息。据此，可以在网站继续存储并生成大量数据。例如，以"华为手机"为关键词进行检索，并点击返回的最顶层网站。通过基本的追踪软件，发现仅通过点击这个网站就可以生成大约上百个第三方站点的链接。商业企业之间通过此类方式共享信息，其主要目的是收集并使用网站访问者有价值的相关信息数据。

在使用搜索引擎时，应创建文本日记，记录访问过的相关网站。这些日记包含诸多有用信息，例如检索的术语、技术设备、网址、提交检索或查询的时间、在各个网站停留的时长，以及人们访问它们的顺序等，前述工作以匿名的方式进行。另外，点击流日记记录了人们访问网站时所选择的方式方法，以及在网站内的具体引导。当在网上冲浪时，人们所做的每次点击都会被完整记录以备将来使用。企业或商家可以使用获取的软件来收集他们自家网站生成的点击流数据,这是一种有价值的营销工具。搜索引擎和社交网站产生的有价值数据可用于其他许多领域,比如文化、教育、体育、医疗、保健等。

2. 实时数据

实时数据,是指数据被实时收集、处理并使用,有效提升了数据生产能力的数据。例如,北斗定位系统使用卫星系统扫描地球并发回大量实时数据。人们安装在自驾汽车或内置在智能手机中的北斗接收系统,需要实时处理这些卫星信号才能找到所在的位置、时间和车速等。该技术目前主要用于无人驾驶或自动驾驶车辆的研发。一些大品牌汽车制造企业也在开发无人驾驶车辆,包括奔驰、宝马、林肯、特斯拉和中国的比亚迪、红旗等。在实践中,相关的传感器和计算机程序必须实时处理数据,才能将车辆可靠地导航到目的地,并根据道路实况有效控制车辆移动轨迹。条件是,事先创建拟行进路线的三维地图,因为传感器不能应对没有地图的路线。雷达传感器用于监控路况和车流,并将数据发回到汽车的数字系统。

3. 医保数据

医保数据,是指大数据在医疗保健领域,涉及越来越多的智能化、数据化的领域信息数据。电子和数字健康记录逐渐成为医疗系统的标配,其主要目的是便于与其他医院和医生共享患者的数据,从而提供更好的医疗保健服务。目前,通过可穿戴或可植入传感器收集的个人数据正日益增加,广泛用于健康监测。很多人都在使用技术程度各异的个人健康追踪仪器,它们输出前所未有的新型数据,随时可以通过收集体温、脉搏和血压等健康状况的实时数据,远程观察患者的健康情况,从而达到降低医疗成本并提高广大消费者生活质量的目的。参数之外,睡眠跟踪和动脉血氧饱和度等已经和正在成为广大消费者测量的趋势。在大数据时代,对各物种开展的基因研究和基因组测序,使一批规模宏大的数据库产生。例如,脱氧核糖核酸(DNA)曾以保存生物遗传信息而著名。早在1953年,詹姆斯·杜威·沃森和弗朗西斯·哈利·康普顿·克里克首次将其描述为双螺旋结构。一个特别重要的基因研究项目是近年来的国际人类基因组计划,其主要目标是确定人类DNA的30亿个碱基对的序列或确切的顺序。这些数据有效促进了人们对基因疾病的有益探索,并为人类健康服务。

4. 天文数据

天文数据，是指有关天文研究的相关数据。国际数据公司（IDC）的一份报告显示，2022年，数字世界达到60万亿GB（1000MB等于1GB），数据总量是2012年的10倍。天文望远镜产生的数据与日俱增，例如，位于智利的超大光学望远镜由4个望远镜组成，每晚都产生大量的数据，单个望远镜每晚所产生的数据量就高达15TB，这些数据在大型天气调查等项目中发挥着引领的作用。

2022年6月9日，"中国天眼"发现距我们30亿光年的持续活跃的重复快速射电暴；2022年7月28日，中国公布，运用"中国天眼"已发现660余颗新脉冲星，为人类探索和研究天文现象做出了卓越贡献。中国的超大望远设备在天文数据生成和量化等方面的研究处于世界领先地位。

另据天文年历显示，在21世纪100年中仅有3次中秋节与教师节同一天，分别是2022年、2041年和2079年。

5. 混合型数据

混合型数据，是指不同类型数字混合构成的数据。例如，在数字产品和数字资产中，多种不同文本混合组成的数字产品或数字商品。

三、大数据的特征和作用

（一）大数据的基本特征

1. 大数据与小数据

例证：罗纳德·费希尔（Ronald Fisher）1919年开始在英国的洛桑农业试验站工作，其主要任务是分析与农作物生长的相关数据。费希尔被广泛认为是现代统计学科的创始人之一。有关农作物的重要数据来自费希尔19世纪40年代以来在洛桑进行的田间试验，其中包括针对冬小麦和春大麦相关生长的完整数据，还包括其对野外观测站的气象数据等。费希尔启动的项目被称为"试验田"，其主要目标是研究不同肥料对小麦的影响，目前该项目仍然在运行，并取得很大成功。

费希尔的试验数据的量并不大，而且不会被称为大数据。但费希尔的工作的重要意义在于，使用精确定义和精心控制的试验，生成了应用于结构化、数字化、标准化的样本数据。鉴于当时可用的统计方法只能应用于结构化数据，费希尔的探索十分可贵。这些宝贵的经验和技术，被认为是分析结构化数据的重要基础。

2. 大数据的主要特征

为了描述大数据的关键特征，达到定义该学术术语的目的，道格·莱尼在 2001 年的论文中提出使用三个"v"来表示大数据：数量大"volume"、种类多"variety"和速度快"velocity"。通过认真研究这三个"v"，我们可以更好地了解"大数据"关键术语的基本内涵。

（1）数量大。数量大，是指收集和存储的信息数据海量，而且数据在持续地增加中。2012 年，牛津大学报告了他们对大数据工作的调查结果。针对来自 95 个不同国家的 1144 名专业人士的调查显示，50% 以上的人认为 1TB 和 1PB 之间的数据集可视为"大"，然而有大约 30% 的受访者回答说不清楚。该调查要求受访者从八个选项中选择一个到两个表示大数据的特征，投票结果显示，其中 10% 的人投票选择数据量；18% 的人投票选择"范围广泛的数据"，该选项排名第一位。专家认为，不能仅以数量标准定义大数据的主要原因，还应包括存储和收集的数据类型等因素，它会随着时间的推移而发生变化并影响我们对数量的认知。在实践中，确实存在数据集大到海量。例如，欧洲核子研究组织（CERN）的大型强子对撞机的数据。它是世界上排名第一的粒子加速器，自 2008 年以来一直在运行。即使只提取其总数据的 1%，科学家每年需要分析处理的数据也会高达 25PB。因此，我们可以认为，当一个数据集大到不能使用传统的计算和统计方式进行收集、存储和分析计算时，就符合了大数据的标准。

（2）种类多。种类多，是指数据的种类繁多。在相当长的一个时期，"互联网"和"万维网"两个术语被当作同义词而交替使用。但实际上是两个不同的概念。①互联网是网络中的网络，由计算机终端、计算机网络、局域网、卫星、手机和其他智能化设备组成。它们都连在一起，通过 IP 协议从某个地址相互发送数据包。②万维网的发明人蒂姆·伯纳斯·李（Timothy Berners-Lee）将万维网描述为"全球信息系统"。在此系统中，互联网是一个网络平台，拥有互联网计算机的个人都可以通过此平台与其他用户进行通信和交流，如通过电子邮件、即时信息、社交网络和短信进行交流。通过互联网服务提供商开通网络后，就可以获得"万维网"和许多数据化网络服务。

我们在大数据研究中发现，数据绝大多数是正确的，但也有少数是错误的，而且重复和讹误的数据随处可见。这与科学统计所要求的干净和精确的数据存在一定差距。我们日常从网上所收集的数据有结构化、非结构化或半结构化等多种类型。一是社交网站上的文档和约帖等非结构化数据。二是电子表格等半结构化数据。三是网上的大数据主题等非结构化数据。例如，全球的推特（Twitter）用户每天发布5亿多条280个字符的信息或推文，这些数据都是非结构化的。从数据的价值看，网络上众多的短信息大都具有宝贵的商业价值，可以根据它们所表达的情形划分为积极、消极和中立三类。作为一个新领域，对智慧分析需要专门的技术，只有使用大数据技术分析，才能有效地完成从分析到评估工作。在实际应用中，众多的商业企业出于各种需要，收集了大量差异化的数据，但从本质上讲，都属于结构化、非结构化或半结构化数据的基本类型。

（3）速度快。速度快，是指数据的发展和变化迅速。在数字时代，网络化、智能化手机和传感器等，正源源不断地生产着各种数据。其速度与数据的量有很大关系，即生成数据的速度越快，数据量也就越大。例如，社交媒体上的信息常以滚雪球的方式传播，而且传播方式日趋多样化。你在社交媒体上发布了一条获奖短信，朋友们看到了，每个人都与另外的朋友分享，朋友的朋友们再发给更多的朋友分享。可见，速度快是大数据的主要特征之一。

速度，一般是指数据被处理的进度。如无人机数据、自动驾驶汽车生成的数据等，必须实时生成。如果要求确保汽车安全行驶，通过无线方式传送到数据中心的数据就必须得到及时分析，并将必要的指令实时发送到汽车的自动接收系统，这正是物联网。

（4）精确度。精确度，是指所收集数据准确的程度。准确可靠的数据，是统计分析的基础和标志，直接关系到设计产品并实现目标方案。但是，数字时代产生的数据通常是非结构化的，数据采集也常常在没有试验设计的前提下进行，甚至事先连数据价值的概念都没有。但是，我们可以从这些大数据中获取有价值的信息。以社交网站生成的数据为例，这些数据从本质上讲大部分是准确的，有时也会存在某些错误或者缺陷。我们的任务是让这些数据能产生价值并有效克服数据上存在的缺陷。正如修昔底德所描述的普拉蒂亚部队让尽可能多的士兵计算砖块，就是让其发挥数量的优势，以期获得他们翻越该城墙的精确高度。但正如统计理论告诉我们的，更大的数量也可能会导致相反的结果。

（5）价值比。有价值，即具有经济价值，是指数据的商品性价可衡量。数据经过收集、生成、量化、转化并生产出数字产品、数字商品、数字资产和数字资本，就是数据的经济价值。

（二）大数据的作用

大数据具有种类多、数量大、速度快、精确性和经济价值五个基本特征。但数据最重要的作用是它的数字资本价值。在大数据时代，人们的日常活动会被收集成为智能化的信息数据。例如，商业银行记录人们存款和取款的数据；购买机票时，航空公司收集人们旅行安排的信息；商场收集人们购买商品的数据等。

随着数字技术的发展，大数据已经和正在商业、制造业、农业、金融、科技、法律、社交、公共卫生等领域得到运用。如果我们能够开发并掌握大数据分析和挖掘方法，所有形式的数据都有可能提供大量价值。在实践中，如何融合传统统计学家和计算机科学家开发的数字技术和算法，构建数据从收集、转化、量化到数字产品生产的模式，是大数据发挥其作用的关键。数字技术和智能算法，不仅能改变数据收集、存储和分析的方式，而且能赋予数据新的价值，发挥更大的作用。

在数据发展过程中，智能化技术收集数据的能力，在产生数据科学的同时，也促成了统计学和计算机科学的有机融合。大量的数据得到有效分析，从而在跨学科应用领域产生了新的理论，获得了新的知识。我们分析处理大数据的最终目的是提取有用的信息，并使数据转化为数字产品和数字资本。例如，商业决策越来越依靠从大数据中分析所得的消费市场信息，并且期望值很高。但是，还有一些大难题亟待解决，尤其是急需培养成千上万的数据科学家。

目前，通过使用源自数学、统计学、计算机学和人工智能、云计算的新方法，人们正在设计新的算法，如量子计算法等，有望推动数字科学的进步和产生新的学科创新发展。在实践中，许多机构正在使用北斗卫星和地面传感器收集的数据来监测和预报台风和地震等自然灾害，其目的是确定发生台风或地震的强度和方位并积极预防。例如，美国地质调查局（USGS）是地震研究领域的主要参与者。该机构曾预测："加利福尼亚州北部未来30年发生里氏7级地震的概率为76%。"总之，使用数据和现代技术评估、自然灾害预报，有利于人们尽早采取防灾措施，有助于将优质资源集中用于重要预防工作，包括确保建筑物能够抵御7级以上地震、12级台风，并实施灾害管理计划等。近年来，许多国家和地区的数据研究机构正在使用大数据来改进台风、暴雨和地震等自然灾害的预测方法，并提示人们做好防灾准备，减少自然灾害给人类造成的损失。

第二节 货币和资本

货币,是能充当商品一般等价物的特殊商品。

资本,是能够带来并创造新剩余价值的资产。

一、货币的属性和功能

研究数字经济、数字资产和数字资本应该从货币的本质属性、变化和发展及新功能的演进中考察其产生、发展到消亡的一般规律。

(一) 货币之源

在人类进化发展的历史上,在原始社会就有了物品互换。随着社会生产力的发展和人类进行商品流通的需要,产生了用来充当一般等价物的商品,这就是货币。

在人类文明史上,货币是不可或缺的工具,始终是充当商品一般等价物的特殊商品。因此,货币的本质属性是商品。在中国古汉语或辞书中,可以考察到货币的属性。

(1) 钱。《汉书·叙传下》:"商以足用,茂迁有无。货自龟贝,至此五铢。"龟贝是古代币的存在和交换形式。

(2) 货币。货币是充当一般商品的等价物的特殊商品,俗称金钱或交易的媒介物。最初由牲畜、贝壳、布帛、金属充当,后来固定在金、银或纸币上。《管子·山至数》:"国筴出于谷轨,国之筴,货币乘马者也。"《后汉书·光武帝纪》:"初,王莽乱后,货币杂用,布、帛、金、粟。是岁,始行五铢钱。"[1]

(二) 货币的属性

货币的本质属性是商品。马克思早在1867年德文版的《资本论》中,对商品和货币、货币和商品流通、货币转化为资本,包括不变资本和可变资本,均做了精辟论述,为政治经济学奠定了理论基础。

(三) 货币的功能

关于货币的功能,马克思概括为:价值尺度;流通手段;货币贮藏;支付手段;世界货币。

---

[1] 李伟民.法学辞源:第3册[M].哈尔滨:黑龙江人民出版社,2002:2093.

马克思在《资本论》中对货币的精辟论述如下：①

（1）金银天然不是货币，但货币天然是金银。

（2）商品在作为价值实现之前，必须证明自己有使用价值。

（3）货币形式只是其他一切商品的关系固定在一种商品上面的反映。

（4）作为价值尺度和作为价值标准，货币执行着两种完全不同的职能。

二、资本的定义和形态

（一）资本的定义

（1）本钱，财。《史记·留侯世家》："夫为天下除残贼，宜缟素为资。"史记中的缟，指绸缎或布匹，作为以资奖策。②

（2）价值尺度。是指能带来剩余价值的价值。价值尺度是经济学名词。资本不是物，在政治经济学中指通过物来表现资本家对工人的剥削。

资本最初萌芽于奴隶社会，随着商品和商品经济的发展，演进为商业资本和高利贷资本。

（3）价值形态。一般是指投于企业或商业的固定资产和流动资产的经济价值形式。

（4）所有者权益。在会计学上，将企业主或商家投到企业的资本金，以及由资本金产生或形成的资本公积，实质是企业所有者权益。

根据上述概念和含义，资本具有五个显著特征：

（1）资本是一种货币的表现形态，能带来价值的价值。

（2）资本在一般情况下是有形的，也可以是无形的。

（3）资本的表现形态必须参与生产或经营活动才能增值。

（4）资本投入的主要目的是获得经济利润或相关利益。

（5）资本是决定经济社会生产和交换及发展的原动力。

总之，对货币资本科学定义，应根据其本质属性包括产生、发展和消亡的一般规律准确定义，其内涵的实质是生产资本价值的本金。而货币，亦应根据其产生和发展规律回归到对资本价值衡量尺度的定位上。无论资本有什么形态，包括货币资本、知识资本、消费资本、数字资本，都以货币作为价值尺度进行衡量并计算其实际价值。

---

① 马克思.资本论：第1卷[M].北京：人民出版社，2018：114-265.
② 李伟民.法学辞源[M].北京：中国工人出版社，1994：974.

（二）资本的主要形态

在商品经济产生和发展中，资本呈现了三种形态。第一，在进行生产之前，必须准备原材料和生产场地，这是货币资本即生产性资本要素的投入。第二，在生产进行的过程中，人们必须通过设计和劳动，把原材料转化为产品，知识资本和知识性资本要素正是在这一环节发挥作用。第三，生产的产品出售给消费者，消费者通过其购买行为完成消费资本，即消费性资本要素的权利和义务。

于是，一个独立的市场经济过程完成了。但由于人们的生产能力有限，无论是货币资本还是消费资本，都存在短缺的压力。另外，受生产力水平所限，知识资本能够起到的作用有一定局限性。

1. 货币资本的确立

第一次产业革命前后，货币资本逐渐被人们广泛认识并受到重视。当生产力的发展已经具备一定的水平和规模时，通过大量消耗资源来换取经济增长点的时代到来了。随着远期投入在生产中占据了相当重要的位置，导致货币资本即生产性资本要素的作用和重要性逐渐凸显出来，成为推动经济发展的主要货币工具。

18 世纪，英国的古典经济学家亚当·斯密（Adam Smith）在《国富论》一书中率先指出，资本是全体劳动者创造的，并提出了关于资本在财富生产过程和在经济发展中作用的重要性。他认为：一个国家的财富取决于资本积累。亚当·斯密对资本的论述，从理论上确立了货币资本在市场经济发展中的重要地位。货币资本作为市场经济发展的重要因素，在一定的时期内成为商品经济发展的主要推动力。

在货币资本确立和发展中，催生了一种新的经济机制，即有限责任公司制度的产生和发展。为了通过降低投资风险，鼓励投资，人们建立了有限责任公司制度。投资者可以享受公司带来的全部利润，但仅需要以投资额为限来承担公司的责任。新有限责任公司制度，极大调动了货币资本的积极性，有力地推动了经济增长。在有限责任公司制度下，货币资本者获得了对企业的控制权，并且独自享有企业全部收益，但知识资本和消费资本的利益没有得到充分的保障。

2. 知识资本的产生

在人类发展史上，知识作为经济发展的生产要素之一，对经济发展的重要作用，在世界各国的社会经济发展史均有体现。在西方，最早可以追溯到柏拉图（约公元前427年—公元前347年）关于《理想国》的论述。他认为，国家的治理应该是哲学家，哲学家才能统筹国家资源，建立理想的城邦制国度。哲学是最高的知识形态，是影响社会经济关系的重要要素。在中国，早在商朝，周文王著有举世闻名的《周易》一书，它是建立在阴阳二元论基础上对世界万物变化规律的论述，是一部具有逻辑性、条理性和系统性价值的哲学著作。《周易》对天地万物进行归类，配以天干地支五行论，探索事物发展变化运行轨迹，后来逐渐成为影响中国传统农业经济的发展理念，广大劳动者采取生态和谐的生产方式，使中国农业社会绵延数千年，经久不衰。

随着市场经济的发展，人们发现，在商品的生产过程中，除了原材料和机器设备等生产要素的投入之外，科学技术和知识性资本要素的投入也非常重要。因此，知识资本和知识性资本要素逐渐从其他资本要素中独立出来，成为一种新的资本形态。知识资本不同于原材料和机器设备等静态的生产性资本，知识作为人类智力劳动的成果，是一种动态型的资本形态。知识资本有自己独特的属性和特征，它同生产性资本有根本性区别。在发展中，人们开始重新认识知识资本，同其他资本要素进行分离，并将其作为一种新的资本形态和生产要素。

在实践中，知识资本涵盖了以人为载体的知识和专业技术，也包括人类社会知识生产过程的结晶，即专利、商标、专著等知识产权。这些人类社会知识生产过程的结晶，是社会经济发展的重要推动力。知识资本同货币资本相结合，共同创造了市场主体利润和社会财富。

在经济社会发展过程中，知识资本的作用已经十分明显，能够为企业创造经济收入，并使企业获得更大的权益。但是，相当一部分人，包括货币资本的创造者和知识资本的所有者本身，还没有充分认识到知识的重要性，有的甚至把知识资本的所有者看作货币资本的符号。关于知识资本如何发挥重大作用创造更大价值，作者认为，只有将知识产权模式变革为知识资本机制，才能充分发挥知识资本的重要作用，才能使知识型市场经济真正发展起来。

3. 消费资本的创新①

随着经济持续的高速增长，人们的消费逐渐成为一种重要的资源，消费资本开始发挥越来越大的作用。

---

① 陈瑜.消费资本论[M].3版.北京:中国商业出版社,2018:11.

20世纪末和21世纪初,人类探索出一个划时代的伟大发现,即人们发现了消费资本。专家指出,消费不仅决定货币资本能否实现其最终价值,而且是给经济发展注入新的资本动力的重要源泉之一。正是由于其在消费生产过程和社会经济发展过程中的巨大作用,消费资本逐渐成为一种新的资本形态。

消费资本的产生,引发了人们对知识资本的重新思考。人们认识到,市场经济的发展是由货币资本、知识资本、消费资本和数字资本等多种资本共同推动的,而不是单一货币资本的作用。

陈瑜教授在《消费资本论》一书中论述了消费资本产生和发展的规律,揭示了资本发展的三种形态。专家评价,消费资本论的创立对于经济学的理论研究和实际应用具有十分重要的意义。

4. 数字资本的创立

数字资本是数字经济和数据资产发展与实体经济深度融合的产物。作为资本形态的产生,在未受传统资本界定的同时,在经济学界是一项重大突破和创新。

在经济学领域,数字资本是一门新学科,是经济学一项重大理论创新。一般理解数字资本是概念和构成,如资本属性,资本产生和发展,成本与利润,均衡与优化等,冠以数字而已,这是认识上的误解。数字资本的本质属性虽然仍然是货币,但已远离以物作为载体的传统意义上的本钱或资产,或能带来剩余价值的价值。其最典型的特征是由数据构成,是以数字为载体的虚拟资本。

著名经济学家陈瑜、宋承敏、刘剑文、侯建群,著名科学家、国务院原参事徐锭明,著名财经专家耿建云,著名立法专家江必新、何山,著名学者齐世泽、卓泽渊、武延平、乔保平、董庆民、孟广军、陈明辉、高真、李志等专家对本书进行了高度评价。专家认为,在人类社会发展的历史上,数字产品的生产和数字资本的产生,是社会发展进步的重要里程碑和标志。本书是以数字资本生产、发展、应用和消亡规律为研究客体而创立的数字资本科学理论,不仅其继承性、批判性、发展性在经济学界独树一帜,丰富了马克思政治经济学理论宝库,而且在经济学基础理论创新上填补了学科空白,对于引领经济学创新发展和造福人类具有重要价值和深远意义。

第三节　数字经济的产生

一、数字经济的定义

数字经济，是指以使用数字化的知识和信息作为关键生产要素，以现代信息网络作为重要载体，以信息通信技术的有效使用作为效率提升和经济结构优化的重要推动力的一系列经济活动。[①]

二、数字经济学的研究目标

数字经济学源于数字经济，与数字经济的发展密切相关。科学运用经济学的思维、理论与方法分析数字经济运行机理，把握数字经济的发展规律，制定数字经济的发展策略，建立数字资本知识体系，是数字经济学研究的主要目标。

三、数字经济的范围

数字经济活动的基本范围主要包括数字产品制造业、数字产品服务业、数字技术应用业、数字要素驱动业、数字化效率提升业等五大类。（参见《数字经济及其核心产业统计分类（2021）》）

数字经济是数字技术、经济运行和市场经济相互融合的产物。在突破传统产业边界的同时，也突破了学科的界限。站在不同的立场，解读数字经济发展实践的维度和视角也不尽相同。管理学专家会思考用户画像和精准推荐将对企业商业模式创新带来何种影响。法律专家则会思考其中包含的数据权属确定和数据隐私权保护等问题对现行法律体系带来新的挑战。

目前，经济学家和法学家正在探讨数字技术创新与法律规则，但基于传统思维方式的影响，其论据往往是那些传统的经济学概念，如成本、收益、均衡和优化等。可见，在不断创新的数字经济时代，传统经济理论仍然有着旺盛的生命力。有关专家关于机制改革、市场规则、风险管控、政府监管和法律规范等方面的重要研究成果，不仅对中国当前的平台经济发展具有非常积极的指导意义，而且为我们从经济学的角度，理解和分析抖

[①] 二十国集团数字经济发展与合作倡议［EB/OL］.（2016-09-29）［2022-03-06］. http://www.cac.gov.cn/2016-09/29/c_1119648520.htm.

音的视频不能在微信传播、在若干网络平台出现消费者二选一现象、苹果的软件系统和谷歌的安卓系统采用不同的兼容性策略等问题，提供了研究思路和解决方案。

作者考察数字经济学，试图对其产生、发展、演进，以及与数字经济相关的信息经济和网络经济一并进行综合研究。

（一）信息经济

信息，是指对人们有意义的数据情报，一般是指经过搜集、提炼、整合、加工之后形成的关于事物、事件、事实、过程的知识。信息在特定语境中，具有特定的含义。

20世纪40年代，信息科学的发展催生了低成本电子元器件产业，有力促进了信息技术创新集群和以信息技术为主导的新兴产业集群建设，国家经济结构的重心开始由物理空间向信息空间转移，信息经济在许多国家产生的作用已经初见成效。20世纪50～70年代中期，信息经济已经在发达国家的国民经济中占有比较重要的位置。

1962年，美国经济学家弗里茨·马克卢普（Fritz Machlup）在《美国的知识生产与分配》（*The Production and Distribution of Knowledge in the United States*）中，提出了关于信息产业的核算体系学说，为信息经济研究奠定了理论基础。

1977年，美国经济学家马克·尤里·波拉特（Marc Uri Porat）提出了按农业、工业、服务业、信息业分类的四个产业的划分方法。其中，信息业包括第一和第二两个信息部门，前者包括向市场提供信息产品或信息服务的企业，后者包括政府或非信息企业为了满足内部消耗的需要而创造的信息服务。

20世纪80年代以来，美国和欧洲共同体的一些工业化国家和地区，50%以上的国民生产总值（GNP）与信息活动有关，信息经济已成为发达工业国家经济持续向前发展的主要推动力。1983年，美国经济学家保罗·霍肯（Paul Hawken）在《未来的经济》（*The Next Economy*）中率先提出了信息经济的概念。他指出，信息经济是基于新技术、新知识和新技能的新型经济形式，其根本特征是经济运行过程中信息成分大于物质成分的产品和服务占主导地位，信息成为新的生产要素。中国著名经济学家马洪、于光远和乌家培等将信息经济看作信息革命在经济领域取得的伟大成果，认为信息经济是以现代信息技术为基础、以信息产业为主导，基于信息、知识和智力的一种新型经济形态，包括产业信息化和信息产业化的相互联系和促进。同物质经济相比，信息经济主要以芯片、半导体、电子计算机、集成电路、电信网络等高科技含量的信息产品和信息服务为主，经济活动的形式主要是信息从一种形态向另一种形态的转换，包括知识信息和数据的收集、储存、加工、生产、流通、分配和使用等诸多行业和领域。

（二）网络经济

网络经济，是指基于互联网进行资源的生产、分配、交换和消费的经济活动新形态。在网络经济的产生与发展过程中，互联网技术的广泛应用及电子商务的蓬勃兴起发挥了十分重要的作用。

1998 年，美国商务部围绕新经济发布的报告——《浮现中的数字经济》，将互联网硬件和相关基础设施、电子商务、信息服务等作为数字经济的主要组成部分。

2000 年，美国人口普查局发布报告认为，数字经济主要构成包括基础设施和电子商务流程。其中，电子商务包括在电子商务交易中网上出售商品或服务。

2006 年，美国《时代》周刊曾以"You"作为封面，发表评论称，社会正从机构向个人过渡，个人正在成为"新数字时代民主社会"的公民。进一步将用户的社交关系沉淀在互联网上，以微博、微信为代表的社交平台和即时通信工具发展迅速，社交网络成为经济发展的重要领域之一。

20 世纪 90 年代初期，基于互联网的商业模式以新闻门户网站、电子邮件业务、电子商务为主，实现了信息的分类与聚合，这一阶段也被称为 Web1.0 阶段或者门户时代。随着网络信息的高速增长，信息过载问题日益突出，如何帮助用户找到其自身关注的信息成为行业发展的难点，以搜索引擎为代表的网络经济业态蓬勃发展，网络经济进入了以用户为中心的 Web2.0 时代。

中国从 1994 年开始正式接入国际互联网，网络经济发展的大潮从此兴起。20 世纪 90 年代末，新浪、搜狐、网易三大门户网站先后创立，阿里巴巴、京东等电子商务网站进入建设期，接着百度、腾讯等搜索引擎和社交媒体得到快速发展。中国的互联网用户数量在相当长的一段时间内保持两位数增长。截至 2022 年 6 月，中国网民规模为 10.51 亿人，互联网普及率达 74.4%，以网络零售为代表的电子商务的经济效益显著提高。

（三）数字经济

数字经济，是指使用数字化和知识信息为生产要素，以现代网络为载体，以信息技术的使用提升经济结构优化的经济活动。数字经济时代开启与移动互联网的兴起，以线上和线下的融合为主要特征。5G、大数据、物联网、区块链、云计算、超算及智能化等新兴技术被广泛应用于经济社会的各个领域，促进了数字技术与经济实体的深度融合。经济学家将数字经济称为第二经济，认为工业革命驱动经济是以机器动力的形式发展了一套肌肉系统，而数字革命则为经济发展开发出一套神经系统。曾经在物理世界进行的经济活动现在正以数字方式进行，数字技术带来了自工业革命以来最大的变革。

2015年5月，欧盟委员会发布"数字化单一市场"（Digital Single Market）战略，提出了助力单一数字市场的三大引擎：一是促进跨境数字产品和服务升级；二是加大数字网络服务政策支持；三是激发数字经济增长潜力。

2015年至今，欧盟委员会先后发布了《欧洲数据战略》《数字服务法案》《数字市场法案》和《数据治理法案》等，旨在通过数据可用性的完善、数据共享、网络基础设施建设和创新投资等，助力欧盟完成数字单一市场构建。《欧洲数据战略》主要提出通过"开放更多数据"和"增强数据可用性"为欧洲数字化转型提供发展和创新的动力。《欧洲人工智能白皮书：通往卓越与信任的欧洲之路》提出以加强监管和引导投资为导向，以促进人工智能应用和解决技术应用风险为目标，旨在根据人工智能系统的风险等级对不同系统施加不同规则来平衡安全与创新。《塑造欧洲的数字未来》强调利用数字经济优势及其发展潜力建立欧盟技术主权，重点关注以人为本的技术创新、公平竞争的单一市场、民主开放的社会环境三个关键领域。

2015年7月，中国发布《国务院关于积极推进"互联网+"行动的指导意见》（国发〔2015〕40号）。2015年12月，国家主席习近平在第二届世界互联网大会开幕式上指出："中国正在实施'互联网+'行动计划，推进'数字中国'建设，发展分享经济，支持基于互联网的各类创新，提高发展质量和效益。……我们愿意同各国加强合作，通过发展跨境电子商务、建设信息经济示范区等，促进世界范围内投资和贸易发展，推动全球数字经济发展。"2017年3月，数字经济首次被写入中国政府工作报告。2021年3月，《中华人民共和国国民经济和社会发展第十四个五年规划和2035年远景目标纲要》将2025年数字经济核心产业增加值占GDP比重10%作为"十四五"时期经济社会发展的主要指标之一，提出了"打造数字经济新优势""加快数字社会建设步伐""提高数字政府建设水平"和

"营造良好数字生态"等一系列重要举措。2021年5月，根据数字经济发展的情况，中国出台了《数字经济及其核心产业统计分类（2021）》，将数字经济的基本范围确定为数字产品制造业、数字产品服务业、数字技术应用业、数字要素驱动业、数字化效率提升等五大类，并首次界定了数字经济核心产业范围。数字经济核心产业也称为数字产业化部分，即为产业数字化发展提供数字技术、产品、服务、基础设施和解决方案，以及完全依赖于数字技术和数据要素的各类经济活动。数字经济核心产业对应的是数字产品制造业、数字产品服务业、数字技术应用业、数字要素驱动业四大类，主要包括计算机和其他数字产品制造业、广播电视和卫星传输服务、互联网接入及相关服务、软件开发和信息技术服务等，作为数字经济发展的基础。2021年12月，中国制定了《"十四五"数字经济发展规划》，明确提出了数字经济强国战略。

英美法系国家中的美国先后出台了"数字经济议程""美国的全球数字经济大战略"等一系列数字经济的政策和举措，以确保美国在信息技术革新和数字成果应用方面长期的领先地位。

英国聚焦数字政府、数字产业和数字人才等领域，先后推出了《英国数字战略》《国家数据战略》等战略计划，对打造世界领先的数字经济和全面推进数字化转型做出了全面而周密的部署。

大陆法系国家中的日本聚焦数字技术创新，推进产业数字化转型，加快推进智能型社会建设，相继发布了《日本制造业白皮书》《下一代人工智能推进战略》等纲领性文件。2019年，日本开始全面推进"数字新政"战略，在"后5G"信息通信基础设施、教育领域信息通信技术应用、中小企业信息化和技术领域研发等方面，加大投资力度，推动全社会数字化和智能化转型。

英美法系国家和大陆法系国家的合作：2020年6月，新西兰、新加坡、智利三国签署《数字经济伙伴关系协定》，2021年11月1日，中国申请加入该协定。

从数字经济发展与演化的历史可以看出，数字经济的内涵具有动态性。今天的数字经济不同于过去的数字经济，未来的数字经济也将不同于今天的数字经济。随着物理世界、人类社会、经济发展与数字技术的深度融合，数字经济的内涵与外延还将不断深化和扩大。

关于数字经济的概念。广泛认可的数字经济定义，是2016年二十国集团（G20）领导人杭州峰会发布的《二十国集团数字经济发展与合作倡议》中的定义：数字经济是指以使用数字化的知识和信息作为关键生产要素、以现代信息网络作为重要载体、以信息通信技术的有效使用作为效率提升和经济结构优化的重要推动力的一系列经济活动。

关于数字经济的边界。从数字经济发展考察，数字经济的边际越来越不易界定。2018年，美国商务部经济分析局将数字经济划分为三部分：第一，数字技术基础设施，主要包括计算机硬件和软件、通信设备和服务、建筑、物联网、支持服务等；第二，电子商务，包括电子下单、电子支付和平台支持交易；第三，数字媒体，包括直接销售的数字媒体、免费数字媒体和大数据。

关于数字经济的划分。2019年，联合国贸易和发展会议在《2019年数字经济报告》中将数字经济划分为三个主要部分：第一，核心或基础领域，基础创新包括半导体、处理器，核心技术包括计算机、电信设备，基础设施包括互联网、电信网络；第二，数字和信息技术领域，特指生产依赖于核心数字技术的关键产品或服务，包括数字平台、移动应用程序和支付服务；第三，广义数字化部门，特指与数字产品和服务融合的经济部门，例如金融、媒体、旅游和交通等。

第四节　数字资本的生产

数字资本，亦称数据资本，是数字资本论名词。资本是用于投资并获得利润的资金，即本金或资产。在数据资产为企业或投资者获取经济效益的同时，数据已经成为一种资本。数据资本的典型特征是具有不可替代性，即物质性资本可以替换，如石油，而数据资本不能替代，因为数据不同，其所包含的信息不同，其数据价值亦不同。

随着大数据逐步深入发展至经济生活和社会活动的各个领域，全球正在稳步迈入数字化经济时代，中国正式提出了"加快培育数据资本市场"的战略，越来越多的企业开始将数据及数据资产作为战略资源，重新定义和努力挖掘数据价值。本节重点介绍数字资产生产的五大支柱、三大要素、转型升级和加快数字资本产业化。

一、数字资产生产五大支柱

数字资产，是指企业或商家在生产、经营中形成的用数据价值计算的、可拥有或控制的、并可预期和量化带来的经济效益的数据。数字产品和数字资产具有现实性、可控性和经济性三个基本特征。

现代化数字资产的生产，需要具备组织领导体系、科学家团队、基础数据库、规范化生产程序、智能化技术体系等五大支柱，才能建设成为一流的新现代化数字资产生产企业。

数字资产，包括数字产品、数字商品、数字服务、数字技术产品和数字贸易等一系列产品、商品或服务业态。数字资产生产的主要要素是数据。

数字资产生产五大支柱如图1-1所示。

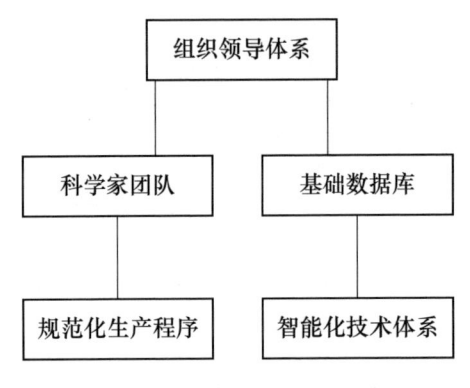

图 1-1 数字资产生产五大支柱

（1）组织领导体系：是指具有强大组织能力和正确决策者组成的专家型精英团队或组织体系。

（2）科学家团队：包括数据及数据经济和数字资产的首席科学家、首席数据资产分析官等专家团队。

（3）基础数据库：生产要素，即"准确、快速、有价、全面"的大数据库，包括内外部数据和数字资本数据集成等。

（4）规范化生产程序：建立科学、规范、优质、高效的数字产品、数字商品、数字服务等数字资本生产程序，确保数字资产生产质量。

（5）智能化技术体系：构建数字资本现代化技术系统，主要包括收集、储存、分析、生发、量化、挖掘、治理、开发和生产等智能化数字技术体系，以保障数据产品等数据资产的不断创新和升值。

二、数字资产生产三大要素

（1）高质量数据。主要是指数字资本市场主体依法合规通过数据采集并规范数据的定义、标注、清洗、生发、消歧、挖掘、量化、分析和论证等环节，提升数据的整体处理能力，从而推动数据资源标准体系建设，提升数据管理水平和数据质量，有力促进数据资源的共享、交换、协作和应用。一是各领域数据合作兼容统一，打破技术和协议壁垒，努力实现互通共享，形成完整贯通的数据链。二是数据分类分级管理，强化数据安全风险评估、监测预警和应急处置。三是政务数据跨层级、跨地域、跨部门有序共享。四是健全国家公共数据资源体系，统筹公共数据有效开发利用，推动基础公共数据安全有序开放，构建规范的国家公共数据开放平台和开发利用端口，提升公共数据开放水平，释放数据红利，体现以人民为中心的理念。

（2）数据要素市场。一是构建数据要素市场规则，培育市场主体，完善治理体系，促进数据要素市场流通。鼓励市场主体探索数据资产定价机制，推动形成数据资产目录，逐步完善数据定价体系。二是加强数据资产市场管理，培育规范的数据交易平台和市场主体，建立健全数据资产评估、定价机制、交易模式、争议仲裁等市场运营体系，提升数据交易效率和交易安全。

（3）数据开发机制。适应不同类型数字资产和数字资本发展的特点，以实际应用需求为导向，探索建立多样化的数据开发利用机制。鼓励市场力量挖掘商业数据价值，推动数据产品化、商品化、货币化、服务化，大力发展专业化、个性化数据服务，促进数据、技术和应用场景深度融合，满足各个领域数据需求。

创新数据开发利用模式，是指在确保数据安全和保障用户隐私的前提下，行业协会、科研院所、企业等多方合作参与数据价值开发。对具有经济和社会价值、允许加工利用的政务数据和公共数据，通过数据开放、特许开发、授权应用等方式，鼓励更多社会力量进行增值开发利用。

三、加快产业数字化转型升级

（1）加快企业数字化转型升级。强化数字化思维，提升员工数字技能和数据管理能力，全面系统推动企业研发设计、生产加工、经营管理、销售服务等业务数字化转型。一是有条件的大型企业打造一体化数字平台，全面整合企业内部信息系统，强化全流程数据贯通，加快全价值链业务协同，形成数据驱动的职能决策能力，提升企业整体运行效率和产业链上下游协同效率。二是实施中小企业数字化赋能专项行动，支持中小企业从数字化转型实际需要环节入手，加快推进线上营销、远程协作、数字化办公、智能化生产线等应用。三是鼓励和支持互联网平台、行业龙头企业等立足自身优势,开放数字化资源和能力,帮助传统企业和中小企业实现数字化转型。四是推行普惠性数字技术赋智赋能服务,推动企业上云、上平台,降低技术成本,打破资金壁垒,加快企业数字化转型。

(2) 深化产业数字化转型升级。立足不同产业特点和差异化需求,推动传统产业全方位、全链条数字化转型,提高全要素生产率。一是推进"三农"综合信息服务,创新发展智慧农业,提升农业生产、加工、销售、物流等各环节数字化水平。二是纵深推进工业数字化转型,加快推动研发设计、生产制造、经营管理、市场服务等全生命周期数字化转型,加快培育一批"专精特新"中小企业和制造业单项冠军型企业。三是实施智能制造工程,大力推动装备数字化,开展智能制造试点示范专项行动,完善国家智能制造标准体系。培育推广个性化定制、网络化协同等新模式。四是发展数字商务,全面加快商贸、物流、金融等服务业数字化转型,优化管理体系和服务模式,提高服务业的品质与效益。五是数字技术在全过程工程咨询领域的深度应用,引领咨询服务和工程建设模式转型升级。六是推动智慧能源建设应用,促进能源生产、运输、消费等各环节智能化升级,推动能源行业低碳转型。加快推进国土空间基础信息平台建设应用。

(3) 加快基础设施智能化升级。稳步构建智能高效的融合基础设施,提升基础设施网络化、智能化、服务化、协同化水平。高效发展人工智能基础设施,提升支撑"智能+"发展的行动赋能能力。推动农林牧渔业基础设施和生产装备智能化改造,推进机器视觉、机器学习等技术应用。建设可靠、灵活、安全的工业互联网基础设施,支撑制造业资源的泛在连接、弹性供给和高效配置。加快推进国家能源、交通运输、水利、物流、环保等领域基础智能化水平。构建先进普惠、智能协作的生活服务数字化融合设施。在基础设施智能升级过程中,充分满足老年人、残疾人和少年儿童等群体的特殊需求,打造智慧共享、和睦共治的新型数字化生活。

四、加快推动数字资本产业化

(1) 增强关键技术创新能力。高度关注传感器、量子信息、网络通信、集成电路、关键软件、人工智能、云技术、区块链、新材料等战略性、前瞻性领域,发挥中国特色社会主义制度优势、新型举国体制优势、超大规模市场优势,提高数字技术基础研发能力。以数字技术与各领域融合应用为导向,推动行业企业、平台企业和数字技术服务企业跨界创新,优化创新成果加速转化机制,加快创新技术的工程化、产业化。鼓励发展新型研发机构、企业创新联合体等新型创新主体，打造多元化参与、网络化协同、市场化运作的创新生态体系。支持具有自主核心技术的开源社区、开源平台、开源项目发展，推动创新资源共建共享，促进创新模式开放化发展。

（2）提升核心产业竞争力。大力提升基础软硬件、核心电子元器件、关键基础材料和生产设备的供给水平，强化关键产品自给保障能力。实施产业链强链补链行动，加强应用场景的技术融合和产品创新，提高产业链关键环节竞争力，完善5G、集成电路、新能源汽车、人工智能、工业互联网等重点产业供应链体系。深化新一代信息技术集成创新和融合应用，加快平台化、定制化、轻型化服务模式创新，打造新兴数字产业新优势。协同推进信息技术软硬件产品产业化、规模化应用，加快集成适配和迭代优化，推动软件产业做大做强，提升关键软硬件技术创新和供给能力。

（3）加快培育新业态新模式。大力推动平台经济健康发展，引导支持平台企业加强数据、产品、内容等资源整合共享，扩大协同办公、互联网医疗等在线服务覆盖面。深化共享经济在生活服务领域的应用，拓展创新、生产、供应链等资源共享新空间。发展基于数字技术的智能经济，加快优化数字产品、数字商品、数字技术产品和服务运营，培育智慧销售、无人配送、智能制造、反向定制等新增长点。完善多元价值传递和贡献分配体系，有序引导多样化社交、短视频、知识分享等新型就业创业平台健康发展。

第五节　数字资本论的创立

人民，唯是数字资本的创造者。
作者，仅是数字资本论拓荒人。
—— 李伟民

大凡新论，其命唯新。本书作为一部经济学原创理论系统工程，旨在丰富政治经济学理论宝库，为我们伟大祖国繁荣富强和人类发展进步提供方案，贡献智慧。

作者试图站在新时代理论创新的前沿，高举人类命运共同体旗帜，应用辩证唯物主义和历史唯物主义世界观和方法论，根据其对数字经济和数字资本发展规律的考察和研究，通过对"单一货币资本理论"的深刻反思，对马克思"扬弃资本"的理论认真学习，实现对资本理论的批判、继承和发展。

第一篇 数字资本的生产

本书根据对人类经济社会历史，以及对新时代社会基本矛盾和科技进步的分析，考察了从数字到数据，从数字产品到数据商品，从数字经济到数字资本产生、发展、应用和消亡的一般规律，论证了人民是资本和数字资本真正的创造者和原动力，同时，进一步论证了数字资本具有创造数字货币价值的价值。

本书的基本体系共计八篇三十一章。

第一篇，数字资本的生产，主要内容包括数字和资本、数据的量化、数据的生发、数字资本的生产要素和数字资产的生产过程等。

第二篇，数字资本市场，主要内容包括数字资本市场体系、数字资产定价、数字资产交易、市场竞争与垄断、数字资产经营者责任和义务等。

第三篇，数据生存周期管理，主要内容包括数据生存周期论证、数字资产统计核算和数字资产评估等。

第四篇，资本积累与利润，主要内容包括剩余价值转化为利润、获取利润的数字公式、劳动价值与劳动力贬值。其中考察了对劳动者的压榨表现形式，如何禁止压榨和消除新的剥削、消除贫富差距，劳动者和消费者合法权益保护等。

第五篇，数字金融和数字税，重点介绍了数字货币的定义和特征，明确指出央行数字货币是法定货币，比特币在中国不具备货币的发行条件，数字票据和数字税的过渡性等。

第六篇，数据治理与应用，重点介绍了数字原生企业转型升级、数据管理导则、数据治理标准、数字资产安全管理、数字资产质量管理、数字资本与智慧城市、数字经济强国战略等。

第七篇，法律与规则，主要内容包括数据安全法律规范、个人信息和隐私权保护、数字时代消费者权益保护等。

第八篇，对外交流与合作，本篇在对全球数字经济和数字资本综合分析评价的同时，提出了数字资本进行国际合作的机制和模式。本篇主要亮点是，在对英美法系国家和大陆法系国家数字经济发展进行比较研究的基础上，提出重新定义中美关系，建设全球数字命运共同体的具体方案，包括世界数字货币基金组织、全球数字资本发展联盟和世界数字资本银行等。

数字资本论研究的范围主要包括数字资本产生、发展、转化、消亡的一般规律。主要内容包括：数字资本基本原理、资本形态、数据积累、数据转化、数据价值、统计分析、价值测算、量化过程、定价依据、市场体系、交易机制、数字货币、智慧城市及场景应用、平台垄断、劳动力压榨、容错方式、数据治理、私权保护、劳工贬值、风险管理、评价标准、技术体系和对外合作等。

总之，本书是经济学史上的一次原创性、学术性、系统性理论创新工程。作者运用经济学基本原理和逻辑，从经济学和商品经济发展的维度破解数字财富密码，为读者了解数字资本世界打开了一扇门，推开了一扇窗；为有关专家学者进一步考察、研究数字经济和数字资本提供借鉴；为党和国家领导机关提供参考；为把中国建成数字资本强国和为人类发展进步做出积极的贡献。

专家评论：本书是研究并揭示数字资本产生、发展、应用和消亡一般规律的科学。作者根据马克思资本论基本原理和逻辑，通过对大数据、云计算、数字经济和数字资本的专题研究，做出科学定义。数字资本论作为经济学原创理论，不仅填补了经济学研究的一项空白，丰富了马克思主义经济学宝库，贡献了中国专家的智慧，而且对推动经济学基础理论创新，促进全球经济社会和人类美好命运共同体的构建，具有重要的历史价值和指导意义。

本章总结

第一章作为本书开篇，重点论述了数字和数据、数据和资本、数字和货币、货币和资本、数字资本生产的定义和渊源，数字经济与数字资本的关系等关键性问题。

本章站在人类发展的长河中，从137亿年前宇宙大爆炸，46亿年前地球诞生，38亿年前出现生命迹象，210万年前古人类使用数字，200万年前古人类在石头和树枝上计数，6000年前出现文字，到商品经济，货币作为等价物，再到信息经济、数字经济和数字资本，做了系统性回顾，并对未来社会的超级智能和量子货币进行了前瞻性研究。

本章关键词

数字新时代，开创新未来。
数字资本论，学术新贡献。

附录　数据源考释

在中国陕西省西安市蓝田县玉山镇上陈村（左图）发现的距今 210 万年的工具（右图）表明，原始人类离开非洲的时间早于科学家之前认为的时间。（美国《纽约时报》网站）

☆ 137 亿年前宇宙大爆发，46 亿年前地球诞生。
☆ 38 亿年前生命在地球出现，生命系"数觉"之源。
☆ 旧石器时代人类在石头、树枝、骨头上做计数标记。
☆ 212 万年前中国古人类在劳动工具石头上做计数标记。
☆ 公元前 431 年斯巴达向雅典宣战用石块测算城墙高度，发明了众数，是数据在军事上使用的发端。
☆ 公元前 445 年春秋战国时期李悝著《法经》是数据在中国历史上第一部成文法典使用。

法經考釋 第五篇 雜法 一二三

國忌作樂

諸國忌廢務日作樂者杖一百私忌減二等

【釋文】

在國家禁止娛樂時，犯忌作樂的，處杖刑一百。在私家忌日作樂的，減輕二等處罰。

【注釋】

（一）國忌作樂：在國家禁忌娛樂活動的時間、地點進行娛樂活動。

（二）私：私家、私下。《史記·項羽本紀》："項伯乃夜馳之沛公軍，私見張良。"

私鑄錢

【原文】

諸私鑄錢者流三千裏作具已備未鑄者徒二年作具未備者杖一百

若磨錯成錢令簿小取銅以求利者徒一年

【釋文】

私自鑄造錢幣的，處三千裏流刑。已准備鑄錢工具而未實施鑄幣行為的，處二年徒刑。

图注：数据在中国第一部成文法《法经》中使用。
资料来源：李伟民.法经考释[M].香港：中国法制出版社,2003.

第二章 数据的量化

引　言

数字的量化,是数据资产化的核心。

数据货币化,是数字资本化的关键。

数字资本发展,一般是指数字资本的产生和发展中的三个阶段。第一个阶段是数据资源阶段。数据在数字资本中是核心要素。数据是记录并反映数字经济、数字资本的重要资源。第二阶段是数据资产生产阶段。数据作为生产要素,是创造财富的基础,是转化和升值为数字资本的前提条件。第三阶段是数字资本阶段。在发展中,数据资源和资产的特性得到进一步发挥,并通过数字资本市场流通、交易等方式,最终转化为数字资本。

第一节　数字化和数据化

一、定义和实践

"数据"(data)在拉丁文里是"已知"的意思,一般理解为"事实"。《已知数》(*The data*)是欧几里得的一部经典著作的标题,他用已知的或者可以已知的推理逻辑对几何学进行解释。数据代表着对事物的描述,并可以记录、分析和重组。专家称这个过程为数据化,数据化的核心是数据量化,而数据生发和量化的价值在于数据转化为数字产品,成为数字资本。

数据化,不是数字化,数据化和数字化大相径庭。数字化是指把模拟数据转换成0和1表示的二进制码,使用数字技术就可以处理这些数据。数字化并不是计算机改革的开始,最初的计算机革命是计算能力的飞跃,通过计算机计算过去需要耗费很长时间的项目,例如,人口普查和天气预报。随着技术的进步,产生了模拟数据和数字化。1995年,美国麻省理工学院媒体实验室的创办人尼古拉斯·尼葛洛庞帝(Nicholas Negroponte)发表了他的代表作《数字化生存》(*Being Digital*),其主题是"从原子到比特"。20世纪90年代,人们主要对文本进行数字化。经过过去几十年人们对数据存储能力、处理能力和数字技术的不断提高,尤其人工智能的应用,人们可以对图像、视频和音乐等数据信息内容进行转化和量化。

有技术专家认为,大数据的发展和计算机的变革是同步的。但事实并非如此。现代信息系统让大数据成为可能,但是大数据发展的核心动力来源于人类测量、记录、分析、生发、量化和信息技术的不断创新和变革。由此可见,在数字时代,信息技术变革的重点在"T"即数字技术上,而不是在"I"即信息上。

为了提高数据的价值,需要对数据信息进行计量。为了数据量化,要知道记录计量的结果。这需要拥有并掌握正确的工具,而计量和记录的需求是数据化的前提,其实在数字化时代来临的几个世纪前,已经有前人对数据进行了有益探索,并为数字时代奠定了重要基础。

我们援引英国专家维克托·迈尔-舍恩伯格(Viktor Mayer-Schönberger)和肯尼思·库克耶(Kenneth Cukier)等人常讲述的关于大数据的最早实践之一,莫里航海图[①]的故事作为范例进行研究,并引发讨论。

例证:马修·方丹·莫里(Matthew Fontaine Maury)是一位美国海军军官。1839年,在他前往双桅船"合奏号"接受一个新任务时,他乘坐的马车突然滑出了车道,瞬间倾倒,把他抛到了半空中,他重重地摔到了地上,造成大腿粉碎性骨折,膝盖脱臼。医生帮他复位了膝盖关节,但大腿伤得十分严重,还重新做了一次手术。若干年之后,他的伤基本痊愈,但是受伤的腿却留下了残疾。莫里再也无法在海上工作。经过三年的休养之后,美国海军把他安排到办公室工作,并任命他为图表和仪器厂负责人。

作为一位年轻的航海者,莫里曾经对船只在水上绕弯不走直线而感到十分不解。当他向船长问及为什么不走直线时,船长回答说,走熟悉的路线比冒险走一条不熟悉充满危险的路线要好得多。他们认为,海洋是一个不可预知的世界,人随时都可能被意想不到的风浪困住,甚至有被卷走的风险。

莫里在海军军官学校实习时,每次到达一个新的港口,他总会向老船长学习航海知识,这些经验和知识是几代航海人传下来的。他很快就学到

---

① 迈尔-舍恩伯格,库克耶.大数据时代[M].盛杨燕,周涛,译.杭州:浙江人民出版社,2013:98.

了潮汐、海风和洋流等知识。过去，海军依赖于陈旧的图表，有的都使用了上百年，而且大部分还存在严重的遗漏和错误。在莫里担任图表仪器厂负责人时，他下决心创作新的导航图。

莫里在清点库房里的气压计、指南针、六分仪和天文钟时发现，库房里存放着许多与航海有关的书籍、地图和图表。旧木箱里装满了之前海军军官们写的航海日志。他找到了所需要的有研究价值的信息，包括对特定日期、特定地点的海风、海浪和天气情况的记录等。莫里想到，如果把这些资料整理到一起，就有可能呈现出一张全新的航海图。

莫里整理航海数据之后，把整个大西洋按经纬度划分成五块，按月份标出温度、风速、风向和海浪情况，包括不同时间里这些数据发生的变化。经莫里探索，这些数据显示出有价值的模式，提供了有效的航海路线。终于，一张新的航海图在莫里手中诞生了。

在莫里的导航图之前，有经验的海员有时依靠经验也能安全航海，但有时也会陷入危险之中。在纽约到里约热内卢这条繁忙的航线上，航海人往往倾向于与自然斗争而不是研究如何战胜自然。美国船长一直被劝导前往里约热内卢不能通过海峡，因为那样存在很大风险，船长会选择在东南方向的航线上航行，再穿过赤道驶向西南方向。这样，航线的距离就相当于穿越大西洋两次。根据莫里的航海图指引，直接沿着海峡向南航行就能到达彼岸。

1855 年，莫里的专著《关于海洋的物理地理学》(*The Physical Geography of the Sea*) 正式出版。莫里在书中精心绘制了 120 万个数据点。他在书中写道，在这些图表的帮助下，年轻的海员们不用再亲自去探索和总结经验，能够通过这些图表立即得到来自成千上万名经验丰富的航海家的指导。莫里没有独自贪功，而是将成就归于广大航海家。

二、数据提取和作用

在大数据库中有着小数据库不具备的价值，莫里是较早的发现者和实践者。可见，大数据的核心是挖掘出庞大的数据库独有的价值。莫里深知，只要相关信息能够提取和把航海图绘制出来，就可以变成有价值的数据。通过这样的方式，他重复利用了别人眼里完全没有意义的数据信息。从这个意义上讲，莫里是数据化的先驱者之一。

从理论上讲，虽然与今天的大数据技术大体类似，但是莫里全部用手工精心完成了导航图表绘制，让人们为他点赞。这说明，远在信息数据化之前，对数据的运用就有了实践的先例。今天，我们经常把数字化和数据化这两个概念混同，但是对这两个概念的区分，实际上具有非常重要的意义。

在对数据使用和量化研究中，专家学者常援引日本先进工业技术研究所（Japan's Advanced Institute of Industrial Technology）越水重臣（Shigeomi Koshimizu）教授用数值量化的数据模式。越水重臣把一个从不被认为是数据，甚至不被认为和数据有关的事物转化成可以用数值来量化的数据模式。同样，莫里从看上去没什么用的旧航海日志中提取出有用信息，转化成极其有价值的数据。这一创新性的研究和应用，创造了数据使用的价值。我们不妨用简单的文字，揭开人的坐姿研究与汽车防盗系统关系的面纱，研究数据量化的作用。

例证：日本先进工业技术研究所越水重臣研究的课题是人的坐姿。很少有人会认为一个人的坐姿能表现出什么信息价值，但是它真的可以。越水重臣研究发现，当一个人坐着的时候，他的身形、姿势和重量分布等均可以量化和数据化。越水重臣和他的工程师团队在汽车座椅下安装360个压力传感器，用以测量人对椅子施加压力的模式。他把人体屁股特征转化成了数据，并且用从 0～256 的数值范围对其进行量化，这样就会产生属于每个乘坐者的精确的数据信息。

在该研究成果的实验中，该系统能根据人体对座位的压力差异识别出乘坐者的身份和体重，准确率高达 98%。

这项技术可以作为汽车防盗系统，安装在各种汽车上。使用这个系统，汽车就能自动识别出驾驶者是不是车主。如果不是，系统就会要求司机输入密码，如果司机输入密码错误，汽车就会自动熄火。由此可见，把一个人的坐姿转化成数据后，这些数据就孕育出了为人们服务的技术和一个前景光明的产业。例如，通过汇集这些数据，我们可以利用事故发生之前人的姿势变化情况，像分析飞机上的黑匣子那样分析出坐姿和行驶安全之间的关系。这个系统还可以在司机疲劳驾驶的时候发出警示，甚至自动减速或停车。同时，这个系统不但可以发现车辆被盗线索，而且还可以通过收集到的数据识别出作案人的身份。

从莫里和越水重臣的故事里可以得知，数字和数据的价值就在人们日常生活的信息之中。虽然有前人做了数据化基础的铺路石，但在数字应用时依然需要大量投入。例如，16 世纪的第谷·布拉赫（Tycho Brahe）每夜细心观察天体运动，试图从中找出规律，却未果。数据化在模拟时代成功的例子并不多，说明它需要具备一定的技术条件和精心研究。莫里很幸运，他因受伤坐进了办公室，但却发现了珍贵的航海日志和数据。因此，数据资本化不可或缺的途径，就是从潜在的数据中挖掘出巨大的价值，然后揭示出其发展规律。

在数据发展中，计算机的出现提供了数字存储和测量工具，提高了数据化的效率。计算机也使得通过数学分析挖掘出数据更大的潜在价值变成了可能。总之，数字化带来了数据化，但是数字化无法取代数据化。数字化仅是把模拟数据变成计算机可读的数据，它和数据化相比，有着本质上的区别。数据化不是数字化。

第二节　记录和计量是数据化的根基

在数字资本生产和发展中，为了得到有价值的数据，计量成为不可或缺的方法。为了获取数据的量化信息，我们需要知道收集、存储和记录计量的结果，并且需要有正确的工具。计量和记录的需求是数据化的前提，而在数字化时代来临的几个世纪前，就已经有前人为此奠定了基础。

一、计量是数据化的基础

信息量化的能力，是原始社会和先进社会的主要分界线。早期文明最古老的抽象工具，是传统方法的计算，以及长度和重量的计量。

公元前3000年，信息量化在印度河流域、埃及和美索不达米亚平原地区就有了很大的发展，日常的计量方法也不断进步。美索不达米亚在平原上书写了一种记录生产和交易的准确方法，这让早期文明能够计量并记载下来，并且为后人所用。因此，记录和计量促成了数据的诞生，它是数据化最早的基石。

在实践中，记录和计量能够再现人类活动场景。通过记录建筑物的建筑方式和原材料，人们就能再建同样的建筑，或进行实验性的操作，如通过改变一些方式保存其他部分而建造出新的建筑物，然后再记录这些新建筑物。一旦记录农作物生产情况，农民就可以知道一块地丰收时稻谷的产量。记录和计量为预测和计划奠定了基础，前提是准确预测明年的收成必须有和今年同样的基础指数。

长期以来，计量从长度和重量不断扩展到了面积、体积和时间。公元前的最后一个千年，西方有些国家的计量方法已经得到革命性创新，但存在比较严重的缺陷。早期文明的计量方法不太适合计算，包括比较简单的计算。例如，罗马数字的计算系统就不适合数字计算，因为它没有一个以10为底的计数制或者说是十进制。因此，大数据的乘除计算，即数据的量化和转化，需要智能化数字技术才能完成。

二、算术是数据化的公式

大约在公元1世纪，印度发明了一种有特色的数字系统。这套数字系统传播到波斯，并在波斯得到发展，而后传入阿拉伯国家，得到进一步改进。这就是今天使用的阿拉伯数字的前身。十字军东征给当地人民带来了严重的灾难，但同时也把西欧文明带到了地中海东部，而其中最重要的引入就是阿拉伯数字。公元1000年，教皇西尔维斯特二世（Sylvester Ⅱ）开始倡导使用阿拉伯数字。12世纪，介绍阿拉伯数字的书籍被翻译成拉丁文，传播到整个欧洲地区，从此开启了算数的兴起，并为数据化创造了公式。

第三节　金融业发展是复式记账的成果

据史料记载，早在阿拉伯数字传播到欧洲之前，计数板的使用改善了算术。其方法是在光滑的托盘上放上代币来表示数量，人们通过移动代币到某个区域进行加减。结果发现，这种计数板有着严重的缺陷，即无法同时进行超大和太小的计算。最主要的缺陷还在于，这些计数板上的数字变化很快，不小心碰撞或者摆错一位都会导致结果完全错误。而且，即便计数板勉强可以进行计算，它也不适合用来记录。因为一旦需要将数字记录在计数板以外的地方，就必须把计数板上的数字转化成罗马数字。

在数据发展中，算术赋予了数据新的意义，因为它不但可以被记录，还可以被分析和再利用。阿拉伯数字从12世纪开始在欧洲出现，直到16世纪晚期才被广泛采用。到16世纪，数学家们宣扬使用阿拉伯数字计算能比使用计数板快6倍。但最终让阿拉伯数字被广泛采用的还是复式记账方法的出现，并成为数据化的重要工具之一。

早在公元前3000年，会计手稿得以出现。但是，记账法在这之后的长达几百年里发展得并不快，基本上一直保持在记录某地某种特定交易的初级阶段。直到14世纪，意大利的会计们开始使用两个账本记录交易明细，这种情况才开始发生改变。这种记账法的优势在于，人们只需要将借贷相加，就可以进行制表并得知每个账户的盈亏情况。数据能发声了，虽然只读出了盈亏的数目，但这是一个重大进步。

学界普遍认为，复式记账法通常被看成会计业和金融业不断发展的成果。事实上，在数据利用的过程中，它是一个重要里程碑。它的出现实现了相关账户信息的分门别类记录。复式记账法建立在一系列记录数据的规则之上，也是最早的信息记录标准化的先例，可以让会计看懂彼此的账本。可见，复式记账法可以使查询每个账户的盈亏情况变得简易，同时，它会提供交易的记账线索，容易找到需要的数据。

在数字和数据发展中，复式记账法和阿拉伯数字一样，并没有在短时间内取得成功。直到200年之后，一个数学家和一个商业家族改变了数据化的历史。

这位数学家就是方济各会的修士卢卡·帕西奥利（Luca Pacioli）。1494年，他出版了一本为普通人和商人编撰的数学教材。这本书最大的贡献在于它对复式记账法的详尽论述。之后的几十年，书中论述复式记账法的重要部分被分别译成6种语言，并且成为几个世纪的通用范本被广泛使用。

随着数据记录和量化的不断发展，人类探索世界的观念和实践也在不断进步。人们希望能更精准地记录时间、地点、人物、事件和结果等。到了19世纪，当科学家们发明了新工具来测量和记录电流、气压、温度、声频之类的自然科学现象时，科学已经离不开数据的量化了。人类走进了一个新时代，这是一个所有事物都需要被测量、划分及记录的时代，是一个标志性的时代，即数据化时代。

第四节　量化是数据化的核心

数据化的核心不是记录，是数据量化一切，而数据量化是从大量数字存储和分析中来的。其主要包括文字变成数据，方位变成数据，行为变成数据，万物变成数据并实现数据化，即数据的量化。

一、文字变成数据的价值

关于数字化和数据化的区别，我们研究一个两者同时存在和起作用的领域，这个领域就是书籍。2004年，谷歌发布了一个巨大的创新计划，试图把所有版权条例允许的书本内容进行数字化，让世界上所有的人都能通过网络免费阅读这些书籍。为了完成这个伟大的计划，谷歌与全球最大和最著名的图书馆进行了友好合作，并且还发明了一个能自动翻页的扫描仪。

例证：谷歌所做的数字化文本，每一页都被扫描然后存入谷歌服务器的一个高分辨率数字图像文件系统中。书本上的内容变成了网络上的数字文本，在任何地方的读者都可以方便地进行查阅。然而，这需要读者知道自己要找的内容在哪本书上，否则必须在浩瀚的书海中寻觅自己需要的内容。这些数字文本在没有被数据化之前，它们不能通过搜索词被查找到，也不能被分析。谷歌所拥有的只是一些图像，这些图像只有靠人的阅读才能发生转化并发挥作用。

众所周知的亚历山大图书馆，其数字化程度虽然高于各国的图书馆，但谷歌依然希望它能做得更强大。谷歌明白，这些信息只有被数据化，它的最大潜在价值才能被释放出来。因此，谷歌使用了能识别数字图像的光学字符识别软件来识别图书中的内容，图书的数字化图像就转化成了数据化文本，使查找和阅读更方便。

在历史上，15世纪中叶，人类发明了印刷机，迄今为止大约出版了1.3亿多册图书。到2011年1月，谷歌的数字化图书计划实行7周年，有2000万图书被扫描成了数字图书，这几乎相当于人类所有书写文明的15%。这个惊人的数字诱发了一个新的学术成果，即文化组学。"文化组学"是一个计算机专业词汇，是指通过文本的定量分析来揭示人类行为和文化发展的基本趋势。

美国哈佛大学的研究人员对几百万册书籍和5000亿个以上的单词进行了系统性研究，发现这些书中出现过的单词有50%以上在字典中都无法找到。其结论是，这些因为不够规范而没有录入正规词典中的词汇如此之多，是一个巨大的宝藏。通过系统分析人们对犹太画家马克·夏卡尔（Marc Chagall）[①] 的评价发现，对于思想或是个人的审查和压制会留下"可量化的痕迹"。词语就像是藏于图书中而非沉积岩中的化石。崇尚文化组学的人可以像考古学家一样，挖掘数据中所蕴藏的财富。

由此可见，文字变成数据，既可以用于阅读，也可以用于分析，这就是文字变成数据的价值。因此，谷歌利用数据化了的图书，改进了智能化机器翻译技术。这个系统会自动扫描译本，然后找出译语的单词和词组在

[①] 由于是犹太人，他的很多作品都被查封了。——作者注

源语中的对应词和词组。一旦得到对应，系统就可以把翻译看成一个简单的数字问题，只需要用智能手机找出两种语言之间最恰当的对等词和词组。谷歌的范例证明了当数字变成数据和数据被量化的重要价值。

二、方位变成数据的价值

地球聚集了最海量和最基础的信息，但长期以来几乎没有被量化和数据化过。例如，人和事物的地理定位，构成自然界主要信息的组成部分，但这些信息需要转变并量化为数据，才具有使用价值。

对地理位置的数据化，需要具备一定的前提条件。我们需要精确测量地球上的每一块地方，不但需要一套标准的标记体系，而且更需要收集、记录和量化数据的条件。概括之，就是地理范围、标准、工具或者说量化、标准化、收集和转化。只有具备了上述条件，才能把位置信息当成数据来存储、分析和使用。

据史料记载，西方国家对位置信息的量化源于古希腊。公元前200年，埃拉托色尼（Eratosthenes）发明了用网格线来划分区域的系统，类似于经纬度法。但是，它在历史的长河中被遗忘了。大约1500年之后，即在公元1400年，克罗狄斯·托勒密（Claudius Ptolemaeus）所著的《地理学指南》（*Geography*）的复印本从君士坦丁堡传到了佛罗伦萨，著作轰动一时，而书中提到的系统现在仍被用来解决航海导航的技术问题。从此以后，地图上标上了经纬度和比例尺。这套系统在1570年得到了佛兰德制图师墨卡托（Gerardus Mercator）的完善，从此，海员们可以利用它画出笔直的航线并顺利驶向彼岸。

在方位数据发展中，虽然出现了记录地理方位的方法，但缺乏统一的标记标准。人们急需一套标准的标记系统，犹如互联网需要有域名才能正常运行一样。而经纬度的标准化是一个漫长的过程。1884年，在美国华盛顿召开的国际子午线会议上，25个与会国家中除法国弃权外的24个国家一致同意，将英国格林尼治定为本初子午线和零度经线所穿过的地方。20世纪40年代，墨卡托方位法把世界划分成60个区域，极大地提高了地理定位的准确度。

各种地理定位信息数据终于能在标准化的数值范式下进行收集、存储、标记、记录、测量、生成和使用。但是在模拟数据时代，测量和记录地理位置信息成本很高，实际上人们很少使用。因此，发明低成本测量地理方位的技术工具成为主要任务。

1978年，构成全球定位系统（GPS）的24颗卫星第一次发射成功。无论是汽车上的导航系统还是智能技术，地面上的接收器都能通过计算接收信号所需时间的差异对它们进行三角定位，而这些信号就来自距离人们20372km的天空。

20世纪80年代，全球定位系统第一次对民用开放，到90年代才完全投入使用。为了实现商业运用，它的精确度在若干年后得到了大幅提升。当今，全球定位系统的地理定位能精确到米或更小范围，实现了自古以来无数航海家、制图家和数学家的梦想。目前，人们用技术手段使全球定位系统能够快速地进行地理定位。

在数字时代，GPS只是定位技术系统之一，中国研发的北斗卫星定位技术系统与之共享。这些新系统通过对电塔和无线路由器的信号强度进行三角测量来定位地理位置，从而弥补了GPS无法在室内和高楼之间进行定位的缺陷，提高了准确度和使用率。

汽车装上了无线技术系统，汽车所在地理位置的信息数据化，改变了人们对保险的观念。根据数据提供的关于时间、地点和行驶路程的详细信息，保险公司可以为车险个性化定价。例如，英国规定，车主可以根据他的实际驾驶地点和时间购买汽车保险，而不限于车主的年龄、性别、履历和购买年险。这种保险定价法激励投保人产生更好的行为习惯。同时，也改变了保险的基础，从考虑一个群体的平均风险转变为个性化的分析。因此，汽车定位技术的广泛使用，也改变了一些固定资产投入的模式，如高速公路收费，成了消费者的一种投资。

近年来，无线运营商通过收集和分析这些信息数据，不断提升移动互联网的服务水平。而且这些数据越来越多地被第三方利用，为消费者提供新的服务，获取新的利润。例如，一些智能手机的应用程序不管手机本身是否具有定位功能，都能收集位置信息。还有一些应用程序是为了获得消费者用户的位置信息而存在的，比如Foursquare。它让消费者用户在最喜爱的地方"签到"（check in），通过忠诚度计划、酒店推荐和"签到"地点附近的其他推荐来获得利益。

因此，商家收集消费者地理位置的数据，已经变得具有货币价值。从方位变成数据的价值考量，根据消费者所在城市及所居住的地点、活动范围和行为预测数据，可以为消费者提供定制广告，而广告商便可以通过广告收取广告费，使方位变成数据，使数据变成资源，使资源变成货币。

在数据的发展中，位置数据在商业以外的用途更为重要。例如，美国麻省理工学院媒体实验室及人类动力学实验室主任亚历山大·彭特兰（Alexander Pentland）教授和他的学生南森·伊格尔（Nathan Eagle）被称为现实挖掘研究的先驱。现实挖掘是指通过处理大量来自手机的数据，发现和预测人的行为。在一项研究中，他们通过分析每个人的行踪，成功区分出感染流感的人群，而且在感染者还完全不知道自己已经患病之前就做出区分。如果出现非常严重的流感疫情，这项技术可以挽救无数人的生命。此时，作者想到一个典型事例，据世界卫生组织2022年6月30日公布数据显示，全球累计新冠肺炎确诊病例达5.4亿之多，美国死亡100多万人。如果使用亚历山大·彭特兰的预测技术对世界各国人的行为进行区分，是否会对新冠病毒感染早发现、早预防，从而达到降低传染的效果呢？

例证：伊格尔是无线数据科技公司Jana的创始人，他使用了来自100多个国家的超过200个无线运营商的手机数据，几乎覆盖了拉丁美洲、非洲、欧洲的大约35亿人口。伊格尔的研究既关注家庭主妇平均每周去几次菜市场，也试图回答关于疾病如何传播和城市如何繁荣等重大问题。在一项研究中，他和同事结合分析了非洲手机预付费用户的位置信息和他们账户的资费金额，发现资费与收入成正比，即越富有的人一次性预付费越多。同时，他们还得出了一个与直觉判断相反的结果，贫民区不仅是长期不变的贫困中心，还是能够创造经济价值的平台。关键在于，我们要意识到这些都是手机所提供的位置信息的间接利用，而和移动通信自身业务没有丝毫关系，但是这些数据最初又是为了更好地开展移动通信而生成的。因此，人的活动位置信息一旦被数据化，数据的用途就像泉水一样不断涌现出来，随着数据量的不断增大，数据的新价值也会随之不断提升。

三、社交变成数据的价值

数据化，是许多社交网络平台盈利的桥梁。社交网络平台不仅给广大消费者提供了一个社交的平台，而且将消费者们日常生活的信息提取出来，通过数据再转化，作为具有新价值的数据。

例证1：2012年，脸书（Facebook）拥有大约10亿消费者用户，他们通过上千亿的朋友关系网相互连接。该社交网络几乎覆盖全球总人口大约10%的人。大部分人的关系和活动在数据化之后都为一家公司所掌控，其潜在用途不同寻常。一些消费信贷领域的创业公司正考虑开发以脸书社交图谱为依据的信用评分。美国FICO（finance controlling）信用评分系统，利用15个变量来预测单个借贷者是否会偿还一笔债务。但一家获得了高额风险投资的创业公司的一项内部研究显示,个人会偿还债务的可能性和其朋友会偿还债务的可能性呈正相关。显然,社交媒体上的大量数据能形成新型网络商务平台。

例证2:伦敦的英国对冲基金德温特资本市场(Derwent Capital Markets)和美国加利福尼亚州的MarketPsych公司把深入分析微博的数据作为股市投资的重要信息。他们从未公开过自己的商业秘诀,也不知道是倾向于投资良好的公司还是做空,但这两家公司都在向经商者出售各种信息。MarketPsych公司与其他机构合作,提供了分布在世界119个国家不低于18864项的独立指数,包括消费者每天每时每刻的活动情况,例如乐观、纠结、忧郁,甚至结婚和生子等。

华尔街的数学专家们将数据传输到数据分析师的算法模式中,寻找能被有效利用并实现盈利的隐性联系的有价值数据信息。根据"社交网络分析之父"贝尔纳多·哈柏曼(Bernardo Huberman)[①]的分析,微博中单一主题出现的频率可以用来预测很多事项。他和一位在惠普实验室工作的同事开发了一个程序,可以用来监听新微博的发布频率,鉴于此,他们预测某一个项目的成败,有时比其他传统评估预测方法的准确度还高。

例证3:推特、微博限制在稀少的280个字符中,但与每条微博联系在一起的元数据却十分丰富。推特的元数据,即"关于信息的信息",其中包括33个分离的子项。其中一部分信息似乎并没多大用处,包括推特用户界面上的"墙纸"或消费者用户用来访问这项服务的软件;但其他的元数据却很有意义,如他们使用的语言、所处的地理位置、关注的人以及朋友的数量和名字。《科学》杂志上的一项研究显示,世界上不同文化背景的人每天、每周的心情都遵循着相似的模式,这项研究建立在2010—2011年对世界上84个国家240万人的5.09亿条微博数据分析论证基础之上。可见,在数据和信息化时代,人们的情绪都可以被数据化。

因此,数据化不仅能将人的行为和情绪转变为一种可用于分析的形式,也可能转化为分析人们的活动规律。人的行为虽难以跟踪,特别是在特大城市和大城市的人群环境中,但是,随着数字技术和卫星定位的融合,不仅能用数据对人的社交活动进行分析,而且还可以用数据对人的行为进行分析,并从中揭示出其规律性。

---

① 贝尔纳多·哈柏曼是惠普实验室最有影响力的科学家之一。——作者注

四、万物数据化的价值

茫茫人海，大千世界，在数字化时代，万千事物都能转化为数据，并不断给人类带来收获和惊喜。正如越水重臣教授的研究成果，其潜在的用途十分广泛。它能分辨出人的住址、房间和房间的物品；它的基本用途是自动开灯和开门；然而更重要的是，它能通过一个人的体重、站姿和走路方式确认他的身份；它还能知道某人在摔倒之后多长时间才能站起来；利用这项技术，商场可以知道到店客人的流量和售货情况。可见，一旦将万物数据化，就能产生无穷的用途和无尽的价值。

在智能手机和计算机技术普及的背景下，许多科技公司采用测量人们夜间脑电波的方法，试图找出他们的睡眠模式和健康状况。例如，某公司建立了世界上最大的睡眠活动数据库，揭示了男性与女性睡眠时眼睛活动量的差异。某科技公司还将一个感应器绑定到哮喘病人佩戴的呼吸机上，通过北斗定位，再汇总收集起来的位置数据，用以判断人所在的环境因素，如接近某植物花粉对哮喘的影响。该公司同时让人们测量他们的体力活动和睡眠状况，还用腕表来监测佩戴者的生命体征，包括心率和身体电传导率，以此测试他们所承受的压力。苹果公司申请了通过音频耳机收集关于血氧饱和度、心率和体温的数据专利。可见，在数据化时代，获取和使用数据变得简单而有效。

另外，数字技术能帮助人们获取到更多关于人体运作方式的信息数据。例如，挪威约维克大学学院的研究人员和科技公司联合研究为智能手机开发了一款应用程序，用于分析人走路时的步伐，并将其作为手机解锁的安全系统。美国佐治亚理工学院的罗伯特·德拉若（Robert Delano）和布莱恩·派尔思（Brian Parise）开发了一款叫作 iTrem 的应用程序，用手机内置的测震仪监测人身体颤动的情况，研究还包括帕金森在内的神经系统疾病等。

总之，万物都可以数据化，一旦世界被数据化，只有你想不到的，而没有数字技术做不到的。莫里通过艰辛的工作研发了导航图，并揭示了隐藏在数据中的价值。而今天，拥有了智能化数据分析技术，应用统计学和云算法以及智能设备，包括信息处理器和存储器，人们可以在更多领域、更快、更准确地进行数据处理，并使数据产生价值。

在大数据发展的时代，我们生活在一个计算型的数字社会。我们相信，世界可以通过数字技术和数学算法来获得解释。我们也相信，数据可以跨越时空和地域，给人类带来价值和希望。

第五节 数据量化的分类方法

分类法，是指对数据信息分类的方式和方法。数据分类法在叙事信息的歧义消除中发挥着重要的作用。对非结构化数据而言，就像数据模型对于结构化数据分析一样具有重要意义。

在数据量化过程中，分类是继数据汇聚后的第一道工序。一般是指数据本体论分类法，即简单分类法，该分类法中的元素之间存在一定关系或关联。在通常情况下，在为非重复性非结构化数据的文本消歧构建时，使用本体论分类法或常规分类法，或两者兼用。

一、数据分类法的适用性

数据分类法一般使用于数字文本，如电子邮件、文件信息、社交对话和其他自由形式的叙述性文本。在自由体文本分类中，使用分类法中所关联的语境对其进行分类。

例如，律师有一份格式合同，该合同的内容是购买小米手机，"小米手机"一词作为格式模板的商品出现在每份合同中。虽然小米手机是一种常见手机，但小米手机被归类为手机这一事实出现在合同的每一个商品分类实例中。因此，使用分类法对小米手机进行分类，在格式模板数据中有很大作用。因为它一经检索便会迅速出现，对文本理解有明显帮助。但是，分类法对格式模板合同和其他重复叙述性文字场景应用有限。

在对数据无限多的分类实践中，根据数据的适用性，可将其应用于非重复性非结构化数据。例如，机械制造业可以使用与工程和制造有关的分类法，会计师事务所可以选择适用于会计规则的分类法，律师事务所可以选择与律师业务相关法律和司法解释的分类法，商场则可以选择与商品和销售相关的分类法等。

二、数据模型和分类法

在数据分类主题中，人们常用的数据模型在结构化环境中扮演了十分重要的角色。在数据分类实践中，一是数据模型发挥着十分重要的作用，它可以帮助我们理解、分析和管理数据；二是分类法在非结构化的文本环境中同样发挥着重要作用。虽然彼此并不完全相同，但分类法与数据模型的作用基本一样。

第一篇　数字资本的生产

　　在非结构化数据分类中，有一种异常现象，即结构化数据和非结构化数据同时存在，重复性数据和非重复性数据相互链接。这两组数据的区别和联系值得研究。

　　在如图 2-1 所示的非结构化数据的分类中，非结构化数据的子分类是重复性和非重复性非结构化数据。在非重复性数据之下，又有重复性和非重复性数据的下一级分类。使用这种分类方法，存在既是重复性又是非重复性的数据。

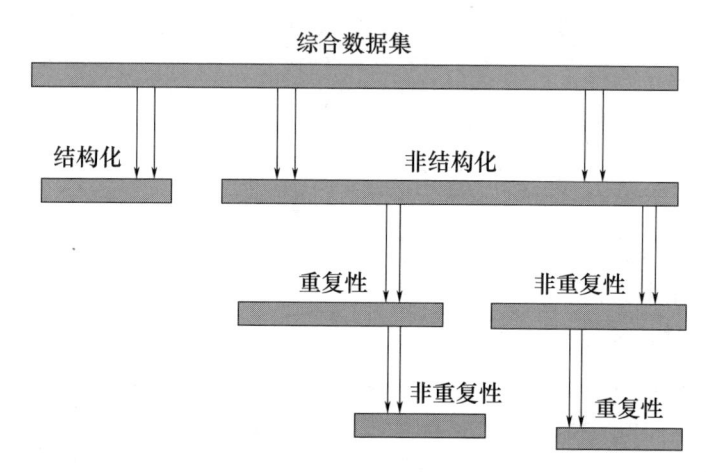

图 2-1　重复性数据和非重复性数据示意图

　　我们分析数据异常现象并解释它的重要性，可以从以下分析中寻找答案。在通常情况下，非结构化数据可以被认为是重复性的和非重复性的数据。重复性非结构化数据是内容和结构高度重复的非结构化数据，如点击流数据、职员名单、计量数据等。而另一类非重复性非结构化数据主要包括电子邮件、社交数据、文本信息、标准合同，以及其他书面或口头表述的信息。

　　同时，在叙事数据分类中，经常会出现数据子分类。在实践中，文字数据可分为非重复性文字数据和重复性文字数据。例如，律师使用的格式合同。格式合同，是指合同基本条款预先设定的合同，律师只在合同相关条款中填写内容即可。

三、数据单词列表分类法

　　在数据单词分类中，最简单的形式是单词列表。列表分类法基本涵盖了对主题数据的分类。包括对一些产品的分类，汽车可以分为林肯、保时捷、奔驰等，俄罗斯产品可以分为香肠、啤酒、伏特加等。

这些产品和物品还有其他的分类方法，如汽车可以分为轿车、货车、跑车等，德国酒类产品可以分为红酒、白酒、啤酒等。

四、多语种数据分类法

多种语言数据分类，是指在数据分类中使用两种或者多种语言文字，即指数据分类可以在多种语境和文字中适用。例如，2006年由李伟民教授主编、中国法制出版社出版的中、英、德、法、俄、意、日、韩、拉丁文《世界法律词库》等。

五、法人分类法和自然人分类法

在区分法人分类法和自然人分类法时，有一个比较重要的选项，即在做数据文本消歧时，是使用法人创建的分类法还是使用自然人创建的分类法。法人分类法的主要优点是，很容易自动翻译成不同的语言。法人分类法通常以多种语言创建，你可以用一种语言阅读文档，并用不同的语言创建相关的分析数据库。使用法人分类法的最大优势是成本低，不需要在分类法的创建上进行大量投资。

如果一个组织决定人工创建自己的分类法，会遇到很多问题，因为无法估计实际构建和维护该分类法需要多少工作量。采用自然人分类法，则可以根据分析需求，进行定制化创新。

六、数据分类法的不断创新

分类法是多元化和不断发展的，应遵循与时俱进和不断创新原则，使用不同方式对分类法本身进行分类。在实践中，不同的方法创建常采用不同的列表方式进行分类。其中，有些分类法由同义词组成，有些分类法采取对常用单词组合或者对常用词语列表等方式或方法。

七、数据分类法的升级换代

随着数据的创新发展，分类法不但需要维护，而且需要创新，包括升级或换代。因为数据语言和数字技术是一个发展和变化的过程。例如，在2000年之前，如果你提到"微信"，没有人知道你在说什么，但当今，"微信"成为一个普遍使用的词语。

根据数据经济、数字技术和数字资本的发展，数据的种类会发生变化，因此，对各种数据的分类法也必须不断更新甚至换代。

第六节　数据量化的技术体系

数据在量化之前仅是数字，数据在量化之后转化成为资产，而使数据量化并实现升值的关键是数字技术体系。其关键或重要技术包括数据并行处理技术、重复性非结构化数据商业价值提升数字技术、重复性非结构化数据语境化技术和数据文本消歧技术等。本节重点对几种关键技术做概要介绍。

一、大数据联合处理技术

在大数据日益发达的时代，实现大数据量化的关键是处理日趋强大的数据体量的能力，这种能力除了人的智慧，更多的是智能化大数据处理器一起加载和处理，而对各种大型数据的处理，则需要若干智能化处理器连接在一起，以协调并行的方式进行。即每台智能化处理器控制并管理自己分管的数据，被管理的数据构成了大数据量化的数据体量，被称作大数据联合处理技术体系。

大数据联合处理技术被专家称为大规模智能化处理的数据科学管理模式。在此模式和方法的并行处理中，每个处理器控制各自的数据，像使用历史上罗马人口普查方法一样。但是，在对数据进行解析和处理中，一般是以适应上述数据结构来完成的。图2-2显示了数据的文本解析以及与上述架构的拟合。

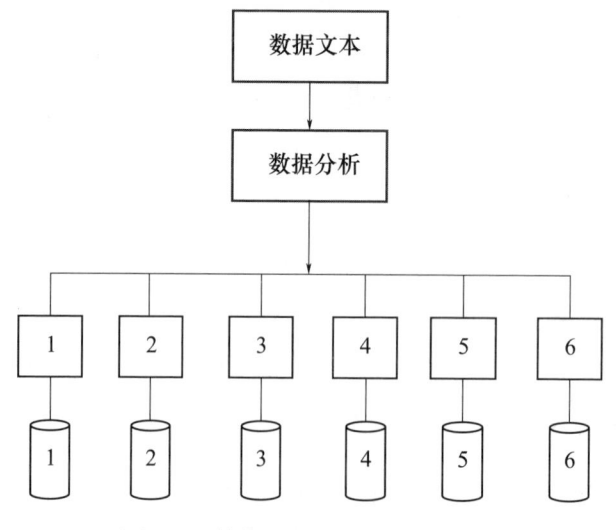

图2-2　数据的文本解析处理程序

在上述架构中,数据的解析会影响数据的位置,即一条记录被放在一个节点上,另一条记录被放置在不同的节点上。

对数据进行分析,或以解析信息作为数据入库的依据,最大的作用是提高了数据定位的效率。当分析师希望定位一个数据单元时,分析师会列出系统所需的数据值。在系统使用之初将数据放入数据库的算法中,一般使用哈希算法,该方法的效率和准确度都比较高。

在数据并行分析和处理中,有以下几个问题值得关注。

(1)查询效率。在大数据分析中,与并行处理相关的重要问题是查询的效率。当大数据进行简单的查询分析时,必须对大数据中包含的整组数据进行解析。即数据是并行管理的,这样的数据库全盘扫描仍会耗费很多技术设备和资源。

(2)创建索引。应用智能化技术对数据进行扫描,需要创建一个单独的索引。这种方法只对重复性数据有效,对非重复性数据无效。只要创建了重复性数据的索引,就可以做到比全表扫描更有效率。使用了数据索引,不再需要在每次搜索大数据时进行全部扫描。

(3)索引更新。每当有数据加入大数据集合的重复性数据中时,就需要对索引进行更新。此外,检索技术设计者还必须在建立索引时,对不同语境信息采取不同的方式方法。

二、非结构化数据处理技术

目前,在大多数企业中,80%以上的数据是非结构化信息,而且非结构化信息有很多不同的形式,如照片、视频、音频、图像等。但对于非结构化数据而言,最具有使用价值的是数据文本。

(一)数据文本

数据文本信息在各企业随处可见,如电子书、电子文件、电子合同、电子邮件、会议记录等都有文本信息。因此,数字文本信息是企业信息的重要组成部分,每个企业都应建立数字文本信息库。

非结构化信息数据一般分为两大类:一是重复性非结构化数据,二是非重复性非结构化数据。

(二)数据价值

不同类型的非结构化数据有不同的数据商业价值。重复性非结构化数据具有一定的商业价值,但是,这种商业价值一般很难被发现和开发。而且在很多情况下，重复性非结构化数据没有很高的价值。

在企业非重复性非结构化数据中心，存在着巨大或潜在的数据商业价值。在实际应用中，非重复性非结构化数据的商业价值比较高，主要包括但不限于：

(1) 电子邮件，广大消费者用户和反馈。
(2) 信息中心，各种信息读取和交流。
(3) 合同文本，常用规范性合同文本。
(4) 企业业务，本企业主要业务简介。
(5) 主要产品，本企业主要产品推介。
(6) 营销情报，各种营销信息和分析。

（三）简易分析

在重复性非结构化环境中进行分析相对简单，而在非重复性非结构化环境中进行分析相对比较复杂。

在实践中，造成重复性非结构化数据和非重复性非结构化数据之间差异的原因有很多。重复性非结构化数据的主要特点如下：

(1) 形状一致且定义规范。
(2) 内容简单且十分精确。
(3) 检索简便且容易识别。

关于非重复性非结构化数据，情况正好相反。非重复性非结构化数据的主要特点如下：

(1) 形状不均匀且定义不规范。
(2) 内容不确定且结构较复杂。
(3) 检索不简易且识别困难。它们一般由数字文本组成，数字文本识别与简单解析是完全不同的方法。

总之，这两种类型的数据之间存在很大差异。从以上这些差异中基本可以分清或区别非结构化数据之间的界限。

（四）基于结构化数据的决策

在一般情况下，多数企业的决策都是基于结构化数据做出的。其主要原因是，结构化数据信息容易实现自动化。因此，结构化数据通常适合标准数据库技术。采用数据库技术，很容易在企业内部进行数据分析和管理，例如可一次性读取和分析万条结构化信息的内容等。其智能化分析工具大都刻印在标准数据库技术分析中。

（五） 数据语境的标准化

在数据分析过程中，把数字文本变成对计算机有用的形式，必须对数字文本的许多部分进行规范管理。其中，数字文本最重要也是最复杂的环节是寻找和确定文本的语境。如果不正确理解文本中的语境，就无法利用数据或数字文本进行任何形式的正确决策。

因此，文本语境化和语境规范化，是在决策中使用非重复性非结构化文本分析师所面临的挑战。

例如，我们通常将"interesting"翻译为汉语"有趣的"，我们都认为这是褒义词。但在实际应用中，这个单词衍生出了不少其他意思，比如用于表示讽刺、怀疑、不耐烦等（特别是在英式英语中）。即人们有时候会用"interesting"来礼貌地表达反对，意思类似于"呵呵"。例如，"She claimed that she could become the world lady."她说她自己将会成为世界小姐。"That's an interesting question."那真是个有意思的问题（呵呵）。在此句中，interesting就是表示怀疑、讽刺的意思。

在实践中，寻找和理解语境的需要并不局限于"interesting"这个词。寻找和理解语境，对所有单词来说都是必要的。非重复性非结构化数据分析师面临的最大挑战，就是将文本语境化和规范化。因此，语境标准化和语境规范化是一个十分重要的问题。

三、重复性非结构化数据语境规范化

基于上述情况，为了用于分析，所有非结构化数据都需要语境规范化。但重复性非结构化数据和非重复性非结构化数据之间有很大的差别：将重复性非结构化数据语境规范化比较容易且简单，而将非重复性非结构化数据语境化并规范化却有一定难度。

（一） 重复性非结构化数据解析

在分析中，对于重复性非结构化数据，通常在数据库检索，读取数据块后，对数据进行解析。对于重复性数据的解析比较简单，并且对于记录很小的语境，很容易识别并快速读取到。

在对大数据进行解析和语境化的过程中，一般是通过数字智能化技术工具完成的，也可以通过定制的技术程序完成。解析完成后，输出可以采用任何一种格式，比如以喜欢项记录的形式放置。如果符合选择条件，某一时刻的记录将被收集并储存在数据存储器中。

在数据分析中,如果只选择了语境而不是整个内容,内容选择过程便会发生变化。当选择后的内容与另外一个内容记录在输出中合并时,会发生另外一个变化,还存在很多不确定性因素。

(二) 重组输出数据的方法

在数据分析中,完成选择和解析过程后,下一步就是对数据进行技术重组。决定输出数据如何进行技术重组的因素有很多,其关键因素有两个,一是输出数据的数量,二是数据的主要用途。

在分析中,对输出数据进行重组的方法有三种:第一种方法是将输出数据放回大数据中;第二种方法是将输出数据放入一个索引中;第三种方法是将输出数据发送到一个标准的数据库管理系统。

四、数字文本消歧技术

在数据处理程序中,非重复性非结构化数据语境化的过程主要由数字文本消歧或文本提取、转换、加载技术完成。但因数字文本消歧任务不同,一般会根据数据消歧实际情况,在技术 A 和技术 B 中间进行选择。两项技术的主要区别在于,技术 A 转换就得遗留系统数据,而技术 B 是转换文本。在宏观程度上,两者存在很多共同点,但在微观处理细节上,两者存在一定区别。

(一) 文本消歧的输入

在分析中,文本消歧的输入来源于不同的地方。最常见的输入来源是消除歧义文件的电子文本,另一个重要的数据来源是数据分类法,分类法对消除歧义的过程同样十分重要。

(二) 文本消歧的程序

在数据处理中,对数字文本消歧的主要目的是,审读原始文本从叙述到消歧,并将数字文本转换到标准数据库。图 2-3 显示了数字文本消歧的常规程序。

非结构化数据 → 数字文本 → 文本消歧 → 标准数据库

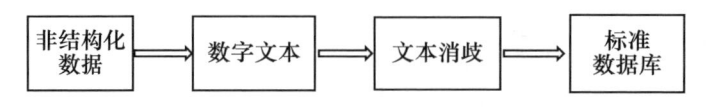

图 2-3 数字文本消歧的常规程序

在数据消歧分析处理中,原始文本一经被转换,就以标准化的形式存入分析数据库中。在通常情况下,分析数据都是标准化的,其中存在一个特别重要的数据元素。分析数据库甲可以与分析数据库乙进行连接,最终达到能够在同一查询中准确识别结构化数据和非结构化数据的目的。

在分析数据库中,每一个元素都可以直接追溯到原始的文件源。若对文本消歧处理的准确性存在疑问,则需要启动追踪程序。若在分析数据库中发现数据语境存在错误,则需要对其源头进行追溯和复检,并酌情予以修正。

(三) 映射的程序

为了完成数字文本消歧,在数据处理中必须将文档映射到规定的文本消歧程序中,通过消歧程序映射指导解释文档,进而完成文本消歧并进入标准数据库。每个数字文本都有设定的映射程序。

在规定消歧和映射程序中,指定映射参数后,可以直接执行标准数据文档。同类型的所有数据文档都可以由相同的映射提供服务。例如,对自动驾驶汽车和无人机,以及对人力资源中高级工程师和技术人员专项或专业的映射等。

在数据分析、处理和转化过程中,其映射过程都是以迭代的方式进行的。一是创建数字文档的第一个映射。二是处理一些数字文档,分析师看到结果。三是分析师决定进行一些调整或更改,并通过新的映射方式和模式重新运行数字文档。四是过程继续。五是分析师最终完成分析任务,做出结论报告。

使用创建映射的迭代方法,是因为数字文档非常复杂,而且数字文档中存在不同程度的差别。即使对于有经验的数据分析师,创建映射也是一个迭代的过程。

由此可见,基于迭代的性质,创建映射之前使用的初始映射处理数千个数据文档都没有实际意义,因为需要对初始映射进行处理。

(四) 输入和输出形式

在数字文本消歧过程中,输入的电子或数字文本有多种形式。而且电子文本可以来源于任何地方,可以使用规范的语言、符号、速记、注解、数据目录等输入或输出形式。

(五) 数字文档分解和命名值处理

数字文本消歧后进入标准数据库,然后根据数据的分类和特征分别为文档分解和命名值处理。

(1) 在数字消歧程序中,数字文档分解,是指对数字文档进行逐字处理的过程，如停用词处理、替代拼写、缩略词消解、同形异义词注解等。文档分解的作用是在处理过程中，原数字文档仍然具有可识别的形状特征，但已经过修正。

（2）在对数字文档命名中，数字工程师需要进行内嵌语境处理。而内嵌语境是在数字文本重复的情况下进行的。

（六） 数字化文档预处理

预处理，是指在无法通过数字文本消歧对文档进行标准方式处理的情况下，有必要通过一个预处理程序。在预处理程序中，可以对数字文本进行编辑，规范数字文本的内容，使其可以通过数字文本消歧正常使用。

在数字文本处理中，除非绝对需要，否则不必对数字文本进行预处理。因为通过预处理数字文本，会自动将处理文本所需的机器周期增加一至两倍，增加分析成本。

（七） 数字化电子邮件

在中国，电子邮件有其特殊性，一是因为几乎每个中国人都有电子邮箱，2022年网民达到10.51亿人，而且表现形式繁多。二是因为电子邮件带来大量的系统支出，而这些支出仅对系统内有用，而对系统外无用。三是电子邮件提供了众多消费者消费和活动的有价值信息。

在日常生活中，大家都体会过电子邮件中充斥着许多垃圾邮件和信息，对这些信息进行数字文本消歧是徒劳的。垃圾邮件，是指无任何使用价值的信息。

（八） 数字化电子表格

在数据处理中，电子表格是常用方式。有时电子表格上的信息表述文字由纯数字构成。但在通常情况下，电子表格中是基于字符的信息。但数字文本消歧不会处理电子表格中的数字信息，因为没有元数据来准确描述电子表格上的数值。专家提示，电子表格上的数字涉及公式信息，但电子表格公式作为描述数字含义的元数据大多属于无价值信息。基于这个原因，电子表格中唯一能进入数字文本系统的数据是基于字符的解读性数据。

（九） 数据分析报告

分析报告是数据分析处理的最后一道程序。大多数文本信息都依靠文档的形式存在。当文档中有数字文本时，通过文本消歧对其进行线性处理，但是文档中的数字文本并不是非重复性结构化数据的唯一形式。非重复性非结构化数据的另一种常见形式是表格。

在必要的情况下，可将表格作为数据输入读取，就像在数字文档中读取数字文本一样。因此，需要一种专门的数字文本消歧形式。这种形式的数字文本消歧报告称为分解报告，在报告中，通过专家分析和论证，使数据更规范、更有使用价值。

第七节　有价值数据的可视化

一、数据可视化的作用

在对大数据的分析、挖掘、论证和使用中，选择有价值数据可视化，对提高数据的功能和效率，提高运营人的正确决策，进而使数据转化为数字资产和数字资本，无不具有重要作用和实际意义。

数据经营者应根据数据使用的实际情况，选择数据库中有用途和价值比较高的数据进行可视化工作，并不断提高可视化的数量和质量，为数字资产和数字资本服务。

二、数据可视化模式

在数据可视化工作中，应该认真设计一个模式或模型创建可视化，并以一种能给受众带来兴趣的方式进行解读。

第一，趣味性。设计师心中装有一个故事，并以故事形式讲给广大消费者听，从而引发兴趣，引起关注。

第二，目的性。有明确的可视化目的、正确指导思想和方向。

第三，规范性。数据可视化使用普通话，语境规范化。可视化中如果语境不明确，或没有规范性定义和规则，会严重影响可视化效果。

第四，技术性。使用数字技术和方法，数据可视化要突出智能化。图2-4显示了一个基本模式，供企业在创建可视化时参考。

第一步 明确目标 → 第二步 定义数据 → 第三步 可视化设计 → 第四步 可视化创建 → 第五步 成果发布

图2-4　数据可视化主要工作步骤

（一）第一步：明确目标

数据可视化工作的主要目标，是通过数据可视化技术，充分展示有价值数据的特点、功能、生发、量化和转化过程，以及在可视化完成后，可以查看或与可视化对象进行交互，并着重对数据组织中的不同角色使用不同的方式进行分析和解读。

数据可视化目标，是将数据展示给广大受众者，促进有效宣传和交流；展现数据分析、论证、处理、转化中的成果，并在实际使用中发挥宣传和推广作用；为数据创新和战略决策提供支持。

（二）第二步：定义数据

定义数据，是指在可视化时对全部数据进行统一和规范定义，即按照数据标准概念和名词，对所有可视化数据进行规范化和标准化定义，防止歧义或使用有缺陷数据，保证可视化数据质量。数据可视化主要工作见表2-1。

表 2-1　数据可视化主要工作

主要角色	战略决策
公司董事长	确定数据发展战略
首席数据官	确定数据管理工作
项目经理	理解并解读数据
分析师团队	反应分析情况
消费用户	明确公告

（三）第三步：可视化设计

创建有价值数据可视化的第三步，是设计师对可视化数据进行精心设计。创建设计可视化方案是相对于第二步中定义的目的而言，因此，选择可视类型的数据、有价值的数据以及有故事情节的数据，通过可视化来讲述正确的故事，具有十分重要的意义。

1. 数据类型

最常见的数据分类是结构化和非结构化，即数据被放置在一种可使用的表格式中，例如，有行和列的表格或数据库就被认为是结构化的。非结构化数据包含不符合标准可使用格式的数据，如数字文本或术语解释等。在使用非结构化数据创建可视化时，有必要开展一系列工作，旨在将数据转换成可使用的数据初级产品。

2. 数据源

数据源是指数据的原始信息。通常情况存在很多数据，分散在很多不同的区域和地方，尚未进行生发和量化，无法发挥应用作用。例如，数据可能存在于数字表格、数字文本或数据库中。在创建可视化时，可以从不同的来源收集和选择数据，认真研究不同数据集之间的关联性。在工作中，并不是所有收集的数据都会被使用，也不是所有重要的数据都可以创建可视化产品。数据既有内部的，也有外部的，如政府公开的数据。数据工程师一般会选择可视化软件，并使用智能化和可视化技术丰富可视化的内容。

有价值可视化数据来源主要包括但不限于：

（1）数据库中有价值的数据。

（2）云系统中有价值的数据。

（3）文件表格中有价值的数据。

（4）业务系统中有价值的数据。

（5）相关领域或行业中有价值的数据。

（6）政务或技术系统中有价值的数据。

（7）互联网中有价值或使用价值的数据等。

3. 数据组织

对数据进行科学并有效的组织，旨在提高数据可视化工作质量，有必要将数据编到统一并规范的格式中。大多数创建可视化的工具都提供了关于如何管理应用程序中的数据或如何连接不同数据源的详细信息。最佳方案是将数据组织成行和成列或表格，并要求表格中的每个值都应该采用相同且规范的计量单位。例如，北京至上海高铁的运行数据、携程的业务数据等，并且具有统一的计量单位。在处理时间数据时，时间格式必须保持一致并进行规范化可视，如北京时间。

4. 数据质量

高质量的数据必须具备三个主要条件，即完整性、规范性、有效性。优质的数据可以提升决策和可视化的水平。在实践中，数据质量有不同的维度需要进行考量，主要包括但不限于以下维度：

（1）准确性，即数据的正确值。

（2）完备性，即数据无缺失值。

（3）规范性，即统一计量单位和计算基准。

（4）完整性，即数据的齐、清、定。

（5）排他性，即数据中无重复的内容。

(6) 有效性，即未超过有效期的数据。

(7) 有价性，具有使用功能或经济价值的数据。

在设计可视化之前，设计师需要了解并筛选数据。数据可以是结构化的，例如客户的姓名和地址；也可以是非结构化的，例如，客户的意见或建议是由电话转录成的文本。工程师在收集和选择时，需要认真考察和研判不同数据集之间的关系和可视化价值。

（四）第四步：可视化构建

在数据发展中，使用可视化表述数据的概念至今已经有几百年的历史。随着数字技术和人工智能技术的进步，有许多智能化工具可以帮助创建数据可视化。数字技术已经使快速处理大量数据成为可能，并提高创建可视化的能力。在进程中，我们需要通过音频描述消费者用户想要看到的内容，或者通过机器学习创建可视化。其中，最重要的是确保消费者用户能够理解可视化的语境。因此，设计师在设计中，应按照科学的方法了解数据的特征并规范数据，选择合适的数表和图表用于可视化，以达到可视化数据属性和可视化目的。

根据业务和数据的不同，应使用不同形式的可视化。选择适合的可视化技术吸引消费者用户，增强其在故事中的体验非常重要。所有的可视化不仅包括数据主要内容，还包括标签和符号等附加信息，使消费者通过可视化真正理解数据的全貌。

(1) 数字表。数据可视化中的数字表，实际上是一个可视化仪表板，很容易传达任何数据，如计数、百分比、平均数或单个数额。趋势指标也可以用在数字表中，但应该代表同一时间段，包括年度、季度、月度，或上旬、中旬、下旬，或日、时等。

(2) 数字图。数字图一般用于显示静态时间段内总体关系中的各个部分。制作数字图可以提高可视效果。在应用中，数字图是一种比较简单的可视化方法，可以对数字产品类别进行分析和比较，数字图能很好地用于比较多个拼图的大小或分段。在设计中，拼图将单个类别的数据个体分成若干部分，所有部分的总和等于100%。但是拼图难以标注或显示比例的差异，因此只能作为整个数字可视化的组成部分。

（五）第五步：成果发布

数据可视化完成后，最后一步工作是数据可视化成果发布。可视化成果可以通过很多方式来分享或发布。在设计中，应对数据信息发布的主题、方式、形式、步骤，以及发布的时间、范围及收视效果等进行整体设计，并按设计方案对外进行数据可视化成果发布。

1. 广告或宣传

通过讲述故事的方式进行数据可视化。例如，工程师选择的数据是为了广大消费者对汽车驾驶性能的体验，可以创建一个汽车可视化来显示消费者的感受，并以故事的形式展现出来。在具体项目可视化中，可以使用过去、现在和预测未来的数据来讲述项目故事，以获得最佳的收视效果，并提高收视率。其主要表现形式包括但不限于如下内容：

（1）文稿演示（PPT）。数据可视化采用幻灯片形式，用叙事、表述、情节等方式呈现数字产品的主要特点和亮点。

（2）动漫。用动漫故事情景与数据目标相一致的可视化产品，作为经常性方式持续使用。动人的故事、精彩的演绎能引人入胜，不失为数据可视化的优选。

（3）信息图。有趣且高质量的信息图基本上接近于可视化，是对数据产品可视化的具体展现。在实践中，信息图一般包含更多的图像和表格，多是概念性的数据。信息图通常可以采用聚焦某个主题来吸引广大观众。因此，信息图是一个很好的可视化工具，可用于广告宣传、营销活动或总结推广活动。

2. 探索和交流

探索数据和交互式可视化，更有推广价值。如何发布交互式可视化取决于所使用的软件和技术。大多数可视化工具都具有将可视化发布到互联网的功能，广大消费者用户可以进行交互和探索数据。通过定义使用权限，消费者用户可以改变不同的变量，同时，故事中的所有图表应当不断更新。

三、数据可视化的主要技术工具

数据可视化就像智能化学习、数字人脸识别、非结构化数据分析和数据科学的发展一样，创建可视化的工作快速发展。有许多智能化技术工具可以用于创建可视化，但选择合适的工具取决于诸多因素，包括可视化制作者的知识、技能和能力。选择技术工具时要考虑其主要特征和性能，包括但不限于：

（1）数据可视化的便利性。

（2）数据可视化的实用性。

(3) 可视化技术的创新性。
(4) 科学管理数据的能力。
(5) 数据可视化的标准化。
(6) 数据开发环境的优化。
(7) 数据分享和合作机制。
(8) 数据互动性和用户选择性。
(9) 数据产品的功能性和经济性。
(10) 数据和数字产品质量的稳定性。
(11) 数据和数字产品整体的安全性。
(12) 数据和数字产品、数字商品、数字服务等视觉效果。

创建可视化的主要工具但不限于：Qlik、Tableau、Microsoft Power BI、Sisense 以及相关智能化技术。

四、机器人认知第四世界

马克思认为，到了共产主义社会，科学高度发展，机器人将代替人的一般脑力劳动。

137 亿年前宇宙大爆发，46 亿年前地球诞生，38 亿年前生命在地球出现，一直以恒定的规律在运转，从而构成了我们身处的、已知或未知的物理世界。当代的考古学家和人类学家发现 600 万年前已经有了人类的踪迹。几百万年以来，人类经历了漫长的演化，从直立行走、解放双手、制作工具，到大脑发育等不同的阶段，开始了对物理世界的感知，产生了语言与思维，发展了抽象与分析能力，创建了数学、物理学、天文学、生物学、社会学等。

（一）人类认知世界

在数字技术产生和应用之前，人类通过文字和数据记录了对物理世界的抽象认知过程，形成了人类认知世界。实践证明，人类对世界的认知水平受限于其自身的知识、智力、经验和科技水平，不同个人和组织对同一现实对象的认知是不同的。人类个体的认知能力取决于其知识、智慧和经验，其认知能力和认知视角的差异正是形成数据孤岛的根本原因。在一个企业内部，对如何描述业务的数据语言，形成统一的认知，遵守统一的规则，可以大幅降低企业的数据处理成本，提升交流沟通效率，促进对未知事物的认知。

(二) 数字世界系第三世界

20世纪40年代，著名数学家香农（Shannon）提出的采样定理，是数字化技术的重要理论基础，即在一定条件下用离散的序列完全可以代表一个连续的函数，被称为香农定律。基于香农定律的现代数字技术，通过对物理世界的感知，构建出完整映射的数字世界等概念应运而生。我们可以通过对数字世界的认知过程在时间和空间上的展望，进一步提升人类对未来世界的认知能力。

(三) 超级机器人认知第四世界

按照概念出现的先后顺序，我们称物理世界为第一世界，人类认知世界为第二世界，数字世界为第三世界。随着机器人为代表的人工智能、超级智能的不断创新发展，新一代超级机器人不仅能代替人的一般脑力劳动，而且能认识第四世界，并为人类服务，专家称之为机器人认知第四世界。

本章总结

本章重点论述了数据量化中的关键问题，主要包括数字化和数据化；量化是数据化的核心；数据量化程序和数字技术，有价值数据可视化的重要价值、方式、方法和标准。

本章分别对记录和记账是数据化的根基，以及金融业的发展是复式记账的成果等进行了阐述。

本章关键词

数字化的核心是数据化。
数据化的关键是资本化。

第三章 数据的生发

引 言

数据生发,是实现数据转化为数字资本的主要途径之一,是数据实现价值的具体行为过程。因此,数字资本的生产在于生发创新。

数据生发,是数字资本论名词,是指数字资产在生产和发展中包括重组、扩展、开放、创新等使数据发挥作用,提高效能。

数据生发及创新的主要内容包括数据的重组、数据重复利用、数据不断拓展、进一步开放、数据折旧的价值、区块链和云计算的应用等。

在本章中,作者在考察数据生发规律和创新发展时,以目前热议的元宇宙为例进行必要的讨论。

第一节 数据的重复利用

一、数据重复利用的价值

数据价值,取之不尽,用之不竭的密码在于数据的有效利用。

数据就像一座神奇的金矿,当它的首层价值被发掘后,仍能不断给予多重价值。它的真实价值就像漂浮在海洋中的冰山,第一眼只能看到冰山一角,而绝大部分都隐藏在表面之下。

20世纪90年代以来,随着网络化的发展,垃圾信息日趋增多。向成千上万消费者用户批量发送的各种广告信息,几乎占据了广大消费者手机的一半空间。网络垃圾成了一个不守规则、不讲信誉、不受欢迎的免费品。这类垃圾信息发送软件似乎打破了网络原有的开放性和易用性模式。但它是一把双刃剑,在对消费者进行干扰的同时,也向人们提供了各种便利,如免费邮件等。当娱乐服务公司根据"先到先服务"的原则提供奥运会门票网上订票服务时,作弊软件会提前跑到真正排队的人们之前,抢购紧缺的门票并倒卖获利。

维克托·迈尔-舍恩伯格在《大数据时代》一书中介绍了青年人路易斯研究的垃圾信息和数据错误识别技术，即使用波浪状和辨识度区分较低的字母，人们能够在几秒钟内识别出错误信息并输入正确的文本信息，路易斯因此一夜成名。雅虎等采用这个方法以后，在极短时间就减轻了垃圾邮件为公司带来的困惑。有专家称路易斯创造的技术为验证码，全称为"全自动区分计算机和人类的图灵测试"。5年后，每天约有2亿多验证码被消费者用户使用。

这一创新不仅给路易斯这位家里经营糖果厂的危地马拉人带来了很高的知名度，而且使他能够在取得博士学位后进入卡内基梅隆大学工作，教授计算机科学。路易斯在27岁时获得了50万美元的麦克阿瑟基金会"天才奖"。但是，当他意识到每天超过2亿人每人平均要浪费10s的时间输入这些垃圾字母，并随意丢弃这些信息时，不但没有感到自己很聪明，反而认为是一个错误。

为此，他开始研究并找到了能使人的计算能力得到更有效利用的方法。有学者将该方法命名为reCaptcha。该方法与原有随机字母输入完全不同，人们需要从计算机光学字符识别程序无法识别的文本扫描项目中读出两个单词并输入。如果其中一个单词曾被消费者用户识别过，则可以从该用户的输入中判断注册者；另一个单词则是需要辨识和解疑的新名词。为了保证准确度，系统会将同一个不清晰单词发给五个不同的人，直到他们都输入正确后才确定这个单词是正确的。在这里，数据的主要用途是证明用户是人，但它的第二个目的是破译数字化文本中不清楚的单词。reCaptcha的作用得到了认可，2009年谷歌收购了路易斯的公司和技术，将该项技术用于图书扫描项目并取得成功，这就是数据创新利用的价值。

上述故事强调了数据重复再利用的重要性。随着大数据的出现，数据利用的价值正在发生变化。

二、数字数据化的主要作用

在数字时代，数据是被交易的对象，但数据支持交易的作用往往被忽视。而在大数据时代，情况发生了质的变化，即数据的价值从它最基本的用途转变为未来的潜在价值。这一转变意义重大，它改变了企业评估其拥有的数据及使用者的方式，促使甚至迫使公司改变他们的商业模式，同时也改变了使用数据的方式。

大家都知道，数据信息对于市场交易具有十分重要作用，它使数据价格发现成为可能。数据作为新生产要素，是决定数字产品和数字产量的新的生产资料。一些特殊类型的信息早已在市场上交易，如图书、文章、音乐、影视以及股票价格信息等。这些在过去的几十年中就已经通过个人数据加入到数据库当中。美国较早的著名专业数据经纪人，例如安客诚（Acxiom）、益百利（Experian）和艾克飞（Equifax）等，专门负责从数亿名消费者中收集各种个人信息，并加入综合数据档案。随着网络化、数据化、智能化的发展，各种社交平台的出现，人们的社交、创意、爱好和日常生活等活动也逐渐被加入到巨大的数据库中，并赋予使用价值。

长期以来，数据一直被人们认为是有价值的，但通常只是被视为附属于企业经营业务的一部分，或者被归入知识产权或个人信息中相对狭窄的类别，其真正的作用和价值并没有得到发挥。

在大数据时代，所有数据都是有价值的。这里所称的所有数据，包含了那些最原始的、看似最平凡的数据信息单位。例如，工厂机器上热传感器的读数、产品和商品坐标上的实时数据、各种机动车的加速传感器读数和波音飞机的燃料水平等。又如数十亿旧的搜索查询，或者过去数年每趟航班上每个座位的价格等，均是宝贵的信息数据。

在英国经济学家亚当·斯密论述18世纪劳动分工时所引用的著名的大头针制造案例中，监督员时刻关注着所有工人、进行测量并用羽毛笔在厚纸上记下产出数据，而且测量时间在当时也较难把握，因为智能化技术尚未普及。技术环境的限制使古典经济学家在经济构成的认识上像是戴了一副有色眼镜，几乎没有清楚地观察到这一点。因此，当他们在考虑生产要素，包括土地、劳动力和资本时，数据信息的作用严重缺失。虽然在过去的两个世纪中，数据的采集、存储和使用成本一直在下降，但直到今天也仍然维持在相当高的价格。

在大数据时代，数据的收集不再受计划经济政策的局限。智能化数字技术已经发展到一个高级阶段，大量信息可以被廉价获取和使用。数据还经常会被动收集，人们无须投入太多精力，甚至不需要认识这些数据。而且，由于数据存储成本大幅下降，保存数据比丢弃数据更加容易，使得以较低成本获得更多数据的可能性成为常态。

据统计，在过去的半个多世纪中，数字存储成本大约每两年就削减50%，而存储数据和密度则增加了5000万倍。

在亚马逊和华为等巨头信息公司眼里，数据一开始就被视为一种新的生产要素。专家评论说，原始材料在数字流水线的一端输入，而处理后的数据信息则从另一端输出，并成为获利的方式。

大部分数据的直接价值对数据收集者而言是明显的。但在实践中，数据通常都是为了某个特定的目标而被收集的。例如，商场为了利润核算而收集销售数据；工厂为了确保产品符合质量标准而监控输出；网站通过记录每一个消费者用户点击来分析和优化其呈现给访客的内容。数据的基本用途为信息的收集和处理提供了依据。谷歌和亚马逊同时记录下了读者购买的书籍和他们浏览过的页面，便可以利用这些数据来为读者提供个性化建议。他们跟踪广大消费者用户的状态更新和爱好，以确定最佳的广告位，从而赚取更多的利润。

数据和数字产品不同于物质品，数据的价值不会随着它的使用而减少，反而因不断地被处理而升值。因此，亚马逊在向消费者用户，不论是生成这些数据的消费者用户还是其他消费者用户，做出建议时，都可以不断地使用过去的交易数据，并为自己创造利润。

由此可知，数据的价值并不仅限于特定的用途，它既可以为了同一目的而被多次使用，也可以用于其他目的。因此，深刻了解大数据对人类的真正价值显得十分重要。

例证：沃尔玛的数据观。当沃尔玛检查日常的销售数据，发现水果和蔬菜销售之间存在有利可图的关系时，这种数据潜在力的一部分已经得到实现。沃尔玛扩展了水果和蔬菜的品种以及进货渠道。这意味着数据的全部价值远远大于其最初的使用价值，也意味着首次或之后的每次使用都能带来新的价值。因此，数据虽然被多次使用，但是企业或商家仍然可以对数据加以有效再利用。

第二节　数据的潜在价值

一、数据潜在价值的挖掘

大数据研究专家常说，数据的真实价值就像一座高山，从远处望到的只见其山峰一角，而绝大部分价值还深藏于大山下面。实际上，那些创新型企业正是通过挖掘数据的潜在要素价值来获得潜在巨大收益的。因此，我们在判断数据的价值时，需要考虑到未来它能被使用的各种方式和能效，而非仅仅考虑其目前的用途。例如，某公司利用机票销售数据来预测未来的机票价格以及价格数据开放的意义和价值；谷歌通过重复使用搜索关键词来监测流感的传播；麦格雷戈博士用婴儿的生命体征预测传染病的发生；莫里重新利用老船长的日志发明了导航图等，均是数据重复使用的价值体现。

因此，可以得出结论，数据的重复使用对实现终极价值有重要意义。例证：新能源汽车能否成功地作为一种交通工具进行普及，其决定因素有很多，但大都与电池的寿命相关。司机需要能够快速而便捷地为汽车充电或加气，电力公司需要确保提供这些车辆的电力不会影响到电网正常运转。历经几十年的试验和研究，才实现了现有充电站和加气站的合理建设。目前，新能源汽车充电站和加气站已经在中国多数大中城市普遍设置。

例证：基于大量的信息可观测新能源汽车的电池电量、汽车的位置、车速、行车路线、行驶时间以及附近充电站的位置等。某科技公司为此开发了一套有效的预测模型。它将这些数据与电网的电流消耗以及历史功率使用情况相结合，通过分析来自多个数据源的巨大实时数据流和历史数据，能够确定司机为汽车电池充电的最佳时间和地点，并揭示充电站最佳的设置方位。

到目前为止，数据再利用的重要性还没有被企业和社会充分认识并给予高度重视。例如，中国邢台电缆厂的高管很难想到，20世纪80年代邢台电缆厂的电缆信息和工作人员的维修记录可以用来预防未来事故的发生。很多互联网和科技公司甚至直到最近才知道数据再利用具有重要的价值。要解锁数据价值，就必须通过新一代科技工作者的不懈努力，研发出新的方法和智能化工具。

二、数据潜在价值的释放

我们用物理学家解释能量的方法，进一步理解数据的潜在价值。一般认为，物体拥有存储着的或潜在的能量，只是处于休眠状态，比如压缩了的气体船。其实这些物体中的能量是隐藏和潜在的，直到它们被释放出来。当气能被释放时，这些物体的能量变成动能，因为它们在使用时对其他物体施力发挥作用。同理，在基本用途完成后，数据的价值仍然存在，只是处于休眠状态，就像气体船一样，直到它被再次利用并重新释放能量。在大数据时代，我们终于有了这种思维、创造力和技术来释放数据的隐藏价值。

数据的潜在价值，是指数据隐藏和潜能的价值。其基本内涵在于无限的潜在用途和功能选择，一是数据要素意义上的选择，二是实际应用意义上的选择。这些选择的总和就是数据隐藏的价值，即数据真正的潜在价值。

在人们日常生活和工作中，一旦有的数据的基本用途实现了，便认为该数据已经达到了它的使用目的，一般都会迅速将其删除，认为已不具有数据再利用的价值。其实，这仅限于对数据首次价值已经被提取的认知。在大数据时代，数据就像是一座神奇的金矿，在其浅表价值被利用之后仍然具有潜在价值。数据的潜在价值有三种最为常见的释放方式：一是再利用；二是数据整合；三是挖掘其潜在价值。在实践中，数据的再利用、数据的生发等则是数据升值的独特方式。

第三节 数据的创新再利用

数据创新再利用的意义在于，不但能降低运营成本，而且能进一步提高数据转化为数据资产并成为数字资本的价值。

一、数据再利用模式

数据创新再利用比较典型的特征是搜索关键词。广大消费者和搜索引擎之间的瞬间交互形成了一个网站和广告宣传单，实现了数据的特定功能。一般认为，这些信息在实现了基本用途之后似乎变得一文不值。但是，曾用过的数据信息也可以变得非常有价值。有的公司让客户采集搜索流量来揭示消费者的爱好。通过营销人员可以了解到浅色是否成为今夏的流行色，或者绿色是否会回归潮流。如谷歌整理了一个版本的搜索词分析，公开供人们查询，并与西班牙商业银行BBVA合作，推出了实时经济指标及旅游部门的业务预报服务，这些指标都是基于搜索数据得到的。国家物价管理部门通过搜索查询消费品的相关数据和信息，更好地了解市场物价上涨的指数。

例证：亚马逊，数据再利用。不理解数据再利用重要性的公司以较大的利润损失换来了教训。亚马逊早期与美国在线（AOL）公司达成了一项协议，为AOL电子商务网站提供后台技术服务。在大多数人眼里，这只是一个普通的外包协议，而亚马逊真正的用意在于掌握广大消费者用户的信息和数据，研究消费者的爱好、购物习惯以及消费水平等。这些数据有效帮助亚马逊提高了推荐引擎性能。

专家在评价中指出，AOL 从来没有意识到这一点，只看到了基于数字简单用途所带来的利益，而聪明的亚马逊却知道如何从数据多次利用中再获取利润。这就是数据创新再利用的价值。

二、数据再利用的价值

数据再利用的商业价值对于那些控制着海量数据但却很少使用的单位来说是个利好信息。长期在线下运作的传统企业或商家，他们或许正走在使用或开发数据的路上。有些企业可能已经收集了数据并使用过一次，且因为存储成本低而将其储存起来，有些人称这类储存旧信息的工作为"数据陷阱"。但目前已有许多科技公司在利用海量数据方面走在了前沿，这些公司仅仅通过网络就能收集大量有价值的数据信息，其分析和使用能力也领先于其他行业。因此，所有的公司都有可能从中获利。例如，某物流公司在交付货物的过程中积累了大量产品的全球销售信息，一位高级咨询师建议该公司成立专门的数据和信息部门，以商业和经济预测的形式出售汇总信息。为此，他创造了该公司过去搜索查询业务的一个线下新的盈利模式。

在信息价值链中，有的公司会收集到海量的数据，但是他们并不急需使用，也不擅长利用这些大数据。例如，中视购物网络运营商擅于收集广大消费者用户的相关信息来推广新产品，并收到了明显的效果。有些公司认为数据只具有技术用途，但当它被一些发布个性化位置广告服务和促销活动的商家再次利用时，则变得更有价值。有时候，数据的价值并非来自单个的数据值，而是从大数据汇总、分析和挖掘中体现出来。

大家获取并正确使用数据，即使是最简单的数据，也可以具有特殊的价值。如中国移动运营商，他们记录了广大消费者手机在何时何地连接基站的信息，包括信号的强度。长期使用这些数据来微调其网络性能，决定哪里需要添加或升级基础设施。其实这些数据还有很多其他潜在的用途，例如手机制造商可以用它来了解影响信号强度的因素，以改善手机的接收质量。长期以来，处于隐私权保护相关法律的限制，有的移动运营商或许还没有用这些数据来谋取更多的利润。但随着大数据和数字资本的发展，它们开始逐渐改变经营模式，转型升级，并以数据产品作为其利润的主要来源之一。

第四节　数据的创新重组

在一般情况下，处于休眠状态的数据的价值只有通过与另一个不同的

◎ 第三章 数据的生发

数据集结合或重组才能释放出来。即用新的方式组合这些旧数据，我们可以做出很多创意。例如，2011年引发的关于经常使用手机是否增加致癌可能性的一项研究。全球约有60亿部手机，几乎人手一部，因而这个问题至关重要。人们做了大量的研究来寻找其中的关联，但都受困于各种技术障碍，由于其样本体量太小且研究时间太短或者报告数据中充满错误，因此始终未对此做出最后结论，某健康协会的研究团队基于对过去收集数据的分析，从中寻找出答案。

例证：长期使用手机是否增加致癌率。丹麦某健康协会拥有手机问世以来几乎所有手机用户的数据库。该协会使用这些数据分析研究了10年之间拥有手机的用户，共涉及35万人。同时，该协会收集并记录了所有癌症患者的相关信息，期间共有1万名中枢神经系统肿瘤患者。结合这两个数据集，开始寻找两者之间的关系：一是手机用户是否比非手机用户显示出比较高的癌症发病率；二是使用手机时间较长的用户是否比使用手机时间短的用户更容易患上癌症。

该健康协会在研究中，对两个数据集都采用了严格的质量标准，信息的收集基本准确。事实上，丹麦的数据是在多年前就已经生成的，当时的目的与这项研究毫无关系。最重要的是，这项研究并没有基于任何样本，却很接近"样本＝总体"的准则，即包括了几乎所有癌症患者和手机用户。数据包含了所有的情况，这意味着研究人员掌握了各种亚人群组信息，包括爱喝酒和喜欢吸烟者。

最终的研究结果，没有发现使用手机和癌症风险增加之间存在关系。2011年10月该研究结果在《英国医学杂志》上发布时，并没有在媒体和社会上引起轰动。但是如果两者之间存在关联的话，"重组数据"可能会随之引发连锁效应。

总之，在大数据的产生和发展中，数据的集合比分散更有价值。当我们将多个数据集的总和重组在一起时，重组总和本身的价值也比单个更大。互联网用户都熟悉基本的组合式应用，即将两个或多个数据源以一种新的方法结合起来。例如，北京中源房地产网站，将房地产信息和价格添加在北京市海淀区的地图上，同时还聚合了大量有关物价的信息，包括海淀区近期的房产交易和物业价格指数，以此来推算该区域每个小区每个单元每套住宅的平均价格。

关于使用大数据的意义和体验，我们通过视觉展示亲自使用，会感知到非常有趣而且十分简单。但采用数据信息并将其置于产品上，并不是一个简单的加减乘除。科学家判定，随着大数据的发展，我们可以走得更远。

第五节　数据的不断创新拓展

数据在原地扩展其作用有限，数据创新拓展才能提高价值。

数据再利用的主要方法之一，是数据的扩展性使用。例如：超市和商场安装了身份识别系统，不仅能分析商场的人流，还能跟踪在商店里购物的消费者选购商品的种类和购物行为。商场利用消费者的信息可以设计店面的最佳布局并判断营销活动的盈利性。在此之前，传统的监控仅用于安全保卫，是一项纯粹的成本支出。现在的身份识别被视为一项可以分析经营情况的技术，这就是数据的拓展再利用。

例证：数据扩展使用的价值。在收集数据时我们强调扩展性带来的价值，A 科技公司是做得比较成功的案例。曾引发社会和业界关注的街景汽车，拍摄了房屋和道路的照片，采集 GPS 数据，获取地图的信息，并且加入了无线网络名称。其一辆智能化街景汽车每时每刻都能积累大量的离散数据流。这些数据具有很大的扩展性使用价值，因此，A 公司不仅将其用于基本用途，而且进行了大量的扩展使用。其中 GPS 数据优化了服务地图，对自动驾驶汽车数字化系统建设起到了重要作用。

综上所述，收集多个数据流或储存每个数据流中更多数据点的成本往往较低，但收集和储存尽可能多的数据并在创新性重复利用中挖掘其各种潜在的用途，使其发挥扩展性使用，可以有效提高数据的潜在价值和双重极致。可见，即使以某种方式收集和储存的单一数据，只要具有拓展性用途，就无不具有多重功能和多重价值。

第六节　数据进一步创新开放

有人认为，谷歌和新浪等科技公司是大数据的探路者。但事实上，各级政府才是大规模信息最早采集者和使用者，并且还与企业竞争他们掌握的大量数据。政府与企业之间的主要区别是，政府可以用行政令让人们为他们提供信息，而不必加以说明或支付报酬。专家建议，政府应该将收集和处理的大量有价值的数据，免费向社会开放。

大数据对于政府职能部门的适用性与商业实体具有同样价值。但是，大部分的数据价值是潜在的,需要通过创新性的分析来释放。由于政府在获取数据中所处的行政地位,因此他们在数据使用上往往效率较低。有专家建议,提高政府数据价值最好的办法,是允许市场主体和社会大众访问。但其基于一个重要原则:国家收集数据所代表的是人民,因此它也理应提供一个让人民查看数据的窗口,但涉及危害到国家安全和机密或侵犯他人隐私权的情况除外。

近年来,政府数据开放的倡议响彻世界各国。开放数据的倡导者主张,政府只是他们所收集信息的管理者,市场主体和民众对数据的利用会比政府更具有创造性,因此,他们呼吁各级政府应公布民用和商业数据,而且数据应以标准化智能化形式显现,以方便人们使用。

奥巴马在就任美国总统的第一天发表了一份总统备忘录,命令美国联邦机构向民众公布尽可能多的数据。这使开放政府数据的倡议取得了很大的进展。"面对怀疑,公开优先。"他这样指示道。奥巴马的指令促成了data.gov 网站的建立,这是美国联邦政府的公开信息资料库。该网站从 2009 年的 47 个数据集迅速发展起来,到 2012 年 7 月网站建立三周年时,数据集已达 45 万个以上,涵盖美利坚合众国 172 个机构,2022 年已经涵盖全美各州。

在英国,最近几年政府已经颁布多项法令,鼓励政府相关信息公开,并支持创建由万维网的发明者蒂姆·伯纳斯-李(Tim Berners-Lee)参与指导的开放式数据中心。这一举措促进了开放数据的新用途,并将数据从国家手中解放出来给公众使用。

在欧盟,宣布开放数据的多种举措,很快遍及整个欧洲。相关国家,如澳大利亚、巴西、智利等也相继出台并实施了政府开放数据政策。同时,世界各国越来越多的城市和地区已经和正在加入开放数据的热潮,一些国际组织,包括世界银行和国际货币基金组织等,公开了数百个之前被限制的关于经济和社会指标方面的数据。

在大数据时代,在各个国家,各种数字技术开发人员和富有远见的科学家组成了数据研发团队,其主要任务是最大化开放数据和发挥数据价值,如美国的阳光基金会和英国的开放知识基金会等,为数据开放发挥了重要作用。

总之,数据的进一步开放,特别是政府数据的开放,对提高政府执政透明度和提高数据利用率具有十分重要的意义。因为数据的潜在价值,只有通过创新并开放才能得以实现。

第七节　数据折旧后的价值

数据折旧，原有的价值会减少，但潜在价值却依然会强大。

在大数据时代，随着数据收集和存储成本的下降，企业有了更强的经济动机来储存数据，并再次用于相同或类似领域。但是，数据的有效性是有限的。例如，像谷歌和亚马逊这类公司，可以利用消费者客户购买的产品、浏览页面和评论来推荐新的产品，他们可能会年复一年、月复一月、日复一日重复地使用这些数据。人们会认为，只要公司不被法律法规所禁止，就应该永远保存这些数字记录，或者至少在技术条件允许的情况下保存这些数据信息。

诚然，在时间的推移中，大多数数据都会失去一部分用途。企业如果继续仅依赖于旧的数据，不仅不能增加价值，还会破坏新数据的价值。比如十年前你在新华书店买了一本书，而现在你可能已经对它完全不感兴趣了。如果该书店继续用这个数据向你推荐同类书籍，你会担心该网站的推荐是否合理。这些推荐的依据既有旧的过时信息，又有近期仍然有价值的数据，而旧数据的存在破坏了新数据的价值。

在实践中，许多科技公司的经验是，他们只使用有价值的数据。对于折旧或需要不断更新的数据，采用淘汰制，即淘汰无用信息。公司面临的挑战是，如何评估这些数据是否还有价值，仅仅依据时间来评估显然不够。因此，华大等科技公司建立了重复使用数据模式和机制，用来帮助分离有用和无用的数据。

但是，各单位数据库中的旧数据并非都会贬值。有些公司提倡尽可能长时间地储存数据，包括监管部门或消费者要求它们删除或隐匿的信息。长期以来，谷歌拒绝将互联网协议地址从旧的搜索查询中完全删除，它仅在18个月后删除了最后四位数，以隐匿搜索查询。谷歌希望得到每年的同比数据，如假日购物搜索等。此外，通过了解搜索者的需求，将他们需求中想要查看的页面放在前面的位置，可使消费者便于查找。结论：即使数据原有用途的价值在不同程度上会减少，但数据潜在价值却依然很强大。

第八节 元宇宙与数字资本

一、元宇宙定义

元宇宙（Metaverse）是利用科技手段进行连接与创造的、现实世界映射与交互的虚拟世界，是一个新型社会体系的数字空间。

元宇宙本质上是对现实世界的虚拟化和数字化过程，是对内容生产、经济系统、用户体验以及实体世界内容等进行虚拟化。元宇宙的发展是在数据共享的基础设施、项目标准及合作协议的支撑下，由众多智能化工具和网络平台不断融合和发展而最终成形的。一是基于扩展现实技术，提供沉浸式体验；二是基于数字孪生技术，生成现实世界的镜像；三是基于区块链技术搭建经济体系，将虚拟世界与现实世界在经济系统、社交系统、身份系统上密切融合，并且允许每个消费者用户进行内容生产和编辑。

二、元宇宙的发展历史

1992年，国外科幻作品《雪崩》（*Snow Crash*）里提到的"元宇宙"（Metaverse）和"化身"（Avater）两个概念。人们在"元宇宙"里可以拥有自己的虚拟身份，这个虚拟的世界称为"元宇宙"。

20世纪70年代出现了大量的开放性多人游戏，这种游戏本身的开放世界形成了元宇宙的早期基础。2003年，游戏《第二人生》（*Second Life*）发布，宣告元宇宙的诞生。

2020年，人类现实社会和虚拟化社会到达临界点。新冠病毒感染疫情的发生加速了新技术的发展，加快了非接触式文化现象的形成和发展。

2021年初，社交软件Soul在行业内首次提出构建"社交元宇宙"。

2021年3月，被称为元宇宙第一股的罗布乐思（Roblox）正式在美国纽约证券交易所上市。

2021年5月，微软首席执行官萨提亚·纳德拉（Satya Nadella）表示公司正在努力打造一个"企业元宇宙"。

2021年8月，海尔率先发布制造行业的首个智造元宇宙平台，涵盖工业互联网、人工智能、增强现实、虚拟现实及区块链技术，实现智能制造物理和虚拟融合，融合"厂、店、家"跨场景的体验，实现了消费者对虚拟世界的体验提升。

2021年8月，英伟达（NVIDIA）宣布推出全球首个为元宇宙建立的基础模拟和协作平台。

2021年8月，字节跳动斥巨资收购VR创业公司PICO。

2021年10月28日，美国社交媒体巨头脸书（Facebook）宣布更名为"元"（Meta），来源于"元宇宙"（Metaverse）。

2021年10月30日，中国民营科技实业家协会元宇宙工作委员会揭牌。

2021年11月，虚拟世界平台Decentraland公司发布消息，巴巴多斯将在元宇宙设立全球首个大使馆，暂定2022年1月启用。

2021年12月21日，百度发布的首个中国产元宇宙产品"希壤"正式开放，用户凭邀请码可以进入希壤空间进行体验。

2021年12月27日，百度Create AI开发者大会发布元宇宙产品"希壤"，2021年的Create大会在"希壤APP"里举办，这是中国首次在元宇宙举办的大会，可同时容纳10万人同屏互动。

2022年1月，索尼（Sony）宣布了下一代虚拟现实头盔（PS VR2）的新细节，以及一款适配PS VR2的新游戏。

2022年1月4日，高通技术公司在2022年国际消费电子展（CES）上宣布与微软合作，扩展并加速AR在消费和企业市场的应用。双方对元宇宙的发展充满信心，高通技术公司正与微软在多项计划中展开合作，共同推动生态系统的发展，包括开发定制化AR芯片以打造新一代高能效、轻量化AR眼镜，从而提供丰富的沉浸式体验；并计划集成Microsoft Mesh应用和骁龙Spaces XR开发者平台等软件。

2022年1月，新鲜热词"元宇宙"屡登中国政协委员提案。

2022年2月，中国若干家科技巨头向"元宇宙"进发。

2022年2月14日，香港海洋公园宣布，香港海洋公园与伙拍The Sandbox合作布局元宇宙。

2022年7月28日，在北京开幕的全球数字经济大会上设立了元宇宙体验馆。该体验馆对元宇宙三大类虚拟数字产业进行了划分。同时，对虚拟世界数字安全进行360°展示，引发讨论和研究。作者认为，元宇宙在北京设立沉浸式体验馆，意味着元宇宙在中国正式浮出水面，或进入新的发展期。同时说明，元宇宙是美国的，是中国的，是全世界的。到2035年，元宇宙技术在美国，市场在中国。

罗布乐思给出的元宇宙包含八大要素：朋友、身份、沉浸感、低延迟、多元化、随时随地、经济系统和文明等。对每个要素均有一连串的解释。这也说明这一概念的模糊性。

清华大学新闻学院沈阳教授指出，一方面，现实中缺什么，虚拟世界中就需要补什么；另一方面，人们在虚拟世界里面做的事情，对于真实的世界有没有反哺的作用。然而从人类发展历史看，现实与虚拟之间的平衡将会变得越来越困难。

在元宇宙特征与属性的START图谱中，北京大学陈刚教授和董浩宇博士梳理并系统界定了元宇宙的五大特征与属性，即社会与空间属性，科技赋能的超越伸展，人、机与人工智能共创，真实感与现实映射性，交易与流通。

三、元宇宙的实现路径

（一）沉浸式和叠加式

沉浸式路径的代表是VR技术，比如佩戴VR设备，可以让人进入一种"万物皆备于我"的沉浸式专属场景，这种场景既是沉浸式的，也是内卷的。叠加式路径的代表是AR技术，它是在现有条件下叠加和外拓，例如，给普通机器人加入皮囊皮相并注入灵魂情感，令其成为仿真机器人等。

（二）激进型和渐进型

通往元宇宙的路径，一直有激进和渐进两种方式。例如，罗布乐思就是激进路径的代表，从一开始就不提供游戏，只提供开发平台和社区，以创作激励机制吸引消费者用户，实现完全由消费者用户打造的去中心化世界。这意味着任何人都可以进入这个空间进行编辑，编写剧本或设置游戏关卡等。

（三）开放型和封闭型

元宇宙的路径还存在开放和封闭两种关系。这种关系在手机市场上体现得比较明显，比如苹果系统就是一个封闭的系统，软硬件都是封闭的，这种逻辑总结为"我即宇宙"。

四、元宇宙的核心技术

元宇宙本身不是一种技术，而是一个理念和概念，它需要整合不同的新技术，如5G、6G、人工智能、大数据和云计算等。

元宇宙主要有以下几项核心技术：

（1）扩展现实技术，包括 VR 和 AR。扩展现实技术可以提供沉浸式的体验，可以解决手机解决不了的问题。

（2）数字孪生，能够把现实世界镜像到虚拟世界。这也意味着在元宇宙，我们可以看到自己的多种虚拟身份。

（3）用区块链搭建经济体系。随着元宇宙的进一步发展，对整个现实社会的模拟程度加强，人们在元宇宙里不仅仅是花钱，而且有可能有可观的收入，从而在虚拟世界里形成一套经济体系。

五、元宇宙的布局模式

元宇宙涉及很多新科学技术，包括人工智能、数字孪生、区块链、云计算、拓展实现、机器人、脑机接口、5G、6G 等。元宇宙的生态版图中有底层技术支撑，以及前端设备平台和场景内容入口。有专家指出，元宇宙有三个属性，一是时间和空间的时空性；二是虚拟人、自然人、机器人的人机性；三是基于区块链所产生的经济增值性。

元宇宙在不同产业和领域，发展速度不尽一致。如某一个产业领域和元宇宙的三个属性有密切结合，它会发展得更快，包括游戏、展览、教育、体育、设计、规划、医疗、保健、工业制造、政府公共服务等。未来几乎所有的行业都可能在有时空性、人机性、经济增值性的元宇宙当中进入一个新世界。

目前市场上的元宇宙公司有四套叙事逻辑：虚实融合；去中心化交易；自由创造；社交协作。

目前，元宇宙大致可以分为三种基本模式。

（一）聚焦核心技术和基础平台

加快布局元宇宙硬件入口和操作系统，以英伟达（NVIDIA）、元（Meta）、微软（Microsoft）等数字科技巨头为主，字节跳动（ByteDance）等中国企业也在加快推进元宇宙相关技术的研发。

（二）聚集商业模式和应用场景

探索元宇宙相关应用场景落地，以国内数字科技巨头为主，如腾讯表示将在游戏和社交等领域加快对元宇宙的研究开发。

（三）政府推动与企业入局模式

例证：目前，韩国是全球推进元宇宙产业发展最为积极的国家之一，其首都首尔在2021年11月宣布成为首个加入元宇宙的城市政府。同时，韩国元宇宙产业的发展主要由相关政府部门牵头，引导和推动三星、现代汽车、LG等企业组成元宇宙产业联盟，形成企业在元宇宙领域的发展合力，以此推动实现更大范围的虚拟与现实连接，并建立国家级元宇宙发展平台。

当前，中国元宇宙领域的争战犹如春秋战国。但从整体看，元宇宙产业在全球不均衡发展态势正在逐步形成。在此背景下，中国企业应加强元宇宙产业研究，促进该产业稳步安全健康发展。

六、元宇宙的技术效应

专家研究指出，元宇宙数字技术的推广和应用会产生巨大的效应。一是从技术创新和协作方式上，进一步提高社会生产效率，催生出一系列新技术业态和新应用模式，促进传统产业不断变革。二是推动文创产业跨界衍生，极大刺激数字产品和商品消费。三是重构人类的工作生活方式，探索工作和生活与虚拟世界融合。四是推动智慧城乡建设，创新社会治理模式。

七、元宇宙的产业发展

（一）企业布局

目前，元宇宙仍处于发展的初级阶段，无论是底层技术还是应用场景，与未来成熟形态相比仍有较大差距，但这也意味着元宇宙相关产业可拓展的空间巨大。因此，拥有多重优势的数字科技公司想要守住市场，数字科技领域初创企业要获得弯道超车的机会，需要提前布局，认真研究是否选择加入元宇宙赛道。

（二）政府作用

元宇宙不仅是重要的新兴产业，也是重要的社会治理领域。元宇宙研究专家马修·鲍尔（Matthew Ball）提出："元宇宙是一个和移动互联网同等级别的概念。"以移动互联网类比元宇宙，可以更好地理解政府部门对其关注的内在逻辑。政府希望通过参与元宇宙的形成和发展过程，进行前瞻性研究并解决其发展所带来的风险和管理等问题。

专家指出，元宇宙强调的开放，需要规则来加持，否则会因缺乏有效治理而使元宇宙变成乱宇宙。因此，需要政府制定完善的规则体系，保证元宇宙健康和可持续发展。在实践中，政府也面临增加管理成本，填补法律空白，提升整体安全和效率等问题。

（三）经济运行

随着元宇宙的发展，金融风险的传导速度可能更快，传播范围更广，复杂性和危害性可能更强，将给金融监管带来新的挑战。对此，可以通过数字人民币（DCEP）实现数字货币支付或跨链支付，为元宇宙中的经济系统提供安全支撑，但关键是法律规范体系建设。

（四）投资领域

受元宇宙科技特点的影响，会加速天使投资、风险投资（VC）、私募股权投资（PE）的聚合与投资前移。通过有的放矢地打造聚合与前移的双核驱动投资模式，有效解决元宇宙科技产业高速发展的难点，如投资的风险问题、有限合伙的税收问题、投资模式的容错和退出机制等。

（五）能源领域

2021世界人工智能大会数据显示，中国数字经济规模已达41万亿元，能源作为数字基础的重要一环面临严峻挑战。加之全球控排形势严峻，真正实现碳达峰和碳中和目标，需要加快多元化、清洁化、低碳化和能源数字化转型，以适应数字经济健康发展的需要。

（六）安全和规范

在元宇宙零信任安全技术条件下，实现可信的最小授权、消费者个人信息和隐私权安全保护、元宇宙应用、人才基础教育、元宇宙科技产业创新、实现健康和均衡发展等，急需法律规范。

（七）技术和规则

技术渴望新产品，资本寻找新出口，用户期待新体验，被认为是点燃元宇宙的三把柴火。国内外资本巨头进军元宇宙的技术布局正式做出回应：Meta改名前已推出"Horizon Workroom"VR会议平台；微软在"Ignite2021"年度技术盛会宣布将具备混合显示功能的会议平台Microsoft Mesh加入Microsoft Teams；百度上线虚拟沉浸社交软件"希壤"；网易首席执行官（CEO）丁磊在财报公布的电话会议上表示，目前在网易元宇宙相关技术和规则上做好了准备，等待时机。

八、元宇宙的项目投资

目前，中国资本巨头对元宇宙的布局仍然集中在娱乐社交领域，如腾讯投资虚拟社交游戏《阿瓦金生活》(Avakin Life),字节跳动投资的北京代码乾坤科技有限公司,发行多人在线创作游戏工具《重启世界》(REWORLD)等。在投资者看来,从广大消费者需要出发,未来元宇宙将是一个广阔的资本市场。

九、元宇宙的五大体系

随着应用场景的不断成熟,未来元宇宙将演化成为一个超大规模、极致开放、动态优化的超大虚拟系统。这一系统将由多个领域的建设者共同构建完成,涵盖网络空间、硬件终端、各类厂商和广大用户等,保障虚拟与现实应用场景的广泛连接,并展现为超大型数字应用生态。元宇宙的五大体系如下。

(一)技术体系

作为一种多项数字技术的综合应用,元宇宙技术体系呈现出显著的集成化特征。一方面,元宇宙运行的技术体系包括扩展现实(XR)、数字孪生、区块链、云计算和人工智能等多项技术应用的深度融合,以技术合力实现元宇宙场景的正常运转。另一方面,元宇宙将与生产活动具有更加紧密的关联性,元宇宙技术体系将接入更多不同的产业技术。因此,产业技术将成为元宇宙技术体系的重要组成部分。

(二)连接体系

随着新一代数字技术的持续创新,社会发展将日益网络化和数字化,元宇宙的连接体系拓展过程正好与社会网络化数字化趋势相遇。元宇宙的连接体系主要包括内部连接和外部连接两部分:内部连接,即源于内部应用生态之间的连接;外部连接,即元宇宙与现实世界的连接。

(三)产业体系

由于视觉仿真因素的全面融入,推动信息传递从二维平面升级到三维立体空间,未来内容输出形式更加生动灵活,有力增强了消费者用户的真实感、临场感和沉浸感,极大扩充和丰富了元宇宙的产业体系。元宇宙的产业体系主要涵盖两大类型:第一类是娱乐、商业、服务等传统网络内容的立体化呈现;第二类是文化和创意产业将在元宇宙中进一步融合,衍生出一系列全新内容,即虚拟世界的创造物。

(四)经济体系

元宇宙经济是实体经济和虚拟经济深度融合的新型数字经济形态,具有始终在线、完整运行、高频发生和业态创新等特征。从交易角度来看，一个正常运转的元宇宙经济体系包括四个基本要素：一是商品，既有现实世界在元宇宙中的数字化复制物，也有虚拟世界全新的创造物；二是市场，即元宇宙中商品和服务的交易场所；三是交易模式，即元宇宙中将有去中心化金融（DeFi）、数字货币、不可替代代币（或称非同质化代币，NFT）等多种共存的交易模式；四是安全，即保障交易活动规范有序的安全要素。

（五）法律体系

只有在法律的规范下，才能有效解决元宇宙这一新生事物可能引发的各种风险挑战，有效推进其健康发展。元宇宙的法律体系至少包括三部分内容：一是现实法律的重塑与调整，为规范虚拟主体人格做好基础；二是保障元宇宙经济社会系统正常运行的交易、支付、数据安全等法律规范；三是对元宇宙开发和应用进行外部监管的法律法规。

十、元宇宙对行业的影响

（一）工业领域

制造业长期以来一直拥有物理设施"数字孪生"的概念。制造是一个极其复杂的过程，通过虚拟空间来模拟工厂生产过程，公司经理可以识别和分析如何更高效、更安全地完成工作，而无需进行物理测试。

有了工业元宇宙，工程师可以非常方便地进入工业虚拟生产线进行观察。工业机器人也可以在设计数据生命阶段具有更多的特性。例如，在逼真环境中的"宇宙"虚拟场景里试车、试飞等。

（二）文旅领域

元宇宙为文旅业拓展了时空，人们可以在虚实相融的空间里，看到远方，获得趣味性和沉浸感。允许人们使用VR设备，在不离开家的情况下"环游"整个世界。

（三）教育领域

通过教育元宇宙，人们可以直接把太阳虚拟化在元宇宙上，学生可以直接看到太阳升起和落下的情况。同时允许学生调整观察太阳的距离，以获得不同的视觉效果。

（四）互联网领域

元宇宙是一个巨大的互联网世界，在元宇宙中，你不再简单地去浏览内容，而是身处在内容之中。从互联网1.0、2.0再到移动互联网，元宇宙有可能成为接替移动互联网的下一个新的互联网时代。

百度依托包括智能视觉、智能语音、自然语言处理、知识图谱等在内的一系列领先的人工智能技术能力，借助百度推出的虚拟与现实内容平台、虚拟与现实互交平台，元宇宙世界内容的制作成本将大幅度降低，并推动硬件消费体验的升级和内容生产效率的提升。

（五）游戏领域

由于在游戏领域的应用，所以一部分人认为元宇宙就等同于电子游戏和虚拟世界。有专家评价，元宇宙既不能简单等同于电子游戏，也不能等同于虚拟世界。它是创造性游玩、开放式探索、与现实连通。

（六）开发商领域

元宇宙主要开发商包括 Decentraland、The Sandbox（获新鸿基9300万美元投资）、Cryptovoxels、Smnium Space、天下秀等。

目前，与元宇宙产业有密切联系的公司有 Metaverse Group（虚拟地产公司），Token.Com（虚拟货币及元宇宙地产公司）等。

（七）房地产领域

在元宇宙中，每一块地都被赋予了独一无二且不可复制的NFT，并以此来区分每个地块和每一笔交易。

开发商和用户可以在平台上的一级和二级市场进行购买和出售土地。在元宇宙中，人们可利用虚拟土地和房屋等虚拟空间进行创造、社交、交易等行为。因此，要想在其中占据一席之地，用户需要拥有虚拟土地或房屋。当然，这些虚拟土地或房屋无法在现实世界中使用。

以 Decentraland 为例，用户可以在虚拟土地上按照自己的想法进行个性化建设。对于这些虚拟建筑，用户可以在虚拟空间进行收藏或者二次销售，还可以举办艺术展、音乐节、游戏竞争、发布会等活动。

该平台明确向用户强调虚拟土地的稀缺性，虚拟土地以拍卖的方式提供给用户，用户则以非同质化代币进行交易。

按照市场规律，在虚拟土地或房屋总量的前提下，当越来越多人进入这一虚拟世界时，虚拟土地或房屋的价格自然调整。

但在虚拟世界中，炒作因素更加难以避免。同时，虚拟资产交易目前在不少国家亦存在法律风险。

专家提示，在元宇宙基本定义不清的前提下，虚拟的数字藏品，包括虚拟土地和房产的价格存在严重泡沫。更有专家直言，作为"通往元宇宙世界的关键密钥"，NFT 存在炒作、洗钱和金融产品化等风险，对于 NFT 投资应该保持谨慎态度，警惕"击鼓传花"式金融骗局。

（八）购买土地

例证：加拿大投资公司 Tokens.com 的子公司 Metaverse Group 以 61.8 万 MANA（Decentraland 加密货币）在虚拟世界平台 Decentraland 中购买了一块虚拟土地，按照当时的价格计算，购买这块虚拟土地大约花了 243 万美元（约合人民币 1548 万元），创下该平台虚拟房产价格纪录。

随后，一家投资开发虚拟房地产的公司 Republic Realm 以 430 万美元（约合人民币 2739 万元）的价格在 The Sandbox 游戏平台上收购了一块虚拟土地，再次以虚拟房产交易价格进行交易。

著名歌手林俊杰通过社交媒体表示，已经在 Decentraland 上购置了 3 块虚拟土地，据估算共花费约 12.3 万美元，约合人民币 78.43 万元。

十一、元宇宙的风险挑战

除了技术瓶颈，元宇宙发展主要面临四个方面的风险。

第一，构建元宇宙法律框架。元宇宙是现实经济社会的场景模拟，其中涉及伦理和价值观、制度设计和法律秩序等一系列基本的法律规范和规则问题。

第二，避免形成高度垄断。元宇宙场景的实现，需要巨大的人力和物力投入，同时又要实现超大规模的连接，因此元宇宙具有一种内在垄断基因。人们需要警惕和避免元宇宙市场被少数力量所垄断。

第三，坚持正确方向引导。维系现实世界和元宇宙之间的正面互动关系。专家提示，元宇宙是一把双刃剑，谨防人们沉浸在元宇宙场景中不能自拔，要发挥元宇宙的正向积极作用。

第四，依法保护隐私权安全。元宇宙的发展，需要搜集人们更多的个人信息，保护个人隐私安全将是一个极大的挑战。

2022 年，一些不法分子以"元宇宙投资项目""元宇宙链游"等名目吸收资金，涉嫌非法集资和诈骗等违法犯罪活动。

（1）编造虚假元宇宙投资项目。

（2）打着"元宇宙区块链游戏"旗号诈骗。

（3）恶意炒作元宇宙房地产项目非法圈钱。

（4）变相从事元宇宙虚拟币交易非法牟利。

2022年2月18日，处置非法集资部际联席会议办公室就有关问题和风险向社会发布提示。

韩国元宇宙项目学者，三星、LG、现代汽车等企业元宇宙项目专家金相允（Kim Sangkyun）博士在新书《元宇宙世代》中，为我们解析了元宇宙时代的风险与挑战。

（1）风险一：抵御风险的能力不断降低。

（2）风险二：对不确定性奖励的痴迷。

（3）风险三：数据化和货币化代替一切。

（4）风险四：拥有的一切都不属于你自己。

（5）风险五："封号"不等于走向"死亡"。

元宇宙面临的三大挑战是：

第一，设施被攻击问题。未来元宇宙将演化成为一个超大规模、极致开放、动态优化的复杂系统，这一系统将由庞大的数字基础设施和传统基础设施进行合力支撑。同时，由于元宇宙将比互联网更深度融入人们的日常工作和生活，因此，如果元宇宙相关基础设施受到攻击、侵入、干扰和破坏，则将对正常经济社会发展产生严重冲击。

第二，高度垄断问题。成熟运行的元宇宙体系，需要实现超大规模用户的连接交互、海量标准的对接统一，以及大规模基础设施的投入运营。因此，前期建设规程需要有实力的企业投入巨大的人力和物力，这也导致了元宇宙具有一种内在垄断基因。同时，元宇宙的成熟运营也需要相对稳定的服务提供商。因此，如何避免形成高度垄断，在未来元宇宙产业发展过程中将是一个非常重要的课题。

第三，网络成瘾问题。随着元宇宙的不断深入发展，其"双刃剑"特征将更加突出。从积极方面来讲，元宇宙将打破人们习惯的现实世界物理规则，在虚拟世界重新定义人们的生产生活方式，对宏观社会、中观产业和微观个体三个不同层面产生显著影响，以全新的生产方式和合作方式提高全社会生产效率。然而，从消极方面来看，在大量算法的加持下，元宇宙所产生的新型视觉场景，会让更多人沉浸在虚拟世界中不能自拔。如何维系现实世界和元宇宙之间的正面互动关系，发挥元宇宙的积极作用，抑制消极作用，妥善解决未来数字技术网络成瘾问题，也是元宇宙面临的一大挑战。

十二、元宇宙的发展前景

从政府和企业的行为可以看出，目前对于元宇宙概念和属性的看法仍在不断变化,但是对于元宇宙未来的发展前景已基本形成共识。展望未来,元宇宙的三种前景较为显著。

(一) 市场规模的前景

目前已有多个国际知名咨询机构均公开表示看好元宇宙的未来市场规模。如普华永道预计,2030 年元宇宙市场规模将达到 1.5 万亿美元;彭博(Bloomberg)行业估计,届时元宇宙市场规模可以达到 2.5 万亿美元;摩根士丹利预计,未来元宇宙潜在市场空间将超 8 万亿美元。不仅如此,元宇宙在其发展过程中,还将拉动壮大其他领域的市场规模。

(二) 产业创新的前景

元宇宙带来的产业创新前景包括两方面:一是元宇宙将打破人们所习惯的现实世界物理规则,以全新方式激发产业技术创新;二是元宇宙将与不同产业深度融合,以新模式、新业态带动相关产业跃迁升级。

(三) 应用范围的前景

当前元宇宙的应用主要表现在游戏、娱乐等领域,其他领域应用相对较少。未来,随着元宇宙技术和产业成熟度的持续提高,其应用范围逐步扩大并不断深入。如元宇宙或将在社会治理、公共服务等领域具有巨大的应用前景。

推动中国元宇宙产业全球化,鼓励比较纯粹的元宇宙企业发展,提升中国企业的全球市场份额。中国目前在元宇宙配套技术发展、产业健全程度上仅次于美国,国内市场空间广阔,中国企业在海外市场扩展上也积累了一定经验。需进一步面向元宇宙场景入口企业、底层技术企业、第三方配套服务企业等提供差异化的孵化及监管策略,包括从配套技术设施层面提高中国企业的全球份额,对平台型企业的全球化发展进行有效引导和合理约束,有力推动技术、资源、用户、市场等多层次的全球化健康发展。

中国艺术研究院副研究员孙佳山认为:"当现实空间遇到虚拟空间,除了要关注技术发展带来的变革,更需要关注'价值'本身的意义,要将有序的政策监管纳入其中,保障行业健康有序发展。"

中国社会科学院数量经济与技术经济研究所信息化与网络经济研究室副主任、中国社会科学院信息化研究中心秘书长左鹏飞认为:"通俗来说,元宇宙是一种可以大规模连接的虚拟现实应用场景。"

专家研究认为,元宇宙的发展前景基于多年研究,虚拟与现实、人工

◎ 第三章　数据的生发

智能、区块链、云计算、大数据、5G通信等数字化技术的应用日渐成熟，使打造一个元宇宙世界成为可能。

十三、元宇宙与数字资本

（1）元宇宙的本质是寻求世界数字化和虚拟化的过程。作为数字产品或数字商品，需要对其主要内容、技术体系、生产过程、数字资产和数字资本等进行深度融合和创造性变革。

（2）元宇宙的运用模式，实质上是虚拟世界、虚拟产品、虚拟商品、虚拟经济与数字资本的高度融合。

（3）元宇宙的市场是整个虚拟世界，要实现在虚拟世界的真金白银，其出路在于数字产品商品化、货币化、资本化、国际化和市场化。其生命力在创新，其发展力在创造，其安全性在合法。

本章总结

本章主要内容和亮点是，数据生发是实现生产要素价值的重要过程。一是取之不尽、用之不竭的密码在于数据使用环节。二是数据价值的重要因素，包括数据重复利用在于发掘其价值。三是数据的潜在价值在于发现。四是数据创新重组的价值在于开发。五是数据拓展和开发的价值在于生产中数字技术和生产要素不断创新。

本章对元宇宙的定义、渊源、发展、模式、机制、前景及风险管控等进行了分析论证。

有关法律专家对元宇宙总的评价是：第一，元宇宙是科技创新发展的成果。第二，元宇宙是虚拟与现实交互的具备新社会体系的数字生活的虚拟世界。第三，元宇宙的创新发展和法律风险同时存在。因此，专家提示：宇宙有风险，投资需谨慎。

本章关键词

数据生发是过程。
数据升值是目标。

第四章　数字资本的生产要素

引　言

数据作为新的生产要素，正在成为企业或商家核心竞争力的关键要素。因此，如何加强数据治理和数字资本管理，不断提高数字资产和数字资本的价值，已经和正在成为数字资本时代的新命题。

第一节　数据是新生产要素

一、数据成为新生产要素的背景

在大数据发展创新的时代，数字化变革改变了人们认知数据的方式和方法，数据不再仅仅被视为生活中的一些普通数字和商业活动的某些产品数据，而是国家发展战略资源，是发展和提供新型数字产品与服务，并建立新型数字商业模式的重要生产要素。

在中国发展史上，中国共产党作为执政党，是领导全中国人民的核心力量。中共中央做出的决定，是指引中国经济社会发展的指南。2019年10月，中国共产党第十九届中央委员会第四次全体会议审议通过了《中共中央关于坚持和完善中国特色社会主义制度、推进国家治理体系和治理能力现代化若干重大问题的决定》。其中指出："健全劳动、资本、土地、知识、技术、管理、数据等生产要素由市场评价贡献、按贡献决定报酬的机制。"这是中国历史上首次将数据作为与劳动、资本、土地、知识、技术、管理并列的新生产要素，在制度上确定了数据是新生产要素的战略定位。

在经济学发展史和国家宏观经济发展中，生产要素这一概念自古典经济学创立以来，就是经济学家们关注和研究的重点。专家学者们在其经典著作中不惜花费大量语言和文字来定义、分析、演绎、论述各种生产要素。人类社会进入数字时代，数据作为数字产品和数字商品，即数字资本的生产资料，并被国家正式作为生产要素，是生产资料、生产力和生产关系创新发展的重要标志和里程碑。

2020年4月9日,《中共中央 国务院关于构建更加完善的要素市场化配置体制机制的意见》正式公布。在该意见中正式提出了土地、劳动力、资本、技术、数据五个要素领域的改革方向。2022年10月16日,中国共产党第二十次全国代表大会报告进一步明确提出了要从三个方面加快培育数据要素市场:一是推进政府数据开放共享;二是加强各种数据要素资源科学配置;三是强化数据资产价值和安全保护。

在经济学发展史上,数据作为新生产要素并不断创新发展,已在全球形成共识。加快数据要素市场化改革,健全数据要素市场运行机制,并提供有效的组织保障,已经提上了国家重要工作日程。各区域和领域之间的数据共享和交换将得到快速推进,数据共享的责、权、利将进一步明确,公共的和基础的数据资源将得到科学配置。专家指出,在数据开发和利用的规范化及数据采集标准化的基础上,数字经济和数字资本将不断涌现新产业、新业态和新模式。数据管理制度进一步规范,数据质量和产量不断提高,数据安全保护制度不断完善,企业合法利益、广大消费者和劳动者各项权利将得到有效保护。

二、数据作为企业资产负债

英国著名大数据理论应用学者维克托·迈尔-舍恩伯格和肯尼思·库克耶在2013年出版的《大数据时代》一书中明确指出,虽然数据目前还没有被列入企业的资产负债表,但这只是一个时间问题。

在中国,根据国家对企业财务管理中资产的定义,企业拥有和控制的、能够用货币计量的、能够为企业带来经济利益的数据才能成为企业的生产要素和资产。数据作为新生产要素,为数据管理和企业的数字化转型提出了新的努力方向和工作要求。因此,除了要发挥数据的价值之外,还要重视和关注数据的主权与数据价值。

在数字时代,根据数字经济、数字产品、数字商品、数字服务及数字资本生产和发展的基本规律,数据能够创造价值,但数据创造价值的功能并不能由数据自然直接实现,数据要素也不能直接参与价值分配,只有经过数据收集、存储、生化、量化、生产和交易使数据要素创造出数字产品和数字商品之后,才能创造价值,进而参与价值分配。因此,在数字时代,能够掌握大数据,并将其有效转化为生产要素,已经成为衡量一家企业核心竞争力的决定性因素。由此可见,数据是企业资产负债,数字资产是强企和强国的重要基础。

根据经济学基本原理和数字资本理论，在数字时代，一项资产的价值要从资产未来带来的经济利益来衡量。对于数据资产而言，应该从最终的应用价值出发来衡量其实际价值。人们在采集和整理数据的时候，一般很难确切预计到数据资产在定价、流通、交易和使用中具有的真正经济价值和社会价值。因此，对数据资产价值科学评估，是支持数字资本创新发展的重要举措。

在经济学中，一个国家的国民收入是指物质生产部门劳动者在一定时期所创造的价值，是生产要素所有者在一定时期内提供生产要素所得的报酬，是指工资、利息、租金和利润等的总和，是资本、土地、劳动和管理等传统的生产要素对最终价值的贡献的加成。因此，数字技术促进数据量化，并不断转化。数据的价值和应用过程证明，只有创新，才能提升劳动者能力，提高资本周转速度，推进数据转化进度，促进科技进步，提高科学管理水平。由此可见，数据对最终所得收益的贡献是一个乘数因子，同时也是企业资产负债，并非简单的加成。总之，数据作为新的生产要素，已经成为国民经济的重要组成部分。这是数据作为数字资本核心价值的质的变化和飞跃。

三、数据价值由市场决定

作为数字资本的生产要素，数据资产真正的价值在数字资本市场。这进一步表明，数据资产价值的公允价值计算，取决于市场主体通过数字资产流通和交易才能实现其经济价值。因此，对于数字转型升级企业而言，只有努力提高企业自身利用数据资产并提升生产效率的能力，才能主导数据资产的市场定价权，至少是定价话语权和定价主动权。数字化企业利用数据资产来提升生产效率的能力，主要体现在数据生发、数据量化、数据转化、数字产品、数字商品、数字服务、市场需求、科学管理、降低风险、品牌增值等方面。在数据价值中，基于数据自身属性，如数据的质量、排他性、稀缺性、安全性及法律规范等，也是决定数据产品价值的主要因素。

在数字化企业中，作为生产要素产生的数据资产，其折旧和增值是一对永恒的矛盾。数据资产如果不被有效利用，也会逐渐贬值，甚至成为资产负债表上的负资产。实现数据的保值增值，数字化企业要从扩大数据业态和提高数字技术两方面发力。数据业态会带来数据有效连接和不断扩大，促进并优化数字产品价值提升。数字技术主要包括数字产品的生产智能工具和程序的智能化水平。

在企业数字化转型升级中，要充分认识到数据要素与传统生产要素的本质区别。目前，许多企业在数据产品定价、主权保护、收益分配等方面还存在很多新问题。但随着对数字经济和数字资本论的不断学习并应用，数字行业企业通过数字化转型升级，有力促进行业数字资本保值增值，有效提高数据量化水平，不断赋能数字资本新的价值，是数字资本科学家和数字行业企业共同的使命和责任。

第二节　数字产品是新生产业态

在数字企业转型升级和数字资本发展中，数据转化为数字产品要通过数字技术不断创新来实现变革，并构建以数字产品为主的新生产业态系统，而数字技术平台的数据生态系统为商业模式创新带来了更多机遇。在生态系统中，众多企业围绕共同数字资本市场和消费者用户价值主张，通过正当竞争与友好合作发挥各项能力，促使生态合作的作用和彼此之间的数据流发生根本性的变化。由此可见，数字产品业态系统是数据经济和数字资本中由多边组织融合生产的新业态，是个体与整体的交互融合构成的新的生产力和生产关系。

一、数字技术是新产业发展的关键

在数字化时代，数字产品生产需要一个全产业链数字化和智能化技术体系。数字技术的创新和应用，是数字产品新业态发展的关键。多元化、多类型、多形态的数字技术能给人们带来超出预期的收益。因此，对数字技术的系统性研发，可以有效防控单一技术问题导致的整体性技术风险，保障数字产品新生产业态健康发展。

数字化企业的数字产品、数字商品研发和数字化服务是不断变化和发展的。对于数字化企业而言，数据的需求并没有边界。因此，应用数字技术建立跨越企业边界的数据共享平台，建立安全的数据生态，确保数字产品生产业态安全，将是一个长期而具有挑战性的任务。

在数字产品和数字资产生产和发展中，在数字化企业内外部的数据共享场景存在很多难点和痛点。解决发展中难点的出路在于企业间强化联合，共克时艰，通过制定规则的方式来定义并规范数据收集、存储、生发、量化、生产中的关键性技术问题。而且需要企业投入一定的数字技术和专业技术人力及资金来保障数据及其产品质量，以满足数字资本市场的需求。为此，专家提出了数据生态建设目标：第一，实现从传统行政型管理向智能化管理转型，增强数据管理的专业化水平。第二，通过基于密码学和区块链技术的智能融合，保障数字产业生态系统生产和交易安全。第三，构建规范化数字资产和数字资本交易市场，实现与消费者用户及合作伙伴共享的数字新生态。

二、数据主权是新产业发展的核心

在数字化行业企业的数字产业生态系统中，大规模生态性数据不仅是生产要素，而且是一种重要的战略资源，而数据主权是整个数字产业系统存在和发展的核心。数据主权，是指自然人或法人依法对其数据实行排他性自主决定的权利。数据主权主要包括数据所有权、使用权、转让权、收益权等各项数据权益。

数据主权制度的提出，旨在建立一种在数字产品生产和交易同时，确保数据主权的规则，使企业能够在安全诚信的数据生态系统中发挥数据的价值。在实践中，基于数据主权保护的原则，数据所有者在将数据发送或销售给数据消费者用户时，应对数据及数据资产保护保留条款做出声明，并与数据或数字产品消费者用户达成合约。

三、安全机制是新产业发展的保障

安全机制，是指数字产品生产业态的安全系统。安全机制包括利用现有数据标准和数字技术以及数据治理模式，推动数据在可信的商业生态系统中进行安全性和标准化的交换，促进数据有效连接，为各种数字产品生产场景及业务流程提供要素基础。为了确保数据所有者的数据主权和安全，有效发挥数据要素职能，操作中须通过身份认证的连接技术，在数据和数字产品合作者之间建立安全共享机制。对企业而言，外部数据交换是企业业务交流过程中的一个重要途径，一般来自外部合作者的数据合作共享业务。

四、数字化生产业态发展目标

在实践中，数据所有者为了其数字资产利益，需要实际掌控其数据资产。因此，许多企业家和数据专家将数据主权作为数字资产研究和开发的核心内容。数据主权可定义为，自然人或法人依法对其数据享有完全自主决定的权利。为此，专家倡议，为实现数据价值，在数字化产业生态系统发展中，应设定数字生态发展目标和基本规则。

（一）信任机制数字化

通过对数据和数字资产者主体的身份管理，重点确定本单位数字生产关键岗位的生产、管理和技术人员的真实身份，通过对所有参与者进行信用评估和技术认证，建立数据和数字资产主体及参与者档案数字化信息库，构建彼此间的信任关系网。

（二）数据主权制度化

数据的各个组成部分基于规范的安全规则，通过对各个组成部分进行评估和认证，确保数据主权安全。为确保数据主权的核心利益，数据所有者在将其数据传输给数据使用者时，预先为数据设立限制性使用规定。只有完全符合数据主权制度，使用者才能有效合规使用这些数据。

（三）产品质量优质化

高质量数据生态构建，需具备全部的数据资源和数字智能化技术。在数据生态建设中，要求将数据源和数据作为生产要素和数据有价资产进行全面管理，及时为数据集成特定领域提供高质量数据，并在生态系统中实现数据的实际应用价值。

（四）数字产品标准化

数据连接技术作为数字产品生产的核心技术，由不同的供应商提供并以不同的形式呈现，旨在实现各连接器与数据生态系统中的其他连接技术或组件之间的交流互动，这种交流和互动的关键要确保其规范化和标准化。

（五）数据应用规范化

数字产品生产允许将应用工具嵌入各个连接技术，以便在纯数据交换的基础上提供服务，其中包括数据处理服务以及统一并规范的数据格式和交换协议。通过数据转化程序进行数据分析，实现数据实际应用规范化。

（六）数字资产市场化

在实践中，创建现代资本市场基于数字市场的新型服务。通过提供数字产品和数字商品或数字服务定价、计算，创建全领域数字资本市场，并创建全新的资本市场商业模式，而这种新的商业模式基于数字资本市场的规则和管理。

（七）生产业态多元化

企业数据信息系统和数据互用性及信息安全性，是至关重要的研发项目。在数字资本市场，有大量数字技术和产品可供选择。为了构建多元化产业生态，需要在生态准备阶段预置相应的功能模块，在事前处理申请授权，在事中做到产品交易与结算实时可视，在事后保证完成共享使命的数据能够做到及时、规范、安全。因此，在整个生态中，需要各方通力协作，才能实现数字产业多元化。

（八）数据安全常态化

为保障数字业态安全，除了基于公钥等数字技术之外，联邦学习是构建良好的数据生态和实现企业数据安全保障有力的技术措施。联邦学习技术底层依赖于同态加密、数据共享、梯度交换等多种安全技术机制，在计算技术上可以用于支持多方安全计算模式下的逻辑回归、提升方法、迁移学习等多种算法模式，以实现在保护本单位数据安全的前提下，让多个数据拥有方联合建立共有的数据共享机制，从而实现以隐私权保护和数字产品生态安全为前提的互利共赢目标。

第三节　超级智能是新生产方式

在超级智能的机制下，数据不需要人工传输出企业边界，已设定的数字资产生产过程也不需要人工操作，可以自动生成和应用，成为数字资本新的生产方式，并且在应用中提高数字资产的核心竞争力，确保其健康发展。

一、数字资产生产管理中的超级智能

在对数据和数字资产生产管理和治理的过程中，随着人工智能尤其是超级智能在大数据时代的到来，各行各业都意识到了数据管理工作方式的创新和发展，同时，也面临许多新的挑战。因此，数据管理需要具有很高的数字化专业、规模的体量、内生关联度的强大等管理要素。企业需要应用超级智能化、数字化的新方法和新技术，不断提升数字资产生产科学管理效率和效果。

二、数字资产生产中的智能化环节

在数字资产生产中，数据之间的智能化主外键连接是数字产品生产中的重要环节，蕴含了数据量化和数字产品生产中的重要数据信息。但在对其性能因素的考量中发现，很多实现场景并未将这一信息传递到数据产品生产链的全部程序，有的甚至造成重要数据丢失，给数据管理者增加了一定工作量。我们观察到，在数据分析论证全景图中，若干个属性数据字段位置重叠，说明它们的数据维度基本一致，可以做主题连接的主外键。数据专家基于这一启发，借对主外键关系存在诸多属性约束条件的帮助，通过实验证明，可以快速并准确重建已经丢失的主外键关系，并在主题连接技术不断创新和拓展中，让有效数据通过更准确的连接发挥更大的数据价值和作用。

三、数字资产生产智能化全景图

在数字产品生产中，完成数据的架构工作，并构建高质量数据库之后，应该基于多维度有价值数据的可视化分析技术，对数据及产品质量进行分析和论证，并采用系统工程方法建立智能化生产全景图，在高维空间进行多维度聚集，利用可视化多维技术在智能平台进行展示。在实际应用中，这种基于内容解析的数据资产智能分析有诸多实际应用场景，其中全景图包括了所有已经进入企业数据库的表、字段及其关系结构，是最为直接有效的应用场景展示模式。

四、数字资产的智能化算法和算力

在运算中，利用基于密码学的数字技术，可以更好地管理数据和数字资产。由于大量数据表中含有相同或相似的字和段，且判断两张数据表是否同源比较耗时，因此，我们对每张数据表的字、段名称进行编码，实现数据表快速准确比对，而不受表中名字段排列顺序影响，为物理资产和数据资产建立数据模式指纹库和掌纹库，用于支持数据分析、计算、评估、错容，通过数字技术进行数字资产比对，实现数据智能化算法技术在管理中的广泛使用并在使用中发挥重要作用。

随着计算能力的不断提升和智能化算法的不断优化，我们促进并提高了对数字产品和数字商品质量的考量，而不仅停留在对原数据进行分析的程度。在云计算发展中，我们会看到越来越多的智能化数据分析算法，广泛应用于企业的数据和数字资产科学管理和治理工作中，让数据工程师从繁重的数据处理中解放出来，有更多的时间和精力研发新产品，解决数据和数字资产科学管理的重要问题。

五、数字资产质量的智能化管理

关于对数据产品质量进行科学分析，除了已有的基于规则对数据和数字产品质量进行微观管控和宏观治理之外，我们还可以利用智能化工具，采用大数据分析论证方法进行全方位系统性的科学管理，包括微观方面分析管理等。通过对大数据质量分析论证与可视化技术，用最快的速度在宏观管理和微观治理之间切换，并应用智能化人机交互的方式，观察数据分布和异常情况，从而进一步提升数字产品和数字商品的生产效率及数字资本质量的科学管理水平。

六、道德与算法歧视

考察数据算法，其道德与算法歧视是业界敏感话题。其中数据算法黑盒子特征在某种程度上诱导人类出让自己的部分决策权，并重建数据间的信任关系。因此，数据道德伦理准则的建立势在必行。专家建议，需要对数据和数字产品生产和交易的各个环节所受伦理影响进行认真分析和研究，谨慎评估潜在的道德和伦理风险，科学测试和评估数据系统，提高算法模型的透明度，按照法律规范和规则从事数据产品生产和交易。其中，对数据匿名化的能力和限度应该有充分认知，并有效地保护相关数字产品和数字资产。

第四节　机器人认知第四世界

当代的考古学家和人类学家发现，600万年前已经有了人类活动的踪迹。几百万年以来，人类经历了漫长的演化。首先是直立行走，解放双手、制作工具、生产劳动并识别不同的事物，开始对物理世界的认知，产生了语言、文字与思维，发展了抽象与分析能力，创建了数学、物理学、生物学、天文学、社会学等。有人类以来，就开始了对宇宙世界及其运行规律的永无止境的研究和探索。

一、人类认知世界

在历史的长河中，数字技术出现之前，人类使用文字和数据记录了对物理世界的抽象探索过程，开启了文明时代，形成了人类认知世界。客观讲，人类对世界的认知水平受限于其基因、知识、智力、经验和当时的科技发展水平。亚里士多德认为，重的物体比轻的物体下落快，后来被伽利略证明是错误的。哥白尼通过对天体的详细观测提出了日心说；牛顿研究的微积分和万有引力定律对世界的认知达到了数理演绎的高级阶段；爱因斯坦著名的相对论又进一步颠覆了绝对时空观。显然，对于物理世界中的同一事物，每个人的认知是不同的，带有明显的个体或群体认知水平和世界观，进而形成了不同群体、不同流派、不同观点的人类认知世界。对物理世界持续不断地从认识到认知，产生了以文学、哲学、科学为主要标志的人类文明，推动着社会不断发展和进步。

在大数据时代，我们以主题数据为例，主题数据是指对真实世界中的对象、事件和概念的某一属性的抽象表述。数据创建这一抽象过程就是人类对物理世界的认知过程。例如，在无人机制造企业的信息系统中，"产品"是一个重要的主题数据。其对产品的定义和识别主要受两方面因素的影响：

（1）不同业务部门对产品的认知不同。例如，在无人机公司，销售部门关注无人机产品的市场销售情况，其相关信息数据结构是由销售单元组成的。研发部门关注无人机产品的功能和系统性创新升级。供应链关心的是产品的制造单元和交付单元。实施部门需要有清晰的产品安装单元和结构。财务部门关心的是产品盈亏核算单元。因此，在企业内部也需要对产品生产、销售、研发、制造、供应、市场等进行数字化、规范化和标准化管理。

（2）不同产品的定义和类别不同。有的企业生产多种产品，存在多个不同的产品定义系统。因此，对数字产品定义，除了受到产品分类和特性的影响，还取决于相关产品专家对不同产品进行科学定义。

综上所述，人类个体即自然人对事物的认知能力取决于其智力、知识、潜能、勤奋、智慧和经验等。不同自然人的认知能力和认知水平的差异，正是形成个人和企业"数据孤岛"的根本原因。例如，企业数据管理的核心包括本企业数字产品的规范化和标准化定义。只有对产品描述语言形成统一的定义，遵守统一的规则，才能降低数据处理和数字产品生产成本，提升产品质量和价值。同时，在促进生产时，还要进一步学习并提高对新技术的认知，包括工作经验、智力开发、统一认知、形成共识和提高效益的综合能力。

二、新数字世界诞生

在 20 世纪 40 年代，著名数学家香农提出了采样定理是数字化技术的基础理论，即在一定条件下用离散的序列可以完全代表一个连续函数。根据香农定律的现代数学技术理论，我们可以通过对物理世界的认知，构建出完整映射的数字世界，随之数字技术、数字产品、数字商品、数据资产、数字资本等概念应运而生。

按照物理世界和数字世界的表述和概念，当然还有我们前面提到的人类认知世界出现的先后顺序，有关专家称物理世界为第一世界，人类认知世界为第二世界，数字世界为第三世界，机器人认知世界为第四世界，如图 4-1 所示。

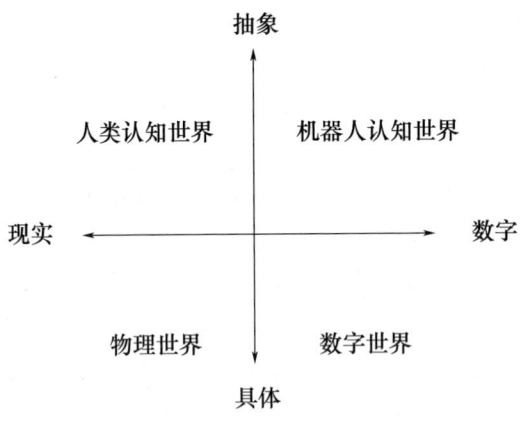

图 4-1 四大世界的象限表示

三、超级机器人认知世界

随着人工智能的发展和广泛应用，有专家认为出现了第四世界，即超级机器人认知世界。基于大数据技术，各种智能"机器人"按照智能化算法对应映射到数字世界中的事物进行认知，其认知结论会直接影响人类的决策和行动，如各种网站的智能推荐、无人机和汽车自动驾驶的智能判断、股票交易数据处理分析的智能工具等。

在大千世界中，人们对于同一事物，会使用不同的算法和数据，并得出不同的超级机器人认知结果，进而采取不同的行动。其实这和人类认知世界并不相同，每个人对相同事物的认知往往存在很大的差异。因为人的认知带有明显的个体或群体的标识，某种理论、某种标准、某种立场、某种观点，甚至某种规范都不尽相同。人类在几千年的实践中，已经总结出了很多对物理世界的认知方法和体系，并形成了一系列处理不同认知的科学体系。但超级机器人认知世界，是在数字技术进行云计算之后推出的认识或认知结果，其最显著的特征是技术精准。其实道理很简单，数字技术是智能化虚拟演算，而非人类使用算盘或计算器所得出的结论。

综上所述，在数字时代，在数字资本和社会发展中，超级机器人的应用是一种智能机器或智能工具，不具有物理特征。但随着超级机器人的功能和算力的不断创新，其认知世界的成果，会为促进人类认知世界做出积极的贡献。

本章总结

数据作为数字资本生产要素，乃本章的核心，同时亦是数字资本论讨论的重点。

（1）论述了数据成为新生产要素的背景和条件。

（2）论证了数字产品等新业态中关于数据主权、数据空间、数据标准、数据安全等关键问题。

（3）论证了超级智能等新生产方式中相关的数据链接、智能化技术、数字产品生产、算法和算力、算法歧视、质量管理等。

（4）介绍了超级智能机器人认知第四世界，首次提出了关于人类认知世界、数字世界诞生和发展，超级机器人认知第四世界等论点和论据，旨在引发专家学者进一步讨论。

本章关键词

数据是新生产要素；数字产品是新生产业态；数字技术是新生产模式。

第五章 数字资产的生产过程

引 言

数字资本源于数据量化和转化,数字资本生产过程的关键在于数字技术的开发和创新。本章试图帮助大家通过对数据转化流程的考察,揭开数据转化为数字资产和数字资本的密码,并研究其生产、发展、应用和消亡的一般规律。

第一节 基础数据库建设

数字资产生产的第一要素是生产资料即原材料,其基础是建设一个强大的数据库。因此,数据库成为数字资本生产的新基建。

一、数据库建设

根据维基百科的定义,数据库是一个以原始格式存储数据的存储库或存储系统。它一般会按原样存储数据,不需要对数据进行结构化技术处理。但数据库可以存储结构化和半结构化数据:结构化数据如关系型数据库中的数据表;半结构化数据如标签、日志、记要、检索;非结构化数据如电子邮件、文本、推特以及二进制数据如照片、音频、视频、图形等。在数据研究中,数据湖与数据库虽然名称不一或内涵及容量有别,但作者认为,其性质基本相同。

建立规范的数据库可以更方便并以更低的成本解决不同数据结构的统一存储问题,同时还能够为机器学习提供数据的整体性。我们将数据库理解为一个融合了大数据集成、存储、处理、分析、论证、挖掘等的数据基础建设工程。

(一) 统一定义

数据库不是一个单一的物理存储单位,是指根据数据类型、特征、级别等由多个数据基因和条件构成的数据存储系统的集合。一般是指通过统一的元数据语义标准进行统一、规范定义，并进行有效治理和科学管理的数据系统。

（二）科学分类

在数据库中存放不同类型的数据，包括企业技术系统产生的结构化数据、产品交易和企业管理的非结构化文本数据、生产过程各种传感器检测的设备运行数据，以及其他有价值数据等。

为了使数据识别更容易，查找更方便，使用更有效，有必要对数据库中各种数据进行科学分类，并在此基础上建立数据检索系统。

（三）建档立卡

数据库是对原始数据的汇聚，不对数据做技术性处理，包括清洗、消歧和加工等，保留数据最原始特征，为数据建立档案，制定数字卡片，为数据的加工和使用提供精准服务。

二、数据入库标准

数据入库是数字资本生产的基础工程，要严格按照数据入库的基本标准，包括明确数据定义和分类、制定基本标准、划分数据密级、标注数据源、数据质量和元数据注册等。按照标准入库，能确保入库数据都有明确定义和分类，同时都能在数字生产时应用。

（一）规范数据定义

数据规范性定义，是指入库数据概念符合数据科学规范。从端到端全部有价值入库数据实行规范、标准、统一的定义和标注，包括数据标准和数据密级及承接使用中的数据质量，并制定数据管理工作规则，明确数据管理责任等。

（二）统一数据标准

入库数据要严格按照数据入库的各项标准，分类、分级、分领域进行。数据经营者和管理者执行数据标准的基本原则是，有国家数据标准的执行国家标准；没有国家数据标准的执行行业数据标准；既无国家数据标准也无行业标准时，制定本企业数据标准。数据标准的核心是科学性、规范性和统一性。数据标准在企业或商家或行业内必须被共同遵守。数据标准说明书见表5-1。

表 5-1　数据标准说明书

数据标准检索		数据标准说明
数据资产目录	主题目录	标准数据分类
	主题域	互不重叠数据分类
	业务对象	业务和管理信息分析
	数据实体	逻辑关系分解
	业务属性	性质和特征解释
定义及标准	数据标准	该引用定义的数据标准
	专业定义	专业属性注解
	业务规则	场景应用规范及规则
	数据类型	专业文本、数字、报表及释明
	数据行和列	专业定义注解
	允许值	专业允许值清单表格
	数据范例	典型案例分析
术语及应用	术语	专业术语概念及内涵
	标准应用	专业数据标准适用范围
责任主体	规则责任人	规则制定主体及依据
	维护责任人	数据维护主体及职责
	质量和安全责任人	数据质量主体及职责

（三）数据源认证

数据源，是指最初或最原始取得的数据。认证，是指数据入库时经过数据管理专业组织进行统一认证。认证过的数据源作为唯一数据源，在数据库储存。当承载数据源的应用系统出现合并、分拆、应用情况时，应及时对数据源进行技术处理，并启动新数据源认证工作。

（四）元数据注册

元数据注册，是指按照入库元数据和技术元数据进行分类、登记、注册并标识。元数据注册包括逻辑实体与物理表的对应关系、业务属性和表字段的关系。通过链接业务元数据和技术元数据的关系，能够支撑数据使用者通过词条检索，查找到数据库中的相关数据。这不仅降低了数据使用和消费的成本，而且能让更多的业务人员识别和使用数据。

（五）数据密级划分

为了确保数据库中的数据能充分共享，同时又确保数据安全，入库的数据必须分别划分密级。数据工程师和数据经营者有责任审查入库数据密级的完整性，切实推进数据密级的正确划分和规范管理。

（六）数据质量评估

数据在入库时，虽然不需要对数据进行技术性处理，但需要对数据质量进行必要评估。对入库数据进行评估，旨在让数据管理者和使用者以及消费者了解数据的质量和用途，并熟知该数据的质量风险。同时，数据工程师和数据管家可以根据数据质量评估的情况，推动源头数据质量管理，进一步提高数据质量管理水平。

三、数据入库方法

数据入库的方法主要有物理入库和虚拟入库两种。根据数据使用或应用场景和需求，一个逻辑实体可以有不同的入库方式或方法。两种入库方式相互协同，以满足数据链接和用户消费的需求。数据工程师有责任根据应用场景的不同，提供相应数据入库方式。

物理入库，是指将原始数据复制到数据库中，包括批量处理、同步复制、数字文本集成和流集成等方式。虚拟入库，是指原始数据不在数据库中进行物理存储，而是通过建立虚拟数据表格的集成方式实行入库。物理入库一般面向小数据量应用，大批量数据入库选择使用数字化技术系统。

四、数据入库主要技术

（一）批量集成技术

在数据入库时，对于数据量较大的，采用批量集成是首选入库技术。日常数据入库工作每小时或每天执行一次，主要技术包括数字智能化工具。批量集成不适合低数据延迟和灵活性高的情形。

（二）复制同步技术

在数据复制同步时，使用基于数据日志等所记载的数据变更情报，实时获取数据，并复制同步进行入库。数据复制同步不适合处理各种数据结构，以及需要清理和转换比较复杂的数据。

（三）文本集成技术

在处理不同数据结构及可靠性和复杂转换时，使用数字文本集成技术。尤其对于许多数据遗留系统，数字文本集成技术和方法是最佳选择。数据文本集成不适合处理数据量很大的情形。

（四）流集成技术

在采用流集成技术入库时，主要关注流数据的采集和处理，符合入库条件或满足数据实时集成的需求，处理每秒数万甚至数十万个信息流，有时甚至处理数以百万计的信息流。流集成技术不适合那些需要复杂的数据清理和转换的数据。

（五）虚拟化技术

对于需要低数据延迟、灵活性高和临时模式，包括不断变化下的模式的应用，在实践中，采用数据虚拟化技术入库是一个优化选择。在数据虚拟化的基础上，通过共享数据访问，分离数据源和数据库，减少数据源变更带来的影响，同时支持数据实际应用场景。

（六）物理入库技术

在数据时代的背景下，数据入库方式、方法和技术以及入库标准，绝大多数采取数字化、智能化技术。但在一定情况下，采用物理入库技术也不可或缺。

采用物理入库技术，一般采用制表、制图、建模等方式、方法或技术。在实践中，采用物理技术往往基于数据入库的实际需要或技术要求，才会选择物理入库技术和标准。

关于物理入库技术的生命周期，专家指出，在数字化智能化技术高度发达和普及的背景下，绝大多数采用虚拟化即数字化技术，但在特定情况下，则需要物理入库技术和方式，二者会在一定时期共存。数据入库方式见表5-2。

表5-2 数据入库方式

数据入库须知			数据迁移	实时性需求	源系统需求	批量数据处理	历史数据处理
物理方法	批量集成	智能工具	拉	√	非实时	低	√	√
		智能工具	推	√	非实时	低	×	×
	复制同步	智能工具	拉	√	实时	中	×	×
	集成	智能工具	推	√	实时	中	×	×
	流集成	智能工具	推	√	实时	中	×	×
数字技术	智能化技术	智能工具	拉	×	实时	高	√	√

注：需要或支持写√；不需要或不支持写×。

五、结构化数据入库

结构化数据,是指由二维表结构逻辑表达和实现的数据。结构化数据入库时,应严格遵循数据格式和长度规范,主要通过关系型数据库进行分类存储和科学管理。

结构化数据入库的情形主要有两种:第一,企业数据管理组织根据本单位业务需求进行规划和统筹。第二,根据数据消费者用户和数字市场的需求进行定制化入库。

(一)数据入库需求分类

在结构化数据入库时,对于规划需要入库的情形而言,由对应的数据代表基于数据库的建设规划和类别,输出入库规划清单。该清单包含主题域分组、主题域、需求对象、应用实体、产品属性、实用系统物理表和物理字段等具体数据信息。

(二)数据入库条件和评估标准

在数据入库前,要检查数据源标准度,并评估数据入库标准。

1. 检查数据源标准度

来源清晰是数据入库的前提条件。数据源标准度检查不仅需要源系统的专业团队提供源系统的数据字典和数据模型,并检查源系统的物理表规范度,而且需要查验数据源执行的标准和质量。

2. 评估数据入库条件

(1) 数据规范化。为保证入库数据的质量,在数据入库前,应明确数据定义的规范性内涵。

(2) 数据标准化。使用标准定义数据属性的内涵和基本规则等,是正确理解和使用数据的重要依据,也是数据入库的重要条件。

(3) 数据认证完成。原则上以初始数据进入数据库,数据源认证是保证数据库数据一致性和排他性的重要措施。

(4) 数据密级划定。根据密级规范,确定数据密级入库管理。

3. 执行数据入库程序

数据工程师依据数据分类、规范定义、入库标准、身份认证、数据密级和使用场景,合理选择数据入库方式进行入库。专家建议,在不要求历史数据和大批量数据且实时性要求高的场景,建议采取虚拟方式入库。在要求历史数据和小批量数据且实时性要求较低的场景,可以采取物理方式入库。

4. 元数据注册规范

元数据是重要的数字资产生产要素,是数据共享和应用的基础,为数据分析和数据模型建设提供关键性基础性数据。对元数据进行有效注册是实现上述工作的前提。元数据注册主要包括按照元数据注册规范对元数据进行编码、登记、注册、标识。

六、非结构化数据入库

非结构化数据包括无格式的数字文本、各类数字文档、照片、图像、图表、音频、视频等多样结构的数据文本。与结构化数据相比,非结构化数据更难以标准化。因此,非结构化数据的管理不仅包括数字文本本身,而且包括对数字文本属性的注释。

非结构化元数据信息不仅包括数字文本对象、标题、格式、类型等基本特征,还包括对数据内容的客观理解表述等内容,如数据标签、数据检索、数据链接等,以方便用户对非结构化数据搜索和使用。

非结构化数据入库主要包括基本特征元数据、内容解读、数据关系和原始数字文本。其中,基本特征元数据入库是必选内容,其他三项内容可以根据工作需求选择性入库。

(一) 元数据入库条件

非结构化元数据入库主要通过从源端集成的数据文档本身的基本信息进入数据库。在入库过程中,数据内容仍存储在源系统,数据库中仅存储非结构化数据的基本特征元数据。基本特征元数据入库需同时具备以下三个条件:

(1) 数据表中设计了包含基本特征元数据的检索系统。
(2) 数据检索中设计了数据架构,包括工作对象和应用实体。
(3) 数据规范中定义了索引表格中每笔记录对应数据文本的名称、标准、密级,认证了数据源并符合质量标准。

(二) 数据注解入库条件

在非结构化数据入库中,对数字文本注解内容进行入库十分重要。在入库时,原始数据文本仍存储在源系统,包括对数据库中储存数据注解后的内容增强部分。数据注解入库需要同时具备以下三个条件:

（1）确定注解后数据的密级和使用范围。

（2）获取与原始数字文本相对应的数据。

（3）确定数据注解后的存储位置和保存期限，即在一般情况下，至少一年内不转移该注解后的数据。

第二节　数字资产的生产过程

收集并掌握数据的最终目的是让数据更有效地创造价值。对于数字原生单位或企业，原生入口时提供了大规模和高质量的数据。在实践探索中，数字化转型的关键在于打通数据供应链，通过理解数据内容、识别数据资产、建设数据架构来推动组织间的共享和协作。同时，关注隐私安全，从源头提升数据质量，并通过数据基础建设，构建数据库和数据主题链接系统，形成数据的逻辑集合，为分析、论证、转化和应用提供服务，让数据成为有价值的数据资产。

一、数据主题链接应用场景

在数字化发展实践中，数据转化和应用已经不再局限于传统的报表分析，要支持生产单位自助分析和实时论证，通过分析数据的关联，支持应用的关联以及对目标对象的特征识别，对特定产品进行固定和差异化管理等。这些需求也不再是对单一数据的分析，需要使用跨领域的数字技术进行链接后，进行综合性分析和论证。

（一）定义和链接

在企业数据库中汇聚了大量有价值的原始数据，在数字产品和数字商品生产需要时，可以直接从数据库中调用所需数据。但是数据库中的数据结构与产品系统不尽一致，应严格遵从规定范式，使每个数据都有详细的定义和解读，容易了解数据之间的关联关系。例如，数字产品的产量预测，需要数据产品种类、产品名称、产品订单、生产计划等超过上千个表格数据，这些表格并没有进行链接，尚未形成产品数据，即没进行数据链接程序的数据很难支持数字产品、数字商品直接进入生产程序。因此，对数据进行定义和链接是不可或缺的前置程序。

（二）原材料加工

在数据库的基础上，通过数据选择并初步建立数据链接之后，即基于不同的产品生产场景，通过智能化技术将跨域的数据链接起来，将数据由"原材料"加工成"半成品"和"成品"，用以支持不同场景的数字产品和数字商品的生产。

（三）多维度分析

在数据实际应用场景中，多维模型是面向数字产品生产的多视角和多维度分析，通过明确的生产关系，建立基于事实表、维度表以及相互间连接关系的模型，实现多维数据分析和研究。例如，数字产品订货数据从数字、产品、价格、客户和市场需求等维度进行多视角和不同粒度的多维度分析，用于支持数字产品生产和销售。

（四）产品建模

模型是针对数据间的关联影响进行分析论证，通过建立数据对象以及数据产品之间的关系，帮助生产流程按规定进行。例如，查看某国家原产地某项目的数据，关联到具体客户以及合同、订单、产品、种类、价格等信息时，通过模型分析其中的关联性，以支持数字产品生产。

（五）产品标注

数据应用中的标签，是对特定数字产品的标识。在实际生产场景中，运用画像、演示等综合方法生成数字产品特征的符号并标注，是数字产品或数字商品识别的主要方式。

（六）数据指标

数据应用指标，是对工作成果、生产、效率和产品质量评价的依据。根据明确的生产规则，通过计算衡量各种数字产品和数字商品的数值和客观状况。例如，产品销售覆盖率指标是衡量数字市场覆盖程度和交易业绩的主要方法之一。

（七）数据算法

数据算法是指面向数字产品生产场景实行数额计算的公式和方法。通过数学建模和数字技术对生产过程进行抽象、模拟和仿真演算，提供支撑产品生产的相关数据。

二、多维度产品设计

多维度模型是依据明确的产品生产关系，建立基于维度、事实表及相互连接关系的模型，用来实现多角度、多层次的数据查询和分析。而设计出稳定性、科学性、实用性的数据模型,对于支持数据主题链接至关重要。

多维模型设计有四个主要步骤,包括确定产品生产场景、明确数据粒度、维度设计和事实表格设计等。

(一) 确定生产场景

根据本单位生产需求,研究所涉及的数字产品和数字商品生产程序及其逻辑关系并确定生产场景。如生产全流程可视,首先需要识别监控的具体数字产品生产环节,再根据这些生产环节识别其对应的逻辑数据产品及生产关系等。

(二) 明确数据粒度

粒度,是指表示数据单元的细节程度和数据精确度。细节程度越高,粒度越细;细节程度越低,粒度越粗。明确粒度是维度和事实表格设计的重要步骤,意味着精确定义事实表格的每一行表示的具体内容。

(三) 维度设计

维度,是指观察和分析数字产品的角度,支持对相关数字产品和数字商品进行汇聚和综合设计。维度由层次结构关系、层级、成员、属性等构成。维度可以分为基础维度和组合维度。基础维度提供统一和完整的层级结构和成员;在实践中,组合维度一般根据生产应用场景进行设计。

维度设计需要具备排他性、单向性和正交性三个基本条件。

1. 排他性

仅有一个主题,在一个产品维度中不能涉及其他产品分析的内容。例如,区域维度不含具体客户信息,产品维度不含产品之外的内容等。

2. 单向性

维度只支持自上而下和自下而上的分解,每个成员只能存在向上的分解路径,不能具备向上和向下两个方向的分析逻辑。

3. 正交性

在成员之间不相交,同一成员不能同时拥有两个上级成员。以产品维度为例,公司向客户提供的设备或服务只能被准确地分配到唯一的最底层节点,并按照此路径进行工作。

(四) 事实表格设计

在对数据实际应用设计中,常用的技术和方式是采取数字表格模式。

事实表格包含了生产性能和度量等，由粒度属性、维度属性、事实属性和相关注解组成。

在上述内容中，粒度属性是事实表格的关键，通常由原始数据的主键或一组维度属性生成。

维度属性是指从维度中继承的属性。一是只继承主键作为事实表格的外键。二是继承维度中全部或其他部分的属性。例如，事实表格中除了有币种，还可以有币种编码和汇率等。

（1）事实属性，是指对该颗粒维度事实进行定量的性质。在实践中，大多数事实表格的事实字段会有一个或多个。

（2）在一个表格里不能存在多种不同粒度的事实。例如，A 行明细事实表格中不应该包含 B 总金额，否则 B 总金额累加时会出现错误。

（3）仅具有与数字产品生产过程相关的事实，不包括与数字产品生产过程无关的事实。例如，在设计购买订单合同标的表格时，不能有付款金额及支付方式的内容。

（4）在表格设计中，不可相加的事实需要分解为可以相加的事实。例如比率需要分解为分子和分母。

（5）表格中事实的数值单位要保持高度一致并规范表述。

（6）其他内容，主要包括创建人、创建时间、终审人及职务等。

（五）图模设计

图模作为数据信息处理技术，在数字产品生产中普遍使用，同时，在学术研究、授课和智能推荐、决策分析等方面有广泛的应用。

数据产品图模一般由节点和边组成。节点表示产品或概念，边则由属性或关系构成。

（1）实体是指具有可区别性且独立存在的某种事物，如某公司、某城市、某植物、某产品等，是模型中的最基本元素。

（2）概念是对数字产品或数字商品特征的组合而形成的知识单元，主要指定义内涵、产品类型、商品种类、资产分类等。

（3）属性主要指表述数字产品或数字商品的特征或特性，例如数字货币、数字票据等。

三、数字资产生产步骤

数据应用场景及数字产品生产过程主要有如下七个步骤。

（一）第一步： 设定流程

根据数字产品和数字商品或数字服务生产计划，设定数字资产生产流程。主要包括生产流程规则、流程技术、程序管控、岗位职责、质量控制、安全监督、产品验收、产品入库等。

生产流程技术，主要包括智能化设计、自动化选择、规范化建模、标准化操作、专业化融合、精准化计算等。其中，数字产品生产中的数据颗粒度建模是一个重要环节。

在数据应用场景中，信息颗粒度在模型建设中是不可或缺的流程。企业应根据应用场景决定信息颗粒度以及模型的精确性和有效性。同样的数据信息范围，颗粒度越细，模型应用越广泛，关系越丰富。但冗余越多，其价值和作用越低效。因此，信息颗粒度的原则是满足实际应用的最粗颗粒度原则。

（二）第二步： 选择数据

（1）选择与应用场景直接关联的数据信息。例如，判断新冠病毒感染疫情和汶川地震等不可抗力致使供应中断影响的范围和渠道等与之直接相关的信息，如合同条款、产品配置、不可抗力、免责规定等。

（2）选择与应用场景之间关联的数据信息，包括可辅助理解问题的数据信息。其中涵盖企业信息、专业领域信息、行业信息以及开放域信息数据等。

（3）选择数字产品、数字商品或数字服务数据中优质或最佳数据信息，确保数字资产的质量。

（三）第三步： 构建模型

相同的数据产品中可以有若干种模式定义和模型构造，良好的模型可以减少数据冗余，提高实体识别的准确率。在建模的过程中，应结合数字产品的特点与生产流程完成设计并组建。在建模中，相同的数据根据不同的需要可以构建出不同的模型。

（四）第四步： 生产领域标注

数据产品生产中涉及的实体和概念标注分为三类：一是公共类，如机构、地址、单位等。二是企业类，如专业术语、业务部门等。三是行业类，如金融业、制造业、农业等。

（五）第五步： 实体和概念识别

在数据模型中，实体和概念的识别，可将数字产品输入与数据资产中已有的信息作为种子，运用命名实体识别的方法扩展新实体概念，经规定程序确认后，列入标准实体概念库。

（六）第六步：属性和关系识别

在数据模型的识别技术中，要综合考虑数据的应用场景、模型图中节点和连接的数量、逻辑以及性能要求。一般建议采用综合识别方式，如用图表数据与产品的组合、数据库与键值的组合等。

（七）第七步：知识和价值计算

知识计算，主要是指根据企业生产的信息计算出更多有价值的知识数据。如通过建模和生产智能化技术可以获取数据中的价值含量。知识计算涉及三大关键技术：一是图谱挖掘计算，二是基于本体的计算，三是基于规则的演算。图形挖掘计算是基于图谱的相关算法，实现对图谱的深入研究和成果应用。

数据模型在应用中的价值，很大程度上取决于使用者基于生产节点可以构建完善的关系。这个关系的构建是一个逐步完善的过程，并根据应用场景不断补充和完善，这就是组建图模的作用。当企业形成一个完善的综合性图模体系之后，领域分段的应用场景只需要调整部分节点和关系，就可以满足应用场景的需求，快速响应生产需求，降低开发成本，增加企业利润。

四、产品标识和标签

标签，是指数字产品和数字商品的标识。在标识设计中，根据数字产品种类和市场的需求，通过对目标产品，包括静态、动态特征，运用抽象、逻辑、推理等算法，设计出高度精练的数字产品特征标识，用于规范化、差异化数字产品或数字商品的管理。

随着数据和数字资本的发展，标签由互联网领域逐步推广到其他领域，标签的对象也由产品、商品等扩展到资产和营销。在数字资本领域，标签有助于实现精准选择、定向交易并提升消费者用户差异化体验等。在行业领域，标签更多助力于战略研究、智能检索、优化定价、市场营销、产品研发和智慧经营等。

（一）标签体系和标准

（1）标签体系，是指根据数字资本发展，研究数字化标签的设计和应用体系。应根据数字资本发展中的不同数字产品、数字商品、数字服务的需要确定标签范围。

(2) 标签和标签值，主要包括数据和数字资产的标签定义、设计标准、标签逻辑等价值。

（二）数字标签的特点和使用

1. 数字标签的特点

数字标签是建立标签值与数字产品的关系，可以对某一种数字产品、某一类数字商品或某一类数据服务的基本特点和特性进行个性化设计，并定制不同的数字产品或数字商品标签。

在数字标签定制中，应该从消费者用户查找、选择、购买和应用需要出发，必要时使用数字表格，可以是具体产品，也可以是一种数字商品、一项数字服务、一个数字项目、一类数字产品或商品等。

2. 数字标签的使用

(1) 产品标签：根据标签值和数字产品属性、特征和类型，为其定制数字产品、数字商品或数字服务标签。

(2) 规则标签：数字产品或数字商品生产销售智能化规则标签。

(3) 模型标签：设计数字产品标签算法和模型由智能化系统自动定制并使用数字化模型标签。

五、数据指标

数据设计指标由指标名称和指标数值两部分组成。数据指标名称及其含义体现了指标在质的规定性和量的规定性两个方面的特点。指标数值反映了指标在具体时间、地点、条件下的情况。

根据数据指标计算逻辑是否含有叠加公式，可以把数据指标分为原子指标和复合指标两种类型。

（一）原子数据指标

原子数据指标是指标数据通过添加修饰和维度相加而成。其中修饰词和维度均源于指标数据的范围。

（二）复合数据指标

复合数据指标由一个或多个原子指标叠加计算而成，其中描述、维度均继承于原子指标，不能脱离原子指标维度。

（三）综合数据指标

综合数据指标是指各种数据的综合性指标。其中，度量为数量，属性包括等级。

（1）数据维度指标：从数据属性维度中选取组织、途径和场景等。

（2）数据原子指标：指标数据通过添加修饰词和调整维度而成的指标，包括数字产品、品种、数量、质量和交易市场等。

（3）数据复合指标：由两个或两个以上指标叠加计算而成的指标。

（4）数据识别指标：通过与指标定义的生产管理部门商定，从生产环节分析各种数据指标信息、统计核算维度、指标度量场景，以及各实际场景下的计算方法和规则。

（5）数据拆解指标：根据指标计算方式识别原子指标，明确原子指标中需要的规范和维度，以及原子指标与复合指标间的关系。

（6）识别属性指标：识别原子指标的度量属性和支撑属性，并根据原子指标中的维度和匹配度以及对象的属性形成指标数据。

（7）数据应用指标：是指数据各项指标在数字产品、数字商品、数字服务的设计、规划、建模、生产、定价和实际应用中的指标。

六、算法和评估

在数字资产计算和评估中，算法是指应用云计算和超算等技术工具对数字资产计价的方式和方法。为力求全局最优解，并促进过程高效且准确，一般会采用数学建模的优化方式，该算法是利用样本数据生成模型的计算方法。算法模型是根据产品需求，运用数学方法对数据进行评估，得到计算最优解，主要用于产品智能化分析和研究。

关于算法模型在数据分析和生产程序中的使用，其框架主要包括设计、建模、管理和模型应用等。

算法模型的设计步骤主要有需求评估、数据筛选、可行性论证、方案设计和建模与验证等。

（一）需求评估

（1）通过专家分析论证，对各类数据进行解析和评估。

（2）对数据与数字产品生产、运营、销售进行相关分析，论证数字产品和数字商品生产的背景、现状、目标市场等。

（3）对发展战略或变革进行分析，对发展战略目标进行解读，分析评估数字产品创新需求，进行市场研判，制定目标。

（4）评估分析结果的实际应用场景等。

（二）需求识别

（1）在集成的数据环境中进行数据挖掘，探索数据开发前景。

（2）识别并分析论证数据需求，以及确认实际应用的领域。

（3）分析论证科研成果转换和新产品开发以及市场需求。

（三）可行性论证

（1）组织专家对需求的数据价值进行评估和论证，包括产品基线、产业主题的市场影响和经济效益等。

（2）可行性论证，主要包括分析、论证、评估生产流程和各种生产要素，组织专家制定相关切实可行的解决方案，进一步改进和优化生产流程，提高产品质量和经济效益等。同时，对方案中资源配置和市场前景的可行性进行综合评价。

（四）数据标准

（1）编写规范的数据资产目录，实现智能化检索。

（2）统一各种数据标准，规范数字产品生产流程。

（3）选择数据产品生产技术和工具，实现标准化生产。

（4）制定数字产品质量和数字产品安全综合评价标准体系。

（五）改进方案

（1）确定具体的改进工作原则和发展目标。

（2）规范新选数据定义和新产品样本选择。

（3）提升新选数据指标、变量和改进方案。

（4）规划数据成果实际应用领域和场景拓展。

（六）应用验证

（1）专家论证。根据对数字技术和生产需求以及资源配置的评估，确定是否建模。若建模，则需要通过项目评审，并组织专家论证。

（2）选择建模。一是根据数据分析方案创建模型，并对模型的参数和变量进行调整。二是根据实际应用场景选择适用的模型，与数据分析师确认模型成效与应用，并进行优化。三是进行模型相关验证，以及经济效益和产品市场需求评估。

（3）应用验证。对数据工作方案中不需要建模的情形，使用数据验证方法进行实际应用场景验证。在实际应用场景验证之后，组织专家再行评估，并提出维持、改进或提升的方案。

(七) 编写数据产品验证报告

(1) 给出数据分析和专家论证结果。
(2) 根据生产需要，提出场景应用计划。
(3) 提出数据成果评估的专家意见和建议。

(八) 决定新数字产品开发

根据模型验证成果，包括分析建模、效益预估、新产品开发所需的成本和资源，确定是否需要新数字产品开发。若需要，则通过专家评审后转入新产品开发程序。若不需要，则进入实际应用并结束程序。

(九) 应用场景验证方法

(1) 设计线上与线下相结合的验证范围与应用检验场景。
(2) 组织专家进行线上或线下评估论证，制定应用机制，生成并出具专家分析验证报告。
(3) 选择数字产品和数字商品或数字服务项目进行对比验证。

第三节 数据和数字资产的条件

根据本书对数字资本的定义，合法的数据和数字资产须具备或满足四个要件。

一、数字资产是依法形成的

数字资产是企业法人或自然人在生产经营活动中积累的数据生产的，或者是由于法定事由而实际控制的数据财产。例如，网络公司拥有的各种网站、电商平台、社交平台每天产生的大量数据，都是被这些网络公司实际控制的。因赠予、转让、继承等法定事由或对价购买的数据产品均符合数字资产法定条件。目前，中国有一些组织专门做数据和数字产品交易，例如贵州数据交易所、华中数据交易所等。

二、权利人依法拥有或者实际控制

关于数据的确权问题，即对于数据的所有权、控制权、使用权、收益权等，中国目前还没有专门的法律规范。对于传统企业而言，这个问题不明显，这里主要讲网络平台。网络平台上产生的数据主要来自广大消费者用户的上网行为，例如阅读、购买、转发、评价、微博和微信等。如何实现和保护数据的所有权归属及相关权益,是数字资本发展中为立法者留下的新命题。在实践中,网络平台提供了数据存储和管理服务,拥有了数据的实际控制权。作者认为,数据的合法取得并实际控制是相关权益的关键。至于大数据如何服务于人类和社会,是数字资本发展中的另一个问题。另外,利用收集的数据危害国家安全、侵犯公民个人隐私或其他违法犯罪,不仅不能成为合法资产,而且应依法追究其法律责任。

三、预期会给权利人带来经济利益

企业或商家在运营中可能会产生或使用大量的数据,数据作为生产要素在被有效生发、量化、利用后会产生巨大的经济价值。数据要成为资产,首先要具备价值性,才能给权利人带来可预期的经济收益,否则就不是资产。另外,如果数据的获取、管理和维护成本大于其实际产生的收益,或者权利人无法通过转让或数字市场交易对数据进行有效变现,那么这些数据也不能称为数字资产。

四、资产成本或价值可以衡量

数字资产成本一般包括采集、存储、计算、治理、生发、量化等支出的费用,还包括人工费用、智能设备等直接费用和间接费用,以及运营、维护和管理等发生的各种合理成本。数据价值主要从数据资产的分类、使用频次、使用对象、使用效果和共享流通等维度计量。基于数据价值度量的维度,选择各维度下有效的衡量指标,对数据的生发、数据的量化、数据资产质量、数据稀缺性和时效性以及数据应用场景的经济性等多方面进行评估,并优化数据服务应用的方式,最大限度地提高数据的应用价值。因此,数据的价值取决于数据的实际应用场景,而且同样的数据在不同的实际应用场景中产生的价值是不同的,这是数据资产价值难以准确计算的重要原因。总之,只有数据价值和成本及收益可衡量,才符合数字资产的条件。

第四节 数字资产者及相关权益

一、数字资产产权制度

数字资产产权制度,是指数据及相关设备的所有者或使用者基于数据行为而产生的数据财产相关的权利和义务制度。数字产权包括数据所有权、使用权、收益权和处分权，并以这四种权利实现其经济效益。

数字产权是数字资本论名词，是指数据拥有人对数据具有所有权。数字产权是数据资产的前提，是数字资产交易的必备条件。

二、数字资产利益相关者

根据数字资产的定义，数字资产的利益相关方包括以下几类。

（一）数据的生产者

数据生产者，是指通过依法生产、转让、交易或其他合法事项获得数据的法人或者自然人。

（二）数据的拥有者或控制者

在实践中，数据生产者不一定拥有数据。例如，人们上网产生的各种数据都未归自己所有，而是在网络公司的实际控制中。

（三）数据价值和利益的受益者

数据价值包括数据生产者、拥有者或控制者，是数据价值的受益者。中国法律规定，确保数据产权者依法依规受益。

总之，根据法律关于权利与义务对等或平衡的基本原则，数据价值和受益者，包括数据生产者和拥有者或控制者，在享有数据权益的同时，还应依法承担相关责任和义务。

三、数字资本权益的规范

（一）数据的标准

制定统一数据标准，旨在数据资产的利益相关方按照同一标准开展经营。数据的标准化主要包括：数据库的标准化、主数据及各种数据的标准化、数字资产质量和安全的标准化等。对于数据标准，本书将在后续章节中详细论述。

（二）数据的确权

数据成为资产，就一定有拥有方或者实际控制者，作者将他们统称为数据产权人。在确权实践中，实物产品的产权比较明确，比如房产，依法购买并领取房产证为凭，而数据的产权则比较复杂。对于实物产品，在生产制造过程中，在消费者购买之前，制造商拥有完全产权。在实物产品生产出来后，消费者通过支付对价的货币便拥有了其产权，包括动产如汽车，不动产如房产等。

数字资本的生产有一定特殊性，如人们每天的各种上网活动，如网上购物、浏览、使用地图等都会产生大量的数据，这些数据到底归谁所有，该如何确权等，目前是一个世界级难题。近几年，一些不良商家滥用消费者个人数据，导致安全和隐私泄露事件层出不穷。大家希望随着技术的进步和法律的完善，人们能够尽快找到解决方案。作者建议，国家应加快制定数字资产法或数字资产管理法。

（三）程序的优化

数据治理的主要目标：一是提升数据质量。二是保障数据安全。三是降低成本。四是提高效益。程序的优化是实现以上四个目标的重要环节。通过数据程序优化，实现数据从产生、交易、使用到消亡的整个生命周期，使数据在各个阶段和各个环节都安全可控。

通过一定的程序优化，加强程序规范和监管，按照数字产品质量标准进行检验，并采用"优质进，劣质出"的数据应用基本原则，提升数据质量，赋能数据价值。

（四）数据的治理

数据成为资产，其宗旨是让数据为人类创造价值。只有加强数据有效治理，才能更加安全地使用数据。

（1）依法治理。加强数据依法治理是全社会和各级政府尤其是数据企业的共同责任。数据治理不单是技术方面的任务，更是一项系统工程。因此，数字化企业和商家应提高数据依法治理意识，提高科学治理能力，确保本单位的数据安全。

（2）依规生产。通过数据有效治理让数据严格依规生产，力争做到安全生产，合法经营。

（3）技术安全。涉及数据建模、数据生成、数据量化、数据清洗、数据处理、数据质量管理和安全管理等技术问题，因此，需要加强对数据及数字技术的综合治理和科学管理。

综上所述，本章讲的数据管理不仅是对数据的狭义治理，而且包括对数据资产的广义管理。

第五节 数字资产科学管理

随着数字资本的发展，各行各业都面临海量且复杂的数据风险挑战。

如果这些数据不能被有效管理，那么其不但不能成为企业的数字资产，反而可能成为企业的债务负担。因此，数据管理是防范风险的重要举措，是实现数字化转型的必经之路，对提升数据运营效率和促进数字资本健康发展具有十分重要的意义。

对于企业和商家，实施数据治理和科学管理，有以下五个主要作用。

一、降低运营成本

加强数据治理和科学管理能够降低企业数据处理和运营成本。一是规范数据环境，让数据应用、集成、清理、转化变得更加智能化，有效降低人工成本。二是标准化的数据让生产和销售环节等保持顺畅，降低由于数据不准确或定义不明确引发的各种运营成本。

二、提升生产效率

加强数据治理和科学管理可以提高企业数字产品的生产和运营效率。高质量的数据环境和高效的数据服务让企业员工可以方便、及时地查询到所需的数据，按规范化生产程序智能化生产，无需在部门与部门之间进行协调，从而有效提高生产效率。

三、提高数字产品质量

加强数据治理和加强科学管理，不仅能提升数字产品质量，还能促进数字产品产量。总之，高质量的数据有利于提升应用场景的效率和经济效益，提高数据的可信度，促进并改善数字产品和数字服务质量。而数据产品质量直接影响品牌声誉和企业收益。正如麦当劳创始人雷蒙·克罗克（Raymond Kroc）所言："我们的品牌需要市场上的可预测性——我们的消费者期望可预测性，起点是数据完整性。"

四、控制数字产品风险

加强数据治理和科学管理，有利于建立基于数字产品的数据风险管控。例如，消费者客户信息、数据地图、生产程序控制等，能有效帮助企业实现生产链和投融资的风险控制。同时，优质数据可以帮助企业更好地管理产品质量的风险，包括产品的来源、产品成分、生产方式等。企业拥有规范的管理系统，方能提高其数字产品的生产和经营风险管控能力，在数字市场立于不败之地。

五、保障数字产品安全

加强数据治理和科学管理工作，可以更好地保证数据的安全，进而保障数字产品和数字商品安全生产。具体措施主要包括企业应用智能化工具、识别关键性数据，应用数据安全处理技术，监控数据加密、解密、脱敏、脱密、传输、消歧、分级和授权等全部生产流程，确保数字产品的安全生产。

第六节 本章关键术语和定义

一、数据分析

数据分析是数字资本论名词，是指使用逻辑推理、演绎推理、归纳推理、评判思维、定量检验和综合论证等方法研判并确定数据的本质和特征。其科学分析方法包括问题识别、现象论证、理论生成、试验检验等。

二、数据资本化

数据资本化是数字资本论名词，是指将数据资产的价值和使用价值折算成出资比例或股份，通过数据交易和流通变为资本的过程。数据作为资本的价值，只有在流通和交易中才能得到充分体现，并实现数字资本的价值。

三、数字资产

数字资产是指法人或自然人在生产经营管理中形成的，由数字资产权利人拥有或控制的、以电子或物理方式记录的，能给数据所有人带来经济效益的数字产品、数字商品、数字服务和数字技术产品。其基本特征是数字性、虚拟化、价值性、不可分离性和数据外部性等。

四、数据资本化过程

数据资本化在数字资本论中具有十分重要的理论与实践意义。数据资本化过程是指将数据资产的价值和使用价值折算成股份或股权或出资比例，通过数据交易和流通变为数字资本的方法、步骤和程序。但是，数据作为资本的价值，只有在流通和交易中才能得到充分体现和实现。

五、数据元

国家标准 GB/T 18391.1—2009《信息技术 元数据注册系统（MDR）第一部分：框架》对数据元的定义为："由一组属性规定其定义、标识、表示和允许值的数据单元。"

数据元由三部分组成：对象、特征和表示。数据元是组成实体数据的最小单元，或称为原子数据。例如，个人信息中，手机号为数据元，"139××××××××"为数据元的值；性别为数据元，"男"和"女"为数据元的值。

作为最小颗粒度的数据，数据元是对数据进行标准化定义的基础，也是构建统一、集成、稳定的数字产品模型的基础。在企业数据治理中，数据元需要标准化的对象，一个数据元对象只有一个数据特性，每个数据特性对应一个数据表示。例如，自然人的性别中的"男"是一个数据元对象，用数字"1"来表示。

六、元数据

元数据是关于数据的结构化数据。例如，本书的相关数据信息，包括图书名称、作者姓名、前言、目录、出版社、出版时间、图书在版编目（CIP）数据等。

在数据治理中，元数据是对数据的描述，存储着数据的描述信息。我们可以通过元数据管理和检索我们想要的数据信息。可见元数据是用来描述数据的数据，让数据更容易理解、检索、管理和使用。

七、主数据

主数据亦称核心数据。主数据是企业需要在多个部门和多个信息系统之间共享的数据，如用户、供应商、组织、技术、产品、应用等。与记录业务活动和波动较大的交易数据相比，主数据也称"基准数据"，变化较慢。主数据是企业开展业务的基础，只有得到正确维护，才能保证数据系统的完整性。

主数据具有三大特征：高价值性、高共享性、相对稳定性。

在数据治理下，主数据用来解决企业生产系统之间核心数据一致性、正确性、完整性等问题。主数据是信息系统建设和大数据分析的基础，被认为是数字化转型的基石。

八、主题数据

主题数据是数据分析的中心,是按照业务主题对数据所做的一种组织和管理方式,其本质是为了进行面向主题的分析或加速主题应用的数据。主题数据是分析型数据,是按照一定的数字产品主题域组织的,服务于企业在数字产品生产中所关心的重点问题。一个主题数据可以由多个主数据和交易数据组成。主题数据一般具有汇总性、不变性和主导性等特征。

主题数据按照一定的数字产品或数据资产主题域组织,并服务于各种数字产品分析或应用开发。

九、数据库

数据库是指数据的仓库或集合系统,包括数据主题、集成、相对稳定、反映历史变化的数据,主要用于支持生产、管理决策。数据仓库是数据库概念上的升级,是为满足新需求而设计的一种新数据库,需要容纳更加庞大的数据集,数据库和数据湖基本相同。

数据库是为企业所有级别的决策制定过程提供所有类型数据支撑的要素集合,有以下三个主要作用。

(1) 数据库是数据的汇聚和集成,数据仓库内的数据来源于不同的业务处理系统,包括主数据和相关产品数据。数据仓库的作用是帮助企业利用这些宝贵的生产要素做出正确的生产决策。

(2) 数据库是多维度分析的基础。多维度分析是把一类数字产品的属性定义成维度,使用户能方便地从多个维度汇总并计算数据,增强用户的数据分析处理能力,而通过对不同维度数字产品的比较和分析,用户的数据处理能力得到进一步增强。

(3) 数据库是数字产品生产的关键要素。数据挖掘技术是在已有数据的基础上,帮助用户理解现有的信息,并对未来的企业生产做出预测。在数据仓库的基础上进行数据挖掘,可以对整个企业的发展状况和未来前景做出科学的分析和研判。

十、数据湖

根据维基百科的定义,数据湖是一个以原始格式存储数据的存储库或系统。它按原样存储数据,而无需事先对数据进行结构化处理。数据湖与数据库性质和特征基本相同。

数据湖可以让企业更方便、以更低的成本解决不同数据结构的统一存储问题。我们可以将数据湖理解为一个融合了大数据集成、存储、量化、生发、应用等数据库。

十一、业务数据

业务数据是业务活动过程或系统自动产生的既定事实的数据，亦称交易数据。业务数据主要来自三个方面。

（1）数据及资产交易过程中产生的数据，如生产计划、销售计划、交易合同等，这类数据多数是人工生成的。

（2）系统产生的数据，包括设备运行状况、技术运行状况、资源消耗状况、应用使用状况等。

（3）智能化设备产生的数据，如各类智能化和网络化的运行数据、数字产品生产中采集的各种数据等。

十二、数字产品

数字产品是指数字化的有价值的信息产品，包括数字媒体、数字阅读物、在线广告、互联网优惠券、应用程序、虚拟商品等。

本章总结

数据转化为资本是本章论述的要点，主要包括：①数字资产基础要素的数据库建设，对其定义、方式、标准等深入阐述。②数字资本生产的全过程，包含从设计到生产全流程。③数字资本构成的三个条件。④数据产权研究。⑤数据资本的科学管理等。

关于数字资产的生产过程，阐述了如下几个关键环节：

（1）主题数据链接，包括数据定义、数据选择、维度设计、原料加工、产品建模、产品标注、数据计算等。

（2）维度设计，包括数据及数字资产的层次结构、层级关系、维度成分、数据属性等。同时介绍了维度设计需具备排他性、单向性和正交性三个基本条件。

（3）生产步骤，重点介绍了数字资产，包括数字产品、数字商品、数字技术产品等生产流程。主要包括生产流程规划、生产技术、岗位及职责、程序监控、质量控制、安全管理、程序管理、产品验收标准和产品入库等。

数字产品生产七步法由作者首创，主要包括：设定流程；筛选数据；构建模型；标准分类；数据识别；生产场景；价值计算等。

本章关键词

数字资本的生产，非数字资本的产生。

数字资产主要包括数字产品、数字商品、数字服务、数字贸易和数字技术产品等。

第二篇
数字资本市场

DIGITAL CAPITAL MARKET

流通使数字产品转化成为资本。
交易使数字资产不断提高价值。

第六章 数字资本市场体系

引 言

流通，使数字产品转化成为数字资本。

交易，使数字资本不断创造新的价值。

在商品经济发展的长河中，货币交换、信息经济、网络经济、数字经济以及数字资本市场在不断演进发展。

自1776年英国经济学家亚当·斯密完成其名著《国富论》至今，经济学的发展已经超过247年的历史。现代资本市场体系中最具代表性的组织形式，即证券交易所的起源最早可以追溯到17世纪初期，迄今已有400多年的历史。经济学和资本市场经过长期发展，已经具备了较为完整的体系，形成了较为固定的领域。与知识体系发展相适应，传统经济和资本市场在发展中已形成相对固定的认知体系，经济学理论与实践即学术研究与实体经济之间，建立了比较稳定的融合机制。

在商品经济发展中，数字经济是一个新兴产业。1946年世界上第一台通用计算机问世。以此作为数字技术发展的开端，数字技术发展至今只有77年的历史。按照演化经济学家卡洛塔·佩雷斯（Carlota Perez）提出的技术即经济范式变迁逻辑，数字技术驱动的产业革命在经历了以2000年互联网泡沫为代表的火热阶段后，正逐步进入以产业互联网为代表的新发展阶段。新技术、新要素、新业态蓬勃发展，迭代迅速，数字化创新驱动的新的生产要素不断涌现，导致对于数字产业的认知体系也在不断变化。从信息经济、网络经济到数字经济和数字资本，已经和正在成为新时代的重要里程碑。

从数字资本的发展看，作为数字技术推动的新兴产业，信息产业是数字经济的早期业态。而信息产业的经济学理论基础，被普遍认为是美国经济学家弗里茨·马克卢普（Fritz Machlup）于1962年建立的信息产业核算体系。但是，数字经济发展实践的认知体系处于动态发展阶段，数字资本的知识体系与数字经济实践之间没有形成稳定的连接，经济学家与实业家在讨论数字资本时尚未形成统一的话语体系。

基于上述思考，作者写本书的初衷是建立数字资本理论与数字资本应用之间的有效融合，从而能让理论指导实践，实践检验理论，帮助读者朋友从经济学发展的角度对数字资本形成系统和完整的认知。这一连接的关键，是建立较为系统的包括学术概念、理论导向和实际应用在内的完整数字资本体系，而在整个系统构建中，数字资本市场体系占有十分重要的位置。

第一节　数字资本市场概述

一、数字资本市场的定义和特征

数字资本市场，是指以数据为载体的具有资本金特征的虚拟数字资产进行交易的数字资产市场。其主要包括双边型市场、多边型市场、密集型市场、平台经济型市场、混合型机制市场和数字资产自由交易市场等。

数字资本市场，是数字经济与数字技术深度融合的产物，是一种共享经济新的资源配置方式和市场交易新业态。其主要特征是：众多参与者可以在较短时间内完成交易，其价格随着供需的变化在极短时间内动态调整。正是由于数字技术与物理世界和实体经济的融合，其交易机制从实体经济扩展到虚拟经济，又从虚拟资本融合到实体经济，已经和正在成为数字资产交易和数字资本交易的主要形式。

数字资本市场的产生和发展，突破了传统资本市场的观念和业态，实现了数字经济和数字资本理论与数字资本实践的连接，是人类社会发展的重要里程碑。

长期以来，资本市场亦称长期金融市场，从理论到实践处于垄断地位，对经济社会发展有不可或缺的贡献。有专家指出，数字经济和数字资本市场是对传统资本市场的批判性继承和发展。

打开《金融大辞典》，回顾资本市场历史的昨天，我们对传统资本市场还有许多回忆和思考。

长期资本市场①亦称长期金融市场,是指经营一年以上中长期资金借款和证券业务的金融市场,欧美国家称之为长期资本市场。包括中长期存贷款市场、股票市场和债券市场,后两者亦称为证券市场。长期资本市场的资金供应者主要是商业银行、贷款公司、保险公司、投资公司、信托公司、金融公司和储蓄银行等金融机构,以及农业合作和各类基金会等组织。它们吸收储户和投保户大量的货币和货币资金,向各自传统的领域投资。长期资本市场的资金需求者则主要是国际金融机构、各国政府机构、工商企业、房地产经营商及金融公司等。其偿还期通常在1年以上,长的可达20~30年。股票则没有偿还期。长期金融市场与货币市场即短期资金市场相比较,它的风险比较大。尤其资金周转期限长,影响市场价格和利息变化等因素多,如金融政策、对于通货膨胀的预测、企业经营业绩和盈利状况、经济环境等,非某一个部门所能控制。

证券市场是各种有价证券发行和流通买卖的场所,通过发行债券和股票的形式来吸收中长期资金。其交易的长期信用工具有两种:①政府债券,包括可转让证券和不可转让的证券;②公司股票和债券。证券市场按职能的不同,可分为证券发行市场和证券交易市场。按证券的性质不同,可分为债券市场和股票市场。证券发行市场又称初级市场,证券交易(流通)市场又称次级(二级)市场。前者是政府和企业通过中介机构,如投资银行等向社会大众集资和发行新的有价证券所形成的市场。由中介机构承销,可以节约证券的发行费用。发行市场不需要固定的集中场所,属于无形市场。交易市场(次级市场)是证券发行以后,由其持有者出手转让(买卖)所形成的市场。旧证券能够流通转让,从而推动新证券的发行。有价证券的买卖可分为交易所交易和场外交易两种。证券交易所有着严密的组织、固定的场所,集中交易、拍卖成交是证券交易市场的核心。场外交易是在证券公司的柜台上进行的证券交易,被称为柜台市场。它经营的证券种类多、金额大,以在证券交易所未上市的证券为主。但有些上市证券也在场外市场交易,如政府公债。它是传统的买卖双方当面议价,主要通过电话或电传成交。证券发行市场和交易市场之间相互协调,密切联系,使资本市场能够充分发挥作用。

二、数字资本市场体系

乔治·吉尔德(George Gilder)在论述梅特卡夫法则(Metcalfe's Law)

---

① 李伟民.金融大辞典[M].哈尔滨:黑龙江人民出版社,2002:330.

时指出，一个网络的价值等于该网络内节点数的平方，网络价值与网络用户数的平方成正比。在数字市场中，梅特卡夫法则的一个直接结论是，网络规模更大的企业能够获得正反馈效应，而网络规模较小的企业会选择退出，进而形成一个新型市场。

在实践中，随着数字技术的广泛应用，数据产业的飞速发展，有力促进了数字资本市场体系的构建。同时也产生了不当竞争等新的滥用市场地位的现象。而随着各种商业模式的不断创新，多边型平台成为互联网企业的通用组织形式，平台经济的市场垄断特征也日趋显著。从许多国家的监管实践来看，对于互联网平台型企业，反垄断成为政府一贯的政策取向。

在中国，国家监督管理机关针对垄断协议、滥用市场支配地位以及一些行政机关滥用行政权力排除或限制竞争等方面提出监管意见。例如，2021年2月，《国务院反垄断委员会关于平台经济领域的反垄断指南》为中国数字经济和数字资产市场健康发展进行了规范。

数字资本市场的典型机制是，应用数字技术将买卖方需求进行科学匹配，交易平台产生双边或多边效应。目前，数字资本市场体系主要由双边和多边型数字市场、密集型数字市场、网络平台市场、混合型交易机制及纵向一体化型结构市场等构成。

三、数字资本市场线

资本市场线，是指有效投资组合的预期报酬率和其风险之间的关系，对研究和防范数字资本投资或交易风险有重要意义。资本市场线和詹姆斯·托宾（James Tobin）、哈里·马科维兹（Harry Markowitz）提出的解决投资风险存在条件下的投资决策理论，即"资产投资选择理论"[1]，值得数字资本市场投资者关注。

资本市场线[2]，是指有效投资组合的预期报酬率和其风险之间的关系。如图6-1所示，R_f点表示无风险证券的报酬率，简称无风险率，即投资人可在无风险的利率水准R_f下，借入或贷出资金，则自R_f点引一条直线与有风险下的有效边界 AMG 相切于 M 点。这条直线就称为资本市场线（CML），是可以无风险利率来借入或贷出资金情况下的有效边界。

---

[1] 李伟民.金融大辞典[M].哈尔滨:黑龙江人民出版社,2002:2154.
[2] 李伟民.金融大辞典[M].哈尔滨:黑龙江人民出版社,2002:2155.

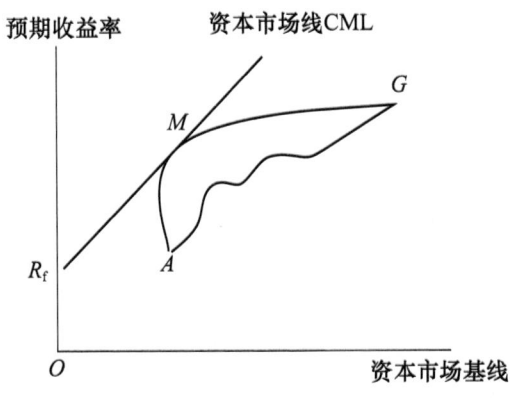

图 6-1　市场资本线

第二节　双边和多边型数字市场

一、双边和多边型数字市场定义和特征

1. 双边和多边型数字市场

双边和多边型数字市场，是指两方或两方以上用户通过网络平台进行交易，即向多方平台的互相区别又相互联系的用户提供产品或服务的网络交易平台或交易机制。双边和多边型数字市场包括市场成员、多边网络外部性和数字市场价格结构三个主要要素。

2. 交易型双边和多边型数字市场

交易型双边和多边型数字市场，是指两个以上用户之间数字产品或商品的交易，其交易过程完全在数字交易平台上完成。

3. 非交易型双边和多边型市场

非交易型双边和多边型市场，是指多边用户之间并不存在交易，或存在无法观测的交易，即无型交易数字市场。

4. 单归属市场

单归属市场，是指多边的用户均为单归属的市场。其特点往往是随着垄断性竞争，由产品差异化和市场垄断所致。如过去的通信行业，一个用户只能选规定的公司，限制了用户的选择权。

5. 多归属市场

多归属市场，是指双边用户或多边用户均为多归属的市场。如自媒体市场、房地产市场等。

6. 竞争型市场

竞争型市场，是指一边用户为单归属，另一边用户为多归属的交易市场。如数字银行卡市场等。

二、双边和多边型数字市场结构

从数字经济学和数字资本论角度考察和讨论双边和多边数字市场结构，对指导和规范数字市场具有重要意义。

一般采用根据用户结构的双边或多边数字市场分类方式，准确地将多边资本市场用户的不同情况进行分类，对多边市场进行较为全面的研究。但这种分类方式没有衡量多边数字市场中网络平台市场的情况，对多边资产数字市场中的多边网络外部性缺乏综合考量。这种分类方式往往被网络平台所采用，用于在特定数字市场中制定不同的竞争策略：一是在竞争型数字市场中，聚焦于单边用户；二是在单归属数字市场中，重点在于提高数字产品和数字商品的质量；三是在纯粹多归属数字市场中，一般会采用数字市场纵向一体化策略等。

（一）双边和多边型数字市场分类

多边型数字市场分类情况见表6-1。

表6-1 多边型数字市场分类情况

分类依据	市场分类	网络外部性	市场类型	A边用户	B边用户
市场功能	创造型	正向	婚恋	男	女
	受众型	负向	书刊	读者	广告公司
	需求型	正向	软件	软件生产商	软件用户
交易类型	交易型	正向	银行卡	消费者	商业银行
	非交易型	负向	广告	上网用户	广告公司
用户结构	竞争瓶颈型	正向	银行卡市场	消费者	商业银行
	纯粹多归属	具体分析	房地产中介	购房者	房地产公司
	部分多归属	具体分析	劳务	求职者	用人单位
	单归属	具体分析	通信业	消费者	网络平台

（二）多边型数字市场与纵向一体化策略

从双边和多边型数字市场的中介机构并非完全中立而言，在生产者的竞争行为中，网络平台市场企业在法律允许正当竞争和提供给消费者福利的同时，也与产品供应方签订相关合约，以约定产品供应方的竞争行为限定在法律规定范围内。在实践中，网络平台企业往往与产品或商品供应方达成某种合约，或与消费者用户形成一体化关系，这种策略被专家称为网络平台市场纵向一体化策略。

在双边和多边型数字市场，生产者生产的产品在网络平台企业转化为消费者用户可以直接购买的产品，并传导到广大消费者。但事实上，网络平台企业不存在传统企业中的实体边界，仅能发挥某种契约影响作用。鉴于网络平台企业的纵向一体化策略与传统企业的纵向一体化策略有着本质区别，因此会采取不同的策略。

（1）第三方中立机构。网络平台存在于逆向选择的数字市场中，作为中立的第三方机构，为交易各方提供信息，旨在解决数据信息不对称和数字产品交易中不平衡的问题。

（2）数字产品代言人。在实践中，实行纵向分离策略的网络平台不倾向供需任何一方，因此，网络平台可以充当企业产品或商品的代言人，为市场主体提供产品或商品推广服务。

（3）专家咨询团队。数字市场存在着难以理解的数据和数字资本信息问题，专家团队为解决疑难问题提供专业咨询服务，可以有效降低市场的不确定性，为促进生产与消费提供专家指导。

双边和多边型数字市场与纵向分离策略不同。纵向一体化策略，是指网络平台企业与生产者或消费者用户通过合作契约，获取一方的授权或部分产权，为其提供便利的市场服务。企业实施纵向一体化策略主要有以下三个因素：

（1）数字产品生存周期率。在数字产品发展的初期，实行纵向一体化策略有助于平台企业迅速占领市场。因此，在产业发展的早期，市场相关配套政策和规则不成熟导致部分平台企业从事相关市场中的协调工作，进一步推动了纵向一体化的发展。

（2）数字技术的可分性。网络平台 A 往往也是网络平台 B 在市场中的生产者，网络平台企业本身也需要数字产品的生产技术，如果网络平台企业的技术与生产厂商的技术可分程度较低，网络平台企业便会采用纵向一体化策略，旨在减少投资并降低生产成本。

（3）数字产业的聚集性。数字产品和数字产业的聚集性，是网络平台选择纵向一体化策略的主要因素。聚集程度较高的网络平台往往能形成企业联盟，并具有一定垄断性。因此，为了实现与联盟企业之间的合作，采用纵向一体化策略是网络平台的首选方案。

（三）纵向一体化市场的利润

网络平台的目的是实现数字产品生产者与销售商的利润最大化。如果生产厂商已与网络平台达成某种合约，可以认为其成本固定，网络平台于后续交易中对其价格标准在短时间内不会改变，专家将这一模式称作数字资本单边市场利润最大化模式。在该模式中，当数字资本单边市场利润最大化时，其产品价格与其边际成本基本相等。

1. 利润提升

纵向一体化是优化策略，有效降低了网络平台的交易成本和其外部性程度。与此同时提高了网络平台对新信息的处理能力，将数字资本市场中不同平台之间的交易转化为同一产业内各部门之间的交易，在一定程度上降低了资本市场交易的外部性，降低了操作成本、税务成本、管理成本和交易成本等相关成本，提升了平台企业的利润。而且网络平台企业与生产者的纵向一体化构建了网络平台与生产者之间的契约和信用机制，从而使网络平台企业可以建立专业性投资途径，降低了生产厂商不当竞争行为产生的概率。

2. 防御能力

纵向一体化是双刃剑，在竞争中调整或改变了上下游数字市场的竞争行为，提高或增强了在数字市场的防御能力。企业的纵向一体化往往为了取得市场地位垄断并力求改善需求与供给关系等目的。这种纵向一体化可以形成数字市场中的一定垄断性势力，通过市场固定模式获取数字市场高额利润。在实践中，纵向一体化可以使产业链和上下游网络企业的影响力不断增强，进一步获取更多的数字市场需求信息，提高网络平台的盈利机会。

3. 合作共赢

纵向一体化是合作机制，有助于增强生产者和营销者以及与研发部门的有效协作，降低新数字产品和数字商品的研发成本。而更高的创新投资将能提升企业的经营收入，并通过更强的数据处理能力降低数字市场上的信息不对称问题，实现对数字市场机制的不断创新，从而不断提升网络平台企业的盈利水平。

第三节 密集型数字市场

密集型数字市场，是数字资本名词，是指通过网络平台，将数据和数字资产资源在供需多方之间进行有效配置，网络平台从交易中收取一定交易费来获取利润的数字资本市场。

一、密集型数字市场特点

密集型数字市场，包括数字产品集成型和共享型数字市场，其存在和发展的前提都是基于网络中间商或网络交易平台。网络交易平台将供需多方连接起来，迅速完成配对，促成交易，使数字市场变得规模化和密集化。密集型数字市场具有如下三个典型的特征。

（一）市场交易成本下降

市场交易成本下降，主要包括数字产品集成型及共享型经济，通过数字技术和智能化机制等不断创新，使交易成本明显降低，交易成为创造收益的主要渠道。密集型市场利用互联网技术构建了一个中间数字平台，聚集供需多方，使规模效应日益增长，交易的边际成本不断降低。一是在信息成本上，密集型数字市场的规模经济使得信息管理、资源配置、管理运营等实现协调共享，降低了信息成本。二是在执行成本上，密集型数字市场利用各种社会资源和平等互惠机制等替代性强制执行方式，降低了各项运营成本，提高了经济效益。

（二）去中介化与中心化

去中介化与中心化的主要特点如下：

（1）网络平台将分散在市场外的需求和供给多方连接起来，促成供需多方建立起配对机制，对于传统的中介机构而言是一个去中介化的过程。

（2）网络平台作为密集型数字市场的重要载体，是连接供需多方的中心节点，当供需方数量达到一定程度后，数据收集、客户分类、产品交易更加有效，供需的匹配更为顺畅，网络平台成为一个具有中心功能的主体，即中心化的过程。

（3）在密集型数字市场中，网络平台削弱了传统服务中介机构的职能，如在互联网金融中，网络化或数字化平台弱化了商业银行等传统中介机构的作用,实现了去中介化。但是网络化或数字化平台在削弱传统机构职能的同时,又强化了自身的中心地位和功能,形成连接服务需求与供给的新平台,具有了中心化服务的特征。

(三) 利基市场与长期效应

在密集型数字市场,部分数字产品和服务领域是传统产品和服务机构所不能及的领域。例如,在互联网金融领域,数量巨大的小微企业通过互联网平台的整合,其业务规模可能超过大企业的业务规模,一些利润微薄甚至亏损的企业通过资源有效整合可以获得显著收益。另外,互联网长期效应的产生在一定程度上改变了服务供需曲线均衡的情形,形成产品和服务供需的新配置机制。值得关注的是,长期效应与数字资本利基市场相互交织强化,使得长期固定客户的范围不断扩大,企业收益明显增加。

二、密集型数字市场分类

在数字市场,众多的数字资产市场参与者让市场变得密集,这里讲的密集是一个相对的概念,是指多家买方和卖方在较短时间内在数字市场成功配对,并完成交易。其中,数字集成产品交易和共享经济是密集型数字市场的重要形式。

(一) 数字产品集成型资产市场

在一般情况下,数字资产市场集成产品交易模式中的主体包括产品供应方、产品需求方和网络平台方。在实践中,供需方通过网络平台进行交易,即各种数字集成产品诉诸数字资产市场进行交易,实现降低交易成本和提高资产效益,包括通过其规模经济实力或技术优势来降低综合成本。当交易的操作成本、管理成本、交易成本之和高于自己从事相关业务的成本时,供方往往会通过中介平台将某些原本应由自己完成的业务销售给需方或让社会闲散消费者通过数字资产交易网络平台实现供需双方的匹配,在一定程度上解决了传统企业效率较低、客户分散、交易困难和价格不确定等难点问题。

数字集成产品交易市场,是密集型数字产品市场的一种形式,是指通过不同网络平台推广数字集成产品或数字集成新技术,供需方在网络平台进行交易,并在一定时期和一定数字资产范围完成设定的市场目标。集成销售市场的显著特点是简便、快捷、透明和公平竞争,消除了传统交易中许多壁垒和环节，提高了交易效率，降低了交易成本。集成数字产品涉及的领域较广，不仅包括数字产品、数字商品、发明创造、科学技术产品、数字服务，还包括金融、科技、专利、商业、制造业等数字集成产品。

在数字资产密集型市场中，数字集成产品交易模式存在一定经营风险。若数字集成产品销售活动涉及的数字资产数额较小，不确定性和发生频率较低，则风险相对会小；在相反情况下，风险会增大。如果集成数字产品交易的一方认为交易场景存在不确定性，他们可能不选择这种交易模式，以降低或减少数字资产交易风险。

（二）共享经济型数字市场

关于共享经济，大家会想到罗宾·蔡斯（Robin Chase）[①]的理论。她认为，共享经济是为得到部分酬金，在陌生人之间共享物品使用权的新经济形态，其实质是集中闲散物品或服务并以较低的价格实现交易。供给方出让物品使用权或提供劳务来获得报酬，需求方以租赁等方式获取物品使用价值。在全球经济进入新阶段，人们的生活质量不断提高，资源浪费、产能过剩、有效供给不足等问题日益明显。在此背景下，网络交易、智能服务等数字技术和数字资本的发展，使供需各方精准共享成为可能，共享经济以全新的消费模式在许多国家迅速发展壮大。专家定义，共享经济是基于互联网等信息数字技术，集成和共享数字市场资源的一种新型经济形态和资源配置方式，主要体现为使用权的暂时性转移和剩余所有权的转让。专家认为，物品或服务的所有权和使用权的分离是问题的实质。

共享经济数字市场有四个显著特点：一是数字产品、数字商品或数字服务的非标准化。二是所用资源大部分属于社会资源。三是有一个共享经济网络平台，供需方在该平台进行交易。此平台为第三方创建，作为以数字技术为基础的市场平台，第三方可以是企业、机构、社会组织或政府。四是网络平台属于轻资产型，即作为网络平台将买方和卖方有效匹配并完成交易，不需要拥有或投入太多的资金。

（三）资产租赁型市场

租赁市场，是指出租人把物品的使用权通过租赁方式租给承租人，承租人给出租人一定的合理租金的一种市场模式。承租人只有该物品的使用

[①] 罗宾·蔡斯，2000年创立了Zipcar公司，业界称其为"共享经济鼻祖"。——作者注

权,不具有该物品的所有权。例如,新人结婚要用婚车,有的人觉得专用婚车仅用一天,不必投很多钱购买一辆豪车,便到婚庆公司租借,婚庆公司向外出租婚车的行为就属于租赁行为。目前,租赁市场上热租的充电宝、共享单车等,从本质上看,与出租婚车并没有区别,其收取押金和使用费的方式,与人们去景点游园时,租电动车代步并无本质区别,这就是租赁市场。

从表6-2中可以看出,在网络平台、业务模式、资产模式、产品标准、跨边网络效应和市场趋势六个维度上,共享型市场和租赁型市场之间的差异和区别。同时,我们对租赁型资本市场所涉网络平台运行和盈利模式、共享型市场的交易模式和机制、共享型市场的资产形式和产品标准等进行必要考察。

表6-2 共享型市场和租赁型市场的差异和区别

市场模式	共享型市场	租赁型市场
网络平台	√	×
业务模式	C2C	B2C
资产模式	轻资产	重资产
产品标准	标准化	差异化
跨边网络效应	较强	较弱
市场趋势	赢者通吃	多元平衡

注:√表示是,×表示不是。

(四) 共享型数字市场与租赁型市场的区别

(1) 网络平台不同。共享型数字市场需要一个供需方进行交易的网络或数字平台。网络交易平台从中赚取服务费、中介费以及相应的流量效益。租赁市场一般不需要平台,因为在租赁业务中,商家即业主本身就是出租物的所有者,直接面向消费者提供出租业务,不存在匹配供需方的过程,直接出租物品的使用权,赚取租金。

(2) 交易模式不同。共享型数字市场的交易模式是在网络平台上由用户对用户。而租赁市场大多是直接由商家即业主提供服务或出让物品的使用权给用户,并收取租金。

(3) 资产形式不同。在共享型数字市场中,网络平台并不具有物品或服务的所有权,属于轻资产运营形式。网络平台的边际成本基本为零。相比较而言,租赁市场则是重资产型的经营模式,业主不但需要购置出租物，如房产，而且还需要承担纳税、管理和日常维护等成本。

（4）产品标准不同。在共享型数字市场，其产品或商品来源于不同的渠道，因此，共享型数字市场的产品一般是非标准化的。而租赁市场中的产品多为标准化产品，而且投资量比较大，多属于重资产，不动产如房屋，动产如汽车、火车、飞机等交通运输工具。

三、密集型数字市场的交易机制

密集型数字市场包括数字产品集成型和共享型数字市场，最重要的环节是将供给方和需求方进行有效配对，让资源和需求精准对接。但是，许多市场在发展的初期，存在着供给与需求关系信息不对称，配对成功率不高等问题，导致供需方难以快速而精准地完成交易。在数字经济和数字技术发展的背景下，互联网、云计算、区块链、智能化等新技术的应用，彻底解决了交易中的技术问题，促进了密集型数字市场新交易模式和机制的构建。

（一）机制与条件

在传统市场中，例如，股市的交易机制是典型的配对机制。在每个交易日上午，由投资者按照自己所能接受的心理价格自由地进行买卖申报，计算机交易系统对全部有效委托进行一次集中撮合处理的过程，称为集合竞价。其本质就是一种配对机制，即由计算机交易处理系统对全部申报按照价格优先、时间优先的原则排序，并在此基础上，找出一个基准价格，使它同时满足以下三个条件：一是成交量最大。二是高于基准价格的买入申报和低于基准价格的卖出满足成交。三是与基准价格相同的买卖双方中有一个申报方成交。可见，在密集型市场中，资源的供给方和需求方都需要互相选择并完成配对。专家指出，在配对机制中，价格并不是唯一的决定因素。例如，并不是我们愿意花钱，就一定能够预订到北京饭店的666房间，除了钱以外，还需要该饭店666房间处于闲置状态，并且该饭店同意将房间租给我们。因此，交易成功需满足交易的条件，数字产品和数字资本亦如此。

（二）选择与平衡

在数字资产交易市场，存在平衡配对和不平衡配对两种情况。不平衡配对，是指在某种配对状态下，还存在着一种新的配对方式，使结果更优。我们从这个定义中可以看出，新的配对方式具有了选择性。如果我们选择了一个最优化的配对方案，表明这个方案使所有配对方整体的效用变大，即所有人的满意程度都不会降低且存在一个更加满意的结果。以大学录取为例，2022年有两个考生王强和李壮，分别被清华大学和北京大学录取，但是王强更偏好北京大学，而李壮更偏好清华大学，这种配对方式被专家定义为不稳定配对。但幸运的是，经多方协商，情况发生了转化，王强可以转到北京大学，同时，李壮可以转到清华大学，不仅满足了两名考生的志愿，而且维持了总招生名额的平衡。这种新的配对方式就是稳定配对。

（三）速度与拥堵

在密集型数字市场，交易速度一般坚持金发姑娘原则（Goldilocks Principle）。金发姑娘原则，即市场交易速度既不能过快也不能过慢，应该保持一定适度。当市场交易速度太快时，有的人就会极力追求迅速完成交易，导致提前签约过多，价格不能充分反映价值，从而损害其他参与者的正当利益。而当市场交易太慢时，又会产生配对拥堵，导致市场效率降低。密集型数字市场的交易范围非常广泛，而在实际交易中，每一笔交易都需要单独进行。因此，当大量的配对交易在同一时间产生时，市场可能难以迅速估量每笔交易的价值并有效进行处理，从而导致数字市场产生拥堵。

在数字资产市场的配对机制中，每项交易的完成均涉及供方要约和需方承诺，或多方报价和回应。因此，只有加强交易主体的信息交流和传导，才会防止因交易速度过慢而导致拥堵。智能技术的发展缩短了协调时间，促进了数字市场的增长。例如连锁酒店，连锁的优势就是能够为消费者提供快速的确认服务。不论是通过电话还是网络，消费者都可以迅速确认是否有空余房间，并且成功预订。相对于酒店更低廉的价格，快速确认服务显然是十分重要的竞争优势，但是更重要的是，智能手机的普及弥补了交易速度的缺陷，酒店与消费者可以随时随地使用手机确认相关信息，加快了交易速度，减少了拥堵，提高了效率。

（四）时机与安全

数字资产市场的密集性与交易时机有密切关系。虽然数字技术的发展使得在网上进行交易变得十分便捷，可以完成全天候自动交易，但是，由于供求方需要完成精确配对，因此仍然需要考虑交易时机。例如错峰出价、错时交易等。

同时，安全性和稳定性是密集型数字市场获得成功的重要因素。一个市场如不能保证参与者的资产安全与人身安全，不能保证配对的稳定性，就很难保持市场密集和市场正常秩序。以共享出行为例，当我们在某网上预定出租车时，除了想准时到达目的地之外，肯定还希望车辆是干净和安全的，司机是可靠的。如果不能保证这一点，消费者就不会选择使用某网打车。因此，作为网络交易平台，必须让供需方都相信彼此是诚信的，这是共享型数字市场运行的关键，即如何保证与陌生人进行的交易是安全的，并且让消费者相信这种安全性。同理，出租车司机也希望乘客是可靠的，比如不随意取消订单，及时支付车费等。为了解决信任和安全问题，建立合理的契约机制不失为一个优选。例如，在规则中明确规定，用车方下单后又取消订单则需要按比例支付违约金；出租方延时到达则计时支付误时费。在实践中，缺乏监管的信息机制也是一种潜在的风险。由于数字技术所具有的特殊性，以其为支撑的共享型市场存在信息不对称问题，由此引发的消费者个人隐私权保护问题日趋严重，某些平台或个人将消费者信息作为商业资源出售从中盈利，严重侵害了消费者的合法权益。

第四节　网络平台市场

一、网络平台的定义

双边和多边型数字产品市场与网络平台市场具有密切关系，对网络平台市场的定义可以采用对多边型市场的定义原理。根据有关数字资本研究专家的理论，可以将网络平台市场定义为具有以下三个特征的数字市场：第一，网络平台市场同时存在两个或更多不同的供需主体，这些供需主体之间可以按照交易产品的不同进行区分。第二，网络平台市场中消费者之间的外部性可以通过某种方式进行连接和协调，这与多边网络外部性基本相同。第三，网络平台企业可以将不同供需者之间产生的外部性内部化，可有效降低成本提高效益。

二、网络平台的分类

（一）根据数字市场结构的分类

网络平台市场的重要主体是互联网平台企业。按照市场上生产者和消费者的情况进行分类，可以将网络平台分为重合性网络平台、交叉性网络平台和垄断性网络平台三类。

（1）重合性网络平台。重合性网络平台是指由若干个多边网络平台向同一边用户或一边消费者，提供可替代的数字产品或服务的网络平台。在重合性网络平台中，消费者可通过多种选择满足自己的需求。

（2）垄断性网络平台。垄断性网络平台是指在任何一边都不存在特定用户或消费竞争的网络平台，其主要特征是具有垄断性。

（3）交叉性网络平台。交叉性网络平台一般指某一边平台向数量为多边用户提供可替代数字产品或服务的网络平台。如浏览器就属于典型的交叉性平台结构。

（二）根据商业模式的分类

根据经济合作与发展组织（OECD）的分类方法，网络平台可分为7类：电子商务平台、网络共享平台、金融科技平台、社交网络服务平台、网络匹配平台、网络专业平台、网络搜索平台。这些类型的网络平台有不同的商业模式。

（1）电子商务平台。电子商务平台是一个促进买卖双方或消费者之间进行交易的网络平台。不仅为消费者提供了一个产品范围广泛的购买平台，选择更多，价格更便宜，而且使更多的数字产品和数字商品卖方以便捷并高效的方式进入电子商务市场，开展各种交易。

（2）网络共享平台。网络共享平台是指在网络平台上，促进不特定商品销售方与购买方进行交易的共享平台。例如携程，一是它为会员消费者提供了一个折扣价选择多种房间的平台。二是它允许酒店或业主进入在线旅游市场。其主要盈利模式是从商品销售方的销售收入中收取佣金。

（3）金融科技平台。金融科技平台为金融机构、商家和消费者之间的金融活动提供便利的网络平台。例如上海某金融科技企业，作为一家网络金融专业平台，它为消费者和商家提供了一种新的获取信贷的机会，同时助力金融机构和合作者共享"金融+互联网+"的新机制。

（4）社交网络服务平台。社交网络服务平台是以商业和就业为导向的网络服务平台，为职业社交提供服务。例如领英（LinkedIn），它是一家允许个人张贴简历，并与专业人员进行联系的网络服务型平台。

（5）网络匹配平台。网络匹配平台是指将一边有着大量的产品或作品原创者与另一边拥有海量消费者用户进行配对并促成交易的网络平台。例如在人工智能、大数据技术的支撑下，抖音、今日头条等平台可以自动地将产品或作品推送给目标消费者用户的在线匹配平台。

（6）网络专业平台。网络专业平台是指网络专业服务平台。例如交通台，有效促进司机之间的数据共享，即司机事故报告、交通堵塞、行车速度和其他有关信息的共享。它为司机提供实时的交通信息和路线，包括附近最便宜的燃油价格以及警报系统。

（7）网络搜索平台。网上搜索是目前世界上最受欢迎的在线服务型平台之一。其主要特点：一是它为消费者提供了一种免费、方便、快捷、及时获取信息的方式。二是使广告商和产品或商品提供商能够以有效的方式获取大量消费者用户信息。三是产品或商品提供商能够在其网页上添加搜索功能，促进销售并从中获利。

三、网络平台的特征

（一）市场高度集中

网络平台的主要特征是市场高度集中，并容易导致市场垄断现象。其特点是，市场份额很容易向大公司倾斜，小公司受挤压，新公司被削弱。网络平台甚至通过破坏市场正常竞争过程，保护平台里大公司的主导地位。专家指出，如果潜在竞争者面临巨大的进入壁垒和扩张壁垒，网络平台市场就不再具有竞争性，平台就有机会通过降低价格和制定标准等方式，利用市场力量削弱潜在竞争者，使不当竞争者没有机会进入市场，从而减少甚至消除市场垄断。

在网络平台，经营数据资产的企业通常会受益于规模效应。这些企业的前期投资成本比较高，但之后能以相对低的成本扩大规模，获得利润。例如，谷歌为 2 亿消费者用户更新谷歌日历和只给其中 2000 消费者用户更新的成本相差无几，但规模扩大，收益递增。又如脸书，前期需要大量投资，但该平台能够在成本增长相对较小的情况下，实现消费者用户指数不断增长，利润递增。

（二）数据反馈作用

网络平台市场竞争，很大程度上取决于数据推动正反馈的显著作用，集中反映了网络平台市场竞争的重要形式。数据驱动反馈由消费者用户反馈和货币化反馈两部分组成。

在实践中，数据反馈显示了消费者用户数据以及网络服务质量之间的正反馈效应。如果网络平台拥有大量消费者，则可以通过收集和使用消费者数据来优化相关产品或者服务,而这些产品或者服务可以吸引越来越多的消费者。其正反馈作用是网络平台能够收集更多的数据,这些数据可再次被用于改进其产品或者服务,使消费者能对可感知的信息进行对比和筛选并购买到更满意的商品,从而更广泛地促进了交易,有助于提升资源的匹配度和利用率。其中搜索、储存和相关成本降低的一个重要影响,就是降低了数字市场的信息不对称程度,进而影响价格离散度和数字市场效率。在这种情况下,商家愿意提供更多种类的产品,消费者能以更低的成本搜索并买到需要的产品。而分散和小额但巨量的需求累计可能产生收益较高的新市场,产品销售从非主流产品转向主流产品,导致长期数字市场的形成。

四、数字市场的交易机制

数字技术与数字资本的深度融合,有力促进了共享型数字市场等新的资源配置方式与数字市场交易机制。上述新兴业态的特点:一是拥有特定或不特定众多参与者;二是在短时间内完成配对和交易;三是价格随着供需的变化可以在短时间内动态调整。作者将这种新的交易模式称为密集型数字市场交易机制,其核心是在极短的时间内将供方和需方精准对接并完成交易。

在数字技术与物理世界和实体经济的融合配对中,这一交易机制得以从虚拟经济扩展至实体经济。在密集型数字市场,定价方式也由固定定价发展到动态定价。例如,携程在节假日时段会根据旅游市场情况,对酒店和机票给出差异化价格,而这种快捷的动态定价方式完全依赖于数字技术支撑下的数字产品或商品交易机制。因此,动态定价是密集型数字市场的显著特征之一。

第五节 混合型数字市场

一、网络外部性

网络外部性,是数字经济学名词,是网络外部性派生的概念,亦称网络效应,一般是指对于市场中消费者而言,由其消费行为所产生的一种外部性。它在消费中的益处不是由产品本身价值所产生的,而是由其他消费同一产品或商品的消费者所产生的,称作网络外部性。

混合型市场与网络外部性是指混合型数字市场与网络外部性之间的联系。这种联系具有系统性、互补性、兼容性和持续性。

二、混合型数字市场特征

混合型数字市场机制,是指在数字产品或数字资产交易中,多种交易方法和模式的混合机制。

在混合型数字市场中,交易者在同一个网络平台内同时进行两种以上的交易行为。例如,网上旅行社通过两种方式提供相同的旅行服务:一种以固定的价格销售,另一种以网上竞价的形式销售。该旅行社每周进行一次航班和旅行服务的竞价,因此,在同一时刻,该旅行社的某一服务可能存在固定价格和竞价价格。两种价格有时存在着很大的差异,消费者用户能够同时以售卖或竞价两种不同的方式购买同一商品,这就是同一网络平台中的混合机制。

混合型数字市场有如下三个特征:

(1)**价格距离**。在混合型数字市场机制下,产生了一些新的现象,即产品价格接近程度。产品价格接近程度,是指网络平台中竞价页面与出售页面之间的产品价格"距离"。混合型数字市场上一般有售卖和竞价两个选项,消费者用户只需点击相关可访问的页面,就可进行选择。因此,这两种模式处于价格接近状态,消费者用户可以轻易地在两种销售模式之间进行选择。

(2)**拍卖模式**。在混合型数字市场机制中,竞价者在网上能够观察到售卖商品的固定价格,与现场拍卖相比,与售卖并存的拍卖会有更多的限制。拍卖的保留价格往往要低于固定售卖价格,具体的比例一般根据市场上产品利润来决定。另外,由于用户可以轻松转换到传统销售途径,以固定售价购买商品,因此,网上拍卖的成交价格一般比固定价格低。研究发现,在售卖拍卖混合机制中,在网上拍卖产生的期望价格较固定价格一般会低20%~30%。

(3)**选择机制**。在混合型数字市场模式下,让消费者有了更多的购买选择,竞标消费者能充分利用两种销售方式的共同可用性。例如,在拍卖的前一天,他们保留了拟购的奔驰轿车,第二天,他们以较低的价格竞标同一款轿车。如果竞标失败,他们将直接购买保留车辆。如果竞标成功,他们便尝试取消订单。一些消费者还试图利用复杂的网络环境来获取资源。一些竞标者会在不同的平台或同一平台的不同卖家处注册多个账户,参与多个竞标。如果某处以最低价格竞标成功，他们会拒绝其他任何投标。其中一些竞标者甚至开发以价格为目标的算法，用于选择足够低的价格竞标产品。

三、数字拍卖市场诚信建设

网上拍卖的交易双方不面对面进行交易，而且多数采用虚拟身份，买卖双方的身份等关键信息不公开，因此，交易双方未能建立真正的信任。可见，诚信机制的建立是数字拍卖市场的一个十分重要的环节。目前，网上拍卖平台都建立了针对拍卖主体的信用评价机制，并根据这一机制对市场主体信用情况进行评分。基础的评分模式包括累计加法和均衡法两类，以评估交易用户的信誉状况，建立并维护网上信任关系，降低数字拍卖市场的信任危机和风险。

诚信模式的优点是评估程序比较科学，适合在大规模交易中推广使用。但有时也存在评价失真的情况。在实践中，同时有两个交易消费者的信用评分相同，有可能存在两种情况：第一，两个消费者得到的评价数量和评价结果一致，二者信用相同。第二，其中一个消费者的评价比较多，但多出的评价中，好评和差评数量相等，进行平衡，其结果是二者的信用评分相同。在评分中，第二种情况使累加信任模式难以真实反映被评价者的实际诚信度。针对上述情况，有专家提出一种解决思路，建立平均信任模型，是将一定消费者用户的所有反馈评分相加，然后除以评分次数，其所得结果作为该消费者用户的总体诚信度。目前，大部分数字拍卖市场采用此种模式，收效较好。

四、数字资本市场的发展趋势

在数字时代，随着数字产品、数字商品、数字服务和数字资本的发展，数字资本市场也会不断发生变化，甚至发生重大变化。

数字资本市场发展总体变化趋势是多样化、多元化、优质化、便利化和自由化。其中，特色化数字市场，如数字文化产品市场、数字健康产品市场、数字技术市场等会应运而生。

数字资本市场的边界会疆域无限、界定困难，且利益和风险共存。因此，未来的数字资本市场，创新是方向，盈利是目的，规则是核心，法律是生命。

本章总结

本章研究的重点是数字资产和数字资本市场的规范管理、科学运营、依法经营。主要内容包括：一是数字资产市场和数字资本市场的定义、区别、渊源和发展。二是数字资产市场体系，主要包括双边和多边型数字资产市场、密集型数字市场、网络平台市场和混合型多元化资产市场。其中对上述市场的定义、特征、分类、结构、模式和机制等进行了分析论证。

数字市场的交易机制和主要特点是：第一，交易去中心化；第二，有效的配对机制；第三，科学灵活的定价模式；第四，在极短时间内完成交易。

数字资产市场的典型特征是：第一，市场交易与边际成本较低；第二，市场去中介化与中心化；第三，利基市场与长尾效应。

本章关键词

数字资本的未来在资本市场。

数字市场的生命在依法经营。

第七章 数字资产定价

引 言

数字在量化之前,仅是一盘散沙。

数据在量化之后,变成一座金山。

大数据时代的到来,使人类第一次有机会和条件获得并使用大数据,进而使大数据转化成为有价值的数字产品和数字资本。随着智能化、云计算、区块链等新数字技术的应用,数字资产成为数字资本,并在创新发展中,包括流通和交易中,不断赋予其新的价值。

第一节 数字资产定价概念和模型

一、数字资产定价概念

数字资产定价,是数字资本论名词,是指通过对数据资产的性质、功能、作用和产生的价值对数据资产评估确定价格。数据资产定价一般采用通过对数据测量进行评估,其方法包括基于组织资本的实验法;其测量数据价值的方法包括市场法、成本法、收益法、综合法等。

数字市场价格结构,是指数字产品在市场交易中多种价格的构成,或市场价格体系。

数字资产市场定价方式,是数字资本论专业术语,是指在数字资本市场中确定交易品价格的方式、方法和模式。常见数字资本市场定价方式主要有利润最大化定价、性价平衡定价、庇古定价和拉姆齐定价等。

二、数字资产定价模型

在数字资产定价机制中,包括对数字产品和商品的定价,其定价模式亦称"资本资产定价模型"[1],在实践中具有十分重要意义。

---

[1] 李伟民.金融大辞典[M].哈尔滨:黑龙江人民出版社,2002:2172.

资产定价模型,是由约翰·林特(John Linter)、威廉·夏普(William Sharpe)等人提出的一种与风险相关的股票定价方法论。假定投资者投资于两种资产组合:一种是风险资产组合,比例为 X;另一种是无风险资产组合,比例为 $1-X$。则资产组合的 β 值为:

$$\beta_\mathrm{p} = (1-X)0 + X \cdot 1X$$

根据同一原理,资产组合的预期收益是各种资产预期收益的加权平均值:

$$E(R_\mathrm{p}) = (1-X)R_\mathrm{f}XE(R_\mathrm{m}) = R_\mathrm{f} + \beta_\mathrm{p}[E(R_\mathrm{m}) - R_\mathrm{f}]$$

式中,$E(R_\mathrm{p})$ 为资产组合的预期收益;$E(R_\mathrm{m})$ 为市场的预期收益;R_f 为无风险利率。

该资产定价模型表明,资产定价组合资产的预期收益会高于无风险利率,高出的数额是风险投资组合 β 值的一定比例。风险和收益之间存在着一种线性关系。

从以上资产定价模型和资产预期收益及风险率中可以看出,在数字资产包括数字产品和数字商品定价、流通及交易中,数据资产价格的风险主要来自市场的波动,以及商业环境的法律约束和平衡。有的数字产品或数字商品或数字服务是法律所禁止的,如违法产品;有的则需要行政许可,如数字票据;有的数字产品或服务则需要报备;有些是不当竞争或垄断。这些问题不仅限制了数字产品交易,也影响了数字资产的价值。总之,数字资产的价值取决于资本市场,法律规范是数字资本市场健康发展的基石。

第二节 数字资产定价方法和公式

一、基本定义

1. 资本[①]

(1)本钱,财务。《史记·留侯世家》:"夫为天下除残贼,宜缟素为资。"

(2)能带来剩余价值的价值。政治经济学名词。资本不是物,指通过

---

① 李伟民.法学辞源[M].北京:中国工人出版社,1994:974.

物表现资本家对工人的剥削。资本萌芽于奴隶社会,后发展为商业资本和高利贷资本。

2. 资产①

(1) 财产。《后汉书·宦者列传·张让》:"资产饶赡。"

(2) "负债"的对称。指财产和债权的总和,是资本市场主体经营资金的分布和存在形式。

3. 个性化定价

基于多元化用户数据进行测算,在此基础上对每个产品进行差别化评估定价。

4. 捆绑销售

捆绑销售,是指商家将两件以上产品或商品打包一起销售的方式,是较为典型的准价格歧视形式。

5. 搜索成本

搜索成本,是指搜索信息所付出的代价。

6. 价格离散度

价格离散度,是指同一种类、同一质量商品的价格分布相对于中心价格的偏离程度。

二、常见定价方法

1. 数据资本评估

数据资本评估是对数据资产价值、收益、质量和预期价格的估算。数据资产评估规范主要包括数字资产的真实性、准确性、完整性、安全性、成本和预期价值。

2. 数据资本市场定价方法

根据商品价值规律,一种产品或商品的价值通常与资本市场相同商品均衡价格相一致,即根据数字资本市场的价格确定其产品的价值。市场定价的方法主要包括:一是通过数据中等价出售数据的价格给数据资产定价;二是通过保险公司对数据相关价值保险及理赔标准给数据资产定价;三是利用或参照企业在并购或企业改制中披露的资产估价信息给数字资产定价。

---

① 李伟民. 金融大辞典[M]. 哈尔滨:黑龙江人民出版社,2002:2166.

3. 无形资产定价

无形资产定价，亦称收益资本化法，或收益还原法定价，是预测评估对象未来收益将其折换为价值的方法。评估无形资产的主要方法有权利金节省法、增量收益法、多期超额收益法等。

4. 增量收益法

增量收益法，是无形资产评估方法之一，是指对无形资产在使用与不使用时进行比较所产生的现金流差额的估值方法。

5. 多期超额收益法

多期超额收益法，是指通过将无形资产在未来经济生存周期内带来的净现金流量，用合理折现率转换为现值来测算无形资产收益或价值的方法。

三、数字资产定价方法和方式

在数字经济发展中，数字资产价格竞争力至关重要。但数据是无形资产，对其价值精准衡量有一定难度。第一，数据是无形资产，一般不会受到损坏。第二，数据并非传统资产等常规的有形资产，它不会因折旧而大幅度贬值。第三，很难准确获得企业或单位100%数据和信息。数据的这些特征使我们很难给数据资产准确定价。为此，本节概述了测量数据价值的各种方法，主要包括市场法、成本法、收益法，有专家还提出了基于组织资本的实验性方法和方式等。

（一）根据市场价格的定价方法

根据商品经济发展的一般规律，一种商品或服务的价值通常与资本市场均衡价格基本一致，一般是指需求和供给之间的交会点。因此，我们可以根据市场同类商品价格来确定数字资产的价值。

数字市场产品和商品定价可比因素：一是可比数据成交额是在公开正常交易情况下，相同或类似数据资产的交易成交额；二是修正系数用于对标的数据资产；三是对可比案例的差异进行修正。市场价格定价法的优点是能够客观反应资产目前的市场情况，并且评估参数和指标能够直接从市场取得。市场价格定价法相对公平、合理、真实、可靠。

但使用这种方法为数字资产定价具有一定的局限性。第一，需要明确数据资产的目标市场。在某些情况下，目标市场是存在的，例如，我们可以搜集消费者对直升机市场的选购数据，这样的数据能够明显界定直升机目标市场。但对于大部分数据集,这样的市场是不存在的。第二,数据的价值高度依赖于数据的适用场景,因此,同一数据集在数据供应商、用户和监管机构之间可能会有不同的价值认同。美国的一项调查研究表明,在美国,有人愿意以 250 美元的价格交易他们的社交安全号码,而同样的数据可以从数据供应商处以低于 20 美元的价格获得。第三,数据的真实价值可能不为买方所知。因此,由于信息不对称,市场价格有时可能具有误导性。

根据市场价格进行定价的主要方法如下:

1. 基于市场中等价定价方法

在数字资产定价中,通过数据中等价对外出售数据的价格为数据资产估价。市场数据中间价通常从公开或非公开的途径搜集信息和数据,然后出售给不同的客户。例如,汽车销售网提供的各种车型、价格信息和数据等。中间商通常会引用数字市场分项的价格表来评估自己的数据集,再明码标价出售给不同的客户。出售的数据一般按当时市场同类出售品价格进行估价,包括信息内容和质量的价值。但这种方法的缺陷是难以界定谁是真的数据中间商。目前在国家标准行业分类中,数据中间商还没有被国家列为一个行业,不容易界定。

2. 基于保险市场定价方法

在数字资产定价中,参考保险公司对数据产品保额的定价以及赔付标准来给数据资产估价。随着越来越多的企业对数据资产的高度重视,防范数据资产风险变得越来越重要,因此,许多企业都会给数据相关的资产买保险。例如,某数据科技公司出现保险事故给企业带来经济损失时,数据中心的运营商为了避险购买了保险,保护了自己免受此类意外事件所造成的经济损失。保险公司对数据相关资产保险的定价,以及在保险事故后的索赔额均可以用来为数据资产定价,其中还包括保险理赔、仲裁或者诉讼等产生的相关费用。

3. 基于企业并购或改制估值的定价方法

在数字资产定价中,利用企业并购或改制中披露的资产估价信息为数据资产定价的方法,基本合理且可行。但在企业并购或改制审计中可能会存在溢价,破产清算中法院聘请评估公司的估值也不一定十分准确,需要在实际定价中综合研判。

许多国家法律规定,在并购程序中要求聘请第三方即评估公司对被收购公司资产进行估价,包括数据库和软件等无形资产。例如,2016年6月13日,微软宣布以262亿美元(约合人民币1725亿元)的价格收购领英。众所周知,领英是全球最大的职业社交网站,也是西方许多国家最受欢迎的职场社交平台与人力资源平台,该平台汇聚了数以万计的白领职业人士,全球会员超过3亿。领英拥有的职业信息和数据的价值远远大于社交网站拥有的社交信息价值。传统的社交网络平台涵盖了用户的各种信息,如个人简历、活动图片、兴趣爱好等,但是这些信息会随着人们的变化而不断调整。然而在职业领域,有一套规范的标准来定义某个自然人,包括姓名、性别、年龄、民族、住址、单位、职务、专业等。对于数据需求方而言,这种数据更容易利用,根据这些数据进行广告投放或许更加精准。对于领英来说,其最重要的资产就是其收集并储存的职业人士的信息数据。由此可见,微软的收购在某种意义上给这些数据进行了定价。

在英美法系国家破产案件程序中,法院会对破产公司进行清算,对于数据资产,会请专业评估机构进行估值。例如,当美国某公司在向法院申请破产保护时,该公司的债权人提出的最有价值的资产竟然是一个海量的数据库,里面大约有8000万消费者和相关客户的购买记录,以及消费者客户的姓名和地址等重要信息。

(二)根据成本的定价方法

在数字资产及产品定价中,当衡量数据资产的价值时,采用无形资产的定价方式是一个比较好的方法。因为数据是无形资产,为了衡量国民经济核算中的数据资产,国家统计局会调查企业在数据库和软件方面的购买、处置、自营和投资情况。但在调查中,对数据资产价值的衡量存在一些难题。一是数据库的价值无计算标准。二是企业数据通常是作为本单位生产要素的一部分,难以准确评估其数据本身的价值。三是智能化和制造业领域,数据的转化和数字产品生产成本难以准确计算。为此,专家设计了一个计价公式,具有参考价值。

成本定价法评估数字资产价值计算公式为:

$$资产价值 = 重置成本 - 折价因素 = 重置成本 \times 成新率$$

重置成本,是指生产数字资产的合理成本,即公司内部产生和搜集的数据资产。显性成本主要有收集、存储、处理、生产的人力成本和设备成本等。隐性成本主要为数据所附着业务的研发成本和人力成本等。对于外购数据资产,重置成本为在现行市场条件下,重新取得同样一项数据资产所需支付的金额。在传统的成本定价法评估中,实物资产的贬值因素主要包括经济性、实体性和功能性贬值和折旧。

折价因素主要来源于数据资产的时效性丧失带来的经济性贬值。成新率是指数据资产的现行价值与其全新状态重置价值的比率。

根据成本定价法进行数据资产定价的优势是易于理解，且计算简单，但也存在一定的局限性。

（1）数据资产相关的成本不易界定。数据资产为生产经营中的虚拟产品，对于部分数据资产而言，没有对应的成本标准，且间接成本和灰色成本很难计算。例如，用户在搜索引擎留下的查询记录等数据资产，其数据搜集成本包括网站建设成本、搜索引擎成本和市场推广费用及管理、运营人员薪酬等，但这些成本中有多少属于数据资产成本，各种具体成本分摊比例难以准确界定和计算。

（2）数据资产的折价因素估算困难。在实践中，造成各类数据资产折价和贬值的因素不尽一致。如数据的时效性、信息的准确性，这些折价因素的价值影响很难量化。

（3）数据资产可以产生的利润无法准确统计。虽然在成本的归集中需要按照成本加成的方式考量一定的合理利润，但是传统资产评估的利润率可以参考实际利润率，如房地产的利润率。而数据资产的利润率计算目前并没有国家标准，难以简单选择一个合理利润率，由此导致成本定价法难以评估数据资产所带来的真实价值。

（三）根据收益的定价方法

在对数字资产定价时，采用收益法，亦称收益资本化法或收益还原法，是预测评估对象的未来收益并将其折换为货币价值的方法。该方法建立在资金具有实际价值的理论上。在基于收益法定价中，评估数字资产价值的主要方法有权利金节省法、低成本法、高收益法、多期超额收益法、增量收益法等。

1. 权利金节省法

权利金节省法，亦称许可费节省法，是指同向第三方支付许可使用费进行对比，如拥有数字资产不必支付使用费，通过由此产生的资本价值来确定数字资产价值的方法。

在权利金节省法中，许可使用费是指为授权他人使用该数据资产可以收取的许可使用费计算折现率，即数据资产相应的报酬率，一般根据资产的使用期限计算。其中的所得税摊销收益，是指数字资产的摊销额可以抵扣纳税人应纳税所得额，从而减少纳税人的所得税支出而产生的价值。目前，中国数据资产尚未确认为无形资产范围，因此，相关税收摊销收益无实体法可依，但可参照相关法律规定。

在数字资产定价中，权利金节省法的主要优点是：第一，反映了数据资产的经济价值；第二，反映出数据资产与相关收入的关系。其局限在于，数据资产的许可使用费估价较为困难，而且由于数据资产是动态的，数据资产的使用期限尚无国家规定，难于实际执行。

2. 多期超额收益法

多期超额收益法，是指通过将数字资产在未来经济生存周期内产生的净货币流量，用合理的折现率转换为现值来测算数字资产的价值的方法。

在数字资产定价中，采用多期超额收益法的优点是：第一，客观反映了数据资产的经济价值。第二，比较充分考虑到数据资产所贡献的实际收益。

但多期超额收益法也存在局限性：一是数据资产的超额收益准确估价较为困难，例如智能城管数据，通过实时定位城市管理信息可以有效减少城市污染和拥堵，从而产生价值，但智能城管效率提升带来的经济价值则较难衡量。二是该方法与权利金节省法同样存在数据资产使用期限目前尚无明确规定的情况，实际执行困难。

3. 增量收益法

增量收益法，同样是评估数字资产的方法之一。增量收益法是指对比数字资产在使用与不使用的情况下所产生的货币现金流差额的一种估值方法。

采用增量收益法的突出优点是，直观反映了数据资产的经济价值。但亦存在一定的局限性：一是在不应用数据资产场景下，难以准确计算现金流。二是由于资本市场的不断发展变化，很难准确计算在其他条件变化的情况下，使用该数据资产所产生的现金流。同样，增量收益法也存在数据资产的使用期限有待商榷的问题。

（四）根据组织资本的定价方法

在数字资本和数字资产发展中，对其资产定价时，大多数数据价值是在企业拥有数据资产的商业模式时产生的，因此，数字企业数据资产的价值严重依赖于其在商业模式上的投资，可以通过他们在组织资本上的投资来衡量定价。

组织资本，是指存在于组织之中，由组织成员在开展各项组织活动中积累形成的资本，是组织整体的资本总量与组织中个体成员，例如企业各个股东与员工、社团中的个人会员的资本个体量简单加总的资本的差额部分。

组织资本是一种数字资产，目前，中国尚未将其列为数字资本或数字资产的范围。为了简化分析，作者在这里使用企业年度报表中的总务和管理费用作为组织资本投资的代替，简称 SG&A（Selling, General, and Administrative Expense）费用。

SG&A 费用，是指企业直接和间接的经营费用及全部财务支出，包括各项管理费用。其直接的经营费用包括研发人员报酬、销售人员薪酬、营销费用和相关管理费用等。其间接销售费用包括银行贷款利息和交通、通信费用等。总务和管理费用包括产生组织资本的大部分支出，如员工技能培训成本、品牌宣传推广成本、专家咨询费、智能设备安装和日常维护管理等成本。

综上所述，数据资产是企业或商家在生产管理活动中形成的，由自然人或法人依法拥有或者控制，能够为自然人或法人带来经济利益的，以物理或电子的方式记录的数据资源。数据资产与传统会计学意义上的资产和无形资产既有联系又有区别。

从数字资本分析来看，可以从不同角度将数据资产分成多种类型：第一，从数据资产交易角度，我们分析了数据资产直接交易的经济学行为；第二，从数据资产定价角度，我们介绍了市场法、成本法和收益法等多种定价方法，以及一种新的基于组织资本的定价方法；第三，论述了数据价值的创造过程，引入了数据价值评价理论，并阐述了数据资产不断增值等问题。

第三节　密集型数字市场定价

密集型数字市场定价机制，是指对数字资产定价的密集型资产市场中的每一项交易进行定价的模式，是为数字产品、数字商品、数字服务等数字资本进行评估并确定其价格的方法和机制。本节重点分析密集型数字市场的定价策略以及定价机制。

一、固定单位定价与动态评估定价模式

在对数字资产定价模式机制中，有用固定单位定价和动态评估定价两

种模式。数字资产定价不像出租车定价那么简单,但其定价原理基本相通。例如,出租汽车公司最初采用的是固定单位定价模式,按照里程及行驶时间来给每一单交易定价,这种传统的定价方法不考虑乘客和司机的即时支付意愿和行驶成本,如有消费者需要立即去医院看医生,消费者支付去医院的出租车费可能比其他普通消费者高。选择高档车和普通车,不同的车型对承运服务的成本有不同的计算方法。针对这些问题,出租公司增加了动态定价模式,在基础价格的基础上,根据市场供需关系对价格进行调整。出租公司为在用车高峰打不到车的消费者加价,为加价的消费者优先安排车辆,这就是动态定价模式。作为共享平台,出租汽车公司能够收集大量的消费者信息,及时掌握出租车市场的供需状态,实行个性化定价,尽可能满足消费者的需求。但这种动态定价模式也可能导致不合理定价。在实际应用中,除了使用基本供需平衡的动态定价,还可以使用基于影响平台整体使用量的动态定价模式进行定价。

另外,还有出租汽车公司通过给消费者发送优惠券和提高服务质量等方法吸引更多消费乘客,并吸引更多汽车司机接入的定价模式。

(一) 跨边网络效应

对于共享型数字市场,供需双方的跨边网络效应比较清晰。作为供给端的出租公司与作为需求端的消费者调整定价模式,其作用是需求端消费者用户规模的扩大又拉动了供给端消费的增长。供需双方的相互促进使平台呈现高速成长态势。但是对于固定出租经济而言,不存在消费者的跨边网络效应。对于共享单车而言,全部单车均由公司提供,单车出租市场规模由共享单车运营商根据公司运力决定。为了扩大市场份额,运营商会尽可能多地投入车辆,但在本质上与共享型数字市场中的跨边网络效应是有区别的。

(二) 数字市场趋势

对于共享型数字市场,因为受跨边网络效应的影响,居领先地位的平台经济收益会显著增长。因此,他们利用其丰富的资本优势挤压竞争方的生存空间,最终形成市场垄断性。处于劣势的小公司已经很难追赶上,而有实力的公司几乎统占了国内某些领域的主要数字市场。在其他数字资本市场,并没有显著的跨边网络效应,其市场结构一般有多个市场主体并存竞争。

二、密集型数字市场定价的主要特征

在数字资产定价中,包括数字产品集成型和共享型数字市场,都是基于互联网的中间商或网络平台市场。网络平台将供需多方连接起来，完成配对，使市场变得密集。密集型数字市场具有以下特征：

（一）定价和交易成本下降

在相关成本方面，数字产品集成型和共享经济型市场通过技术、流程、机制、组织等机制创新使交易成本逐步降低，促进双方或多方交易成为创造效益的主要途径。密集型数字市场利用智能化数字技术，构建了一个中间平台，聚集供需多方，使规模效应不断提高，其边际成本呈不断下降趋势。

（二）中心化的回归

网络平台将分散的数字资产需求和供给方集中并且连接起来，促成供需双方或多方建立配对机制，这对于传统的中介机构而言是一个去中心化的过程。平台是密集型市场的核心载体，是连接数字资本供需方的核心节点，当供需方数量达到一定程度后，信息收集、数据分类、产品交易将更加有效，供需的匹配将更为顺畅，平台又成了具有新中介功能的主体，即中心化的回归。

（三）资本市场的效应

在密集型数字市场，部分产品和服务领域是传统产品和服务机构所忽略的部分。在互联网领域，数量巨大的数字产品小微平台通过互联网大平台的整合，其业务规模可能超过大企业的业务规模，原来利润微薄甚至亏损的业务通过整合甚至可以获得显著收益。由此可见，互联网长尾效应的产生在一定程度上改变了数字资本服务供需曲线均衡的情形，形成相关服务供需多方的新配置机制。值得关注的是，数字资本市场长尾效应与利基市场的相互作用，使得长期消费者客户的规模不断拓展，市场主体经济效益明显提高，从而使传统模式中的所谓定律面临新的竞争和挑战。

三、数字市场薪酬的模式

在数字资产市场动态定价模式中，以机器人出租公司为例，有三种动态定价模式可供选择。

（1）固定工资。如出租公司向操作员支付薪酬是固定制。但在高需求状态时向用户要价高，在低需求状态时向用户要价低，但无论是高需求状态还是低需求状态，出租公司向操作员支付的薪酬都是固定的。

（2）动态薪酬。平台向用户收取同样的价格，但在高需求状态时向操作员支付高薪酬，在低需求状态时向操作员支付低薪酬。动态薪酬可以使网络平台在低需求状态时，将操作员的薪酬控制在一个较低值。在该需求状态下，激励足够的操作员参与提供相关维护服务，因而倾向于激励劳动者。

（3）动态佣金。平台在高需求状态时，向租用户要高价，向劳动者支付高比例佣金；在低需求状态时，向租用户要低价，按照低比例向劳动者支付佣金。这种根据市场供需变化而变化的方式，在某种程度上是对劳动者的一种激励。

在网络平台市场，定价方式的选择主要取决于密集型市场的需求。在低需求状态下，消费者的数量会小于销售方的数量，消费者对于网络平台会更加短缺，这时网络平台倾向于选择动态价格以激励消费者。而在高需求状态下，消费者的数量会大于销售方的数量，意味着劳动者对于网络平台更加短缺，这时网络平台倾向于选择动态薪酬以激励劳动者。随着大数据和人工智能算法的应用，有助于平台及时掌握市场供需信息，并制定出对网络平台更有利的定价方案。因此，在大数据和人工智能技术的支持下，网络平台更倾向于选择动态或比例佣金的定价方式，以使平台利润最大化。

综上所述，在数字资产交易中，密集型数字市场包括数字产品集成型和共享型市场。而数字产品集成型和共享型市场发展的前提都是基于互联网的中间商平台。由网络平台将供需双方或多方连接起来，并迅速完成配对，使得市场变得密集。这就导致了密集型市场具有三个很重要的经济学特征，即规模效应和边际成本递减、去中介化和中心化、利基市场与长尾效应等。

第四节 双边和多边型数字市场定价

一、双边和多边型数字市场定价分类

定价机制，是指评估测算数字资产价值的方式、方法和步骤。在双边和多边型数字市场定价机制中，主要有庇古定价、成本最低化定价、利润最佳化定价和拉姆齐定价等方法。

在实践中，多归属数字市场比较复杂，在一边的用户中，归属行为不

一致，即部分用户多归属，而其他用户单归属，该市场称为部分多归属市场。如网络招聘平台是典型的部分多归属市场，求职者按照求职的急切性与企业选择，一般会向多个平台投简历，也有部分求职者专心于某一个平台，这样就形成了归属行为不一致的情形。

数字资产定价交易中的单归属市场，是指双边或多边的消费者用户均为单归属市场。在单归属市场存在不同程度的垄断性竞争，一般是由产品差异化和不当竞争共同造成的。典型的单归属市场，如变革前的通信行业，一个消费者用户只能选择一家通信公司，而通信公司也只能对应特定的平台。

根据消费者用户结构对双边和多边型数字市场分类，准确地将双边和多边型数字市场消费者的不同情况进行归类，对双边和多边型数字市场涵盖较为全面。但这种分类方式并没有衡量双边和多边型数字市场中不同企业的参与情况，对双边和多边型数字市场中的多边网络外部性缺乏关注。在一般情况下，这种分类方式往往被网络平台企业较多采用，主要用于在特定数字市场中制定不同的竞争策略：一是在多边型数字竞争市场中，聚焦于单边消费者用户；二是在单归属数字市场中，侧重于提高产品和商品的质量；三是在纯粹多归属数字市场中，采用纵向一体化模式。

二、双边和多边型数字市场定价特点

（一）双边和多边型数字市场价格的动态性

在数字资产市场，双边和多边型市场如果不存在网络外部性问题，网络平台向生产者和消费者收取的价格与其需求价格动态性是负相关的，即在弹性较小的一边定价较高，在弹性较大的一边定价较低。因此，在该数字市场，价格结构的不对称比较明显，双边和多边型数字市场甚至会对动态性较大的一方选择低于边际成本的方式进行定价，这是双边或多边型数字市场定价的显著特征之一。

（二）双边和多边型数字市场外部性

随着数字产品、商品、服务等数字市场的发展，双边和多边型数字市场网络外部性进一步扩大，消费数量影响着生产的变化，直接导致网络平台对数字产品和数字商品价格的提高。同时，双边和多边型数字市场价格结构对网络外部性较强的一方产生积极效应。

三、双边和多边型数字市场定价机制

(一) 交叉补贴是定价方略

在数字资产交易中,交叉补贴是指企业用从 A 市场上所获得的利润来支持在 B 市场发展的策略。在单边市场上,交叉补贴往往是企业进行垄断性定价的主要手段。企业一般会主动采用降低竞争性业务价格和提高垄断性业务价格的方式进行补贴。在传统的单边市场理论中,这种交叉补贴行为是一种不正当的竞争行为,严重扰乱了市场秩序,损害了市场效率和消费者利益。

双边和多边型数字市场与单边型市场补贴的主要区别如下:

(1) 两者的目的不同。在单边型数字市场中,企业的交叉补贴政策主要目的是排挤竞争对手。在双边和多边型数字市场中,网络平台企业主要目的是通过提高消费者参与数量来盈利,进行交叉补贴政策是为了吸引更多消费者参与,进而实现更高的盈利。

(2) 两者的范围不同。单边型数字市场的交叉补贴通常发生在两种不同业务种类的多边型市场之间;双边和多边型数字市场中的价格补贴往往发生在同一个数字市场的多种消费者群体之间,如数字产品生产者补贴广大消费者。并且双边和多边型数字市场的存在降低了消费者与生产者的搜索成本,从本质上讲,对于提供补贴的企业而言,反而降低了其进入资本市场的成本,并没有增加更大的投资。

(3) 两者实施的条件不同。在单边型数字市场中,只有大型企业才能借助其在多个市场上的优势地位进行交叉补贴,这类企业在数字市场中有较高地位,有一定规模的消费者用户。而在数字市场中,中小企业也可以进行交叉补贴,但中小企业不掌握市场上消费者用户的详细情况,采用交叉补贴或通过零成本的营销方式,吸引一方消费者在没有其他消费者的同时也加入该市场,并以此保证市场常态。

由此可见,双边和多边型数字市场上的价格补贴是一种比较常见的市场竞争现象。这种补贴增加了需求价格弹性较高的一方的利润,也是双边和多边型数字资产市场形成的主要因素。

(二) 不当搭售是准价格歧视

在数字资产单边型网络市场中,不当搭售是一种准价格歧视行为,它减少了消费者的选择性,降低了消费者购物的多样性。但在双边和多边型数字市场，搭售行为不一定都会损害消费者利益。网络平台通过交叉补贴的方式吸引了广大消费者，但仅仅在消费者一侧的竞争优势不能保持平台的垄断地位，因此，对销售者提供补贴，也是网络平台营销中的一项重点工作。不当搭售行为无疑为销售者带来了剩余价值，是一种变相的或准价格歧视。与此同时，网络平台通过搭售也可以吸引更多的销售者加入。销售者数量的增多并通过正向的双边网络外部性，提高了消费者的利益水平。在实践中，网络平台在吸引消费者的同时，也可以通过相关合同条款限制销售者的搭售行为，如为借记卡与网上银行设定交易的某些限制等。

在符合规范的情况下，搭售行为可以在某些方面提升消费者的利益水平，但与我们所说的不当竞争的价格模式基本相同，过度的数字产品或商品搭售也是数字市场不正当竞争行为。

（三）先低后高是定价策略

在数字资产定价中，采用先低后高定价和竞争性定价，是单边数字市场中的大型企业获取自身优势采用的两种定价策略。在单边型数字市场中，一方面，产业具有竞争优势的大型企业更能承受价格下降带来的利润损失；另一方面，通过竞争性定价的方式，大型企业将数字市场价定于一个很低的水平，从而将竞争者排挤出数字市场，在获取垄断地位和一定的消费者用户规模后，再进一步提高价格获取垄断利润。这种"先低后高"式的定价策略为单边型数字市场中的垄断者带来大量的利润，导致了价格的恶性竞争。

在双边和多边型数字市场中，网络平台企业不完全是大型或强大竞争力的企业，如房地产中介和商城等中型企业，在行业中不具有较大的竞争优势。对于中小企业，尽管它们实行的也是非对称的或倾斜式的价格结构，但这种价格结构并不标志着它们具有市场的垄断地位。

（四）消费者正反馈效应

网络平台企业向某一边消费者用户采用低于边际成本的定价策略，是为了引进该边更多的消费者用户。例如，甲方消费者用户规模越大，乙方消费者越有动机参与到甲方平台中，并刺激多方消费者用户参与到平台中，形成正反馈效应。平台采用低价的模式，正是为了实现这种正反馈效应，扩大消费者用户规模。若平台提高某一边消费者用户的价格，通过正向的双边网络外部性导致另一边消费者用户参与规模减小，将导致总的交易量减少，网络平台利润降低。

由此可见，在数字资产定价和交易中，受到双边和多边型数字市场价格分配机制的影响，双边和多边型数字市场的价格并不等于边际成本。与单边型市场情况不同，受到网络外部性的影响，双边和多边型数字市场必然会形成非对称的价格结构，对需求价格幅度较低的一方收取较高的价格，即通过倾斜式的价格结构实现利润最大化。

第五节　数字市场的个性化定价

一、收储成本与个性化定价

在数字资产市场，收储成本是指收集并存储消费者用户信息所支出的成本。智能化工具及数字技术的应用，大幅降低了收储成本，在推进个性化服务的同时，促进了多元资本市场的建立。随着个人数据采集、分析和云计算等技术手段的发展，消费者用户的各种数据很容易被记录和存储，并使得用户的个人行为数据更加详细。而企业基于消费者的不同特征实现同一件产品或服务的个性化定价，将数字产品或服务高价卖给支付能力强或品牌忠诚度更高的消费者用户。同时，采用较低的价格吸引那些价格敏感或购买意愿较低的消费者，商务网络平台会根据消费者用户的历史购物和活动信息等数据推断消费者用户的需求弹性，从而实现价格歧视。这种定价方式被称为个性化定价，即基于多元消费者数据考量，并在此基础上针对每个消费者用户进行差别化定价。正是由于收储成本的降低，企业能够以较低的成本了解不同消费者用户的爱好或需求，进而实行个性化定价。

二、垄断型个性化定价

在数字资产市场，个性化定价的前提条件是数字产品或服务的提供商能够掌握广大消费者用户数据，并从中区分具有不同支付意愿和支付能力的消费者用户。对于提供数字产品或服务的厂商而言，根据对消费者信息累积得更为丰富的数据，可以更加容易地对其个性化特征进行分析，从而更容易推断出用户的保留价格，并据此形成垄断型定价。因此，对消费者信息的收储和使用，是为了驱动个性化垄断型定价。其主要方式表现为：第一，网上购物平台往往会针对不同消费者用户显示不同的商品价格。第二，外卖平台的消费者用户可能会得到更多的优惠券。第三，专卖店类的会员价格则可能随着消费者用户的不同而发生变化。例如，使用苹果手机的消费者用户升级时，有可能会比使用华为手机的消费者用户支付的费用更高。专家指出，软件不兼容仅是垄断型定价的一种方式。

上述垄断性的定价模式，已经引起了国家监管部门的高度关注。一些专家认为，这属于操纵价格，支持对其加强监管。为此，中国国务院反垄断委员会印发了《国务院反垄断委员会关于平台经济领域的反垄断指南》，以加强平台经济领域反垄断监管。另外，这种定价策略对消费者隐私权的侵犯也引起了许多机构和专家学者的关注。

三、分类式个性化定价

在数字市场，对消费者分类是个性化定价的表现形式之一。分类式个性化定价，是指厂商针对不同类型的消费者用户，提供不同的商品和价格，供不同的消费者选择。消费者划分是软件服务业常用的销售方式，即网络平台将应用软件统一组织在服务器上，消费者用户可以根据自身需求，通过互联网向厂商订购所需的软件服务，按订购的服务数量和使用时长向厂商支付费用，并通过互联网获得平台提供的软件服务。

（1）网络平台根据不同消费者用户的需求，设计不同产品的组合，从而实现差异定价。在实践中，会有一些基础的产品组合，在该组合中包含若干基础性功能。基础产品组合一般采用免费或者低价的策略来获取更多的消费者用户。基础消费者用户可以通过付费升级来获得更多功能。这种定价模式是消费者分类中较为常见的定价模式之一，消费者用户支付的价格取决于消费者用户的组织类别，包括政府和科研机构及其组织规模、使用时间、订购功能等因素。

（2）在创意应用技术工具服务商采用基于功能的定价模式中，消费者用户可以单独订阅某个应用系统，也可以同时订阅多个甚至整个应用系统。相对于单独购买多个应用系统而言，应用系统性价比越高，越会进一步促使消费者用户购买。

第六节　数字市场的竞争性定价

在数字资产交易中，市场竞争性定价模式，是指利用在市场中的竞争优势或垄断地位，对数字产品或数字商品进行不当竞争性定价销售的方式，是一种比较典型的价格歧视行为。相对于传统产品而言，在消费者用户对不同产品有偏好时，采用竞争性价格会增加收益。与传统产品相比，数字产品和数字商品或数字服务在竞争性定价方面的优势明显。因为数字产品的生产边际成本基本为零，数字产品、数字商品或数字服务进行组合的成本也很低，所以有利于厂商将大量数字产品、数字商品、数字技术产品或数字化服务进行竞价或销售，通过竞争性价格吸引更多消费者，获取更高的商业利润。

一、组合式竞价

在数字资产定价中，我们选择甲、乙、丙三个垄断型网络平台销售场景进行考察。三个平台提供多种数字产品和数字商品，数字产品和数字商品众多消费者用户对每种产品的需求是1或2，一般不允许转售，不同数字产品和数字商品消费者用户对同一产品的估值各不相同，且分布不一，结论是，其数字产品或数字商品的边际成本均为0。

在实践中，单个数字产品的估值分布，随着消费者用户同时购买产品的数量不同而变化，即其他产品的购买会影响消费者对该产品的估值。例如，消费者对单独销售的《北京晚报》的估值不同于将它和《北京晨报》一起出售的估值。因为消费者的时间有限，而这两种产品的竞争正是争夺消费者有限的时间。为了简单起见，我们把所有的产品都看成对称的，设定在组合包中添加新产品后，所有组合包内的产品都成比例地受到影响。最终，一个正确的结论是，当采用大规模组合式定价销售数字产品或商品时，消费者并没有获得与之相关的利益。

在数字产品定价中，许多结论扩展到消费者对数字产品和数字商品的估值，属于正相关的情形。其主要原因是，组合式定价销售模式的内在优势在于，能够降低买方消费者估值的分散性。只要消费者对数字产品或数字商品的估值存在异质性，即使这些估值是正相关的，其分散性也会被组合销售策略错压。

二、产品价格竞价

在数字资产交易市场，垄断性竞争式出售数字产品或数字商品，一般而言，由于不同的数字产品在功能上的不可替代性，如微软公司与腾讯公司同时想要获得一项专利的使用权，但由于智能操作系统和网络社交的功能不可替代，因此两者在消费者之间不构成直接竞争。若存在企业A和企业B，则企业A和企业B会在上游即供给侧围绕产品进行竞争，而不会在下游即需求侧去争夺消费者。专家将这种现象称为产品竞争。

在实践中，产品竞争意味着拥有较多产品的企业和商家愿意以比较高的成本开发新产品，或通过支付更高的价格从第三方购买新产品并添加到捆绑模式。随着竞争企业和商家数量的增加，授权的激励可能会减少，但在多个数字产品竞争的情况中，这一结论仍然成立。数字产品种类更为丰富的企业，相对于其他企业，更容易扩大自己的数字产品种类。有远见的企业不仅考虑加入新产品开发以保证竞争销售规模领先于竞争对手，而且还旨在通过新产品的竞争排斥其竞争对手。

由此可见，大规模数字产品竞争式销售模式，在一定程度上会为上游产品的竞争提供优势。大规模数字产品竞争式销售者愿意为上游产品和开发投入更多的资金，并且占据数字市场的主导地位。数字产品竞争销售会降低需求曲线的弹性，提高竞争优势者的销售规模，并从中获取更多的消费者剩余价值。

三、消费主体竞争

在数字市场，当企业和商家提供的数字产品、数字商品、数字服务或数字技术产品为互补品或者替代品时，厂和商之间会围绕消费者主体展开竞争。与内容竞争相比，消费者主体竞争被学者称为下游竞争，作者认为是对消费主体的竞争。

我们考察一下互补品的竞争式定价销售。例如，北京有两家公司，分别为公司甲和公司乙，两家公司同时生产甲和乙两种组件，且甲和乙完全是互补品，需要按照固定比例组合使用才能产生效用。为了简单起见，假设两家公司生产的组件为同质产品，消费者对两家公司生产的产品具有相同的保留价值。在这种情况下，如果甲和乙两家公司对组件甲和乙没有竞争式销售，消费者会从价格相对较低的公司分别购买组件甲和乙。这导致竞争将在组件价格上进行，生产成本较低的公司将以略低于竞争对手公司生产成本的价格出售组件，从而赢得更多消费者和消费市场，并获取更多的利润。

在数字资产消费竞争市场，与互补品市场不同，当竞争式定价销售的需求弹性大于独立产品需求弹性时，替代品市场的企业和商家则倾向于竞争式销售。例如，消费者购买了北京欢乐谷套票，可以体验游乐场内的全部项目，由于该消费者时间有限，所以在规定的游览期间难以体验所有项目。对于许多以消费者的注意力为基础的数字产品而言，依然如此。当同一开放网络平台的多款游戏可以打包以较低的价格出售给消费者用户时，由于消费者时间有限，因此往往只会成为其中一到两款游戏的玩家。无论这些游戏是由一个公司出品还是由两家公司联合出品，竞争式销售的倾向依旧。专家提出的对策是，当游戏由不同的公司出品制定不同的价格时，推出联合购买折扣可以减缓不正当竞争，在一定程度上促进市场公平度，但作用有限。

四、竞争性定价的特征

在数字市场，竞争性定价，是指数字市场中具优势地位的大型企业或大型商家，为了获取经济利益最大化，通过其自身定价权的优势，采取不正当竞争性方式或方法决定数字产品、数字商品、数字技术产品和数字服务的价格。

竞争性定价的显著特征如下：

（1）竞争性定价者在市场具有定价背景。

（2）定价者在市场占据主导地位，甚至垄断地位。

（3）采取竞争性定价主要目的是获取不正当高额利润。

（4）通过竞争性定价方式将其他竞争者排挤出数字市场。

（5）采取竞争性或垄断性定价方式，直接导致数字市场价格的恶性竞争。

在中国，数字市场竞争性和垄断性定价行为已引起国家市场监管部门高度重视，正在采取相关措施实施管理。

主要举措有：

（1）规范市场，公平竞争。

（2）强化监管，减少垄断。

（3）加强立法，维护公平。

（4）提高诚信，合理定价。

（5）消费者擦亮眼睛，依法维护合法权益。

本章总结

本章的重点是关于数字资产定价的综合研究。其主要内容包括：

（1）数字资产估价的方法，如市场法、成本法、收益法和综合定价法。

（2）数字资产定价模式，如利润最大化定价模式、产品性价平衡定价模式、庇古定价模式和拉姆齐定价模式等。

（3）数字资产的具体定价方式、方法和公式，如根据市场价格定价，其中还包括基于市场中间商定价方法、基于保险市场保额的定价方法、基于企业在并购或破产清算估值的定价方法等。

密集型数字市场理论，是作者首创。其主要特征：一是定价和交易成本降低；二是市场交易去中心化；三是市场的正向反馈效应明显。

多边型和混合型数字市场理论，也是作者首创。其中，多边型数字市场是对传统的多边市场的突破，混合型数字市场是对传统型拍卖市场的创新。这两个概念、两种类型，既是对传统市场理论的批判性创新，又符合数字资产市场的实际应用，有一定的研究和参考价值。

本章关键词

数字资产定价难，科学估价是关键。

第八章 数字资产交易

引 言

数字资产在交易之前是旧值，在交易之后是新价。

数字资产和数字资本的生命发展动力在资本市场。

数字通过转化成为数据，数据经过量化成为产品。数字产品经过流通成为商品，数字商品通过交易成为数字资产，而数字资产经过不断积累成为数字资本，并在资本市场成为强大的数字经济帝国。

第一节 数字资产交易概述

一、基本概念和平台

（一）基本概念

1. 数字资产

数字资产，是法人或自然人通过生产、经营活动或其他合法方式获取的，由数字资产权利人拥有或控制、以数字或物理方式记录的，能给数据所有权人带来经济效益的数据财产。数据资产的基本特征是非竞争性、不可分离性、价值不确定性和数据外部性等。

2. 数字资本

数字资本，亦称数据资产，是数字资本论名词。资本是用于投资并获得利润的资金，即本金或财产。在数据资产为企业或投资者获取经济效益的同时，数据已经成为一种资本。数据资本的典型特征是具有不可替代性，即实物资本可以替换，如石油。而数据资本不能替代，因为数据不同，其包含信息不同，数据价值亦不同。

3. 数据资本化

数字资本化，是数字资本论名词，是指将数据资产的价值和使用价值折算成公司出资比例或股份,通过上市交易和流动变为资本的过程。数据作为资本的价值,只有在市场流通和交易中才能得到充分体现,并实现数字资本的真正价值。

4. 数据资产交易

数据资产交易,是指数据资产所有人在合法、公平、互利、自愿的前提下,把两个有确定性的数字产权进行互换或买卖的行为。

5. 单归属市场

单归属市场,是指双边的用户均为单归属的数字市场。其特点是在垄断性竞争中,由产品差异化和市场垄断所形成的市场。如原来的通信行业,一个用户只能选一家公司,限制了消费者的选择权。

6. 多归属市场

多归属市场,是指两边用户或多边用户均为多归属的数字化网络交易市场,如自媒体、房地产等。

7. 竞争型市场

竞争型市场,是指一边用户为单归属,另一用户为多归属的网络交易市场,如银行卡市场等。

8. 数字资本垄断性定价

数字资本垄断性定价,是数字资本论名词,是指在单边市场中,大型企业或商家为了获取利益最大化,通过自身定价优势,用垄断定价的方式决定产品或商品或服务的价格。垄断性定价导致将竞争对手排挤出市场,在取得垄断地位和用户规模后,进一步提高价格获取垄断利润,从而引起价格的恶性竞争。

(二) 交易平台定义和分类

1. 重合性平台

重合性平台,是指由若干个多边平台向同一边用户或一边消费者提供可替代产品或服务的网络平台。在重合性平台中,消费者可以通过多种选择来满足自己的需求,如支付系统。

2. 垄断性平台

垄断性平台,是指在任何一边都不存在特定用户或消费者竞争的网络平台。其主要特征是具有不当竞争性、排他性和垄断性。

3. 交叉性平台

交叉性平台，是指一边平台向数量为多边用户提供可替代产品或服务的网络平台。浏览器属典型的交叉性平台结构，其一边存在多边不同需求的用户或消费者，而在另一边存在两个以上相互可替代的业务供应商，如浏览工具、笔记本电脑等。但交叉性平台的用户或消费者归属并不统一，具有多边化和多元化特征。

4. 电子商务平台

电子商务平台，是指促进不特定卖家和买家或消费者之间达成交易的网络平台，如淘宝、拼多多等。

5. 网络共享平台

网络共享平台，是指促进买方消费者和卖方或业主之间达成某种交易的网络平台，如携程等。

6. 网络匹配平台

网络匹配平台，是指在人工智能和大数据技术的支持下，利用智能化技术和方法，促进并实现不同用户需求在线匹配，促进交易的网络平台，如今日头条、抖音等。

7. 专业服务平台

专业服务平台，是指促进用户之间信息和数据共享的专业化网络平台。如通过交通众包平台向司机提供交通状况、事故处理状况、行车路线选择、燃油价格及定位报警等专业信息服务。

8. 中介服务平台

中介服务平台，是指以商业和就业为导向，为职业社交提供便利的网络平台，如求职、婚介网络平台等。

9. 金融科技平台

金融科技平台，是指在线为商家、消费者和金融机构之间的金融活动提供便利，促进交易的网络平台。

10. 经济触媒平台

经济触媒平台，是指把两组以上的客户聚集在一起，通过客户之间的交流创造价值的网络平台。

二、传统资产定义和资本交易

（一）传统资产的定义

温故方能知新，创新才能发展。

在商品经济社会的长河中，资产是全人类都想拥有的财富，而传统意义上的资本交易仅是少数资本家的专利。

资产，是资金和财产的统称，是指具有货币价值并能带来经济利益的资金或财产。

资本交易①是指国际收支账上各种长短期的投资交易。资本交易主要有三种。

1. 直接投资（Direct Investment）

直接投资属于长期投资，投资者对国外公司有经营管理权，通常定义为拥有公司10%或以上的股权或财产所有权。

2. 资产投资（Asset Investment）

资产投资指投资于到期日超过一年的债券或股票。

3. 短期投资（Short Term Investment）

短期投资主要包括商品出口所得存入银行的存款，或是投机的需要。它包括各种财产物资、债权和权利。资产的主要特征是：

（1）具有预期的经济利益或价值。

（2）为某一企业获得其利益并限制其他人取得这项利益。

（3）拥有者对利益的权利和控制的交易或事项已经发生。

资产有多种形式。可以是货币的，或非货币的；也可以是有形的，或者无形的；还可以是动产，或者不动产。例如，某些只有物理特征的资产表现为实物资产的形式，如现金、存货、设备、房屋、土地。有些资产没有物理特征，仅仅表现为要求偿付或提供劳务的权利，如应收账款、应付票据等。有的是虚拟数字财产，如数字货币、数字产品、数字商品、数字技术等。

（二）流动资产和长期资产

1. 流动资产

流动资产指现金和在企业正常营业周期内能转变为现金的资产，以及

---

① 李伟民.金融大辞典[M].哈尔滨:黑龙江人民出版社,2002:2167.

将被耗用或已被耗用的资产。习惯上，流动资产可以划分为五种：现金、短期投资、应收项目、存货和预付费用。

2. 长期资产

长期资产亦称非流动资产，指不属于流动资产的其他所有资产。长期资产的特征是在企业的经营活动中长期使用，具有长期经济寿命（一年以上）。长期资产包括长期投资、生产设备、办公设备、店面装置、运输工具、房屋、无形资产，如商誉、商标、著作权和专利权等。在资产负债表里将流动资产与长期资产分别列示，主要是为了说明和体现企业的现有资产偿还短期债务的能力。

第二节　数字资产交易模式

数字资产市场交易机制的重构，主要源于数字资产和数字资本的技术特性。第一，数字技术促进了传统商品和产品及服务的重组，产生了数字化、虚拟化为特征的新形式的数字产品和数字资本。第二，数字基础设施，即新的数据基建连接市场主体，产生了新的交易流程，改变了传统的生产和供需关系。第三，数字经济和数字资本的发展改变了原有资源的控制和分配，权和利发生了深刻变化。第四，数字技术创新发展，突破了物理空间和交易的限制，并扩大了交易范围。第五，数字技术和数字资本深度融合，改变了传统资产概念和资本市场交易规则。因此，催生了新的市场交易机制和交易规则，促进了经济社会的进步和商品经济的发展。

一、数字产品的销售模式

在数字资本的发展中，由于数字产品的虚拟属性，有力推动了免费体验的新方式。数字产品生产商一般通过免费体验部分产品的方式发展消费者，以获取更多的利益。免费的体验方式，一是由数字企业的商业模式决定的，例如，基于厂商的注意力的盈利模式。二是数字产品的体验属性决定了免费试用的模式能够提升消费者用户的购买意愿，成为促销手段。在实践中，决定数字产品应该采用收费还是免费销售的重要因素，是数字产品的质量感知。传统产品质量易于感知，产品质量对于价格的影响十分清晰。对数字产品而言，消费者对于产品质量的感知机理变得复杂。因此，厂商们拿出一定比例的数字产品，通过免费体验的模式帮助消费者感知数字产品价值,通过免费试用发展消费者,成为数字产品生产者和经营者常用的促销模式。

二、数字产品的价格歧视

在数字产品定价和交易中,数字技术及其数字产品创新,在一定程度上为企业对消费者实施价格歧视提供了条件。如网上拍卖的拍品种类和参与者人数更广,投标过程更为多样性,致使该市场竞争更加充分,而相关成本的降低使得商家收储消费者的数字信息变得更加便捷,从而推进了个性化销售的发展和一对一市场的建立,产生了针对消费者的个性化定价。与传统产品相比,数字产品在组合式销售方面更具优势。由于数字产品的生产边际成本几乎为零,并且产品组合式的成本很低,导致商家设计出不同的产品组合,在更大范围内对消费者进行准价格歧视。同时,数字产品的运输成本比较低,将互联网作为数字产品的分销,也降低了销售成本,使组合式销售可以跨越各种限制,并实现跨界的大规模组合式销售,获取更大利润。

三、数字资产的交易成本

随着数字技术的发展和广泛应用,检索成本、储存成本、加工成本、生产成本、管理成本和交易成本在内的市场成本总体降低。其中,检索成本几乎为零,对交易机制的影响最为显著。数字产品信息检索的便捷,使消费者对可感知的数字产品和数字商品进行对比,以及筛选并购买到适合的商品,从而更广泛地促进了交易,有助于提升资源的匹配度和利用率。检索成本降低的一个重要影响就是降低了数字资本市场的信息不对称程度,进而影响价格离散度和数字资本市场效率。商家愿意提供更多种类的产品,消费者能以更低的成本检索到优质的产品。在数字资产市场,一些比较分散及小额厂商在需求积累中可能产生利润较高的新型资产市场,数字产品销售从非主流产品转向主流产品,最终形成有发展前景的数字资本市场。

四、数字资产的交易机制

在数字资本发展中,数字技术与实体经济的深度融合促进了共享型市场、数字产品集成型市场等新的资源配置方式和数字资产市场交易。新兴业态有着共同的特点:一是拥有不特定众多参与者;二是可以在较短时间内完成交易；三是价格随着市场的变化，可以在短时间内动态调整。经济学家将这种新的交易模式称为密集型市场机制。其核心是在极短的时间内将供给方和需求方完成配对，让供给方和需求方精准对接。正是由于数字技术与数字资本和实体经济的深度融合，配对这一交易机制很快从虚拟经济扩展到实体经济。在密集型数字市场中，定价方式也由固定定价发展到动态定价。例如，携程网络平台在节假日前会针对不同等级酒店和机票为消费者提供差异化价格。由此可见，动态定价方式完全依赖于数字技术支持下供需双方形成的数字资产市场配对和交易机制。

第三节 网络外部性与市场法则

乔治·吉尔德早在1993年提出梅卡特夫法则。他认为，一个网络的价值等于该网络内节点数的平方，即网络价值与网络用户数的平方成正比。在数字资本市场，梅特卡夫法则的一个直接结论，就是网络规模更大的企业能够获得正反馈效应，而网络规模较小的企业会退出，进而形成市场的差别。专家的结论是，具备网络效应的数字企业具有不同程度的垄断性。

随着数字技术在网络平台商业模式中的广泛应用，数据驱动的竞争效应进一步强化了其垄断属性，并产生了不当竞争等新的滥用市场地位的现象。为了获取网络效应，巩固竞争优势，企业商业模式不断创新，多边平台成为互联网企业的通用组织形式，网络平台的垄断特征日趋明显。从西方一些国家或地区的监管实践来看，对于互联网平台型企业，反垄断是政府一贯的政策。如2019年，美国民主党总统候选人伊丽莎白·沃伦（Elizabeth Warren）甚至将拆分大型科技公司作为其竞选总统的重要主张，在选民中争取选票。

2020年11月，中国国家市场监督管理总局发布了《关于平台经济领域的反垄断指南（征求意见稿）》，就垄断协议、滥用市场支配地位、经营者集中、滥用行政权力排除或限制竞争等方面提出监管意见。2021年2月，《国务院反垄断委员会关于平台经济领域的反垄断指南》进一步明确了平台经济反垄断的相关政策措施。从数字经济学研究的发展趋势来看，网络外部性问题已经和正在逐步成为研究数字经济和数字资本的重要课题之一。

一、双边和多边型市场交易模式

在双边和多边型数字市场中，其主要交易模式是利用网络平台将买方与卖方进行有效匹配。在这一模式中，具有中心地位的网络平台将供需多方精准对接，完成交易。该平台一边的消费者用户规模越大，对另一边消费者用户的吸引力就越强，因此出现了双边和多边型网络效应。双边和多边型数字市场中的交易双方或多方存在着显著的竞争性与互补性，若一边消费者用户对另一边消费者用户的跨边网络外部性强度较高，网络平台企业往往采取向一边用户收取更高的价格，而向另一边消费者用户提供更低的，甚至低于边际成本的价格策略，以吸引该部分消费者用户加入，进而扩大双边和多边型数字市场规模。在调节价格结构的过程中，双边和多边型数字市场价格弹性、网络外部性、数字产品差异性，以及消费者用户单归属与多归属等因素，都会影响数字产品定价。网络平台企业通常采取先高后低、交叉补贴以及数字产品组合销售等定价策略，让生产者或消费者产生不同程度的差异性和多元化。

二、平台交易的优势和策略

在双边或多边型数字市场中，网络平台成为交易的中心，是双边和多边型数字市场中最重要的构成部分。该平台为保证自身的中心地位，通常会考虑三个因素并采取三种策略。

（1）进一步扩大网络平台的规模效应。网络平台的消费者用户越多，平台对每个消费者用户的价值就越大，但平台消费者用户的多属性行为可能会令平台时刻面临着用户流失的风险。因此，如何制定策略让消费者产生对网络平台的依赖，并提高消费者用户的转移成本，从而固定消费者，是平台保持竞争优势的核心。

（2）进一步提高网络平台控制数据的能力。网络平台的竞争优势在很大程度上以数据驱动型正向反馈形式实现。网络服务提供者可以通过收集和使用数据来赢得数字市场。

（3）有计划地开展跨界竞争。研究发现，网络平台存在一定的"聚集效应"，即把两组以上的消费者聚集在一起，通过消费者之间的交流创造价值的商业模式。在这一模式中，网络平台通过降低消费者之间的交易成本，吸引和扩大消费规模，同时为广大消费者提供更多数字产品和商品的品种，提高消费者的选择性和交易平台的盈利性。

三、网络的外部性和兼容性

在数字市场，网络外部性使平台企业面临一个重要的抉择，即甲、乙两个平台的消费者用户的网络兼容问题，甲方在自身网络规模扩大的同时会扩大乙方的网络规模，实现双赢。因此，选择与其他企业的消费者用户网络兼容，成为网络平台企业竞争的重要因素。专家指出，兼容的核心是降低成本，提高效益，主要包括降低网络接入成本，减少消费者差异性和网络差异化等综合因素。在正常情况下，网络平台的策略包括适度控制、逐步开放、中断与改进性能等。这四种策略都同时考虑了兼容性、功能性、开放性和控制性四个维度。在实践中，不同的策略对这四个维度的侧重也各不相同。其中，改进性能策略就是在引入一种新的或不兼容技术的同时，维持较强的控制性。该策略适合进行数字技术开发的公司，或者数字产品和数字商品创新研发企业。

四、网络外部性与垄断性

在数字市场，网络外部性为平台经济赋予了一定程度的垄断属性。一是平台的兼容性带来的网络效应的扩大，提高了占据市场主导地位的企业存在着合作与合谋的可能性。二是交叉补贴和跨界竞争等商业行为，导致市场界定和市场集中度测量等反垄断调查关键环节面临着新的挑战。三是不当竞争等新的垄断方式，进一步为具有支配地位的企业防止或抑制其他竞争对手的进入或扩张提供了助力。尽管许多专家学者对于数字资本市场创新与垄断之间的关系，在认知上还存在不同观点，但在许多国家或地区，对于数字资本市场，特别是网络平台企业的反垄断监管，已经成为保护广大消费者和相关企业的正当权益及维护市场公平竞争的重要举措。

2019年，美国国会和联邦及地方政府都开始密切关注大型网络平台企业，并采取了一系列监管措施，从比较宽松的监管发展到审慎的行政执法调查，尤其对初创企业可能存在的数据泄露和隐私安全保护等方面的问题加大了监管力度。2021年2月，在借鉴欧美发达国家关于网络平台领域治理经验的基础上，中国国务院反垄断委员会制定了《国务院反垄断委员会关于平台经济领域的反垄断指南》，重点关注平台经济商业实践中滥用市场支配地位行为，为突破市场壁垒、保障市场创新活力、提高平台经济的综合竞争力创造了良好条件。

第四节　数字资本与经济增长

在数字技术的推动下，有力促进了数字资本健康发展，并带动了整个国家经济的快速增长，促进了数字资本与经济社会深度融合并迅速扩展到各个领域。从 GDP、社会就业、保证国际收支平衡几大宏观经济指标来看，这种融合促使宏观经济运行发生了深刻而快速的变革。第一，改革了半个世纪传统的国民经济分类体系，重构了国民经济统计核算系统和经济发展的评价标准。第二，促进了城乡和区域新的均衡发展，逐步缩小了收入差别和贫富差距。第三，在金融和科技等宏观经济重点领域发生着深刻变化。第四，拓展了所谓马歇尔的生产要素四元论，数据已经和正在成为经济社会发展的第五类生产要素。

一、数字资本与经济发展

有关专家在研究数字资本与经济增长之间的关系时，首要命题是新生产要素即数据基础建设。通过对数据生产要素和数字资产进行统计核算，科学确定其生产和发展模式。随着数字技术的渗透性和协同性，驱动了数字经济与实体经济深度融合，导致数字经济与传统经济之间的界定困难，数字产品难以按照传统的统计科目明确分类，而且难以完全界定数字经济包含的所有经济活动，专家称之为数字技术的溢出效应。在准确统计数字资产规模的基础上，如何衡量数字资本发展的影响成为一项重要命题。这一命题最早可以追溯到由罗伯特·默顿·索洛（Robert Merton Solow）提出的"索洛悖论"，也称为"生产率悖论"（Productivity Paradox），其关注的焦点在于大规模的信息技术投资能否带来可量化的生产率改进和提高。

在数字时代，数字资本中大量的免费产品和服务价值难以测度，以 GDP 为核心的统计体系难以准确衡量数字资本创造的实际价值。从包容性增长的视角来看，采取积极并扩展的方式衡量数字资本发展和剩余价值，正确评价数字经济对整个宏观经济的影响，已经和正在成为专家学者关注的重点。这一议题也与包容性增长相关，即数字资本的发展是否会扩大收入差别和贫富差距。专家学者们对于这一话题的研究源于对数字资本发展不平衡的讨论，而随着数字资本在国民经济中的比重日益增大，数字资本的发展是否会产生新的不平衡，正在成为各级政府和企业家需要研究的重要命题之一。

二、数字资本发展与劳动者就业

数字技术和数字资本迅速发展，对劳动者就业产生比较严重的影响。目前，在学术界存在两分法观点：一是数字技术会促使劳动力和资本携手并进,并共享新科技带来的经济发展成果。二是认为数字技术最终可能通过人工智能技术完全取代劳动力,导致广大劳动者失业和贫富差距扩大。客观而言,一方面,数字技术对就业产生严重影响;另一方面,存在多种补偿效应,即替代效应的对冲机制。通过对这一机制的探讨,能够在两分法讨论的基础上,以更为理性的态度分析数字技术和数字资本发展对广大普通劳动者就业产生的严重挑战。

三、数字技术与数字货币

数字技术对于数字货币的影响,起源于比特币的发展。2008年,日本学者中本聪(Satoshi Nakamoto)发表了《比特币:一种点对点的电子现金系统》,被多数学者认为是数字货币体系理论研究的基础。长期以来,互联网上的交易大都需要借助商业银行等金融机构作为第三方来处理电子支付信息。中本聪的论文构建了一个基于密码学原理而非第三方金融机构信用的电子支付系统,使得交易达成一致的双方能够直接进行支付,而不需要中心化的金融机构。从数字技术在经济领域发展应用的趋势来看,去中心化和分布式等技术特点符合数字技术的发展规律,其在数字货币、数字经济和数字资本发展中无不具有重要的理论价值和实际意义。

四、数字资产与资本市场

数字资产的生命和价值在于数字资产的资本市场。在大数据和数字资本时代,许多人把数据比作21世纪的石油或金矿。但与金矿相比,作为生产要素的数据却具有诸多不同于金矿的特征,如竞争性、不可破坏性、外部性和价值不确定性等。从经济学发展的角度看,数据对经济学的理论体系提出了三大挑战:第一是数据确权;第二是数据资产定价;第三是数字资本市场化。这三个问题也决定着数据作为生产要素能否在市场上体现价值。由于数据的使用是一个数字技术机制,因此,在竞争性市场中,存在着企业和消费者基于数据隐私权保护的博弈。这一博弈蕴含的经济学原理是隐私产权明晰以及能否实现数据隐私安全保护、如何协调市场机制和市场监管等问题。

同时,数据价值衡量标准为数字资产定价机制提出了新的挑战。目前,对数字资产定价主要有市场法、成本法、收益法和数字资产组织定价等四种定价方法。在数字资产,包括数字产品、数字商品和数字服务市场中,数据价值的扩展,也引发了数据滥用和重要信息泄露及隐私权保护等数据安全问题,以及数据跨境流动和数据主权等国家治理问题。如何构建科学的数据治理体系和规范的市场体系,实现数据优质高效安全发展,已经成为世界各国政府面临的重要问题。

五、数字经济与数字税

在大数据和数字经济时代,数字资产、数字经济和数字资本的创新发展,给税收带来了新的挑战。大家都知道,淘宝网所谓一张网卖天下模式,全国乃至全球的卖家在淘宝上进行交易,为淘宝创造了高额的经济收入。尽管其收入由全国广大消费者创造,但税收却直接交给了浙江。某高科技公司通过竞价排名的商业模式,吸引了全球广大消费者用户的注意力,其将注意力以付费广告的形式卖给了全球的产品和服务提供商,该模式为其获取了巨额利润,其中的巨额税收留给了美国。2013年,法国数字经济税收工作组发布了《数字经济的税收行动方案》,提议对企业搜集、储存、管理和商业开发的法国个人用户数据征收特殊税,开创了数字税的先河。

之后,法国、英国、意大利、奥地利、匈牙利、印度、土耳其等七个国家在全球领先开征数字税。到2022年,除上述国家外,已有波兰、捷克、斯洛伐克、柬埔寨、新加坡、泰国、马来西亚、印度尼西亚等20多个国家先后开征数字税。目前,数字税在各国存在较大的争议:一是通过国内立法正式开征;二是作为过渡政策尝试征收;三是坚持不征。

第五节　现代数字资产交易管理

一、加强数字资产交易管理机制建设

规范数字资产交易市场机制,促进数字资本健康发展,应坚持发展和监管并举的方针,积极探索建立与数字资本持续健康发展相适应的治理模式,制定更加灵活有效的政策措施,创新协同治理机制。

(1) 明晰主管部门和监管机构职责,强化跨部门、跨层级、跨区域协同监管,明确监管范围和统一规则,加强分工合作与协调配合。

(2) 深化"放管服"改革,优化营商环境,认真清理不适应数字资本发展需要的各种行政许可和资质资格等事项,进一步释放市场主体创新活力和内生动力。

（3）鼓励和督促企业诚信经营，强化以信用为基础的数字资产市场监管，建立完善信用档案，推进政府主导、政企联动、行业联动的信用共享共治。

（4）加强征信机制建设，提升征信服务供给能力。

（5）加快建立全方位、多层次、立体化监管体制机制，实现事前、事中、事后全链条、全领域监管，完善协同会商机制，有效打击数字经济领域违法犯罪行为。

（6）加强跨部门和跨区域及跨领域、跨行业的分工协作，推动监管数据采集和共享利用，提升监管的开放、透明、法治水平。探索开展跨场景、跨业务、跨部门联合监管试点，创新基于新技术手段的监管模式，建立健全触发式监管机制。

二、提高政府数字化治理能力

（1）加大政务信息化建设统筹力度，强化政府数字化治理和服务能力建设，有效发挥对规范市场、鼓励创新、保护广大劳动者和消费者权益的支撑作用。

（2）建立完善基于大数据、人工智能、区块链等新技术的统计监测和决策分析体系，提升数字经济治理的精准性、协调性和有效性。

（3）推进完善风险应急响应处置流程和机制，强化重大问题研判和风险预警，提升系统性数字资本交易风险防范水平。

（4）探索建立适应平台经济特点的监管机制，推动线上线下监管有效衔接，强化对平台经营者及其行为的监管。

三、建立多元化数字资产市场格局

（1）提升数字资产交易市场质量，抓紧建立完善政府、平台、企业、行业组织和社会公众多元参与、有效协同的数字资本市场新格局，形成治理合力，鼓励良性竞争，维护公平有效市场。

（2）加快健全市场准入制度、公平竞争审查机制，完善数字资本公平竞争监管制度，预防和制止滥用行政权力，排除限制竞争。

（3）进一步明确平台企业主体责任和义务，推进国家行业服务标准建设和行业自律，保护平台从业人员和消费者合法权益。

（4）开展有效的社会监督、媒体监督、公众监督，培育多元治理、协调发展新生态。

（5）大力推进数字资本交易争议在线解决机制建立，制定数字资本交易争议解决规则和程序。

（6）引导并鼓励社会各界积极参与推动数字资本发展，司法机关应加强反垄断执法，维护数字资本市场公平、公正、健康发展。

四、构建数字资产市场风险管控机制

（1）组建数字资产市场风险管控专家团队，加强对资产市场各种风险的预测、预判和预防工作。

（2）健全数字资产市场风险防控法律、法规和规则体系，将风险防控法律规范落到实处。

（3）完善数字资产市场风险处置机制，切实做到应急、快速、科学、合规。

（4）建立数字资产市场责任制，明确责任、职能和岗位。

（5）提高数字资产市场风险防控智能化、数字化、科学化。

（6）健全数字资产市场风险防控工作标准体系和评价体系。

本章总结

本章论述的重点是数字资产交易中的若干重要环节。一是数字资产交易平台，首次提出了重合性、垄断性、交叉性、电商型、网络共享、网络匹配、网络交易、网络中介、网络社交、金融科技、经济触媒等众多网络平台。二是对传统资产交易与数字资产交易进行了比较研究，提出了创新型交易理论和模式。三是对数字资产交易中的关键问题进行分析论证，包括数字资产销售模式、价格歧视、交易成本、交易机制和交易规则等。

关于网络外部性与数字市场法则，着重阐述了数字市场交易优势和策略、外部性与兼容性、网络外部性特征和法则。

关于数字资本与经济增长，重点论证了数字资本与经济发展的关系，以及资本发展对劳动者就业的影响。同时，对数字货币、数字税、数字资产市场化进行了分析和论证。

另外，对现代化数字市场的建立和规则，及其市场法律风险预测和管控等关键性问题进行了论述。

本章关键词

数字资产交易呈现货币价值。
数字市场法则决定交易公平。

第九章　市场竞争与垄断

引　言

在数字资本发展中，竞争创造价值。

在数字资本市场中，垄断激励创新。

在数字资本生产和交易中，加强数字资本市场规范管理，已经和正在成为国际社会的共识，并引起各界的高度重视。

2022年3月9日，美国总统拜登签署了《关于确保数字资产负责任创新的行政命令》，旨在规范数字市场有序竞争，明确政府责任，促进数字经济的健康发展。

2022年11月，欧盟委员会发布的《数字市场法案》（*Digital Market Act*）和《数字服务法案》（*Digital Service Act*）相继生效，成为20多年来欧盟在数字领域的首次重大立法，旨在明确数字服务提供者的责任，加强对社交媒体、电商平台和其他在线平台的监管。其中，《数字市场法案》明确地提出了"守门人"制度，这是欧盟在数字经济反垄断规制领域进行的自我革新，是对欧盟反垄断法的重构。

2022年10月16日，中共二十大明确了中国数字经济和数字资本发展的方向和目标，在发展中借鉴美国和欧盟的经验，有益提高数字资本市场的健康发展。

第一节　数字资产相关市场

在数字资产市场发展中，竞争和垄断同时存在，竞争能创造价值，而垄断往往是激励创新的一种机制。

数字资本平台垄断，是指在数字资本平台上，行为人利用市场地位，滥用市场地位和规则，以自我优待方式，对拥有核心平台服务的企业或商家实行差别化对待、垄断性定价、排他性交易、不正当竞争等滥用市场支配地位的行为。

排他性交易，亦称独占交易。在数字市场，是指网络商务平台要求用户只选择一个平台作为销售渠道的交易方式。

一、数字资产平台相关市场

在数字资产平台，相关市场包括数字资产相关商品市场和数字资产相关地域市场，以及数字产品和数字贸易国际市场等。

在数字资产市场中，相关市场，是反垄断的重要议题，是指经营者在一定时期、一定区域内就特定数字产品、数字商品、数字服务或者数字技术产品进行竞争的范围，包括相关商品市场和相关地域市场。数字资本相关市场是一个内涵丰富且复杂的理论和实践问题，各国反垄断立法对相关资本市场的界定方式也不尽相同。

2020年11月，中国市场监管总局发布的《关于平台经济领域的反垄断指南（征求意见稿）》，以及2021年2月，国务院反垄断委员会印发的《国务院反垄断委员会关于平台经济领域的反垄断指南》中，针对数字经济的相关市场问题，都是遵循《中华人民共和国反垄断法》和《国务院反垄断委员会关于相关市场界定的指南》所确定的基本原则。同时，结合平台经济涉及多方主体构成、业务类型复杂、竞争动态多变的特点，对以平台经济为代表的数字资产相关商品市场和相关地域市场做出了比较明确的界定，是目前中国数字市场的基本规则和数字市场的主要行为规范。

（一）数字资产相关商品市场

在中国，数字资产市场反垄断工作，一般是针对某些典型案件进行的。在界定相关数字产品和数字商品市场时，主要根据平台特点、交易模式、消费群体、产品种类、商品价格和交易机制等因素进行分析和研判。当供给替代对经营者行为产生的竞争约束类似于需求替代时，一般根据市场准入条件、市场壁垒、网络效应、技术水平、产品生产成本和市场竞争等因素进行研判。一是根据网络平台交易的主流商品界定数字市场；二是根据该平台所涉及的数字产品和数字商品界定相关市场；三是根据各相关数字商品市场之间的相互影响，即当其跨平台网络效应能够给平台经营者施加竞争约束时，可以基于该平台整体因素界定相关数字商品市场。在实践中，由于平台经营者之间的竞争通常围绕核心产品或商品开展，以获得广大消费者用户持久的关注和交易。因此，界定数字商品市场特性，不能简单根据平台基础服务界定相关数字商品市场，而应综合考量跨平台网络效应，将网络交易平台界定为一个相对独立的或不同关联性的数字商品市场。

（二）数字资产相关地域市场

对数字资产相关地域市场的界定，一般采用需求替代和供给替代分析研判。在不同情形下，界定相关地域市场时，综合评估考虑多数消费者用户选择商品的实际区域和消费者的消费习惯、相关法律法规、区域竞争程度、网上和线下实体融合等因素。根据网络交易平台特点，相关地域市场通常界定为全国性市场或区域性市场，根据网络平台跨界或跨境交易范围，也可以界定为国内市场和国际市场等。

二、数字资产市场对垄断的测验

对垄断者测验，是对市场进行试验的方式或方法，亦称假定测试。1982 年，美国在《并购指南》（*Merger Guidelines*）中引入这一测试理论。数字资本市场垄断测试，是指在界定相关市场时，设定有一个垄断企业在初始市场中对数字产品施加一个微小但显著且长时间的提价后，如果只有很少的消费者发生转移，且对假定垄断企业的利润没有造成负面影响，则该初始市场就是相关市场。如果在原初始市场中加入次优替代品，重复以上提价测试，直到提价使得垄断企业获利，此时所确定数字资本市场范围亦为相关市场。

对数字资产交易市场采用推定垄断测试，主要目的是确定出最小的市场边界，是目前国际上主流的测验方法之一。但在实践中，该方法还存在一定缺陷，主要表现在确定价格上的主观性和均衡个人价格，以及资本市场数据难以全面准确掌握。

（1）价格上涨幅度。如果价格上涨幅度比较小，则说明反垄断执法环境宽松，反之则说明执法环境严格。目前，欧盟规定涨价幅度为 5% ~ 10%，美国大多采用 5% 作为测试涨价幅度。

（2）公平性价格认定。在正常情况下，垄断者测试应以公平性均衡价格为依据。但在反垄断执法中，由于竞争性均衡价格难以准确计算，所以执法机构一般采用当时同行市场价格进行垄断测试。如果同行价格不存在有失公平性，则认为市场价格是均衡合理的。

（3）市场数据的计算。垄断者测试要求在测试期间，其他商品销售条件保持不变，在真实经济运行状态下常常无法符合本条件，同时，获取其他市场商品销售数据信息也比较困难，导致市场信息数据难以精确计算。因此，反垄断执法调查中往往难以获取充分有效的证据，对垄断者进行认定和处罚。

三、对市场垄断的研判

在对资本市场反垄断的分析研判中，一般采用临界损失分析法，主要包括利润最大化临界损失分析和盈亏平衡临界损失分析两种。目前，各国反垄断普遍采用盈亏平衡临界损失分析法。

利润最大化临界损失，是指当厂商涨价所得利润大于因涨价引起的销售下降所受的亏损时，它会继续涨价，直至盈亏相抵。这种损失为利润最大化临界损失。

盈亏平衡临界损失，是指厂商涨价但利润保持不变时的销售损失比例。该方法是许多国家在反垄断中广泛认可的分析法。

设定一家数字企业涨价后的利润水平保持不变，则临界损失取决于两种效应：第一，企业因涨价所获得的利润；第二，企业因销售减少所导致的损失。在实际应用中，将垄断者小幅涨价所引起的实际损失进行对比计算，可以确定企业涨价是否有利润。若实际损失高于临界损失，说明涨价对企业而言无利可图，推定该企业不具备垄断构成条件。如果企业的实际损失低于临界损失，则表明涨价使企业获取高额利润。通过上述方法研判出垄断者是否具备市场垄断条件，若构成市场垄断，应将有关的备选市场认定为相关市场。

四、数字市场垄断的研判步骤

数字资产市场与传统资本市场结构不同，网络平台最大的差异在于可以向多边用户实施差别定价，对平台一边的用户进行补贴，包括收取低价或者免费，利用交叉网络效应向另外一边或者多边的用户收费。对数字资本市场分析研判的步骤：一是计算和对比相关市场主体的利润和实际损失；二是对相关的同类资本市场进行科学分析，包括比对、测试等基本步骤。通过上述两个步骤确定其产品或商品价格和利润，以及是否构成垄断行为。

第二节　市场结构与竞争

认真研究数字资产网络平台的结构，包括结构与竞争、类型和关系及竞争策略，对数字资产市场健康发展有重要意义。

一、数字资产市场重合归属行为

多重归属行为,是指在数字资产市场,一个消费者用户在同一时间使用多个平台。如果一个消费者用户在一个行业中使用一个平台,就属于单一归属行为。如果一个消费者用户在一个行业同时使用多个平台,就属于多重归属行为。消费者用户专注于某一个平台的原因,一般是出于单一平台的效率或便利性,但当消费者用户发现同时使用多个平台的商品或服务更为有利时,他们便会采用多重归属行为。在大部分情况下,网络平台行业会至少在一边表现出多重归属的特征。在实践中,有着多重归属的一边消费者用户往往能够决定另一边消费者用户对平台的选择。实际上,绝大多数的消费者有多种支付方法,在不同场景会使用不同的支付方式,他们同时拥有微信、支付宝等多种数字化支付工具。因此,绝大多数商家会接受并使用多种收款方式和货币,包括现金和央行数字货币。

二、数字市场针对消费者用户的策略

在数字资产市场,如有两个条件,当两个条件均被满足时,消费者会选择多归属交易平台。如果只有条件一被满足时,消费者会选择在平台甲上继续交易。如果只有条件二被满足时,消费者会选择转移到平台乙上。若两个条件均未被满足时,消费者会选择留在平台甲中,但不会继续进行交易,仅计算沉没的成本。

在数字市场交易中,消费者有三种选择模式:

(1)在两个规模相同的网络平台之间,边际消费者用户的选择将决定条件一与条件二是否成立。当消费者用户规模相似时,两个条同时成立,消费者用户会同时选择两个平台。例如,同时选择京东和天猫,因二者模式相似,消费者用户通常保持多重归属平台,期待同时享受到两个网络平台的利益。

(2)在两个规模不同的网络平台中,由于网络外部性的影响,规模大的平台的消费者用户更容易满足条件一,而规模小的平台的消费者用户更容易满足条件二,这导致消费者用户向规模大的平台流动。例如,甲和乙公司从事外卖经营,乙公司的外卖消费者规模远不及甲公司,最终乙公司与甲公司合并,实现双赢。

(3)在大的和小的网络平台的竞争中,小的网络平台可以采用封闭策略,降低平台的开放程度,提高个性化定制水平,尽可能不满足条件二,进而形成小平台用户多重归属、大平台用户单一归属的格局。比较典型的例证是，绝大多数手机 APP 都支持微信账户一键登录，而微信却一直保持其账户登录方式的排他性。

三、数字市场基于平台侧竞争策略

在数字资产网络平台中，基于平台侧的竞争策略主要有消费者用户发展策略、提高竞争力策略、降低成本策略和合作互补策略等。

（一）消费者用户发展策略

消费者用户发展策略，是指网络平台对其消费者用户做许多承诺，以此保证消费者用户不向其他平台转移的发展策略。在实践中，消费者用户发展策略提高了消费者用户的转移成本，使其不愿转移到其他网络平台。平台的开放程度越低，其进行消费者用户发展策略的收益越高。在实践中，大型平台往往采用较为开放的策略，以吸引到更多消费者用户，但也因此要承担更高的成本。该策略的最大优势是发展消费者成本较低，但导致了大型平台的消费者用户在流量相同的情况下更容易流失。事实上，大型平台更侧重大流量带来的收益留住消费者用户，而小型平台则更侧重于对消费者使用个性化定制，避免大量消费者用户流失。

（二）提高竞争力策略

在数字产品或商品交易中，网络平台往往使用提高竞争力的方法，引起消费者关注。竞争力策略，提升了平台型企业在竞争中的优势。在此模式中，竞争力提升了消费者用户的预期收益，从而增强了购买和支付意愿。实际上是提升了消费者用户的预期交易成本，说明交易条件更具有选择性，提高了交易的可能性，进一步提高了平台收益。因此，平台型企业一般采取价格竞争和吸引注意力的方式，将广大消费者用户聚集在对己有利的平台。

（三）降低成本策略

网络平台竞争的重要策略之一是降低成本，即通过降低或免除注册和交易费等，满足消费者用户的交易条件，吸引更多消费者。广大消费者具有了更高的多边网络外部性，更多的消费者会进行选择性交易，提高了网络平台的经济效益。在实际应用中，网络平台企业多采用一系列采购的方式进行低成本营销，通过扩大消费者用户规模，有效降低成本，被称为低成本策略。

（四）合作互补策略

网络平台之间的业务虽然存在竞争，但在大多情况下，也存在友好合作与互补。互补品是指两个平台的商品相互依存，当 A 和 B 两个平台的商品之间关联程度很高时，平台便不会担心消费者用户向另一个平台转移。因为当 A 与 B 为互补品时，消费者用户在任何一个平台上进行交易，均会给两个平台经营者带来相同的网络效应。通过这种合作机制，平台可以进一步提升开放程度，而不必担心消费者用户的流失。这便是平台型企业在竞争中所采取的合作与互补机制。通过两个或多个平台之间的合作，企业可以获取更大的网络效应，为消费者用户带来更多利益的同时，在同等价格下保留了消费者用户数量，增加了网络平台企业利润。

我们在考察和讨论数字资本发展时，多采用平台利润最大化定价策略。在实践中，在利润最大化策略之外，还存在其他定价方案：一是庇古定律，二是拉姆齐定律。庇古定律更集中于用户部门，通过考量用户的福利水平最大化水平进行定价。庇古定律关注的是用户的收益减去其所付出成本的部分；而拉姆齐定价则将用户部门与平台型企业的利润加总，通过考量整体社会福利最大化水平进行定价。

我们通过对数字资本发展交易中竞争策略的考察，可以得出如下结论：

（1）创新型平台企业的跨界，比未跨界企业更有效。平台企业的跨界，增强了其网络外部性，在与市场上其他平台的竞争中占据优势地位，其流量转化为客户的概率更高，更容易发展消费者用户。与普通企业相比，平台型企业由于网络效应的存在，更容易实现跨界，产业边界更为广阔。而兼容是平台企业实现跨界的主要方式，如安卓系统与谷歌地图的兼容，导致整个导航市场对谷歌发展更有利。

（2）在数字市场的竞争中，存在不对称的价格模式。平台正当竞争通常以合作与互补的形式呈现出来，通过对双边和多边型数字市场的讨论可以看出，在企业或商家合作中，平台一般会给需求价格弹性较低的一方以价格补贴，形成更高的网络外部性，以此获取更高的利润，并因此形成了跨界合作中的非对称价格结构模式。

（3）数字市场不当竞争，导致数字资本市场垄断。基于非对称价格结构的产生和发展，在需求价格弹性较低的数字资产市场上，消费者用户会更多地趋向选择多家平台，而不单选一家平台，逐渐形成数字资产市场高度集中的格局。在资产市场上，网络平台实现了更高的消费者用户流量和规模，影响了市场利润的均衡分配。但在市场高度集中的情况下，会导致数字市场竞争环境的恶化，从不当竞争发展为垄断，甚至形成垄断机制。

综上所述，数字市场结构是多元的；数字市场的竞争会日趋激烈；市场竞争与反不当竞争，市场垄断与反垄断将是一项长期任务，维护广大消费者合法权益，是全社会共同的责任。

第三节　市场竞争与兼容

竞争创造效益，兼容实现双赢。

目前，微信和淘宝已成为人们不可或缺的生活、工作、社交和购物方式。但有的消费者发现，淘宝与微信之间的分享环节有些不足，在淘宝上看中的商品想要分享给微信好友，只能以文字复制或者复制加口令的方式将商品链接粘贴给微信好友。被分享的好友需要主动打开淘宝 APP 或者网页才能看到商品的详细信息。但是，并非所有网络平台的共享都如此麻烦，比如 WPS 在微信中有个小程序，可以在微信中直接打开并进行编辑或选择。

关于网络平台竞争，微信和淘宝之间的博弈长期存在。目前的主要问题是，如何实现双赢，即 A 平台是否选择与 B 平台兼容。两个平台一旦互通互联，就涉及平台消费者用户的共享问题，即 A 平台的消费者可以向 B 平台转移，A 平台也能够得到 B 平台的消费者。联通后的平台在实现消费者共享的同时，也存在消费者不同程度流失的风险。因此，网络接入与兼容涉及网络平台的消费者共享和业务竞争格局变化，是平台发展中一个十分重要的问题。

一、数字产品竞争与兼容

在数字市场，产品性能竞争与兼容是指商家为转移成本，为实现正反馈效应而采取的一种策略。一是基于兼容性的策略，该策略的显著特征是放弃一些性能，实现并保证产品的兼容性，从而使消费者更容易接受。二是基于卓越功能的革命性策略，其特征是商家不保留已有产品技术和性能，而关注生产更优质的产品，供消费者选择。

数字市场竞争的主要范围如下：

(1) 数字产品和数字商品的质量竞争。

(2) 数字资产和数字资本的市场竞价。

(3) 数字资本市场地域性的价格竞争。

(4) 数字资本市场成熟度的价格竞争。
(5) 基于消费者差异化的价格竞争。
(6) 基于网络异质性的价格竞争等。

二、运营商的兼容策略

在数字资产市场，兼容性策略是指放弃一部分产品性能而保证产品之间的兼容性，从而使产品占有市场更多份额。

数字产品功能的革新策略，是指不考虑现有数字产品的性能和技术，只注重于生产出更优质的数字化产品。

在实践中，运营商需要在这两者之间进行权衡和选择，形成合理的策略。如果提高产品性能，则消费者用户转移成本亦会提高。由此可见，产品的兼容性很重要。例如，智能手机的发展史显示，鸿雁传书与交换机、有线电话与"大哥大"、寻呼机与智能手机，其系统均不兼容，苹果手机与华为手机的充电接口也不兼容。专家认为，各种手机不兼容，除技术原因外，主要还是市场竞争因素，如果苹果与华为技术兼容，将会在全球产生巨大规模效应。

实际上，在数字产品运营中保持兼容性的革新策略也存在一些致命的弱点。例如，计算机软件产品的升级，由于每一版新开发的计算机软件都需要和上一版本的软件保持兼容，导致在功能上受到了很大的限制。随着计算机的迭代更新，原有不保持兼容性的软件，极大地降低了产品的性能和销售量。因此，尝试卓越功能的技术革新和兼容并升级者，会对数字产品生产、市场销售和盈利带来一定的影响。

三、开放与控制策略

开放与控制策略，在数字平台经济中，是指新技术和新的商业模式实际应用，要兼顾开放与控制间的平衡。开放，是指允许其他商家或企业使用其必要的平台和技术。控制，是指商品或企业独占该系统和技术，排除与其他竞争者共享。

四、开放与转移策略

数字市场开放与转移策略，是指供应商提供新数字化产品或数字商品，采取低成本转让和扩大开放策略，实现数字产品系统快速升级，使供应或生产商在整体市场上占取更多份额，使规模经济充分发挥支撑作用，并获取更大的利益。

采取开放与转移策略，不仅扩大了市场规模，而且给消费者用户带来了更多的选择。许多供应商提供新产品时，其转让成本并不高。例如，微软的 Windows 系统经常更新换代，而且每一次更新换代都需要系统兼容，使广大消费者用户能够顺畅地使用原有文件和程序，实现了系统快速、平稳、安全升级。在实践中，开放与转移更适用于转型后的数字化并具有较强扩张能力的企业。在这种情况下，企业可以受益于更大的整体数字资本市场和规则，使规模经济能够充分发挥作用，并有力促进数字资本的健康发展。

五、中断与兼容策略

中断策略，是指原有产品或技术与现有新产品或新技术不兼容，是由多个供应商提供的情况中断。例如，苹果公司推出一款新手机，采用了一些新标准，使用了全新的充电接口，致使该产品已经无法继续支持原有的手机。这意味着苹果公司，包括第三方企业，需要为新苹果手机设计新的充电兼容软件。与开放转移策略一样，中断与兼容策略有利于那些在制造业包括硬件行业效率高的供应商，或者有能力提供增值服务或软件开发包括软件行业的供应方。

六、控制与改进策略

控制与改进策略，是指企业或商家为消费者用户提供新的改进技术和升级换代产品，并与已有技术兼容产品的策略。但这种新技术多由商家或供应者独家所有，具有一定排他性。

在控制转移策略中，厂商为消费者用户提供一种新的改进的技术产品，这种技术与现有的技术兼容，但是由供应商一方独家拥有。例如，英特尔奔腾芯片就采取了这种策略。苹果公司软件程序的升级和更新也符合这种类型，其升级技术一般由合作供应商提供。该供应商可以读取改进升级前版本而生成的数据库文件和程序，并且会继续使用广大消费者用户在以前版本中的全部有价值数据和信息。

七、优化产品性能策略

在数字资本发展中，优化产品性能策略是引入一种新的技术开发，为消费者用户提供超过现有技术的优势产品的策略。在实践中，采用优化产品性能策略有一定风险。

新技术的开发为消费者用户提供了超出现有技术的优势。对于那些没有进入市场，并且不担心使用新技术的企业而言，优化产品性能策略十分有效。包括那些拥有较强竞争力的新技术的新进入者，也需要考虑放弃一些性能，使系统减少消费者用户转移成本，这就是控制转移的策略。同时，也需要评估企业的市场运力。专家提出的最佳方案是，更多家数字企业加强合作，携手并进，共同发展。

第四节　平台市场垄断

一、数字资本守门人制度

（一）数字资本守门人定义和渊源

守门人的概念，最早由著名社会心理学家库尔特·勒温（Kurt Lewin）创立。守门人，是指在群体信息的传播过程中，能够对传播的内容进行把控、决定哪些内容可以传播的关键人物，其在塑造群体特征的过程中起着至关重要的作用。2017 年，奥拉·林斯基（Orla Lynskey）将守门人的概念引入数字平台管理和治理领域。他认为，守门人有两项重要作用，一是能够更好地体现出数字平台所扮演的市场角色，二是能够体现数字平台带来的各种优势。专家指出，虽然一些企业在很多重要方面都不相同，但对于守门人，他们在平台治理理念和专业技术等方面有许多共同点，即每个平台均是一个重要的分区分销渠道的守门人。

2020 年 10 月，美国众议院司法委员会公布的《数字市场竞争调查》，2020 年 12 月，欧盟委员会公布的《数字市场法案》都重点关注了数字平台的数字守门人的重要作用。例如，一家企业同时拥有合作平台业务和自营业务，且其合作平台业务能够阻止与自营业务相关的竞争对手入门，则企业的平台业务就具有了数字守门人的地位。数字守门人一般都掌握网络中介平台、搜索引擎、社交平台、视频分享、操作系统等核心服务平台。其守门人地位一般来自平台的多边网络效应、用户固定效应、垂直一体化能力及数据驱动等优势。

（二）数字资本守门人条件

按照《数字市场法案》的规定，数字资本市场守门人应具备以下三个条件：

(1) 在欧盟内部市场具有重大影响。重大影响的量化条件为，企业过去三个财年内在欧盟境内的年均营业额达到或者超过 75 亿欧元，或上一个年财年的平均市值高于 750 亿欧元。

(2) 实际运营一项核心平台。其业务是商业消费者用户接触终端者的重要通道。重要通道的量化条件为，核心平台服务有超过 4500 万月度活跃终端消费者用户建立在或位于欧盟境内，并在过去一个财年有超过 10000 家年度活跃商业用户建立在欧盟。

(3) 在市场中具有稳固和持久的地位。即在相关重要业务市场具有稳固和长久的地位和影响力。牢固和持久的地位量化条件为，在过去三个财年中，每个财年核心平台服务都有超过 4500 万月度活跃终端消费者用户和超过 10000 家年度活跃商业用户建立在欧盟境内。

同时符合上述三个条件的企业，若无人提出确凿证据来证明相反的情况，则会被认定为数字守门人。

根据《数字市场法案》规定，至少每两年一次组织对数字守门人的业绩审核，以确认特定的数字守门人是否满足以上三个条件要求。对经审查不符合上述三个条件者，将停止其守门人资格。

二、数字资产垄断性交易

在数字产品和资产交易中，垄断性交易也称为排他性交易，是指产业链上游制造商利用垄断性契约控制产业链下游零售商的行为。在数字资产交易中，典型的垄断性交易是电子商务平台"二选一"，即电子商务平台要求商业用户只选择一个电子商务平台作为销售渠道的行为。2020 年 12 月，中国国家市场监督管理总局依法对阿里巴巴集团控股有限公司（以下简称阿里巴巴集团）实施"二选一"等涉嫌垄断的行为进行立案调查。2021 年 4 月，国家市场监管总局依法对阿里巴巴集团实施"二选一"的垄断行为做出行政处罚，综合考虑其违法行为的性质、垄断程度和持续时间等因素，处以其 2019 年中国境内销售额 4557.12 亿元的 4% 作为罚款，计 182.28 亿元。同时，中国市场监管总局向阿里巴巴集团发出《行政指导书》，要求其连续三年向市场监管总局提交自查合规报告。

根据中国市场监管总局的决定，垄断行为包括以下三种形式。

（一）垄断性协议

例如，阿里巴巴集团要求部分核心商家与其签订了《战略商家框架协议》、《联合生意计划》、《战略合作备忘录》等多种协议，合同条款明确规定核心商家不得进入其他竞争性平台，专注于在阿里巴巴平台开展网络零售业务，将阿里巴巴平台作为中国境内唯一的网络销售渠道，不自行或由代理商通过其他网络零售平台进行交易。例如，改变现有网络零售渠道须经阿里巴巴平台同意，核心商家不得参加其他网络零售平台组织的"双11"促销活动，或者未经阿里巴巴平台同意不得通过其他网络零售平台自行开展促销等条款，致使这些商家仅限于在阿里巴巴平台经营。

（二）明示性要约

例如，阿里巴巴集团在签署相关合作协议或者促销活动谈判中，对核心商家口头提出诸多要约。如仅限于其在阿里巴巴平台经营，不在其他竞争性平台开设旗舰店，控制其他竞争性平台专卖专营店数量，下架全部商品，不予发货，限制库存等。在每年的"双11"和"618"等促销活动期间，阿里巴巴集团均通过口头明确要求，并发送核心商家在其他竞争性平台促销页面截屏等明示或暗示方式，要求核心商家不得参加其他竞争性平台的促销活动，包括不得参加其他竞争性平台的促销会场，不得在其他竞争性平台为商品打促销标签，不得在店铺内营造促销活动气氛等。在产品交易中，由于阿里巴巴集团具有市场支配地位，平台内商家对阿里巴巴集团的网络零售平台服务具有较强依赖性，因此，阿里巴巴集团的口头要求同样具有较强的约束力。证据显示，阿里巴巴集团口头提出的不得在其他竞争性平台经营、不得参加其他竞争性平台促销活动的要求，在商家中普遍得到较好执行。

（三）违规性处罚

例如，阿里巴巴集团通过流量支持等激励性措施，促使平台内商家执行"二选一"要求，并通过人工检查和互联网技术手段进行违规性监控等方式，监测平台内商家在其他竞争性平台开店或者参加促销活动情况，凭借其市场力量和平台规则及数据算法等技术手段对相关的商家实施违法性处罚。

阿里巴巴集团对相关商家违规性处罚方式主要包括：

（1）减少促销活动资源支持。在促销活动中，网络零售平台一般会给参加促销的商家和商品打上特定标识，并在活动页面对特定经营者或商品予以优先展示。对于违反"二选一"要求的商家，阿里巴巴集团采取了取消其促销活动期间资源支持的处罚手段，如取消促销会场或优先展示位置等。

(2) 取消促销活动参加资格。阿里巴巴集团建立了"灰名单"制度，将在其他竞争性平台开店或者参加其他竞争性平台促销活动的商家列入处罚名单，取消这些商家参加阿里巴巴平台大型促销活动资格。进入"灰名单"的商家只有执行阿里巴巴集团要求并经审核通过后，才能恢复这些商家参加其大型促销活动和日常促销活动的报名资格。

(3) 实施搜索降权。搜索算法的核心是提升搜索转化率，使商品得到消费者的更多关注，从而提高商品销量。这是商家的核心权益。阿里巴巴集团采用降低部分未执行"二选一"要求的商家的搜索权重，令其商品在平台上排序靠后，甚至无法被搜索到，以示严厉处罚。

(4) 取消商家在平台上的其他重大权益。阿里巴巴集团对经多次要求仍不停止在其他竞争性平台经营或者仍不退出其他竞争性平台促销活动的商家，采取取消核心商家资格或者终止相关合作等措施或手段，不合法剥夺了相关商家的合法权益，阿里巴巴集团的行为构成严重违法。

三、数字资产的差别化优待

在数字资产交易中，差别化优待是指拥有核心平台服务的企业差别化对待自营业务和商业消费者用户业务的行为。在美国众议院司法委员会发布的《数字市场竞争调查》中，将差别化优待与掠夺性定价、排他性交易一同列为数字守门人滥用市场支配地位的行为。

根据其自身的业务模式和核心资源，数字守门人差别化优待的表现方式不尽相同。典型案例是亚马逊、脸书和苹果公司的自我优待模式。

(1) 亚马逊模式。亚马逊曾公开称某第三方卖家为合作伙伴，但调查显示，亚马逊私下称某第三方卖家为内部竞争对手，亚马逊既是某第三方销售市场运营方，也是同一市场上的销售者。这种双重角色产生了明显的利益冲突。这一利益冲突使亚马逊采取各种自我优待的不正当竞争行为。例如，基于竞争对手的数据，预知市场信息并做出决策，并利用亚马逊的网站搜索将流量导入自营业务等。

(2) 脸书模式。脸书利用自身数据优势，采集市场情报，识别新进入者的竞争威胁。但凡脸书判定某公司对其构成竞争威胁，就会有选择地执行自我优待政策，通常为收购复制其产品，从而削弱市场竞争对手并巩固自身垄断优势。

(3) 苹果公司模式。苹果公司利用其对 iOS 操作系统和应用程序商店 (App Store) 的控制，构建不正当竞争堡垒，歧视并排挤竞争对手，优先推广自己的产品。同时，苹果公司还利用其市场优势地位和非常规手段，盗用竞争对手敏感信息并剥削应用程序开发者，并向第三方应用程序开发者收高价获利。由于移动操作系统市场存在网络效应，进入壁垒和切换成本都很高，因此，苹果公司长期在硬件市场中保持着主导地位，在主导地位中利用自我优待方法实现其盈利最大化。

以上列举的亚马逊、脸书和苹果公司的自我优待方法和模式均符合市场垄断行为的主要特征。

四、数字资产违规性交易

在数字资产和数字资本交易中，违规性交易属于数字资本垄断市场的典型方式。违规性交易，表现为驱逐对手定价，是指企业或商家为了将竞争对手挤出市场或威慑试图进入市场的潜在竞争对手，而进行的违规性交易行为。在数字资本发展中，网络平台企业跨界竞争而上演的补贴大战，是具体的网络平台企业违规性定价和交易行为。例如，为了发展社区团购业务，某网络平台企业利用自身的渠道优势和资金优势，对特定用户进行不正当甚至违规性补贴，使得消费者能够低价消费，有的平台甚至赠送物品，从而实现将传统社区零售商者赶出市场，并进而具有独占市场的地位。

由此可见，网络平台不会永远对消费者用户实行低价交易或者提供免费午餐。例如，网上外卖、出租车软件和共享单车都经历过相同的过程。网络平台企业一般采用不当竞争方法，挤压中小型竞争者，利用资金流量优势进军市场团购，以低于成本的价格争夺市场。网络平台企业普遍存在"低价抢市场，占据后提价"的不正当竞争倾向。短期看竞争前期实行的"补贴"策略确实能给消费者带来短期实惠，但占领市场后，相关企业很可能大幅抬高价格，获取高额垄断利润，严重损害消费者利益，应依法严格禁止。

五、网络平台反垄断与激励创新

（一）垄断激励创新

网络平台经济具有自然垄断性，其自然垄断的属性表现在以下四个方面：

（1）网络平台消费者规模带来的网络效应通常导致"赢家通享"的局面。

(2) 以消费者用户为中心的范围，网络平台可以围绕消费者用户需求提供多种服务，但并不需要承担额外的揽客成本。

(3) 消费者用户转移成本及更换产品或者服务需要承担费用。

(4) 由数据反馈作用形成的快速效应。当网络平台掌握的消费者用户数据有助于第三方更好地为用户提供服务时，更好的服务会吸引更多的消费者加入平台，从而产生更多的数据，而更多的数据又能让第三方提供更好的服务，并且形成反馈效应。

由此可见，数字技术创新和市场模式创新是网络平台自然垄断属性的主要因素。在数字市场交易中，人们对创新驱动的垄断行为更加宽容，认为创新驱动的垄断是良性垄断。但这种宽容混淆了不正当竞争行为与数字资本市场机制的概念，利用行政许可、提高数字资本投资、倾销等均是网络平台企业为获得垄断地位而采取的竞争手段。所谓创新，也是企业为获得垄断地位而采取的竞争手段，这两类不当竞争手段均在法律禁止范围。

在数字资产市场，垄断与竞争是市场机制的主话题。垄断作为数字市场常见的一种现象，对市场效率的影响并不会因为其形成的缘由而有本质区别。但完善的数字资产市场机制应当既鼓励创新所带来的良性垄断，又能够让这种良性垄断面临被新一轮创新所替代的机制。若处于垄断地位的创新企业滥用数字资产市场地位，则创新形成的垄断被未来的创新所替代的可能性一定会降低，数字资产市场机制必然被破坏。从发达国家反垄断的成功经验来看，政府监管的重点一般不是创新者是否获得超额利润，而是作为垄断者的创新是否滥用数字资产市场地位并实施了垄断行为。

（二）技术竞争效应

在数字资本发展中，技术竞争效应，是指创新引进技术使得原有产品或服务失去吸引力，生产原有产品或服务的企业丧失竞争力，失去市场份额的效应。专家认为，这种效应是创新在市场竞争领域的负外部性。例如，一家企业通过向消费者提供更好的价格来赢得消费者，通常是以牺牲其竞争对手的市场份额为代价的。因此，商业窃取效应的存在比较普遍。为了争夺广大消费者和消费市场份额，企业要不断推出更有吸引力的产品，或不断降低产品的价格，这一过程显然对广大消费者有益。

市场中技术竞争效应对创新的影响机制与美国经济学家肯尼思·约瑟夫·阿罗（Kenneth Joseph Arrow）的学术观点基本雷同，即厂商不必担心自身业务会被竞争对手夺走，具有相同创新能力的市场垄断者的创新意愿弱于市场的潜在进入者,即企业创新的动力在于能够比对手获得更高的技术竞争效应。

(三) 横向联合效应

在数字资本生产中,同行业或产品、商品和服务相同或接近的两个以上企业的合作联合,被称作横向联合。生产替代品的企业联合会消除直接竞争,导致单边价格效应,即企业横向联合后造成的产品价格上升、产量降低和社会剩余价值减少的状态。横向联合将两个具有替代性的企业之间的商业窃取效应内在化,从而降低了市场竞争程度,一般不会侵害到消费者利益。例如,航空公司甲与航空公司乙合并,在合并之后,公司将根据头等舱和经济舱的盈利情况,考虑是否对头等舱机票价格进行下调。合并后的企业在考虑机票价格的调整时,还会将这一调整对公司的影响进行综合评估,头等舱机票价格下调后会增加头等舱人数,但机票降价对于合并后的公司而言,盈利会有不同程度的下降。实践证明,具有较强竞争关系企业的合并,必然会弱化市场竞争,降低企业创新意愿。

在数字资本市场,与单边价格效应类似的是单边创新效应,企业决策的重点在于是否投资开发新数字产品而非定价。例如,某技术公司在移动客户端的重要应用是操作系统 A,某创业公司正在开发一种竞争性手机客户端操作系统 B,此时如果该技术公司将此创业公司收购,那么操作系统 B 的开发是否会放缓乃至停止呢?如果该技术公司在系统 A 中获得了巨大利润,且创业公司的系统 B 推广受到系统 A 的影响,则在收购后的结果同单边价格效应相同,并购后创业公司投资开发新产品的积极性会明显降低。这就是市场的效应。

(四) 合作机制效应

合作机制效应,是指通过合作或联合,企业间的优质资源合理配置和技术有效整合,企业合作和联合促进创新的机制效应。当一家企业的创新是非竞争性的且只具有部分排他性时,会产生非自愿溢出。例如,一家创新型企业的竞争对手可以在不侵犯其知识产权的情况下,模仿其部件制造出新产品。自愿溢出的内部化可以部分或完全抵消企业消极因素,导致创新意愿提高。在溢出效应足够高的情况下,较弱企业合并或合作可以提升创新的积极性,因此,企业合作机制对提高研发新产品能力,提高经济效益具有重要意义。

第五节 反不正当竞争与反垄断

一、反不正当竞争及其立法

数字资本市场竞争如同其他商品经济发展一样，应受法律规范和调整。在历史上，最初只有皇帝或国王授予的特权，排除了任何形式的竞争。随着商品经济的发展，平等原则被奉为至上原则，构成了契约自由、工业自由和商品自由赖以存在的基本前提和条件。之后，随着商品经济的再发展，为了矫正滥用自由权利而产生的偏差，国家权力以现代国家的形式开始介入，即开始用法律手段来调整竞争，制止不正当竞争。据史料记载，反不正当竞争法作为一种约束性规范，最早是在欧洲产生和发展的。

（一）反不正当竞争法的定义

关于不正当竞争行为的构成和反不正当竞争法的定义，目前各国不尽一致。法国法律规定，在处理因损害赔偿而产生的非合同经济责任案件时确立了一个原则，即未侵犯工业产权，但在某些商业活动中，导致欺诈、使人误解或对此负有责任的行为，就构成不正当竞争行为。德国1909年制定的《反不正当竞争法》，明确规定了制止不正当竞争行为的总原则。其基本定义是，任何人在商业或贸易活动中从事有悖于城市经营的竞争行为，将予以制止，并有义务赔偿由此而造成的全部经济损失。

随着时间的推移，消费者的利益开始引起世界各国的关注，并在经济立法中做出明确规定。如瑞士1986年制定的《反不正当竞争法》规定，竞争者之间发生或者针对消费者而采取的违反诚实信用的行为，被认定为是不正当的和非法的。该法所规定的补救措施既适用于消费者，也适用于消费者协会。《德国民法典》明确规定了消费者协会有参加诉讼的权利。法国近年来也加快了这方面的立法，以保护消费者的合法权益。

在中国，从立法实践看，与反不正当竞争有关的法律法规，如历史发展中的《中华人民共和国经济合同法》《中华人民共和国商标法》《中华人民共和国专利法》《中华人民共和国反不正当竞争法》和《中华人民共和国反垄断法》等，已构成反不正当竞争和反垄断法律体系。其中，对反不正当竞争立法的定义有了比较明确的概念和内涵。

综合上述，可以对不正当竞争与反不正当竞争法做如下定义：不正当竞争，是指在商品经济活动中，违反国家法律和政策，采取弄虚作假和损人利己等不正当手段谋取利益，损害国家、社会和消费者利益，扰乱社会经济秩序的行为。反不正当竞争法，是指国家制定的调整不正当竞争行为产生的法律关系和法律规范的总称。

（二）不正当竞争的特征

不正当竞争具有四个基本特征：①行为人在主观上由故意构成；②违反国家法律法规政策和公平合理、诚实信用原则；③实施了不正当竞争行为；④造成侵犯他人合法权益并具有实际损失的后果。

（三）反不正当竞争立法基本原则

（1）立足于中国国情，从有利于市场经济健康发展的实际出发。

（2）借鉴外国立法的成功经验，根据中国立法的特点，结合中国沿海和内地、经济特区与民族自治区之间经济生活的差异。

（3）参照国际惯例、国际经济活动的准则，以及中国加入到联合国国际货物销售公约、国际货物买卖时效期限公约、保护工业产权巴黎公约等国际公约所确立的义务。

（4）反不当竞争法要与相关的法律如《中华人民共和国民法典》《中华人民共和国专利法》《中华人民共和国商标法》等相协调，并进一步完善《中华人民共和国价格法》《中华人民共和国交易法》等配套法规。

（5）采用系统工程的理论和方法，使反不正当竞争的立法、司法、执法、普法等协调配套。

（四）反不正当竞争法调整的范围

纵观世界各国反不正当竞争的立法，大都是以违反诚实信用的行为和限制性商业活动即反垄断，这两者结合为调整范围的，例如瑞士1986年制定的《反不正当竞争法》、德国1909年制定的《反不正当竞争法》、美国1890年制定的《谢希尔曼反托拉斯法》、意大利1942年制定的《意大利民法典》等。其法律体制的共同原则是通过制裁那些众所公认的不诚实行为来保护工业或商业、企业的利益，同时消费者利益也被认为是保护的对象和调整范围。

由于不当竞争行为对中国经济秩序尚不构成严重威胁，因此，中国反不正当竞争法的调整范围主要是违反公平、诚实信用的行为，而违反公平、诚实信用行为又主要分为欺诈、虚假、投机、违约、行贿受贿等行为。但反不正当竞争法应考虑反垄断的条款，如行政性垄断、区域经济状况、行业保护主义、地方保护主义、贸易保护主义等。

二、反垄断和反垄断立法

（一）垄断的定义

垄断，是从西方经济学中翻译过来的一个概念，又译为独占。其本义是指少数大企业或者若干企业联合独占市场。英国经济学家亚当·斯密指出，垄断者通过经常保持市场存货的不足，他们以远远高于正常的价格出售他们的产品，从而无论在工资还是在利润方面都提高他们的报酬。亚当·斯密形容道，我们的晚餐并非来自屠宰商、酿酒师和面包师的恩惠，而是来自他们对自身利益的关切。①

在反垄断中，上述定义准确而生动。但将反垄断定义和概念直接引入反垄断法，则有可能在相当范围内引起误解。因为随着中国市场经济体制的建立和完善，为了发展规模经济，生产和资本有必要相对集中并形成一些垄断组织，如果将这些垄断组织作为反垄断法的调整对象，则不符合产业政策。而且，从国外反垄断法的发展趋势来看，行为主义立法更为常见，因为这种立法方式不仅容易操作，而且容易被社会所接受。结构主义立法原则，更多地体现在防止经济力量过度集中上，而不再是集中反对现有的垄断组织，除非该垄断组织实施了或可能实施法律所禁止的行为。因此，我们在立法过程中，基于中国的文化传统，将"垄断"界定为一种违法行为。这样不仅被社会广泛接受，而且便于在立法技术上处理好法律概念与法律调整范围之间的关系，便于实际执行。根据垄断行为所固有的属性，垄断是指经营者违反法律，单独或者与其他经营者联合，通过滥用市场支配地位或者法律规定的其他方式，在特定市场上排除或者限制竞争，损害其他经营者和消费者的合法权益，违反社会公益利益的行为。

（二）数字市场反垄断的范围

数字市场反垄断规则调整的范围如下：
(1) 滥用市场垄断地位。
(2) 合谋或协议限制竞争。
(3) 不公正交易方式方法。
(4) 控制数字资本过度集中。

从中国数字经济发展来看，上述行为均有所表现，只是程度不同。这

---

① 闻君,金波.格言警句大全[M].北京:时事出版社,2009.

是中国经济体制转轨、转型、发展中难以避免的，其中对于数字资本市场公平竞争危害更大的是行政性垄断。中国反垄断立法如何处理行政性垄断问题，值得结合中国体制改革状况进行更为深入细致的研究。另外，作为新机制，数字资本市场体制和机制均不健全，数字资本市场集中度并不高，规模化数字资本发展不平衡。应当对数字资本市场采取适度的宽松、预防和调控措施。既使数字资本得到适度集中，在加快发展数字经济发展同时，又控制资本市场的过度集中，防止出现市场垄断。在数字经济转型升级过程中，由于市场进入障碍和其他方面的原因，某些经营者在一定的市场范围内享有某些地位上的优势。因此，应进一步规范经营者依法依规经营，并在数字资本市场公平竞争，严禁数字资本市场不正当竞争行为。对此，全国人大常委会对反不正当竞争法和反垄断法应协同修改调整。

（三）数字市场反垄断立法

中国数字市场反垄断立法，应当在借鉴国外立法经验的同时，从中国国情出发，重点调整以下内容：

（1）滥用或变相滥用数字市场支配地位的行为。

（2）利用霸王条款或协议限制数字资本竞争的行为。

（3）利用在行业的优势地位滥用定价权经营权的行为。

（4）采用不规范模式进行不公正数字资产交易的行为。

（5）在特殊领域或行业对数字市场进行垄断或变相垄断的行为。

（6）在某地域或商域对数字市场进行排他性行政性垄断的行为等。

本章总结

市场反不正当竞争和反垄断是一个旧话题。但在数字资本市场进行反不正当竞争和反垄断，则是一个新命题。

本章重点阐述了数字资本与数字资产市场中竞争与垄断的关系和主要模式，主要包括资本市场结构与竞争，市场竞争与兼容，市场竞争兼容策略，网络平台垄断与反垄断，反不正当竞争和反垄断的基本原则、法律规范等。

本章关键词

竞争创造效益，垄断激励竞争。

第十章　数字资产经营者责任和义务

引　言

在数字时代,数字资产和数字资本经营已经和正在成为现代经营的主要方式。同时,网购等网络消费逐渐成为广大消费者的主流消费模式。

目前,中国已经取代美国成为互联网消费用户第一大国。与此同时,网络经营和数字消费纠纷也逐年增多,已经成为增长最快的消费投诉。因此,规范数字产品、数字资本市场和资产经营者行为,明确经营者责任和义务,对有效维护数字资本市场秩序和保护广大消费者合法权益,具有十分重要的意义。

第一节　数字和网络经营模式

从现有的数字产品网络消费实践来看,网络产品数字消费基本可以分为三种类型。第一,使用网络和数字技术工具作为支付手段,购买商品或服务的消费模式。第二,网络消费者或用户购买网络增值服务或虚拟财产的消费模式。第三,网络和数字消费者通过与特定的数字或网络服务商签订服务合同,免费享受其承诺服务的消费模式。

一、网络商务模式

网络商务模式是电子商务网络化数字化的产物。在作为买方消费者与卖方经营者的消费关系中,网站直接参与其中,为双方提供快捷安全的交易和支付平台。按照国家有关规定,从事网络平台或数字化模式经营者必须按规定进行实名注册,只有实名注册并按国家关于网络平台经营规则规定的自然人或法人,才具有网络数字平台经营的权利。因此,在网络平台和数字化模式消费中,在买卖双方交易之前,各方在平台网站已经熟悉了相关服务和规则,只有在遵守相关服务规则以及承担数字平台或网站责任和义务的前提下,方能合法交易。

二、数字化消费模式

网络或数字化平台服务商作为数字化经营市场主体,同时也是广大消费者向其主张权利的主体。消费者在平台购买的产品、商品及相关服务和虚拟财产,符合《中华人民共和国民法典》和《中华人民共和国消费者权益保护法》关于消费者的定义,应受到法律保护。此种消费模式根据所服务的主体不同,可分为两种不同情形,即现实模式和虚拟模式。

现实模式是指消费者在网络平台消费中购买产品或接受服务对象是现实中的自然人或法人,例如购买数字产品、数字商品、数字技术产品或数字化服务等。

虚拟模式是指消费者在数字平台消费中购买的服务或虚拟财产服务的对象在网络中是虚拟的,例如购买技术设备、购买虚拟人物高级别标识等。现实模式与传统意义上的消费模式具有显著区别,不同之处主要在于网络服务提供者提供服务的领域存在于网络,而这种区别又因服务效果归于现实中的人而可以与传统服务比拟。例如,消费者在元宇宙购买了一辆奔驰轿车,与现实中购买一辆同款汽车的交易同样,都是服务与货币的对价,其本质区别是虚拟和实物。

三、准消费模式

准消费模式的主要特征,是接受服务的一方没有支付对价。这种类型表面上看好像类似于《中华人民共和国民法典》上的单务合同或者无偿合同,或者类似于债权法中的自愿分担债务的行为。其实不然,在准消费模式中的消费者并不是没有支付任何对价,而是支付的方式是数据和流量价值而已。

(1) 广大消费者接受网站提供的合同必须进行相关注册,网站则会在注册信息中心加入各种信息,之后网站将匹配的信息与各种广告服务商连接,随后网站以各种形式的广告针对性地植入消费者消费环境,从这个角度讲,消费者接受的不是免费的服务,只不过付费方式是广告商。

(2) 网站的价值在于点击次数和拥有固定消费者的规模,在这种消费模式下,消费者势必会日常性地增加点击流量和客户数量,网络平台消费者和消费模式扩大并提升了网站价值。可见,消费者并不是没有付费,而是付费的方式不同而已。

(3) 网站将消费者注册的个性化信息作为数据财产卖给相关机构,这已经是全社会的共识,尤其是在网络实名制趋势越来越明显的环境下,这些信息可信性及数量的提高,成为了网站盈利的主要方式之一。

因此,广大消费者与网站之间的数据化契约并不是没有对价,其对价不是现金货币而是相关隐私利益。在实践中,对消费者隐私权的侵犯认定问题,无论商务网络对消费者造成的影响是积极的还是消极的,无论这些秘密是否具有商业价值,只要这些秘密不属于公共领域,是法律和社会公共道德所禁止的消费者个人隐私信息,原则上都应当受到法律保护。

第二节 经营主体的责任

数字产品和商品及服务网络经营同非网络经营一样,数字产品或商品网络交易行为适用国家法律中相关权利义务的规范。数字产品或数字商品及数字服务经营者,可以按照《中华人民共和国民法典》《中华人民共和国侵权责任法》《中华人民共和国消费者权益保护法》等相关法律规定承担相关责任。

根据《中华人民共和国消费者权益保护法》《中华人民共和国民法典》及相关法律关于产品责任和侵权责任的规定,网络经营者的主要责任有保障消费安全责任、保护消费者个人信息和隐私权责任、数字产品和商品审查责任、确保产品质量责任、无理由三包责任、产品瑕疵担保责任、无理由退货责任、举证责任、承担社会责任等。

一、保护消费者安全责任

大数据时代,数字产品和数字商品网络消费已经和正在突破各种交易边界,给广大消费者带来高效和便利的同时,也对消费者的消费安全,包括人身安全和财产安全,甚至国家安全带来隐患或直接侵害。因此,数字和网络经营者的第一责任或首要责任是保护广大消费者的人身和财产安全。

二、保护消费者个人隐私责任

消费者个人隐私信息主要包括姓名、身份、肖像、个人隐私等。隐私权是公民享有的私生活安宁与个人信息依法受到保护,不被他人非法侵扰、知悉、搜集、利用和公开的人格权。强调对消费者个人隐私权保护,不仅包括消费者在前期消费中购买相关商品的信息记录的保护,而且包括其个人相关信息的保护,后者在新时期数字产品消费中尤其重要。消费者私人爱好、消费产品、消费数额、消费频率等相关信息都属于消费保护的范畴。在日常消费中涵盖了消费者的兴趣倾向、财产情况、身体状况甚至性取向等重要个人隐私,未经消费者个人同意或特别授权,任何组织和个人都无权将其公布或使用。网络经营者对消费者隐私权的保护承担法律责任。

三、对销售产品和商品的审查责任

数字产品网络经营者对其所销售产品、商品或提供的服务进行审查,并保障消费者知情权和选择权,这是实现消费者其他权利的前提和基础。数字产品网络经营者应在三个方面做出努力。

(1) 对生产方主体资格和所提供相关产品的审核。此举并非要求网站承担过于烦琐的实质性审查,而是将重点关注在生产方的相关合法证件上。当在生产方缺乏法定资格的前提下致使消费者权利受到损害时,网络经营者与生产者承担连带责任。

(2) 对广告宣传的审核。网络经营者应按照《中华人民共和国民法典》《中华人民共和国广告法》《中华人民共和国反不正当竞争法》等相关规定对产品或商品广告和宣传内容进行审核,任何明显夸大、诋毁他人商誉或者严重误导消费等行为,网络经营者有责任对此广告进行屏蔽,否则要承担相应的法律责任。

(3) 将网络和数字交易商誉公布于众并及时更新。数字产品网络交易的信誉度是否被公示,是广大消费者决定是否购买相关产品或服务的关键因素。网络经营者除对网络商誉造假者及时采取必要的措施之外,还应对其交易评价平台承担维护责任,不得擅自删除消费者的公正评论。当商家对评论提出异议时,可以要求其提供担保或证明材料,否则不得擅自屏蔽或删除,数字产品和网络经营者对此承担赔偿责任。

四、确保商品质量责任

数字产品网络经营者在数字产品和数字商品或数字服务经营中,应确保商品、产品或服务的质量。有国家标准的,应当完全符合国家标准对相关商品、产品或服务的质量要求。没有国家标准的,应按行业标准执行,并对提供和经营的不合格产品、商品或服务依法、依规、依约承担赔偿责任。

五、无理由"三包"责任

数字产品网络经营者应恪守诚信原则,严格实行数字商品或产品三包,或无理由退款责任。在该责任前提下,只要消费者对数字产品网络经营者销售的商品、产品或服务不满意,无需说明理由,网络经营者就应在一周内给消费者全额退款。

六、商品瑕疵争议的举证责任

根据《中华人民共和国消费者权益保护法》第 23 条和《中华人民共和国民事诉讼法》等相关法律关于举证责任的规定,数字产品网络经营者提供的数字产品、数字商品、数字资产及相关服务,消费者自接受数字产品、商品或者服务之日起六个月内发现瑕疵,发生争议的,由经营者承担有关是否存在瑕疵的举证责任。否则,经营者承担举证不能并败诉的法律责任。

七、承担民事赔偿责任

数字产品网络经营者销售不合格数字产品和数字商品,或在经营中提供服务时侵害消费者权益的,应当依法承担民事赔偿责任,包括赔礼道歉、恢复原状、全额退款和赔偿消费者因此受到的经济损失。

八、承担行政处罚责任

数字产品网络经营者对自己的违法和违规行为,依法承担行政机关依法进行行政处罚的责任,包括约谈、警告、罚款、停业或吊销其经营资质和资格等。

九、承担刑事责任

数字产品网络经营者严重违法经营,严重侵害消费者人身、财产安全、破坏市场秩序的行为,情节严重,构成犯罪的,应依照《中华人民共和国刑法》承担刑事责任,包括刑事拘留、拘役、管制、有期徒刑和罚金、没收非法所得等。

十、承担社会责任

按照《中华人民共和国民法典》等相关法律规定,数字产品网络交易平台应该承担相应的社会责任。结合网络和数字交易实践，主要社会责任包括以下几种：

（1）违反法律法规、禁止流通物或限制流通物不在网站销售，仿真枪械、毒品、淫秽物品等绝对不销售。监管部门对注册商家的销售内容进行监管，包括事前审查、事中管控及事后处理。如果确实存在事先审查困难的，在接到消费者投诉或相关部门提示后，应立即采取必要措施。

（2）对未成年人承担相应保护义务。目前，对于网络内容分级，在中国尚未完全实现和全覆盖，按照"儿童诱惑"理论，任何对未成年人产生诱惑却又不适合他们使用的产品、商品或服务，不得在网站或者非会员区展现，如果网站需要代理此类商品、产品或者服务，必须先行经过实名注册并严格审查过滤，没有应用实名注册的网站不得销售不易于儿童保护的商品、产品或服务。

（3）监管部门定期公布非法网络信息，并将相关信息移送有关部门依法处理。

第三节　经营主体的义务

消费者购买数字商品、产品或服务属于《中华人民共和国民法典》和《中华人民共和国消费者权益保护法》及相关法律调整的范围。经营者的主要义务有尊重消费者义务、保障消费安全义务、保障消费者知情权和选择权义务、保护消费者个人隐私信息义务、审查义务、出证义务、出票义务、召回义务、持续义务、不拆分销售义务、不滥用格式或霸王条款合同义务和标明真实情况义务等。

一、告知义务

数字产品网络经营者履行告知义务，是保障消费者知情权和选择权的主要义务之一。告知，即明确向广大消费者声明网购的风险，经营者对所售数字商品、产品或服务的真实情况，必须向消费者明确提示。由于网络的特殊性，消费者无法及时得知相关信息，数字产品网络经营者有义务向消费者提供完整、真实、明确的信息，履行告知义务。

二、保密义务

在数字产品网络经营中，消费者个人姓名、身份、肖像、证件号等，均属数字产品网络经营者为消费者保密义务的范围。未经消费者个人同意并特别授权，不得向第三方披露消费者个人任何信息，包括各种个人数据，否则应承担法律责任。

三、审查义务

数字产品网络经营者在其经营范围或者所提供服务范围，应对包括数字商品、数字产品、数据服务和数字技术产品在内的产品和商品或服务项目的合法性、安全性、有效性等负审查义务。通过严格审查，确保消费安全。

四、出证义务

出证义务主要包括：一是按规定向消费者出具合法票据、合格证、售后服务证明等销售凭证。二是协助出证义务，即在消费纠纷中，协助消费者维权理赔并提供相关证据。

五、召回义务

在数字产品网络经营中，当数字产品、数字商品、数字技术产品或数据服务出现瑕疵等召回情况时，网络经营者应当主动履行召回义务，无理由召回所售产品、商品。对无法召回的技术和服务，向消费者全额退款。

六、出票义务

数字和网络经营者在向消费者销售包括数字商品、数字产品或提供数据服务时，应当及时向消费者出具合法的销售发票，包括电子票据和相关凭证。

七、持续义务

按照传统民法理论，买卖合同中一次购物后，双方的权利义务关系就仅存在于瑕疵担保责任。但是数字和网络发展的特殊性，要求数字产品网络经营者在特定领域内，提供一定时期的持续性服务，如软件、配件、升级、兼容、系统维护、售后服务等。经营者责任并不因购置物交割而完结，而是持续责任的开始。因此，数字产品网络经营者有义务及时更新其服务软件，并利用可能提供的便利为消费者提供下载、兼容和更新服务。

第四节　虚拟人的权益和保护

在数字时代，虚拟人作为自然人格的延伸，在大数据和网络中具有明显的人格利益，这与现行法律规范精神是一致的。消费者以虚拟人为主体购买相关虚拟财产或服务应该受到《中华人民共和国消费者权益保护法》的保护，不同之处就在于主张权利的主体与虚拟主体相分离。

在法律上不易确认虚拟人是虚拟财产的主体，在数字产品和网络交易的实践中容易出现悖论。例如，丢失的财产并不是通过现实货币或者网络货币购买的，而是虚拟人物在网络中得到的，其所有权主体是虚拟人。可见，虚拟财产存在的可能性，就是在特定的网络环境中。在现实中或者其他网络环境下，这些财产就是数字代码，没有实际物品。如果将虚拟财产法律属性定位于物，这种物的权利属性就存在不稳定的状态，不仅要随着环境的转变而变化，而且也可能随着数字资产运营商的停止服务而消灭。以游戏为例，玩家因网络游戏运营商停止运营而主张虚拟财产物权返还的案例尚未出现，如果虚拟财产定位于物的属性，那么这些财产在运营商倒闭之时，玩家能否以主张财产权而获得该物？即便取得了该物，也无法在其他网络环境中使用，因此而没有实际价值。可见，虚拟财产实际属性应该是消费者与游戏运营商之间的服务合同。高级别的虚拟财产使得玩家拥有更高级别的或者更为安全的服务。从这个意义上讲，虚拟人就是现实玩家在网络环境下向服务商购买的一种网络服务，玩家在控制自己创造出来的虚拟人游乐之时，其实就是在享受这种网络服务。根据网络游戏实践来看，越来越多的网游公司已经明确虚拟财产的服务合同属性。例如世纪天成公司旗下的"跑跑卡丁车"游戏等，所有虚拟财产都加以使用时效，过期的财产将无法再使用，亦不受法律保护。

虚拟财产作为数字和网络服务合同的一种特殊情形，对虚拟财产的保护，作者认为，在专门立法之前，应适用《中华人民共和国民法典》和相关法律关于服务合同的原则性规定。

一、保护交易环境原则

例如，在网络游戏中存在"生死竞争"的游戏环境，网络中价值连城的宝物可能在该次敌人袭击中就归他人所拥有，而这种"丛林法则"正是网络游戏火爆之处。在现实中无法想象的行为，在游戏中可能司空见惯。

对此，网络运营商为了维护消费者权益，就必须维护公平正义的竞争环境。

（1）营造和保护正向交易环境。

（2）严格遵守国家法律规范。

（3）管控环境污染。严厉打击"外挂""私服"，打击网络"黑市"和不断查找和修复游戏中的各种漏洞。

（4）对待玩家反映的异常情况，应采取措施及时处理。

（5）对提供非法下载外挂网站应及时向有关部门举报。

二、保护未成年人原则

根据《中华人民共和国未成年人保护法》及相关法规定，网络实名制重点防治未成年人沉迷游戏的趋势。具体措施如下：

（1）实名注册，对于血腥、暴力、色情等游戏，网络运营商应该禁止未成年人进入。

（2）建立"防沉迷系统"，对未成年人游戏内容、时间和空间有效控制，超过规定内容和时间要强制下线。根据网络实践看，"防沉迷系统"的建立存在较大挑战，较多运营商仅规定未成年人游戏时间，但不影响他们从新程序开始还可以继续游戏。这些措施不足以制约那些缺乏自制力的孩子们，也是对未成年人不负责的态度。

专家呼吁：各级人民政府，各有关单位和未成年人监护人应该依法承担起对未成年人的保护责任，保护未成年人在良好环境中健康成长。

第五节 经营者法律适用

一、强化数字和网络经营者主体责任

广大消费者是社会经济进步的创造者和最终受益者。因此，在《中华人民共和国消费者权益保护法》修改时，应对数字产品网络经营主体责任和义务做出详尽并具体的规定。至少应该进一步明确并强调网络经营者对广大消费者消费安全权、隐私权、知情权、选择权、追偿权保护等基本法律责任。

二、数字和网络经营者的社会责任

从 2005 年《中华人民共和国公司法》修订，至《中华人民共和国民法典》和《中华人民共和国数据安全法》颁布实行,将公司承担社会责任写入至今,对社会责任的实质性落实工作没有重大发展。消费者作为社会责任的主要受益者,理应首先得到具体化社会责任请求权。专家认为,数字产品网络经营者的主要社会责任有国家安全、数据安全、网络安全、未成年人保护、个人信息隐私权保护、消费者合法权益保护等。

三、数字和网络经营法律适用

数字产品网络经营适用的主要法律但不限于:《中华人民共和国宪法》《中华人民共和国民法典》《中华人民共和国消费者权益保护法》《中华人民共和国数据安全法》《中华人民共和国个人信息保护法》《中华人民共和国未成年人保护法》《中华人民共和国老年人保护法》以及相关法律法规和司法解释等。

四、数字和网络交易纠纷的诉讼管辖

单纯的"原告就被告"诉讼地选择模式已经与数字和网络消费纠纷不相适应,不仅浪费大量人力物力和司法资源,而且不利于消费者权益保护。美国1999年通过的《统一计算机信息交易法》(UCITA)规定,网络消费者合同双方可以协议选择管辖法院,除非协议明确规定,否则协议选择的法院不具有排他性。同时,该法又进一步规定,双方不能通过协议改变消费者保护法的强制性规定。加拿大工业协会(Canadian Industrial Relations Association,CIRA)在1998年提交的《关于电子商务中的消费者权利保护的报告》中建议网络消费者合同仍适用传统的消费者住所地管辖原则。专家建议,《中华人民共和国消费者权益保护法》对数字网络消费纠纷的管辖问题应该做出修改,或者在即将修正的《中华人民共和国民事诉讼法》中对数字网络案件管辖做出修改。应明确规定,在数字和网络消费者合同的管辖上应由消费者住所地法院管辖,在法律救济上,为消费者依法维权提供法律依据和保障,使每一位消费者在个案维权中,享受到公平和正义。

本章总结

本章重点阐述了数字资产包括数字产品、数字商品、数字服务、数字技术产品等生产者和经营者的生产经营模式机制;经营主体即数字资产市场主体的主要责任,强调了安全责任、质量责任、保护消费者个人隐私权

责任等。同时明确了经营者在经营中的告知、保质、出证等义务。

对于数字资产经营者侵害消费者合法权益及违规生产、违法经营行为，提出行政法律责任、民事赔偿责任和构成犯罪的刑事责任。

本章首次提出了虚拟人的概念，以及虚拟人相关权益和法律保护问题，希望引发广大读者展开讨论。

本章关键词

依法经营，决定经营者的生命。

科学管理，决定资本市场前程。

第三篇
数据生存周期管理

DATA LIFECYCLE MANAGEMENT

分析,揭示数据生命发展规律。
管理,促进数字资本健康发展。

PETER CLASS

第十一章 数据生存周期论证

引 言

故明君贤将,所以动而胜人,成功出于众者,先知也。先知者,不可取于鬼神,不可象于事,不可验于度,必取于人,知敌之情者也。

——《孙子兵法·用间篇》

第一节 数据生存周期论证概述

一、数据生存周期论证定义

数据生存周期论证,是数字资本论术语,是指通过使用逻辑推理、演绎推理、归纳推理、评判思维、定量检验和综合论证以确定数据的本质和特征及周期率。其科学分析论证方法包括问题识别、现象论证、资本生产、试验检验等。通过分析论证,揭示数据生存周期规律,促进数字资本健康发展。

数字资本转化过程,在数字资本发展中具有十分重要的理论和实践意义,是指将数字资产的价值和使用价值折算成股份(股权)或出资比例,通过数据交易和流动变为数字资本的方法、步骤、过程。因此,数据作为资本的价值,只有通过数字资产流动和交易才能得到充分体现和实现。

(一)知识经济的起源

1969年,彼得·F. 德鲁克(Peter F. Drucker)在其著作《断层时代》(*The Age of Discontinuity*)中首次提到了"知识经济"一词。彼得·F. 德鲁克认为,知识经济是指利用知识"创造有形和无形的价值"。五十几年以来,社会各界对知识经济的认同不断深化,以创新和发展的理论和实践,迎接知识经济和数字资本的各种挑战和未来。

我们对数据生存周期分析论证,旨在通过组织专家分析和论证,从理论和实践结合上为数字经济和数字资本发展提供科学示范。对数据生存周期分析论证的基础包括使用数字技术、逻辑思维和专业知识，对数据进行科学分析并统一定义。同时，讨论成果的应用方法及数字产品和数字资本生产的过程。

（二）数据的内涵

在大数据时代，数据在人们生活中无处不在，从每个人手机中留下的使用信息，到生活记录，再到购物和健康，以及对资源和能源的使用情况。实际上，我们不仅是数据的制造者，同时也是数据和数字产品的消费者。

按通用的概念和内涵来理解，数据就是被储存起来以备使用的信息。在古人类时代，最早记录信息的方式是在石头、树枝和动物骨头上刻蚀符号。到了20世纪50年代，人们开始在磁带上记录数字信息，然后打孔卡片，再后来是使用磁盘，为现代数据奠定了收集、存储、检索、管理、使用信息和数据的基础。

近年来，通过大量的数字化技术变革，数据类型变得越来越多。事实上，存储信息或者数据，就是以一种可用的编码方式，达到数据生发、数据量化并成为数字产品和数字商品等数字资本的目的。

众所周知，数据是记录真实世界中所发生的事情。这一事实是分析学的一个重要环节和特征。20世纪著名的统计学家乔治·鲍克斯（George Box）曾经指出："所有的模型都是错误的，但有些模型是有用的。"[①] 我们在数据中会发现一些没有意义或者错误的信息。但数据是从真实的物理世界转化并抽象为代表真实世界的信息，即乔治·鲍克斯所说的"模型"。就像速度仪是测量速度的标准一样，也是衡量速率的一种科学有效的方法。这个模型是指使用机械速度计测量车轮的转速，而不是速度。总之，数据是存储的信息，是所有分析和论证的基础，是数字资产的生产要素。例如，在可视化分析中，我们利用可视化数字化技术和互交界面对数据进行解析和推理，破解数据本身的密码，探索数据产生、发展和消亡的规律等。

（三）数据分析方法

分析，是大家使用得最多也是容易理解的一个专业术语。对有些人而言，它是一种用来找出数据中潜藏价值的技术或方式，或者是商业智能与

[①] 英文原文是"All models are wrong, but some are useful."。此句的含义是，虽然没有一个模型能够百分之百精确地符合现实世界的事物，但一些合理准确模型得出的分析，对我们应用数据是很有帮助的。——作者注

数据库考察的延伸。而对数据科学家而言，分析则是用于论证数据生发和开发、统计和核算以及数据定量和转化的主要方法。

在《古代汉语词典》中，称分析是分辨解析。[①]《随书·杨伯醜传》："永乐为卦有不能决者，伯醜辄为分析爻象，寻幽入微。"

"分析"（analysis）一词的渊源，可以追溯到16世纪80年代的中世纪拉丁语（analyticus）和希腊语（analytikos），意思是"分解"（break up）或者"放松"（loosen）。

关于"分析"的定义有很多讨论，我们的目的不是重新为"分析"做出新定义，或者质疑专家们已经为"分析"做出的定义。但在讨论数据生命周期率时，专家们将"分析"内涵解释为：数据分析是一种科学的、并基于数据驱动的，解决数据量化、生发和转化的方式或方法。

在数字资本研究中，我们对数据的考察、分析和论证，旨在通过使用逻辑思维、归纳推理、演绎推理、批判思维和定量方法结合数据检验，确定其基本特征和发展规律。分析植根于科学方法，包括问题的识别、理解、论证、生成、检验和结果应用等。

在对数据分析和论证中，我们重点采用多数学者和数据科学家的逻辑性归纳推理和客观性演绎推理的方法展开讨论。

1. 逻辑性归纳推理

在数据分析中，当收集和积累的数据被用来支持一个结论，但结论仍带有一些不确定性的时候，常使用逻辑性归纳推理方法，使分析的最终结论在一定概率上存在与设定前提不尽一致。通过逻辑性归纳推理，基于正确的考量，对数据能够做出科学并符合逻辑的结论。

2. 客观性演绎推理

在数据论证中，客观性演绎推理是根据实际情况提出论断，然后依靠数据并使用统计推断或实验方式或方法，证明或论证论断的正确性。一般采用演绎推理方法，提出一个关于世界运动方式的基本理论，应用数据分析技术论证并检验所设定的科学性。

在数据生存周期率的讨论中，对数据进行科学分析的主要目的是解决各种数据问题。其最终目标是通过对数据解析论证，揭示数据产生和发展的一般规律，为数据转化成数字资本服务。

[①] 张双棣，殷国光：第2版. 古代汉语词典［M］. 北京：商务印书馆，2013：368.

（四）数据分析关键术语

在数据生存周期率分析论证中，分析是方法，转化是目的，而专业术语是工具。美国学者纳尔逊等倡导的数据分析关键术语有：大数据分析（big data analytics）、规范性分析（prescriptive analytics）、业务分析（business analytics）、操作分析（operational analytics）、高级分析（advanced analytics）、实时分析（real-time analytics）、边缘或环境分析（edge or ambient analytics）。这些专业术语组合，在分析应用的类型和表述上具有重要性，但有时也会造成解译上的区别。特别是对数字化转型企业而言，技术供应商总是热衷于提供最新的分析解决方案，试图能解决他们的每一个业务难点。作者的观点是，分析并不是一种技术，技术只是在分析活动中起到了推动和赋能作用的工具或方法。

由此可见，在数据生命周期发生和发展率分析论证中，分析是一个重要过程或程序，通常是指能够识别数据之间有转化意义的模式和关系的任何解决方案。分析被用于解析不同规模、不同程度、结构化、非结构化、定量或定性的数据，以便从中实现对特定问题的理解、预测或优化的目的。高级分析，是分析的子集，使用更为复杂的分析技术来支持基于事实的决策过程，这种分析通常是以人工智能或其他自动化的方式进行的。

在数据分析论证中，常用到高级分析技术。高级分析主要包括数据挖掘、计量、建模、测度、优化、可视、生产、定价、交易、专家论证和资产评价等。

（五）分析与其他概念的区别

文森特·格兰维尔（Vincent Granville）提出了数据科学的 16 条分析规则，作为理解分析内涵的一种有意义方式，我们在这里重点介绍分析与类似概念之间的差异，旨在方便区别，为研究人员提供参考。

1. 基本概念

在基本概念上主要包括人工智能和表格、数据库和数据湖、数据科学和数字科学、边缘和环境分析、信息科学和数据科学、认知计算和统计核算。

2. 分析方法

在分析方法上主要包括应用统计学和数学，预测时间和顺序，专业术语规范定义，机器学习和数据挖掘，具体方法、工具和步骤。

综上所述，我们得出的结论是：概念是帮助我们理解数据的内涵和思维结构,方法是通过分析和论证获得解决方案的具体技术或方式、方法和步骤。

二、大数据和数据科学

大数据是一种描述数据海量信息的方法,在将数据转化为数字资产的过程中,重要任务是使用正确的方法处理好这些信息。

在大数据分析论证的理论和实践中,大数据的规模和复杂性超出了传统数据分析方法能够处理的范围。我们将大数据与传统的小数据进行对比分析,包括其容量和质量,可以从中了解多少数据能快速生成包括数据、文本、图像、视频等多种形态。

(一) 数据科学

数据科学,是数字资本论术语,是指研究并揭示数据产生、发展、应用、消亡一般规律的科学。

在数字资本论研究中,数据科学占有十分重要的地位,在分析论证中系核心理论。数据科学是经济学一门新的学科,它采用数学、统计学等定量方法与现代科学技术相结合,开发并创新从数字到数据再到大数据,分析并判断其发生和发展的规律,提出了破解数据成为数字资本密码的最佳思路和方案。

数据科学是数字资本论中源于数据分析概念中涉及面最广泛的概念和方法,它直接关系到数字资本的整个科学理论和实践。数据科学往往侧重于对全局性宏观问题的研究,而分析往往侧重于解决特定专业或具体问题。通过定义数据科学和分析之间的关系来扩展这一概念,并将数据科学作为分析的工具和赋能手段。

(二) 科学分析

在数据生命周期率分析和论证及其成果应用中,分析是一项不可或缺的重要工作。通过数据科学分析及运营与管理,实现了数据向资本质的飞跃和转化。数据转化,是指数据的生发、量化和转化。首先是利用分析使每个能够而且应该能够获得数据的人通过探索,获取这些数据,并促进数据的不断转化和赋能。在这种场景下,分析被内置到人工智能系统中,通过智能化的方式,数据的生成与转化已经成为数字化企业生产数字资产不可或缺的程序。

科学分析通常与人工智能技术相关,分析计算是在数据转化关键环节，例如人工智能技术、区块链、云计算或其他数字技术开展的，与传统的数据分析方式即采集数据、存储数据、解析数据、集成数据、使用数据不同，科学分析是把分析方式嵌入数据智能化技术中完成或实现其分析目标的。

例如，在对信用卡欺诈检测实践中，一般会使用智能技术工具，通过与授权的连接发送信息来验证一个交易，算法需要在极短的时间（百分之一毫秒）内对此交易完成授权，最后，读卡设备接收授权指令后完成检测工作。在科学分析中，算法将运行在智能化技术中，如嵌入分析的专用芯片读卡器或超级智能设备。

数据生存周期率科学分析通常与物联网联系在一起。随着数字技术和超级智能的发展，"万物分析"会有更多的数字技术创新，会给数据带来新的价值。

（三）环境分析

在数据生存周期率分析论证过程中，有一个不可或缺的程序，是对数据环境的综合分析。随着数字时代的发展，环境智能化技术正在日常生活场景中发挥重要作用。例如，当你回到居所附近时，家庭智能化设备检测到主人的信息，会自动调整房屋温度和打开房间照明，而且环境分析超越了基于简单规则的决策。当你有一辆自动化系统的轿车时，不仅能自动化调温和按摩，还能在大雪飘落时自动化除去车身的冰雪。

由此可见，在数字化技术背景下，环境分析将继续挑战传统的以人为主的管理方式与流程。在传统管理方式下，使用分析结果是指对分析的理解、决策和采取的行动等。在数字时代，以人为主的工作，将由智能化技术在边缘和环境分析中代为执行。

（四）信息科学

信息科学是关于信息产生、发展、应用和消亡的一般规律的科学。

信息学是信息数字技术和信息管理的交叉学科。在实践应用中，信息学涉及用于数据存储和检索的处理技术。信息学是讨论信息是如何管理的，是指支持流程化工作的系统和数据生态系统，而不是对数据进行简单化分析。

在信息科学中，人们联想到的健康信息学，专注于医疗保健研究，是介于健康信息技术和健康信息管理之间的专业技术之一。健康信息学将信息技术、通信和人的保健融合起来，以提高病人护理的质量和安全性。它位于自然人、信息和技术三者融合的中心。

信息科学在人类健康领域的应用，往往和政府的保健政策密切相关。保健政策，是指各级政府为实现特定的保健目标而做出的决定、计划和行动纲要。保健政策制定者希望看到医疗保健变得更经济、更安全、更高质量，而信息化技术和健康信息深度融合，正是实现这一目标十分重要的环节。

（五）人工智能和计算

人工智能，是一门让计算机代替人类智能完成任务的数字技术。

人工智能和机器学习的主要区别在于，人工智能是指利用计算机完成模式的识别与探索人的智能工作，而机器学习是人工智能的子集，主要是指利用计算机从数据中学习。

机器学习作为人工智能的一个子集，可以根据数据进行学习和预测，不是仅仅根据特定的一种规则或指令完成规划好的程序，而是用云计算法识别大量数据生产数字资产的模式。

人工智能在分析数据生存周期率中，被人们广泛使用，旨在支持发现和探索数据发展规律，包括数据的基本构造以及存在和转化模式等。人工智能在分析中的应用，通常以机器学习或认知云计算的形式出现，在实践中，一般情况下，人工智能作为工具。

认知计算机在数据分析论证中的应用，是将人工智能和机器学习算法结合在一起，试图复制或模仿人脑的活动。

随着数字技术的发展，认知计算和超算系统被设计为像人一样通过识别、思考、分析、论证和记忆等方式来分析和做出判断。这种设计方法在认知计算系统具有明显优势，能够随着新数据的到来而学习和适应，并探索和发现人类未知的领域。认知计算的优势在于，一旦它学会了某种技术和能力，就永远不会忘记。因此，认识计算已经成为数据生存周期分析论证的主要技术工具，并被广泛应用。

第二节 分析论证目标和范围

数据分析论证是数据科学的产物。数据分析论证可以帮助人们真正了解数据及其转化真相，并理解其背景包括过程、组织和环境。

数据分析论证有助于人们发现数据发展事实和真相，使用数据并构建数据转化最佳实践和流程。同时，通过数据分析对理论进行实验性测试。

通过验证和测试确保数据的可靠性，进而将分析取得的成果付诸实践，即指导数字产品和数字资产的生产。

一、数据生存周期论证目标

我们将数据生存周期分析论证的总体目标确定为：揭示数据产生的背景，破解数据发展的密码，提高数据量化质量，促进数据创新生发，不断赋予数据新的价值。

（1）发现价值。经过对数据的科学论证，揭示其生产和发展的客观规律，并进一步挖掘数据潜在价值。

（2）处置难题。应用分析论证提出的解决实际问题的方案，使用解决方案并结合生产实际来衡量和处理疑难问题。在数据分析生存周期率中，关注的重点是解决重大或疑难问题。

（3）实际应用。分析工程师使用数字分析技术，为一个论断提供有效支持。如通过可视化方式来展现数据之间关联关系，经过分析论证提出新产品开发应用。其工作重点在于，通过分析诊断数据应用的稳定性和安全性，但并不强调流程的重复性。

（4）论证要素。为了从广义上和狭义上充分地理解数据作为新生产要素的特征和功能，数据工程师用科学理论，分析论证数据与技术、数据与资本等新的生产力、生产要素及生产关系。

（5）研发新产品。分析可以告诉人们数字产品或数字资产的创新目标，并利用新的分析方法、非结构化或无组织的数据，尤其常常集中在创新的焦点上，激发人们对新产品的研发与探索。

在数据生存周期率分析中，使用方式不同，关注点不尽相同。虽然不同的方案使用的分析方法可能会有区别，但数据分析生存周期率作为一种通用的方法论或模式，其最终目的是一致的。

二、数据生命周期率论证范围和分类

（一）论证的工作范围

论证范围，是指数据生存周期率分析和进行专家论证的内容。论证范围主要有以下几个方面。

（1）工作程序：①数据定义分析；②工作规划；③专家团队；④时间序列；⑤模型设计；⑥成果应用。

（2）技术设计：①机器学习；②数字技术；③超级智能；④数字文

本；⑤数据可视化；⑥技术应用。

（3）生产决策：①生产流程；②产品建模；③实际场景应用；④新产品研发和推广。

（二）专家论证程序分类

以下概述了四种类型的分析论证程序，为规划不同类型的分析或新数字产品研发提供启发。

（1）简易程序。简易程序针对数据结构比较简单、工作量比较小的分析论证。通常情况下，这些论证是为了支持之前已经提供过的专家意见查询，或者是为探索一个潜在的问题提供支持。

（2）复杂程序。复杂程序针对数据结构及转化复杂情况的专家论证。通过专家论证，找到需要的方案并进行相应的转换路径，或对数字产品生产中的疑难和复杂问题，包括流程和技术等关键问题，提出专家意见和建议，并指定专业专家指导执行。

（3）特别程序。如有特殊情形，需要特别程序进行专家论证，以数据论证作为解决重大项目的指导意见或方案。该程序包括数据生存周期从开始到结束的整个过程，如生产计划、生产流程和专家协作，以及对新产品或新商品的重大研发等。重大项目论证被视为特别方案，旨在最终使数据转化为数字产品，或数字产品的升级版。

（4）产品开发程序。产品创新开发是一项贯穿整个数据生存周期的研究和开发活动，主要目的是通过可上线部署的交付产品来支持决策的制定。对于数字企业，新产品开发是数字化程序中的重要组成部分，是数字企业创新发展的主要动力源。

三、数据生存周期论证方式

（1）程序。按照数据生存周期率专家论证规定流程进行。

（2）主体。主体主要是指具体责任人和职责，包括指标和技能、责任主体与生产和工作流程及成果的关联主体等。

（3）工具。在整个分析论证过程中使用的数字化技术、智能化工具、工作表格和计划等。

（4）分工。数据生存周期率分析论证相关工作任务的分配。通过创建数据生存周期分析论证工作科学分工，并将流程中的核心工作分配给精于此道的专家，不断提高工作效率，有力促进工作创新。

在数据生存周期论证中，我们对工作进行科学分工，可以提高数据倡导者或数据科学家在解决重大问题方面的创造性，有效促进专家论证成果转化的责任性，不断对数据生产流程进行创新和改进。但在改进之前，必须首先着重数据量化等本质展开工作，力争做到精心准备，计划完善，团队专业，任务清晰，目标明确，论证程序科学，专家意见客观并正确。

第三节　分析论证序列和职能

近年来，作者主持过百场相关课题和个案专家论证会，收获了一些经验和方法，现将关于数据生命周期论证的岗位职能和序列简述如下，供大家讨论和研究。

一、六类岗位序列和职能

在数据生存周期率分析论证的岗位序列中，主要包括分析数据生命周期必要的工作岗位和主要职责。每个岗位序列包含了一组分析能力，每组能力又分别为其序列必须具备的专业知识、技术、能力、行为和特征。

数据生存周期率专家分析论证主要岗位序列如下：
（1）数据生存周期率专家分析论证的组织领导。
（2）数据生存周期率专家分析论证的业务专业。
（3）数据生存周期率专家分析论证的技术分析。
（4）数据生存周期率专家分析论证的统计核算。
（5）数据生存周期率专家分析论证的科学管理。
（6）数据生存周期率专家分析论证的综合评价等。

二、业务分析专家职能

（1）数据科学家：获取并传递和使用数据，应用业务或领域知识，推动数字技术的开发、维护、优化和合理使用。

（2）专业分析师：专司研究数据专业需求，评估市场需求与数字产品生产的关系，分析研究判断数字市场相关需求，根据企业发展规划和生产计划提出具体分析意见。

（3）数据管理专家：根据数据管理规则，有效组织和管理企业使用的数据和数字产品，即数字资产相关的数据。

（4）数据评审专家：解读并评审数据及产品分析论证结果，提出数据分析论证成果对专业领域使用的评审意见和建议。

三、统计分析专家职能

统计分析是通过数据分析统计并解决数据转化过程所需的各项指标工作,力求通过使用高级统计知识、数据可视化和算法编程技术得以实现。统计分析工作序列中的角色主要包括整个企业各个专业分工及负责人。其中,关键岗位是企业数字商品和数字产品工程师,这些工程师包括企业高级管理专家、数据分析师、一线操作专家,甚至还包括合作伙伴中的工程师等。统计分析工作主要包括案例分析、可视化模式和成果应用衡量。但一些特定统计工作则需要更专业的技术工程师和数据编程师等。

统计分析主要专家职能如下。

(1) 统计专家:利用数据工程学、数学、统计学和编程技术,从各类大量的数据中总结并提出客观性意见。

(2) 智能专家:一般使用人工智能或超级智能工具进行统计和核算工作,为业务部门提供维持、改进或转换。

(3) 解析专家:执行各种数据分析任务,提供研究支持,帮助解答组织机构中存在的疑难问题并提出专家意见和建议。

四、技术分析专业职能

技术分析职能涵盖了各种数据专业,主要职能是运用数字化技术对数据进行清洗、消歧、建模等,使之转换为重要的生产要素,为数字产品和数字资本生产提供技术支持。数据分析技师一般使用人工智能、云计算等技术工具,并在新方法和新技术之间完成灵活机动的切换。重要职能包括数据整理、标签设计、产品建模、生产应用以及系统总结等。

技术分析主要专家职能如下。

(1) 技术工程师:负责研发组织数据和信息管理即技术组件的模式设计和建模,用于创建分析报告和分析结果展现的技术专业系统,旨在开发新数字产品或新数字商品。

(2) 数模设计师:负责数据从初始化数据结构、数据模型、生产关系、产品属性和模式的创建到构架设计工作。

(3) 管理工程师:主要负责数据系统的管理工作,包括组织领导、数据定义、数字产品和资产的生产、产品质量、产品安全、数据应用等。

(4) 档案管理师:主要负责全流程数据分析和专家论证文件资料的建档和管理工作。

五、组织领导工作

数据生存周期分析论证包括统计核算等项工作，在企业董事局领导下开展工作。领导岗位主要包括指导和管理团队的决策者和领导者。其主要职能是对本企业或商家数据管理和数字资本转化中重大问题进行科学决策，并领导科学家团队和员工完成数字资本生产任务，实现数字资产和数字资本提质增效。其具体工作是：①根据企业生产、质量、技术、安全等方面的信息，组织对数字资产生产的需求分析，推动整个企业的协作和最佳实践的部署；②对企业文化和工作流程进行全面部署，同时还需在数字产品或项目规划、投资、生产、应用和市场销售等工作上领导企业决策。

（一）组织领导的主要职能

（1）董事长：数据分析论证团队和数据产品生产团队总管理者和第一责任人。主要负责重点项目优先级管理和团队动态调整及企业发展规划，主持公司董事会对企业重大问题进行决策。

（2）总经理：直接负责企业生产经营和组织专家分析论证工作。负责本企业质量、安全、专业和技术工作。

（3）技术总监：主要负责本企业技术工作。包括选择战略性业务分析目标，并将分析目标与数据和分析论证团队所需的专业技术及技术工具进行协调，监督数据成果转化。

（二）管理人员职能

企业管理人员主要负责本企业数据分析或项目的开发、管理和实施工作，对于做好分析生存周期管理至关重要。其具体职责包括：项目管理，确定项目范围，制订项目计划，确定团队工作优先级，指导团队遵循工作流程。设立数据分析管理人员岗位，在数字资产中具有十分重要的作用，要求其具备很强的专业知识，擅长协调分析项目与整个企业的战略关系。在发展中，管理人员在企业新项目开发活动中，越来越多地使用智能化模式。

（三）业务管理主要岗位职能

（1）项目经理：根据企业生产经营和市场需求，主要负责数据项目或产品的生产部署、维护、更新和评估，并负责数字产品的交付、营销管理、成本控制和成果应用等。

（2）模型工程师：识别业务流程，研究业务属性，设计生产流程，协调并构建企业的业务流程模型。

（3）质量经理：主要负责企业数据和数字产品、数字商品、数字技术产品等有关数字资产质量管理和控制工作，同时负责企业生产安全管理工作。

第四节　分析论证技能和方法

一、分析技能定义

分析技能，是指在数据生存周期分析论证中，将数据成果转化为可行性措施所需的知识和技能。在数据分析论证中，与分析技能相关的概念或定义如下：

（1）专业知识。专业知识是指能够胜任数据和数字化行业或产业某项专业领域的专业知识和综合知识领域。

（2）专门技能。专门技能是指以个人的数字化知识为基础，能够完成某种数字技术工作，可以通过评价进行衡量的能力。技能可以通过必不可少的特定技术项目岗位提高。

（3）胜任能力。胜任能力是指一个人的知识、技能和协调、执行能力的集合，是指自然人有能力成功地做好某项工作。

（4）工作经验。工作经验是指具有业务工作经历和经验，胜任力达到特定水准。主要指数据分析师操作技能和专业技术工作水准或程度。

二、分析思维模式

可视化技术专家斯蒂芬·福（Stephen Few）总结了数据分析思维类型。他在一篇文章中推荐了一套称为"分析思维研究"的课程体系，用以强化专业人士分析思维能力。他列出了分析人员应具备的不同类型的思维模式有：全脑思维、批判性思维、逻辑思维、科学思维、统计思维、系统性思维、视觉思维、伦理思维、数据探查。

三、分解方法和分析技能

（一）分解方法

（1）分解。在对数据解析中，将不同数据进行区分和隔离分解，并将它们分解至不可再互分且不相同的数据单元。

（2）分析。对于分解后的数据，对各个独立部分进行逻辑性综合分析。

（3）组合。将不同单元数据科学组合到技术系统之中，在系统中根据各部分数据的类别和属性对其进行注解。

（二）分析技能

综合数据生存周期分析的分解方法和技能主要包括：①科学分析思维能力；②解决实际问题的能力；③批判性创新能力；④系统性思维能力等。

在数据生存周期分析论证中，分解方法适用于系统内几乎没有相互联系或相互依存的情况。然而，复杂的系统，如欺诈检测、药物依赖或零售额预测，不能被简单地分为几个独立的部分，因为它的内部是相互关联的。

四、综合性分析法

在数据生存周期率分析论证工作中，综合性分析方法被定义为形成内部相互连接的整体的成分或元素的组合。综合方法侧重于分析数据系统中的关联性和相关性，常用于解读一个实体或者部分与其所属的这个系统的相互关系。

综合分析的三个阶段如下：

（1）确定数据分析对象所在的系统位置和功能。

（2）创建数据系统运行的基本框架和工作模式。

（3）解读数据各部分连接和运作关系、方法、步骤和程序。

在数据生存周期分析论证工作中，我们常使用的分解方法是综合方法，主要用于阐述事物的基本分析范式。对于一般人来说，不容易很快找到解决问题的具体方法，包括解决疑难问题的策略，并将重点放在分解、分析和重组的步骤上，或者实现技术手段的机制上。如果没有清晰而科学的思维方式，或缺少创新性思维能力，就可能导致企业承受不必要的风险。而这种风险在生产需求分析、数据挖掘、数据论证和分析结果应用等方面都有可能存在，值得关注。

五、逻辑性思维方法

逻辑性思维方法，是指人们审查和分解数据生存周期中的问题，评估相关因素的优势和劣势的方法。批判并创新思维方法是一种与其互补但又有区别的解决问题的思维模式。

在正常情况下，影响人们思维方式的有两个系统：①某一项刺激都会自然发生的无意识思维，即经验法则或启发式思维；②比较缓慢或更深思谨慎的思考方式，用于考虑关键性问题，处理重要性事物。

六、系统性思维方法

系统性思维是一门思想管理学科，它通过研究整个系统的各个组成部分之间的联系和相互作用，建立对系统的科学性理解。

在数据生存周期分析论证中，系统性思维模式是一种推理分析过程，亦称整体性思维模式或方式。在分析中采用系统思维模式的专家学者认为，整个系统的各个部分和领域是互相联系的，只有将各个部分、各个领域与系统整体联系或融合起来进行逻辑性推理演绎，分析论证结果才具有正确性和完整性。

第五节　数据生存周期分析管理

在数据分析论证过程中，加强对数据生存周期分析论证工作的管理十分重要。专家会将分析模型视为数据产品，需要对其设计、建模、测算和检验等各环节进行专业化分析。论证成果管理包括对知识和更新进行主动管理，以及质量流程管理、项目执行管理、项目评价管理和专家团队管理等。

在实践中，数据生存周期分析论证工作，从确定基本问题的定义开始，到数据探查、分析、论证和成果应用等，整个流程在分析论证结果以某种方式嵌入生产流程并得到执行后结束。在实践中，每个个案的每一个阶段都不是固定不变的。在进一步完善成果之前，需要先提取和探查数据的属性和特征，主要包括六个方面的工作。

一、相关定义

（1）利益相关者分析。

（2）需求背景和宗旨。

（3）关键或核心术语定义。

（4）专业数字技术及模式设计。

（5）预期收益论证和价值评估等。

二、相关识别术语

（1）数据分类。

（2）数据生发。

（3）数据量化等。

三、分析与探索

（1）数据深度和广度。

（2）确定数据关系。

（3）解读数据内容。

（4）数据统计核算等。

四、逻辑与选择

（1）数据统计分析。

（2）数据逻辑论证。

（3）数据优化选择。

（4）数据成果转化等。

五、成果与展示

（1）有价值数据可视化。

（2）数据及产品故事形式。

（3）数据及产品成果展示。

（4）数据及产品成功范例等。

六、应用和实施

（1）生产计划制定。

（2）终端业务培训。

（3）数字产品生产。

（4）优化和升级改进等。

第六节　专家分析论证报告

在数字时代，数据已经成为一种新的货币资产，很多价值都沉浸其中，但从中获取数据真正的价值，除了对数据进行分析、评估和专家论证外，数据生命周期分析论证报告对指导并促进数据向数字资产转化，进而成为数字资本，具有十分重要的意义和价值。

根据作者多年主持的专家论证会的经验，提出"数据生存周期分析论证报告"案例，供读者参考。

（一）第一部分　专家论证背景

主要写明本次专家分析论证会的背景情况，包括数据生存周期专家论证会召开时间、地点、主办、承办或委托单位，参加本次论证会专家姓名、单位、职务、职称、专业等。

（二）第二部分　专家论证的依据

重点写明本次专家论证所依据的证据资料、相关文件、数据清单，包括资料和数据名称、来源、文件、简介等。清单还需列明本次专家论证会依据的标准、规则、规范和有效法律法规或行政文件等。

（三）第三部分　专家论证程序

专家论证会程序主要包括：主持人或主办方介绍会议宗旨和目标；参会专家发表论证意见；论证的主要问题概括；论证会总结；专家提出的综合意见和建议等。

（四）第四部分　专家论证焦点问题

在数据生命周期分析、评估、论证中，专家论证的焦点或核心问题是会议的灵魂。在专家论证会的专家意见书或报告中，重点写明本次专家论证的主要事项或问题。同时注明向专家会提供数据的真实性和有效性，包括数据的量化、数据的生发、数据转化为货币、数据转化为资产、数据资本市场构建、数字资产定价规则、交易模式、数据治理、数据管理、风险管控等证据材料。

（五）第五部分　专家意见和建议

主要写明专家论证会的结论性意见和建议，专家向有关单位，主要包括委托单位和相关单位，提出落实论证意见的具体实施方法、方案或办法等。

第七节　专家论证会范例

中国海南自贸区建设专家论证会

时间：2019年7月15日—16日
地点：北京·人民大会堂
主题：海南自贸区建设
主持：李伟民教授
专家：齐世泽、李伟民、何山、徐锭明、耿建云、彭庆海等

参加中国海南自贸区建设专家论证会专家名单

出席会议专家（排名不分先后）

徐锭明　著名科学家、国务院参事、教授
　　　　　中国国家能源局局长
　　　　　国家能源专家委员会主任委员
李伟民　国家智库法律专家、国务院立法专家组组长
　　　　　中国科协专家委委员、香港科学院院士
　　　　　中国海南自贸区建设方案主要起草人
齐世泽　中国纪检监察学会常务理事、教授
　　　　　中国经济法研究暨规则起草专家
　　　　　中共中央纪委纪检监察及立法专家
何　山　著名法学家、全国人大常委会立法专家
　　　　　北京大学教授、研究生导师
　　　　　中国消费者权益保护法学研究会会长
耿建云　国家智库财经专家、国家开发银行监事
　　　　　中华人民共和国财政部原局长、高级研究员
彭庆海　海南省对外经济发展促进会首任会长
　　　　　全球绿色经济峰会暨新兴工业博览会专家组成员

有关方面专家学者李耀民、陈稹治、李沙等出席了会议
海南省有关领导同志和新闻媒体及企业家代表列席了会议

中国海南自贸区建设专家论证会
专家意见书（摘要）

一、论证背景

1988年，中共中央、国务院批准海南建省办经济特区。30年来，海南省切实履行党中央、国务院赋予的历史使命，大胆创新、奋勇拼搏，推动经济社会发展取得重大成就，把一个边陲海岛发展成为我国改革开放的重要窗口，实现了翻天覆地的变化，为全国提供了宝贵的经验。实践证明，党中央关于海南建省和兴办经济特区的决策是完全正确的。

在中国特色社会主义进入新时代的大背景下，赋予海南经济特区改革开放新的使命，是习近平总书记亲自谋划、亲自部署、亲自推动的重大国家战略。海南全面深化改革开放有利于探索可复制可推广的经验，完善和发展中国特色社会主义制度；有利于推动海南加快实现社会主义现代化，有利于打造成新时代中国特色社会主义新亮点，有利于彰显中国特色社会主义制度优越性，增强中华民族的凝聚力和向心力。

二、战略定位

1. 全面深化改革开放试验区。在经济体制改革和社会治理创新等方面先行先试。适应经济全球化新形势，实行更加积极主动的开放战略，探索建立开放型经济新体制，把海南打造成为我国面向太平洋和印度洋的重要对外开放门户。

2. 国家生态文明试验区。牢固树立和践行绿水青山就是金山银山的理念，推动形成人与自然和谐发展的现代化建设新格局，为推进全国生态文明建设探索新经验。

3. 国际旅游消费中心。大力推进旅游消费领域对外开放，积极培育旅游消费新热点，提升服务质量和国际化水平，打造业态丰富、品牌集聚、环境舒适、特色鲜明的国际旅游消费胜地。

4. 国家重大战略服务保障区。深度融入海洋强国、"一带一路"建设、军民融合发展等重大战略，全面加强支撑保障能力建设，切实履行好党中央赋予的重要使命，提升海南在国家战略格局中的地位和作用。

三、基本原则

1. 坚持和加强党对改革开放的正确领导。确保改革开放的社会主义方向。

2. 坚持整体推动和稳步实施。强化顶层设计，提高改革整体效益。科学把握改革举措实施步骤，积极防范潜在风险。

3. 坚持海洋保护发展。加强海洋生态文明建设，科学有序开发海洋资源，培育壮大特色海洋经济，形成陆海资源、产业、空间互动协调发展新格局。

4. 坚持发挥人才的关键性作用。取消户籍制度，统一身份证管理。在人才培养、引进、使用上创新，聚天下英才而用之，使海南成为人才荟萃之岛、技术创新之岛。

四、发展目标

1. 到 2020 年，与全国同步实现全面建成小康社会目标，确保现行标准下农村贫困人口实现脱贫，贫困县全部摘帽，农村以土地入股，组建土地银行，新农村建设取得重要进展。

2. 到 2025 年，经济增长质量和效益显著提高；自由贸易港制度初步建立；民主法治更加健全，治理体系和治理能力现代化水平明显提高；基本公共服务均等化基本实现；生态环境质量继续保持全国领先水平。

3. 到 2035 年，在社会主义现代化建设上走在全国前列；自由贸易港的制度体系进而运作模式更加成熟，运营环境跻身全球前列；现代社会治理格局基本形成。

4. 到本世纪中叶，率先实现社会主义现代化，形成高度市场化、国际化、法治化、现代化的制度体系，建成经济繁荣、社会文明、生态宜居、人民幸福的美好新海南。

五、经济体系

坚持以供给侧结构性改革为主线，推动经济发展质量变革、效率变革、动力变革，提高全要素生产率，加快建立开放型生态型服务型产业体系，进一步完善社会主义市场经济体制，不断增强海南的经济创新力和竞争力。

1. 坚持把实体经济作为发展经济的着力点，紧紧围绕提高供给体系质量，支持海南传统产业优化升级，加快发展现代服务业，培育新动能。

2. 推动旅游业转型升级，加快构建以观光旅游为基础、休闲度假为重点、文体旅游和健康旅游为特色的旅游产业体系，推进全域旅游发展。

3. 借鉴国际先进经验，大力发展现代化服务业，加快服务贸易创新发展。

4. 统筹实施网络强国战略、大数据战略、"互联网+"行动，大力推进新一代信息技术产业发展，推动互联网、物联网、大数据、卫星导航、人工智能和实体经济深度融合。

5. 鼓励发展虚拟数字技术，大力发展数字创意产业。

6. 高起点发展海洋经济，积极推进南海天然气水合物、海底矿物商业化开采，鼓励民营企业参与海南资源开发，加快培育海洋生物、海水淡化与综合利用、海洋可再生能源、海洋工程装备研发与应用等新兴产业，支持建设现代化海洋牧业。

7. 实施乡村振兴战略，做强做优热带特色高效农业，打造国家热带现代农业基地，支持创设海南特色农产品期货品种，加快推进农业农村现代化。

8. 面向深海探测、海洋资源开发利用、航天应用等战略性领域，支持海南布局建设一批重大科研基础设施与条件平台，打造空间科技创新战略高地。

9. 加强国家南繁科研育种基地（海南）建设，打造国家热带农业科学中心，建设全球动植物种质资源引进中转基地。

10. 设立海南国际离岸创新创业示范区。建立符合科研规律的科技创新管理制度和国际科技合作机制。

11. 深化农垦改革，推进垦区集团化、农场企业化改革，有序推行土地资产化和资本化。

12. 鼓励社会资本通过设立农业产业投资基金、农垦产业发展股权投资基金等方式，参与农垦项目和国有农场改革。

13. 扎实推进房地一体的农村集体建设用地和宅基地使用权确权登记颁证，在海南全省统筹推进农村土地征收，集体经营性建设用地入市、宅基地制度改革试点，建立不同权属、不同用途建设用地合理比价调节机制和增值收益分配机制，统筹不同地区，拥有不同类型土地的农民收益。

14. 支持依法合规在海南设立国际能源、航运、大宗商品、产权、股权、碳排放权等交易场所。创新投融资方式，规范运用政府和社会资本合作（PPP）模式，引导社会资本参与基础设施和民主事业。

15. 支持海南以电力和天然气体制改革为重点，开展能源综合改革。理顺民用机场管理体制，先行先试通用航空分类管理改革。

16. 建设"数字海南"，推进城乡光纤网络和高速移动通信网络全覆盖，加快实施信息进村入户工程，着力提升南海海域通信保障能力。推进电网主网架结构建设和城乡电网智能化升级改造，开展智能电网、微电网等示范项目建设。

六、机制体制

1. 高标准高质量建设自由贸易试验区。建设中国（海南）自由贸易试验区，实施范围为海南岛全岛。以制度创新为核心，赋予更大改革自主权。

2. 加快形成法治化、国际化、便利化的营商环境和公平统一高效的市场环境。

3. 更大力度转变政府职能，深化简政放权、放管结合、优化服务改革，全面提升政府治理能力。

4. 实行高水平的贸易和投资自由化便利化政策，对外资全面实行准入前国民待遇加负面清单管理制度。

5. 总结国外人入境旅游免签政策实施效果，加大出入境安全措施建设，为进一步扩大免签创造条件。

6. 完善国际贸易"单一窗口"等信息化平台。积极吸引外商投资以及先进技术、管理经验，支持外商全面参与自由贸易港建设。

7. 在内外贸、投融资、财政税务、金融创新、出入境等方面探索更加灵活的政策体系、监管模式和管理体制。

8. 深入推进国际旅游岛建设，不断优化发展环境，进一步开放旅游消费领域，积极培育旅游消费新业态、新热点，提升高端旅游消费水平，推动旅游消费提质升级，进一步释放旅游消费潜力，积极探索消费型经济发展的新路径。

9. 海南省各项改革措施，凡涉及调整现行法律或行政法规的，经全国人大或国务院统一授权后实施。中央有关部门根据海南省建设自由贸易试验区、探索实行符合海南发展定位的自由贸易港政策需要，及时向海南省下放相关管理权限，给予充分的改造自主权。

10. 按照市场化方式，设立海南自由贸易港建设投资基金。深化司法体制综合配套改革，全面落实司法责任制，实行法院、检察院内设机构改革试点，建立法官、检察官员额和退出机制。

11. 支持建立国际经济贸易仲裁机构和国际争端调节机构等多元化纠纷解决机构。

12. 完善实施机制。海南省要发挥主体责任，以"功成不必在我"的精神境界和"功成必定有我"的历史担当，将蓝图一绘到底。要制定预案，稳定市场预期，坚决防范炒房炒地投机行为。研究建立重大问题协调机制，统筹推进海南全面深化改革开放工作。

13. 中央有关部门要真放真改真支持，切实贯彻落实中央提出的各项任务和政策措施，会同海南省抓紧制定实施方案。

七、风险防控

1. 制定风险防控政策，构建风险管控体制机制。
2. 有效履行属地金融监管职责，构建金融宏观审慎管理体系。
3. 加强网络安全管控。严厉打击网络洗钱、恐怖融资等违法犯罪活动，有效防控各种风险。
4. 优化海关监管方式，强化进出境安全准入管理，完善对国家禁止和限制入境货物、物品的监管，高效精准打击走私活动。
5. 建立风险分类监管综合评定机制。

八、会议总结

李伟民教授在专家论证会总结时，提出如下要点：

经过对海南建设的历史、现状和发展进行认真研究后提出由国家发改委和住建部牵头，组织国家智库及相关专家对海南建设以下专题进行调研的意见和建议，供海南省委省政府参考。

一、组织专家调研和起草海南省落实党中央国务院关于海南自贸区和自贸港建设的实施方案和时间表。

二、组织专家起草《海南省智慧省建设规划2019—2029年》智慧城市和智慧乡村建设、自贸区建设、装配式建设、地下管廊建设实施四同步、四统一的海南模式。

三、在全省废除户籍制度试点，凡在海南创业人，一律平等。

四、体制、机制、政策、法规的立、改、废和创新等问题。

五、建设十二个全国先进、世界一流的智慧产业园区：

1. 智慧金融产业园（互联网银行、数字货币和世界货币交易）。

2. 智慧养老产业园（重点建设世界著名的现代化、数字化、智慧化养老产业园区）。

3. 智慧医疗产业园（引进国外先进技术，重点建设新医、新药、粒子能及世界癌症诊疗中心）。

4. 智慧军民融合产业园（重点建设现代化航天、航海及海上高科技产业项目）。

5. 智慧口岸园区（重点建设智能化、数字化的国际口岸）。

6. 智慧旅游产业园（重点提供旅游产业的品牌、品质和品位）。

7. 智慧总部基地（重点引进世界500强和高科技企业）。

8. 智慧海洋经济园区（重点建设世界一流现代化、数字化海洋经济产业园区）。

9. 智慧交易园区（主要包括能源、矿产资源、航空器、大宗商品、装配式建筑产品、土地流转、黄金等贵金属、相关产权、相关股权及碳排放权等施加权益交易所）。

10. 智慧动漫游戏产业园。据统计，2018年我国动漫游戏产值2144.4亿元，用户6.26亿人，到2025年可达8000亿元。

11. 智慧低碳制造业园区。（新加坡—苏州模式，2025年实现工业园每平方公里产值9亿元）。

12. 智慧文化教育园区（重点是数字化、现代化远程教育）。

总之，整合利用全球优质资源和先进技术，为中国人民服务。

相信，在党中央国务院的正确领导下，海南省委省政府高举中国特色社会主义伟大旗帜，团结全省人民，不懈努力，砥砺奋斗，一定使海南这颗璀璨的明珠，在祖国的天涯海角冉冉升起，并永放时代的光辉。有着悠久历史又年轻的海南用自己的双手和创新，一定能创造一个伟大的传奇。

以上意见和建议，供参考。

本次论证会承办单位：
海南省对外经济发展促进会
2019年7月16日

本章总结

本章运用逻辑性归纳推理和客观性演绎推理的方法以及专家分析论证的程序对数据生存周期率，即对数据产生、发展、应用到消亡的一般规律进行了科学论述。重点介绍了大数据和数据科学中关于边缘分析、环境分析、信息科学、人工智能和云计算在分析论证中的作用。选择了作者主持的中国海南自贸区建设专家论证课题作为范例，旨在引发关注。

本章关键词

解析，揭示数据生存规律。

论证，评估数据升值周期。

第十二章 数字资本统计核算

引 言

统计，掌握国情。核算，开创未来。

2021年3月，《中华人民共和国国民经济和社会发展第十四个五年规划和2035年远景目标纲要》首次以国家名义提出了数字经济核心产业新的统计口径。按新统计方法公布2020年中国数字经济规模占GDP比重7.8%，开创了数字经济占国民经济总产值统计核算的先河。这是一项标志性事件，对中国数字产业、数字经济和数字资本发展具有十分重要的意义。

第一节 数字资本价值测度定义

一、数字经济测度概述

数字经济测度，是指在数字经济的范围，测算并确定数字经济的各个维度。它主要包括数字经济主体、数字经济资本、数字经济产业及其生产边界等。通过生产和交易的维度确定数字资本的测度范围。因此，测度标的性质决定编制数字供给即使用表的主导原则。一个经济交易只要满足数字订购、平台实现或数字应用中的任何一项，便属于数字经济范围。数字经济测度由专业机构进行。

大家最熟悉的GDP，就是测度一个国家或者一个地区生产规模的主要指标，其核算对象和范围是一个国家或一个地区常驻单位的生产成果。目前，世界各国包括地区普遍采用GDP的方法，对本国或本地区生产规模及生产成果进行测度统计和核算。

（一）美国经验借鉴

他山之石，可以攻玉。2018年，美国联邦政府经济分析局（BEA）发布了《数字经济定义和测度》（*Defining and Measuring the Digital Economy*）。在报告中 BEA 对美国全国数字经济进行了统一性定义，并统一划定了数字经济的测度范围，对美国数字经济的规模进行了测度。

BEA 在报告中，为数字经济提出了根据供给使用表的测度方法。该报告根据产业分类体系对 2006—2016 年美国的数字经济规模进行了全面测度。该测度报告结果显示，2006—2016 年，美国数字经济实际增加值年均增长 5.6%，超过美国全国整体经济 1.5% 的年均增速。2016 年，数字经济实际增加值，经通胀调整总计 1.3022 亿美元，比 2005 年增长了 82.2%。测度报告显示，2006—2016 年，美国数字经济的实际增加值增速每年都超过整体经济增长速度，并有效缓解了 2008 年和 2009 年美国经济衰退期间 GDP 下滑的情况。该测度方法具有一定科学性，有借鉴意义。

（二）中国现行的国民经济统计体系

中国现行的国民经济统计体系，适应中国经济和工业社会需求，借鉴了联合国和国际货币基金组织等国际组织的有益经验，形成了以国民账户体系（SNA）为基础的一系列统计标准和规范。中国国家统计局以 GDP 作为核算中心，其中涵盖经济、金融、财政、投资、价格等各个领域，为测度全国经济社会发展建立了具有中国特点的统计体系。专家建议，将数字经济和数字资本全部列入国民经济统计范围，方构成比较完整的中国国民经济统计体系。

（三）数字经济统计范围

数字经济统计范围，是指国家规定的对全国数字经济进行统计的基本范围。中国国家统计局《数字经济及其核心产业统计分类（2021）》规定了衡量数字经济发展水平的统计范围和标准。其基本范围有五大类：一是数字产品制造业；二是数字产品服务业；三是数字技术应用业；四是数字要素驱动业；五是数字化效率提升产业。

二、数字资本测度定义

数字资本测度，是指在数字资本的框架，测度数字资本的维度。它是测度一个国家或地区的数字资本生产规模和常驻单位数字资本，包括数字资产的生产价值和指标。

三、数字产业和数字产品分类

（一）数字产业分类

数字产业分类，是指按照数字资本的核心活动对数字经济行业进行划分的类别。主要包括：①数字驱动行业。②数字中介平台。③电子零售商。④依赖中介平台的数据行业。⑤数字化服务行业。⑥其他数字化产业。

（二）数字产品分类

数字产品分类，是指根据数字产品标准供给即使用表的产品分类。中国目前列出的五个单独产品类包括：数字产品、数字服务、云计算服务、数字中介服务及免费数字服务产品。

第二节　数字资本价值测度边界

在对数字资产和数字资本价值测度中，正确划分并界定数字产业生产边界与消费边界具有重要意义。

在测度中，需要正确区分数字资本中的生产者与消费者，明确界定参与者的生产、消费和资产范围，通过设置不同账户对数字资产进行核算。在实践中，数字资本活动的参与者身份往往无法清晰界定，为数字资本价值的准确测度和统计核算带来了新的命题。

一、生产边界的界定

数字产业生产边界，是指数字产品、数字商品、数字服务、数字技术产品等数字资产生产活动边界。在发展中，消费部门的自给性服务被越来越多地提供到数字资本的范围。如在传统测算中，各部门的自给性服务没有包含在本核算范围。但在数字资本背景下，数字技术使广大消费者身份发生变化，消费者可以成为生产者。

数字技术的广泛应用使越来越多的自然人和家庭从事或参与过去只有企业才能开展的生产性和经营性活动，并进入 GDP 的范围。众多数字平台为非法人服务提供者和每个消费者家庭提供中介服务，并为个体经营者提供弹性的市场准入条件。很多传统的中介服务交易被消费者自然人通过网络数字平台提供的服务所替代，更多的自然人消费者逐渐成为产品供应者和价值的创造者。例如，一些新兴活动方式改变了传统消费者与企业的互动模式，消费者可以更多地参与到生产经营性活动中。然而，基于现行统计体系对生产核算范围的规定，这些生产性活动还尚未正式纳入 GDP 的核算范围。专家指出，将数字资产价值全部纳入 GDP 核算范围是发展趋势。

二、消费边界的界定

在数字资本发展中，消费部门的自给性服务业，对现有核算体系提出了新的命题。主要体现在两个方面：

（1）商品的使用权和所有权边界被突破，即传统的消费边界被打破。例如，择业者不再仅是拥有单一职业和单一收入来源者，他们可以利用闲暇时间选择自己擅长或喜欢的工作，或者成为网红，年轻人在网上进行交易或通过直播售货赚取收入。在数字资本条件下的失业者，不再是传统意义的失业者，就业形式也不限于传统的雇佣或全职模式。

（2）数字资本生产经营和消费边界混合，对数字产品准确估值比较困难。其中价格和服务量难以精准确定，使现行统计体系无法真实测度消费者交易情况。近年来，随着各种网络和数字平台的出现，促进了个人交易的发展，例如，网购平台交易，商品价格的制定以及网络提供的各种服务都难以准确度量等。

因此，现行统计规则对部分真实的交易情况进行测度出现真空地带，急需对现行 GDP 的核算范围和规则进行改革。

三、数字资产边界的界定

《2008 年国民账户体系》首次将数据库建设和维修费用作为固定资产进行统计，是一大进步；但是，并没有将数据本身的价值列入生产资本，是一大缺失。在数字资本时代，数据是一种重要的生产要素，数据资产的范围不断扩展。数据蕴含的价值往往高于传统常规方法所做的估值，包括数字产品消费者使用中生成的海量数据形成大量免费数据资产，具有巨大的潜在隐性价值。另外，消费者虽然没有直接支付这些免费产品或服务的费用，但消费数据和生产者的免费数字服务可以通过其他交易方式来实现数字资产的价值。因此，对其边界进行科学界定，已经迫在眉睫。

四、免费产品的测度范围

在数字时代生活中，人们享受着各种免费的数字产品和数字服务带来的福利，包括免费搜索引擎、网络平台、视频和微信等。而现行统计体系并未将上述免费产品为经济体所带来的全部价值列入测度范围。许多专家建议，GDP 的核算范围应基于基本价值，而现行 GDP 的测算和统计方法不仅没有包含免费产品的价值，反而扩大了 GDP 增长和消费福利增长之间的差距,轻视了数字经济中消费所创造的剩余价值。

五、免费产品的价值测算

在日常生活中,微信已经成为人们联络、交流、交易、学习和工作必不可少的工具,为广大消费者带来了便利。厂商的目的是通过免费给消费者使用,聚集消费者流量,即为金融、投资、理财和各种消费产品或服务厂商带来更多的消费者,他们通过广告等业务获得利润。这种新型的盈利模式改变了直接利用产品销售收入弥补生产经营成本的盈利机制,使免费产品的价值隐藏在企业盈利模式的创新机制中。现有的统计核算范围未能将其客观反映出来,从而低估了其价值。而网络平台向消费者提供免费产品,也导致了消费者关于这些服务的消费被忽略或者被明显失算,并且相应的消费者可支配收入也被严重低估。同时,某些免费产品给消费者个人所带来的价值,明显与其价格不符。因此,专家建议,国家统计局应当通过测算消费者网购时付出的价款,客观衡量其为厂商和社会带来的效益。

他人经验,值得借鉴。美国麻省理工学院斯隆管理学院的埃里克·布莱恩约弗森(Erik Brynjolfsson)教授带领的团队提出的 GDP-B 衡量方法,是从福利角度衡量数字经济的贡献,包括免费产品为经营者带来的利润。为准确测算消费者剩余价值,他们研究并设计激励相关实验,要求参与者在一定时期停止使用脸书来换取福利。据测算,脸书对于 GDP-B 的贡献为 0.05% ~0.11%。由此可见,GDP-B 测度的核心方法是通过消费者为免费的数字商品所愿意付出的价格,计算出消费者创造的剩余价值,测度出免费商品的真正价值。这项研究的应用,为提高数字经济、数字资本和 GDP 的科学性提供了价值测算方式和方法,具有一定参考价值和推广意义。

第三节 数字资产统计核算分类

一、范围和分类

2021 年 5 月,中国国家统计局发布《数字经济及其核心产业统计分类(2021)》,作为衡量国家数字经济发展水平的重要统计依据和标准。该分类明确界定了数字经济及其核心产业的统计范围,为全面统计数字经济发展规模、发展速度、经济结构,满足经济社会对数字经济的统计需求奠定了重要基础,并提供了依据。

对数字资产和数字资本的界定，是数字经济产业分类的前提和重要基础。中国目前尚未对数字资产分类做出明确规定。国家智库相关专家对数字资产做了如下定义：数字资产是指以数据作为关键生产要素，以现代信息网络作为重要载体，以信息通信技术作为提升结构优化的重要的虚拟数字财产。在以上定义中，数字资产有三个构成要素，即数据、网络和智能化技术。这三个构成要素基本上从理论上适用于对数字资产的综合评估和考量。

数字资产基本范围，主要包括数字产业制造业、数字产品服务业、数字技术应用业、数字要素驱动业、数字化效率提升业等。

二、数字产业化

根据中国国家统计局关于数字产业统计分类标准，上述前4大类为数字产业化主要构成部分。数字资产核心产业，是指为产业数字化发展提供数字技术、数字产品、数字商品、数字服务、数字基础设施，以及完全基于数字技术和数据要素的各类数字化产业。它是数字资产的重要基础和主要生产业态。

三、产业数字化

产业数字化成为数字资产，是指应用数字技术和数据生产要素为产业带来的产出增加和效率提升，是数字技术与实体经济深度融合的结果。例如，数字化在智慧农业、智能制造、智能交通、智能物流、数字金融、数字科技、数字医疗、数字教育、数字贸易、数字城市、数字政府、数字经济强国战略等方面的广泛应用。

四、数字经济与数字资本的关系

在数字经济和数字资本的融合发展中，数字产业化和资本数字化具有互依关系。以制造业为例，第一，数字产品制造业是指支撑数字信息处理的终端设备和相关电子元器件，以及高度应用数字化技术的智能设备的制造业，属于"数字产业化"范围。第二，数字效率提升中的智能制造，是指利用数字技术、人工智能、云计算、区块链等新一代数字化技术与先进制造技术深入融合，旨在提高数字资本制造业质量和核心竞争力的先进生产方式，属于"产业数字化"范围。由此可见，数字产品制造业和数字效率智能业是数字资本主要业态表现形式的两个方面，共同构成了数字资本新的产业领域。

五、数字产业化和产业数字化的特点

1. 具有科学性

数字资本产业分类从"数字产业化"和"产业数字化"两个方面,从经济社会全行业和数字产业发展领域,确定了数字资本及其核心产业的基本范围。同时,正确把握中国数字资本发展客观实际,涵盖了与数字技术相关联的各种数字产品、数字商品、数字服务等数字经济领域,具有全面性、真实性和科学性的特点。

2. 具有共同性

中国数字资本产业分类,充分借鉴了国际经济合作与发展组织等关于数字经济分类的基本方法,遵循两者在分类中的共性原则,是具有国际可比性的数字资本产业统计分类方法和标准。

3. 具有适用性

中国数字资本产业分类,立足现行统计制度和方法,反映数字经济和数字资本发展相关的价值指标需求,充分考虑数字资本及相关产业可适性、可获得性和可衡量性,比较全面并客观反映了中国数字经济和数字资本发展状况。但为了适应数字资本产业分类在最大程度上对应中国国民经济行业分类的科学性,有关专家建议,根据数字产业发展的实际,组织相关专家调研论证后,对现行统计测算规则进行必要修订,以促进数字资本和整个国民经济的健康发展。

第四节 数字资本稽核方法

一、数字资本稽核公式

在对数字资本稽核中,目前在尚无制定国家标准和稽核方法的情况下,专家提出建议,可以参考金融业资本金稽核模式,并在此基础上制定适合数字资本稽核的公式和方法。

资本金稽核[1],即对各类银行和非银行金融机构自由资本是否充足,是否与其业务规模相适应的监督检查。目前,中央银行已对部分非银行金

---

[1] 李伟民.金融大辞典[M].哈尔滨:黑龙江人民出版社,2002:2166.

融机构并将对各类银行做出按其业务规模相应须具有货币资本金数额的规定；并主要通过"资金平衡表"检查其资本金数额，检查是否有验资证明，有无抽走资本金和资本金短缺不实情况。对尚未规定资本金具体数额的金融机构，主要检查是否存在资本金短缺情况。其公式为：

实有资本金 =（支行信贷基金 + 贷款准备金 + 地方信贷基金 +
　　　　　　分行信贷基金）-（拨付信托基金 + 上缴央行信贷基金）

实有资本金中应减去"暂付款"中不合理的挂账（包括投资参股即固定资产购置等）。

检查自有资本金的充足程序应根据是否不少于总资产的 5% 的规定。其公式为：

$$资本金占总资产比率 = \frac{实有资本金}{各项贷款 + 购买债券 + 投资总额} \times 100\%$$

二、数字资本稽核范围

在中国，对数字资产和数字资本的稽核范围，专家提出，应主要通过交易的性质来界定一项经济活动是否属于数字资本。因此，交易的性质是编制数字供给使用表的主导原则，即一个经济交易只要满足数字订购和在网络平台实现，或数字传递其中任何一项内容，便属于数字资本统计和稽核的范围。

（一）数字产品的分类

根据中国国家统计局关于数字产品的分类标准、供给使用表的产品分类，数字经济使用表列出 5 个单独的数字产品类：数字产品、数字服务、云计算服务、数字中介服务和免费数字服务。

（二）数字产业的分类

按照数字资本的核心业态，数字产业划分为 7 个不同的类别。

（1）数字技术促进业。例如国际标准产业分类中相对应的数字技术产业。该产业所生产的产品旨在通过传输和显示等电子方式实现信息处理和通信的功能，具体包括数字技术制造业、数字技术服务业和数字技术贸易行业等。

（2）数字平台服务业。数字平台服务业一般通过其服务性质来识别。例如携程数字平台、交通数字台等网络服务平台。

（3）网络平台零售业。网络零售是指通过网络等通信数字化技术方式，直接向广大消费者销售产品和商品。

(4) 网络平台中介业。网络平台中介业主要包括在很大程度上依存于中介网络平台开展经营活动的企业或商家。

(5) 数字产品行业。数字产品行业主要指数字产品、数字商品及数字服务等数字资产行业。例如搜索引擎、社交网络，以及提供订阅基础内容的数字技术信息等。

(6) 数字订购业。类似电子商务，数字产品或数字服务是通过数字网络平台订购的即属于数字订购。数字产品或数字服务的付款和最终交付既可以在网上进行，也可以在线下交付。

(7) 数字传递业。数字传递业是以网络流量下载的形式来交付数字产品或其他产品或服务。例如数字技术软件、电子书和数据库服务等。

第五节 数字资本流量核算

在数字产品和数字资本生产和交易中，对其流量的核算，有利于分析师和数据科学家考察数字资本生产的规律，预测或制订未来生产计划，提高数字资产价值。

一、资金流量核算方法

在国家对数字资本流量核算标准尚未出台的情况下，作者为大家提供的资金流量核算方法，可作为数字资本流量核算参考。

资金流量核算[①]，亦称"资金流量统计"或"资金流动量账户"，是从收入分配和社会资金运动的角度描述经济各类交易活动的一种核算方法。资金流量核算的内容包括：①收入初次分配流量的核算；②国民收入再分配流量的核算；③可支配收入及使用的核算；④资本形成的核算；⑤金融交易核算。通常将①至④部分的核算，统称为实物交易部分的资金流量核算，将第⑤部分的核算作为金融交易部分的资金流量核算。资金流量的核算方法是复式记账法，要求用货币单位表现资金流量核算所包括的每一项经济活动，并区分来源和运用，在两个及两个以上的账户中对应记录。资金流量的记录原则是权责发生制。对于实物交易部分的资金流量核算，坚持以市场价格计价；对于金融交易部分的资金流量核算，坚持以发行价格计价。资金流量核算的表现形式有两种：T形账户形式和矩阵形式。

---

① 李伟民.金融大辞典[M].哈尔滨:黑龙江人民出版社,2002:2161.

二、资金流量表编制

国际上通用的资金流量表编制[①]方法如下：

（1）宏观资料分解法。在国民生产核算的基础上，充分利用已有的专业统计资料和补充、辅助资料，在规范性强的总量指标（如GNP、财政收支等）的控制下，对上述各种资料进行整理、分解、调整、审核，而后进行组装与平衡。

（2）账户法。充分考虑同国民经济其他核算协调的同时，通过编制各机构部门的收入与支出账户、投资储蓄账户及金融账户编制资金流量表。

（3）调查法（亦称微观资料汇总法）。组织调查表满足编制资金流量表对资料的要求。

（4）资产负债存量法。利用各机构部门的资产负债表，将各交易项目的期初期末资产负债存量相减，得出该期内各交易项目的资产负债流量，将这些流量资料按资金流量核算的要求进行分类调整，编制出资金流量表。

在具体操作中，通常根据实际需要，以其中的某一种方法为主，其他方法为辅，互相结合使用。目前，中国的资金流量表的收入分配部分主要采用宏观资料分解法，金融交易部分主要采用账户法和资产负债存量法。

三、金融交易流量表

在数字资本流量核算中，可以参考采用矩阵形式反映全部金融资金流量交易账户的方法。该方法主要用于金融交易流量研究。该金融交易流量表完整地描述了社会经济运行的状况，反映了金融活动与非金融活动的联系，各机构部门的资金来源、运用情况，以及资金缺口的弥补等，对于国家管理宏观经济、中央银行制定货币政策、管理金融活动，都是十分重要的分析工具。以中国的资金流量表中金融交易部分为例，其简要形式见表12-1。

---

① 李伟民.金融大辞典[M].哈尔滨:黑龙江人民出版社,2002:2162.

表12-1 金融交易资金流量表

交易	居民		企业		行政事业		财政		金融		国内合计		国外合计	
	运用	来源	运用	来源	运用	来源	运用	来源	运用	来源	运用	来源	运用	来源
净金融投资														
资金总运用														
资金总来源														
流通中货币														
存款														
贷款														
财政借款														
债券														
股票及股权														
保险准备金														
结算资金														
其他（净）														
国际资金往来														
国际储备资产														
统计误差														

资料来源：李伟民.金融大辞典[M].哈尔滨：黑龙江人民出版社,2002.

四、金融交易统计分类

关于国际上对资金流量统计中的金融交易分类，目前尚没有统一的标准。但在具体进行分类时，依顺序考虑以下分类标准：①金融交易的法律特征；②金融交易的流动性；③金融交易的期限；④金融交易的本外币形式；⑤国内国外金融交易。

五、数字资本金流量客户指标

资金流量账户指标、资金流量账户主栏各项目名称主要包括：

(1) 部门增加值：部门的总产出减去其中间投入后的价值。国内外部门增加值之和为国内生产总值。

(2) 国内外初始收入：进口减出口的差额。

(3) 劳动者报酬：劳动者从事生产活动而获得的各种收入。包括从各种来源开支的货币及实物工资，即单位以工资、福利形式以及其他各种形式从成本、费用或利润中支付给劳动者个人的工资性报酬，以及个体和其他劳动者通过参加生产活动所获得的各种劳动报酬。

(4) 财产性收入：一家机构单位使用其他机构单位拥有的金融资产、

实物资产以及版权、专利等无形资产而引起的收入支付。

（5）上缴财政：按国家法律规定，各机构部门上缴财政的实际支出。

（6）国家财政预算内收入：国家财政部门集中的税金、利润和其他经济收入。

（7）企业的亏损补贴：国家财政对国有企业的政策性亏损补贴。

六、资金流量账户基本关系

可支配收入 =（各机构部门资金来源方部门增加值 + 国外初始收入 + 劳动者报酬 + 财产性收入 + 上缴财政 + 财政支出及转移）－（各机构部门资金运用方部门增加值 + 国外初始收入 + 劳动者报酬 + 财产性收入 + 上缴财政 + 财政支出及转移）

总储蓄 = 可支配收入 － 总消费
　　　 = 实物投资 + 净金融投资 + 统计误差

实物投资 = 固定资产投资 + 库存增加

净金融投资 = 资金总运用 － 资金总来源

总储蓄 + 资金总来源 = 实物投资 + 资金总运用 + 误差

第六节　数字资本溢出效应

数字资本溢出效应，是指数字资本投资产生的积极效应。具体是指数字技术带来的增值超出数字投资的价值范围，使之获得的溢出收益效应。研究数字资本统计核算，有必要考察其溢出效应，而与数字资本溢出效应相关的生产率、人工智能、信息化等值得讨论。

一、生产率悖论

著名经济学家斯蒂芬·罗奇（Stephen Roach）曾经指出，在美国服务业企业中，给每个白领配置的计算机的算力在1970~1980年得到了非常大的提升，但相应的企业生产率提高得却很少，信息化提升对经济表现的影响非常小。即在这一时期，美国企业大量的计算机设施投资并没有带来生产率的提高。美国著名经济学家罗伯特·默顿·索洛[①]总结该现象为生产

---

① 罗伯特·默顿·索洛，美国著名经济学家，1987年诺贝尔经济学奖得主，提出了著名的"新古典经济增长理论"。——作者注

率悖论,并提出了新古典经济增长理论。在数字经济和数字资本中,生产率悖论,是指虽然计算机随处可见,却唯独在生产率上没有体现。下面援引许多专家学者关注的ATM机的例证,供大家讨论。

例证:金融系统ATM机的广泛使用减少了人工处理成本,为商业银行和广大消费者都带来了便利,但在银行业报表中出现了商业银行产出和生产率指标非但没提高,反而下降的情况。因为在传统的统计方法中,ATM机带来的经济和价值效应一般不被统计,但商业银行购置ATM机的成本,真实记录在商业银行的财务支出账上。并且,与大部分经济部门一样,商业银行的劳动生产率通过产出总量与职员人数之比衡量。由于商业银行真实产出的总水平未能完全衡量,因此,大多数传统统计方法表明,ATM机的推广应用并没有提高商业银行的劳动生产率。专家称之为生产率悖论。当世界进入数字资本时代,研究生产率悖论,具有十分重要的现实意义。

二、数字时代生产率论

在数字经济时代,数字资本生产和发展改变了国民经济的生产、消费和分配方式,提高了社会经济运行效率。但是,目前世界上许多国家的宏观经济统计指标,并没客观反映出数字资本带来的价值。

现代生产率悖论,是指数字资本广为存在,并不断发展,却在宏观经济统计指标中无明确体现。按照生产函数理论,全要素生产率和资本深化的增长都会引起劳动生产率的增长。

全要素生产率,亦称技术进步率,是应用新古典学派经济增长理论衡量纯技术进步在生产中的主要作用和指标,是减除生产要素投入贡献之后得到的余量。该理论由美国著名经济学家、1987年诺贝尔经济学奖获得者罗伯特·默顿·索洛率先提出,因此被学界称为索洛余量理论。

资本深化,是指在经济增长过程中,资本积累比劳动力增加的速度快,从而导致资本与劳动比率或人均资本量的提高。由于企业的投资是对当前或预期边际产品增长的客观反映,资本深化一般表现出经济增长与技术进步的促进关系。而生产率悖论反映出社会对技术的投入与技术进步带来的生产率提升不成正比,会直接影响全要素生产率和资本深化的发展速度。

在数字经济和数字资本时代,生产率悖论的存在主要有以下三个原因:

(1)数字资本蕴含提高生产力的巨大潜力,有待于科学测算。数字技术对许多行业产生了值得关注的提高和令人期待的效益,虽然在初级阶段带来的经济效益不够显著,但是其未来的发展和上升空间巨大。

(2) 对数字资本带来的产出未能被准确衡量。现阶段,数字资本的概念和范围及统计方法尚未有国际统一标准,各个国家和机构对数字资本的认识存在较大差异。

(3) 数字技术带来的除了生产要素变革,还有相对低的投资成本,导致了其在 GDP 等宏观指标核算中所占份额较小。因此,目前许多国家统计机构对数字资本测度存在不充分的现象,是生产率悖论存在的主要原因。

三、智能化技术理论

美国麻省理工学院斯隆管理学院的埃里克·布莱恩约弗森教授研究发现,目前,虽然智能化包括人工智能技术创新速度很快,生产率的增长速度也处于历史新高,但就业率和收入水平出现下降趋势。针对这一现象,埃里克·布莱恩约弗森教授等提出了智能化理论。

(一) 现有 GDP 未能有效测度智能化技术效益

埃里克·布莱恩约弗森教授对智能论解释为,现有 GDP 的度量方式没有正确测量智能技术的产出效益。以中国商业银行为例,各商业银行自动存取款机提供的便利性众所周知,但无法衡量服务质量准确的经济效益。智能技术所带来的各种作用和效应,包括智能化服务质量的提高、自动化服务种类的增加、广大消费者满意度的提升、有效资源配置速度的变化等,均是生产率统计机构和大多数企业财务很少关注的产出计量范围,这些因素导致了系统性低估智能化技术生产力效益的重要作用。

(二) 智能化技术对生产率影响的时滞性

众所周知,智能化技术的投资回报率显著,但其回报一般需要较长的周期。导致回报时滞的主要原因在于,智能化技术有很强的专业性,相关单位和技术人员熟悉和掌握智能技术需要一定时间的专业学习和适应过程。因此,智能化技术投资成本大于短期收益。

在统计核算中,如果只衡量短期成本和收益,智能化包括人工智能技术的投资回报效率并不高。但是,从综合考量来看,人们对智能化技术投资驱动生产率增长的预期收益持乐观态度。专家指出,智能技术对生产率影响的时滞性,只是个时间问题,而且正在缩短。

(三) 智能化技术回报非对称性悖论

智能化悖论的另一种解释是,智能化技术只对极少数企业或商家有利。但从整个行业或整体经济发展大局来看，智能化技术的影响是非纯生产和经营性的。智能化技术重新分配了市场的份额，而没有让市场规模变得更大。与其他数字产品和数字商品相比，信息容易受到资金消散的影响，其中一家公司的收益往往是以牺牲其他公司的利益为代价。例如，某些销售类的网络公司，并没有通过增加总产量创造新的财富，而是通过预先了解影响资产价格的市场信息获得收益，其结论是，智能化技术的回报在短期内是不对称的。

四、数字化效益不明显悖论

数字化悖论，是指企业或行业在数字化方面的投资在短时期没有明显体现出来的理论。数字技术应用于企业运营的各个环节，会为企业管理带来高效率，然而在很多情况下，企业在数据系统升级的项目上进行了较大投入，包括人、财、物，但在较短时间内没有利益回报，或者经济收益不明显。

数字化悖论的产生原因主要有两个：

（1）传统的思维方式对数字化产生错误的预期。大家都知道，重大数字化投资项目并不能"立竿见影"。源于欧洲中世纪传统的"银弹思维"[①]片面地认为，信息化与商业价值较低，这一认识是错误的。因此，在大数据时代，信息化和数字化是技术革新的必经之路。

（2）没有系统性战略发展目标和计划。数字化并不是简单的硬件堆砌和软件开发，而是国家和各领域整个产业发展的根本性变革和创新。只注重本位性数字和信息系统本身，无法完成全局性数字化产业的快速提升。专家认为，需要从整体产业升级换代和长远发展目标等根本性发展上做出系统性的战略计划，不断提高企业产业数字化、智能化和数字资本化转型升级水平，为企业数字资本生产经营提供数字化、信息化、智能化技术支持，为企业创造新的价值和带来新的利润增长级。

本章总结

本章重点阐述了数字资产统计核算中比较重要的问题，主要包括数字资本价值测度和数字资产测度边界、数字资产分类方法或方式、数字资本

[①] "银弹"一词来源于欧洲中世纪，传说是对付狼人等怪物的有效武器，后来被用于形容一劳永逸、百试百灵的方法。此后，"银弹思维"被广泛运用于 IS 领域的研究中。——作者注

稽核中的相关环节、数字资本流量核算中的新挑战和数字资本溢出效应等。

同时,结合中国实际,讨论了数字资本的溢出效应,包括生产率悖论、数字生产力论、智能化论等创新理论。在智能化论中重点阐述了四个方面的重要理论和实践问题:一是中国目前GDP未能客观测度和反映智能化技术的经济效益。二是智能化技术对生产率作用和影响的时滞性,即后滞作用。三是智能化技术在发展中回报的非对称性。四是数字化效益不明显悖论批判等。

本章关键词

科学统计,全面了解国情。

正确核算,掌握经济命脉。

第十三章 数字资产评估

引 言

数字资产评估,是数字资产生产、流通、交易、投资、应用的重要环节,是数据转化为数字资本并实现数字资本货币化、市场化不可或缺的重要程序和机制。

第一节 数字资产评估概述

一、数字资产评估定义

数字资产评估,亦称数字资产估价,是指评估者按照特定目的,依照法定或公允标准和程序,运用科学的方式方法,对被评估数字资产的现实价值进行评定和估算。

数据资本评估,是对数据资产价值、收益、质量和风险的综合性分析估算。数据资产评估范围主要包括其资产的真实性、准确性、完整性、安全性及成本和价值。

二、数字资产及其产权

数字资产,是指数字财产所有人拥有或在一定时期控制的各种数字财产、债权及其他权益。

数据产权,是数字资本论名词,是指数据拥有人对数据具有所有权。数据产权包括所有权、使用权、处分权、收益权等。数据产权是数据资产的前提,是数据资产交易必备的条件。

数据产权制度,是指数据的所有者或拥有者基于数据行为而产生的网络数据享有的财产受益或受损的权益的制度,以数据所有权、使用权、收益权和处分权这四项基本权利实现其效能。

三、数字资产评估对象和内容

（一）数字资产评估对象

数字资产评估对象，是指被评估单位（企业）的数字化资产，包括固定数字资产、流动数字资产、长期投资、无形资产及相关资产。

（二）数字资产评估内容

数字资产评估内容，一般是指被评估的客体，主要由数字资产清查和数字资产价值评定估算两部分构成。评定估算的主要内容包括根据已有数字资产资料，按照规定方式、方法和步骤，对被评估资产的现价进行评定和估算，并明确数字资产的总价值。

第二节 数字资产评估方法

数字资产评估方法，是指对数字资产价值进行评估时所采用的计算方式和方法，通常包括数字资产现值法、现行市场价格法、重置成本法、增量收益法、组织资产定价法等。

一、数字资产定价方法

根据商品价值规律，一种资产的价值通常与当时当地市场均衡价格相一致，即根据数字资产市场的价格确定其价值。市场定价的方法主要包括：①通过数据中间商出售数据的价格给数据资产定价。②通过保险公司对数据相关价值保险及理赔标准给数据资产定价。③利用或参照企业在并购或破产清算中披露的资产估价信息给数字资产定价。

二、数字资产评估方法分类

无形资产评估方法，亦称收益资本化法或收益还原法，是预测评估数字资产未来收益并将其转换为货币的方法。评估数字资产的主要方法有权利金节省法、增量收益法、多期超额收益法等。

三、增量收益法

增量收益法，是数字资产评估方法之一，是比较数字资产在使用与不使用时所产生的收益差额的估值方法。

四、多期超额收益法

多期超额收益法，是通过将数字资产在未来经济生命周期内带来的经济或货币价值流量，用折现率转换为现值来测算数字资产价值的方法。

五、组织资产定价法

组织资本，是指存在于组织之中，由该组织成员在开展各种组织活动中所积累形成的资产。组织资本主体是一个有机整体的资本总量与组织中原单个成员，如股东的资本体量简单相加的价值差额。用上述方法对数字资产估价，称为组织资产定价法。

六、数字资产市场定价方式

数字资产市场定价方式，是数字资本论专业术语，是指在双边和多边型数字资产市场中，确定交易品价格的方式、方法和模式。数字资产市场定价方式主要有利润最大化定价方式、性价平衡定价方式、庇古定价方式和拉姆齐定价方式等。

第三节　数字资产评估程序

数字资产评估程序，是数字资产评定估算的方式、方法、步骤和工作程序。在数字资产评估程序中，因参加的主体不同，可分为申请者程序和评估者程序两部分。申请者程序一般指企业或商家提出其资产评估的程序，评估者程序指评估机构及评定估算程序。

一、申请者程序

（1）向主管部门提出评估申请或本企业董事会决议。
（2）有关主管部门审核、批准或备案。
（3）与评估机构签订数字资产评估协议或委托函。
（4）对资产报告提出意见或修改建议，并与评估机构进行磋商、修改评估报告。
（5）获取评估机构对数字资产的评估报告。

二、评估者程序

(1) 与申请单位包括企业签署数字资产评估协议。

(2) 对评估的数字资产进行调查、审核,确认申请人提交文件资料与相关报表一致。

(3) 评定估算数字资产的分项分类或单项价值,并汇总出被评企业或单位数字资产的总价值。

(4) 撰写数字资产评估报告书,并就报告中相关事项与委托方进行磋商、研究、修改。

(5) 正式出具数字资产评估报告书。

第四节　数字资产评估报告书

数字资产评估报告书,是对所评估数字资产的全面汇总报告,是该项评估工作的最终成果。

资产评估报告,是由评估机构评估师编写并亲笔签署的反映资产实际价值的公正性文件。其必须通过评估机构负责人审核签名,并加盖公章方可生效。评估报告的主要内容如下。

(1) 正文。正文主要包括:①资产评估依据;②资产评估的目的和范围;③资产评估的原则和方法;④资产评估基准日和评估价值;⑤对资产评估人员和评估事项的说明;⑥其他需要说明的问题。

(2) 附件。附件主要包括:①与评估有关的文件;②反映评估基准日的会计报表;③相关产权证明;④资产评估底稿,评估后的资产增值情况说明;⑤其他有关资料。

第五节　数字资产评估机构和评估师

目前,中国数字资产专业评估机构和数字资产专业评估师尚在创建中,且世界各国亦在探索阶段。在现阶段实践中,专家建议,在专门数字资产评估机构和专业评估师缺位,但又急需评估的情况下,可参照现有国家资产评估规定执行。对行政许可的资产评估机构和资产评估师及评估分类和程序进行试点,作为过渡。但抓紧组建数字资产评估机构和培养数字资产评估师,乃是长远之计。

在中国，资产评估机构是指专门从事评估业务的中介机构。其主要有两类：①经证券主管部门审批的，具有资格从事证券业务的资产评估机构。这类评估机构，可从事各种资产（不含数字资产）评估业务；②从事一般资产评估业务，不能从事证券业务评估的资产评估机构。

一、从事 N 股业务资格

资产评估机构从事 N 股业务资格[①]，是资产评估机构从事 N 股业务必须具备的基本条件，主要包括：

（1）必须是已取得省级以上国有资产管理部门授予正式资格的资产评估机构，兼营评估业务的机构必须设有独立的资产评估业务部门。

（2）在具有正式资格的评估机构中，是业务水平高、职业记录好、社会信誉高并拥有丰富评估经验的机构，以往没有发生过明显的工作失误或违反职业道德的行为。

（3）评估机构的专职人员不少于 10 人，其中职龄人员不少于 5 人，专职人员超过 17 人，其中职龄人员不少于 1/3。

（4）评估机构的专职人员具有较高的资产评估水平、经验、技能，以及丰富的证券业务和有关金融、法律、经济方面的知识，具有一定外语水平，其中骨干人员参加过股份制改造的资产评估工作。

（5）评估机构的实有资本金不少于 30 万元人民币，风险准备金不得少于 5 万元人民币，并逐年提取 4% 以上风险准备金。

二、从事证券业务资格

资产评估机构从事证券业务资格[②]，是资产评估机构从事证券业务资格规定的条件。申请从事证券业务的资产评估机构应首先向省、市、自治区的国有资产管理部门提出申请，经审查同意后，上报国家国有资产管理局进行审核。国家国有资产管理局审核同意后，会同中国证监会对申请机构的证券评估资格进行联合确认，并颁发证券业务资产评估许可证。从事证券业务的资产评估机构必须具备的基本条件如下：

（1）必须是已取得省级以上国有资产管理部门（或受托的计划单列市国有资产管理部门）授予正式资产评估资格的评估机构，兼营评估业务的

---

① 李伟民.金融大辞典[M].哈尔滨:黑龙江人民出版社,2002:2153.
② 李伟民.金融大辞典[M].哈尔滨:黑龙江人民出版社,2002:2153.

机构必须设有独立的资产评估业务部门。

（2）必须是业务水平高、职业道德好、社会信誉高并拥有丰富评估经验的具有正式资格的资产评估机构，以往没有发生过明显工作失误或违反职业道德的行为。

（3）评估机构中的专职人员不得少于10人，其中职龄人员（非离退休人员）不得少于5人，专职人员超过17人，其中职龄人员所占比例不少于1/3。

（4）评估机构中的专职人员必须具有较高的资产评估水平、经验和技能，并具有较丰富的证券业务及相关金融、法律、经济方面的知识，其中，骨干人员须参加过股份制改造的资产评估工作。

（5）评估机构的实有资本金不得少于30万元人民币，风险准备金不得少于5万元人民币，自取得从事证券业务资格之年起，每年从业务收入中计提不少于4%的风险准备金。

取得证券业务资产评估许可证的评估机构，必须严格执行有关证券和证券市场、资产评估方面的法律、法规、业务准则，在该机构执业的专业人员每年须接受不少于一周的专业培训。

三、从事 B 股业务资格

资产评估机构从事 B 股业务资格[①]，是资产评估机构从事 B 股业务必须具备的基本条件，主要包括：

（1）已取得省级以上国有资产管理部门（或受托的计划单列市国有资产管理部门）授予正式资产评估资格的评估机构，兼营评估业务的机构应设有独立的资产评估业务部门。

（2）在具有正式资格的资产评估机构中，必须是业务水平高、职业道德好、社会信誉高并拥有丰富评估经验的机构，以往没有发生过明显的工作失误或违反职业道德的行为。

（3）评估机构中的专职人员不得少于10人，其中职龄人员不得少于5人，专职人员超过17人，其中职龄人员所占比例不少于1/3。

（4）评估机构中的专职人员必须具有较高的资产评估水平、经验和技能，并具有丰富的证券业务及相关金融、法律、经济方面的知识，其中骨干人员参加过股份制改组的资产评估工作。

---

① 李伟民.金融大辞典[M].哈尔滨:黑龙江人民出版社,2002:2154.

(5) 评估机构的实有资本金不得少于30万元人民币,风险准备金不得少于5万元人民币,自取得证券业务资格之年起,每年从业务收入中计提不少于4%的风险准备金。

四、从事H股业务资格

资产评估师从事H股业务资格①,是中国境内资产评估师从事H股业务的法定条件,须经国有资产管理部门和中国证券监督管理委员会等审查合格。从事H股业务的国际评估师,按《香港联合交易所有限公司证券上市规则》规定,应是香港测量师学会的会员,且必须是独立发行人。中国境内资产评估机构从事H股业务须具备的基本条件主要包括:

(1) 已取得省级以上国有资产管理部门(或计划单列市国有资产管理部门)授予正式资产评估资格的评估机构,兼营评估业务的机构应设有独立的资产评估业务部门。

(2) 在具有正式资格的资产评估机构中,必须是业务水平高、职业道德好、社会信誉高拥有丰富评估经验的机构,以往没有发生过明显失误或违反职业道德的行为。

(3) 评估机构中的专职人员不得少于10人,其中职龄人员(非离退休人员)不得少于5人,专职人员超过17人,其中职龄人员所占比例不少于1/3。

(4) 评估机构中的专职人员必须具有较高的资产评估水平、经验和技能,并具有较丰富的证券业务及相关金融、法律、经济方面的知识,其中骨干人员参加过股份改造的资产评估工作。

(5) 评估机构的实有资本金不得少于30万元人民币,风险准备金不得少于5万元人民币,自取得从事证券业务资格之年起,每年从业务收入中计提不少于4%的风险准备金。

中国境外资产评估机构从事H股业务,需先向国家国有资产管理机关提出申请,提交该评估机构全部情况的资料,由国家国有资产管理机关进行审核同意后,会同中国证监会确认,经确认后,方可接受委托。

第六节 国际数字经济评估体系

目前,世界各国衡量数字资本和数字经济发展水平指标体系,尚未形

---

① 李伟民.金融大辞典[M].哈尔滨:黑龙江人民出版社,2002:2154.

成统一标准。有关国际组织和各国权威机构在制定数字经济指标体系时，也存在不同的价值导向。

一、联合国国际电信联盟 ICT 发展指数

1995 年至今，国际电信联盟（ITU）已发布 9 版《衡量信息社会报告》（*Measuring the Information Society Report*）和信息通信技术（ICT）发展指数（IDI）。2017 年的测评对象包括全球 192 个经济体，为各国政府和各部门广泛采用。IDI 是一个综合指数，针对 ICT 接入、使用和技能设立了 11 项指标，用于监测和比较各国 ICT 的发展，可以对不同国家和不同时段进行比较。IDI 对经济相关的内容测量较少，但是对 ICT 相关领域的基础设施建设、产业应用、人力资本情况都有比较全面的衡量，见表 13-1。

表 13-1　国际电信联盟 ICT 发展指数指标体系

一级指标	二级指标
ICT 接入	固定电话覆盖率
	移动电话覆盖率
	用户平均国际互联网带宽
	家庭电脑普及率
	家庭互联网接入率
ICT 使用	互联网用户率
	固定宽带使用率
	移动宽带使用率
ICT 技能	入学年限中位数
	初中入学率
	高等教育入学率

资料来源：《衡量信息社会报告》（*Measuring the Information Society Report*）。

二、世界经济论坛网络化准备指数

2002 年，世界经济论坛（WEF）开始发布网络化准备指数（NRI），重点分析全球信息化领先国家和地区的排名、主要经验和做法。NRI 在信息化领域的国际测评中具有一定的权威性，一级、二级指标简洁、科学，三级指标总共有 53 个，全面而具体地对各经济体的网络准备度进行测评。

关于动力机制，WEF 认为，信息化标准度、实际应用情况和发展环境共同构成发展的驱动力，并产生一定的社会影响和经济影响。与其他指数

相比，NRI 重点关注信息技术领域。由于信息化能力是发展数字经济的前置条件，因此，它在信息化领域选取的指标，对经济影响机制具有科学性和权威性。专家提示，该指数使用的很多数据来源于各种国际组织，如国际电信联盟，世界银行，联合国教育、科学及文化组织即联合国教科文组织，以及世界经济论坛的调查数据，具有较强的权威性和参考价值。

具体各类指标见表 13-2。

表 13-2　世界经济论坛网络化准备指数指标体系

一级指标	二级指标
环境	政治与治理环境
	营商与创新环境
准备度	基础设施
	可支付能力
	能力
应用	个人使用
	商业使用
	政府使用
影响	经济影响
	社会影响

资料来源：《全球信息技术报告》（*The Global Information Technology Report*）。

三、欧盟数字经济与社会指数

在欧盟委员会发布的数字经济与社会指数（DESI）中，有些指标在测度 ICT 发展的同时，兼顾了社会民生等方面的测度，如欧盟与经合组织。DESI 是描述欧盟各国数字经济发展程度的合成指数。该指数由欧盟根据各国宽带接入、人力资本、互联网应用、数字技术应用和公共服务数字化程度等 5 个主要方面的 31 项二级指标计算得出，见表 13-3。

表 13-3　欧盟数字经济与社会指数指标体系

一级指标	二级指标
宽带接入	固定宽度
	移动宽带
	速率
	可支付能力

续表

一级指标	二级指标
人力资本	基本能力和使用情况
	高级技能及发展
互联网应用	内容
	交流
	交易
数字技术应用	企业数字化
	电子商务
公共服务数字化程度	电子政务

资料来源：《欧盟数字经济与社会报告》(Digital Economy&Society in the EU)。

该指标的合成方法参照了 OECD《建立复合指数：方法论与用户说明手册》，不仅具有较高的理论水平，而且具有科学性和可延续性。该指数兼顾数字经济对社会的影响，是了解欧盟成员国数字经济和社会发展程度、互相比较、总结发展经验的重要窗口。该指标体系的另一大优势是，大部分指标数据来源于欧盟家庭 ICT 调查、企业 ICT 调查等专项统计调查，具有充分的研究积累和数据佐证。

四、OECD 数字经济指标体系

2014 年，OECD 发布了《衡量数字经济：一个新的视角》(Measuring the Digital Economy: A New Perspective)。在该报告中，OECD 将数字经济划分为四个维度：①智能基础设施投资；②社会推进；③创新性释放；④增长和就业。根据这四个维度，OECD 设置了具有国际可比性的 38 个子指标来核算数字经济，并对各指标的定义、内涵和可测性做出明确说明。但其主要缺陷有三个：①并未选取固定的样本国家进行全面的数据采集；②没有汇集成总的指标；③缺乏对世界各国的数字经济发展的总体情况做出全面分析和科学评价。

OECD 设定该指标体系之后，还从经济社会发展和已有核算方案的局限性等角度出发，尝试设计新指标，如改善网络安全和隐私、儿童信息化、医疗信息化、微观数据统计、通信服务质量测度等，以便更全面客观地反映数字经济的发展状况。

从执行情况来看，OECD 成员对数字经济的测度多数仅涉及部分维度或领域，对数字经济开展全面的测度和分析还有一定差距。其中有6个国家开展爱彼迎（Airbnb）中介平台的租金调查；9个国家采用劳动力调查；8个国家结合税务系统对自雇劳动开展调查；5个国家进行了双重耐用品即固定资本形成总额和家庭最终消费的区分识别工作。目前，尚无国家对消费者生产的免费产品进行准备统计。

综合分析：对数字经济发展水平的评估不仅超越经济增长，而且涵盖更为广泛的社会指标。目前，国内外对于衡量数字经济和数字资本发展水平的指标体系尚未形成统一标准，各国机构在制定数字经济指标体系时，都有不同的侧重和价值导向。以欧盟（EU）和经合组织（OECD）为代表的标准体系，更加关注数字经济发展的社会属性；而以国际电信联盟（ITU）和世界经济论坛（WEF）为代表的标准体系，更加关注数字经济的基础设施。

结论：上述四个国际权威机构建立的是数字经济发展指标体系，还不符合真正意义上的数字资本评价标准。我们相信，数字资本评估标准及评价体系已经在路上。专家曰，可以让子弹再飞一会儿。

第七节　数据管理能力评估标准

GB/T 36073—2018《数据管理能力成熟度评估模型》（*Data Management Capability Maturity Assessment Modle*，DCMM）是在中国国家标准化管理委员会指导下，由全国信息技术标准化技术委员会编制的国家标准，于2018年3月发布，2018年10月实施。

DCMM按照组织、制度、流程、技术对数据管理能力进行了分析和总结，提炼出组织数据管理的8个能力域，即数据战略、数据治理、数据架构、数据应用、数据安全、数据质量、数据标准、数据生存周期。这8个能力域共包含28个能力项。

（1）数据战略：数据战略规划、数据战略实施、数据战略评估。

（2）数据治理：数据治理组织、数据制度建设、数据治理沟通。

（3）数据架构：数据模型、数据分布、数据集成与共享、元数据管理。

（4）数据应用：数据分析、数据开放共享、数据服务。

（5）数据安全：数据安全策略、数据安全管理、数据安全审计。

（6）数据质量：数据质量需求、数据质量检查、数据质量分析、数据质量提升。

（7）数据标准：业务术语、参考数据和主数据、数据元、指标数据。

（8）数据生存周期：数据需求、数据设计和开放、数据运维、数据退役。

DCMM 将组织的数据能力成熟度划分为初始期、受管理级、稳健级、量化管理级和优化级共 5 个发展等级，以帮助组织进行数据管理能力成熟度的评价。

DCMM 是中国首个正式发布的数据管理国家标准，是目前国家关于数据管理的标准规范，具有权威性和实用性。该标准旨在帮助企业利用先进的数据管理理念和方法，评估企业数据管理的现状和能力，持续完善数据管理组织、流程和制度，充分发挥数据的价值，促进企业向信息化、数字化、标准化、智能化方向健康发展。

本章总结

本章重点讨论了数字资产评估方法和程序；国内外数字资产评估比较及相关模式、机制、体系，并介绍了国内外主流数据治理方法和标准。这些框架和标准为企业数据治理提供了实践上的指导，对于企业进行数据治理和科学管理具有重要意义。同时，专家提出意见和建议，中国企业在开展数据治理时，要充分考虑中国国情和企业自身的现状和需求，建立切合实际的数据治理关键要素和关键领域，促进数字技术和数字资本融合发展要求的数据治理实践。企业应通过对数据的有效治理和科学管理，进一步增强数字资本强企强国战略意识，充分利用中国数字资本和数字技术发展政策优势、资源优势、环境优势、人才优势、市场优势和综合优势，不断提高企业数字产品和数字资产创新水平，为数字强国做出积极的贡献。

本章关键词

评估，确定数字资产经济价值。

交易，体现数字资产货币功能。

第四篇
资本积累与利润

CAPITAL ACCUMULATION AND PROFIT

劳动者创造了财富,却被财富压榨。
消费者创造了资本,却被资本驱赶。

第十四章　剩余价值转化为利润

引　言

马克思认为，资本主义生产的总过程是剩余价值转化为利润和剩余价值率转化为利润率。

托马斯·罗伯特·马尔萨斯（Thomas Robert Malthus）指出，资本家对于他预付的资本的一切部分，都期望得到同样的利益。

亚当·斯密指出，财富全部是劳动创造的。

毛泽东指出，人民，只有人民才是创造历史的动力。

专家们指出，数字资本是能创造价值的价值，人民才是数字资本真正的创造者和源动力。

第一节　马克思剩余价值及利润观[①]

站在数字时代的前沿，认真通读马克思《资本论》原著，运用马克思资本论的理论逻辑，考察数字经济和数字资本生产和发展的规律，揭示当代社会的基本矛盾，创新经济学理论和实践，具有重要意义。

马克思指出：我们都知道，剩余价值是由一个既定的价值产生的，因为这个价值是以生产资本的形式预付的，至于是以劳动的形式预付，还是以生产资料的形式预付，那是没有关系的。但是，这个预付的资本价值能形成剩余价值，并不是由于它已经被消耗，从而形成了商品的成本价格。因为，正是就它形成商品的成本价格来说，它形成的不是剩余价值，而只是所耗费的资本的等价物，或补偿价值。因而，就它形成剩余价值来说，它不是靠它作为所耗费的资本的特有属性，而是靠它作为预付资本，从而作为所使用的资本的特有属性，来形成剩余价值的。因此，剩余价值既由预付资本中那个加入商品成本价格的部分产生，也由预付资本中那个不加

[①] 马克思.资本论:第3卷[M].北京:人民出版社,2018:43-61.

入商品成本价格的部分产生；总之，同样由所使用的资本的固定组成部分和流动组成部分产生。总资本在物质上是产品的形成要素，不管它作为劳动资料，还是作为生产材料和劳动，都是如此。总资本虽然只有一部分进入价值增殖过程，但在物质上总是全部进入现实的劳动过程。或许正是由于这个原因，它虽然只是部分地参加成本价格的形成，但会全部参加剩余价值的形成。不管怎样，结论总是：剩余价值是同时由所使用的资本的一切部分产生的。如果用马尔萨斯的粗浅说法，这个结论还可以更简短地表达为："资本家对于他所预付的资本的一切部分，都期望得到同样的利益。"

马克思在《资本论》中明确指出，剩余价值，作为全部预付资本的这样一种观念上的产物，取得了利润这个转化形式。因此，一个价值额之所以成为资本，是因为它用来生产利润。换句话说，利润之所以产生出来，是因为有一个价值额被当作资本来使用。如果我们把利润叫作 p，那么 $W = c + v + m = k + m$，就变成 $W = k + p$，也就是商品价值 = 成本价格 + 利润。

因此，我们在这里最初看到的利润，和剩余价值是一回事，不过它具有一个神秘化的形式，而这个神秘化的形式必然会从资本主义生产方式中产生出来。因为成本价格的形成具有一种假象，使不变资本和可变资本之间的区别看不出来了，所以在生产过程中发生的价值变化的起源，必然从可变资本部分转移到总资本上面。因为在一极上，劳动力的价格表现为工资这个转化形式，所以在另一极上，剩余价值表现为利润这个转化形式。

马克思说：我们知道，商品的成本价格小于它的价值。因为 $W = k + m$，所以 $k = W - m$。只有 $m = 0$，公式 $W = k + m$ 才变化为 $W = k$，即商品价值 = 商品成本价格。这种情况在资本主义生产的基础上是绝不会发生的，虽然在特殊的市场情况下，商品的出售价格可以降低到商品的成本价格，甚至降低到商品的成本价格以下。

因此，如果商品是按照它的价值出售的，那么，利润就会被实现，这个利润等于商品价值超过商品成本价格的余额，也就是等于商品价值中包含的全部剩余价值。然而，资本家即使低于商品的价值出售商品，也可以得到利润。只要商品的出售价格高于商品的成本价格，即使它低于商品的价值，也总会实现商品中包含的剩余价值的一部分，从而总会获得利润。用我们的例子来说，商品价值 = 600 镑，成本价格 = 500 镑。假定商品按 510 镑、520 镑、530 镑、560 镑或 590 镑的价格出售，它就分别低于它的价值 90 镑、80 镑、70 镑、40 镑或 10 镑出售，但从它的出售中仍然可以分别得到10镑、20镑、30镑、60镑或90镑的利润。在商品的价值和它的成本价格之间，显然会有无数的出售价格。商品价值中由剩余价值构成的要素越大，这些中间价格的实际活动余地也就越大。

这可以说明日常的竞争现象，例如某些低价出售的情形，某些产业部门的商品价格异常低廉的现象等。我们下面将会看到，政治经济学迄今没有理解的关于资本主义竞争的基本规律，即调节一般利润率和由它决定的所谓产生价格的规律，也是建立在商品价值和商品成本价格之间的这种差别之上的，建立在由此引起的商品低于价值出售也能获得利润这样一种可能性之上的。

商品出售价格的最低界限，是由商品的成本价格规定的。如果商品低于它的成本价格出售，生产资本中已经消耗的组成部分就不能全部由出售价格得到补偿。如果这个过程继续下去，预付资本价值就会消失。从这个观点来说，资本家就乐于把成本价格看作商品的真正的内在价值，因为单是为了保持他的资本，成本价格已是必要的价格。况且，商品的成本价格还是资本家自己为了生产商品而支付的购买价格，因而是一个由商品的生产过程本身决定的购买价格。因此，在资本家面前，在商品出售时实现的价值余额或剩余价值，表现为商品的出售价格超过它的价值的余额，而不是表现为它的价值超过它的成本价格的余额，因而商品中包含的剩余价值好像不是通过商品的出售来实现，而是从商品的出售本身产生的。关于这种错觉，我们在第一卷第四章第二节"资本总公式的矛盾"已经做了详细的论述，现在，我们回头看一下托伦斯等人在把这种错觉看成政治经济学超过李嘉图的一个进步时再次提出的那种说法。

"自然价格由生产费用构成，或者换句话说，由生产或制造商品时的资本支出构成，它不可能包含利润……一个租地农场主为耕种他的田地支出了100夸特谷物，而收回120夸特，这20夸特就是产品超过支出的余额，就是他的利润；但是把这个余额或利润叫作他支出的一部分，却是荒谬的……一个工厂主支出一定量的原料、工具和劳动所需的生活资料，而获得一定量的成品。这个成品，同为了获得这个成品而预付的原料、工具和生活资料相比，必须有一个更大的交换价值。"

托伦斯由此得出结论说，出售价格超过成本价格的余额或利润的产生是由于：消费者。"通过直接的或间接的交换付出的部分，大于生产商品时所耗费的资本的一切组成部分。"

实际上，超过一个定量的余额，不可能成为这个定量的一部分，因而，利润，即商品价值超过资本家的支出的余额，也不可能形成这个支出的一部分。因此，如果除了资本家预付的价值，再没有任何别的要素加入商品的价值形成，那么我们就不明白，怎么会从生产中得出一个比加入生产中的价值更大的价值，或者说，怎样会从无中生出有来。但是托伦斯只是用从商品生产领域转移到商品流通领域的办法，来逃避这个无中生有的创造。托伦斯说，利润不可能从生产中产生，否则它就包含在生产费用中了，因而也就不是超过这个费用的余额了。

马克思指出，总资本 C 分为不变资本 c 和可变资本 v，生产一个剩余价值 m。我们把这个剩余价值和预付可变资本的比率 $\frac{m}{v}$ 叫作剩余价值率，用 m' 来表示。这样，$\frac{m}{v} = m'$，因而 $m = m'v$。这个剩余价值同总资本相比，就叫作利润（p），而剩余价值 m 和总资本 C 的比率 $\frac{m}{C}$，就叫作利润率 p'。这样就可以得到：

$$p' = \frac{m}{C} = \frac{m'v}{C} = m'\frac{v}{c+v}$$

这个公式也可以用如下的比例来表示：

$$p' : m' = v : C$$

利润率和剩余价值率之比，等于可变资本和总资本之比。

从这个比例可以看出，利润率 p' 总是小于剩余价值率 m'，因为可变资本 v 总是小于 C，即 $v+c$ 之和，可变资本加上不变资本之和。不过要把 $v=C$ 这种唯一的、但是实际上不可能有的情形除外，也就是要把资本家完全不预付不变资本，不预付生产资料，而只预付工资的情形除外。

此外，我们在研究中还要考虑到一系列对 c、v 和 m 的大小有决定性影响的其他因素，因此要简略地提一下这些因素。

第一是货币的价值。我们可以假定，货币的价值到处都是不变的。

第二是周转。我们暂时完全不考虑这个因素，因为周转对利润率的影响，我们要在以后的一章中专门进行考察。〔在这里，我们只是先提出一点：公式 $p' = \frac{m'v}{C}$，严格地说，只是对可变资本的一个周转期间来说，才是正确的。但是，如果用年剩余价值率 $m'n$ 代替简单的剩余价值率 m'，这个公式也适用于年周转；在这里，n 代表可变资本一年内周转的次数（见第二卷第十六章第Ⅰ节）。——弗·恩〕

第三，还要考虑到劳动生产率。劳动生产率对剩余价值率的影响，已经在第一卷第四篇详细讨论过了。但它对利润率，至少对单个资本的利润率，也能发生直接的影响，如果像我们在第一卷第十章的 323/314 页中说过的情形那样，这个单个资本用高于社会平均生产率的生产率来进行工作，按低于同种商品的社会平均价值的价值来提供产品，因而会实现一个额外利润。但这个情形在这里仍然不予考虑。因为在这一篇，我们还是假定各种商品是在社会正常的条件下生产，并且按照它们的价值出售的。因此，我们在每一个场合都假定劳动生产率保持不变。事实上，投在一个产业部门的资本的价值构成，也就是可变资本和不变资本的一定比率，总是表示一定程度的劳动生产率。所以，一旦这个比率的变化不是由不变资本的各个物质组成部分的单纯的价值变化或工资的变化引起的，那也就表示劳动生产率已经发生了变化，因此，我们常常可以看到，c、v 和 m 这几个因素的变化同时也包含着劳动生产率的变化。

其余三个因素，即工作日长度、劳动强度和工资的情况，同样如此。它们对剩余价值量和剩余价值率的影响，我们已在第一卷详细论述过了。因此，很清楚，虽然为了简便起见，我们总是假定这三个因素保持不变，但是 v 和 m 的变化同样可以包含着它们的这几个决定要素的量的变化。在这里，我们只是简单地提一下，工资对剩余价值量和剩余价值率的影响，同工作日长度和劳动强度对它们的影响是相反的；工资的增加会减少剩余价值，而工作日的延长和劳动强度的提高则会增加剩余价值。

例如，假定有一个 100 的资本，使用 20 个工人，在他们每天劳动 10h，每周总工资为 20 的情况下，生产一个 20 的剩余价值。这样就得到：$80c + 20v + 20m$。其中，$m' = 100\%$，$p' = 20\%$。

假定工作日延长到 15h，但工资不增加。这样，20 个工人的总价值产品，就由 40 增加到 60（$10:15 = 40:60$）；因为支付的工资 v 保持不变，所以剩余价值就由 20 增加到 40。这样就得到：$80c + 20v + 40m$。其中，$m' = 200\%$，$p' = 40\%$。

由此可见，工作日的延长（或劳动强度的相应提高）和工资的降低，都会增加剩余价值量，从而会提高剩余价值率；相反，在其他条件不变的情况下，工资的增加则会降低剩余价值率。所以，如果 v 因工资的增加而增加，这并不表示劳动量增加了，而只是表示劳动量的报酬更高了；在这个场合，m' 和 p' 就不会提高，而会降低。

第二节　数字资本的盈利模式

一、固定盈利模式

在数字资本时代，数字商品及数字产品之间会形成互补效应。许多数字产品的价值取决于他们与互补品共同使用时的价值。

数字产品的固定效应和互补效应，引出了这样一个问题，是否可以将数字产品的一部分免费或低价出售，吸引消费者使用后再进行固定，然后将互补的另一部分产品以高价出售。英特尔就是一个典型的案例：英特尔在不影响其核心产品性能的前提下，对互补品进行商品化。英特尔曾努力改进计算机主板等组件的性能，同时将这些组件变成了只兼容本公司处理器的模式，因此提高了消费者的转移成本并固定了消费者，之后再高价出售这些产品器件，并从中获得高额利润。

二、转移成本模式

在数字资本发展中，转移成本是一个十分重要的问题。所谓转移成本，是指消费者购物从一个商家转向另一个商家时面临涨价或增加成本，即消费者为更换卖主所需付出的各种代价的总和。在实践中，转移成本可以归为以下三部分：第一部分是时间上的转移成本；第二部分是经济上的转移成本；第三部分是精神上的转移成本。相比较而言，精神上的转移成本比另外两类转移成本更加难以被竞争对手效仿。当消费者的转移成本上升到一定程度时，就出现了基本固定效应。例如，当消费者购买了一台计算机并习惯使用 A 系统之后，再更换到 B 系统时就会存在加价，即增加一定的转移成本。

在实践中，消费者越来越明显地受制于数字产品的转移成本和固定效应。

（1）但凡消费者选择了某种技术或者某种模式来存储和使用信息，其转移成本就会有不同程度的提高。例如，当我们从 APP 甲转移到 APP 乙时，可能会出现数据文件无法完美转移、技术工具不兼容或者新软件使用不便利等问题，即如果转移就需要增加成本。

（2）当消费者习惯于使用一种数字产品时，就会产生基本固定效应。固定效应可以出现在消费者个人，也可以出现在企业，甚至出现在社会各方面。而形成固定的主要原因，除了消费习惯外，就是不愿多付转移的成本。

三、厂商补贴模式

在实践中，当转移成本比较高时，厂商对新消费者的竞争会变得更加激烈。因为一旦新消费者被厂商所固定，厂商就增加了一个重要的利润来源。例如，某公司办公室用5000元买了一台惠普彩色打印机，几个月后发现更换两种颜色的墨盒却需要花费上千元。值得注意的是，不是墨盒很贵，而是打印机比较便宜。由于转移成本的存在，当数字产品厂商争夺被固定的消费者时，向该部分消费者提供补贴就成为常用的策略。在数字经济时代，针对消费者的补贴大战也同样是为了固定消费者群体规模。

由此可见，补贴战术是厂商在第一阶段提前对消费者群体进行固定，在第二阶段通过提高价格获得更高利润。因此，对消费者而言，固定在一家网络平台消费，有时会带来一些实惠，转移到另外一家网络平台会产生转移成本。对厂商而言，在产品的生存周期内对消费者涨价，会获得更高的利润。

四、价格离散模式

数字市场的价格离散度，是指同质数字产品的价格分布相对于某一中心价格的偏离程度。同质数字产品，既可以指同品牌或同型号的数字产品，也可以指具有同样功能的数字产品。在实践中，价格离散是在数字资本市场交易不均衡分布中产生的。价格离散可以反映市场信息的充分与否，是衡量市场效率和竞争力的一项重要指标。如果一个资产交易数字市场的效率较高，消费者或零售商之间的信息不对称程度就会降低。市场上某种数字产品的均衡价格水平一般等于零售商边际成本的价格水平，同类数字产品价格分布的离散程度也就较小。若一个数字市场的效率较低，被较强的数字市场分割，新零售商进入该市场的成本会不同程度地提高。因此，随着消费者和零售商之间的信息不对称程度的变化，数字市场中同类数字产品的价格分布的离散程度会随之改变。

五、搜索的边际效应

在信息搜索实践中，消费者清楚地认识到，随着搜索次数的增加，搜索的整体成本会降低。但无限制地搜索并不是理性的行为。

在网络商务市场，消费者可以借助网络商务市场提供的智能化搜索工具对相关商品信息进行检索或筛选，进而极大提高了数字市场的匹配程度，并降低了搜索成本，有助于市场效率的提高。但是，巨大的聚集性规模使网络商务市场的搜索成本也不容小视。因此，市场的匹配能力和程度已经成为影响网络商务市场效率最重要的因素。并且，相对于传统市场的外生变量情形，转变为分析网络商务市场的内生变量模式，决定着不同网络商务市场效率的差别。专家建议，有必要从理论和实践的结合上进一步讨论网络市场匹配能力对于网络商务市场效率的影响和作用。

六、数字市场的效率

数字市场功能和效率，包括匹配、定价和交易三个主要方面。匹配能力体现了市场的经营结果；价格功能则决定了市场的竞争规模；交易服务呈现了市场的管理水平。数字资本市场区别于传统市场的特点在于，它具有强大的聚合或搜索能力，智能搜索引擎提高了数字产品和数字商品信息的检索匹配功能，降低了搜索成本，致使数字市场的匹配能力和交易规模远远超越传统市场。这就是它的优势。

（一）市场匹配效率

在数字市场竞争和匹配之间的互动关系中，如果市场匹配效率低下，使消费者只能同有限的厂商接触，将形成竞争的不完全性，导致数字市场价格传递成本和消费选择信息的作用受到扭曲。从竞争的角度讲，匹配程度决定了数字市场竞争的程度，从而影响数字市场的效率。因此，数字市场匹配能力越强，交易成本越低，交易信息越多，竞争越充分，市场效率越显著提高。

（二）市场规模效益

在数字资产市场中，市场规模直接影响数字市场的匹配、交易规模和经济效益。数字市场具有较强的网络外部性，市场经营者有极大的动力增加长尾产品，扩大市场规模。数字市场规模的扩大增加了市场竞争的有效范围，从而提高了数字市场效率和效益。但是，在数字市场搜索能力不变的条件下，超量的厂商、消费者和长尾产品聚集到数字市场，必然会导致市场相关信息不对称问题，并导致市场匹配程度下降，促使交易和经营成本上涨，值得重视。

（三）剩余价值

随着数字资产市场各种成本的变化，进入数字交易市场并因此面临多变成本的消费者要求更高，在理想产品上做出妥协更少。如果交易成本够低，消费者将会选购更多商品，商家从规模销售中获取更多利润，数字市场将获得如下三个方面的益处：

（1）厂商之间的竞争升级，消费者享受到比较低的价格。

（2）消费规模的不断扩大，提高了数字市场配置效率，增加了经营者的经济收入。

（3）虽然消费者购买次数增加，但总的购物成本不断下降。

总之，免费或较低的价格，虽然是以牺牲商家部分利润为代价的，但更有效率的数字市场匹配和规模化交易增加了社会剩余价值。

第三节 剩余价值转换为利润

一、数字资产的特征

（一）产品的比特性

比特（BIT），是指信息量中最小的度量单位。在二进制数中，每个 0 或 1 就是一个比特。在数字产品、数字商品和数字服务中的比特属性亦称为非物质性。例如，部分数字产品的形式是以 0、1 字符串标示的二进制代码，不但可以在物理世界以比特的形式存储在实物上进行流通，而且可以通过网络以比特流的形式进行广泛传播。在数字产品分析中，通过网络以比特流的形式传输，使数字产品的比特属性降低了存储、计算和传输信息的成本，使数字产品具备了产品属性、免费使用、虚拟存储等显著区别于物理产品的特征。比特属性是数字产品与物理产品最为显著的区分标准。

（二）资产的数字化

数字资产，是指经数字化后的信息类资产，包括数字媒体、数字化读物、数字技术、数字服务、数字产品和数字化商品等。

（三）成本的可变性

在数字资本市场，数字产品的最初生产成本比较高，但其流通和交易等可变成本比较低，有的数字产品可变成本甚至近于零。数字产品具有可变成本的主要因素是，数字产品的多次复制成本很低。如消费者在网上看耗资巨大的长津湖电影，基本不用任何费用就可以无限次在网上进行复制。因此，虽然生产最初次数字产品的固定成本很高，但使用或者复制副本的成本可以基本不计。这使得数字产品的定价往往是基于消费者价值而非生产成本。与复制成本类似，数字产品的运输成本及数字产品从一个系统传输到另一个系统的成本接近于零。这里所称的系统主要是指计算机和手机等常见的智能化工具。同时，低运输成本大幅降低了数字产品的分销成本，扩大了数字产品的销售规模，提高了运营商利润。

（四）市场的反馈性

市场反馈性效应，是指数字产品在市场价值的呈现。在资本市场，数字产品的需求取决于消费者的规模，有了规模，该产品就具备了网络效应。当消费者的规模达到临界容量时，会引发正反馈效应。占据主导地位的数字产品或数字商品往往会独占数字市场，并呈现强者越强，弱者越弱的态势。包括通信软件和一些数字平台，都具备这样的属性。由此可见，潜在数字市场对于这些软件产品的需求，取决于消费者的规模。随着消费者基数的增加，数字产品价值随之提升。以微信为例，使用微信的人越少，微信对于潜在消费者的价值越低；使用微信的人越多，微信对于潜在消费者的价值越高。

（五）产品的稳定性

数字产品与物质产品的主要区别在于，数字产品一旦生产出来就能永久保存。数字产品具备稳定性的特征。这一特性有利的一面就是有助于保持数字产品质量的稳定性，但其不利的一面在于数字产品成了耐用品，从而导致销售量在后期乏力。在实践中，数字产品厂商一般会采取开发新产品或扩充数字产品性能，并持续推进产品升级换代的举措，吸引更多的消费者，占领并扩大市场规模。

（六）垄断的消极性

最初的数字化产品，包括新上市的数字产品和数字商品，大多存在消费者用户竞争和市场的垄断性。这些产品由更新的产品取代并普及，会导致竞争性和排他性有所减弱。但是许多厂商为了防止消费者转移或复制数字产品，采用在技术设备上设置密码的方式限定范围和数量，包括只允许某些数字产品在限定的技术设备上使用。这些技术设施在保障消费者使用权的同时，会影响消费者的选择权，从而影响消费者购买该产品或商品的积极性，这就是垄断产生的消极性。

二、数字产品的销售方式

数字产品与传统的物质商品不同,数字产品的数字化属性推动了部分产品免费体验性销售方式。数字产品的厂商往往通过免费提供一部分产品的方式固定自己的消费者,以获取更多或更长远的利益。免费体验性销售的主要方式,一是由数字企业的商业模式决定的,二是由数字产品的免费体验方式决定的。企业免费体验使用的销售模式能够提升消费者购买的意愿。其中的重要因素是数字产品的质量感知。对于传统产品而言,产品质量容易感知,因而产品质量对于价格的考量较为明确。但对数字产品而言,消费者对于产品质量的感知机理变得复杂。因此,如何通过免费的模式帮助消费者感知数字产品价值,合理确定免费的比例,通过免费体验方式固定消费群体,成为数字产品生产者和经营者新的挑战。

三、数字市场的交易成本

在数字技术的发展和数字产品交易中,包括检索成本、储存成本、生产成本、运营成本、管理成本在内的交易成本逐步降低,其中检索成本对交易机制的影响较为明显。数据信息检索的便捷,使广大消费者对可感知的信息进行对比和选择,并买到满意的商品。良性循环促进交易,有助于提升数字市场的匹配度和经济效益。检索成本降低的一个重要影响是降低了市场的信息不对称程度,进而影响了价格离散度和市场效率,因此,导致企业或商家愿意提供更多种类的产品,消费者能以更低的成本买到满意的产品。在实践中,比较分散和小额的但巨量的需求积累,可能产生收益较高的新数字市场,产品销售从非主流产品转向主流产品,最终导致数字资本长尾市场的形成。

四、数字市场的交易模式

随着数字资本与经济社会的深度融合,产生了共享数字市场。其中,数字集成产品交易市场与新的数字资源配置促进了数字市场交易。数字市场交易模式具备三个特点:①拥有众多不特定参与者;②可以在较短时间内完成交易;③价格随着供需的变化可以在短时间内动态调整。经济学家将这种新的交易机制称为密集型市场,其核心在于,在极短的时间内将供给方和需求方配对,让供给和需求精准对接。这三个特征从经济学原理上求证了数字资本市场的客观规律。正是数字技术与物理世界和实体经济的融合，促使这一交易机制得以从虚拟经济拓展到实体经济。在密集型数字市场中，定价方式也由固定定价模式发展到动态定价机制。例如，打车软件在高峰时段会根据出租车数量、车型和用车人数给予差异化价格，而这种动态定价方式完全依赖于数字技术支持下供需双方形成的配对机制。因此，在数字资产交易机制上，动态定价也是密集型数字市场有别于传统市场的主要特征之一。

五、数字市场的价格歧视

价格歧视，亦称价格差别，是指数字产品和数字商品的厂商在同一时期对同一产品或商品采取不同价格的行为。数字市场价格歧视分为三种类型。

（1）因人定价。因人定价是指对不同消费主体制定不同价格。数字产品厂商根据每一位消费者对于数字产品可能支付的最大货币值制定价格，从而获得全部消费者剩余价值的定价方法。典型的是产品或商品网上拍卖。

（2）价格差别。价格差别是指数字产品厂商根据不同的消费规模或者区段确定不同的价格，并以此获取部分消费者剩余价值。典型的方式是价格折扣。

（3）价格多元。价格多元是指厂商将消费者划分为两种或两种以上的类别，并针对每一类消费者确定不同的价格。这是最普遍的价格歧视模式。

随着数字资本的发展和数字技术的广泛应用，数字产品市场价格歧视的表现形式也会日趋多样化。

六、数字市场外部性的作用

在数字资产市场，数字市场外部性为数字交易平台赋予了自然垄断属性。其主要表现形式和作用如下：

（1）数字交易平台兼容性带来的网络效应的扩大，让占据市场主导地位的数字产品厂商存在着合谋的可能性。

（2）免费和补贴、跨界竞争等商业交易行为，使得相关数字资产市场界定、市场集中度测算等反垄断调查的关键环节面临新的挑战。

（3）不当竞争等新的垄断模式进一步为具有支配地位的厂商提供了强有力的支撑。因此，许多国家和地区，对于数字经济特别是数字交易平台厂商的反垄断监管，已成为保护广大消费者和企业合法权益，维护公平竞争的重要举措。

2019年以来，美国国会和联邦政府以及各地方政府密切关注大型数字平台，并采取了一系列监管措施，尤其在数据泄露和隐私安全等较为突出的问题上加大了监督力度。2021年2月，在借鉴发达国家关于平台经济领域治理有益经验的基础上，中国的国务院反垄断委员会制定了《国务院反垄断委员会关于平台经济领域的反垄断指南》，重点关注滥用市场支配地位行为，为降低市场准入壁垒，保障市场创新活力，提高平台经济的整体国际竞争力创造良好条件和环境。

本章总结

本章专题论述了剩余价值转化的核心，即剩余价值转化为利润是马克思《资本论》的灵魂，也是本书的核心。重点重温了马克思关于剩余价值及转化为利润的基本原理，揭示了数字资本从其生产、发展、应用到消亡的一般规律，数字资本的主要盈利模式和基本特征，数字产品和商品销售方式，数字资本市场交易机制，数字资本市场的交易成本和价格歧视以及网络外部性等。

本章关键词

剩余价值和利润率是马克思《资本论》的灵魂。

数据价值利润增长率是《数字资本论》的核心。

第十五章 获取利润的数学公式

引 言

劳动者创造了财富,却被财富嘲笑。

资本家获得了利润,却曰利润贬值。

第一节 获取利润的数学公式

在主流媒体,我们经常会听到这样的声音:今年的 GDP 与前两年相比,增长了百分之几;物价虽有上浮,但 CBI 基本稳定等等。

在企业家座谈会上,大家会听到这样的呼声:现在企业日子举步维艰,物价上涨,成本增加,利润贬值了等等。

不管是中国的 100 强企业,还是世界的 500 强企业,包括新成立的数字化高科技企业的企业家们,都无法摆脱一个为本公司数字产品、数字商品或数字服务定价的决策。

经理人们一直在利用各种策略来寻找一个合适的价格,从而实现自身利润的最大化。他们经常会使用复杂的数学公式,喝着咖啡,看着手机,凭着直觉就写下了一个产品的价格数字。

一位手机店的经理称,对于新款手机,即使他们制定了一个他觉得很合适的价格,还是会看到两种不同类型的消费者:第一类消费者,例如甲,很期待地从货架上取下一台手机,但是看到手机的价格后,又犹豫不决地把它放回货架上。对于同一款手机,第二类消费者,例如乙,毫不犹豫地掏出银行卡,边付钱边兴奋地告诉收银员他一直很期待这款手机。对于甲来说,一个小折扣就能让它变成购买者。对于乙来说,价格再高一点儿,他还会购买,只不过可能不会这么爽快地刷银行卡。

手机店面对这两类不同的消费者,存在利润流失的悖论。其主要观点是,如果这款手机的价格高了,一些消费者不愿意支付这么多钱,他就不会购买,将失去这一部分利润;如果手机价格偏低,虽然消费者真会来购买,但是会损失那些意愿支付更高价格的消费者身上的利润。无论定高价还是定低价,总是会有一部分利润流失,这部分利润被拉菲·默罕默德(Rafi Mohammed)在《定价的艺术》(*The Art of Pricing*)中称为"隐藏的利润"。和其他商店经理们面临的困难一样,这位手机店经理正在寻找一个合适的价格,用力挖掘并赚取这些隐藏的利润。

一、利润隐藏在价格里

商店的利润隐藏在什么地方?为什么手机店花了很多工夫研究定价,却还是会讲部分利润流失了?这个问题不只让手机店的经理困惑,大型跨国公司的执行官对于定价隐藏的利润也陷入思考。专家指出,问题的根源在于:不同的消费者对同一款产品的感知价值不一样,愿意支付的价格也不同。对于消费者乙来说,他是送女朋友一件生日礼物,必须要买新产品。作者想到在一个收藏品无声拍卖现场,大家对一件藏品写下的价格不尽相同,就不难理解同一件商品对每个人来说价格之间的差异。一方面,当我们收取高价格的时候,消费者甲觉得不值,但像乙这些追新潮的消费者就会购买。那么,这个手机的利润就可能落入了竞争者的手中或者"被丢在地上"。另一方面,当我们收取低价格的时候,很多像甲一样的消费者就会来购买,而追新潮的乙也会喜出望外,因为低于他意愿支付的价格。唯一不高兴的就是手机店经理,乙愿意多付的金钱变成了"落在桌子上"的利润,该赚的高利润没有拿到。

有经济学基础的读者可能马上会想到差别定价。但是,在实践中,由于不同的消费者意愿支付的价格不一样,同一款手机,对于这两类消费者可以制定不同的价格。对于乙这样的消费者,由于他喜欢并对这款新潮手机有需求,卖家就可能会收取高一些的价格。

二、价格差异与歧视

价格差异,是指经营者就同样生产成本的产品、商品或服务,针对不同的消费者实行不同的销售价格。从经营者角度看,不同消费者对同样产品、商品或服务,其支付最高价格的意愿不尽相同。因此,针对不同消费者采取差异化定价,能让经营者获得更多的利润。专家指出,差异化定价是一种价格歧视。

在数字市场,并非所有经营者都有条件实施价格歧视。经营者实行价格歧视需要三个条件:①经营者在市场上处于垄断地位,具有定价话语权。②经营者了解不同消费者意愿支付的最高价格。③大部分消费者对价格差异有一定识别力和判断力。

现在，我们用差别定价的方法来挖掘隐藏的利润。在众行业中，使用差别定价最成功的是航空公司，机票的价格随着每张机票的预订和取消随时都在变化。航空公司主要通过订票时间上的差异来区别对待不同的消费者，提前两周预订的机票价格一般而言要远远低于提前两天购票的机票价格。我们可以设想，如果让航空公司来卖手机，他们可能会这样做：

对于同一款小米手机，根据时间来识别不同支付意愿的消费者。新款手机刚发售的时候，喜欢新款手机的消费者就会购买。由于手机的"推出时间"这个属性给他们带来开心，消费者愿意支付比别人高的价格。所以，在新发售的这段时间内，给新款小米定价6000元，六个月之后其他的新款手机上架了，这款小米手机变成了旧款，其价值下降到了5000元，用降价来吸引消费顾客。结论是，买新款小米手机是6000元，买旧款小米手机是5000元。

这个方法很符合逻辑，不少像乙这样的新潮手机爱好者排队购买期待已久的新款苹果手机，这些人甚至希望新产品的价格能够高一些。但是零售商销售新手机的做法正好相反。例如某公司，他们最初的定价都比较低，有时候甚至低于成本，为什么他们不用时间来进行差别定价呢？因为手机和机票不一样，手机不像飞机座位那样存在严格的数量限制。实际上，第一周发售的数量会决定这款新手机有没有上热销排行榜，而排行榜又会影响到后期的销售。因此，对于零售商来说，他们不希望在发售初期定高价，这样会影响多数消费者购买，根据时间的差别定价对他们并不合适。

诚然，零售商采取的低价策略，确实使他们在销售初期流失了一些利润，但他们能在销售后期获得更大的利润。在新产品刚发售的时候采取的低价策略，吸引了大量消费者，但是流失了那些愿意支付更高价格的消费者身上的利润。对于手机零售商来说，最大的梦想就是在新产品刚发售时不但能够卖得多，而且能得到每位消费者愿意支付的最高价格。既然航空公司的时间差别定价策略用来卖手机不奏效，那么有没有其他方法能识别广大消费者的最高支付心理底线呢？请各位专家和消费者们再研究一下定价的数学公式。

第二节 价格是隐藏利润的工具

一、产品价格与商业利润

我们为大家设定一个场景：新款苹果智能手机推出，开卖的第一天，消费者丙和丁不约而同来到北京王府井同一家苹果手机专卖店，丙拿了一张500元的消费优惠券，用5500元购买了这款手机。丁买同款手机支付了6000元。我们不通过时间来识别消费者的支付意愿，而是根据消费者本身来识别：丙的最高支付意愿是5500元，丁的最高支付意愿是6000元。

这个场景告诉人们，苹果手机专卖店的销售剥削了消费者丙。其实，这种现象在我们身边几乎无处不在。例如，我们在商场选购服装，前面的顾客手里有打折卡或优惠券只需半价，有的顾客却需要支付全价。或者在买房、买车的时候，有的需要支付全价，有的能拿到较低的价格。上述案例让我们看到了商家在销售环节中隐藏的利润。通过识别每个消费者的支付意愿，销售者可以针对每位消费者制定个性化的价格，或通过先高后低，甚至提价之后再打折促销等不同的方式剥削消费者，以实现其利润最大化。

二、个性化定价的主要方式

（1）识别消费者。通过不同消费者最多可以支付多少钱进行识别。对于任意一款商品，需要知道消费者各自愿意付多少钱来购买。

（2）选择消费者。在了解消费者支付意愿的基础上，研究并确定某款商品应该卖给哪些消费者，实现自己利润最大化。

（3）设计差异化价格机制。在识别和选择的基础上，需要制定一个"价格差异"机制。这个机制能让不同的消费者感受到不同商品的价格。例如，针对新上市产品，提供一系列旧产品的优惠券，而对新产品采取一口价等。

第三节 个性化定价是获利方略

一、个性化定价源于市场信息

个性化定价起源于早期零售公司开始在邮寄目录上根据消费者的个

人信息，提供不同的价格。早在1996年，"维多利亚的秘密"（Victoria's Secret）尝试个性化折扣。例如，他们在邮寄节日销售目录上，针对不同性别的消费者调整了促销的策略。女性消费者惊讶地发现，她们收到的优惠券是"购买100美元以上省15美元"，而同一天收到节日销售目录的男士得到的优惠券是"购买100美元以上省25美元"。"维多利亚的秘密"之所以根据性别信息进行个性化定价，是因为他们发现，对于服装类商品，女士比男士的支付意愿高。而男士为女士挑选礼物时，对"维多利亚的秘密"这个品牌并不了解。

根据消费者个人信息制定个性化的价格，是一个最简单的尝试。除了基于性别以外，还可以根据消费者的年龄、职业甚至爱好来实行差别化定价。仅根据个人信息量，只能粗略地识别消费者支付意愿，包括消费者对"维多利亚的秘密"的支付意愿也不尽相同。在实践中，基于消费者个人特征的方法还可能带来一些投诉，有的消费者容易对这些基于个人特征的"价格歧视"进行投诉，他们会觉得自己仅仅因为身份就要支付比别人更高的价格，并且还对改变自己身份感到无能为力。在"维多利亚的秘密"的案例中，也有女性消费者对优惠券的"歧视"火冒三丈，并向消费者协会提出了投诉。

总之，在实行个性化定价机制中，基于消费者市场信息的方法，能通过对消费者进行细分，为不同类型的消费者提供不同的价格，挖掘出一部分隐藏的利润。但这只是向挖掘隐藏利润迈出的一小步。由于每位消费者的需求不同，商家希望能挖掘出每位消费者背后隐藏的利润。为了更准确地了解广大消费者的支付意愿，厂商需要更多的信息，包括消费者购买能力和历史、购买产品或商品的数据等。

二、消费者购物数据的作用

根据消费者购买商品的历史数据的方法销售商品，目前主要在零售业使用。例如，山姆俱乐部（Sam's CIub）曾经推出的"E-value"项目，为会员消费者提供个性化的优惠券。山姆俱乐部为会员们想购买但对价格敏感的商品提供合适的优惠折扣，并将这些个性化的优惠券发送到会员消费者手机上。山姆俱乐部的方法不但能够吸引消费者买更多的商品，而且还提高了会员消费者的满意度。使用"E-value"的会员说："我每次过来买东西都会先查一下'E-value'给我的优惠券。很多时候，它都会针对我计划要买的商品提供折扣，而且还不需要我去寻找这些优惠券。"

山姆俱乐部根据会员消费者之前购买商品的类型、购买时间或购买价格等历史交易数据，了解消费者购买某一个或某一类商品的频率以及对价格的敏感程度。例如，他们了解到一位消费者会员每周六都会来山姆俱乐部购物，多会购买水果和小瓶洗发水。购买水果的记录比较稳定，不管有无折扣，他都会购买；而对于洗发水，总是买35元一瓶的。根据这些记录，商家就能够知道，这位顾客的购物频率是每周一次，对于水果，很可能是他每天需要的，所以对价格不敏感，愿意支付全价。而对于洗发水，他却非常在意价格，觉得一小瓶洗发水应该在25元左右。如果商家想卖给他们价格更高的飘柔洗发水，或者正在协助飘柔洗发水做品牌推广，便采取提供一张飘柔洗发水优惠券的销售策略。山姆俱乐部个性化价格在满足销售目标的同时，还能赚取更高利润，跳出了利润流失或者贬值的悖论。

三、实现利润最大化策略

销售商只有了解消费者的消费习惯，如能接受的价格范围等，才能实现其利润的最大化。有人会说，企业不像手机店那么简单，不仅要考虑消费者愿意支付的价格是多少，还要看商品的成本、存货数量、竞争者价格、商品的利润率等。企业即使知道消费者对每件商品的支付意愿，还需要选择把商品卖给哪些消费者，才能最大化自己的利润。企业需要销售策略，其中包括消费者心理。

根据商家的盈利心理，他们应该把商品卖给愿意出价最高的人，就像在拍卖会上，谁喊的价最高，就把商品卖给谁。然而，厂商与拍卖会不同，消费者不但不在同一现场，而且也不在同一时间出价。消费者购买的可能性、购买的数量以及支付意愿的价格都在随着时间不断地变化。把商品卖给那些出高价的消费者的决策，比在拍卖会上复杂得多，厂商会更精心地研究并制定利润最大化策略。

商家们针对这种情况，会使用遗传算法来决定把商品卖给哪些消费者。对于每一位消费者，商家计算他们可能花98元买某件商品的概率，就像计算每个基因适应新环境存活下来的概率一样。然后，在98元的这个价格水平上，将购买可能性大的消费者列入名单甲，另外的消费者被列入名单乙。接下来，列入名单甲的消费者再参与下一轮的计算。最后，可以得到一批消费者，这一批消费者是商家实现其利润最大化最廉价的推销员。遗传算法是实现个性化定价采用的主要方法之一，比如一些厂商的个性化定价工具就是采用这种算法。遗传算法在现有存货、商品利润率等信息的基础上，帮助商家决定应该把商品提供给哪些消费者，并从中获取更多的利润。

四、价格个性化机制的设计

企业家和商家为了实现利润最大化，在实施个性化定价时，还需要一个价格差异化机制，让机制告诉人们，针对不同消费者，商家应该提供哪些商品组合的优惠。

按照消费者的信息，重新对价格差异化机制进行设计，即根据广大消费者的消费意愿、习惯和支付能力以及商品定价的差额来提供相应的优惠券还不够，商家往往需要考虑优惠券的数量、促销预算的限制等因素。这就需要建立起一种机制，而这种机制的实质是价格歧视。

第四节 亚马逊式利润的未来

在研究数字资本市场时，我们关注市场主体的盈利机制，在考察其盈利密码时，我们会想到互联网巨商，即曾经市值9229.46亿美元的亚马逊及其盈利模式，并从中引发思考。

一、亚马逊的盈利模式

大家都知道，著名的亚马逊差别化定价营销模式，曾遭遇一场比较大的风波。2000年，有消费者发现，亚马逊在同一商品对不同的消费者收取不同的价格。同样一件商品卖给新的消费者的价格要比老的消费者低20美元。亚马逊的解释是，这是亚马逊针对不同的消费者提供的随机优惠折扣，然后根据消费者的折扣反应，重新衡量商品对每一个消费者的定价。从结果来看，消费者觉得他们买得越多越频繁，反而要付出越高的价格，这让亚马逊的消费者们很不满意。某网站认定，经常在亚马逊买东西的消费者已经被"征服"了，不介意或不注意自己买东西要多付3%的钱。虽然亚马逊后来解释说，这是看消费者对不同折扣额反应的调研。仅仅是简单的价格测试，老消费者仍觉得自己得到了不公平的歧视。

有人提出采取亚马逊的做法，但别被消费者发现。他们建议商家隐瞒歧视定价的事实，或者用"抽奖"的幌子来应对消费者。但是，隐瞒不是最好的办法，如果广大消费者发现了商家差别化的定价或促销策略，就会认为是重蹈亚马逊的覆辙。

为什么亚马逊式的做法让消费者觉得难以接受？为什么消费者认定差别化的定价和促销是不公平的歧视？一个主要原因是他们对差别化的价格理解错了。中国法学会消费者权益保护法研究会会长何山教授曾经强调，差别化定价不应是扔给消费者不同的价格，而是应该把优惠或者返利作为对不同消费者的奖励，并且为那些愿意多付钱的消费者提供更多的优惠，这才是真正维护广大消费者合法权益。

在现实生活中，我们看到前面排队的人因为持有打折卡或优惠券而支付了比自己低的价格，并不会觉得不公平。因为前面的人为了拿到打折卡，排了半个小时队或者花了打车费来取优惠券，而我们不愿意花费这些成本。例如，我们在飞机上知道坐在自己身边的人购买的机票比自己的机票少付了30%的钱，而我们所买机票是全价的时候，也不会觉得不平衡。实际上，如果提供的折扣是消费者经过付出努力的奖励，大家就不会觉得不公平。消费者觉得不公平的是，它们仅仅因为人的身份不同，就被索要不同的价格，比如"维多利亚秘密"以及亚马逊的销售模式。

为了公平且合理，实施差别化价格策略的厂商需要设置一条分界线，来分割不同商品不同部分的价值。愿意付出努力并"跨"过分界线，说明消费者愿意付出厂商对该商品的报价并购买该商品。不愿意"跨"过分界线，说明消费者在乎商品的价格，不愿意为这部分价值买单。需要注意的是，这条分界线并不是用来识别消费者的支付意愿的，只是为了分割消费。有专家指出，分割商品价值的结果，使得这部分价值只能被支付高价的人获得。

二、差别化价格的未来

（一）网络平台的差别化定价

差别化定价和促销在零售业早已开始应用，亚马逊也成为在电子零售尝试差别化价格的先行者之一。但是，亚马逊的定价模式失败让不少人对差别化定价在网络平台中的应用前景持悲观态度。亚马逊自己说："这个办法（差别化定价）很愚蠢，因为容易被发现。"他们认为，消费者在网络中更容易伪装成低价购买者。而消费者的对策是，当知道亚马逊为新消费者提供折扣价后，便纷纷注册新用户，希望支付更低的价格买到适合的商品。

在实践中，差别化定价在网络平台成功的案例比较多。不可否认的是，相比实体商店，网络平台在实施差别化定价方面有天然的优势，他们能收集到大量的消费者购买数据，有成熟的差别化技术来识别消费者的爱好或支付意愿，而且很容易为不同消费者呈现不同的价格。例如，在实体店里，商品的标价是一样的，差别化的定价主要通过发放优惠券和打折来进行。但是在网络平台上，商品的标价不需要一样，可以十分便捷地对不同消费者呈现不同的价格。

人们对差别化定价在网络平台的应用持悲观态度，其主要原因是，在网络中容易伪装，换张面具就能得到新价。但是，这个担心的前提是，消费者能够容易识别商家差别化定价的机制。就像航空公司的"价格歧视"一样，差别化定价的机制也不只是依赖简单的原则，而是逐步向复杂的机制发展。正如之前的案例"维多利亚的秘密"，按照性别来进行价格歧视活动。但是，变化了的机制已经考虑了购买历史、产品库存、商品成本和促销预算限制等因素。消费者可能很容易知道伪装成新用户有利可图，但是无法知道伪装成什么样的购买历史能获取某个商品的优惠。退一步讲，就算消费者最终知道了这个机制，厂商或网络平台仍然会为差别化定价设计一定的"门槛"，千方百计让消费者接受不同的价格，广大消费者需要擦亮眼睛，认真识别。

诚然，网络平台虽然有比较多样的定价歧视机制，但是，我们对定价在网络平台的前景持乐观态度。相信在不久的将来，不仅差别化定价技术工具在网络平台等领域会得到更广泛的应用，消费者的历史购买数据也会被各种各类网络平台共享，使商家能够更加精准或迅速地捕捉到消费者支付意愿的变化。例如，消费者在京东网站购买一条领带，再到其他网站购买同款领带的时候，呈现的价格会基本相同。但是，网站上商品的价格也有可能像机票一样，随着每一位消费者的每一件商品交易，随时都可能发生变化。

（二）差别化价格的关联度

专家认为，差别化定价的方式主要涉及是否公平合理。在实际生活中，消费者购买某件商品，单个人的数据量毕竟有限，定价的精准率也相应受限。有专家提出攻克限制的方法是，借助商品之间的联系或者消费者之间的交流，使用消费者群体的智慧数据研究对策。其中一种思路是基于商品的关联度。例如，手表和表带这两个商品的关联度很高，拥有劳力士手表购买记录的消费者也买过相匹配的表带，那么对手表价格不敏感的消费者对表带价格的敏感程度也会比较低。

（三）品牌与价格差异化奖励

当你走进星巴克的时候，作为频繁访问星巴克的消费者，星巴克可能赠送你一张 15 元的代金券。消费者首次走进星巴克使用手机注册，这一行为不仅是一个"消费者忠诚计划"，更使该店能够收集消费者行为数据。同样是每天来星巴克的两位消费者，但他们来星巴克的时间和购买的饮品截然不同，所得到的优惠也不相同：甲每天早上买一杯美式咖啡，乙每天中午买一块蛋糕，因消费不同，星巴克提供给甲新推出的咖啡优惠券，而提供给乙的是蛋糕或者三明治的折扣券。可见，消费者的消费信息为品牌店向消费者提供价格差异化服务贡献了数据。

随着数字技术的广泛应用，厂商对消费者的了解已经不仅仅是谁花了多少钱，购买了什么商品，更增加了消费者消费行为的一个重要维度。厂商使用智能化技术，可以查阅消费者在什么地方、什么时间花了多少钱购买了什么商品。他们借此信息数据构建一个更加全面的消费者爱好和消费行为地图。在这个地图上，对广大消费者进行个性化定价和促销活动，可以有效实现利润最大化。同时，在正确的时间和正确的地点，将正确的打折优惠派送给消费者，进而提高消费者满意度和购买率。

这就是商家们获取利润的数字公式，值得广大消费者讨论或研究，并依法保护自己的合法权益。

本章总结

本章重点阐述了获取利润的数学公式，主要内容包括价格是隐藏利润的工具，个性化定价的特点和优劣，同时介绍并客观分析了亚马逊利润的模式、失败和成功、过去和未来等。

本章关键词

价格是隐藏利润的主要工具，
差别定价是获利的主要方略。

第十六章 劳动价值与劳动力贬值

引 言

在数字科学和数字经济的高速发展中,数字价值和数字资本的升值、劳动者失业率上升和劳动力贬值及其合法利益保护,已经并正在受到严重影响,引起党和政府的高度重视。

数字科技的发展进步,发生了明显替代效应,会导致一部分劳动者失业或失业率上升。

人工智能的快速发展,正在改变生产力和生产关系,会产生对普通劳动者利益剥削的新形式。

内生增长提速,促进科技进步,会影响或减少普通劳动者的收入。

数字经济的高速发展引发的奇点效应,会产生新的数字鸿沟,影响三大差别缩小的时间。

在数字资本生产和发展中,若资源配置失衡,会引起新的收入差别、贫富差距和社会矛盾,影响共同富裕,应高度重视。

劳动者权益的影响,给政府留下一道重要考题。许多专家提出建议,各级政府应与时俱进,改进体制机制,填补政策空间和立法空白,创新和调整生产关系,充分识别并调整新的社会矛盾,在促进数字资本和经济社会健康发展的同时,依法保护广大劳动者的合法权益。

第一节 科技进步与失业率上升

在信息社会和大数据时代,技术的进步会产生资本积累和产出增长速度的自我加速效应,数字经济呈现高速增长。在此背景下,会导致部分劳动力被取代,失业率呈现上升趋势。

有专家指出,数字技术具有与工业革命和机械自动化等旧的技术革命不同的技术特征,经济学家已经从过去的技术进步与劳动力市场的关系研究中总结出了有益的经验和理论成果。本节将重点讲述如何以新古典增长理论为基础和逻辑，考察一个扩展的理论模式，并以此为工具分析数字化技术与就业的动态及多维度的关系。

一、技术进步与劳动者就业

在数字资本时代，数字技术作为一种新的生产模式，已经和正在突破传统生产和就业理论与实际。在社会发展中，分析技术进步对经济发展和劳动力市场的影响并不是新的研究课题。我们应当从历史经验中探索并分析新技术的应用和劳动力发展指数，如劳动者就业、劳动工资和劳动收入份额及其之间的关系，总结其中的规律，并借此引起对数字资本发展和劳动者就业的启示。大陆法系国家以德国为例，英美法系国家以美国为例，我们回顾生产力进步和劳动力市场的数据指标的历史趋势，继而阐述新古典增长理论在解释历史上的成功经验和不足之处，从而为新古典理论拓展进行基础构建。众所周知，长期以来美国的 GDP、工资和劳动收入份额等数据，经常被用于衡量和比较一国的生产力或人均收入，反映劳动力的单位价值，用其劳动收入份额反映劳动者报酬在整体国民收入中的比重。专家以经济增长理论解释和论证上述经济发展的历史趋势，其中新古典增长模型是迄今影响力较大的理论之一。其核心问题是，技术进步如何影响并推动了数字经济变量和进步，并给劳动者就业带来严重挑战。

二、数字技术与替代效应

20 世纪 90 年代以来，经济学家对新古典经济增长的理论扩展，持客观谨慎态度。许多专家对技术外生性理论的全盘否定，逐渐发展出内生性增长理论，包括均衡增长路径在内的很多结论也随之被否定。但仅否定新技术外生性而依然遵循宽松和假设条件，并不完全适用于以数字技术为代表的新的科学技术。因为基于数字经济的数字技术和智能化等新技术，不仅是独立存在的技术，而且可以与数据生产要素进行深度融合；不但改变了原有的资本边际特性或改变了资本和劳动力之间的关联性，而且使社会生产的广延边际被改变，即不仅仅是集约边际被改变。在经济学上，意味着新的生产机会创造出来新的价值，并不是在原有生产模式中加大要素投入的价值。

考察智能化的发展，其重点在于数字技术进步和数字经济发展速度的奇点效应，从而引发数字经济的高速增长，并造成劳动力被替代问题。我们分别从智能化技术完全替代数字产品生产过程的劳动力,智能化技术完全替代内生技术生产力的劳动,智能化下的超高速增长和超级智能四个角度认真分析产生奇点效应的可能性。但是,我们应依然保持经济学家的冷静,从技术瓶颈和鲍莫尔成本病(Baumol's disease)的再回顾,以及从发展和创造性视角,审视奇点效应出现的原因和对策。

在实践中,智能化技术对部分劳动力的替代效应,并没有完全发生,而是大部分人忽略了其他的补偿效应抵消甚至超过了替代效应。回顾这些补偿效应和替代效应,通过对数字经济的模式分析,帮助我们全面和深入地理解智能化技术的诞生对于劳动力市场的多维度影响,最终找到解决答案。作者的核心观点是,随着技术进步,新生产力也会出现奇点效应并导致爆发式增长。而这一切都无须依赖人的体力或者脑力劳动,因而高科技或早或晚会取代大部分普通劳动力,导致劳动力失业率呈现上升趋势。

三、技术进步与奇点效应

科学家研究指出,当新技术引入生产内生技术进步模式时,除非有特殊的指数取值的制约,否则新技术理论上发生奇点效应可能会最终取代大部分人类,从而引发大多数人无业。然而,经济学原理提醒我们,利与弊是一把双刃剑,正向与反向的力量一般不会单独出现。在发展中,能够平衡替代效应的新的因素总会产生。

(1)技术进步的正反馈效应。有智能化专家将新技术的作用设定为非常强大,大到绝大多数劳动者会失业。但我们研究发现,智能化技术也能创造出一些新的工作岗位,如数字技术工程师、技术管理师、技术操作员、人机交互工程师、智能互动工程师等,会在一定程度上补偿新技术强烈的替代效应。此外,在国民经济部门和人们的需求中,总有一些内在需求或精神境界的追求是技术无法替代的,这就意味着新技术永远不能100%实现数字化和智能化。只要经济体没有完全被技术控制,未控制的部分就会变得越来越重要,成为整个经济的短板和资源分配中相互竞争的领域。

(2)智能化技术发展的短板。我们在超级智能的分析中设计了新技术,具备所有认知能力,这是人类特有的高级智慧形式,从而可以替代人类履行知识创造和物质创造的任务。然而,现实中人类总有一些认知能力是技术无法全部被替代的。

(3) 自然法则的限制性。新技术可以完全的智能化代替人类，但它还需要面对和服从自然法则的知识边界极限。专家普遍认为，自然法则的限制，在现实中表现为涸泽而渔效应，即很难搜索100%新知识的效应。

(4) 新旧技术交替的困境。有经济学家提出做研究还是做研发的两难选择题，一是允许新技术自我创造的智能化直接进行数字产品生产和流通，二是在新旧技术交替中，人类可能陷入技术增长的困境，需要寻找新的解决方案。

第二节　内生增长与工资贬值

一、内生增长与劳动收入份额下降

随着数字技术在国民经济各领域的普遍应用，不断产生智能化对人的各项工作的替代效应，而内生增长会导致劳动收入的份额不断下降并贬值，进而影响劳动者合法权益。理论拓展有效地回答或解决了这一问题的核心观点，即只有技术进步不断创造出新的工作岗位，才能保证劳动力不会被完全替代。另外，还有人机交互等因素可能补偿数字技术对劳动力的部分替代效应，可以拓展研究。

目前，世界各国都在关心一个重要命题，即在技术进步促使经济发展的同时，劳动力会不会被完全替代而失去市场份额。我们把新古典经济增长模式对技术进步和劳动力市场关联的解释与数字经济进行比较研究，可以看到影响劳动份额下降的主要因素。

(1) 劳动者工资的增长。在20世纪80年代之前，劳动者工资基本保持了与经济发展一致的均衡增长，显示了新古典增长模型理论和实践的成功。但是在80年代之后，劳动者工资价值遭遇不平衡状态，新古典增长模型对此无法做出合理解释。

(2) 劳动收入份额减少。随着高科技和数字经济发展，劳动收入份额并不像新古典理论模型预测的那样稳定，尤其在20世纪70年代末期以后出现了下滑趋势，并在90年代反弹过后进一步下滑，在21世纪金融危机的冲击下，劳动收入份额不但没有反弹的迹象，反而出现不同程度的贬值问题。

(3) 劳动收入分配失衡。广大劳动者收入份额及价值的下降与资本家收入份额及价值的增加，意味着社会收入分配出现了严重失衡的状况。在科技进步和经济发展中，各国资本家进一步扩大了与工人收入的差距，从而导致新的贫富差距和社会稳定问题。这些问题成为21世纪金融危机以来，各国政府和经济学家普遍担心的命题。

二、劳动力需求与劳动者工资贬值

例证：网络商业银行对部分商业银行职员工作岗位的替代效应。智能化网上业务省下了商业银行成本，商业银行可以去开展理财业务和与银行业创新相关的工作。此外，银行业效率的提升也会正面影响其他行业，提高其他行业劳动力的需求，从而促进就业人数上升。但最终对就业的效应取决于两类效应或强或弱。很明显，在网上商业银行的案例中，表现为智能化技术的替代效应十分明显。

专家预测，随着智能化和数字化技术的普及，资本积累速度加快，劳动力和数字资本在模式设定中不是替代关系，可能会导致劳动者工资价值下降，从而引发生产力效应增强。

三、智能技术深化的正向效应

数字技术不断更新，使智能化生产技术与实体经济进一步深度融合，还会产生另一个重要效应，即提高已实现智能化任务内的生产效率，该效率属于密集性正向效应。

可见，智能化技术的深化不但可以提高生产的密集边际，释放出一定程度的补偿效应，而且在数字技术创新和交替中，还有可能提升劳动者工资和促进劳动者就业。

四、新技术创造与边际效应

上述补偿效应有可能提供劳动者岗位，但对劳动收入份额没有根本改变。因为对于劳动收入市场份额而言，在超级智能化的推进中，会从广延边际中挤出一定劳动收入份额。相反，新的数字技术被不停地创造出来，其中劳动收入份额也可能会增加。总之，新技术研发有了新产品，而新任务创造新的边际效应，可以使劳动者失业率下降。

第三节　工时超长与利益压榨

在技术不断进步和经济高速发展时代，劳动者受压榨是避不开的话题。美国1783年摆脱英国殖民统治，1787年9月17日正式立宪，宣告独立后，在经济上迅速发展的同时，产生了典型的资本主义社会，出现了明显的资本家对普通劳动者剥削和压榨，同时扩大了贫富差距。同样，在经济发达的老牌资本主义国家英国，资本家对劳动者的剥削日趋严重，导致了两极分化。

中国在1949年之前，劳动者，包括工人阶级和农民阶级及知识分子，长期生活在资本家和地主的剥削压迫下。穷苦人被当作奴隶，妇女、儿童被有钱人买卖，工人生活在城市的最底层，农民生活在地主的压榨下，知识分子被当作创造财富的工具。

1949年10月1日，毛泽东主席在北京天安门向全世界宣告：中华人民共和国中央人民政府今天成立了！随着中国特色社会主义制度建立，人民成为国家的主人。2022年5月12日，中共中央宣传部举行"中国这十年"系列主题新闻发布会，对外公开宣布，全国近1亿农村贫困人口全部脱贫。

历史从奴隶社会进入社会主义社会，经济从贫穷到富足，科技从初级到高级，勤劳、勇敢而智慧的中国人民不仅打碎了一个旧世界，创建了新中国，而且将发展成为数字经济和数字资本的强国。

在社会主义国家，在数字经济高速发展的背景下，在劳动人民当家做主人，宪法和法律面前人人平等的新时代，讨论劳动者被剥削或者被压榨的现象，需要责任和智慧。

作为学人，应怀着社会责任感和使命感，运用马克思辩证唯物主义和历史唯物主义世界观、立场和方法，客观分析并解释客观存在的劳动者不同程度和不同形式被剥削、受压榨现象，有利于维护广大劳动者合法权益，有利于国家的发展和进步，有利于为人类美好命运共同体提供中国方案和专家智慧，有利于促进社会公平和正义。

一、劳动者受压榨和剥削的表现形式

在技术进步、数字经济和数字资本的高速发展中，各国包括中国劳动者被剥削或受压榨的主要表现形式如下：

(1) 资本家追求高利润的动机。

(2) 用工者和劳动者权利地位不平等。

(3) 用工者和劳动者收入明显不对称。

(4) 延长劳动者劳动时间不计算工时。

（5）增加劳动强度或难度不增加报酬。
（6）劳动者在劳动中的发明创造不计酬。
（7）劳动者在岗位上的技术革新缺奖励。
（8）劳动者创造的新价值和收入不平衡。
（9）智力劳动者创造的经济和社会价值被忽视。
（10）违法侵犯劳动者合法权益现象时有发生。
（11）变相对劳动者剥削和隐性压榨长期存在。
（12）对劳动者公开或隐藏的剥削呈现增长趋势等。

二、产生对劳动者压榨和剥削的主要原因

在市场经济社会，用工者，包括资本家、商人和企业依法经营，合法盈利，照章纳税，获取高额利润等无可厚议，应受法律保护。作者的立场是，没有劳动者，就没有财富创造者；没有经营者和生产者，就没有资本市场和消费者。用工者和劳动者的人格尊严和合法权益在法律面前人人平等。任何人、任何组织都不得侵犯用工者和劳动者的合法权益。同理，用工者、劳动者、消费者应遵守国家宪法和法律。

劳动者被压榨和被剥削现象存在的主要原因如下：

（1）用工者和劳动者权利地位不平等。主要表现在劳动合同中的霸王条款或用工者根本不同劳动者签订劳动或劳务合同，为用工者剥削劳动者留下法律空间地带或为自己辩护的理由。

（2）用工者和劳动者对劳动时间概念的差异。以航空公司机组人员工时计算为例，如果执行上午9点的飞行任务，机组人员包括机长、副机长、乘务员、安保人员必须前一天晚上开始备勤，做各项飞行前准备工作，至少半小时或以上，不计算工作时间。执行飞行任务当天从7点半起床，准备，机上整理，等候客人到旅客登机至起飞前，约1个多小时不计算工作时间。

作者认为，应该使用数字经济和数字资本中的"算法＋算力＋时间＋报酬"的方法，合理计算其实际工作时间并增加劳动报酬。但重点在于，用工单位需要严格执行《中华人民共和国劳动法》，才能切实保护劳动者的合法权益。

（3）劳动用工和薪酬制度不健全。主要表现在用工者用工的任意性，劳动者缺乏选择权。

（4）劳动者保护立法存在真空地带。尤其针对不同领域、不同行业、不同工作岗位的计酬，缺失统一计算和考量标准或执行依据。

(5) 有法不依，监察缺位，执行不力等。

三、劳动者合法权益保护

概括来讲，消除对劳动者剥削和压榨的主要举措如下：一是完善立法，公正执法；二是严禁压榨，消除剥削；三是依法维护广大劳动者和广大消费者的合法权益。

关于劳动者和消费者合法权益保护的具体内容，请参见本书第二十九章数字时代消费者权益保护。

第四节　资本增长与贫富差距

在数字时代，数字技术、数字经济、数字资本与数字智能化应用和发展，导致或引起国民经济的数字化不仅在宏观上引发了替代效应和补偿效应，而且在国家宏观经济上造成了不均衡等结构性问题。其中，贫富差距拉大，已经和正在成为全球性的问题。

根据美国政府官方和权威智库提供的数据显示，美国1%的人口拥有全国40%以上的财富；而90%的人口才拥有全国50%的财富。有专家称，美国是一个自由、开放、贫富差距较大的国度。众所周知，美国被称为或自称为法治国家、人权国家、自由世界。但2022年5月，美国总统拜登宣布美国新冠病毒感染死亡人数超过100万的事实证明，人权和自由是一把双刃剑。

据美国劳工组织2022年7月26日报告显示，美国现有50多万10~15岁童工，均是贫困家庭儿童。他们大都从事烟草业、农业、服务业，每天劳动10~15h，有的出现尼古丁中毒现象却得不到及时治疗。

2022年9月20日，联合国秘书长安东尼奥·古特雷斯在第77届联合国大会上指出，贫富差距正在逐步拉大。一些国家垄断着某些领域，值得担忧。

下面为大家提供了美国和英国政府官方公布的美、英贫富差距、自动化发生率和技能溢价图例，希望引发研究。

一、美国贫富差距比重分析

美国贫富差距比重分析如图16-1所示。

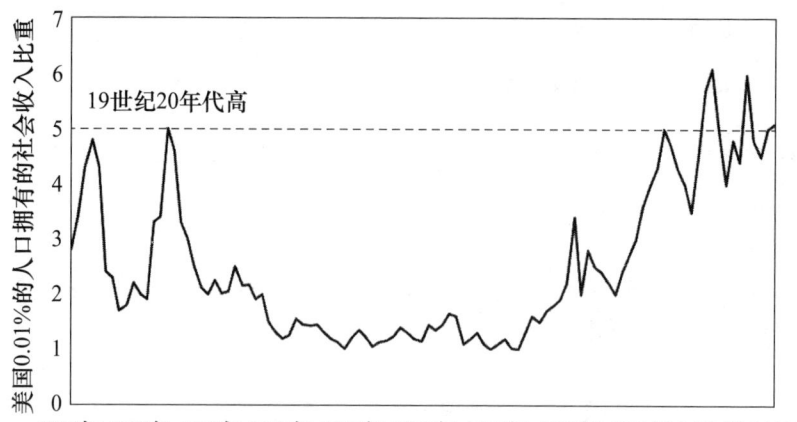

图 16-1　贫富差距：美国0.01%的人口拥有的社会收入比重
资料来源：Thomas Piketty，Emmanuel Saez，*Income Inequality in the United States*。

二、美国不同人群收入对比

美国不同人群收入对比如图 16-2 所示。

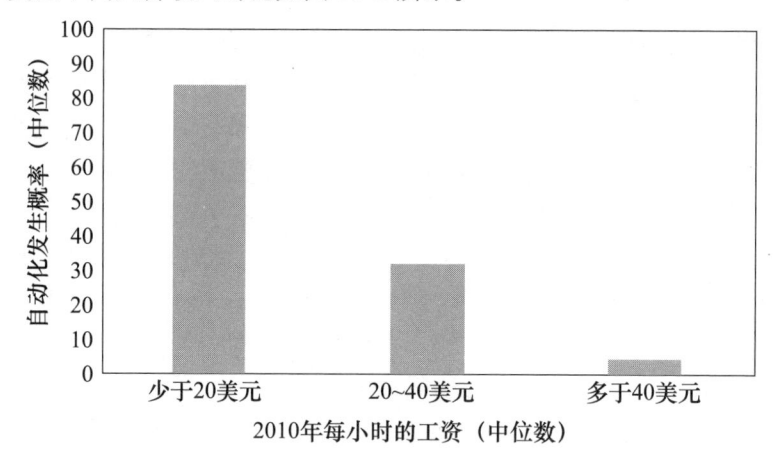

图 16-2　自动化发生概率：美国不同收入人群的对比
资料来源：美国白宫《人工智能、自动化和经济》。

由图 16-1 和图 16-2，我们清楚了智能化技术的应用促进了数字经济发展，便产生了数字和财富鸿沟。随着数字技术的应用，不同国家、地区或群体之间因起点不同、市场竞争地位不同，以及创新能力存在差异，导致贫富差距拉大，甚至出现两极分化现象。

美国的贫富差距警示我们，一个国家的政策应当充分考虑到国家之间、民族之间、行业之间、社区之间、人与人之间对数字技术和数字资本掌握、运用和接受能力的差别，尽量避免并最终消除数字技术成为收入分配不公的根源。

三、英国贫富差距分析

英国早在18世纪就进入了工业革命，詹姆斯·瓦特（James Watt）发明了蒸汽机，极大地提高了劳动生产力。"劳动价值论"取代了"重商主义"。商品经济发展，拉大了资本家和工人收入的差别，出现了严重的贫富差距。

英国古典经济学家亚当·斯密指出，一般来说，资本家不会企图增进公共福利，也不知道他所增进的公共福利是什么，在他使用他的资本来使其产出得到最大价值的时候，他所追求的仅仅是个人利益。在这样做时，有一只看不见的手引导他去促进一种目标。德国学者约瑟夫·尤金·斯蒂格利茨（Joseph Eugene Stiglitz）说，亚当·斯密的看不见的手，就像皇帝的新装，用此形容资本家对劳动者压迫、压榨和剥削。

英国的旧制度至今仍在发挥着重要作用，贫富差距仍未消除。2022年8月21日，英国最大集装箱港口费利克斯托约2000名工人举行集体罢工；同年10月1~5日，英国铁路9000多名工人持续大罢工，要求增加工资，减少贫富差距。据英央行报告显示，英国2022年通货膨胀率达10%以上。图16-3就是英国在历史发展中财富不平等的写照。前10%人群的财富在1810—1910年占有英国财富总量的80%~90%，2010年则是70%。

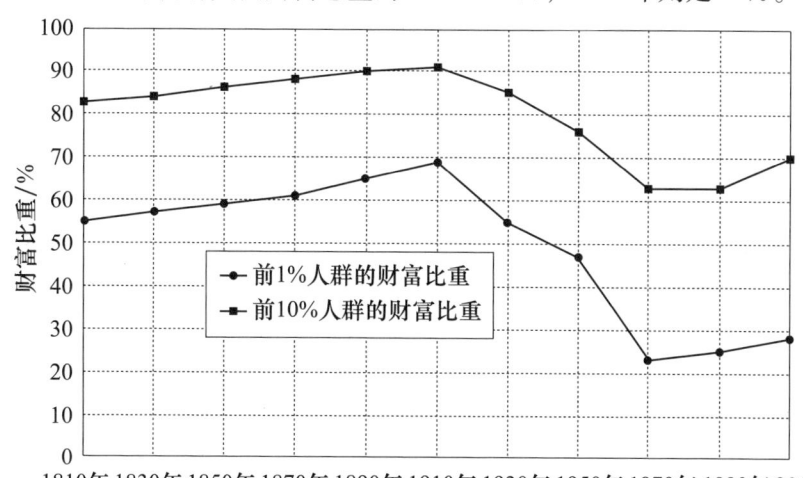

图16-3　1810—2010年英国财富不平等分析图

资料来源：piketty.pse.ens.fr/capital21c。

结论：社会制度决定劳动收入差异，经济政策决定贫富之间差距。技能溢价的出现是数字经济和智能化发展的一个必然结果。因为智能化发展首先替代的便是低技能劳动者的工作岗位。这表明政府部门应当出台相关政策，以帮助提升劳动者的劳动技能，以及提高国家高等教育对广大民众的普及率。

目前，中国政府在缩小地域发展差距，减少收入不平衡，解决贫富不均问题上采取有效措施，并逐步呈现成效。

第五节　超级智能与岗位缺失

专家指出，在数字技术乐观或悲观表象的背后，隐藏着经济学原理的作用机制。有专家认为，数字技术对劳动力的替代效应，有可能被其他几类补偿效应所抵消。作者认为，总的效应是确定的。数字技术在近年得到了飞速发展，其本身不仅代表新技术，还可能直接取代生产要素，包括资本、机器和劳动力。有的可以替代人的脑力劳动，这便是超级智能。实际上，经济学家们每次在公开场合谈到我们讲到的新任务的创造等补偿效应时，经常会收到智能化专家的提醒甚至批评。有专家直言，超级智能是一种完全不同的技术，对经济体的影响会在广度、深度和速度上比大部分技术都强大。新一代人工智能，即超级智能的出现，会对劳动力市场产生重大影响。因此，作者认为，超级智能导致岗位缺失的发展趋势是确定的。

关于超级智能的作用，有智能化专家提出一个更为前瞻的预言，认为信息技术不仅可以替代人力进行运算，还可以自我产生数据，自我分析，自我纠错，从而完成自我净化并创造出新知识。如果技能发展能够突破计算机的瓶颈，超级智能就可以具有像人类一样的认知能力，从而无限接近甚至超越人类智能。虽然我们还未看到这一幕在今天出现，但是未来并不排除这种可能。

书归正传，超级智能的发展对劳动市场带来的挑战如下：

第一，超级智能化生产线可以不需要人，只需要数字技术。

第二，培养更多的超级智能工程师，对智能技术不断革新。

第三，需要少数人力工作，对超级智能技术进行监测和维护。

第六节　劳动者利益与补充对冲

有专家指出，20世纪70年代末全球主要经济体均衡增长的情况说明，它等于走向了新古典理论的另一个方面。其发展模式对劳动力市场的启示是，自动化水平在不断提高，资本积累会通过乘数效应无限地扩张，最终导致普通劳动者劳动收入份额不断减少。作者认为，这基本符合过去几十年经济社会发展的实际。但是，在发展中，经济理论应该如何完善才能既解释经济体可能出现的稳定增长，又能提供一定的可能让经济体出现爆发式增长，经济学家需要找到两种相反的力量进行对冲，即从新生产要素的创新模式和劳动力与资本之间的互补性两个方面引入对冲机制，专家把其称为补充对冲或补偿机制。

一、鲍莫尔成本病机制解读

著名经济学家威廉·杰克·鲍莫尔（William Jack Baumol）早在1967年曾明确提出，应用新技术的进步部门虽然生产率不断提高，但是新技术无法应用或者很难提高效率的落后部门反而会成为短板，从而影响整体经济的发展。主要原因有：①科技进步部门的不断扩张导致其他相关领域在国民经济中的比重有所下降；②随着新技术的不断加大应用，人们并不会长期增加对先进部门产品的购买；③人们用节约下来的货币购买更多的落后部门的产品，从而将社会生产资源导向生产成本较高、更难提升效率的落后部门，促使落后部门的比重上升。结论是，两个部门的比重取决于两种力量的发展和变化。第一种力量与增强资本比重的替代效应机制类似。第二种力量取决于不同部门产品的替代性。当替代性不强时，资源将更多地流向生产成本更高的落后部门，这就是鲍莫尔成本病机制。

著名经济学家菲利普·阿吉翁（Philippe Aghion）等将鲍莫尔成本病作为一种补偿效应机制，引入到了增强资本的替代效应模型中进行了比较研究，并取得一定理论成果。

有专家提出，有一种能够对冲新基础的替代效应的补偿机制，即来自新生产要素的创造。对此，经济学家达龙·阿西莫格鲁（Daron Acemoglu）做出了开创性的贡献，将新要素的创造引入上述模型中，将过于明显与已有数据趋势不符的替代效应相中和并进行了拓展。

二、阿西莫格鲁新生产要素理论拓展

（1）生产任务总数仍然标准化设定为 A，新生产要素和新产品不断创造出来设定为 B，即 B 本身不断增加。其重要意义在于，除了智能化率的不断提高会影响生产任务的广延边际之外，B 的变化也同样可以带来边际广延的积极效应。

（2）这一模型科学地考虑了密集边际，包括劳动增进型技术进步，是新古典增长型和智能化深化型技术进步的引入，特别是后者是一种创新发展，可以提高现有智能化的生产效率。

（3）新生产要素创造及其产品不断创新，不仅能提高劳动收入市场的份额，也能提高劳动者的工资。

总之，新生产要素创造的效应解释了过去一个多世纪，人类的技术总是在进步并替代了相当一部分的人力劳动，但工作岗位并没有减少，特别是劳动收入市场份额能基本保持稳定。在很多旧岗位被新技术替代的同时，新岗位也同步被创造出来，劳动份额保持不变，正是两者发生速度基本相等的结果，值得研究。

三、数字化背景下的劳动市场

随着数字技术不断在国民经济各个领域的广泛应用，可以产生不同于新古典增长理论下的非均衡增长模式。事实是，劳动收入市场份额不断下降，严重影响了劳动者就业。阿西莫格鲁的理论拓展有效地解决了这一理论问题，即只有新生产要素和新技术不断创造出新的工作岗位，才能保证劳动力不会被全部替代。在实践中，还有其他的因素可以用来补偿数字技术对劳动力的替代效应，就是我们在前面讨论的鲍莫尔成本病机制，值得深入研究。

（一）数字技术的对冲效应

在数字技术理论和实业界，目前对数字技术和智能化工具等前沿技术存在着不同意见。有专家指出，21世纪的数字技术将带领人们走向资本和劳动力共享的美好明天。也有专家认为，新数字技术将取代人工，甚至成为少数人控制多数资源的工具。

有经济学家认为，劳动市场份额可以向新古典经济增长模型学习，即随着经济快速增长，保持劳动市场份额基本不变，并共享经济发展的成果。但是，在数字技术发展的背景下，其实现的途径不是通过新古典理论中的资本的边际回报递减，而是通过数字技术对新生产要素和新任务的不断创造，实现数字技术的对冲和补偿效应。

（二）内生技术进步的效应

我们对上述分析显然还可以扩展，如施加数字化技术以外的其他生产技术不变的情况，显然不符合现实。大家都知道，新古典经济增长理论早在20世纪90年代就已被拓展为内生增长理论。其核心观点是，技术的产生过程，也可以被人类的研发投入和生产要素决定，即信息化和智能化等先进数字技术的应用，能促进其他生产技术的进步，劳动力市场会被部分替代。对此，我们应该保持发展和进步的观点。

例证：中国华为公司创新发展范式。大家熟知的ICT行业，是数字经济的核心支柱产业之一。在发展中，其行业结构也经历了较大的变化。在近20年的发展中，与制造业有关的信息通信制造业的生产技术不断成熟并逐步数字化、智能化，其产值份额在总ICT的份额不断下降。但是，信息通信制造业的数字化不仅引发了对传统制造业的替代效应，还推动了计算机服务业的飞速发展。例如，中国华为公司2015年在保留和发展电信制造部门和业务的同时，安排了8万人到信息技术部门从事新技术和新产品研发工作，有力促进了华为信息化专利技术的跨越式发展，这是数字化转型升级企业的典型之一。

四、数字化与企业创新机制

在数字经济和数字资本发展的背景下，数字技术不仅影响生产要素均衡增长，而且会带来社会生产力的跨越式发展，包括宏观抽象中的各种指数，如新生产机制、新生产要素、新产品研发和技术进步等。因此，在数字化与企业创新机制上，还必须提高数字化技术和产品创新功能，有效促进新生产力和生产关系的发展进步。

五、企业创新机制的主要内容

（一）正当竞争效应

正当竞争效应，是指数字化技术导致企业的创新竞争日趋激烈，正当竞争并且有效的创新成果才能让企业生存下来，并健康发展。因此，应支持和鼓励企业将优质资源和精力投入新产品研发活动中，从而促进企业、行业和整个社会的技术进步，发挥正当竞争效应。

（二）自我调整效应

调整效应，是指企业因为竞争压力过大，失败的风险过高而放弃研发，转向技术含量低的领域。无论是发达国家的企业还是发展中国家的企业都普遍存在这种现象，因此，企业应当在自我调整中健康发展。

(三) 逆向研发效应

在实践中，逆向研发效应同样可以相互对冲，即数字技术促使众多的数据信息可以共享并产生积极效应。企业可以通过逆向开展新技术和新产品研发，更快地追上前沿科技的步伐，并在此过程中提高经济效益。与此同时，企业应该有足够的创新激励机制，排除阻碍，支持创新，在逆向研发中不断发展进步。

(四) 新产品开发效应

在数字资本发展中，数字经济共享的特点往往导致重复生产的数字产品、数字商品及数字服务在市场上的竞争力减弱。其根本出路在于新产品的研发，促进企业创造出完全不同的数字产品和商品，从而促进数字资产创新和健康发展。

(五) 数字技术效应

搭建数字技术平台，是经济学家展示数字技术带来的正面效应机制。在实践中，许多企业通过搭建数字化技术平台，节约了信息存储成本、运营成本、生产成本和交易成本等，有利于企业创新发展。同时，其反作用同样不能忽视，平台经济可能会产生垄断，如谷歌、脸书、苹果公司等都具有垄断性质。依赖这些网络平台生存的企业，经常会被攫取垄断利润，导致抑制创新。网络平台企业应通过自身发展战略，冲破技术壁垒，不断提高新工艺和新技术开发水平。

(六) 知识产权保护

法律专家明确指出，保护知识产权就是保护国家利益。

(1) 只有充分保护数字技术中专利权、商标权、著作权、计算机软件等知识产权，才能保护数字技术等对企业创新的重要作用。

(2) 建立完善的国家相关知识产权保护的各项立法和规则。

(3) 采取有效措施，防止知识产权保护形成的某些垄断和壁垒。

综上所述，数字资本的发展和数字技术创新，应当从长计议，与时俱进，并扬长避短。在推动本企业本行业本领域发展的同时，为劳动者提供创新和就业机会，共同促进经济社会全面健康发展。

第七节 劳动者权益的法律保护

关于劳动者合法权益保护，本节重点介绍政府就业政策目标和劳动者合法权益的法律保护。

一、政府就业政策目标

政府就业政策目标，是指国家财政和货币政策关于广大劳动者权益保障等重要目标。它主要包括：

（1）财政政策与长期发展目标。主要是指国家通过积极的财政政策，重点是货币投放政策，实现对广大劳动者的有效保护。而货币政策一般具有长期货币稳定性和安全性，其基本目标是保障广大劳动者就业和收入的长期稳定。

（2）就业目标与国民经济调控目标。主要是指当潜在产出目标与通胀等目标产生冲突时，应加强劳动者权益保障和国家发展关系的平衡，并强化对重点领域或行业进行调整和管控。

（3）就业总体目标与结构目标。劳动力市场结构出现问题会扩大贫富差距，导致劳动者就业和收入出现差异，甚至导致形成两极分化。国家发展政策需要平衡总体目标和结构目标的有机结合。

（4）效率和公平的权衡。数字技术作为一种极具潜力并可以影响国民经济全局的技术，能够改变生产力和生产关系，并提升生产效率。因此，政府应认真做好效率和公平的权衡工作。

二、劳动者合法权益保护

广大劳动者权益保护，应坚持法定原则，即依照《中华人民共和国宪法》和《中华人民共和国劳动法》等法律法规，结合劳动市场实践，依法保护广大劳动者和消费者的合法权益。

（一）劳动者的人身权

（1）劳动者的各项人身自由受国家法律保护。
（2）劳动者人身及生命安全受国家法律保护。
（3）劳动者生命健康权受国家法律保护等。

（二）劳动者的财产权

（1）劳动者的财产权包括财和物、动产和不动产受国家法律保护。
（2）劳动者获得劳动报酬的权利和相关经济利益受国家法律保护。
（3）劳动者按劳取酬、评功论偿和多劳多得权益受国家法律保护。

（三）劳动者的人格权

（1）劳动者姓名权、肖像权和人格尊严等受国家法律保护。

(2) 劳动者个人信息安全和隐私权安全受国家法律保护。
(3) 劳动者相关人格权受国家法律保护。

（四）劳动者的休息权

(1) 劳动者实行 8h 工作制。
(2) 劳动者有法定休息和休假的权利。
(3) 劳动者休息期间有拒绝安排劳动的权利等。

三、农民工的发展权

将 2022 年 8 月 30 日作为基准日计算，中国现有农民工 2.951 亿人，90% 以上是初中文化。调查发现，目前农民工最大的困扰是发展权，而发展权重中之重是农民工子女受教育权得不到充分保障。专家指出，农民工用血汗哺育了城市，其子女成了上学困难者。建议中央采取有效措施，改变农民工和子女们的生存权、受教育权和发展权。

专家方案包括：
(1) 取消户籍制度，打破身份壁垒，实现身份平等。
(2) 确保农民工与城市工同工同酬，同命同价。
(3) 实行农民工子女与城市人子女受教育平权。
(4) 保障农民工各项社保、住房、医疗、养老等基本权益。
(5) 农民工自有农村土地评估入股，成立中国农村土地银行。
(6) 依法保护每一位农民工各项合法权益。

本章总结

本章重点阐述了劳动价值与劳动力贬值，主要包括技术进步对劳动力市场的影响，内生增长与工资减值，在数字经济时代对劳动者的压榨和隐性剥削，超级智能与岗位减少，资本增长与贫富差距以及数字技术发展与劳动力对冲等。作者怀着对广大农民的感情，简述了目前广大农民工的困境。

本章关键词

劳动者创造了价值，劳动与收入不平衡。
农民工哺育了城市，农民遭遇城市困境。

第五篇
数字金融与数字税

DIGITAL FINANCE AND
DIGITAL TAX

央行数字货币是法定货币。
数字课税是国家过渡政策。

第十七章 数字货币

引 言

在人类发展的长河中，货币历经贝币、布币、绢纸、纸币、铁币、铜币、银币、金币、数字货币、量子货币等发展和变革。

货币①，即充当商品等价物的特殊商品。含义是：①钱。《汉书·叙传下》："商以足用，茂迁有无。货自龟贝，至此五铢。"②财物。

数字货币，指基于节点网络和数字加密算法的虚拟货币。其核心特征是：①多数数字货币缺少主权国家背书和开放算法。②数字货币总量被算法所固定，避免超发。③在交易过程中需要网络中各个节点形成共识才有效。

量子货币，即量子化货币，是指基于量子叠加形态和量子加密算法的虚拟货币。其核心是应用物理学、计算机学和密码学及量子化技术。它是目前处于研发中的新版数字货币。

第一节 数字货币的渊源和定义

一、数字货币的渊源

数字货币源于1983年大卫·乔姆（David Chaum）首次提出的匿名性、不可追踪性的电子现金支付系统。乔姆的理论及研发的电子现金（E-Cash）引起了有关专家学者对数字货币的关注，他建立的模型基本采用了传统的"银行→个人→商家"三方模式。

2008年，日本学者中本聪写了对数字货币产生较大影响的文章《比特币：一种点对点的电子现金系统》，提出了一种新的电子化货币支付概念和模式，是建立完全通过点对点技术实现的电子现金支付系统，将货币的

---

① 李伟民.法学辞海:第4卷[M].北京:蓝天出版社,1998:1830.

三方交易模式转变为去中心化的点对点两方交易模式。在比特币产生之后，基于各种区块链技术创新的数字化货币不断出现。截至 2022 年 10 月，全球共有 2000 多种数字货币，在中国共有 1600 多种数字货币，并且还有增加趋势。

二、数字货币的定义之论

世界各国有关数字货币的概念和定义，目前尚未形成统一共识，而且在不同环境和语境下，数字货币有着不同的定义和内涵。一是狭义的数字货币，主要是指纯数字化，不需要物理载体的货币。例如，采用特定数字加密技术的加密货币。二是广义的数字货币，例如电子货币，泛指一切以电子形式存在的数字货币。

根据发行主体，数字货币可分为私人数字货币和法定数字货币。法定数字货币，也称央行数字货币，英文简称 CBDC。由于比特币等私人数字货币缺乏明确的主权国家或实际资产背书，被专家称为纯虚拟货币。

数字货币相关概念和内涵如下：

（1）央行数字货币。央行数字货币特指国家中央银行发行的国家法定数字货币。

（2）电子货币。电子货币是指法定货币的电子化货币，一般以磁卡或账号的形式存储在金融信息系统，如信用卡、储蓄卡等。电子货币以方便存储和支付为主要目的。电子货币的价值与法定货币等值。

（3）私人数字货币。私人数字货币是指以分布式记账技术和去中心化支付为特征的电子形式的虚拟货币或交换媒介。

（4）区块链。区块链源于比特币的底层技术架构，是一个分布式的共享账本和数据库。区块链的主要特征是去中心化、全程留痕、不能篡改、可以追溯、公开透明、集体维护等。

（5）数字货币算法。数字货币算法是指数字货币价值实现的方式和方法，其涵盖了数据采集和会计、存储者与整理、分析与处理、应用系统开发与运维中每一个环节的不同算法。具体计算法主要包括数据采集算法、数据汇聚算法、数据分析算法、数据管理算法、数据治理算法等。

（6）数字货币算力。算力是指智能化设备的计算能力。对于数字货币，更智慧、更精准的算法及更有效的计算，需要强大的智能化算力，因此，算力是数字货币价值实现的重要方法之一。

三、数字货币的内涵

讨论数字货币,我们首先讨论中本聪写的《比特币:一种点对点的电子现金系统》一文。该文里使用了两个关键词,即"点对点"和"电子现金系统"。说到"点对点",大家会联想与物理货币的比较,其实物理货币也具有点对点的支付特征。其主要区别是支付功能被智能化支付工具所替代。有人认为,在数字化时代,物理货币很快会退出,专家则认为,主要经济体和消费者使用现金不会减少。

按照马克思历史唯物主义和辩证法,一种事物从产生到消亡,并不是简单地消失,而是一个推陈出新的过程,即否定的规律。货币亦是在不断否定中发展的,而货币作为一般等价物,在长期的历史进程中,物理货币最终消亡,目前应该是"数字点对点+网络支付系统"。从物理货币发展来看,同样需要智能化支付系统。从商业银行存款→转账→第三方支付等智能化支付技术发展来看,更需要"点对点+"的支付方式。

由此可见,数字货币是指电子数字货币和物质货币一体化和虚拟化货币。目前对数字货币定义的讨论,说明数字货币的定义不是静止的,而是处于发展的状态。实际上,数字货币与货币的数字化技术密不可分,在数字技术与数字货币融合中,货币的数字化技术是动态和不断发展的,这是数字货币定义之争的主要原因。

第二节 区块链和分布式记账

一、区块链的渊源和内涵

区块链源于比特币,它是比特币的底层技术。概括讲,区块链是一块共享的分布式账本和数据链,具有比特性、透明性、自治性、编程性和匿名性等主要特征。其五个特征保证了区块链的透明度和安全性,为区块链创新发展奠定了信任基础。因此,通过区块链的广泛应用,不但能够解决信息不对称等问题,而且在促进消费者用户间的信任与协作中发挥着积极作用。从技术上考察区块链,其涉及数学、密码学、互联网学、计算机编程等诸多学科。区块链在数字货币和数字资本发展中具有重要作用和价值。

大家都知道,商业银行的重要作用之一,是解决市场主体与消费者用户之间的信任问题。在区块链的去中心化记账体系中，消费者的交易信息都自动记录在数字账本里，不存在像商业银行的第三方。在应用中，区块链每隔一定时间会自动形成一个新的账本，把消费者全部交易信息按序记录在数字账本上，然后自动发给每一位消费者用户。从技术理论上讲，区块链的每一个数据块都是一个新增的账本，然后链接到之前已设立的账本上，形成不可篡改的账本记录。消费者用户可以下载使用这个账本记录。

二、区块链的特征

通过对区块链和分布式记账的考察，我们对区块链的基本特征主要包括具有比特性、匿名性、加密性、自治性、编程性、去中心化和分布式记账等有了清楚的认识。

1. 比特性

比特是指信息量中最小的度量单位。比特性在区块链和数字货币中具有共性。即在区块链和数字货币以及在数字产品、数字商品和数字服务中的比特属性已成为非物质性，如部分产品的形式是以 0、1 字符串表示的二进制代码，不但可以在物理世界以比特的形式储存在实物上流通，而且可以通过网络以比特流的形式进行传播。

2. 透明性

透明性是指数字货币采用区块链等技术账本是公开的。保障交易安全及数据信息不被滥用和侵犯的措施是同态加密技术。

3. 自治性

自治性是指区块链和数字货币基于协商一致的契约和规范。通过科学的数字算法建立一套自治机制，使系统中的全部节点在信息的环境中自由安全地交换数据，确保在整个系统中进行点对点、端到端等实现自治性。

4. 编程性

编程性是指数字货币运行于区块链或分布式记账系统上表现为计算机代码，交易是账户和网址之间计算机的程序与程序的交换。使用数字技术编程，极大提高了金融交易的效率，提高了资本周转的速度，减少了运营成本。

5. 匿名性

匿名性是指使用智能化技术时，数字货币消费者用户可以在发送指令时选择匿名身份或使用真实身份，接收方不需要识别发送方是否使用真实身份或附加提供发送方其他个人信息。但在特定条件下，如司法需要，这种匿名是可以控制的。

例如：瑞典央行发行的数字货币即电子克朗（E-Krona），遵守有限匿名原则。储户存取和使用数字货币金额低于一定数量，无需用户进行实名登记，但超出规定金额则需要用户进行实名登记。可控匿名性使用，通常是发行数字货币的政府机构，一般是中央银行采用。该机制在保障数字货币交易安全需求的同时，也提高了司法机关打击洗钱、金融诈骗、逃税等违法犯罪的能力和效率，确保了数字货币交易安全，维护了消费者用户的合法权益。

三、分布式记账

分布式记账，是指账本存储在整个区块链中被授信的环节，每个环节都可以复制并保存分账本，使用环节的每个节点均可以进行独立更新。例如，有8888个授信节点，这个账本同时存储在这8888个不同的节点中，这就是所谓的分布式记账。分类账的自动更新过程是由每个节点独立构建和记录的，节点还可以对这些更新进行评估式投票，以确保其符合绝大多数人的意见。从实质上讲，该评估投票模式是一个共识机制，通过算法自动化运行。共识达成后，分布式分类记账便自动更新，分类账的最新版本将分别保存在每个节点并发送给每位消费者用户。由此可见，分布式记账不仅解决了信任危机问题，而且减少了商业银行等中心机构的工作环节，有效提高了交易速度，有力保护了广大消费者的合法权益。

按照分布式记账规则，账本按照以下步骤生成：
（1）消费者或用户的交易生成一份订单。
（2）专业记账员根据交易订单信息生成规范的账本和数据块。
（3）技术人员或智能化系统把账本分享并链入系统的各个节点。
（4）交易和记账按规定程序全部完成，并进行自动备案。
（5）向消费者和用户提供交易清单，供相关方查验。

上述生成数据入区块链的过程，有专家称之为"挖矿"。参与交易者就是"矿工"。例如，在比特币交易系统中有大量的矿工，他们需要解决系统给出的比较复杂的数学问题，而该过程需要使用专门的算法，并耗费相应成本以获取记账的资格和权利。在挖矿淘宝过程中，第一个要解决的问题或门槛是该矿工被选中并进行注册记账，按照其规则完成记账的矿工获得系统的虚拟币奖励。但对于具有两年比特币挖矿经历的消费者来说，在实际操作中，即便赚到一个亿的比特币，想套取一百元现金却比登天还困难。2022年8月8日，一次性赔了两万元现金的马先生向当地警方报了案。警方提示，在成千上万矿工中，马先生算是赔的少的。

四、数字货币比较研究

关于数字货币、虚拟货币和电子货币的不同特点和主要区别，我们可以从发行主体、适用范围、发行数量、存储形式、发行机制、流通模式、货币价值、交易成本、技术环境、信用保障和交易安全等方面进行综合分析和考察。央行数字货币、虚拟货币、私人数字货币的比较见表17-1。

表17-1 央行数字货币、虚拟货币、私人数字货币的比较

说明	央行数字货币	虚拟货币	私人数字货币
发行主体	中央银行	网络运营商	私人
适用范围	不限	网络企业	不限
发行数量	央行决定	发行主体决定	有限
存储形式	数字卡	账号	数字化
流通方式	双向流通	单向流通	双向流通
货币价值	与法定货币对等	与法定货币不对等	与法定货币不对等
信用保障	政府背书	企业背书	消费者信念
安全性	高	较低	较高
交易成本	低	较低	较低
技术环境	网络、数字	服务器与互联网	技术软件及P2P
代表产品	数字货币、电子货币	比特币	天秤币、稳定币

第三节 央行数字货币

一、央行数字货币的特征

央行数字货币，是由主权国家货币机构，通常是指中央银行或者国家金融管理机关授权的机构发行的一种国家法定货币。在中国，数字货币是指由中国人民银行发行的国家法定数字人民币。法定数字货币与目前流通使用的物理性货币具有同等的职能，并长期共存。

央行数字货币的特殊性,决定了该数字货币的权威性、稳定性和安全性。概括讲,央行数字货币具有以下特征:

(1) 发行主体是国家中央银行或授收机构,具有发行主体的单一性和排他性,属于特殊主体。

(2) 央行数字货币是一种主权国家的法定货币,与流通使用的货币包括纸币和金属币等同时使用,其价值和功能相同,但不计息。

(3) 央行数字货币是一种基于数字化节点网络和数字加密算法的虚拟货币。

(4) 由主权国家背书,对数字货币持有人具有法偿性。任何债权人在任何时候均不得以任何理由拒绝接收法定数字货币。

(5) 央行数字货币将与其他货币长期共存使用,除国家法律明确规定外,不可停用。

(6) 国家法律保障央行数字货币的安全性、稳定性和有效性。

(7) 央行数字货币的设计、印制、定价权和发行量由国家规定,一般授权中央银行实际执行。

(8) 央行数字货币的外汇率与现行货币市场汇率相同。

爱护央行法定数字货币,人人有责,故意损坏或破坏数字货币的违法行为需承担法律责任。

央行数字货币在全国通用,拒收央行数字货币系违法行为。

二、央行数字货币运营体系

在中国,央行数字货币目前由多家商业银行在试运行。2014年开始研发,2020年11月开始试发行,截至2021年年底,已先后在深圳市、杭州市、成都市、雄安市、上海市、长沙市、青岛市、大连市、西安市、厦门市、天津市、重庆市、广州市、福州市等试点运营,其中应用场景包括北京奥运场馆等共计808.5万个,开立个人数字货币钱包2.6亿个,交易金额875.7亿元。按照国务院和中国人民银行关于数字货币发行的规划,在试点城市取得经验后,开始在全国范围发行。

关于央行数字货币运营体系改革,有专家提出,按目前人民币运营体制,属于单一性,具有垄断性,即仅有中国银行、中国工商银行、中国农业银行、中国建设银行、中国交通银行、中国光大银行、中国国家开发银行、中国农业发展银行、中国农商银行等商业银行作为数字货币运营单位,不符合数字经济、数字货币和数字资本市场化的要求,应让金融公司或数字货币公司等资本市场主体参与央行数字货币的运营,以促进数字货币市场化。

央行数字货币的实际运营体系主要包括中央银行和第三方机构。根据国际惯例和部分国家数字货币使用情况,数字货币具体运营程序包括中央银行总发行,数字货币支付系统负责支付、分发和央行数字货币用户技术设备。央行数字货币实际运营体系和步骤如图17-1所示。

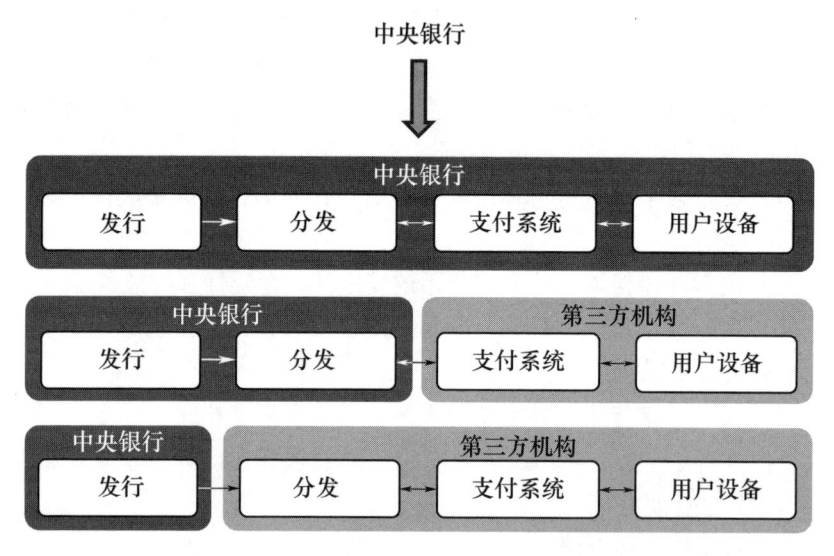

图 17-1　央行数字货币实际运营体系和步骤

资料来源:JOHN K,JIHAD A,SONJA D,et al. IMF Working Paper No. 2020/104:A survey of research on retail cetral bank digital currency[R/OL].(2020-06-26)[2021-07-02]. https//www.imf.org/en/Publications/WP/Issues/2020/06/26/A-Aurvey-of-Research-on-Retail-Central-Bank-Digital-Currency-49517.

三、央行数字货币与宏观数字经济

央行数字货币的发行和使用,对一个国家或地区的宏观数字经济和数字资本的发展和运行,有着重要的影响和促进作用。

(一) 数字货币乘数对新机制的影响

货币乘数,是指货币供应量(主要指公众持有的现金和活期存款)对基础货币(主要包括商业银行的存款准备金和公众持有的现金)的倍数关系。货币乘数是一种单位基础货币所产生的货币量。货币乘数的计算公式是:货币乘数 =(1+现金漏损率)/(法定存款准备金率+超额存款准备金率＋现金漏损率）。现金漏损率是指现金漏损与存款总额之比。

数字货币和货币乘数对创新机制的影响，实际上是指对货币需求和货币供给机制的重要作用。

（二）央行数字货币对市场需求的影响

目前，专家主要对零售型央行数字货币探讨较多。批发型和零售型央行数字货币应用场景的动态性，决定了对各个部门的货币需求函数影响更大，甚至对商业银行吸纳存款和放贷能力产生作用，并且这一作用在央行数字货币不具有生息性的情况下有下降的影响。

（1）对货币市场的影响。央行数字货币的发行在影响现金的同时，不同程度地影响商业银行的存款，并拉升利率水平，导致商业银行的融资成本提高，并进而减少商业银行存贷款数量和在中央银行储备的准备金规模。有关金融专家对央行数字货币的影响研究提示，央行数字货币不计息也会对商业银行存款产生挤兑效应。这些变化反映在货币乘数上，就是商业银行超额准备金率的下降和现金漏损率的上升，对货币乘数和货币创新机制产生一定的影响。

（2）对金融机制的影响。在实践中，央行数字货币机制的竞争性在一定程度上会降低商业银行在存款市场上的垄断性。因此，央行数字货币的发行也可以有效避免商业银行风险。央行数字货币不但不会导致商业银行贷款规模的缩减，而且有可能因为扩大了存款规模而增加商业银行等金融机制的作用。

（三）零售型央行数字货币对支付系统的影响

从央行数字货币使用的情况来看，零售型央行数字货币对货币支付系统的影响和作用主要体现在以下三个方面。

（1）有效促进无现金支付模式。网上支付降低了私人数字货币的流通数量。一是零售型央行数字货币直接减少了日常现金的使用，促进了无现金支付模式的发展。二是零售型央行数字货币减少了私人数字货币的广泛使用。在实际运营中，由于私人数字货币的数字技术对金融系统的影响很大，所以中央银行需要开发同等或更高的数字技术，以保障金融系统的稳定性。

（2）有力推动金融支付体系的改革。零售型央行数字货币所具备的有效性，不仅拓展了第三方支付机构的业务，有效防止网络支付等工具形成垄断，而且促进了金融支付体系效率提升和机制改革。

(3) 进一步提升国家金融体系的安全。央行数字货币显著地降低了交易成本，可以促进经济发展落后地区金融业的发展，并提高国家金融系统的稳定性和安全性。同时，央行数字货币系统可以与政府的其他数字系统连接，为发达地区提供更高效的金融服务。

（四）批发型央行数字货币对业务扩展的影响

目前，批发型央行数字货币仅限于能够获得央行准备金的商业银行和其他金融机构。因此，其发行对国内和跨境的大额支付结算体系有较大影响。其影响和作用主要表现在以下两个方面。

（1）简便性。批发型央行数字货币提升了商业银行的工作效率。通过改革商业银行间的结算系统，复杂的支付流程更简单和高效。

（2）扩展性。批发型央行数字货币增强了支付体系的扩展性。央行数字货币允许各商业银行在无需央行担保的情况下持有其他国家中央银行的准备金，进一步增强了支付体系的拓展性和功能性。

（五）央行数字货币对社会总产出的影响

著名经济金融专家约翰·巴德尔（John Barrdear）和迈克尔·库姆霍夫（Michael Kumhof）将央行数字货币对宏观经济的动态和均衡作用及影响进行了全面分析。

（1）竞争性。央行数字货币对社会总产出及福利水平的影响，与其利率水平及信贷市场的竞争程度相关。在央行数字货币与商业银行存在竞争时，央行数字货币的普及会将商业银行的一部分利润转移至其他金融型机构。

（2）促进性。央行数字货币提升了金融的包容性和安全性，促进了货币储蓄和金融消费，有利于经济总产出和促进社会发展。

四、央行数字货币对金融稳定和监管的影响

2020 年，国际清算银行（BIS）明确提出，央行不应为了发行央行数字货币而牺牲金融体系的安全性和稳定性。

（1）央行数字货币的发行降低了支付信用风险和商业银行的垄断能力，大力鼓励私人部门都能够在支付系统中使用央行数字货币，使支付系统的风险大大降低的同时，削弱了大型商业银行的垄断地位，有利于金融系统的稳定。

（2）央行数字货币会影响金融系统的稳定和监管。

第一，央行数字货币有效降低了金融波动风险。企业和广大消费者可

以便捷地将商业银行的存款转换为央行数字货币，导致金融中介规模收缩，金融业变化增多，降低结构性的金融波动风险，及时调整央行信贷分配过程中的过度集中问题。

第二，央行数字货币有效提升了防风险能力。在金融系统发生风险时，央行数字货币为社会公众快速转移安全资产提供了有效渠道，会加剧商业银行的挤兑现象，应提高预防货币风险管控力度。

第三，央行数字货币有效提高了金融安全性。央行数字货币发行机制的科学设计，不仅能有效提升数字技术系统的弹性，而且央行可以通过加强对其数字货币的合理调控，有效防止或控制各种金融风险，保障金融系统的稳定和安全。

第四，央行数字货币的发行可以有效防范违法活动。国家金融监管机构和中央银行对央行数字货币流通实行全程实时监控，并采取各种有效措施预防违法活动。同时，与传统货币相比，央行数字货币的流通速度更快，流通范围更广，流通规模和变化更迅速。因此，需要加大对金融机构获取和使用数据的监管力度，并针对金融风险的防控，提高对金融领域的数字化监管。

五、央行数字货币对国际资本市场的影响

央行数字货币的境外发行，可以有效降低国际资本市场的交易成本、信息成本和管理成本，有力促进国际资本的流动性和不发达国家或地区的金融普惠性。同时，境外发行央行数字货币也为国际贸易和国际投资提供了多种可替代的支付方式，有利于改善国家货币在国际外汇储备中的地位，有力促进国际贸易的包容性和便利性。

六、央行数字货币境外发行的主要风险

（1）外汇市场风险。在国家之间的金融合作中，央行数字货币的国际溢出效应不断扩大和增强。央行数字货币与其他国家或地区货币的自由兑换，在带来经济效益的同时，也扩大了国内资本市场和外汇市场的风险，而且国际市场或相关合作国家或合作区域的金融风险也有可能转至国内金融市场。

（2）国内金融风险。央行数字货币国外发行的影响，有可能会导致国际货币体系在一定程度上的不对称性，但是早期推出央行数字货币的国家和地区的金融风险会比较小。

(3) 资本市场风险。央行数字货币跨国流通会影响本国货币政策,导致资本市场风险。一是发行数字货币的央行有可能减少铸币税收入。二是本国数字货币的外部需求会引发本国资本流动变化。因此,央行在制定货币政策时不仅要关注本国资本市场风险,而且要考虑对世界各国资本市场的作用和产生的影响。

(4) 货币主权风险。央行数字货币跨境发行会与其他国家货币产生竞争。发达国家的数字货币流入欠发达的国家,会对弱势国家的货币产生替代效应,甚至损害弱势国家的货币主权。专家指出,通过中央银行风险管控措施和加强国际合作,跨境使用央行数字货币可以帮助弱势国家发展并有效管理和预防金融资产风险。

第四节　央行数字货币传导机制

一、央行数字货币传导机制概述

(一) 传导机制定义和内涵

央行数字货币传导机制,是指央行所发行的法定数字货币在货币政策作用下经历的一系列传导过程和模式。央行数字货币传导内容有三个方面:第一,货币政策工具的设置及对市场利率的影响。第二,央行数字货币成本和价格波动的其他因素,包括金融市场的传递过程。第三,金融市场波动对实体经济的作用和影响。

央行货币政策的实施,从制定到发挥作用,必然经历一系列传导过程和传导模式。具体是指中央银行根据国家货币政策,运用货币政策工具,通过金融机构的经营活动和金融市场,传导至市场主体和广大消费者,并对其生产、投资和消费等行为产生影响的过程。在金融机制分析中,货币政策传导机制主要包括信贷传导机制、利率传导机制、价格传导机制、汇率传导机制和预期传导机制等。其中,传导效力最强的是信贷传导机制和利率传导机制。

(二) 传导机制和阶段

数字货币传导过程,是指中央银行数字货币的传导机制或过程。专家研究认为,其传递过程主要包括:央行数字货币发行、流通和交易、回收政策→银行存款准备金→贷款者、借款者、储蓄者、信贷可得性变化→投资变化→总资产变化。

央行数字货币传导共分三个阶段：第一阶段为市场利率变化阶段。第二阶段为金融市场传导阶段。第三阶段为向实体经济传导阶段。

二、央行数字货币传导作用和影响

货币政策，是指中央银行调控金融货币市场的综合性工具。市场利率，主要是指商业银行间同业拆借利率，具体是指一家金融机构利用资金向另外一家金融机构借出贷款和拆借资金的利率，一家商业银行的拆入即借款，实际上也是另外一家商业银行的拆出即贷款。如果借出贷款的期限只有一天，第二天即归还，专家称这种贷款为隔夜贷款，对应的商业银行间同业拆借利率就称为隔夜利率。

2008年金融危机爆发之前，多数发达国家的中央银行，通过向商业银行等金融机构提供存贷便利机制，形成了一个利率操作区间，从而依靠设定的利率操作区间来稳定市场拆借利率和商业银行体系流动性，金融专家称之为利率走廊系统。利率走廊的三个基本要素是：利率上限、利率下限、目标利率。利率上限一般指中央银行的再贷款或再贴现利率。利率下限是指商业银行在中央银行的存款准备金率。

2008年金融危机之后，许多发达国家的中央银行大幅扩充存款准备金，并大量购买储备资产，导致二级市场广泛使用存款准备金利率来支付和结算，专家称之为利率地板系统。

利率走廊系统和利率地板系统二级市场利率，包括目标利率、再贷款利率、存款准备金利率和实际货币金额及货币需求等。

（一）对金融市场利率的影响

央行数字货币的广泛使用，可能导致货币二级市场利率发生重大变化。重点应该考量央行数字货币发行的不同情形：一是央行的货币需求曲线将向右移，体现在无法被纳入数字货币体系的非银行机构的货币需求增加。二是需求曲线右移的幅度取决于央行数字货币的影响力，而影响力主要取决于中央银行的相关货币政策。

央行数字货币的广泛使用，促进了商业银行间通过同业拆借的方式进行货币交易，这种方式是其数字货币交易市场的组成部分。例如，一家商业银行需要在某一天结束时拆入资金以满足其流动性需求，可以从一家非银行机构借入资金，而不限于从商业银行借入。又如，央行数字货币过剩的商业银行，也可以向商业银行以外的机构拆出资金，并在商业银行业之间进行放贷。由于央行数字货币的作用，致使更多金融机构被纳入央行货币的二级市场，提高了央行数字货币的流动性和市场竞争性。

为防范金融风险，中央银行的关键性措施，是有效控制央行数字货币利率：一是央行通过扩大央行数字货币的供应量，使得在利率地板系统下的二级市场在下限利率位置出清，同时指导和影响其他经济领域的利率。二是央行把控制央行数字货币的供应量，作为调整和保障国民经济健康发展的货币政策工具。

（二）收益率曲线的特征

利率期限结构，是指某个时点不同期限资金的利用率与到期期限的关系及变化规律。从对应关系上来讲，任何时刻的利率期限均是利率水平和期限相联系的函数。因此，利率的期限结构一般用资金的到期收益率期限的函数关系表示，称为收益率曲线。

同业拆借市场的收益率曲线有三个明显特征：

（1）不同期限的利率有同向运动的趋势。具体是指，如果短期利率在今天上升，那么从明天开始未来利率将趋于更高的走势。

（2）短期利率较低时收益率曲线向上倾斜。具体是指，如果短期利率较高，那么收益率曲线通常会出现明显翻转的情形。

（3）收益率曲线向上倾斜。具体是指，资金的期限越长，其贷款利率走势趋向会越高。

目前，世界主要国家央行准备金的定期借贷仅限于相对较短的期限，如果将央行数字货币纳入其总量，除了一天期贷款和存款，央行数字货币可以用于定期存取和借贷。因此，央行数字货币的借贷致使基于同业拆借市场的收益率曲线向上倾斜。向上倾斜的主要因素：一是央行数字货币发行涵盖了广泛的市场；二是机构使用范围更广；三是其交易动机更加多样化。因此，央行数字货币的借贷期限比传统准备金更长，较长的借款期限使其获得更高的利率。

（三）无风险利率

在资本市场，有一种资金的借贷没有风险，预期获得的利率就是无风险利率。无风险利率，是指把资金投资于一个没有风险的投资项目所能得到的收益率。世界许多国家都采用中长期国债收益率或中短期国库券利率作为市场无风险利率。风险评估的方法,是将这种利率作为基本收益率,预测可能出现的各种风险。

央行数字货币通常被认为是无风险或风险较低的货币,原因是除了其具有传统央行货币的价值储存功能外,央行数字货币还作为一种交易模式提供一种额外服务,如降低使用和交易成本等。央行把这种额外服务的收益率,包括非货币性交易的效益或便利收益率作为一种鼓励机制,随着发行和交易规模化,央行数字货币将发挥更大作用。

(四) 存款保险和风险

存款保险制度,虽在发达国家普遍使用,但存款保险金制度的覆盖面并不完全,尤其是对持有余额较大的客户。即使那些被存款保险制度完全覆盖的商业银行,都可能导致银行在破产清算时,面临着资金被冻结或者被查封的风险。面对司法执行,存款保险制度无法发挥作用,商业银行在不面临融资成本增加的情况下承担更高的风险。因此,有理由相信,商业银行存款具有比央行数字货币更高的法律风险,应引起高度重视,并重构风险防范机制。

三、央行数字货币向金融市场传导

在央行数字货币的广泛使用中,中央银行将为那些持有数字货币的非商业银行机构提供一种具有竞争力的借贷选择和支付方式,而这些非金融机构之前只能通过在商业银行存款来实现这一目标。在金融市场,如果一家商业银行试图以低于央行数字货币的利率吸收存款,那么非银行存款人将减少他们在商业银行的存款而扩大央行数字货币的存款。可见,商业银行提供的存款利率必须高于央行数字货币利率。这种调整导致银行业发生重大结构性变化,对信贷供应和商业银行融资模式产生影响,引发央行的货币利率政策向金融市场传导。

(1) 对商业银行机制的传导。央行数字货币的广泛使用,降低了政府对商业银行的担保作用。央行数字货币提供了无风险或低风险的资产的普遍使用权,这种资产可以用于直接支付,不依赖于商业银行等第三方系统,不仅不受到商业银行体系风险的影响,而且对商业银行的机制和模式产生一定作用。

(2) 对金融市场竞争的传导。随着央行数字货币的广泛使用,商业银行以更换的融资成本与央行数字货币竞争,投资者会调整他们的投资方向,重新分配他们在商业银行和央行数字货币的投资比例。如果央行提高数字货币利率，会导致人们对商业银行存款的需求下降。如果央行降低数字货币利率，会导致人们的一部分数字货币需求转化为商业银行存款需求。可见，央行数字货币的广泛使用会加速这一过程，而商业银行比那些在完全市场中进行价格竞争的金融机构更容易受到存款外流的影响，可能导致不当竞争现象。

(3) 对速度与转换机制的传导。广大储户可以很便捷地在商业银行和央行数字货币账户之间进行转换，商业银行必须迅速采取有效措施，控制并减少存款外流。央行的利率政策向金融市场传导的速度很快，需要认真研究相关方案，防止金融风险。

四、央行数字货币向实体经济传导

各国政府制定货币政策的最终目标是影响本国的实体经济和促进国民经济健康发展。而要实现最终目标，有多种金融机制可供选择，包括信贷传导机制、利率传导机制、汇率传导机制、经济效应传导机制、商品价格传导机制和预期效益传导机制等。其中，利率传导机制和信贷传导机制最为重要。

（一）利率传导机制

央行数字货币向实体经济传导机制中，发挥关键作用的是利率。央行数字货币供应量的调整首先影响利率的升降，其次是投资和总支出发生的变化。我们研究货币市场与商品市场的相互作用，可以进行动态均衡分析。其主要传导过程如下：

第一步，央行数字货币供应量增加。在产出水平不变的情况下，利率会相应下降，而下降的利率会刺激投资，并引起总支出增加；总需求的增加又推动总产出上升，这是金融市场对资本市场的重要影响。

第二步，收和支的增加，即产出和收入增加，必将导致货币需求的增加。如果央行不增加新的数字货币供给，货币供求的对比会导致下降的利率回升，这是资本市场对金融货币市场的重要作用。

第三步，利率和产量的作用。产出量下降会导致货币需求下降，利率必然会变化。这是金融市场与资本市场的相互作用。

第四步，供需最终均衡点。在资本市场，供求均衡点同时满足金融市场和资本市场两方面的供求均衡需求。在均衡点上，利率一般比原来的均衡水平低，而产出的量则比原来的均衡水平高。

综上所述，央行数字货币对利率传导机制的作用比较明显，其传导效果取决于三个基本参数：①货币需求对利率的影响度，它决定了货币供给的变动能在多大程度上影响利率。②投资者对利率的影响度，它决定了利率变动对投资的影响。③投资乘数的影响度，它决定了投资的变化在一定程度上对国民收入的影响。

（二）信贷传导机制

央行数字货币信贷传导机制，是指企业或商家与商业银行之间共同构成一个信贷市场，从而引申出国家信贷政策传导机制。信贷传导机制的核心，是通过央行数字货币发行、流通、回收政策来调节商业银行的资金头寸，改变并提高商业银行提供贷款的能力，并影响总的产出和整体效益。

信贷传导机制强调其独立性和工具性，信贷传导与利率传导的重点不同，该机制侧重于考量货币政策的紧缩效应，一般通过商业银行信贷和企业资产负债表的机制发挥其工具作用。

1. 商业银行信贷传导机制

当中央银行决定实施紧缩性货币政策，回收央行数字货币时，商业银行可用的准备金相应减少。在存款货币的规模相应减少，其他条件不变的情况下，商业银行贷款的供给也不得不同时削减，导致那些依赖商业银行贷款的融资者必然会减少投资和消费，从而使总支出下降。

2. 企业资产负债表机制

央行数字货币供给量的减少以及利率的上调，会直接影响贷款人的资产状况。利率上调不但会导致利息等费用支出增加和销售收入减少，进而导致净现金流同时减少，而且利率的上调会导致企业股价的下跌，改变债务人即贷款人的资产状况，使其可用作贷款担保资产的价值降低。这些情况会使贷款人的逆向选择和经济风险增加，商业银行会因此减少贷款投放。那些资不抵债和资信状况在黑名单上的企业不仅不易获得银行贷款，也难于从金融市场直接融资，结果就会导致出现投资与产出明显下降的情况。

（三）政策传导机制

在中国，中国人民银行发行的数字货币坚持 M0 定位，不计付利息，旨在降低与商业银行存款的竞争。目前数字货币的投放方式与实物人民币基本一致，采用双层运营体系。第一，数字货币与物质人民币一样，不改变流通中货币的债权债务关系和现有的货币投放体系。第二，不改变现行的金融货币市场运行机制和货币政策机制。为引导央行数字人民币应用于零售，降低对存款的挤出效应，避免套利和压力环境下的顺周期效应，专家提出了数字人民币钱包分级分类设计，分四级设置交易金额和钱包余额上限，并与其他支付方式并行使用，既方便大家消费，又确保资金安全。

第五节 私人数字货币

一、私人数字货币的起源和发展

大卫·乔姆、中本聪等学者先后提出了一种点对点的电子现金系统，是一种全新的电子化货币支付概念和模式，即建立完全通过点对点技术实现的电子现金支付系统，将银行→个人→商家的三方交易模式转变为去中心化的点对点两方交易模式。其技术思路是，把通常意义上的集中式簿记分拆为约每10min一次的分布簿记，簿记的权利由全网竞争选取，簿记数据按时间顺序连接起来并在网上公布。任何节点均可同步到网上全部簿记记录，均可投入计算机资源参与簿记权的竞争。不当竞争者如果不掌握全网1/2以上的计算机资源，就无法进入这套簿记"链接"系统。通过这种设计，以前人们隔着千山万水做不到的点对点货币交易，现在不依赖商业银行等中介机构，而仅靠分布式账户实现交易。

数字货币，尤其私人数字货币的产生和发展并非一帆风顺，经历了曲折的路程。

2019年6月18日，社交网络平台脸书发布了天秤币（Libra）白皮书，于2020年上半年成立天秤币协会，这条消息引起了全球性轰动。天秤币是一种建立在区块链基础上，使用资产储备作为担保的世界性数字货币，其目的是建立更具包容性的全球金融生态系统，为人们提供一种稳定性、可信性和易用性的通用数字货币，以满足数字货币市场的需求。

2019年7月，美国众议院向脸书致公开信称，天秤币可能会与美国的货币政策及美元抗衡，此外也将给超过20亿脸书投资者、消费者和用户带来严重的交易、隐私、规则、国家安全和货币政策等方面的风险。2019年10月5日，贝宝（PayPal）宣布放弃参与脸书旗下加密货币天秤币项目。随后，万事达卡（MasterCard）和维萨卡（VISA）等许多国家天秤币的重要创始会员也纷纷退出。

2019年10月，以法国为首的欧盟五国联手抵制天秤币进入欧洲市场，并要求脸书放弃该项目。2020年3月，面对各方的压力，脸书及其合作伙伴考虑重新设计天秤币项目，以便接受多种数字货币，包括各个国家央行发行的数字货币。他们希望能借此对金融监管机构的政策带来影响和改变，并重构发展计划。

二、比特币的商品特征

从加密货币的研究和发展历程可以看出，中本聪模式的数字货币是基于"商业银行→个人→商家"三方模式来设计的，而比特币模式的数字货币由原来的三方模式变成点对点的两方交易模式。这虽然是一个范式的飞跃，但是这两个模式都没有考虑中央银行的重要地位。大卫·乔姆只是探讨了匿名化现金的实体机制，根本没有涉及中央银行。比特币所谓的挖矿发行，实际上是把记账权、造币权和发行权混为一体，央行的主体角色被排除在外。实际上，他们更多的是在研究数字化技术本身，但货币作为一般等价物，显然不只是数字造币技术问题，其核心是背后的价值支撑即背书。

大家都知道，商品货币和金属货币的价值来源于物品本身的实际价值。在金本位制度下，各国法定货币均以黄金为价值决定。布雷顿森林体系崩溃之后，各国法定货币虽不再与黄金直接挂钩，但是仍以国家主权信用为货币价值担保。全球众多货币的根本区别在于背书者的价值支撑而不是造币技术。相信现有的2000多种数字货币，在追求数字技术及价值的同时，也会认识到背书的重要性。当前的经济社会是一种高度发达的信用社会，货币发行和功能有缺陷的"比特币"难当大任，核心问题在于这类数字资产很难构建货币的价值体系。

作者认为，当前的主要任务是把虚拟货币缺乏价值支撑这一根本性的问题矫正过来。虽然数字技术可以向典型的虚拟货币和加密货币取经，但人类社会长期形成的货币本质内涵，理应是数字货币发行的基石。从这个意义上讲，虚拟货币发展是一个"去虚拟化"的过程，最关键的是在前述的"点对点+电子支付系统"的基础上，再加上强有力的央行信用，也就是"点对点+电子支付系统+央行信用"。

关于货币的本质，马克思认为，货币是从商品中分离出来的，固定充当一般等价物的特殊商品。古典经济学派主要从交易的单一媒介功能来认识货币。凯恩斯学派则更加注重从价值储藏和计价单位来理解货币，认为货币是流动性很强的资产。

可见，任何一种货币，若要大规模流通和使用，必须履行货币的三种基本职能：①价值储藏；②价值尺度；③交易功能。作为价值尺度或价值储藏，货币代表着人们普遍接受的特殊的价值单位。货币具有双重性，即它是发行者的一种债务，同时也是持有者的一种信用资产。国家作为决定货币的主体，有责任保持币值安全和稳定。古今中外的货币，无论是黄金还是美元，如果要成为普遍的通货，必须具备这三个基本职能。综合考量来看，比特币并不符合货币的全部条件。

（1）比特币的币值不稳定。由于没有主权国家等强力信用背书和法偿能力，所以该币不具有稳定性和安全性。

（2）比特币的主体不对称。比特币的发行使发行者与购买者之间产生了不对称。很多代币发行本质上是为了追求超额的造币税，这与主权国家发行货币的原则相违背。

（3）比特币的数额有所限制。该种所谓数字币的"挖矿"数量上限为 2100 万个，数量的限制决定了如果比特币成为流通货币，它的有限供给将很难满足日益增长的货币需求和发展价值。

三、加密数字货币和稳定币

在对私人数字货币分类中，根据赋值方式的不同，私人数字货币可以划分为两大类。

（1）第一类，是指基于区块链的原生代币，是依赖于区块链系统并在该系统内产生和使用的数字货币，又称加密数字货币或加密币。加密币通常使用密码学原理来确保交易安全及控制交易市场。

（2）第二类，是指在区块链上发行运营，但与链外资产或法定货币挂钩，价格不会在短时间内大幅度涨跌，具有稳定价值的加密数字货币，专家称之为稳定币。天秤币属于稳定币之一。

大家都知道，私人数字货币是基于分布式账户的 P2P 网络系统，其主要特点是：①去中心化，即没有中心服务器和中央控制点；②网络中所有环节对应并对等，各个节点之间相互连通；③遵守共同的契约或协议原则，协同处理交易。每个节点在对外提供服务的同时，也使用网络中其他节点所提供的服务。总而言之，数字货币的可编程性、匿名性、加密性、自治性和数字化等均是私人数字货币和稳定币的主要特征。

四、加密数字货币和区块链

我们考察数字货币，主要包括加密数字货币、稳定币、天秤币和比特币等,均离不开区块链的话题。下面重点研究区块链和数字货币的关系及其作用。

(1) 数字货币和区块链共识机制。该共识机制可以自动执行规定的计算机程序,保障数字资产交易的高效和低成本运行,对数字资产及产品和商品交易只要约定好时间,就可以在区块链上自动执行。

(2) 应用加密算法和分布式共享账本。在没有商业银行等中心化机构的帮助下,能自主、自动、自治地保证账目的真实和准确,实现数字产品和数字商品点对点的去中心化交易。

(3) 进入区块链的各种信息数据不可篡改并可以追溯。区块链可以解决数字市场交易中的证据难题。

(4) 相关信息和数据虽然分布在区块链上,但使用私人数字货币交易仍然存在信息数据不对称等风险问题。

五、天秤币

2019年6月18日,脸书发布了天秤币白皮书,确定应用区块链技术和比特币点对点的交易模式,同时克服比特币币值不稳定等问题。白皮书中描述了天秤币的三个主要组成部分。

(1) 以区块链安全、稳定和可扩展技术为基础。

(2) 以赋予天秤币内在价值的资产储备为后盾,主要包括以美元、英镑、欧元和日元等计价的一揽子低波动性的商业银行存款和短期政府债券作为抵押。

(3) 由独立的天秤币协会治理。该协会的主要任务是促进天秤币金融生态的稳定发展。

相对于比特币和以太币等加密私人数字货币,天秤币的创新和优势在于,对每个新建的天秤币,在其资产储备中都有与之对应价值的一揽子银行存款和短期政府债券作为信任背书,建立起消费者用户对其内在价值的信任。在政府机构监管压力之下,2020年,脸书发布了天秤币白皮书2.0版,做出了"除了锚定多币种的稳定币外,新增加了单一币种的稳定币","以稳健的合规框架提高天秤币支付系统的安全性"等关键性修改,旨在维持天秤币币值的稳定性。

专家认为,脸书为线上的数字货币找到线下的资产背书,解决了数字货币缺少信用背书的核心问题,从而减少了数字货币币值的大幅波动,让天秤币能够承担起价值储藏、计价单位和交易媒体等数字货币的基本职能。

有关金融专家指出,天秤币是一种超越主权的虚拟货币,其以脸书海量的全球社交媒体消费者用户作为用户基础。相对于比特币,天秤币的创新优势主要体现在以下几个方面:

(1) 通过和一揽子资产挂钩,实现了背书,确保币值基本稳定,有效避免币值大幅度的波动。

(2) 构建了中心化和去中心化相结合的运作机构,即独立的天秤币协会,实际上仍然具有中心化的特点。同时,天秤币使用区块链技术,又是去中心化的。

(3) 在发行数量上,天秤币突破了比特币2100万个上限。

(4) 流通范围比较广,规模比较大,目前,天秤币具有遍布全球的数十亿消费者用户基础。

(5) 在跨境支付上拥有比较先进并普遍使用的技术支撑。借助天秤币,全球跨境支付只需将天秤币从一个账号转移到另外一个账号即可,跨境支付简化且快捷,比较受消费者欢迎。

六、私人数字货币存在的主要问题

目前,世界各国的私人数字货币从种类和规模上都将超过法定央行数字货币,出现了春秋战国和三国演义的局势。专家特别指出,私人性质的数字货币存在的问题和风险,应引起高度重视。

(1) 消费者隐私权保护问题。近期,在若干网络平台被频繁曝出消费者个人隐私信息数据被泄露的情况下,依法确保广大消费者数字货币交易安全,尤其是消费者用户隐私权保护,是天秤币等数字货币运营者需要解决的首要问题。

(2) 数字金融垄断问题。基于海量的消费者用户基础,天秤币很快会形成规模优势,甚至发展形成数字金融垄断。因此,有效管控私人货币经营主体不滥用垄断地位,是各国央行共同关注的问题。

(3) 国家货币主权问题。天秤币等数字货币大规模发行和使用,可能会降低主权国家的货币主权。若某一个国家的广大消费者大量使用天秤币进行交易和跨境支付,必将严重降低该国法定货币的地位,同时削弱该国货币政策的效力和中央银行的宏观调控,涉及一个国家货币主权的原则性问题。

总之,数字货币发展与机会同在,消费者利益和风险共存。很多人在谈到数字货币的时候,并非首先想到国家法定数字货币即央行数字货币,而是关注以比特币为代表的私人性质数字货币。2009年以来，涌现出各种基于分布式账本或区块链技术的数字货币。例如，某科技公司联合20多家机构组成协会，计划以联盟链的形式发行基于法币资产储备背书的数字货币，引发社会各界的高度关注，进一步推动了全球数字货币的高潮。专家明确指出，金潮涌动，风险犹存，币市有风险，投资需谨慎。

第六节　私人数字货币的定价和管控

目前，全球有2000多种私人数字货币，中国有1600多种。私人数字货币价格的大幅波动，严重影响社会稳定。因此，如何对种类繁多的私人数字货币进行合理估值定价和风险防范，是投资者和消费者共同关心的话题。同时，私人数字货币存在威胁金融安全的风险，如何对其进行有效监管，是各国监管机构共同面临的重要命题。

一、数字货币定价分类

一般将私人数字货币分为加密币和稳定币两种。稳定币会与诸如黄金和法定货币等具有稳定价值的资产直接挂钩，使其单位价格的数字货币代表一定的购买力。因此，对稳定币的币值，可以通过为其背书或挂钩的资产价值对稳定币进行定价。在金融界，包括数字货币界，对数字货币包括加密币的定价方法分类主要有成本定价法、股票定价法、期权定价法和无套利定价法等。

二、股票定价法

在采用股票定价方法为私人数字货币定价中，首先想到首次代币的发行。首次代币发行，是指区块链项目发行首次代币募集比特币等加密数字货币的行为。目前，世界各国监管机构倾向于按实质重于形式的监管原则。判定该币是一种准证券行为，并向投资者警示风险。在对加密币和比特币定价时，一般常采用将加密数字货币类比股票，参照现有股市对股票定价方法对其进行定价，主要包括两种方法：①市盈率法；②现金流贴现法。

（1）市盈率法。市盈率法是一种基于市场盈利标准的估价方法，常用于对非上市企业或者首次公开募股的企业进行估价。我们设定，同行业中的企业可以作为被估企业的可比较标的，将同行业的平均市盈率作为定价基准，进而估算出上市企业的每股盈利水平，两者相乘即可得出该上市企业所发股票的市场价值。

（2）现金流贴现法。现金流贴现法是预测上市公司在未来一定时期的每股股利，进而利用合理的贴现率进行贴现加总，计算出该上市公司股票价值。与市盈率法相比，现金流贴现法的优点在于客观分析了该公司的发展前景，并将相关支出纳入资本成本，具有一定科学性。

三、期权定价法

在数字货币定价中，期权定价法是指将数字货币的经济价值看作投资项目的未来价值，作为标的资产期权估值的定价方法。该估值方法的优点在于：①以持续经营为标准，设定数字货币项目存在确定性。②估值方式独立于无风险利率，避免了风险利率不确定的评估难题，可以忽略估计风险的溢价。③综合分析了数字货币项目价值与计价发展变化的相关性和客观性。

四、成本定价法

在私人数字货币"挖矿"未达到预定上限时，我们将该私人数字货币作为一种商品，根据市场供求关系对其进行估价。一个时期以来，比特币和加密币市场更像一种卖方垄断市场，比特币和加密币的经营者基本上形成了垄断性竞争格局。由于网络平台的开放性和匿名性，消费者即加密币的购买者难以进行共谋，缺少选择权，只是价格的接受者。根据经济学理论，在长期垄断性竞争市场的生产者不仅可以调整生产规模，还可以选择进入或退出市场。因此，在资本市场均衡时，垄断性竞争厂商的利润为零。此时，平均收益等于平均成本，平均收益又等于收入除以数量即价格。因此，根据对商品供求关系和长期垄断性竞争利润的考察可以看出，私人数字货币的长期均衡价格应该等于平均成本，这是成本定价法的基本原理和方法。

五、无套利定价法

在数字货币定价中，套利是指利用不同资金市场的利率差异，把短期资金从低利率市场调到高利率市场进行投放以获得利差收益。2017年12月，美国商品期货交易委员会（CFTC）批准芝加哥商业交易所（CME）和芝加哥期权交易所（CBOE）先后上市比特币期货。比特币期货获准上市，使比特币的无套利定价成为先例。

2018年2月9日,芝加哥商业交易所的3个月比特币期货报价为8600美元,而同期美元年利率为1.81%。据此计算出比特币价格(e)等于 $8600 \times \exp(1.81\% \times 0.25) = 8639.00$ 美元。

无套利定价法成立的条件是,当期货价格和现货价格偏离定价公式时,无风险套利活动可以快速展开。但在现实中,由于以下因素,比特币期货和现货之间的无风险套利实现困难。

(1) 比特币的现货流动性较差。套利者不一定能根据套利需要按期望的价格买入比特币,而且时常面临现货交易的风险。

(2) 比特币现货交易性能缺陷。比特币交易的清算确认具有一定概率性,交易费用比较高,确认时滞比较长等,极大地限制或制约了正常的套利活动。

(3) 比特币现货市场不能做空。比特币无法进行"做多期货、做空现货"的正常套利活动。为此,专家提示,广大消费者应审慎看待加密币和比特币等私人数字币的价格,保持理性,防范风险。

六、私人数字货币的风险管控

(一) 私人数字货币运营中的风险

以比特币为代表的私人数字货币,在为经济发展创造了更多可能性的同时,也给立法和监管带来了严重的风险挑战。

1. 私人数字货币的安全风险

一个时期以来,黑客攻击和病毒入侵等网络安全问题都影响到私人数字货币。近年来,私人数字货币交易频繁发生黑客攻击,包括平台宕机、侵犯消费者隐私权、用户数据丢失等安全事件。由此可见,数字货币的加密性并不能确保其100%安全。例如,日本最大的比特币交易平台Mt. Gox受到黑客攻击,在一个月内就损失了价值约3.65亿美元的比特币。

2. 私人数字货币的匿名性风险

国家金融机构无法对私人数字货币交易的相关信息进行准确核查,国家监管部门追踪交易信息比较困难。因此,一些不法分子不但利用交易系统漏洞进行洗钱、诈骗等违法犯罪活动,而且还为逃避政府监管和司法打击寻找避风港。

3. 实际运营主体难以确认的风险

比特币等私人数字货币多基于开源算法,没有明确的发行和实际运营实体组织，同时，也没有相关机构能实际管控它的发行和交易，为各国政府有效监管带来一定困难。同时，因为缺少中心机构，所以参与交易的消费者没法追溯在交易中遭受的经济损失，存在严重风险隐患。

4. 缺少主权国家背书和信用担保的风险

私人数字货币作为一种资产，有一定诱惑力，消费者容易产生投机心理。同时，投资者面对开放的数字货币市场，跨境投资无法避险。目前，各国对私人数字货币的合作监管机制尚处于空白地带，投资者的权益无法保障，并且非法集资和金融诈骗等违法犯罪现象时有发生，成了高风险的跨境投资市场。因此，专家多次提醒，投资有风险，入市需谨慎。

综上所述，加强数字货币安全和隐私权保护，加强对私人数字货币实施有效监管，保障各参与方的合法权益，是各国政府与监管部门需要思考并解决的实际问题。目前，由于各国金融环境不同，其对于私人数字货币的监管态度也不尽相同。有些国家如中国，持积极监管和限制立场，并正在加快部署数字货币立法和监管措施；有些国家如印度，目前禁止在境内开展私人数字货币相关业务；有些国家私人数字货币在该国已经合法化。

作者的观点是，在中国，不符合数字货币条件的私人数字货币不能与央行数字货币同存在，共命运。

（二）私人数字货币监管措施

1. 私人数字货币风险内涵

私人数字货币风险，是指私人数字货币在制定、发行、经营、投资、购买、交易中的各种经济和法律风险。法律专家明确指出，私人货币作为一种资产，如没有主权国家背书和国家信用担保及监管缺失，必然导致私人数字货币市场，尤其是跨境交易存在巨大法律和经济风险，应该引起广大数字货币尤其是私人数字货币和比特币投资者、参与者、消费者的高度重视。作者提示大家，要站稳立场，擦亮眼睛，保持理性，拒绝诱惑，谨防风险。

2. 部分国家对私人数字货币的监管措施

（1）日本是一个将数字货币纳入法律法规体系的国家。2017年4月，日本政府开始实施《资金结算法》，承认数字货币作为支付手段的合法性。之后，日本金融厅颁布《支付服务法案》，对数字货币交易所实施全方位监管，明确规定所有在日本境内运营的交易所必须获得财政部与日本金融厅的牌照授权。

（2）美国政府各州对数字货币的态度各有不同，例如，纽约州对数字货币交易所实行严格管控。目前，只有少部分交易所获得了授权许可；华盛顿州于2017年4月通过了第5031号法案，该法案规定华盛顿州所有货币交易所，包括虚拟货币运营商，都必须申请牌照才可运营。目前，许多在华盛顿州开展业务的交易所已经获得了相关牌照。其他州也都在美国证监会的规定下，积极采取措施，对数字货币交易实施牌照化管理。

（3）澳大利亚于2017年底正式通过了《反洗钱与反恐怖主义融资法案2017年修正案》。该法案明确规定：第一，数字货币并不是货币资产，而是价值的电子表现形式；第二，提供数字货币交易业务的机构，必须向澳大利亚交易报告和分析中心提交申请，取得相应监管牌照与准入许可；第三，交易所应根据反洗钱框架下的制度标准，对业务进行反洗钱和反恐怖主义融资评估。

（4）新加坡政府在对金融科技"不寻求零风险，不扼杀技术创新"的基本原则指导下，积极发展区块链技术，积极推动数字货币的发展。目前，新加坡是亚洲区域内最支持数字货币发展的国家之一。由于新加坡积极良好的法制环境，多家跨国金融、证券交易所选择在新加坡开展业务。

3. 美国关于确保数字资产负责任创新行政令

北京时间2022年3月9日19时，美国白宫官网正式发布公告，拜登总统将签署《关于确保数字资产负责任创新的行政命令》，并表示，这是有史以来第一个整体政府行政法案，以应对风险和利用数字资产及其基础技术的潜在利益。

美国国家安全顾问杰克·沙利文（Jake Sullivan）表示，该命令确定了政府的政策重点，包括加密货币和任何未来的美国中央银行数字货币，以帮助指导数字资产生态系统的发展。

该行政命令为美国制定的首个全面的联邦数字资产战略，将有助于美国在国内外数字资产生态系统的创新和治理中继续发挥领导作用，从而保护消费者，提高美国在全球的竞争力。

该公告表示，调查表明，大约16%的成年美国人（约4000万人）投资、交易或使用过加密货币。100多个国家正在探索或试行中央银行数字货币（CBDC），这是一种国家主权货币的数字形式。

（三）中国非银行支付机构网络支付管理

2019年，中国人民银行和支付清算协会先后发布《条码支付受理终端检测规范》《条码支付移动客户端软件检测规范》和《关于进一步规范非银行支付机构变更事项监督管理的通知》,对企业准入资质和支付细则的管理不断优化,为移动支付行业的规范发展创造了良好的法治环境。

关于中国非商业银行支付机构发生的网络支付情况,大家可以从图 17-2 中认真分析其同比增长率及其发展规律。

图 17-2 中国非银行支付机构发生的网络支付金额情况

📓 本章总结

本章以数字货币为重点,主要介绍了数字货币的定义和起源,数字货币中的区块链和分布式记账;阐述了区块链的比特性、自治性、加密性、编程性和匿名性特征;论述了央行数字货币和私人数字货币的本质区别;讨论了央行数字货币对宏观经济和国内外金融市场的传导机制和影响。

关于私人数字货币,着重考察了私人数字货币的特征和法律风险及其管控,提出比特币目前不具备数字货币的条件。

📓 本章关键词

央行数字货币是国家法定货币。

其他数字货币是私人性质货币。

📓 本章警示语

私币有风险,投资需谨慎。

第十八章　数字票据

引　言

在商品经济发展和交换中,古人类发明了用于交换的,作为一般等价物的工具——货币。

在商品流通和发展中,人们发明了用于流通的有价证券——票据。

信息化和数字化经济时代的到来,为了快速提升货币流通的需求,有了标准化票据和电子化票据。

随着数字技术进步和数字经济及数字资本发展的需要,产生了由数字构成用于流通使用的数字票据。

第一节　数字票据的概念和源渊

一、数字票据的概念

传统票据,是指由出票人签发的,在约定时间、约定地点、约定金额、无条件支付的有价证券或支付凭证。

数字票据,是指基于节点网络和数字加密的有价数字证券,亦称数字凭证。数字票据,是一种虚拟票据,不是传统意义的物质票据,是借助区块链技术产生的一种数字化支付凭证的形式。数字票据和传统票据具有相同的职能和法律效力。

二、票据和数字票据渊源

据史料记载,世界上最早的票据源于古希腊和古罗马时代。随着古希腊和古罗马生产力和生产关系及商品经济的产生和发展,古希腊人和古罗马人为了商品和货币流通和交换的需要,发明了用于流通的有价证券,即票据。

12世纪，意大利沿海城市商品经济发达，产生了票据的原生态，称作兑换证，随着商品经济发展，成为支付工具或有价凭证的票据。

16世纪，在欧洲，由于商品交流和交换的需要，产生了交换凭证，开始使用支票。

17世纪，在一些商品发达国家，开始票据背书，即在汇票背面签字，作为使用条件。其特征是无条件性、连续性、不中断性。

19世纪前后，作为商品交换的信用凭证且无条件支付的有价证券开始在许多国家使用。之后发展成为各国普遍使用的法定票据，包括汇票、本票和支票。

21世纪，信息的高速发展，数字经济的产生，使票据逐步走向标准化、电子化和数字化。

随着大数据、云计算、区块链和数字经济及数字资产的发展，纸质票据变为电子票据，电子票据发展成为数字票据。

第二节 数字票据的优势

数字票据具有以下优势：

（1）数字票据开发成本低。由于数字票据的开发应用区块链技术，基于数据构成，不需要中心应用和接入系统，因此节省开发成本。

（2）数字票据降低了传统模式下系统的维护和优化成本，其中包括设备投入成本、数据备份成本、应急管理成本等。

（3）减少了运营风险，主要是减少了系统中心化带来的风险问题。

（4）具有强大的容错机制。防控了服务器崩溃、被黑客操控及数据存储中的各种风险。

（5）具有安全保障机制，确保交易安全、隐私权保护以及商业秘密保护。

（6）证据保全措施。数字票据采取全程数字化记录和储存，有效防止证据丢失，一旦发生纠纷，可以有据可查，有据可证。

（7）生命周期可编程和智能合约可控性，确保了数字票据生命周期的规律性、稳定性和安全性。

（8）数字票据质量的有效管理，保证了从签发、背书、转让到质押等全过程票据使用的优质高效。

（9）诚信原则。保证合约有效执行，防止人为违约发生，减少合同纠纷，维护数字票据和票据权利及其健康发展，有效促进了数字经济和数字资本的高度融合。

第三节　数字票据的法律特征

依法设立并使用的数字票据与传统票据一样，具有如下七个基本法律特征。

（1）数字票据权利。票据的相关权利因数字票据的设立而产生。

（2）数字票据权利和票据义务的产生，以具备法定条件为前提，与设立数字票据的原因无关。

（3）数字票据必须依照法定方式制作，才能产生票据上的效力。

（4）数字票据权利和数字票据义务的内容，决定于该数字票据上记载文字的真实意义。

（5）数字票据债权人占有数字票据，即可向特定的数字票据债务人要求给付票据上载明的金额。

（6）数字票据给付的标的为央行数字货币。

（7）数字票据到期，持票人可依法转让。

第四节　数字票据关系人及责任

一、数字票据关系人

数字票据关系人，是指依据票据法规定，具有票据债权债务和票据收受或支付关系的人。数字票据有三个基本关系人，即出票人、付款人和收款人。由于本票的出票人就是付款人，因此，实际上只有两个关系人，即出票人和收款人。此外，还有其他关系人，如数字票据背书人、保证人等。

二、数字票据出票人的责任

（1）承担保证承兑的责任。在承兑之前，是汇票载明的主债人。

（2）承担保证付款的责任。由于本票是自付证券，因而本票的出票人相关责任与汇票承兑人责任相同，不但直接承担付款，而且是本票的主债务人。

第五节　数字票据权利和义务

一、数字票据权利

数字票据权利，是指数字票据债权人依据数字票据上载明的数额和票据法规定，向数字票据债务人主张并要求其支付票款的权利。

数字票据权利的主体是持票人，包括占有票据的收款人、背书人或者以票据为抬头的持有人。数字票据持有人有下列权利。

（1）付款请求权。指持票人向汇票的承兑人、本票的出票人、支票的付款人提出票据主张要求付款的权利。

（2）追索权。指数字票据人在票据不获承兑或不获付款时，向背书人、出票人、保证人等票据债务人主张要求清偿票款的权利。这是持票人的第二次请求权，是《中华人民共和国票据法》为保障持票人合法权益而专门设立的法律制度。

（3）转让数字票据权。指持票人依法转让其票据的权利。根据票据法规定，票据权利的取得有两种情况：①原始取得，指收款人因出票人的出票而取得的票据权利；②继受取得，主要指因票据的转让而取得票据权利和依法取得的票据权利。

二、数字票据债务人的义务

数字票据债务人应负的责任。票据债务人，是指在票据上签章，按照票据法的规定和在票据上的记载，承担票据责任的人。

数字票据在其出票、转让、付款的整个流程中，形成了出票人、背书人、承兑人、付款人和保证人等多层次的债务关系。按照在票据关系中所处地位的不同，债务人可分为主债务人和次债务人。主债务人直接承担付款责任，次债务人负担保责任。

第六节　数字票据抗辩权

数字票据抗辩，是指票据债务人提出合法的事由，以拒绝票据债权人行使权力的行为。有"抗"必须有"辩"，对持票人即票据债权人的债权请求，票据债务人可以拒绝履行，但必须提出合法的事由作为依据，否则只有"抗"而没有"辩"，就不能发生效力。

数字票据抗辩可分为如下三种：

一、绝对抗辩权

绝对抗辩权，是指数字票据债务人对票据债权人的债权请求，不管是恶意的还是善意的，都可以拒绝并申述事由。例如，数字票据上欠缺票据法所规定的应记载事项或数字票据是伪造的，其对抗的原因是数字票据本身缺乏有效要件，故又称为对物抗辩。由于这种抗辩可以对抗任何人，所以谓之绝对抗辩权。

二、相对抗辩权

相对抗辩权，是指数字票据债务人对持票人即实际上的债权人请求人的直接抗辩，故又称为对人的抗辩。例如，甲向乙订购货物，由乙开具汇票并由甲承兑。但乙未交货，乙却持该汇票向甲请求付款，甲可以直接对乙抗辩，拒绝付款。如果乙已将该承兑汇票背书转让给丙，则甲虽可用前述事由对乙抗辩，但不能以对乙直接抗辩的事由来对抗丙。这就是票据的抗辩权限制。因为数字票据主要是为了便于流通，这就要求对善意的受让人给予更大的权利保障，尽量使之不受原来票据上的各个关系人之间可能存在的抗辩事由的影响，这样才能使受让人放心地接受票据，从而使票据得以顺利流通。关于对债务人抗辩限制范围。例如，《日内瓦统一汇票本票法公约》第17条规定："票据债务人不得以自己与出票人或持票人的前手之间的抗辩事由对抗持票人，但持票人取得出于恶意者不在此限。"根据该法规定，对票据债务人的合法权益，也给予保障。

三、恶意抗辩行为

恶意抗辩行为，是指持票人明知数字票据债务人与出票人之间有抗辩事由存在，仍然接受其票据，对这种持票人的债权请求，债务人可以对之拒绝履行数字票据债务并提出理由。在中国，根据《中华人民共和国民法典》和《中华人民共和国票据法》规定，恶意持票人出于恶意或欺诈，均不受法律保护。

第七节　违规的法律责任

一、主体的资质

数字票据主体资质，是指数字票据贴现行为的资质和效力。《中华人民共和国票据法》和中国人民银行关于票据管理规定，票据贴现系国家特许经营业务，从事票据贴现业务，须有法定贴现资质。否则，该贴现行为因主体违反国家法律、强制性行政规定，构成非法行为，不受国家法律保护。

因此，根据《中华人民共和国民法典》和《中华人民共和国票据法》规定，尚未取得法定资质的公司或个人不能从事贴现业务。以"贴现"为业，构成或涉嫌刑事犯罪的，将成为刑事犯罪主体，依法追究其刑事责任。

结论是民间贴现行为因不符合法定条件，应该依法严格禁止。

二、法律效力

根据《中华人民共和国票据法》规定，下列行为无效：

（1）合谋伪造贴现申请材料无效。包括有金融业资质的商业银行和有法定贴现资质的公司，合谋伪造贴现材料包括无真实交易合同、增值税专用发票等，一律无效。

（2）无法定贴现资质的贴现无效。包括合法持票人向不具有法定贴现资质的当事人从事贴现的，应依法认定无效。对于不具有法定贴现资质以"贴现"为业的，涉嫌非法经营罪，依照《中华人民共和国刑法》第225条规定，追究其刑事责任。

（3）涉嫌违法犯罪的无效。例如，近年来在票据领域多发的票据诈骗罪、伪造公文印章罪、行贿、受贿罪等罪名，还包括《中华人民共和国刑法》第192条金融诈骗罪、《中华人民共和国刑法》第176条非法吸取公众存款罪、《中华人民共和国刑法》第177条伪造变造金融票证罪、《中华人民共和国刑法》第194条规定的票据诈骗罪等。根据法律规定，凡构成刑事犯罪所涉及的民事行为均属于无效行为，不受法律保护。

（4）恶意申请公示催告救济的无效。因恶意申请公示催告的行为损害了最后合法持票人的权益，人民法院应依法认定无效，不受法律保护。对于合法者，人民法院应予支持。

（5）伪造、变造印章的票据，其真实签章部分，应认定有效。符合

《中华人民共和国票据法》第 14 条和国际公约统一票据法之规定。

三、相关的法律责任

（一）刑事法律责任

在数字票据从业和司法实践中，涉及数字票据或与票据有关的刑事犯罪行为主要有：

（1）无法定数字票据贴现资质，以"贴现"为业，长期非法从事"贴现"业务，情节严重的，涉嫌《中华人民共和国刑法》第 225 条规定的非法经营罪，最高处 5 年以上有期徒刑。

（2）涉嫌《中华人民共和国刑法》第 194 条规定的数字票据诈骗罪，情节特别严重的，处无期徒刑。

（3）涉嫌《中华人民共和国刑法》第 177 条规定的伪造、变造数字票据诈骗罪，情节特别严重的，处无期徒刑。

（4）涉嫌《中华人民共和国刑法》第 176 条规定的非法吸收公众存款罪，情节特别严重的，处 10 年以上有期徒刑。

（5）涉嫌伪造公文印章、行贿、受贿罪等，依照《中华人民共和国刑法》相关条款规定承担刑事责任。

（二）行政法律责任

数字票据业的违规操作，是指从事票据业的数字金融机构、数字票据公司无资质违法从事票据业务，依照相关行政法追究其法律责任，包括停业、吊销营业执照、取消经营资质、罚款等。

（三）民事法律责任

民事法律责任，一般指在经营中违约或违反民事法规，依法依约承担违约或赔偿责任，包括支付违约金、返还财产、赔偿经济损失等。

四、专家意见和建议

专家意见和建议如下：

（1）取得金融票据业法定资质，依法从事数字金融和票据业务。凡符合金融票据业务，包括金融和票据等从业条件的公司，按程序申报，获得许可，并在行政许可范围内从事数字金融票据业务。

（2）取得数字金融票据经纪人资质，依法从事数字金融、保险、票据业务。

（3）数字金融或票据咨询服务公司，凡在行政许可经营范围内从事金融、保险、票据业务（中介、咨询等）应依法增项或修改公司章程增项后报有关行政部门备案。

（4）民间贴现人若从事票据咨询服务业务，须按法律规定条件，组建数字票据咨询公司，在行政机关核定（报备）范围内开展票据咨询服务业务。已经取得法定贴现资质的票据人，建议到具有贴现资质的机构从业，发挥其专业作用。

（5）建议有志从事数字票据业的公司和专家依法组建相关数字票据业联盟，或成立数字票据业协会、研究会，在民政机关登记注册范围开展票据理论、法律、业务研究和相关咨询服务工作。

（6）建议建立全国性数字票据业数据库和信息共享网络平台，研究数字金融、数字票据的发展。

第八节　票据专业术语定义

1. 票据

票据是指由出票人签发，按约定时间、地点、金额，无条件支付的凭证。票据亦称有价证券。

2. 贴现

贴现是指用未到期的票据向商业银行进行兑现，商业银行扣息贴现后，成为持票人。

3. 背书

背书是附属票据行为，在汇票背面签字，汇票受让人无条件、连续性、不中断。附条件或转两人以上背书行为无效。

4. 承兑

依照《中华人民共和国票据法》第 43 条规定，按票面的金额无条件兑现。如附属条件，视为拒绝承兑。

5. 保证

依照《中华人民共和国票据法》第 48 条规定，担保履约。附条件的不影响对汇票保证的连带责任。

6. 效力

《日内瓦统一汇票本票法公约》第 14 条规定，变造、伪造签章不影响真实内容部分效力。

7. 时效

（1）持票人和承兑人，票据期限为两年。

（2）持票人对支票出票人期限为六个月。

（3）持票人对前手追索被拒起期限为六个月。

（4）持票人对前手再追索期限为三个月。

8. 数字票据权利

数字票据权利包括：①付款请求权；②追索权；③转让票据权；④法定或依法约定的权利。

9. 数字票据抗辩

数字票据抗辩是指债务人因合法事由，拒绝票据债权人行使权利的行为。包括：①绝对抗辩；②相对抗辩；③恶意抗辩。

10. 数字票据贴现市场

数字票据贴现市场是指对未到期票据进行贴现，为客户提供短期资金融通的市场。主要参与者有：商业票据持有人、商业银行、中央银行、专门从事贴现业务的承兑公司和贴现公司。

11. 数字票据信用

数字票据信用是指数字票据在货币和商品让渡中，为反映债权债务的发生、转移、偿付使用的信用工具，按一定的方式转让或者流通。

12. 数字票据经纪人

数字票据经纪人是指贴现票据经纪人，专门从事各类数字票据买卖的中介人。其主要业务如下：

（1）在金融票据市场买，又卖给商业银行等，从中赚取差价。

（2）票据经纪人背书并承担票据责任。

（3）向商业银行融通短期资金 1～30 天。

13. 数字票据公司

数字票据公司是指在金融市场从事数字票据业务的金融票据专业机构。

14. 币种

币种是指央行数字货币或约定货币币种。

15. 公示催告期限

（1）法定受理后即通知支付人停止支付。

（2）人民法院受理后应在三日内发布公告。

（3）利害关系人有正当理由不向法院申报的在一年内可以依法向人民法院起诉。

16. 标准化票据

标准化票据是指票据存托机构汇集商业汇票并组建基础资产池，以基础资产产生的现金流为偿付支持而创设的标准化收益有价证券。

本章总结

本章论述了数字票据中的几个核心问题。

（1）数字票据的概念和渊源及发展过程。

（2）数字票据的开发成本、分类和优势。

（3）数字票据的权利和义务等法律特征。

（4）数字票据中的关系人及其法律责任。

（5）数字票据的三种抗辩权，包括绝对抗辩权、相对抗辩权和恶意抗辩。

（6）数字票据中的各种法律责任，主要包括无效的票据行为构成，违反《中华人民共和国票据法》的刑事法律责任、行政法律责任、民事法律责任。

为方便广大读者研究需要，本章对常用票据专业术语和定义做了必要注释。

本章关键词

数字票据是数字资本交易的数字货币工具，是无条件支付的有价证券。

第十九章 数字税

引 言

在大数据和数据经济快速发展中,随着数字资本和新型商业模式的迅速兴起,税源和税收背离问题正在日益加剧。在数字经济、数字资本及互联网平台公司快速成长的同时,也为公司或商家带来可观的税收收入,但这些税收主要是由全国或全球的购买者和使用者提供的。目前,世界各国都面临包括数字税在内的税制改革和税权分配问题,值得认真考察和研究。

第一节 数字税起源和发展

在大数据时代,随着数字经济和数字资本的不断发展,新型数字化商业模式迅速在世界发达和发展中国家兴起,为税制改革带来了新的挑战。以中国为例,在现行税制下,税制主要针对传统产业的特征而设立,很难对数字型企业或网络平台进行公平合理的课税,进而造成了传统产业与数字化产业税负不公的现象。因此,数字税开征在即。

数字税作为各国新税制度创新,是国际社会自20世纪末以来,对电子商务税收政策长期探索的结果。在20多年的发展中,许多国家先后提出了多种税制改革方案,包括对数字税的定义、过渡性税制、预提税制以及反避税规则等。

2013年,法国开始研究数字税并发布了《Colin 和 Collin 报告》,正式提出对收集和管理以及商业开发的法国用户个人数据的盈利行为,开征一种特殊税即数字税。这份报告为世界其他国家建立数字税制度奠定了基础。此后,多个国家纷纷开始设立数字税。

2014年,匈牙利引入了广告税,根据各类广告公司的广告净收入,对广告发布媒体按最高不超过7.5%的累进税率进行征税。从2019年7月1日起税率调整为0%。

2016年,印度引入平衡税,对印度非居民企业的广告总收入按照6%的税率进行征税。

2017年,意大利开征数字交易税,对在意大利互联网或电子平台提供服务的企业,按照其服务价格的3%的税率征税。

2017年9月,法国联合德国、意大利、西班牙三国发布了《关于对数字化经营企业征税的联合倡议》,建议欧盟对数字化企业在欧盟境内获得的收入征收平衡税。

2018年3月,欧盟委员会通过并发布了《关于对提供特定数字服务收入征收数字服务税的统一标准》,正式提出了数字税的定义和标准。欧盟委员会于2018年11月在数字服务税指令中声明,如在2021年之前未达成一致性意见,则强制推行数字税,以应对新时代的经济挑战。

2020年10月,欧盟及相关组织发布了税基侵蚀与利润转移包容性框架,提出了应对数字化带来的税收挑战的"支柱一"和"支柱二"报告。①在"支柱一"中分析了世界各国实施数字税的基本情况,就征税联结度提出新的利润分配模式。②在"支柱二"中提出了关于数字税的相关规则。

2022年3月,欧盟委员会发布的《数字服务法案》规定,科技公司不能利用其竞争对手的数据来与其竞争,也不能在自己的平台上优先展示本公司的产品。如果科技公司拒绝遵守这些规定,他们将会承担公司利润10%的罚金;并且对于多次违规及情节严重的公司,还可能面临被逐出市场的风险。例如,社交媒体平台无法按规定及时删除恐怖活动的政治宣传内容及其他违法帖子,公司将会承受多达其总利润6%的罚金。

根据欧盟最新公布的说明,欧盟有关数字市场法案一揽子监管指引,将数字公司大致分为中介服务、托管服务、在线平台、超大在线平台四类,明确界定了数字公司的责任和义务。数字公司规模越大,用户越多,提供的服务越多样,承担的责任和义务越多。

欧盟对超大在线平台的管理更为严格,基本规则多达17项,主要内容包括设立投诉和补偿机制、治理平台滥用、允许用户标记网上非法内容、审核第三方供应商、提高广告透明度、报告刑事犯罪、依法向政府部门和研究人员分享数据、加入欧盟打击网络仇视性言论的行为准则、保障危机应对合作等。此外,欧盟将对服务欧盟人口超过10%的超大数字平台"量身定制"监管规则。

欧盟要求提高在线平台透明度,对平台推荐算法进行审核,防止滥用平台权利。明确规定，研究人员可以访问部分平台公司的关键数据，以了解在线风险的演变方式；相关政府执法部门可以要求社交媒体等数字平台删除暴力等危险性信息。欧盟成立欧洲数字服务委员会，协调成员国更好地对大型公司进行监管。

2022年3月9日，美国总统拜登签署《关于确保数字资产负责任创新的行政命令》，明确包括加密货币和未来美国中央银行数字货币等数字资产生态系统在内的政府政策重点。

目前，国际税收规则体系主要包括客观存在、因国而异、动态发展、平衡税收和基本公平等五大利润分配原则。但这五大原则在数字经济中对数字税进行统一定义较为困难。作为解决数字经济税制问题的两大巨头，欧盟委员会提出以无实体的应税存在和全球单一实体及适当公平分配为特征的征税联结度和利润分配方法。该方法是一种超越现行国际税收体系的新税收体系。欧盟认为，数字税只是一种应对经济发展的挑战，是数字经济发展的临时性的过渡措施，是一种过渡性税制。

第二节 数字税定义和分类

数字税是新的税种，是围绕数字经济发展开征的税种之一。数字税的概念有广义与狭义之分。广义的数字税，是指对数字产品和数字商品及交易活动所征收各种税的统称；狭义的数字税，是指对数字服务供应商的数字服务收入所征收的税。在实践中，数字税具有较高的政策灵活性。对数字服务交易征收数字税有四种基本形态。

一、狭义数字税

狭义数字税，是指对数字服务供应商取得的数字服务收入所征收的税，是比较简易的数字服务征税方式。狭义数字税的显著特征是，仅针对供应商的收入，而不考虑供应商的所得。具体征税方法是，收入减去可以扣除的成本、费用等项目后的余额，极大地简化了计算税收的流程。但是，征收狭义数字税通常需要根据实际情况，采取动态的课税政策。例如在2020—2022年疫情期间，中国政府对企业采取减、免、缓缴税政策，为中小企业释放政策红利，助力企业渡过难关。法国征收数字税是从纳税人、应税服务范围、税率等多个方面明确数字经济的征税范围。

二、增值税

在现行税收制度中,增值税是常态化税种。增值税是以商品生产、流通包括应税劳务在流转过程中产生的增值额,作为计税依据而征收的一种流转税,有增值,才征税。征税机关通过衡量数字产品的生产和交易增值课税。当数字产品的成本可以衡量时,数字税可以按照货物劳务税的形式进行征收。货物劳务税包括消费税、增值税和出口退税等三部分。其中,增值税和消费税常用于各国数字税的实践模式。根据新加坡法律规定,对跨境 B2C 数码服务商和 B2B 导入的服务,采用反向收费机制对其征收消费税,就是较典型的课税机制。

三、预提税

预提税是国家税种之一,是专门针对跨境输入征收的数字税。预提税是一种税收征管措施,是指国家税务机关对企业所得税的预先扣缴,是中国早期传统的课税制度。根据中国法律规定,外国企业在中国境内未设立机构或场所而取得来源于中国境内的各种租金、存款利息、利润、股息、红利、知识产权、特许权使用费和其他所得,或者虽设立机构或场所,但上述所得与其机构或场所没有实际联系的,都应当按实际收入缴纳 10% 的所得税。

在中国,目前的预提税,实际上是向提供网上订购商品或服务企业所得的某些款项单独征收的总款项,是征税联结度与利润分配机制的主要征收模式和工具。但是,全世界尚没有哪个国家制定出预提税具体可行的规则或标准。印度的"平衡税"被专家看作预提税的模式之一,但作者认为,平衡税不具有预提税的典型特征。

四、反避税措施

反避税措施,是指针对特定大型或规模以上企业的反避税机制。在实践中,该机制作为一种政策性反避税措施,需要结合具体情况进行分析,需要多方合作谈判才能具体确定,并且经常与反不正当竞争和反垄断等工作采取综合措施。例如,法国政府税务机关根据部分大型科技企业在法国的营业收入,而非企业利润来直接征收税率为 3% 的数字服务税。然而,这一税收却被某大型公司以转嫁的形式规避。某大型公司法国分公司通过上调佣金的形式,把应该由其缴纳的 3% 数字税直接转嫁给第三方公司,以达到合理避税的目的。

第三节 征收数字税的必要性

一、税收公平

著名大型数字企业依托本国本地商业环境与消费者资源,共同创造了数字资本商业帝国,但这些利润收入大都被企业所得。因此,需要通过课税公平实现社会公平。目前,在许多国家,如何合理分配这些由企业、消费者及属地政府共同创造的商业利润,成为数字时代税收公平的一大挑战。

二、价值再分配

数字经济中的广大消费者在接受数字企业服务的同时,又通过收视广告或进行社交媒体分享等消费活动产生价值,成为数字资本的创造者。例如,广大消费者在使用数字服务时形成的用户信息和个人消费习惯等数据,是企业定向投放广告的重要资源,能够直接转化为市场效益和企业效益。而在现行税制下,数字消费创造的价值主要被企业占用,广大消费者等公共人群作为数据提供方,并未获得等价收益,导致公众的正当权益受到损害。征收数字税不但有利于将消费者创造的价值重新进行分配,而且激励广大消费者对数据价值的再创造。总之,征收数字税是将人民创造的价值分配给人民。

三、企业价值体现

在数字时代,数字经济发展决定了数字企业的价值难以精准测算。数字经济具有高度的流动性,大部分数字企业以轻资产为主,对数字资产的重视程度较高,其数字资产一般占据企业全部资产的较大比重,许多企业拥有多条业务线,收入来源丰富,传统经济企业的类别划分对其不再适用,因为数字经济对数据具有很强的依存性。数据是数字企业生产的重要因素,可以为企业创造很高的价值,而互联网、大数据、区块链、云计算等数字技术难以清晰界定,税务机关难以按照传统经济收入类型划分并确定各类别的收入。在征收数字税的过程中,应该实现对包括无形资产在内的数字资产的测度,以及对数字业务收入的明确划分,以保证对数字企业价值的正确评估和价值体现。

四、税制改革

目前，世界各国包括中国的现行税制对传统企业形成了一套行之有效的监管体系，但对数字企业的税收监管存在某些难点，导致传统企业面临比数字企业更高的税负，明显违背了税负公平原则。由于不公平的竞争环境扭曲了市场对资源的合理配置，导致一些传统行业企业在市场竞争中处于被动地位，并逐渐走向衰落甚至退出市场。在数字时代，数字企业开发的数字产品和数字资产在市场上的交易，为数字企业创造了高额利润，成为数字企业价值创造的重要组成部分，但这一贡献在现有税收制度中并未准确体现出来，导致数字企业并未能准确向国家税务机关贡献税收。因此，国家税制改革，包括数字税制的改革，有望带来一个更加公平的市场环境。

五、国际惯例

在国际惯例中，世界各国均有对本国企业的保护政策。在数字经济时代，对企业合法权益的保护具有十分重要的意义。我们从跨国企业的市场垄断和不正当竞争两个方面，介绍数字经济时代税制对企业合法权益保护的作用。

（一）国际市场垄断

数字税作为金融工具之一，在国际市场的作用通常与国际资本市场垄断有关。大家都知道，规模大的数字企业大部分来自数字经济发达的国家，其先进的信息技术和数字化工具，在资本市场具有领先优势，并利用这些优势占据了其他国家或地区的市场份额，建立起垄断机制，为相关企业带来了巨大的发展压力。超大规模数字企业对市场控制力的增强，获取了超额的市场利润，并且可以通过并购等手段进行不正当市场竞争，进而占据市场垄断地位。各国政府为了反垄断，采取了相应的举措。

（1）为支持中小企业的发展，一些国家采用了对特定规模以上的企业征收数字税的方式，以增加其经营成本，抑制其形成市场垄断。

（2）通过反垄断调查获取大型互联网企业的违规证据，依法对具有垄断性大规模数字企业进行严格监管。

（二）国际市场竞争

数字资本跨国交易是通过国际数字资本市场完成的，很难对其交易行为作精准管理。跨国交易所具有难以追溯的特性，导致了数字资本国际市场上的不正当竞争。有些大型数字经济企业为了竞争国际市场份额，采取低价出售数字产品、数字商品和数字服务的方式，挤压和排斥中小数字企业，构成市场不正当竞争势力。有的数字企业违规使用或出售消费者用户数据，以违规使用或出售消费者用户私人信息的方法进行不正当竞争并获取高额利润，严重侵犯了个人隐私权，严重破坏了正常的市场秩序。

各国政府为反不正当竞争，开征数字税，主要优点如下。

（1）构建更加公平公正的国际市场环境。

（2）有效抑制居竞争地位的大型数字企业不正当竞争行为，保护和促进数字市场公平竞争。

第四节 欧盟数字税经验借鉴

2018年3月，欧盟提出了两项独立的数字税法案，即《关于对提供特定数字服务收入征收数字服务税的统一标准》和《关于制定对重大数字存在征收公司税规则的理事会指令建议》。2022年3月，欧盟发布新的《数字服务法案》，阐明了数字税未来监管的方向，并提出以数字税作为一项政策机制。

一、征收数字税的标准

欧盟于2018年制定的《关于对提供特定数字服务收入征收数字服务税的统一标准》是针对企业所得税规则中数字活动的一般性改革，旨在从根本上解决数字经济活动的征税问题。欧盟于2022年制定的《数字服务法案》采用了直接形式的数字服务税，旨在规范市场主体的固定机构，解决成员国数字服务征税问题。在实践中，欧盟采用常设机构以及数字平台纳税主体进行定义的机制进行征税。具体规定欧盟成员国中满足三个条件之一，欧盟成员国便可以通过国际协定，按照该国对常设机构的税制进行征税。这三个条件或三项标准如下：

（一）年度收入标准

该数字平台在欧盟某一成员国内的年度收入超过700万欧元，其税率为3%。

（二）用户数量标准

该数字平台在欧盟某一成员国一个纳税年度内拥有超过10万名用户，

其税率按收入的3%征收。

（三）签约数额标准

该数字平台在某一成员国一个纳税年度内与该平台的用户之间缔结了超过3000份的数字服务商务合同。

该项规则是欧盟计划完成的税收联结度与利润分配的重要机制，旨在确保欧盟成员国能够向在其领土内没有实体存在却获得利润的数字企业征税，并将改变成员国之间的收益分配方式，更好地反映企业的网络平台价值创造方式，确保数字利润和税收。

二、过渡性税制

欧盟《关于制定对重大数字存在征收公司税规则的理事会指令建议》，是在完成《关于对提供特定数字服务收入征收数字服务税的统一标准》规定的数字税改革之前的过渡性方案。该方案的主要目的：一是确保欧盟所有成员国能够尽快向数字服务征税；二是避免单一成员国征税对欧盟共同市场的损害。设立该税制的主要因素是，企业和消费者用户在互联网活动中的价值创造。根据该方案，欧盟将四类数字经济相关活动纳入数字税的征收范围：

（1）数字企业或其他经营者，在出售在线广告中所获得的收入。

（2）数字企业或其他经营者，在消费者用户互动及商品与服务销售中介中获得的收入。

（3）数字企业或其他经营者，在出售消费者用户信息数据获得的收入。

（4）数字企业或其他经营者，在提供网络视频、网络音频、网络游戏或者数字文本等数字内容中获得的收入等。

欧盟将数字税作为数字经济政策性过渡税制，适用于全球年收入7.5亿欧元以上，并在欧盟内年收入5000万欧元以上的数字企业，其税率为3%。为鼓励企业增长，初创型企业无需缴纳数字税。

三、欧盟数字税的发展方向

2018年11月，欧盟委员会在声明中称，若在2021年之前世界各国未达成数字税一致性意见，则强制在欧盟成员国范围内征收数字税。欧盟进行数字税制改革的主要目的，是促进欧盟成员国向公平、稳定、安全、健康、共享的方向发展。

欧盟数字税的发展方向和主要目标如下。

（1）有计划抑制大型数字企业的发展，防止其形成数字市场垄断地位，促进市场公平竞争。欧盟的数字税制将课税主体规定为具备一定规模和社会影响力的大型数字企业，对中小型企业与初创型企业免征数字税，旨在促进数字企业的创新和健康发展。

（2）通过平衡数字经济发展，为成员国带来更多的税收。欧盟数字税改革，将征税对象集中于数字经济的相关业务，将数字中介、在线广告、数字内容等发展好的数字经济纳入缴税范围，其目的：一是防止这种经济活动带来的经济过热；二是提高成员国的财政收入。

（3）促进消费者用户所创造价值的再分配。欧盟数字税改革重点关注数字经济中的价值创造过程，强调消费者用户数据在价值创造中的贡献，有效推动消费者用户所创造价值的公平分配。

（4）维护成员国之间数字税的一致性。欧盟的数字税制可以让成员国对数字经济征税工作迅速调整，在最大程度上维护并保证欧盟成员国之间征收数字税立场和行动的一致性。

四、数字税的模式

欧盟委员会提出的数字税模型，是欧盟相关组织开展"税基侵蚀与利润转移"项目后的主要成果之一，为数字税提出了模式，指明了发展方向。欧盟委员会提出数字税模式，其最终目的也是建立一个新的税收体制，构建新的税收联结度与利润分配规则，并以最低有效税率原则，协调各国的数字税改革和发展中的统一问题。

（一）数字税划分的标准

数字税划分标准制定的主要目的是应对数字经济的税制改革，核心是征税权的分配。一是提出了新的征税联结度规则；二是明确了利润分配规则；三是规定了A、B、C三类具体的收入数额。

1. 征税联结度规则

征税联结度规则，是指在数字经济和数字资本新形态下判定作为征税基础的实体存在的机制。在新税制下，企业的联结度规则是通过常设单位或机构实现的。有关组织在对新型税制的探索过程中，提出了两类应被征收数字税的企业。一是跨境市场国客户和消费者共同创造经济价值，但因没有应税实体存在市场国不缴税的企业。二是企业利润转移避税模式，利用数字技术进行跨境营销,却将营销决策权与营销型无形资产转移境外,在市场国保留有风险的分销厂商。

根据该标准和规则,进一步明确新征税的基本范围,将数字产品与数字服务按有无运营实体分为两种类型,即数字服务类和数字产品类。

(1) 数字服务类,主要包括在线搜索引擎、社交媒体、网络中介平台、网络游戏、云计算服务、网络广告服务等智能化的数字服务。

(2) 数字产品类,主要包括数字化产品和数字化技术产品,如数字软件、智能电器、智能手机、计算机软件著作权、专利、商标特许经营和汽车等面向消费者的行业。

该规则使新征税权适用于年销售额达 7.5 亿欧元以上的跨国公司。同时,基于国别的不同,根据市场国适用新征税规定范围内的销售额具体确定数字税额。

2. 利润分配规则

欧盟及相关组织在制定利润分配规则中,采用了三种方法:

(1) 调整后的利润分配法。调整后的利润分配法,是采用 A、B、C 划分的形式,构成了该方案中利润分配的规范,以单独实体或加总实体为计算单元,确定分配的总利润。

(2) 采用分配规则或单元划分方法,确定剔除常规利润后的非常规利润。

(3) 采用简易划分方法,确定非常规利润中有多少比例归属于新征税所管辖区域。

部分分配法,是指调整后的利润分割法的配套机制。根据该机制,按照企业集团的财务报表计算全球利润水平,为下一步统一全球财务报表提供依据,并将其纳入调整后的利润分配法中。

分销法,是指对在市场国从事基本分销、营销的实体,给予现行规则下经过精简化处理的固定回报。分销法是对新征税权的统一协调,将有限风险的分销商从新征税权的规则中剥离出来,可以在一定程度上减少新征税权分配的矛盾。

欧盟通过上述方法,以全球合并后的企业集团财务报表为基础制定税基,以税前利润率为指标,按照共识和约定的比例划分集团的常规利润和剩余利润。按照简易方式将剩余利润的一定比例分配给市场国,并以各市场国范围内的销售额为基础进行分配。

欧盟及相关组织制定的利润分配规则,建立了一套以金额 A 和金额 B

为基石①的架构体系，是一个新的税收计算方式和方法。具体方法如下：

（1）金额 A 由跨国企业合并财务报表中的税前利润为指标进行计量，税前利润中超过一定盈利的部分为剩余利润，整体上是按照一个固定的比例，税前利润乘以该比例得出分配给符合条件的市场管辖区的剩余利润。

（2）在此基础上，按固定比例将剩余利润的一部分划分出金额 A 的数量，或者根据各类商业模式不同程度的数字化差异，赋予其不同的权重，对剩余利润进行加权求和后得到金额 A 的数量。

金额 B，是指经销商以其子公司或其常设机构与市场管辖区建立联结关系时，对分销商确定一个依据独立交易原则的固定回报率，以规范全部营销包括分销的基准活动。在实践中，金额 B 的设立有助于各国税务机关简化转让定价规则，降低纳税人的相关纳税成本，提高交易定价的税收。

为降低 A、B、C 等之间潜在的双重征税风险，新方案提出在金额 A 中采用"营销与分销利润安全港"规则。例如，一个跨国公司在市场管辖区内设有应税存在，该公司首先根据利润分配规则，确定同征税范围内收入有关的执行营销和分销的回报。然后将该回报同"安全港回报"之和进行比较。若营销和分销回报超过了"安全港回报"，表示存在一定风险，则不再将金额 A 分配给该市场管辖区，有效避免在市场管辖区已预留足够剩余利润的跨国公司，在全球统筹计算金额 A 之后，对纳税主体重新分配税款过程中潜在的法律风险进行研判，并采取相应的风险管控措施。

（二）数字税的分配规则

欧盟在税率规则制定和执行中，致力于解决税制侵蚀与利润转移问题中的核心问题，即全球反税基侵蚀方案，这是数字税的核心。欧盟提出了最低有效税率的概念，并提出了数字税分配的五项规则。

1. 收入纳入规则

收入纳入规则，是借鉴了部分国家对企业的征税规范和惯例，以最低税率为基准纳税。一是跨国公司经营所得缴纳的实际有效税率低于最低税率，则该公司营业收入将以一个固定比例向税务机关缴纳补充税。二是收入纳入规则还明确计算实际最低税率的全球或税收管辖区综合问题，并针对实质经济活动提出解决征税规则统一适用等重要方案。总之，通过统一

---

① 十一块基石分别为金额 A 的范围、联结度、收入来源、税基确定、利润分配、避免双重征税，金额 B 的范围与量比，税收确定性，金额 A 的争议预防与解决，金额 A 之外的争议预防与解决、实施与管理。——作者注

收入纳入规则,确保跨国公司的收入所得按最低税率纳税,减少跨国公司通过分支机构或子公司向低税率国家和地区转移利润,有效保护法定税收管辖区的税基。

2. 最低税率规则

在税制侵蚀与利润转移项目中,主要工作均是为了使税收与经济活动发生地及价值创造地尽可能保持一致性。但该措施并不能完全解决有些企业将利润转移到免税或低税管辖区的风险。为此,欧盟相关组织提出了一个系统性和综合性的解决方案,即通过设定一个最低税率,确保跨国企业支付最低水平的税。实践证明,该方案可以有效减少企业为了降低税负而进行的相关违规避税活动或利润转移行为。同时,也可以降低各国尤其是发展中国家提供各项企业所得税税收优惠的压力,并避免国家之间税收工作的不良竞争。

3. 税收转换规则

在实践中,税收转换规则适用相关国家在双边税收协定中相互设定免税条款,旨在保证各国税收政策的普适性。若一家跨国公司的外国分支机构利润或外国不动产所得税用双边税收协定的免税条款,则该部分利润或所得的实际有效税率低于最低税率。若按照收入纳入规则,则相关签约国家税务机关依法应对该部分利润或所得征税。这就产生了双边税收协定与收入纳入规则之间的矛盾。为此,在协定中增设了转换规则,通过该规则,相关国可以停止其同来源国之间双边条约中免税条款的适用,转用抵免的方法免除部分所得税。

4. 税收回溯规则

税收回溯规则,实际上是收入纳入规则的补充规定。即收入纳入规则规制的是实际有效税率低于双边条约中商定的最低税率的境外分支机构或其子公司,对境外分支机构或其子公司征收补充税,以回溯法定税收管辖区的税收收入。低税支付规则,旨在通过拒绝税前扣除的规制向低税率实体的全球税收集团内部付款,以保护收入来源地税收管辖区税收收入。

5. 税收限制规则的适用

税收限制规则是对前四项规则的补充。税收限制规则仅限于规制在受控集团成员之间进行的某些支付类行为。在实践中,如果那些已在条约中约定的所得在收款人或受益人的法定管辖区内未按最低税率征税时,将以征收预提所得税的方法限制或拒绝给予税收协定优惠的方式，实现最低税务目标和政策。

第五节　数字税的悖论

一、数字税的反对者

数字税作为过渡性措施，是由传统税收体系向全新的征税联结度体系的过渡性制度安排。虽然数字税制的出发点是为了各国重新分配税收管辖权，但在实施数字税政策的过程中仍面对世界各国难以统一的问题。反对数字税的国家和地区就现有数字税体制提出了税收公平问题、双重征税问题、税制侵蚀问题等，这些问题阻碍了数字税在世界各国的推广施行。

二、双重征税

双重征税，是指某一征税主体对某一或不同征税对象和税源同时进行两次或两次以上征税。国际上的双重征税，是指不同国家征税主体对某一或不同征税对象和税源同时进行两次或两次以上征税。欧盟在数字税的征收上有不同侧重点，其主要倾向于将征收数字税作为欧洲的一项过渡性经济政策，并致力于研究基于数字税的新型全球性税收体制。两种模式均引发了欧洲和世界许多国家对双重征税问题和过度征税问题的争论和反对。

在欧盟公布其临时性数字税方案之后，瑞士立即提出了反对意见，认为欧盟征税方案中的数字税存在冲突。2019年1月15日，瑞士发布了《数字经济征税报告》，坚定了不支持临时性数字税的立场，认为对数字经济按营业额征收临时税可能会导致双重征税或过度征税。该立场使世界各国对数字税达成一致解决方案成为难题。

三、税收公平

欧盟提出的数字税制，因受限于税收的可追溯性，只能从特定时间节点起进行征收。一些西方国家，如美国，认为税收数据的不可追溯性带来了税收的不公平，各国实施数字税可能会导致资本市场歧视现象发生，不利于本国企业在国外正常发展。专家认为，各个国家的数字税目前仅对规模以上企业数字服务所取得的收入征收，而中小型企业大多不具有较多的资产，数字税制对中小企业而言具有不公平性。

四、税制问题

目前,世界各国现行的经济体系与新数字经济体系存在明显差距,推行数字税将导致部分国家面临新旧税制不相容的难题。近年来,计算机与通信行业协会、信息技术行业委员会、爱尔兰企业与雇主联合会和英国科技协会等曾联合提出,欧盟针对数字行业征收的数字税与欧洲各国现行的基于利润的税制不相符,或将推翻欧盟成立以来所形成的公司税国际原则和国际惯例。

专家指出,根据部分国家关于数字税的主张,企业和相关用户所在地的国家有权对此类企业或用户创造的收入依法征税。但是,企业和消费者价值创造的原则虽得到了广泛的认同,但如何准确评估他们真正通过数据创造了经济价值,其创造的价值是否为经济社会做出了贡献,目前各国政府和专家学者们还在进一步讨论。

五、美国对数字税的立场

一个时期以来,数字税已经成为美欧贸易摩擦的主要问题之一。2019年7月10日,在法国参议会表决通过数字税议案之前,即7月9日,美国贸易代表办公室发布文件,声称要根据《1974年贸易法》第301条款,启动对法国开征数字税的调查,并于2019年8月19日专门举行公开听证会。其启动调查的依据主要包括:第一,数字税构成对美国企业客观上的歧视;第二,数字税追溯到2019年1月1日开征,不符合税收公平原则;第三,数字税增加纳税人的计税难度;第四,数字税与美国和国际税收体系规范相矛盾。

2019年12月2日,美国贸易代表办公室完成对法国数字税的第一部分调查,发布《301调查:法国数字税报告》。该份报告认为,法国数字税具有不合理性和歧视性,给美国商业造成一定影响,决定采取反制措施对价值约24亿美元的法国产品加征最高100%关税。

2020年6月2日,美国贸易代表办公室发布《联邦公报》公开宣布,根据《1974年贸易法》第301条款的规定,对奥地利、意大利、巴西、捷克、印度、印度尼西亚、西班牙、土耳其和英国等贸易伙伴国采用的数字税开展调查,以反制这些贸易伙伴国对美国商务采取的不公平或歧视性行为。专家认为,这是美国的常规立场。

第六节 世界各国的单边数字税

目前，世界上有20多个国家在征收数字税，大都集中在欧盟。除了法国、意大利、奥地利、英国、匈牙利、印度和土耳其七个国家之外，西班牙、捷克、波兰、斯洛伐克、德国、缅甸、新加坡、马来西亚、泰国、印度尼西亚、澳大利亚、新西兰、加拿大、墨西哥、俄罗斯等国家也开展了对数字税的征收尝试。综合分析来看，这些国家的共同点是，其数字税政策最终都成了单边政策。

（一）匈牙利的数字税

2014年6月，匈牙利国会通过了关于对企业广告收入征税的法律。根据该法律规定，凡是在全球收入超过28万欧元的媒体公司、出版社、互联网等广告发布者及户外广告投放者均要缴纳广告税。最初为累进税制，之后将征收税率定为7.5%。2019年7月1日，匈牙利政府通过对本国经济保护行动计划，简化了该国的税种，将广告税的税率降为0%，实为免征该税。

（二）印度的数字税

2016年，印度开始对数字税的征收试验，当时的数字税被称为"平衡税"。该税种主要针对印度境外输入企业，对电商经营者网上销售商品、网上服务、为消费者提供服务或为销售商品提供网络平台的收入按照6%的税率征税。

（三）法国的数字税

2019年，法国为了适应全球数字经济和税收规则的变化，增加财政收入，管控互联网巨头避税，始终是最支持数字税的国家之一。2019年7月，法国参众两院通过法案，批准政府开征临时性数字税。数字税法案追溯至2019年1月1日生效，对全球数字业务年收入达到7.5亿欧元或在法国境内提供数字服务达到2500万欧元的公司，按其总收入的3%征收数字税。征税范围主要包括：①广告和数字销售收入；②基于广告用途的个人信息数据和营销收入；③基于数据互联网平台中介服务收入等。

在数字税征收中，法国的数字税尝试也遇到了一定问题。一是法国率先推出单边征税政策，后续的数字税尝试也只能以单边的形式进行推动。2018年，法国从境内企业研发支出的税收补贴率达到了43%，成为OECD

成员国中补贴率最高的国家。在数字税与境内补贴不均衡的情况下,数字税也带来了税收公平性问题。二是针对法国对美国互联网企业开征数字税的行为,美国政府采取100%的高关税反制措施,对法国进行报复。直至2019年8月G7峰会上,美国和法国为征收数字税问题达成一致意见。

(四) 意大利的数字税

2019年12月,意大利通过新的税法,自2020年1月1日起开始向大型科技企业征收数字税,该税率为3%。征税的重点对象是全球年收入超过7.5亿欧元、在意大利的数字服务收入超过550万欧元的科技公司。意大利的该项政策与法国实行的数字税政策基本相同。按照意大利的税收计划,数字税的征收每年将为该国财政增加6亿欧元的财务收入。

(五) 土耳其的数字税

2019年,土耳其政府公布了该国数字税法案,于2020年3月1日生效。该项税收对象:一是在土耳其境内销售各种广告服务以及在数字平台上提供的任何音频、视频和数字内容的收入征收数字税。二是数字税制适用于全球收入在7.5亿欧元以上的公司。

土耳其的数字税税率为7.5%,总统有权将税率降低至1%或提高至15%。数字税征收范围也广于法国,适用于数字内容销售,并排除了法国的其他豁免政策,包括来自传感器搜集信息的收入等。

(六) 奥地利的数字税

2020年1月,奥地利政府根据欧盟关于数字税的提议,开征数字税。征收范围:一是在线广告产生的收入。二是在全球年营业额达7.5亿欧元或以上企业。三是数字广告销售额达2500万欧元以上的所有公司。该国税率为5%。

(七) 英国的数字税

2020年4月1日,英国政府开始对谷歌、亚马逊等众多美国科技巨头公司征收2%的数字税,其主要目的是规避硅谷公司将利润转移到爱尔兰等低税率地区而逃避支付税收的行为。其征税主要范围:一是搜索引擎;二是社交媒体服务;三是在线市场等数字服务的收入。同时,该数字税制适用于全球销售额超过5亿英镑,在英国收入至少2500万英镑的企业。据英国税务海关总署统计,数字税每年将为英国政府带来8700万英镑的额外收入。不过,英国政府表示,数字税政策属于英国政府临时性过渡政策,计划在 2025 年对该项政策进行综合考察，检验数字税是否达到征税目的。在此期间，如与有关国家达成协议，便取消数字税。

综上所述，上述七国的数字税制是全球第一批吃数字税螃蟹者。目前，在全球数字税中，法国始终是坚定支持者，美国一直持反对态度，中国是中立者，多数国家是观望者。

七国征收数字税分析见表 19-1。

表 19-1　七国征收数字税分析

国家	应税服务	全球收入门槛	国内收入门槛	税基	税率
法国	提供数字接口，使用户能够与他人建立联系和互动；向广告商提供服务，其目的是根据搜集到的关于用户的数据投放有针对性的广告信息	7.5 亿欧元	2500 万欧元	纳税人就应税服务收到的所有全球收入（即总收入，不包括增值税）乘以被视为在法国制造或提供的此类应税服务的百分比	3%
意大利	数字界面上的广告；允许用户买卖货物和服务的多边数字接口；使用数字接口生成的用户数据的传输	7.5 亿欧元	550 万欧元	提供给意大利用户的合格数字服务中获得的总收入，扣除增值税和其他间接税	3%
奥地利	在带有奥地利 IP 地址的设备上收到的广告；广告地址是奥地利用户的地址	7.5 亿欧元	2500 万欧元	奥地利服务提供商的广告服务营业额	5%
英国	社交媒体服务；Internet 搜索引擎；在线市场，该市场的主要目的是促进用户销售特定的商品、服务或其他财产	5 亿英镑	2500 万英镑	从英国用户获得价值的搜索引擎、社交媒体服务和在线市场的收入	2%

续表

国家	应税服务	全球收入门槛	国内收入门槛	税基	税率
匈牙利	广告服务	28万欧元	无	在匈牙利发布广告产生的净营业额（年广告收入超过2773欧元的部分收税）	7.5%（从2019年7月1日起，税率为0%）
印度	电商经营者网上销售商品；电商经营者网上提供服务；电商经营者为他人提供服务或为销售商品提供平台	无	特殊①	通过其数字或电子设施或平台提供的货物、服务的销售总额	6%
土耳其	在线服务，包括广告、内容销售和社交媒体网站上的付费服务	7.5亿欧元	2000万土耳其里拉	数字服务总收入	7.5%②

资料来源：白彦锋，岳童，数字税征管的国际经验、现实挑战与策略选择［J］. 改革，2021（2）：69-80.

注：全球收入是指企业在全球范围内（除本国之外）提供应税数字服务获得的相关收入，国内收入是指企业在本国提供应税数字服务获得的相关收入。

① 通过电子商务平台向单个电子商务参与者支付的销售或服务总额不超过50万荷兰盾（6800美元）的不需要扣缴。

② 从2020年3月开始，总统可以将税率降低至1%或提高至15%。

第七节　数字税的生命周期

专家认为，数字税是一种过渡性政策措施，构建全球化的征税联结制度和利润分配体系，才是未来世界各国的共识。已经开征数字税的国家也都明确表示了类似的观点，诸多的反对声也说明了数字税的争议性。在数字税征收实践中，税收不公平性和双重征税等问题不断发生，数字税似乎已注定是过渡性的临时措施，其生命周期不会太长。但数字税是否有可能成为长期性制度，有待进一步观察。

一些国家相关数字税制的信息或可以说明，数字税正在风雨中前行。在OECD提出了"双支柱"税收模型后，新西兰、巴西、捷克等国在非洲税收管理论坛上，均提出了开征数字税的议案，主张推进数字税的立法和纳税人申报与登记的实践工作，旨在扩展数字税的征收广度，延长数字税的生命周期。

关于数字经济发展对税收的影响，很早就引起学术界和许多国家财税决策部门的关注和研究。例如，在1998年渥太华电子商务部长级会议上，OECD财政事务委员会（CFA）就发布了适用于电子商务的税收原则报告《电子商务：税收框架条件》，提出中立性、公平性、效率性、确定性、简易性、有效性、灵活性等电子商务税收原则，得到广泛认可。这些电子商务税收原则，在世界许多国家最终发展为OECD的支柱一，而在有些国家和地区实践中，成为对数字税的有益探索。

关于税收分配规则，在数字税实践中，有些国家根据不同情形的管辖权主体及不同的市场主体及不同行业，选择不同的分配规则。在初次商定该规则时，大都尽可能地按照有利于自己的分配提出诉求，因此，实际的协调和谈判难度比较大。而欧盟方案中所提到的仲裁体系，在推进数字税全球化时，也会为发展中国家带来较大的问题。

有专家认为，OECD所推崇的"支柱一"体系，或可以与数字税机制和体系兼容，通过一系列规则和政策的完善，数字税可以成为世界各国一种新的税收机制和体系。专家研究认为，两种体系和机制的优劣，需要在实践中进一步检验，但基本原则是税权公正，税收公平，权利和义务对等。

综上所述，数字税起源于21世纪初对电子商务领域的探索和研究，截至2023年，全球有20多个国家和国际组织已经为数字税的发展提供了较为前瞻的机制和模式。其中，欧盟2018年发布的数字税统一标准与OECD的"双支柱"模式最为著名。但数字税在执行过程中遇到了很多难题，世界上许多国家就税收公平、双重征税、税基建立等一系列问题对数字税提出了质疑。因此，全球化的数字税，最终以单边政策的形式呈现在世界各国，其中有的已经异化为对国内企业的贸易保护政策，值得研究。

目前，数字税在全球范围的征收有三种立场和方案：①有些国家通过立法，成为制度，正式征收；②部分国家通过行政令，尝试征收；③部分国家对数字税持反对立场，坚持不征。

本章总结

本章以数字税为重点，分别论述了数字税的起源、发展、争议和趋势；征收数字税的必要性，包括税收公平、价值再分配、价值实现、国际惯例和税制改革；增值税、预提税和反避税；欧盟数字税经验，包括征税联结传授与利润分配及税收性质、规则、标准和发展方向等。

关于数字税的悖论，主要介绍了数字税中的双重征税、税收公平、税收分配、税基建立，以及世界主要国家包括发展中国家和美国对数字税的观点和立场。

数字税最有代表性的立场，一是法国始终对开征数字税持支持立场，并在本国依法开征；二是美国对开征数字税持反对态度，甚至对法国启动了《301调整：法国数字税报告》，反映了美国的常规立场和做法。

本章关键词

数字税在争议中发展，在发展中生存，在生存中探索。目标就在前方，可以让子弹再飞一会儿。

第六篇
数据治理与应用

DATA GOVERNANCE AND APPLICATION

创新，是数字资本不断提升价值的法宝。
应用，是数字资本实现财富帝国的密码。

第二十章　数字原生企业转型升级

引　言

数字技术和数字资本的发展，网络化和数字化的拓展，为人类带来更多的精彩和无限的可能，推动人类进入大数据时代。为了响应这个时代的变化，当前所有企业，包括商家和科研单位需要考虑本单位是否转型或如何转型升级等问题。

在大数据时代，数字化转型正在改变许多企业和行业的经营模式，无论是数字原生企业还是发展中的数字企业，都在积极探索数字化转型和升级问题。数字经济环境的变化、科技的进步、生产要素的创新、行业的发展、产业的竞争、战略的优化、利润的提高和业态的创新，都是原生行业数字化转型最主要的推动力。

根据国家智库和相关专家预测，鉴于生产要素和产业业态都在进行数字化升级，如果企业不能快速实现数字化转型，到2025年前后，将会失去大约2/3的目标市场。目前，许多数字化厂商和高科技企业，包括制造业专注于数字化转型，它们利用数字技术、人工智能、云计算、区块链等进行大数据重组。物联网、人工智能和实体经济深度融合，进一步推动了这一进程。有些数字化转型较早的企业，随着数字化覆盖面的扩大、智能技术的应用，数字经济和数字资本呈现超高速增长，企业不断释放出倍增创新能力，有些企业数字化转型已步入第二阶段或接近第三阶段。在数字技术与数字资本日新月异的新型资本市场环境中，企业应抓住时机，加强数字化创新能力，快速提升数字化在全球经济中的竞争力，实现数字经济高质量发展。

目前，摆在相关行业、企业和相关单位面前的最佳选择是数据化升级或转型。因为只有在数字时代生存下来，原生企业数字化升级转型成功，才能成为重生后的现代化数字企业。为此，本章专注数字原生行业或企业的数字化转型和升级问题，并为之提出转型和升级方案。

第一节　数字原生企业诊断

一、数字原生企业面临的挑战

在数字经济时代，原生企业或科研单位的数字化转型或升级，都不同程度地面临新的挑战和补课问题。而补课之前，应先请数字资本科学家为企业进行分析论证、诊断、开方，并有计划地进行升级或转型，方能事半功倍。

数字原生企业在设立之初，先请数字资本和数字经济科学家为企业进行诊断，即根据本单位实际，认真分析论证并制定以数字资本为中心的构建方案和发展规划，生成以软件和数据平台为核心的数字资本入口，有计划地获取和存储大量数据，并开始尝试通过智能化学习和数字技术研究，大力开发新生产要素即数据，以便更好地理解数字资本市场需求，增强数字化创新能力。已有部分数字行业或企业引领着区块链、云计算、大数据、人工智能技术的发展，推动了数字经济和数字资本的快速发展。这些数字行业或企业已经积累了本行业发展方向、升级目标、转型模式、数字技术、产品定位、生产方式等成功经验，数字原生企业应向其学习并在借鉴中发展自己。

非数字原生企业基本都是以物理世界为中心来构建的。绝大部分行业、企业在创建的时候是围绕生产、流通、服务等具体的经济活动展开的，缺乏以人工智能和数据平台为核心的数字技术，造成非数字原生企业与数字企业之间的显著差距。因此，在数字化转型过程中，数字原生企业面临着更大的挑战，对其存在的主要差距或问题，首先是要请相关专家进行转型前的科学诊断、专题分析和专家论证，并结合本单位实际，制定与国家发展纲要相同步的发展计划和目标。

二、数字原生企业存在的主要问题

（一）数字原生企业产业链过长

在对数字原生企业的业态分析和论证中，专家认为，目前这类企业的主要状况是发展定位不够准确，产业链陈旧，多业并存，基础设施落后，数字技术欠账严重。在这些非数字原生企业，特别是中大型生产企业中，往往有较长的业务链，从研发到销售全产业链覆盖。以传统的河北邯郸钢铁集团为例，完整工艺包括采矿、选矿、烧结、焦化、炼钢、热轧、冷轧等，其他生产线主要包括制氧、燃气、运输、自备电力、自备专用铁路和自有动力等，在各个工艺流程中沉淀着大量的复杂数据，有待开发和量化并生成。

一些数字原生企业或科技公司在构建面向市场价值流的过程中，同样形成了从研发到销售、供应、维护、运营的长链条。同时，产品类型包括电信基站、服务器、家电、手机甚至汽车和直升机等，横跨多个产业。在某种程度上形成了业务强势并面临条块分割、变革困难、转型复杂等问题。

例如，类似河北邯郸钢铁集团等企业，应客观分析转型升级前的状态，厘清底数，有针对性地制定转型升级计划，并分阶段实施。

（二）数字原生企业历史包袱严重

例如，转型升级前的纺织机械厂、制氧机厂等数字原生企业，普遍有较长的历史，组织架构和人员配置都围绕着传统业务开展，大都经历过信息化过程。很多制造业企业，随着不同阶段的发展需求，保留着各个版本的 ERP 软件和各种不同类型的数据库存储环境，导致数据来源多样化，独立封装和存储的数据难以集中共享，且不容易进行改造或替换，技术系统等历史包袱沉重。

有些科技企业，如一零九研究所，其主业务流程中存在数千个系统模块，有多版本的 ERP、多种集成方式，系统间存在大量复杂的集成和嵌套。在业务领域开发了上千个应用系统模块，包括上百万张物理表和几千万个字段，这些数据又分别存储在上百个不同数据库中。该研究所实行数字化转型升级后，一举成为中国数字科技的领军单位。

（三）数字原生企业运营环境复杂

数字原生企业中，尤其是注重实物生产和交易的大中型企业，还面临着比较复杂的情形。

（1）交易复杂，风险较大，周期较长，生产力和生产关系矛盾突出等，生产过程中需要关注原材料供应、人工成本和物流过程。

（2）交易过程中涉及进出口，需要关注政治生态、相关政策、法律法规、环境保护等多种信息。

（3）在转型时，设备需要更新或异地安装，需要考虑地理环境、配套设施、道路交通、土地、税收、金融政策以及综合成本等诸多问题。

例如，有些公司为数字原生企业提供了成功经验。这些公司的技术研发和服务对象从运营商、企业客户到消费者，服务范围和雇员遍布世界许多国家和地区，从几个扩展到几十个甚至上百个，需要严格遵守各个国家和地区的法律法规、进出口管制措施、环保条例、安全和隐私权保护、知识产权保护等。有些数字化转型起步晚的企业，由于业务形态上的特点，导致诸多数字原生企业对数据共享，特别是生产、销售等关键环节数据的对外共享面临困难，容易形成"数据孤岛"，急需通过转型升级，从数据孤岛走向数字资本新大陆。

（四）数字原生企业数据质量短板

一些数字原生企业，基于业态特征和质量管理存在的短板，数据质量不仅直接影响数字产品和数字商品质量，而且直接影响整个公司产业发展成本和经济效益。例如，有的公司会对数据库质量进行严格度量和控制，以确保各生产环节能够及时、准确、完整地使用所需数据，并在整个数据系统中对异常数据进行严格监控。而提高数据和数字产品质量，需要设计和制定精确的发展规划，基于客观问题不断调整，确保数据的规范性，并采取措施，补齐短板，从根本上提高数字产品质量。

在实践中，数字原生企业在应用数据时，对数据质量的要求，一般会更聚焦于本企业主流数字产品生产流程相关的专业场景，更关注专业流程中核心技术和数据质量问题。因此，在数据挖掘、数据量化、人工智能等方面应聚焦于对核心数字技术的创造和应用，并面向数字市场需求进行定制化、精细化的设计和科学管理。

总之，数字原生企业在数字化转型升级前历史不一、情况各异，存在不同的问题和挑战，应客观分析，有针对性地决策。

在联合国工业体系分类中，525门小工业体系的差异说明了非数字原生企业数字化转型的复杂性。其中，作为新生产要素的数据的质量，对数字产品、数字商品和数字服务的质量起十分重要的作用。由此可见，数字原生企业的数字化转型不可能是对数字原生企业的简单复制。重要的是结合实际，客观评价，因地制宜，对症下药，在数字化转型升级和数字经济及数字资本发展中，走具有自己特点的数字化发展之路。

第二节 数字化转型升级目标

数字原生企业在转型升级之前，有一项十分重要的工作，或称作企业工作的第一阶段，即对本企业的现有数据进行科学分类和有效治理，同时设立本企业转型升级目标，并有序推进。

传统企业如何通过人工智能等先进技术提升生产效率，如何进行结构性改革和提升运营效率，支出更低的成本获取更好的效益，成为转型升级的核心问题。因此，数字化转型的总目标是要解决企业的两大问题，即成本和效益。

一、设定数字化转型升级计划和愿景

在数字原生企业发展战略规划中，要明确面向数字资本市场、消费者用户、行业业态、主流产品、盈利模式等，并不断提升企业生产率和经济效益。企业要制定与国家整个国民经济发展纲要相适应的 5~10 年数字化转型升级和发展计划。

专家为数字原生企业提出的新愿景是：数字新时代，开创新未来。用我们的智慧和双手，创建万物共享的数字新世界。

数字原生企业数字化转型升级具体计划和发展目标应包括但不限于如下几项内容。

（一）工作重点特色化

围绕本单位主流或特色产品，以数字项目开发为中心，以生产特色数字产品为重点，率先实现基于数字生发和量化的体验，创建领先于行业的运营模式。

（二）生产业态数字化

实现关键产品、数字商品和数字服务的数字化，并不断汇聚新数据，研发新产品，同时实现流程数字化，支持一线生产和资本市场及消费者客户的有效连接。

（三）运营体系规范化

基于统一数据基础，实现规范化运营与决策，简化管理，加大对一线生产技术人员的授权。

（四）生产模式智能化

提高数字基础设施和数字技术开发应用水平，统一并创新公司数字平台，同时构建全程式智能化体系。

（五）体制机制革命化

推进本单位数字化转型升级体制机制改革，确保源头数据精准、生产要素数据优质、数字产品和数字商品创新，保障整个生产流程质量和安全等。

二、制定企业数字化转型升级指标和标准

（1）统一数据管理规范，确保数据源头质量及数据入库标准，形成清洁、完整、规范的数据库。这是数字原生企业实现数字化转型的基础建设。

（2）数字产品和数字技术双提升，努力实现数字产品（数字商品和数字服务）和数字技术有效融合，促进数字技术和数字产品双驱动，提升转型升级水平和质量标准。

（3）加强数据治理和科学管理，确保数据安全管理标准化。

（4）生产流程、数字技术和数字产品全部实现数字化、标准化和规范化，提升数字产品和数字资产创新发展规模和速度。

第三节　数字化转型升级阶段

在一般情况下，数字原生企业从做计划转型到完成升级，需要历经2~3个主要阶段的持续变革，才能系统性建立自有数据产品生产和科学管理体系。

一、数字化转型升级第一阶段

在第一阶段，转型单位的首要任务是实行体制机制改革，建立数据管理专业团队，构建数据管理模式，制定数据管理政策，规范并统一数据信息架构、数据标准，有规范的数据源、有效的数据质量度量机制，并设定以下具体工作目标。

（1）提高数据质量，减少运营成本。通过数据质量度量与持续改进，确保数据真实反映生产需求，降低运营风险和成本。

(2) 制定流程规范，提升数据转化效率。通过业务数字化、标准化，应用数字技术，实现生产全流程规范运行。

二、数字化转型升级第二阶段

在第二阶段，主要工作任务是数字产品生产，包括整合企业全域数据并对数据进行连接，通过数据生发、数据量化、数据安全防护与隐私权保护，实现数据共享、敏捷自助、安全透明，支撑数字化产品生产，并实现数据价值。具体工作目标如下：

(1) 数据规范，决策准确。通过数据论证，实现生产业态透明可视，提供基于事实的决策支持依据。

(2) 人工智能，生产自动化。通过生产程序数字化、算法化，嵌入新产品流程，逐步替代人工操作。

(3) 产品研发，不断更新。基于数字资本市场和数字产品消费者用户考察，研发新数字产品，发现新的数字资本市场机会，并不断创新发展，为企业创造效益，为社会创造价值。

第四节 数字化行业投资发展分析

例证：2018年以来，上海市先后出台人工智能、大数据、工业互联网三大融合性数字产业发展规划图。

（一）人工智能产业领域

(1) 在长宁区主要集聚智能识别、智能零售产业。
(2) 在徐汇区主要集聚智能医疗、智能芯片设计、智能安防产业。
(3) 在闵行区主要集聚智能识别、智能医疗产业。
(4) 在松江区主要集聚智能制造、类脑智能产业。
(5) 在宝山区主要集聚智能硬件产业。
(6) 在杨浦区主要集聚智能教育、智能识别产业。
(7) 在普陀区主要集聚智能安防、智能硬件产业。
(8) 在浦东新区主要集聚智能芯片设计、智能语音识别、智能制造产业。

（二）大数据产业领域

(1) 打造静安区"国家新型工业化大数据示范基地""上海市大数据

产业基地""公共数据开放基地"。

（2）打造杨浦区"上海市大数据创新基地"。

（3）打造浦东新区"公共数据开放基地"。

（4）打造闵行区"长三角大数据辐射基地"。

（5）打造徐汇区"公共数据开放基地"。

（三）工业互联网领域

（1）打造松江区"国家新型工业化工业互联网示范基地"。

（2）打造嘉定区、宝山区、浦东新区、上海化工区"上海市工业互联网创新实践区"等。

本章总结

本章的主要内容是数字原生企业升级转型中的几个重要环节和解决方案。主要包括数字原生企业的诊断、转型升级目标、数字化转型升级的两个重要阶段，以及数字化行业投资发展模式和体制机制创新等。

第二十一章 数据管理导则

引 言

为指导数据行业和相关单位加强数据治理和科学管理，提高数据质量，发挥数据价值，提升经营管理能力，借鉴相关国际组织数据管理经验，根据中国有关数据管理规定，本章对数据行业相关单位数据科学管理规则进行必要阐述，并提出具体指导意见。

数据管理，是指各数据行业和各类企业及相关单位，通过建立组织架构，明确董事会、监事会、高级管理部门及业务部门等职责要求，严格实施系统化的管理制度、方式、方法、步骤和管理规则，确保数据和相关资产统一、规范管理、高效运行，并在经营管理中充分发挥数据的功能和价值。

数据行业、企业及相关单位，应当将数据管理纳入本单位科学经营基础和规范，建立自上而下并协调一致的数据科学管理体系。

本章所讨论的数据管理，非数据治理。两者的主要区别在于数据管理重在宏观，而数据治理侧重技术。数据管理包括对数字资产的管理，数据治理包括对生产程序的治理。

第一节 数据管理基本原则

一、全覆盖原则

数据管理应当覆盖数据和相关数字产品、数字商品、数字服务全部数据资产从收集、储存、分析、量化、转化到生产和应用直至消失的全部生命周期；覆盖业务经营、风险管理和内部控制流程中的全部数据，包括内部数据和外部数据；覆盖所有分支机构和附属机构。

二、实用性原则

数据管理应当与管理模式、生产规模、经营管理和风险管控等相适应，并根据情况变化进行实用性调整。

三、持续性原则

数据管理是一项比较复杂且十分重要的长期性、持久性工作，应当持续开展，建立长效机制，坚持不懈。

四、有效性原则

数据管理应当坚持数据真实、准确、客观、有效的基本原则，应反映数据相关机构的实际工作情况，并将管理成果应用于各类数据产品的经营管理。

数据行业、企业及相关单位应当将全部数据纳入数据管理规划并建立工作机制和程序，确保有效组织开展数据管理工作，确保数据质量持续提升。

第二节 数据管理体系

（1）数据行业、企业及相关单位，应当建立健全组织架构、职责边界清晰的数据管理体系，明确董事会、监事会、高级管理相关部门和人员的职责分工，建立多层次并有机衔接的运行体制。

（2）数据行业、企业及相关单位领导、董事会应当制定数据发展战略，按管理权限审批或授权审批数据管理中的各个项目；依照职权督促高级管理部门和人员提升数据管理的有效性，企业董事长和单位主要负责人对数据科学管理承担最终责任。

（3）数据行业、企业及相关单位应专门设立数据管理和监督机构，负责对董事会及高级管理部门和人员在数据管理中的履职情况进行监督和评价。

（4）数据行业、企业及相关单位的高级管理者负责领导本单位数据管理工作，确保数据管理资源合理配置；制定和实施问责和激励机制，建立数据质量控制机制；组织评估数据管理的有效性和执行情况，并建立本单位数据管理工作报告制度。

（5）数据行业、企业及相关单位应设立首席数据官。首席数据官是否纳入高级管理人员范围，由数据相关单位根据实际情况确定。纳入高级管理的，应当符合相关上级机关报备的条件和程序。

（6）数据行业、企业及相关单位确定并授权业务归口管理部门牵头负责实施数据监管机制建设，协调落实数据监管运行机制，在组织推动下，使数据在生产、经营和管理流程中发挥作用。同时还应负责监管数据治理相关部门的工作，设置监管相关工作专职岗位。

（7）业务部门应当负责本业务领域的数据管理，管理业务条线数据源，确保对数据准确记录和及时维护。落实数据质量控制机制，执行监管数据相关工作要求，推动数据应用，实现数据价值。

（8）在数据管理归口管理部门，设立满足工作需要的专职岗位，在其他相关业务部门设置专职或兼职岗位。

（9）建立一支数据管理工作专业队伍，至少按年度对相关人员进行系统培训，并科学规划职业成长通道，确定合理薪酬水平。

（10）建立良好的中国数据文化，树立数据是重要生产要素和数据是文创产品的理念，要强化数据文化意识，遵循依规使用数据、科学管理数据的职业操守。

第三节　数据资产管理

（1）数据行业、企业及相关单位结合本单位发展战略和监管要求，制定数据产业发展战略并确保有效执行。

（2）制定全面科学有效的数据资产管理制度，包括但不限于组织管理、部门职责、协调机制、质量管理、安全管理、技术保障、监督检查和数据质量控制等各项规章制度。

（3）根据数据和数字资本发展和监管要求以及实际需求，持续完善并更新各项数据和数字资产管理制度。

（4）制定与监管数据相关的监管统计管理制度和评价制度，定期发布本单位数据管理报告，并报管理机构备案。对本单位数据管理工作重大事项，应当及时向管理机构报告。

（5）建立覆盖全部数据和相关产品的标准体系，严格遵循国家制定的相关业务规范和技术标准。企业或行业数据标准应当符合国家标准化政策和监管规定，并确保有效执行。

（6）持续完善信息系统，覆盖各项业务和全部数据。信息系统应当有完备的数据专业术语字典和维护流程，并具有可扩展性。

（7）建立适应监管数据报送工作需要的信息系统，实现流程控制的数字化和程序化,提高监管数据加工的智能化程度。

(8)加强数据采集、储存和生产的统一管理,明确系统之间数据交换流程和标准,实现各类数据有效共享。

(9)建立数据和相关资产安全标准体系,依法合规采集、应用数据,依法保护客户隐私权,划分数据安全等级,明确访问和拷贝等权限,监控访问和拷贝等行为,完善数据安全技术,定期审计数据安全。

(10)应用数据涉及个人信息和隐私权保护的,应严格遵循国家个人信息和隐私权保护法律法规规定,本单位规章应当符合与个人信息和隐私权安全相关的国家标准。

(11)加强数据和相关数字资产资料统一管理,建立全面严密的管理流程和归档制度,明确存档交换和使用管理要求,保证数据和相关数字资产的完整性。

(12)建立数据应急管理预案。根据业务影响分析和专家论证,组织开展应急演练,完善处置流程,保证在系统服务异常及危急等情景下数据的完整性、准确性和连续性。

(13)建立数据和数字资产管理评估及评价机制,明确评估周期、评价流程、成果应用及组织保障等要素的要求。

评估和评价内容应覆盖数据及资产治理架构、数据管理、数据安全、数据质量和数据价值实现等方面,并按年度向监督管理机构报送。

(14)建立严格问责机制,定期排查数据管理、数据质量控制、数据价值等方面问题,依据有关规定对高级管理负责人和相关部门及负责人进行问责。

(15)数据行业和有关机构应结合实际情况,建立激励机制,保障数据管理工作有效推进。

第四节　数据质量控制

(1)数据行业、企业及相关单位应当确立数据和相关资产质量管理目标,建立控制机制,确保数据和数字资产的真实性、准确性、连续性、完整性、稳定性和安全性。

(2)各项数据业务工作应当充分考虑数据及产品质量管理需求,所涉及指标,力求做到含义清晰、规则统一,并根据业务变化及时进行维护和更新。

（3）应当加强数据源头管理，确保将业务信息全面、准确、及时地录入信息系统。信息系统应当能自动检测数据歧视异常变动及错误情况。

（4）建立数据和数字资产质量监控体系，覆盖数据全生命周期，对数据和数字资产质量持续监测、分析、反馈和修正。

（5）建立数据和数字资产质量现场检查制度，并定期组织实施。质检工作频率原则上不低于每周一次，对重大问题要按照规定的报告程度及时向上级管理部门报告，并按流程实施整改。

（6）建立数据和数字资产质量考核评价体系，考核结果纳入本机构绩效考核体系，实现数据和数字资产质量持续提升。

（7）建立数据和数字资产质量整改机制，对日常监控、检查和考核评估过程中发现的问题，及时组织整改，并对整改情况跟踪评价，确保整改落实到位。

（8）按照监管机关要求报送企业法人的相关数据，应保证同一监管指标在监管报送与对外披露之间的一致性。如有重大差异，应该及时向行业监督管理机构解释说明。

（9）建立监管数据和数字资产质量科学管理制度，包括但不限于数据和数字资产关键监管指标质量承诺、异常变动分析和报告、重大容错通报及问责等。

第五节　数据风险管控

（1）数据行业、企业及相关单位应在风险管理、业务经营与内部控制中加强数据应用，实现数据驱动，提高管理精细化程度，充分发挥数据资产价值。

（2）科学运用数据分析和专家论证成果，制定风险管理举措。并根据风险预测、风险类别以及风险管理措施和程序，严格监控执行并适时优化调整，提升风险管理机制的有效性。

全产业系统重要性单位应遵循更高的标准，对照有关风险数据加总与风险评估报告要点的具体要求，强化风险管理。

（3）加强数据应用，持续改善风险管理方法，有效识别、计量、评估、监测、报告和控制各类风险。

（4）提高数据加总能力，明确数据加总范围、方式、方法、流程和加总结果要求等，满足在正常经营、不同情景及危急状况下风险管理的数据需要。

数据加总内容包括但不限于生产、交易、产品、地域、行业、客户以及其他相关内容。加总技术应当主要采取智能化方式。

（5）加强数据和数字资产分析应用能力，提高风险报告质量，明确风险报告数据准确性和保障措施，覆盖重要风险领域和新风险，提供风险处置的决策与建议以及未来风险发展趋势。

（6）加强数据和相关资产积累，以及优化风险计量和度量，持续完善各种风险评定模型，优化各种风险评定体系。

（7）充分评估数字资产兼并收购和资产剥离等业务对自身数据管理能力的影响。有重大影响的，应当明确整改计划和时间表，并符合主管单位关于风险管理的要求。

（8）明确数字新产品和数字化新服务的数据管理相关要求，清晰评估成本、风险和收益，并符合相关标准。

（9）通过数据分析挖掘，准确理解消费者客户需求，提供精准数字产品和服务，提升消费者客户服务管理和服务水平。

（10）通过量化分析论证数字业务流程，减少管理冗余，提高经营效率，降低经营和管理成本。

（11）充分运用大数据技术，实现数据及相关数字资产管理机制创新、业务创新、产品创新和服务创新。

（12）按照数据和相关数字资产量化的目标和标准，完善内部控制评价制度和内部控制评价质量控制机制，前瞻性识别内部控制流程的缺陷，评估影响程度并及时处理，持续提升内部控制的有效性。

第六节　数据监督与评价

（1）数据行业、企业及相关单位，通过非现场监督和现场检查相结合，对行业、企业、单位数据治理情况进行持续监管。

（2）根据数据产业发展需要，各行业和相关单位通过内部审计机构或委托外部审计机构每年度对其数据管理情况进行审计，并及时向主管部门报送审计报告。

（3）对数据管理不符合《中华人民共和国数据安全法》等法律法规及国务院有关监督管理机构审慎经营规则要求的数据企业，监督管理机构可采取相应措施：①制定切实可行的整改方案，责令限期整改。②本单位治理评价结果与监管评级挂钩。③依法采取监管措施或实施行政处罚。

DCMM 的核心评价维度及能力域如图 21-1 所示。

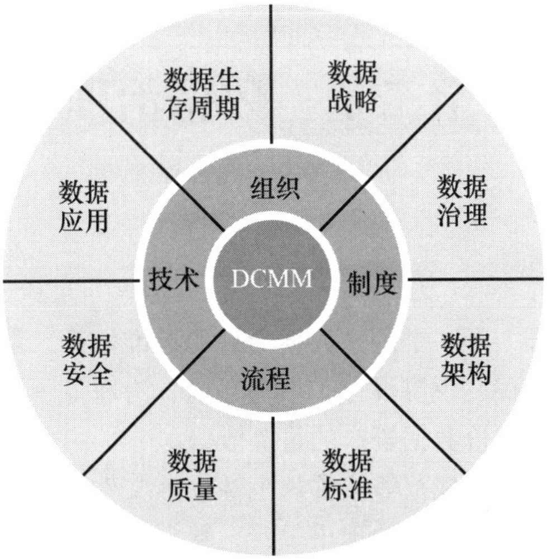

图 21-1　DCMM 的核心评价维度及能力域

本章总结

本章重点讨论数据管理导则，旨在为企业和相关单位提供数据全生命周期的指导意见和工作规范。

数据管理基本原则，包括全覆盖原则、实用性原则、持续性原则和有效性原则。

数据管理体系，包括数据行业全产业链的具体治理体制、机制，管理方式、方法和步骤。

关于数据资产管理，重点推荐数据安全和风险管理模式、范例、机制和评价标准体系等。

第二十二章　数据治理标准

引　言

数据治理标准，是一个国家数据治理的标准体系，是数据及其数据资产治理的方法、步骤、顶层设计、治理环境、治理范围及数据治理的规范性标准，是检验和评价数据资产的重要依据。

参考国家数据治理规范等相关规范性标准文件，本章重点讨论数据治理的原则和框架、数据治理的顶层设计、数据治理环境、数据治理范围和数据治理过程及其评价标准。

第一节　数据治理总则

一、基本原则

数据治理源于组织的外部监管、内部数据管理及其实际应用的需求，基本原则主要包括但不限于：

（1）规范化原则：包括法律法规、行业监管和内部管控等对数据及其应用的各项规则。

（2）标准化原则：包括数据产品化、数字资产化和数据价值化的各项标准。

（3）安全至上原则：包括数据生存周期管理及应用过程中，数据架构、数据模型、数据标准、数据质量和数据安全等体系建设的要求。

二、工作目标

数据治理的目标，是保障数据及其应用过程中的运营合规、风险可控和价值实现，主要工作包括：

（1）运营合规：建立符合法律法规和行业监管的数据运营管理体系，保障数据及其应用的合规。

（2）风险可控：建立数据风险管控机制，确保数据及其应用满足风险偏好和风险容忍度。

（3）价值实现：构建数据价值实现体系，促进数据产品化、商品化、资产化、货币化、市场化，实现数据价值。

三、主要任务

组织应通过评估、指导及监督的方法，按照统筹和规划、构建和运行、监控和评价以及改进和优化的过程，实施数据治理的任务。主要任务包括但不限于：

（1）评估数据治理的现状和需求、数据治理环境、数据资源管理和数据资产运营能力。

（2）指导数据治理体系的构建、数据治理域的建立和数据治理的实施落地。

（3）制定合理的评价体系与审计规范，监督数据治理内控、合规和绩效。

第二节　数据治理框架

数据治理框架，主要包含顶层设计、数据治理环境、数据治理域和数据治理过程四大部分。

数据治理框架标准图例，是根据国家市场监督管理总局和中国国家标准化管理委员会于 2018 年 6 月 7 日发布，2019 年 1 月 1 日开始实施的 GB/T 34960.5—2018《信息技术服务　治理　第 5 部分：数据治理规范》所设计，具有权威性和指导性，系目前中国数据治理的规范和主要标准，如图 22-1 所示。

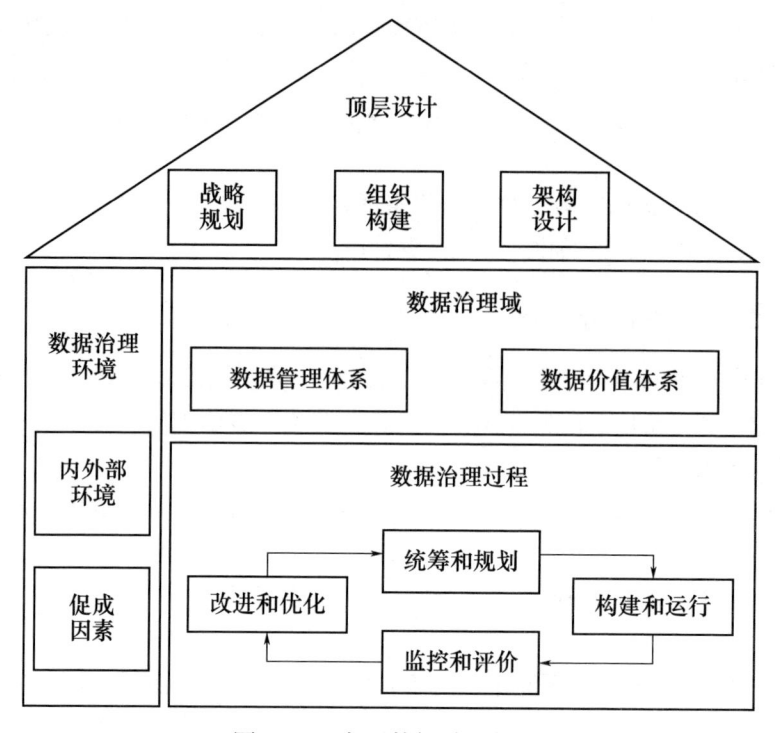

图 22-1　中国数据治理框架

第三节　数据治理顶层设计

一、战略规划

数据战略规划应保持与国家发展规划和数字技术规则一致，并明确战略规划实施的策略，主要包括但不限于：

（1）制定数字经济发展和数字技术研发计划，结合实际需求，评估数据现状、技术现状、应用现状和环境现状并制定中长期发展计划。

（2）制定数据战略发展规划，主要包括数据发展愿景、目标、任务、内容、边界、环境和蓝图等。

（3）建立整体数据治理方案，主要包括数据治理实施主体、责权利、技术方案、管控方案、实施策略、实施路线图和时间表等，并明确数据管理体系和数据价值体系。

（4）加强数据风险管理，管控措施符合法律、法规和审计标准要求，监控和评价数据治理的实施并持续改进。

二、组织构建

在数据治理工作中，组织构建应聚焦责任主体及责权利，通过完善组织体制，获得利益相关方的理解和支持，制定数据管理的流程和制度，有效支撑数据治理的实施，主要包括但不限于：

（1）建立支撑数据战略的组织机构和组织机制，明确主体定位，确保数据相关计划和制度的有效实施。

（2）明确决策和具体实施机构及其具体职责，设立岗位并明确主体定位，确保责权利的一致。

（3）建立相关的授权、决策和沟通协调机制，保证利益相关方正确行使相关的职责和权利。

（4）实现决策、执行、控制和监督等职能，定期组织评估运行绩效并持续改进和优化等。

三、架构设计

数据治理的架构设计，应关注数据规范、数据标准、数据应用和数据资产管理体系，通过持续的评估、改进和优化，以支撑数据的应用和服务，主要包括但不限于：

（1）建立与发展战略一致的数据架构，明确技术方向、管理策略和支撑体系，符合并满足数据管理、数据流通、数据服务、数据生产和交易各环节的实际应用需求。

（2）组织评审数据架构设计的合理性和先进性，监督数据架构的管理和应用等。

（3）定期评估数据管理机制和效能，并持续改进和优化。

第四节　数据治理环境

一、内外部环境

组织应分析数据业态、数字资本市场和利益相关方的需求，适应内外部环境变化，支撑数据治理的实施，主要包括但不限于：

（1）遵循法律法规、行业监管和内部管控，符合数据风险控制、数据安全和隐私权保护等要求。

（2）服从国家数字强国战略和数据发展战略，符合利益相关方实际应用的基本需求。

（3）定期分析评估数字资本市场发展变化和需求、市场竞争情况、数字技术变革和创新。

（4）制定规划须适应数据治理对各类资源配置的需求，包括生产计划、主要产品、数字技术、经费支出和基础设施等。

二、促成因素

组织应识别数据治理的促成因素，保障数据治理的实施，主要包括但不限于：

（1）取得数据治理决策机构的授权和支持。

（2）明确人员的业务技能及职业发展路径，开展培训和能力提升。

（3）关注技术发展趋势和技术体系建设，开展技术研发和创新。

（4）制定数据治理实施流程和制度，并持续改进和优化。

（5）营造数据驱动的创新文化，构建数据管理体系和数据价值体系。

（6）评估数据资源的管理水平和数据资产的运营能力，不断提升数据应用能力。

第五节　数据治理域

一、数据管理体系

组织应围绕数据标准、数据质量、数据安全、元数据管理和数据生存周期，开展数据管理体系的治理等，主要包括但不限于：

（1）评估数据管理的现状和能力，分析和评估数据管理的成熟度。

（2）组织专家团队指导数据管理体系治理方案和规范的实施，符合并满足数据战略和科学管理要求。

（3）依法依规监督数据管理的绩效和标准执行情况，持续改进和优化数据治理各项工作。

二、数据价值体系

组织应围绕数据流通、数据服务和数据周期论证等，开展数据资产运营和应用的治理，主要包括但不限于：

（1）组织专家评估数字资产的生产、经营和管理综合能力，支撑数据价值转化和数字资产目标实现。

（2）组织专家指导数据价值体系治理方案的制定和实施，符合并满足数字资产的生产、运营和数字资本市场需求。

（3）定期对数据价值实现的绩效和各项标准执行进行评估，提出进一步改进和优化的工作方案等。

第六节　数据治理过程

一、统筹和规划

在数据治理过程中，统筹和规划工作，是指明确数据治理目标和任务，营造必要的治理环境，做好数据治理实施的准备工作，主要包括但不限于：

（1）组织专家评估数据治理的资源、环境和人员综合能力等现状，科学分析与法律法规、行业监管、业务发展以及利益相关方需求等方面的差距，为数据治理方案的制定提供依据。

（2）组织专家指导数据治理方案的制定，包括组织机构和责权利的规划，治理范围和任务的明确，以及实施策略和流程的设计。

（3）实行对数据治理的统筹和规划过程的有效监督，保证数据资产评估的客观性、组织机构设计的合理性以及数据治理方案的可行性。

二、构建和运行

在数据治理过程中，构建和运行工作具有十分重要的作用，是指组织构建数据治理实施的机制和路径，确保数据治理实施的有序运行，主要包括但不限于：

（1）专家对数据治理方案与数据资源、生产环境和技术匹配程度进行评估，为数据治理的实施提供指导意见。

（2）制定数据治理实施的方案，包括组织机构和团队的建设，责权利的划分、实施路线图和时间表的制定、具体实施方案的选择以及管理制度的建立和运行等。

（3）监督数据治理的构建和运行过程，保证数据治理实施方案符合相关规定，以及治理资源的可用性和治理工作的可持续性。

三、监控和评价

在数据治理过程中，设立监控措施和绩效评价具有十分重要的意义，是指监控数据治理的过程，评价数据治理的绩效、风险与合规，保障数据治理目标的实现，主要包括但不限于：

（1）构建数据治理工作绩效评估体系、内控体系和审计体系，制定评价机制、工作流程和各项制度。

（2）评估数据治理成效与目标的规范性，必要时可聘请权威机构进行评估，为数据治理方案的改进和优化提供参考意见。

（3）定期评价数据治理实施的有效性和规范性，确保数据及其应用符合法律法规和行业监管要求。

四、改进和优化

数据治理工作取得成果之后，应不断进行技术改进和程序优化。改进数据治理方案，优化数据治理实施策略、方法和流程，促进数据治理体系的完善，主要包括但不限于：

（1）客观评估数据治理相关的资源、环境、能力、技术、实施和绩效等，支撑数据治理体系的创新建设。

（2）指导数据治理方案的改进，优化数据治理的实施策略、方法、流程和制度，促进数据管理体系和数据价值体系的完善。

（3）监督数据治理的改进和优化过程，为数据资源的管理和数据价值的实现提供有效保障。

第七节 数据治理国际标准

数据管理是一个新概念，国内外有很多组织专注于数据管理理论和实践的研究，并取得了卓有成效的研究成果，推动了数据管理和数字技术的创新和发展。这些数据管理经验和框架标准对于企业数据体系的建设和数据实践有着重要的参考价值。本节重点介绍国际主流数据管理框架和标准。

在国际上，目前的主流数据管理模式主要有 ISO 数据治理标准、GDI 数据治理标准、GDI 数据治理框架、DAMA 数据管理框架等。对国际主流数据管理框架的理解和借鉴，有助于我们建立符合中国国情和企业自身业务需求的数据科学管理体系。

一、ISO 数据管理标准

ISO 即国际标准化组织，于 2008 年推出第一个关于 IT 治理的国际标准——ISO/IEC 38500。2015 年，ISO 发布 ISO/IEC 38505 标准，该标准阐述了数据治理的目标、基本原则和数据治理模型，是一套完整的数据治理方法论。

（一）核心内容

（1）数据治理目标：促进组织高效、合理地利用组织数据资源。

（2）数据治理原则：职责、策略、采购、绩效等符合规定行为。这些原则阐述了指导决策的推荐行为，每个原则描述了应该采取的措施，但缺陷是未说明实施主体和方法。

（3）数据治理模型提出了数据治理的"E（评估）—D（指导）—M（监督）"方法论，通过评估现状和将来的数据利用情况，编制和执行数据战略和政策，以确保数据的使用服务于业务目标，指导数据治理的准备和实施，并监督数据治理实施的规范性等。

（4）评估不断发展的一系列立法、法规和数字资本市场。

（5）采取必要措施，有效控制并影响数据使用的其他因素。

（二）管理战略

指导数据战略和政策的制定与执行，旨在：

（1）最大化企业对数据投资的价值。

（2）根据数据产品和资产风险，采取切实有效的风险管控措施，有效防范相关风险。

（3）提高数据管理水平，确保资产质量和安全。

（三）监管标准

采取有效手段，加强数据监管，包括规范流程、系统测量、常规监测、技术管控等。标准和目标如下：

（1）确保数据在企业战略的生产要素之中。

（2）确保数据的使用和管理符合法规监管要求。

（3）确保数据隐私权有效保护，保证数据安全。

(4) 确保数据的生产和应用全部符合规范程序。

(5) 确保数据规范共享、出售的相关权利和许可。

(6) 确保数据使用符合规范并避免各种法律风险。

二、DGI 数据治理框架

DGI 即数据治理研究所，是数据业最早和最知名的研究数据治理的专业机构。DGI 于 2004 年推出 DGI 数据治理框架，为企业根据数据做出决策和采取行动的复杂活动提供新方法。该框架认为，企业决策层、数据治理专业人员、业务利益关系人和 IT 领导者可以共同制定决策和管理数据，从而实现数据的价值，以最小化成本管理风险并确保数据管理和使用遵守法律法规相关要求。

DGI 数据治理框架的设计采用"5W1H"法则，将数据治理分为人员与治理组织、规则、流程 3 个层次，共 10 个组件：①数据治理的愿景；②数据治理的目标、评估标准和推动策略；③数据规则与定义；④数据的决策权；⑤数据的职责；⑥数据的控制；⑦数据利益相关者；⑧数据治理办公室；⑨数据管理员；⑩数据治理流程。

DGI 数据治理框架如图 22-2 所示。

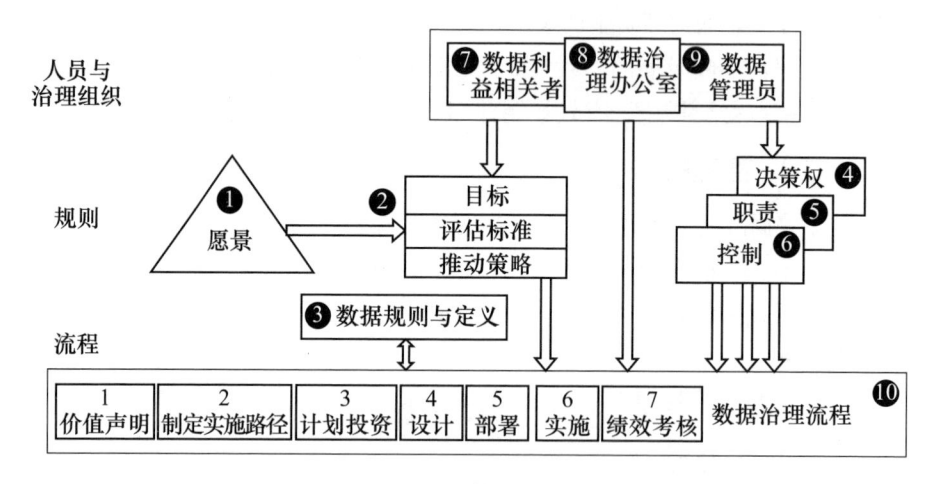

图 22-2 DGI 数据治理框架

（一）数据治理的愿景和目标

DGI 框架中的第 1~2 个组件主要是数据治理的愿景和数据治理的目标。

1. 数据治理的愿景

数据治理工作目标和发展前景,是各企业和相关单位数据治理的最高指引,亦称为数据有效治理的愿景。

DGI 认为,最高级的数据治理方案一般都具有三大终极目标:

(1) 数据规则定义与规范性科学调整。

(2) 为数据利益关系人提供持续的权益保护和服务。

(3) 解决数据发展中的各种问题,提高数据和数据资产的稳定性和安全性,不断提升数据和数据资产的价值,实现经济效益最大化。

在实践中,相比于数据治理的其他部分,其中规则、规划、措施和标准更加重要,它为企业数据治理指明了方向,是其他数据治理活动的总体策略。

2. 数据治理的目标

专家认为,数据治理目标的定义应可量化、可衡量、可操作,且要服务于企业的业务和管理目标。例如,增加利润,提升价值;降低成本;控制企业的各种风险等。

同时,DGI 强调不同组织的数据治理方案应有所侧重,一般企业的数据治理涵盖以下一个或多个重点:

(1) 政策、标准、战略制定的数据治理。

(2) 数据质量的数据治理。

(3) 隐私、合规、安全的数据治理。

(4) 架构、集成的数据治理。

(5) 数据库与智能技术的数据治理。

(6) 支持数据治理相关管理和评价工作的数据治理。

(二) 数据治理的主要内容

DGI 框架中的第 3~6 个组件是数据规则与定义、数据的决策权、职责、控制。这 4 个组件回答了数据治理的具体问题。

(1) 数据规则与定义:是数据治理规则和数据标准的定义,例如数据治理相关政策、数据标准、合规性要求等。

(2) 数据的决策权:主要指数据的确权,明确数据产权,为数据标准的定义、数据管理制度、数据管理流程的制定奠定基础。

(3) 数据管理职责:是数据治理中各项工作岗位职责和分工的定义,明确数据治理各个管理工作岗位和具体职责。

（4）数据管理控制：主要是保障数据质量和安全以及数据合规使用的具体措施。

（三）数据治理的主体

DGI 框架中的第 7~9 个组件是数据利益相关者、数据治理办公室和数据管理员。这 3 个组件对数据治理的主体、参与者的职责分工做出了相关规定，回答了数据治理的主体和职责问题。

1. 数据利益相关者

数据利益相关者是指与数据或数据资产权益有关系的自然人和法人。主要包括与数据利益相关的个人、公司、科研单位、利益团体和团队，以及数据使用者、受益者等权利义务者。

2. 数据治理办公室

数据治理办公室的职责主要是协调并支持数据治理的管理工作。主要包括数据治理价值的说明，执行数据治理程序，起草相关政策文件、标准和指南，支持和协调数据治理的相关会议，为数据利益相关者开展治理政策的培训和推广、宣传等活动。

3. 数据管理员

企业的数据治理委员会一般分为几个数据管理小组，解决特定的数据问题。数据管理员主要负责特定业务域如营销域、用户域、产品域等的数据质量监控和数据的安全合规使用，并根据数据的一致性、正确性和完整性等质量标准检查数据集，发现和解决相关问题。

（四）数据治理 7 个阶段

DGI 框架中的第 10 个组件是数据治理流程，描述了数据治理的全生命周期中的重要活动。DGI 将数据治理项目的生命周期划分为如下 7 个阶段：①数据治理定义和声明；②数据治理方法和步骤；③数据治理计划与资金；④数据治理方案和设计；⑤数据治理策略和部署；⑥数据治理策略的实施；⑦数据治理监控和评估。

（五）数据治理时间

数据治理时间包含在 DGI 框架的第 10 个组件中，包括定义数据治理的实施路径、回答数据治理的时机和优先等级问题。

（六）数据治理位置

数据治理位置包含在 DGI 框架的第 10 个组件中，强调明确当前企业数据治理的成熟度级别，找到企业与现实标杆的差距是确定数据治理目标和策略的基础。

DGI 框架式是一个强调主动性、持续化的数据治理模型，对实际治理实施的指导性很强。DGI 框架可以普遍应用于企业的数据治理中，并具有较高的扩展性和实用性。框架中的第 10 个组件都将出现在不同的数据治理项目中，并可以根据参与者数量的增加或数据系统复杂性的提高灵活扩展。

三、DAMA 数据管理框架

DAMA 即国际数据管理协会，是一个由全球性数据管理和业务专业的专家和志愿人士组成的非营利组织。该协会致力于数据管理的框架理论研究和实践。该管理协会出版的《DAMA 数据管理知识体系指南》（简称 DAMA-DMBOK）被业界奉为"数据管理的圣经"，2020 年已出版第二版，即 DAMA-DMBOK2。

DAMA 制定的第二版数据管理框架，构成了数字科学管理完整体系，其中关于数据的 11 项管理标准，是目前国际权威组织和业界普遍认可的标准，对指导各国数据管理工作具有指导意义，如图 22-3 所示。

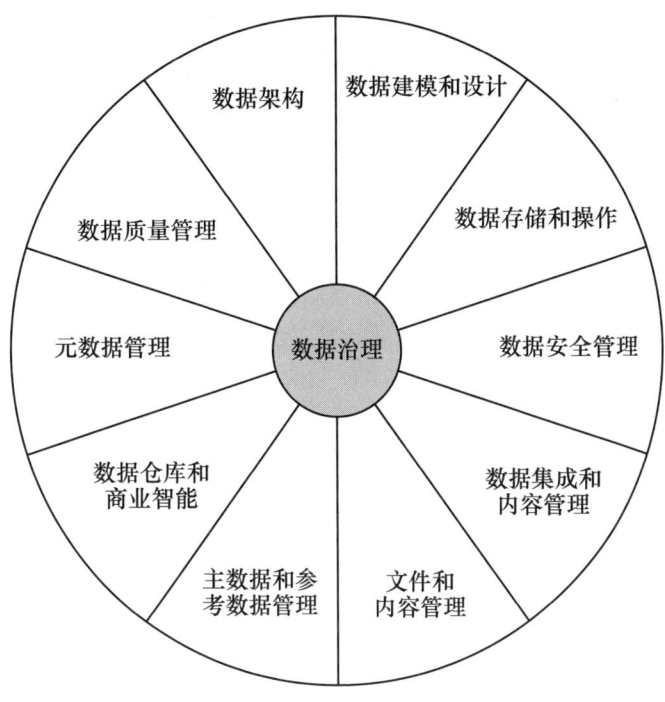

图 22-3　DAMA-DMBOK2 研发的数据治理框架

DAMA-DMBOK2 用一个"车轮图"定义了数据管理的 11 个知识领域，即数据治理、数据架构、数据建模和设计、数据存储和操作、元数据管理、数据质量管理、主数据和参考数据管理、数据安全管理、数据集成和内容管理、文件和内容管理、数据仓库和商业智能。

（一）数据治理

数据治理位于"车轮图"系统的中央。在数据管理的 11 个知识领域中，数据治理是数据资产管理的权威性和控制性活动，包括规划、监视和强制执行，是对数据管理的高层计划与控制，其他 10 个知识领域是在数据治理这个高层战略框架下执行的数据管理流程。

（二）数据架构

在数据治理中，数据构架定义了与组织业务战略相协调的数据资产蓝图，以建立战略性的数据需求，并满足需求的总体设计，包括数据技术架构、数据集成架构、数据仓库和商业智能架构以及元数据架构。数据架构要求在不同抽象层级、不同角度上描述组织的数据，以便更好地了解数据，帮助管理者做出决策。

（三）数据建模和设计

在数据治理和应用中，数据建模和设计是最早出现的数据管理领域之一。数据模型一般分为概念模型、逻辑模型和物理模型。建模的方法有维度建模法、面向对象的建模法、基于事实的建模法、基于时间的建模法以及非关系型数据建模法等。

数据建模在数据治理中具有十分重要的意义，是数据治理中的一个重要环节，并且随着列式数据库、文档数据库、图数据库等在数据治理工作中的发展，新的建模技术不断提高，并在实践中广泛应用。

（四）数据存储和操作

数据存储和操作以生产连续性为目标，包括存储数据的设计、实现和支持活动，以及在整个数据的全生命周期中从产生到销毁的各种活动，为整个运营提供可靠的数据存储基础设施，可以最大限度地降低数据运营中的风险。

（五）元数据管理

元数据是指描述数据的数据，可分为业务元数据、技术元数据和操作元数据。元数据是定位和查找数据的基础。元数据管理包括规划、实施和控制活动，以便访问高质量的集成元数据，包括定义、模型、数据流以及其他至关重要的信息。

（六）数据质量管理

在整个数据治理中，数据质量管理是关键环节。数据质量管理包括规划和实施质量管理技术，以测量、评估和提高数据在组织内的适用性。按照质量标准，加强数据管理旨在实现数据及数据资产质量的稳定性。在数据质量管理中，按照数据质量标准，加强质量管理，提高数据价值。

（七）主数据和参考数据管理

主数据一般是指企业关键业务实体的核心数据，如数据组织、数字产品、数字商品、数字技术和重要信息等。参考数据是用于描述或分类其他数据，或者将数据与企业外部信息联系起来的相关数据，如货币代码、客户代码、市场分类等。

加强主数据和参考数据管理，旨在对企业核心数据的持续提升和良好维护，确保在数字产品生产应用中，主题数据准确、及时、稳定地在整个流程得到持续使用。提高企业数据资产，包括数字产品、数字商品、数字服务和数字技术产品质量水平，为企业创造价值和收益。

（八）数据安全管理

安全是数据治理的核心，数据安全管理的目的是确保数据隐私和机密性得到保护，确保企业数据安全。因此，降低风险和促进业务增长是数据安全管理活动的主要驱动因素。良好的数据安全管理能力不仅能节约成本，而且是核心竞争力。

（九）数据集成和内容管理

数据集成和相互操作的主要目的是对数据使用进行有效的管理，主要包括数据存储、应用程序以及与不同组织之间的数据使用和整合相关的过程。

数据集成的传输方法经历了从最初的文件批处理到实时流式数据传输等多种技术的演变过程。无论是数据治理还是数据应用，都需要关注如何将数据有效地集成并融合到一起，以提升数据资产的价值。

（十）文件和内容管理

文件和内容管理主要是指对非结构化数据和信息进行全生命周期文件档案管理，重点是对数据存储、生发、量化、生产和应用中的相关文件进行管理。在数据文件管理中,包含了各种纸质或电子档案、图片、音视频等多媒体文件,对于非结构化数据的管理工作,可以作为一个单独的领域进行分类管理。随着技术的发展,新的智能化技术的应用,结构和非结构化数据的文档管理工作应与时俱进。

(十一) 数据仓库和商业智能

数据仓库和商业智能主要用来管理决策支持数据,并使业务和管理人员通过分析报告,从数据中获得价值。该技术赋能企业将不同来源的数据整合到公共数据模型中,整合后的数据模型为业务运营提供洞察,为企业决策支持和创造组织价值带来新的可能性,提高组织决策的成功率。DAMA-DMBOK2 认为,数据库是各种数据和数据资产,包括数字产品、数字商品和数字技术产品生产要素的提供者,应提高数据库智能化管理工作,为生产优质数字资产提供有力支撑。

第八节 数据治理基本规范

一、数据管理体系

(一) 数据标准管理

明确数据标准的内涵和范围,建立数据标准体系及其管理机制,以支撑数据的标准化建设,保障数据在应用过程中的一致性,主要包括但不限于:

(1) 确定数据标准化管理的范围,制定全系统的数据标准管理规划,主要包括数据分类、数据密级、数据格式和编码管理等,保证数据资产生产的标准化。

(2) 制定数据管理规范和标准实施的具体方案和时间表,推进数据规范化和标准化实际执行。

(3) 建立数据标准化管理机构和机制,明确责权利和工作流程,并开展数据产品标准化评价。

(4) 制定数据标准管理监督制度,对数据标准化实施有效监控。

(5) 保证数据标准的先进性、前瞻性和技术的先进性,适应数据发展需要,持续开展数据标准的更新。

(二) 数据质量管理

制定数据质量管理目标,建立数据质量管理体系及实施机制,优化数据质量并持续改进，满足数据应用的需求，主要包括但不限于：

（1）结合数据标准对数据集质量进行分类管理，明确不同数据之间的关系和关联性，制定明确的数据质量管理目标。

（2）建立数据质量管理机构和机制，规范数据质量管理主体和职责，明确数据质量管理方法和措施。

（3）研发数据质量相关数字技术，支撑数据质量管理和数据质量不断优化和提升。

（4）识别数据生存周期各个阶段的数据质量关键因素，构建数据质量评估框架，包含但不限于数据的准确性、完整性、一致性、稳定性、及时性、关联性、有效性和安全性。

（5）采用定性评估和定量评估等方法，评估和持续优化数据质量。

（三）数据安全管理

制定数据安全的管理目标、方针和策略，建立数据安全体系，实施数据安全管控，持续改进数据安全管理能力，主要包括但不限于：

（1）明确数据安全的内外部监管和管理需求，制定数据安全管理的目标、方针和策略，并持续改进和优化，确保数据防泄露，防篡改和防丢失。

（2）建立数据安全管理机构，明确数据安全管理的主体、岗位和责任，提升管理人员的安全意识和工作能力。

（3）建立数据安全分类分级规范，建立满足不同业务场景、不同级别的数据安全规范和保护机制，确保数据的稳定性、完整性、安全性以及数据的可追溯性。

（4）构建数据安全技术管控系统，识别数据应用过程中的各种风险，建立应急响应、通力协作和责任追究等安全管控机制。

（5）建立数据应用过程中的数据授权、访问和评价体制机制。

（6）定期开展安全审计和风险评估，对数据安全管理能力进行有效监督，并持续改进和优化安全管理工作。

（四）元数据管理

明确元数据管理的范围和分级，建立元数据管理的策略和规范，开展元数据创建、存储、整合与控制等，并持续改进和优化管理工作，主要包括但不限于：

（1）明确元数据的管理范围，构建标准元数据库。

（2）建立完整、规范、统一的数据专业术语字典、数据模型、数据架构和科学管理体系。

（3）建立健全元数据管理机制，制定元数据科学管理程序，明确各种主体定位和各岗位职责。

（4）建立健全元数据创建、维护、整合、存储、分类、查询、报告、专家分析和论证机制。

（5）建立健全元数据管理的质量标准和评估指标，定期开展元数据绩效评估并持续改进。

（五）数据生存周期管理

规范定义数据生存周期，对其不同阶段制定对应的管理策略，降低成本和风险，支撑数据资源管理和数据资产运营，主要包括但不限于：

（1）分析和识别数据资源和数据资产运营现状，明确数据资源和数据资产的管理目标和策略。

（2）分析和识别数据生存周期的各个阶段，明确各个阶段之间的关联和关系，并制定相应的管理策略。

（3）采取有效管理措施，确保数据生存周期各个阶段的数据稳定性、完整性和实用性。

（4）构建科学的管理机制，确保数据生存周期的管理符合法律法规、行业监管规章制度，保证数据的获取合法、存储完整、整合高效、分析有效、应用合规、归档可查和销毁完全等。

二、数据价值体系管理

（一）数据流通管理

明确定义并识别数据资产、数据权属、规范定义、开放共享、交换和交易等流通方式，保证数据流通过程的合法合规、数据安全和隐私保护权，主要包括但不限于：

（1）建立健全数据资产的识别方法和机制，建立数据资产价值评估指标，包含但不限于数据的整体性、动态性、针对性、准确性、层次性和可度量性等，并定期开展数据价值评估。

（2）严格遵守相关法律法规、行业监管规章和企业规则。按数据治理要求，确定流通数据权属和流通方式及方法等。

（3）结合数据分级分类管理机制，采用必要的技术手段对流通数据进行清洗、加密、脱敏等技术处理，确保数据的准确性、实用性、安全性和保密性。

（4）采用必要的技术措施，保证数据资产及其流通、交易过程中的安全，明确数据流通各方的责权利，保证数据权属合法清晰、流通方式合规、流通过程规范。

（5）确保数据流通过程的可追溯，保存数据流通日志或记录，包括流通时间、流通方式、参与者身份及数据内容描述等。

（6）全数据流通科学管理体制机制，符合国家相关法律法规、行业监管规定和企业管控要求。

（二）数据服务管理

明确数据服务的内涵，编辑数据服务目录，不断改进和优化数据的服务能力，主要包括但不限于：

（1）组织专家分析论证数据服务需求。对现有资源和环境进行定量分析，明确数据服务内涵、范围、类型、团队和服务方式。

（2）明确数据服务的内容和范围，制定数据服务目录、服务级别、合作协议和实施方法步骤。

（3）建立健全数据服务管控机制，监督数据服务的安全性与规范性，加强对实施过程进行审核和监管。

（4）建立健全数据服务支持机制，通过标准化、智能化等方式提高数据服务水平，满足市场服务需求。

（5）努力构建数据服务科学管理机制，对数据服务的过程、质量和安全等进行有效管理，并持续改进和优化。

（6）定期开展数据服务质量评价，定期对数据服务能力和质量及其价值进行评估，并不断进行改进和优化，促进服务创新。

（三）数据考察管理

创建数据考察机制，组织专家对数据及其内在的规律进行分析论证，识别不同数据集的关联，挖掘数据价值，主要包括但不限于：

（1）分析生产应用中不同数据产品需求，进行静态和动态场景识别，构建不同场景和应用下的数据应用模型。

（2）识别生产要素中的关键和有效数据，采取数字技术和措施对数据进行抽取、清洗、转换、处理等。必要时组织专家对数据规律性、交互性和关联性进行专题研究或分析论证。

（3）融合业务、数据、算法和技术，研究数据及其之间产生和发展的规律，获取数据考察结果。

（4）构建数据考察的管理和应用体制机制，持续改进和优化数据流程，不断提高数据实际考察工作水平。

（5）建立数据考察工作监督和评价机制，按照相关法律法规和行业监管规定标准，对数据考察工作进行评价。

三、数据信息技术规范目录

（1）GB/T 18391.1—2009《信息技术　元数据注册系统（MDR）第1部分：框架》。

（2）GB/T 19001—2016《质量管理体系　要求》。

（3）GB/T 19668.1—2014《信息技术服务　监理　第1部分：总则》。

（4）GB/T 20269—2006《信息安全技术　信息系统安全管理要求》。

（5）GB/T 20984—2022《信息安全技术　信息安全风险评估方法》。

（6）GB/T 22080—2016《信息技术　安全技术　信息安全管理体系　要求》。

（7）GB/T 22081—2016《信息技术　安全技术　信息安全控制实践指南》。

（8）GB/T 22239—2019《信息安全技术　网络安全等级保护基本要求》。

（9）GB/T 24353—2022《风险管理　指南》。

（10）GB/T 24405.1—2009《信息技术　服务管理　第1部分：规范》。

（11）GB/T 26317—2010《公司治理风险管理指南》。

（12）GB/T 28827.1—2022《信息技术服务　运行维护　第1部分：通用要求》。

（13）GB/T 28827.2—2012《信息技术服务　运行维护　第2部分：交付规范》。

（14）GB/T 28827.3—2012《信息技术服务　运行维护　第3部分：应急响应规范》。

（15）JR/T 0099—2012《证券期货业信息系统运维管理规范》。

（16）SJ/T 11445.2—2012《信息技术服务　外包　第2部分：数据（信息）保护规范》。

(17) 中华人民共和国财政部,《企业内部控制基本规范》(财会〔2008〕7号), 2008-05-22。

(18) 国务院国有资产监督管理委员会,《中央企业全面风险管理指引》(国资发改革〔2006〕108号), 2006-06-06。

(19) 中国银行业监督管理委员会,《商业银行信息科技风险管理指引》(银监发〔2009〕19号), 2009-06-01。

(20) 中国证券业协会和中国期货业协会,《证券期货经营机构信息技术治理工作指引(试行)》(中证协发〔2008〕113号), 2008-09-03。

(21) 中国保险监督管理委员会,《保险公司信息系统安全管理指引(试行)》(保监发〔2011〕68号), 2011-11-16。

(22) ISO/IEC 38500: 2015, *Information Technology—Governance of IT for the Organization*, 2015。

(23) *OECD Principles of Corporate Governance*, 2004。

(24) *Report of the Committee on the Financial Aspects of Corprate Governance*, 1992。

(25) *Control Objectives for Information and Related Technology*, ISACA COBIT5.0, 2012。

第九节　关键术语和定义

(1) 数据治理(data governance),是指对数据资源和数据应用过程中相关管控活动和绩效以及风险管理的综合治理。

(2) 数据管理(data management),是指对数据资源获取、控制、价值提升等活动的科学性、综合性管理。

(3) 数据资产(data assent),是指组织拥有和控制的、能够产生经济效益的数据资源财产。

(4) 数据战略(data strategy),是指组织开展数据工作的长期发展愿景和高阶段发展目标及其指引。

(5) 数据架构(data architecture),是指数据要素和数据结构等及其互相关系的框架。

(6) 元数据(metadata),是指定义和描述相关数据的数据。

(7) 数据生存周期(data life cycle),是指数据获取、存储、整合、分析、应用、呈现、归档和销毁等各种生存形态的发展过程。

（8）顶层设计，是指与数据相关的战略规划、组织构建模式和机制设计，是数据发展的重要程序和基础。

（9）数据治理环境，是指数据发展的内外部环境及相关因素，是数据治理实施的重要保障。

（10）数据治理域，是指数据管理体系和数据价值体系领域，是数据治理工作的主要领域。

（11）数据治理过程，是指设计统筹和规划、构建和运行、监控和评价以及改进和优化，是数据治理实施的方法、步骤和程序。

本章总结

本章重点讨论了数据治理中的关键问题和核心环节，包括数据治理与数据管理的区别，即数据管理重在宏观，数据治理重在技术。管理包括数字资产，治理包括生产规范。

关于数据治理目标，重点阐述了运营合规、风险管控和价值实现。

关于数据治理框架，主要论述了顶层设计、治理环境、治理领域和治理机制等。并根据国家数据治理标准框架，绘制了数据治理标准框架图。

关于数据治理模式和机制，重点介绍了国内外相关有益经验，包括战略规划、组织构建、架构设计、治理环境和治理体系。

关于数据治理程序，着重论述了统筹和规划、构建和运行、监控和评价、改进和优化等。

没有规矩，不成方圆。数据治理国际标准化，重点介绍了被业界奉为数据管理圣经的《DAMA 数据管理知识体系指南》等国际主流数据治理模式、框架、技术、标准和管理体系等。

本章关键词

数据治理是措施，实现价值是目的。

附录　美国数据发展战略
（美国政府发布）

一、建立重视数据和促进公共使用的文化

1. 识别数据需要以回答关键代理机构的问题
2. 评估和平衡利益相关者的需求
3. 冠军数据使用
4. 利用数据指导决策
5. 准备分享
6. 从数据传达见解
7. 增加联邦支出的责任感
8. 监督和解决公众意见
9. 跨机构连接数据功能
10. 明确提供数据资源，以利用数据资产

二、治理、管理和保护数据

1. 优先数据治理
2. 管理数据，以保护机密和隐私
3. 保护数据完整性
4. 传达数据真实性
5. 评估成熟度
6. 数据资产清单
7. 认识数据资产的价值
8. 远景管理
9. 维护数据文件
10. 利用数据标准
11. 使协议和数据管理要求保持一致
12. 找出克服资源障碍的机会
13. 允许修改
14. 加强数据保存
15. 协调联邦数据资产

16. 州、地方、部落和联邦政府之间共享数据

三、促进有效和适当地使用数据

1. 提高数据管理和分析能力
2. 使质量和预期用途保持一致
3. 设计数据供重复使用
4. 沟通数据的计划和潜在使用
5. 明确传达允许使用
6. 加强安全数据链接
7. 促进广泛访问
8. 多样化的数据访问方法
9. 查看数据发布，以了解披露风险
10. 利用伙伴关系
11. 利用购买力
12. 利用协作计算平台
13. 支持联邦利益相关者
14. 支持非联邦利益相关者

第二十三章 数据资产安全管理

引 言

数据资产安全是数字产业发展核心。

依法管理决定数字产业发展的生命。

第一节 数据资产安全管理新局势

一、数据安全关系国家安全

随着大数据和数字化快速发展,数据的价值获得了极大的提升,数据已成为国家的新生产要素和战略资源。

在计划经济时代,政府通过控制物资、人员、资金的流动,形成国家壁垒,实现计划经济的影响力。在数字时代,物资、人员、资金可以在全世界自由流动,国家之间的数据流动逐步成为发展趋势。数据和数据资产安全管理成为衡量国家竞争能力的重要指标。

通过对世界各国网络安全、数据保护、隐私权保护等立法发展的综合考察,我们可以看出,各国数据安全的立法步伐都在加快。有关隐私权安全保护立法等,借鉴发达国家和欧盟的经验,从原来依靠道德约束保护隐私,上升至法律规范。因此,一方面数字时代带来了数字经济发展新的机遇,另一方面数据安全面临新的挑战局势。

二、数据安全的新变化

随着大数据、区块链、云计算、物联网、人工智能、5G等新技术的快速迭代和不断创新,各种新兴数字技术被越来越广泛地应用在各行业、各领域、各产业、各企业和各个单位。促使不同企业和不同行业之间的数字化交流与合作呈现上升趋势。但是,数据不安全因素也不同程度地存在,包括人工智能和网络平台也绝非安全领地。近年来,数据泄露和侵权事件频发，根据权威机构统计显示，从数据上看，勒索软件、网络攻击的次数2022年与2021年相比翻了20多倍，网络不安全已成为常态，必须引起高度重视，并采取相应的管控措施。

随着数字化技术和人工智能的不断升级和普及，泄密的路径呈现出不确定性和多元化状态，已经不再限于传统的"黑客攻击"，其中企业内部人员、离职人员、合作方外包的泄露行为时有发生。这些泄露均不是由技能高超的黑客造成的，而是因为企业自身安全管理上存在一定缺失或漏洞所致。

三、数据安全新趋势

目前，新技术所带来的数据安全风险不断上升，具体表现在：第一，数字时代各种数据成为国家与国家之间、行业与行业之间竞争的主要因素之一；第二，侵权者的不法方式趋于多样性，数字化加速了侵权活动的便捷性；第三，数字技术和网络边界的防护网经常被攻陷等。

如何从安全能力建设的源头进行规范化风险预防，在安全可控的前提下，最大程度地释放数据共享的价值，目前已经是各级政府、行业、企业和全社会共同面对的问题。

第二节　数据资产安全管理系统工程

在数字化、数字经济和数字资本迅速发展的背景下，数字化的数据和网络安全，对数字资本发展具有重要价值和意义。

一、数据安全管理是综合工程

数据安全管理，是从决策到技术，从生产到交易，自上而下贯穿整个组织的综合工程。因此，保障数据安全就是维护数据价值安全，保护数据安全就是保护国家安全和经济发展安全。

当前，一些数字原生企业信息化程度较差，存在割裂的信息孤岛现象，阻碍了企业的数字化升级转型。随着数字原生企业的逐步转型，各行业和企业拥有的数据资产越来越庞大，数字产品和商品的价值告诉我们，买方市场需求决定数字产品和商品的价值。专家认为，数据安全的核心就是让数据更规范。

因此，数据安全面临新局面和新挑战，数据安全关系到数字化转型的成果以及企业数字资产和数字资本的发展安全。

二、数据安全管理是系统工程

在数字化转型升级的行业中，企业在推进数字化转型升级时，应将安全管理列入全部数字产品和数据资产全过程，包括数据分类、数据标准、数据质量、数据转化、数字量化、成果应用、市场交易等。各单位应制定从预防、管控到处置的数据安全目标和举措。应成立专门数据治理和科学管理机构，建立数据安全管理机制，确保数据安全。

在数字时代，数据一般不具有隐藏性。数据收集和存储，不是为了存储而存储，而是为了使用，旨在为企业创造价值，支撑生产的决策、运营和创造利润。在发展过程中，数据共享对安全提出了更高的要求。因此，各级政府，包括数据企业，必须在安全、合法的基础上运行，才能共享数据，获得更高利润。

数据企业在加速数字化转型升级和发展中，只有通过挖掘数据的潜力和抓住发展机遇，才能让数据为企业创造价值。同时，面临的风险也在不断剧增，这些风险主要包括源于外部法律要求、网络安全威胁，也有来自内部数据的大量汇聚和过度使用。

因此，我们不仅要充分认识到数据安全、隐私权保护的作用和重要性，而且要制定有效预防和管控措施，切实有效地解决数据安全和隐私保护问题。可见。数据安全治理不是一套简单的智能化工具组合的产品级解决方案，而是从决策层到技术层、从管理制度到技术工具，自上而下贯穿整个数字收集、分析、挖掘、转化、量化及数字资本生产和交易等的一项系统性工程。因此，保护数据安全，必须要全社会齐心协力，齐抓共管，建立一整套数据安全防火墙和护城河，才能确保数据长期、健康和安全发展。

第三节 数据隐私权安全保护

一、元数据是隐私权安全的基础

元数据，是指数据的源头或未经开发的初级数据。元数据在隐私权安全中居重要位置，具有十分重要的意义，是数据隐私权安全保护的第一道防线。其中，数据管理要求、信息安全要求、隐私权保护要求、网络安全要求等，都是数据管理的要素，也由元数据承载。

各级政府、各行业、企业应制定数据治理安全隐私权保护措施和目标,在对元数据科学有效管理的基础上,构建对数据共享业务影响低且非介入式的治理结构。专家为安全隐私保护提出的愿景,是让数据和使用更安全。建议增强对数据安全及隐私权保护核心价值的认识,让整个数据安全和隐私权保护过程以元数据为基础,并且以数据治理成果为契机,不断有效推进数据的综合治理工作。

因此,各单位应结合实际,以数据安全法为依据,构建以元数据为基础的安全隐私权保护体系。在实际管理中,利用元数据管理好我们的隐私权安全。隐私权安全保护是一个系统工程,需要先进行全面体检,从元数据发现开始,建立元数据信息架构和分类建档等。组织专家进行专题评估论证,并提出治理方案和策略。企业应按照专家意见,坚持常态化数据保护和控制,确保数据发展中的隐私权安全。

二、数据隐私安全管理密级分类

在数据隐私安全管理上,全球网络安全与隐私保护办公室和公司信息安全部发布了一项整体管理策略,对整个信息安全管理和隐私权保护治理体系提出了导则,对管理好隐私安全有指导作用。

专家通过对整体内外部安全隐私管理政策的解读,将数据的密级分为如下五类。

(1) 外部公开数据:是指可以对社会和公众公开发布的信息,一般不具有保密性,不属于保密数据信息。

(2) 内部公开数据:是指可以在企业或商家内一定范围公开,但不应向外部扩散的数据信息。

(3) 秘密级数据:是指重要的数据信息,其泄露会使单位利益遭受损害,或影响范围较大。

(4) 机密级数据:是指非常重要的关键性数据信息,一旦泄露会使单位利益遭受较大损害,且影响范围广泛。

(5) 绝密级数据:是指涉及国家或单位核心机密的数据,绝密级数据一旦泄露会使国家、单位或社会利益遭受巨大损害。

三、数据密级管理的重点

在数据隐私权安全保护管理中,基于业务管理的需要,以数据信息密级维度为依据和基础,对数字资产和技术维度进行类别和级别划分,并采取有效措施对如下重点数据实行重点管理。

（1）核心资产信息和数据：属于绝密数据和信息，特指真正具有重要商业价值的核心数字资产信息和数据。

（2）关键技术信息和数据：属于机密数据和信息，特指对消费者和社会不宜公开的数字技术信息和数据。

四、数据隐私安全分类管理

根据对数据隐私和安全的解读及隐私权安全管理需求，将涉及潜在隐私管控需求的数据分为五类进行科学管理。

（1）自然人身份数据：是指与自然人身份已被识别或者身份可被识别的数据主体相关的数字信息。

（2）自然人隐私数据：是指在个人信息基本权利和自由方面具有隐私性，一旦泄露可能造成人身伤害、财务损失、名誉损害、身份被盗、被欺诈或被歧视性侵权等自然人的相关数据。

（3）法人和业务人员数据：是指企业和相关单位及业务人员基于商务目的可识别到法人相关信息的数据。

（4）法人商业数据：是指科研单位、机构、企业中的商业数据或数字技术相关信息。

（5）国家防务数据：是指国家法律中明文确定的涉及国家安全、国防和军事等相关信息数据。一是未经权利人同意或授权禁入数据库。二是严禁向社会和公众公开。三是泄露国家防务有关数据或信息构成侵权的，应依法追究其法律责任，包括行政处罚和刑事责任。

第四节　数据分级安全管控

一、法定涉密安全责任主体

在法定涉密数据安全管理中，法定责任主体一般指法律法规规定的从事涉密的机要人员和相关人员。法定主体包括但不限于：

（1）各级党政军机关及其涉密人员。

（2）各级公、检、法、司及其涉密人员。

（3）各领域各级科研单位的相关技术人员。

（4）国防、军事、航天、军工等单位及人员。

（5）各领域、各行业、各单位涉密工作人员等。

（6）凡涉及国家各领域及专业保密事项的单位和人员。

（7）中国法律法规行政文件等规定涉密事项的单位和人员。

凡涉密事项使用，必须依法审批。关键事项必须经权力机关正式同意或书面授权。在授权的内容和范围内限制性使用相关涉密信息数据。

二、数据安全识别方法

在数据安全保护分类、分级标准的基础上，需要有具体明确的平台支撑对数据风险识别。包括元数据分析或管理工程师参加制定标识方案，以及通过规则和智能化推荐方案。

（1）人工识别。人工识别是指数据安全保护分级识别。在数据管理网络平台中构建对数据字段级别的风险识别。

（2）智能化识别。在数字时代，随着数据资产的发展，数据风险识别和管控工作量巨大。字段的数量是数据表数量的100多倍，依靠人工的方式无法全面识别，需要通过智能化识别技术，按照规则以及智能化方法和方式，构建识别和防范风险体系。

总之，在数字时代，国家安全和数据及资产安全保护，包括数字产品的安全保护，已经和正在得到各级政府和各单位的重视，包括数字原生企业和数字化企业的生产工艺、研发的专利成果和技术机密等，均作为国家安全保护中的重要工作。

三、数据安全保护举措

数字原生企业转型初期，应在数据安全、隐私治理体系之间建立紧密关系。在执行公司数据安全管理规则中，需要根据本单位基础数据的实际情况，制定相关举措，包括操作流程、方法、技术和管理规则。有效开展有关数据及资产安全保护，具体工作如下：

（1）制定安全管理规则，主要包括数据安全管理主体及责任界定、数据类别、标识级别、数据加工、存储、流转规则等。

（2）使用数据风险识别技术，主要是指网络平台提供的数据风险识别数字化、智能化技术以及识别方式和方法。

（3）规范数据组织授权，是指按有关规定，依法授权，主要是限于数据在组织内共享的职责和范围。

（4）数据风险预防方案，是指全面及客观评估数据存在的各种风险，制定切实有效的预防工作管理方案。

（5）严格执行保密规定，是指根据国家有关保密规定和监管机关行政规章以及本行业数据安全管理相关规定，采取有效措施并严格执行保密规定，并在执行中坚持核心资产安全第一，关键技术优先保护原则。

四、数据机密分级管理

（1）数据密级分级标准，即数据定密的标准，主要包括秘密、机密、绝密三个等级。

（2）存储保护的基线，是指每一个级别的数据资产的存储要求以及入数据库的基本原则。

（3）使用审批程序，是指密级数据和数字资产在使用时的审批程序。在一般流程下，内部公开数据不需要审批，在使用流程中自动存档并知会数据消费方加强管理。使用密级数据，一般是业务部门申请，主管责任人审批。

第五节　数据资产安全管理授权

在识别数据风险并标识数据隐私安全时，数据资产同样需要加强保护。数据资产保护技术包括存储保护、身份识别和水印技术等。

一、数字资产存储保护

数字资产存储保护主要包括级别分类、存储管理、高防区隔离、基于数字产品密级的对应加密等。

（1）防护隔离。防护隔离是通过在数字资产库建立数字技术防火墙和配送流向控制等措施，对密级数字资产重点防护。具体措施是构建多层防火墙，按数字资产类别、特点和密级进行不同隔离。

（2）数据加密。数据加密是指应用与数字资产对应的加密算法进行加密，需要配合统一的密钥管理和技术使用。

（3）解密方法。数字资产解密是指密级资产在应用或销售时，需要解密。具体方法是，使用数字解密技术，工程师发出指令自动解密，或有权限地应用读取表实现自动解密。

（4）脱敏技术。数据脱敏是数字资产多种脱敏算法的综合，主要包括减噪、替换、升级等。每种数字资产具有不同的脱敏标准，只有在智能工具增加脱敏技术时，才能有效实现数字资产脱敏。

二、身份识别

在数据和数据资产管理中，脱敏一般用于数字资产存储保护。数据脱敏技术是一项根据身份识别的访问控制。一是对相关主体和权限进行职责分离。在实际工作中，需对数字资产进行分阶段的访问控制。二是数据处理包括脱敏技术使用。可以对某些数据表或数字资产生产环节的不同情况进行分类，从而做到对细颗粒度数字资产的有效保护。

三、水印技术

在数据和数字资产可追溯实践中，业界比较成熟的是数据水印技术。数据水印技术，是指直接用数字改动数据，在数据行、数据列中增加水印。在保持数据关联与计算的情况下，适用于核心数字资产或关键性数据，如发生泄露事件，可以据此追溯问责。

四、数字资产使用和管理授权

数字资产授权，是实现数据要素转化为数据资产的重要环节。在一般情况下，数据在组织内部是动态的，需要加工、生产、交易、应用和上市，才能创造价值。而数字资产的转化、生产、决策、应用等，需要有授权才能完成。

（一）数字资产使用授权

数字资产授权，主要是指数据组织授予数据资产访问和使用权，让不同数字资产与技术链接，为组织提供长期的数据资产访问权限。数据授权包含如下两个主要场景。

（1）产品生产授权：是指数据主题链接数字产品生产程序进行数据链接、融合、应用等需要转移数据而发生的数据授权。

（2）场景使用授权：是指消费者用户数据的分析需要订阅数据服务而发生的数据使用授权场景。

数字资产授权管理主要基于数字资产风险识别和数字资产保护能力，既能在数字资产流转中落实隐私安全控制策略，又能提高数字资产科学管理水平。

（二）数字资产管理权限

数字资产管理权限，是指基于数字资产管控规范所授予的数字资产管控的权限，旨在加强对数字资产的安全治理和科学管理。基于消费数据类型的差异，数据权限分为两类。

（1）分析师获取数据资产授权，包括获取对原材料、分析、论证等的授权。

(2) 消费者用户获取使用权限，包括获取对数字产品访问和使用等的授权。

根据以上授权管理可以看出，身份识别、使用管理和账号权限管理，是数字资产分级管理的重要机制。按照统一规则和集中管控，实现对个人权限授予或者撤销。

总之，数字技术正在构建一个全新的数字世界。在数字时代，数据安全和隐私权管理工作正在影响着整体数字资本的安全发展。这就要求企业减少安全威胁，避免安全风险，最大化利用大数据、共享数据，实现生产目标，发挥数据价值。因此，在数据保护发展中，应借鉴国际数据空间技术、链条控制转向集中控制，构建数据安全和隐私权保护体系，并在数字时代不断演进、不断发展，实现包括隐私权保护在内的全数字产业的安全目标。

本章总结

数据安全关系国家安危，人民安全。数据安全，是数据和数字资产生产和发展的生命，正所谓质量第一，安全至上。

关于数据资产安全局势，重点阐述了数据安全关系国家安全，大数据、区块链、云计算、物联网、人工智能等新技术迭代创新给数据安全发展带来新的挑战。

关于数据安全系统工程构建，主要论述了数据从决策到技术，从管理到举措，自上而下并横向贯穿整个数据收集、分析、挖掘、转化、量化及其数字资本生产和交易的全部过程。

关于隐私权安全保护，着重介绍了数据发展中隐私权保护的管理基础、安全管理分类和分级、安全保护机制和标准。

关于数据安全保护授权，详细论证了数字资产相关授权和保护技术。存储保护包括防护隔离、数据加密、数据解密和数据脱敏。技术保护主要包括身份识别、水印技术、管理智能化等。

关于数据安全关系国家安全，重点阐述了保密责任主体和职责。根据《中华人民共和国保守国家秘密法》规定，全国人民都有保密义务。

本章关键词

数据安全就是国家安全。

数据安全就是人民安全。

第二十四章 数字资产质量管理

引 言

安全重于泰山,质量重在管控。

随着数据资产和数字资本的不断发展,伴随数字资本商品化、货币化、市场化、国际化的迅速增长,数字资产的质量及其质量科学管理日显重要。

数字资产质量科学管理体系一般由四部分构成,主要包括数字资产质量标准、数字资产质量持续改进、数字资产科学管理技术及其保障措施等。

第一节 数字资产质量管理系统工程

一、数字资产质量管理概述

(一) 定义

国际标准对"质量"的定义为,"产品固有特性满足要求的程度"。其中"要求"指"明示的、隐含的或必须履行的需求或期望",并强调"以顾客为关注焦点"。

在金元(Won Kim)的论文 *A Taxonomy of Dirty Data* 中,数据质量及内涵被定义为"适合使用",即数据适合使用符合一定标准程度,符合消费者用户期望的标准。

简而言之,数据质量是指数据符合并满足数字资产应用的标准。

(二) 特征

(1) 完整性。力求数据在创建和应用中无缺失,无遗漏,主要包括信息完整、字段值完整、实体完整、属性完整和档案完整等。

(2) 及时性。记录和应用相关数据,符合数字资产,即数字产品、商品生产对数据获取和使用的时间性，力求做到三个及时：数据交付及时；筛选及时；应用及时。

（3）准确性。真实准确地记录各种数据，不存在不确定性和虚假数据及信息。力求数据准确反映其建模和生产应用的精确度。

（4）规范性。实行统一的数据标准，记录和使用数据及相关信息。力求各类数据符合规范，数据产品符合规范性标准。

（5）排他性。同一数据只能有唯一的标识符，体现在一个数据集中，一个实体只出现一次，并且每个唯一实体有一个键值且该键值只指向该实体。

（6）有效性。各类数据值和格式及其展现形式等，切实做到符合数据有效性要求，确保不出现失效即过期的数据。

二、数字资产质量管理范围

确定资产质量管理范围，是数字资产质量管理的重要环节。在实践中，数字产品质量管理的范围主要包括产品对象、生产规则、生产过程、产品交易及数据资产是否符合规定标准，生产程序是否符合规定流程。以数据选择验收为例，选择验收的及时性属于程序质量，送达到验收所需时间符合规定期限属于程序质量合格。而验收数据产品的期限也属于数据产品质量管理范围，一般要求对数字产品的检测验收工作在24h内完成，通过验收确定数据产品质量是否合格。

三、数字资产质量标准体系

以数据质量国际标准体系为依据，数字产品质量标准体系主要包括数据定义、数字产品生产程序、数字资产生产计划和执行、质量检查、成果应用和持续改进等数据和数字资产质量管理体系。

四、数字资产质量组织体系

数字资产质量管理，以提高数字产品和数字资产质量为目标，以质量标准为核心，通过不断提升数据产品质量，达到数字资产的优质高效。决策层通过制定数字资产管理政策和规范，构建数字资产质量管理机制，对数字资产质量管理工作发挥关键性作用。因此，需要建立从数据收集、存储到量化、转化为产品完整的数据组织、生产流程和数字技术工具等数字资产质量管理组织体系。

（一）数字资产质量管理决策

根据数字资产质量标准不同的要求，数字产品质量的管理要体现宏观指导原则和微观操作相结合，引导正确的生产行为，提高企业决策者的数字资产质量意识，并进行科学决策。

（二）数字资产质量提升机制

提升数字资产质量，是为了满足市场实际需求。在数字产品和数字商品生产中，应关注数字产品或数字商品的缺陷和不足，不断采取改进措施，对数字产品和商品提出更高的要求，并促进数字资产质量管理水平和目标不断提升。因此，数字资产质量管理是动态和可持续的循环过程，不断改进并提升数字资产质量应常态化。

（三）数字资产质量综合保障

加强数字资产质量管理，需要组建强有力的专业团队，制定数字资产质量管理策略、管理流程、管理规范等。通过数字技术工具，实现自动融入生产流程；通过不断提升数字资产质量管理组织水平，创新改善数据质量管理技术，为促进数字产品、数字商品、数字资本质量进一步提高，提供强有力的综合保障。

第二节 数字资产质量管理基本原则

在数字资产质量管理中，为了避免或降低数字产品和数字资本质量，及时发现数字资本质量问题，既可以"正向"主动监控，也可以"逆向"通过下游环节反馈进行问题识别，并制定切实可行的解决方案，采取有效措施，加强质量管控，确保数字资产高质量产出。

一、数字产品质量管理技术规则

在数字产品生产中，异常数据是指不符合数据标准，不符合数字产品实质要求的客观存在的数据。例如，数据工程师识别数据信息错误，产品客户的名称信息存在缺陷等。

基础数据库多数是以二维表格的形式存储，每个数据格存储一个数据值。若想从众多数据中识别出异常数据，就需要通过数据质量技术对数据进行标注。

在整个数字产品生产质量监控的过程中，数据质量标准的严格执行，直接影响数字产品质量。因此，应用数字技术，对提高数字产品质量具有重要作用。在实践中，根据生产计划和产品特点以及整个生产程序和质量要求，其主要技术规则如下。

（1）单列数字产品质量规则：是指数据属性值的标准和数字产品生产中单列数据的规范。

（2）跨列数字产品质量规则：主要是针对数据属性和跨列数据之间关联关系的逻辑性，并对其进行综合分析，做出研判。

（3）跨行数字产品质量规则：重点针对数字产品生产中跨行数据之间关联关系的逻辑性，并对其进行分析和研判。

（4）跨表数字产品质量规则：根据数字产品和数字商品的不同关系和逻辑，对跨表数字产品或数字商品质量做出研判。

（5）数据质量控制与评估规则：根据数据和数据资产质量控制和质量评估标准，对其产品质量进行综合评价。

数据质量管理技术规则如图 24-1 所示。

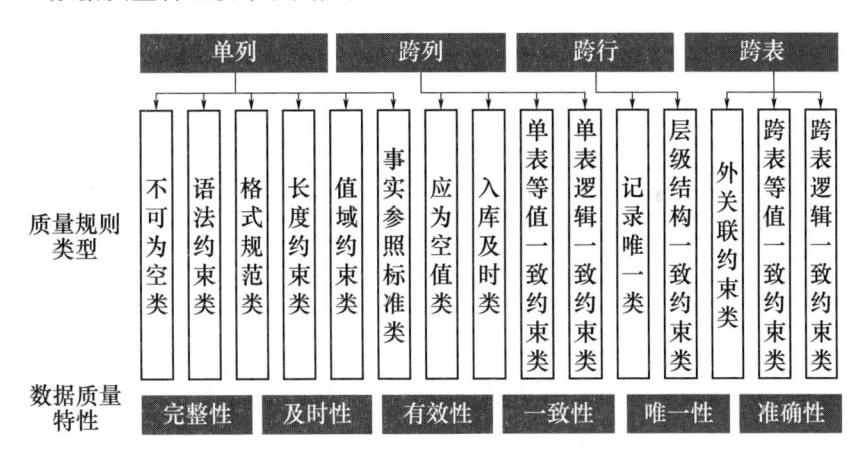

图 24-1 数据质量管理技术规则

二、数字产品质量管理基本原则

对数据和数字产品的质量监督和管理，是通过监控质量的生产过程，对全生产过程中引起不合格情形采取有效管控措施，达到数字产品符合质量标准，保证最终交付高质量数字产品。一般采用智能化技术工具，对生产全过程进行质量控制。

数字产品质量控制，致力于数字产品和数字资产质量保证，消除或减少残缺异常产品。数字资产质量控制技术可以在数据的生命周期内的不同节点即全过程应用，主要用于测试数据及数字产品的质量是否符合其所在的系统标准。

数字产品质量控制从明确产品需求开始，根据生产规划及数字产品相关方及数字资本市场的需求，分阶段确定数字产品质量控制范围。在技术上要求从定性和定量两个维度识别数字产品生产中的关键数据，应坚持以下两项基本原则。

（一）数字资产质量至上原则

（1）关键产品的关键数据：主要是主领域及主题数据，如产品、市场、供应商、相关组织和核心团队等数据。

（2）关键生产环节的数据：主要是数字产品生产的相关数据，如产品种类、技术工具及智能化流程等数据。

（3）关键项目和核心技术的数据：数字资产和数字资本运营关键项目、规则及变革、规范及流程、核心技术使用和新产品研发等数据。

（二）提高价值降低成本原则

（1）对于数字产品储存、生产、交易成本较高，或度量成本较高预期收益较低的数据，只能备选不作优选，或放弃该选择。

（2）数据工程师通过对数字资本市场需求的研判，对于综合成本高、经济效益差的数字产品或资产，进行综合研判和筛选，精选优质数据。

三、数字产品质量分析和研判

在设计数字产品质量规则前，应用智能化技术对数据进行剖析诊断，主要目的是分析数据的内容和结构质量。同时，发现和分析数据中的所有不规范问题和数据项目中隐藏的问题，并做出正确研判。

（1）专业人员：专业工程师经过对数据剖析，了解技术员工姓名、工号、专业、岗位、职责等信息。

（2）主要结构：包括数字技术结构和数字资产结构。数字技术结构指空值频率、相异值频率、数据值范围、数据模式和类型等。

（3）数据质量：根据数据标准分析诊断，检验数据质量。例如，必填字段是否有空值存储，有允许值列表中的值个数与相异值频率是否一致等数据质量问题。

四、数字产品质量指数监测

数字产品质量监控技术的应用，提高了数字产品质量管理的系统化、数字化和快速部署、自动监控、身份识别等研判能力，可以随时调控数据生存周期性监控计划，监视数据质量的进展，并通过可视化的方式发布数字产品生产过程和结果。其主要内容如下。

（1）产品数据：根据数字产品质量目标，签发数字产品质量度量报告。根据数字产品质量标准及改进状况，对数字产品生产有功者进行奖励，对数字产品不合格责任者进行问责。

（2）领域数据：根据企业数字产品生产规划中数字产品质量目标，明确数字产品质量标准，并推动质量闭环管理，提高数字产品质量度量成果，并进一步强化数字产品数值。

（3）管理数据：根据数字产品和数字资产管理工作规划，制定数字产品和数字资产质量管理规则，组织数字产品质量度量工作，发布公司数字产品质量度量报告，组织数字产品质量和指标评审，并按数字产品质量管理标准，对数字产品进行验收和评价。

第三节　数字资产质量度量

一、数字资产度量规则

在数据及数字资产质量管理中，质量度量规则对保障数字资产质量具有重要意义。应认真做好度量管理工作，包括制定数字产品质量标准和指标，执行数字产品质量度量，组织各领域业务专家分析论证数字产品质量问题，制定改进举措和闭环管理方法。

（一）质量度量方法

（1）优化筛选：聚焦对数字产品和数字资产有较大影响的关键性数据，进行优化选择。

（2）定期度量：一年度量两次，上半年1月至6月，下半年7月至12月。重点监控质量改进状况，综合评价质量达到的水平。

（3）严格检验：从"标准"和"检验"两个方面开展，通过检验明确数字产品标准，通过检验反映数字资产质量结果。

（4）科学评价：统一采取百分制的方式对数字资产质量进行综合评价，并根据度量得分进行综合性评分。

（二）质量度量标准

为确保数字资产包括数字产品、数字商品、数字服务和数字技术产品质量稳定，从数据度量标准的四个维度开展工作，主要包括：①数据资产目录和检索规范；②数据和各种数字产品标准；③标准数据产品模型；④对数据应用和数字产品生产等综合评估。

二、数字资产度量规范

（一）数据资产目录

（1）有明晰且规范的数据资产目录检索。对数字资产的生产全流程进行端到端记录，包括定义数据质量目标、数字产品质量工作规划等。

（2）要素数据质量主要包括数据分类是否完整、数据定义是否规范、数据技术是否有效等。

（3）数字产品和数字资产计划的完整性、规范性和可行性。

（二）数据资产标准

（1）数据质量标准主要包括数字产品和数字商品标准是否规范、产品用途及定义是否准确、生产流程是否合规等。

（2）数字产品和数字商品及数字服务所执行的标准。

（3）数据标准在实际生产场景中得到执行等。

（三）数据资产模型

（1）研发概念数字产品模型和逻辑模型，并通过专家论证和评审。

（2）物理数据模型设计应符合虚拟数据模型设计标准，生产应用中物理表应符合数字表的规范。

（四）数据应用分布

（1）数据实际应用及生产计划通过专家分析和论证。

（2）完整的数据信息链和数据流设计，并通过专家评审。

（3）成品数字资产包括数据库、主题数据、数字产品、数字商品等相关数字资产及其完整的生产力和生产关系等分布合理。

三、数字资产质量度量的执行

执行质量度量，是指数字产品质量的度量及实际执行。主要包括数字产品的一致性、完整性、及时性、排他性、有效性、准确性等。度量数字产品质量主要涉及三个要素：①市场需求的重要性；②法律和经济风险性；③生产程序的规范性。在实践中，可根据阶段性的管理重点和诉求调整评估的要素。

（1）市场需求的重要性：在数字资本市场定价和交易中具有直接影响的数字产品和数字商品，市场需求程度必然会高。直接因素主要包括产品质量、产品价格、资产标准等。

（2）法律和经济风险性：法律规范与经济风险的关联性很强。一旦发生质量问题，如触犯法律，会直接造成经济损失。数据的法律和经济风险主要包括违规生产和违法经营以及违约赔偿等。

（3）生产程序的规范性：数字产品生产程序规范，是指企业数字资产核心技术和生产程序的规范性。目前，数字产品生产流程规范，已经普遍得到高度关注。专家认为，数字产品和数字资产生产程序，关系到数字企业的生存和发展，只有程序科学规范，才能生产优质的数字产品和数字商品，促进数字资本的健康发展。

四、数字资产质量度量基本原则

数字产品质量度量原则，是指数字产品生产过程监控数字产品质量规则，是将数字产品分类规则通过叠加公式变成数字资产度量指标应遵循的基本原则。

（1）质量至上原则：为确保数字产品质量，对数字资产中的核心数据和问题数据，根据其必要性和重要性，重点设计度量指标。

（2）降低成本原则：在数字产品生产中，对于技术成熟且质量较高的数据，或度量成本很高但预期改进很少的数据，可以使用成本简化度量指标或免除度量的基本原则。

（3）标准量化原则：数字产品和数字商品在生产过程中的各项指标设计清晰，并可以按标准对其实现量化的原则。

（4）分级管理原则：根据数字资产不同类型和层级的管理，按照不同要求设计分层分级的度量指标。

（5）持续度量原则：一次性完成的度量不需要再次度量，对一次性完不成的度量任务，采取持续进行度量的方法。

五、数字资产质量衡量标准

数字产品质量衡量标准，是指测评数字产品、数字商品等数字资产与资本市场及消费者用户质量诉求关系的标准。主要采用四个级别，这四个级别分别为差、中、良、优。用这四个级别具体衡量和提升数据质量，满足资产市场和广大消费者用户需求。

六、数字资产质量度量机制

质量度量运作机制,是指数字产品管理部门定期依据质量度量规则开展数字资产质量度量的方法和步骤。数字资产质量度量规则,主要包括数字产品质量度量、目标度量、度量范围、度量指标、生产进度等。认真进行资产度量以确保数字资产质量,旨在提高数字产品、数字商品和数字服务的价值。同时,用此检验和确认数据质量度量结果的真实性和有效性。

第四节 数字资产质量改进和提升

数字资产质量改进,致力于进一步提高数字资产质量,实现其经济效益。因此,制定数字资产质量改进计划,消除系统性质量问题,使质量不断达到一个新水平,上升到一个新的高度。

一、数字资产质量改进的重要作用

数字资产质量改进工作,涉及企业跨组织的变革性改进和企业各部门内部对现有过程进行渐进的持续改进。企业应按照质量改进的程序开展各项工作,把真正的原因识别出来加以改进,并固化到流程体系中。因此,规范改进过程并按照规范实施质量改进,对提高数字资产生产水平和产品质量具有十分重要的作用。

二、数字资产质量改进的专家评审

通过数据管理专家评审,并根据专家评审提出的具体意见,进一步提高对相关数字产品的识别,并改进该产品,力争使每个产品按照专家评估意见进行改进和生产。同时,将专家论证的科技成果固化到生产流程及管理体系中,并实际执行。改进方案执行后,再次经专家分析、度量、审核与评价,以此作为企业和各单位数字资产质量改进和提升的常态,最终形成良性循环,促进数字资产提质增效。

三、数字产品质量改进的主要步骤

(1)维持与改善:维持是指维持现有的数字产品和商品质量水平,主要方法是对现有数字产品质量进行严格控制。

(2)改进与创新:改进是指改进现有数字产品生产程序或技术,提高数字产品质量，其方法是主动采取改进措施，使数字产品质量在原有的基础上有创新性的提高。

从数字产品、数字商品等数字资产质量不断改进的成果看，数字产品、商品质量控制的目的是维持某一特定的质量水平，严格控制产品质量出现系统性缺陷。而数字资产质量不断进行改进，是对数字资产质量水平进行创新性和突破性提高。

在数据资产质量管理中，规则是质量管理中的核心，控制是质量管理中的重要举措。控制，是为了维护数字产品质量的现状，保证质量在现有基础上不下降并稳定发展。改进，是在现有数字资产质量的基础上，通过数字技术改进，提升数字资产整体质量。因此，在数字资产质量管理中，控制和改进是双重措施，原则是在控制的基础上改进，在改进中创新发展。

本章总结

本章重点论述了数字资产质量管理中的关键问题。正所谓安全重于泰山，质量重于生命。关于数据和数据资产特征，主要介绍了其完整性、时间性、准确性、规范性、排他性和有效性。

数据和数据资产安全和质量管理原则：一是数据和数字资产质量至上原则；二是提高价值降低成本原则。

数据质量分析诊断，主要针对数据内容、基本结构、质量标准进行。关于数据监测，主要阐述了数字产品监测技术的系统化、数字化和智能化。

关于数据质量度量，重点介绍了度量方法和度量相关标准，以及严格执行的基本原则。数字产品、数字商品质量衡量标准，采用了差、中、良、优四个标准级别。

数据和数字资产质量的提高和改进，包括质量专家评审和质量改进步骤等，论述了数字资产控制和改进的关系。控制，是为了维护数字产品和数字商品现有质量、现状，采取质量管控措施，保护产品质量既不上升也不下降的稳定生产的状态。改进，是对现有数字产品质量采用技术升级或产品质量升级措施，全面提升数字产品质量。在实践中，控制和改进是双重措施，基本原则是，在控制中发展，在改进中提高。

本章关键词

数据安全第一，产品质量至上。

第二十五章　数字资本与智慧城市

引　言

创新，是中国智慧城市建设和发展的生命。

数据，是中国智慧城市数字财富重要法宝。

在历史发展的长河中，五千年灿烂文明孕育和滋养了一个伟大的国度，这就是中华人民共和国。在世界城市建设的进程中，人类迎来了建设方式创新和发展环境的重大变革，这就是智慧城市建设。

在数字时代，智慧城市建设与数字资本深度融合，已经和正在成为发展趋势。而且整个智慧城市从规划、建设到运营，从城市管理到创新发展，各领域各方面都与大数据、数字经济和数字资本紧密联系，并深度融合。

第一节　智慧城市的渊源和背景

一、智慧城市的渊源和定义

智慧城市的概念，简释为利用先进的数字化技术实现智慧化管理和信息化运行的城市。

智慧城市是随着世界信息和数字时代到来而产生和发展的，是数字城市与物联网相结合的产物。智慧城市的概念源于2006年新加坡的"智慧国2015"计划和欧盟的"集体智慧和创造力"。2008年11月，在美国纽约召开的外国关系理事会上，IBM公司提出"智慧地球"的理念，2010年提出智慧城市的概念、定义和愿景。这些被专家称为信息时代城市发展的方向，是城市文明建设的发展趋势。智慧城市的实质，是运用现代数据信息技术推动城市运行系统的互联、高效和智能，从而为人类创造更加美好的生活，使城市发展更加和谐，更具活力，更具时代感。

智慧城市的内涵主要包括运用物联网、区块链、云计算、大数据等空间地理信息和通信技术感测、分析、整合城市运行核心系统的各项信息集成，从而对包括政务、民生、环保、公共安全、城市服务、商业活动在内的各种需求做出智能响应，实现城市各领域智慧化、信息化、数字化、网络化和智能化的新模式城市。智慧城市建设的核心，是利用先进的信息技术，实现城市智慧化管理和信息化运行。在中国，智慧城市建设旨在加快城市和乡村工业化、现代化、信息化、数字化进程，为人民创造更美好的生活环境，从而促进城市健康、安全、和谐及可持续发展。

二、智慧城市产生的背景

在全球数字化和信息化时代到来的背景下，2009 年，美国的迪比克市成为世界上第一个具有信息时代特征的智慧城市。

2010 年，IBM 公司在"智慧地球"理论的基础上又提出了"智慧城市"的愿景，希望为世界各国智慧城市发展贡献智慧。其研究认为，智慧城市由关系到城市主要功能的不同类型的网络、基础设施和环境等核心系统组成，主要包括但不限于政务、居住、交通、通信、交易、水电和各种能源配置。可见，智慧城市是一个系统工程，需要以信息协作的方式相互衔接。而智慧城市本身，就是由这些系统所组成的宏观智能体系和信息体系。

智慧城市不仅仅是城市智能，还包括人的智慧和参与、以人为中心、可持续发展等重要内涵。强调智慧城市不仅是物联网、区块链、大数据、云计算等新一代数字信息技术的应用，更重要的是知识城市和数字资本的融合创新。专家从数字技术发展的维度研究认为，智慧城市建设要求通过以数字和网络技术为代表的物联化、数据化、智能化等新一代数字信息化技术的广泛应用，实现感知、泛在互联、普适计算与融合应用。从社会发展的视角研究认为，智慧城市建设要求通过微信、微博、社交网络、人工智能、超级智能、综合集成法等工具和方法的应用，实现以管理创新、机制创新、开放创新、大众创新、协同创新为特征的知识城市和知识社会环境下的可持续创新和发展，强调通过以人为本，价值创造，实现智慧城市经济社会的全面可持续健康发展。

三、智慧城市的形成因素

专家指出，智慧城市由两种驱动力推动而逐步形成。一是以数字技术、物联网、云计算、区块链和移动互联网为代表的新一代信息和数字技术。二是数字经济和数字资本已经和正在孕育的城市创新生态。前者是科技创新方面的技术因素，后者是社会创新层面的资本要素。由此可见，创新，尤其是数字资本创新和数字科技创新，在智慧城市发展中的驱动和决定性作用。

众所周知，智慧城市不仅需要物联网、大数据、云计算等新一代信息技术的支撑，更重要的是要培育面向知识社会的下一代数字资本发展和创新。智慧城市的建设与创新使信息通信技术的融合和发展消融了信息和知识分享的壁垒，消融了创新的边界，推动了创新形态和新业态的形成，并进一步推动各类社会组织及活动边界的"消融"。创新形态由生产范式向服务范式转变，从而带动了政府管理形态、产业形态、城市形态和数据业态由生产范式向服务范式的转变。如果说创新1.0是工业时代沿袭的面向生产、以生产者为中心、以技术为出发点的相对封闭的创新形态，那么创新2.0则是与数字和信息时代、知识社会相适应的面向服务、以人为本、以用户为中心的开放的创新形态。有关专家从三代信息通信技术发展的社会脉络出发，对创新形态转变带来的政府形态、产业形态、城市形态、社会管理模式创新进行研究指出，智慧城市的建设不仅需要智能化、大数据、互联网等技术工具的应用，也需要微博、维基等社会工具的应用，更需要人工智能等用户参与的实践来推动以人为本的可持续创新发展。

诚然，随着乡村人口纷纷涌入城市，"城市病"日益严重，如水、电、交通等城市关键系统不堪重负。对城市居民而言，在城市生活的基本条件是衣、食、住、行和经济收入，能轻松找到最快捷的出行路线，物资供应有保障，居所安全，收入稳定，生活富足。随着社会的发展，广大消费者在城市中日益占据主导地位，他们希望在城市负担人口流入、实现经济增长的同时，自己的人格尊严受到尊重，美好的生活质量能够得到满足并不断提高。因此，智慧城市和城乡一体化建设成为最佳选择。

第二节　智慧城市建设的重要意义

在人类发展的长河中，随着信息和数字经济的不断发展，城市信息化应用水平不断提升，智慧化和数字化城市建设应运而生。建设智慧城市在实现城市可持续发展、引领信息技术应用、提升城市综合竞争力等方面具有十分重要的现实意义和历史意义。

一、智慧城市是城市可持续发展的需要

中国改革开放以来,城镇化建设取得了举世瞩目的成就,尤其是进入21世纪之后,城镇化建设的步伐不断加快,每年有上千万的农村人口进入城市。而随着城市人口不断膨胀,"城市病"成为困扰城市建设者与管理者的主要难题。容积扩大、人口增加、资源短缺、环境污染、交通拥堵、安全隐患等问题日益突出。为了破解"城市病",尤其是"大城市病"和"千万人俱乐部"的困局,智慧城市应运而生。由于智慧城市采用了包括射频传感技术、物联网技术、区块链技术、人工智能、云计算技术和新一代通信技术在内的不断创新的综合信息和数字技术,因此能够有效地化解"城市病"问题。正如有专家指出,建设一百个传统的城市副中心,不如创建一座新型的智慧城。其主要理由是,新数字技术在城市的广泛应用,能使城市变得更易于被人们认知和感知,城市资源更易于被充分整合,在此基础上实现对城市的信息化、数字化、精细化和智能化管理和有效配置,从而减少资源消耗,降低环境污染,解决交通拥堵,消除安全隐患,最终实现城市的健康可持续发展。

二、智慧城市是数字经济发展的需要

随着世界新技术革命的到来,信息技术像一股洪流,势不可挡地向前发展,数字经济在国民经济中的地位日益突出,信息和数据资源也日益成为重要的新生产要素。智慧城市正是在不断创新,以及充分组织、整合、利用信息和数字技术与信息资源的基础上,发挥并汇聚人类的智慧,赋予物以智能,从而实现对城市各个领域的精确化管理,实现对城市资源的科学整合与集约化利用。为避免在新一轮信息技术产业竞争中陷于被动,中国政府审时度势,及时提出了发展智慧城市的战略布局,以期更好地把握新一轮信息和数字技术变革所带来的巨大挑战和机遇,进而促进数字经济和数字资本健康和可持续性发展。

全球信息和数字经济的发展,催生了互联网政务、互联网法务、互联网商城、互联网银行等新业态,以及数字经济、数字产品、数字货币和数字资本等资本业态。例如,人民法院审判方式的改革,从古代击鼓升堂、当事人必须到庭的审判方式到网上开庭审案。根据信息和数字时代互联网案件和知识产权案件逐年上升的趋势,在北京等城市成立了互联网法院、知识产权法院等专门法院。根据中国法律规定,人民法院审理互联网案

件，当事人从起诉、立案、开庭、调解、宣判到执行均在网上进行，当事人不需要在线下诉讼，就能通过互联网方便、快捷地维护合法权益。

三、智慧城市是提高综合国力的战略选择

在人类发展和竞争的历史中，战略性新兴产业的发展往往伴随着重大技术的突破，对经济社会全局和长远发展具有重大的引领带动作用，是引导未来经济社会发展的重要力量。

当前，世界各国对战略性新兴产业的发展普遍予以高度重视，中国在"十四五"规划中明确将以数据为代表的战略性新兴产业作为发展重点。一方面，智慧城市的建设将极大地带动包括物联网、大数据、云计算、多网融合以及新一代信息和数字技术在内的战略性新兴产业的发展；另一方面，智慧城市的建设对政务、医疗、交通、物流、金融、通信、文化、教育、能源、环保等领域的发展也具有明显的带动作用，对扩大内需、调整结构、转变经济发展方式具有促进作用。因此，建设智慧城市对中国综合国力和国际竞争力的全面提高，具有十分重要的战略意义。

第三节 智慧城市建设的总体目标

根据党中央国务院关于中国智慧城市建设的决策和布置，结合中国"十四五"规划和2035发展远景，专家提出中国智慧城市建设发展的基本思路和总体目标。

一、智慧政务管理平台系统建设

智慧政务管理平台系统包括各级政府的组织领导指挥中心、计算机网络中心、智能监控中心、数字化公共服务系统四个部分内容。其中，指挥中心系统主要包括政府智慧大脑九大中枢系统：①政府指挥系统；②公共服务系统；③市政管理系统；④治安管理系统；⑤救援应急系统；⑥经济调整系统；⑦舆情分析系统；⑧风险防控系统；⑨物资保障系统。

二、智慧公共服务系统建设

加强居住、就业、医疗、养老、社保、文化、教育等专业性应用系统建设，提升城市建设和管理的规范化、精准化和智能化水平，有效促进城市公共资源在跨域范围共享，积极推动城市人员流、货物流、信息流、资

金流的协调和高效运行。不断提升城市运行效率和公共服务水平，推动智慧城市健康发展。

三、数字化城市综合体系建设

采用视觉采集和识别、各类传感器、无线定位系统、人工智能、条码识别、视觉标签等先进的科学技术，构建智能化视觉物联网，对城市综合体的要素进行智能感知和自动数据采集，涵盖城市综合体当中的政务、商业、办公、居住、宾馆、展览、餐饮、会议、文娱、交通、旅游、通信等，将采集的数据可视化和规范化，管理者可以用一台电脑或一部手机实现对城市的智能化管理。

四、数字化安居服务系统建设

根据各城市公共区、商务区、文化区、居住区的不同需求，融合应用物联网、互联网、移动通信等各种信息技术，发展社区政务、数字化家居系统、数字化楼宇管理、数字化社区服务、社区远程监控、安全管理、数字化商务办公等数字技术应用系统，使广大居民工作和生活实现"智能化发展"。同时，要加快智慧社区安居标准的探索和推进工作，旨在实现对城市楼宇和社区智能化、标准化、数字化、规范化优质高效的管理和服务。

五、智慧文化教育服务体系建设

积极推进数字化文化教育体系建设，完善中国城市教育城域网和校园网工程，推动数字化教育事业发展，重点建设教育综合信息网、网络学校、数字化课件、教学资源库、虚拟图书馆、教学综合管理系统、远程教育系统等资源共享数据库及共享应用平台系统。深化"文化共享"工程建设，积极推进先进网络文化的发展，加快新闻出版、广播影视、电子娱乐等行业信息化步伐。加强数字化和信息资源整合，完善公共文化数字化服务体系。同时，要构建旅游公共信息服务平台，提供更加优质的旅游服务，提升旅游文化品质和品位。

六、智慧服务应用系统建设

积极组织实施数字化城市服务业项目，推进传统服务业经营、管理和服务模式创新，加快向现代化、智慧化服务产业转型。这主要包括：

（1）数字化物流。配合综合物流园区信息化建设，推广射频识别、多维条码、卫星定位、无人机监测、货物跟踪、电子商务等信息技术在物流行业中的应用。实现物流政务服务和物流商务服务的一体化，推动信息化、标准化、智能化的物流企业和物流产业发展。

（2）数字化贸易。支持企业通过依法建立网站或第三方电子商务平台，开展网上询价、网上采购、网上营销、网上支付等电子商务活动。

（3）数字化现代服务。加快推进现代数字金融、现代服务外包、高端数字技术商务等领域数字技术的应用和发展。

七、智慧医疗保健体系建设

本体系的重点是推进"数字医疗保健"系统建设。建立卫生服务网络以及城市社区医疗保健和卫生服务体系，构建区域化卫生信息管理为核心的信息平台，促进各医疗保健和卫生单位信息系统之间的沟通和共享。以医院管理和电子病历为重点，建立居民电子健康档案；以实现医院服务网络化为重点，推进远程挂号、电子收费、数字远程医疗服务、图文体检诊断系统等智慧医疗系统建设，全面提升为广大市民医疗和健康服务的水平和质量。

八、智慧交通管理系统建设

本系统的重点是建设"数字交通"指挥调度系统。通过监控、监测交通流量分布优化等技术，完善公安、城管、公路等监控体系和信息网络系统。加强以交通引导、应急指挥、智能出行、出租车和公交车管理系统为重点的、统一的智能化、标准化、规范化城市交通综合管理和服务系统建设，实现交通信息共享、交通资源共用和交通状况实时发布，加强动态管理，全面提升城市智能化管理水平，确保城市交通安全和畅通。

例证：杭州在智慧城市建设中使用"城市大脑"管理和运营城市已经和正在取得显著效果。如"城市大脑"对全市交通状况分析后立即自动调整红绿灯转换，对救护车、消防车、警车等特种车辆的测试证明，从出发到目的地能节省50%的时间，展现出智慧城市的科技含量和创新作用。

第四节　智慧城市存在的问题和解决方案

专家在研究、评估和论证中国智慧城市建设和发展时，明确指出了目前存在的主要问题，并提出了解决方案。

一、存在的主要问题

在中国，经过十多年智慧城市建设的试点工作，我们已经取得了一定的成果和经验，但也存在一些亟待解决的问题。

（一）科学规划缺乏，顶层设计缺位

到目前为止，中国对全国范围内的智慧城市建设，仍然停留在试点城市，包括37个地级市、50个区（县）、3个镇，与中国2843个县级行政区和293个地级市相比，处于冰山一角，没有形成规模化和体系化建设，而且在顶层设计和统筹规划上也有很大差距。

（二）体制改革落后，运行机制滞后

按照党中央国务院关于中国智慧城市建设的决策和部署，目前存在的主要问题是，体制改革和机制建设与智慧城市建设存在不配套、不适应等问题，亟待体制改革破冰和机制建设提速。

（三）发展思路不清，存在盲目建设

从试点城市的经验来看，有些地方政府对党和国家关于智慧城市建设的决策和思路缺乏清晰的认识，有些地方存在盲目建设，随意建设以及九龙治水等问题。

（四）专门立法空白，制度建设滞后

到目前为止，中国尚未出台关于规范智慧城市建设的专门立法，处于立法空白，我国智慧城市建设只有指导意见，没有法律规范。而且在智慧城市建设制度创新上仍然处于摸着石头过河的阶段，缺乏科学规范的建设制度。

（五）风险管控乏力，安全隐患严重

中国智慧城市建设仍然处于试点阶段，缺乏科学有效的风险预测、预防、管控、处置措施。有的地方由于盲目建设或任意建设，缺少科学性，存在一定的安全隐患。

（六）社会矛盾变化，化解措施不力

智慧城市建设的突出问题，主要表现为现代高科技发展与人民日益增长的美好生活不适应；智慧城市发展与传统乡村发展差距加大；公共资源分配不平衡，导致社会矛盾突出，分配不公，失业率上升，就业困难，生

活成本提高，以及利用互联网进行诈骗、传销、非法集资、侵犯公民个人隐私权等新类型违法犯罪上升等，亟待采取有效措施，解决上述社会矛盾和问题。

二、主要解决方案

根据中国智慧城市在建设和发展中存在的主要问题，专家认真研究和论证后，提出了如下解决方案。

（一）加快顶层设计，科学统筹规划

建议成立由国家发改委和住建部牵头，科研单位参加的国家级智库型中国智慧城市建设和发展专家咨询委员会，在组织专家进行专题研究和论证的基础上，制定《中国智慧城市建设和发展规划2022—2032年》，做好全国智慧城市建设和发展的顶层设计和统筹规划。

（二）加快体制改革，促进机制创新

专家建议，根据党中央国务院对中国智慧城市建设的决策和部署，加快改革与智慧城市建设不适应的体制机制。同时，加快促进具有中国特色的智慧城市建设的管理和运营体系建设。

（三）加快立法步伐，推进制度创新

遵照习近平总书记关于制度创新的重要指示，为解决中国智慧城市建设无专门法可依和制度创新落后的问题，专家建议，加快制定《中华人民共和国智慧城市规划法》和《中华人民共和国智慧城市管理法》。同时，推动地方政府出台本地智慧城市建设行之有效的规章制度，使我国智慧城市建设的长远发展有法可依，有法必依，使之健康、安全、可持续发展。

（四）加强风险管控，确保建设安全

安全，是智慧城市建设的生命。建议加强安全管理。一是建立健全智慧城市建设风险防控的专门组织或机构。二是制定行之有效的风险预测、预防、管控、处置制度。三是加强信息设施和技术源头的安全防护。四是加强对计算机软件著作权和相关知识产权的法律保护。五是严格实行智慧城市全流程安全监测和管理，进一步完善安全责任制，明确责任主体和职责范围以及法律责任。

（五）改革投融资机制，加快数字资本发展

一是在国务院批准发行地方政府债券额度内，各省统筹安排一定资金

专门用于智慧城市建设。二是地方各级人民政府要建立规范的投融资机制,包括特许经营、购买服务等投融资形式,引导社会资金参与智慧城市建设。三是积极鼓励符合条件的企业发行企业募集资金开展智慧城市建设。四是地方财政资金要重点投向智慧城市基础性、公益性领域建设。五是大力鼓励地方市政公用企事业单位对本地公用设施的智能化升级改造。六是加快数字经济和数字资本发展速度。各地党政一把手要亲自抓数字经济和数字资本发展,既要挂帅又要出征,做到主体明确,责任清晰,措施有力,科学推进中国数字资本发展。

(六) 改革公共资源配置加快缩小三大差别步伐

一是调整城乡差别,促进智慧城市建设和智慧乡村建设同步进行。二是废除带有身价标签的户籍制度,保障公民在法律、制度、政策面前一律平等。三是平衡公共资源配置机制,实行同城居民包括农村进城工作人员,同等、同命、同价政策,打工农民和市民在购房、购车、医疗、养老、社保、交通、教育尤其子女上学等方面实行无差别对待。四是对下岗失业职工提高保障力度,切实解决其再就业或创业中的资金困局。五是调整税收法律和政策,发挥其调节作用。六是进一步加强社会治安综合治理,依法预防和打击利用互联网进行各种违法犯罪行为,维护社会稳定,维护公民合法权益。

三、中国智慧城市建设的标准和评审条件

智慧城市作为信息和数字技术的深度拓展和集成应用,是新一代信息和数字技术孕育突破的重要方向之一,是战略性新兴产业发展的重要组成部分。开展"智慧城市"技术和标准制定,促进智慧城市建设健康有序发展,推动中国自主创新成果在智慧城市中推广应用的规范性工作,旨在提出中国具有自主知识产权的智慧城市标准体系和解决方案,为中国智慧城市建设提供科学依据。

2013年,中国住建部会同科技部和国家标准化管理委员会等单位,按智慧城市综合评审标准和程序,公布首批国家智慧城市试点共90个,其中地级市37个,区(县)50个,镇3个。试点经3~5年创建期后,组织专家进行评估和评定,其评定等级由低到高分为一星、二星和三星,共三个级别。此举开创了中国智慧城市评定先河,填补了该领域空白。但有专家认为,该建设标准和评审等级在规范性、科学性上存在一定缺陷,建议对智慧城市建设标准和评审等级、评审标准和评审程序进行专题评估和论

证，提出国家级智慧城市建设的标准和评审程序，使之做到科学化、规范化、标准化、数字化。

第五节　智慧城市建设的指导思想

经过十年多的探索，中国的智慧城市建设已进入新阶段，一座座更智慧、更高效、更灵敏、更可持续发展的城市正在应运而生。数据统计显示，截至 2022 年，中国超过 500 个城市已明确提出或正在建设智慧城市，到 2035 年市场规模将达到世界先进水平。从 2012 年中央确定首批 90 个试点城市的 10 年实践来看，其结论是，以人为本是智慧城市建设的基本原则；科学规划确定智慧城市发展的总体目标；制度创新决定智慧城市建设的速度；科技创新决定智慧城市建设的品质；信息和数字技术是智慧城市实现数字财富的法宝；依法管理及管理创新决定智慧城市建设和发展的生命。

2014 年 8 月，经国务院同意，国家发改委、工信部、科技部、公安部、财政部、国土资源部、住建部、交通运输部等八部委印发《关于促进智慧城市健康发展的指导意见》，根据国家"十四五"规划和 2035 年发展远景，专家提出了中国智慧城市建设和数字资本发展的路线图。一是高举中国特色社会主义伟大旗帜，走中国特色的集约、智能、绿色、低碳的新型城镇化道路。二是充分发挥市场在资源配置中的决定性作用，加强和创新政府引导。三是统筹金融、科技和数字资源合理配置，推动新一代数字技术创新应用。四是加强城市管理和服务体系智能化建设，积极发展民生服务智慧应用。五是强化数字和网络安全保障，有效提高城市综合承载能力和数字资本发展规模，促进我国智慧城市发展质量和发展水平全面提升。

总之，领导中国智慧城市建设与数字资本发展的核心力量是中国共产党。指导中国智慧城市建设和数字资本发展的理论基础是习近平新时代中国特色社会主义思想。2013 年 9 月 30 日，中央政治局第九次集体学习，从中南海走向中关村，其主题是实施创新驱动发展战略，其内容包括智慧城市的创新建设。没有网络化、信息化就没有现代化，中国智慧城市建设的关键是制度创新和科技创新。

第六节　数字资本与智慧城市建设

根据国务院印发的《"十四五"数字经济发展规划》，结合中国近年来智慧城市建设的经验，专家提出，中国智慧城市建设与数字资本融合发展应遵循六项基本原则。

（一）以人为本，务实推进

在中国，智慧城市建设与数字资本发展一定要坚持"以人民为中心"的根本宗旨。坚持智慧城市建设和数字资本发展突出为民、便民、惠民的基本原则，推动和创新城市管理和公共服务方式，向城市居民提供全覆盖、多层次、差异化、优质高效的数字资本保障，使公众真正分享到智慧城市建设成果。

（二）科学规划，合理布局

智慧城市建设与数字资本发展及其制度安排，要坚持以城市发展需求为导向，根据城市地理区位、历史文化、资源禀赋、产业特色、信息化基础等，应用先进的数字和信息技术，顶层设计、科学规划、合理布局、科学推进智慧城市建设和数字资本创新发展。在综合条件较好的区域或重点领域先行试点，取得经验，有序推动智慧城市和数字资本的创新发展。

（三）市场主导，政府推进

数字资本创新发展要积极探索数字资本新的发展路径、管理方式、推进模式和保障机制。一是鼓励建设和运营模式创新，注重激发市场活力，建立可持续发展机制。二是鼓励社会数字资本参与建设投资和运营。三是各级政府既要加强对智慧城市建设和数字资本发展的指导和推进，又要杜绝政府大包大揽和不必要的行政干预。

（四）统一标准，有效融合

智慧城市建设和数字资本发展，要求从规划设计、建设、验收到评审等实行统一标准。促进中国智慧城市和数字资本深度融合，在创新中健康、有序、协同发展。促进中国智慧城市建设的升级换代。

（五）加强管控，确保安全

智慧城市建设与数字资本发展，首要任务是落实数据安全法和国家信息安全等级保护制度，强化网络和数据安全管理；健全行之有效的风险评估、预防和管理机制，落实责任制；健全网络和数字资本安全标准体系和评价体系；加大依法管理数字资本和保护个人信息的力度；加强对城市重要数字信息系统和数字信息基础设施的保障措施，确保智慧城市的安全。

（六）加强立法，依法管理

专家建议，智慧城市建设与数字资本融合创新发展，要与立法、遵法有机结合,要加快对中国智慧城市建设和数字资本保护有关法律的立、改、废工作,包括修改《中华人民共和国城乡规划法》《中华人民共和国环境保护法》《中华人民共和国土地管理法》《中华人民共和国科技进步法》等相关法律,加快制定智慧城市规划法、数字资本法等。同时,进一步健全国家知识产权立法和产权制度建设,加强对知识产权和数字财产权的法律保护,使中国智慧城市建设和数字资本在创新发展中有法可依,依法推进,依法管理,健康发展。

第七节　外国智慧城市建设经验借鉴

他山之石,可以攻玉。研究外国智慧城市建设和数字资本发展的实践和经验,有利于为中国智慧城市建设和数字资本发展提供有益借鉴。近年来,作者先后考察过新加坡、韩国、德国、英国、法国、瑞士、瑞典、新西兰和澳大利亚等不同法系国家的一些智慧城市建设和数字经济发展。世界各国智慧城市建设和数字经济发展各具风格,各有特色,其有益部分和成功经验值得借鉴。

在欧盟,于2006年发起的欧洲Living Lab组织,采用新的工具和方法、先进的信息和通信技术调动"集体的智慧和创造力",为调整和解决社会问题提供了具体方案。该组织还发起了欧洲智慧城市网络。其智慧城市建设坚持以用户为中心,借助开放创新空间的打造,帮助居民利用信息技术提升生活质量和生活品位,使人们的物质文化需求得到满足。

新加坡2006年启动"智慧国2015"计划,其特点是通过物联网等新一代信息技术的积极应用,将新加坡建设成为经济、社会发展一流的国际化城市。在电子政务、电子商务、服务民生及泛在互联方面,其经验可鉴。例如智能交通系统,通过各种传感数据、运营信息及丰富的用户交互体验,为市民出行提供实时、准确的交通信息。不仅如此,新加坡智慧城市建设使执政党降低了执政成本,提高了效益和效率。2008年作者在新加坡访问时,曾专门造访新加坡执政党即人民行动党中央总部,他们在乌节路居民区一所普通楼房里办公,该党中央总部的正式在职人员仅有十几人。

在美国,2009年,迪比克市与IBM合作,建立了美国第一个智慧城市。该市利用物联网技术,在一个有6万居民的社区里将各种城市公用资源包括水、电、油、气、通信、交通、公共服务等连接起来,经过整合、监测和分析各种数据并及时做出智能化响应,更好地为市民服务。迪比克市创建智慧城市的第一步,是向全市住户和经营商铺安装数控水、电计量器,包括低流量传感器技术等,以防止水电泄漏造成的浪费。同时,还搭建了综合监测平台,及时对数据进行分析和公示,使市民对整个城市资源的使用情况一目了然,使他们对自己的耗能有清晰的认识,对城市可持续性发展有更多的责任感。2022年3月9日,美国总统拜登签署了《关于确保数字资产负责任创新的行政命令》。

韩国在智慧城市建设中,主要以网络为基础,打造环保化、数字化、无缝移动连接的生态型、智慧型城市。通过整合公共通信平台以及网络接入,消费者可以方便地开展远程教育、远程医疗、办理税务。同时,还实现了对企业和家庭能耗的智能化监测等。

在丹麦,建造智慧城市哥本哈根市的目标,是在2025年前成为第一个实现碳中和的智慧城市。为实现该目标,主要依靠市政气候行动计划的50项举措,实现了2015年减碳20%的中期目标。在城市环保可持续性发展中,一个重点环节是维持环境保护与经济发展之间的平衡。哥本哈根市采用可持续发展城市解决方案,其首都地区绿色产业5年内的营收增长了55%,真正实现了绿色、环保、优质、高效、可持续性健康发展。

2010年,瑞典首都斯德哥尔摩市被欧盟委员会评定为"欧洲绿色首都"。在普华永道2012年智慧城市报告中,斯德哥尔摩市名列第5位,在分项排名中,智能资本与创新、安全健康与安保均为第1位,人口宜居程度、可持续发展能力也名列前茅。

综上所述,智慧城市的理念和数字经济及数字资本在世界各国悄然兴起以来,许多发达国家积极开展智慧城市建设,将城市管理、调度及水、电、油、气、交通、文化、教育、医疗等公共服务资源信息通过互联网有机连接起来,智能化做出响应,更好地服务于市民居住、出行、学习、生活、工作、医疗等方面的需求,有效改善政府对交通的管理和环境的控制等。同时,加快了数字技术应用和数字经济的发展。在中国,根据国家"十四五"发展规划和2035年远景战略,许多城市在数字城市建设基础上,开始探索智慧城市的建设,并取得初步成果和经验。总之,建设智慧城市和发展数字经济已经成为国家发展战略的制高点,成为历史发展的必然趋势。

第八节 智慧城市发展前景和专家建议

遵照党中央国务院关于科技创新、制度创新,加快中国智慧城市建设,加快海南省自贸港建设,提倡绿色环保的装配式集成建设,为人民创造更美好生活和发展环境的一系列重要文件和 2035 年国家发展远景战略,为切实贯彻落实国家关于智慧城市建设、数字经济发展、自贸港建设和装配式建设的重大决策和部署,专家在充分调研、评估、论证和参加智慧城市项目及数字资本发展实践的基础上,提出如下具体意见和建议,供中央有关部门和海南省参考。

一、对智慧城市建设的建议

(1) 改组目前智慧城市建设八个部委部际协调机制,成立国家级智库型的中国智慧城市建设专家咨询委员会,指导全国智慧城市建设工作,解决九龙治水、久治不愈、八部委谁都能管也可以不管的非精准松散型状态。

(2) 由国家发改委和住建部牵头,抓紧组织专家调研、起草、制定《中国智慧城市建设和发展规划 2022—2032 年》,并将智慧乡村建设一并纳入该发展规划,实行城乡一体化规划,同步建设,以期解决智慧城市建设和发展造成新的城乡差距,中国脱贫任务完成后的下一个发展战略目标应是智慧乡村建设。

(3) 由国家发改委、住建部、工信部、国家标准化管理委员会组织专家调研、起草、制定《中国智慧城市建设标准》《中国智慧城市建设导则》和《中国数字资本发展指导意见》。

二、对装配式集成建设的建议

(1) 由住建部和清华大学牵头,联合相关科研单位和企业,组织有关专家起草、制定《中国装配式集成建筑产业发展规划 2022—2032 年》,并将乡村装配式建筑纳入该规划,填补该领域空白。

(2) 作为住建部年度重点研究课题,组织有关专家调研、起草、制定装配式建设国家标准,并在全国范围选择不同城市作为试点单位。

(3) 建议组建全国性装配式集成建筑产业发展联盟,成立中国装配式集成建筑产业协会。

(4) 成立中国首家装配式集成建筑产品交易所,实现装配式建筑产品商品化、货币化、市场化、国际化。

三、对海南省建设的建议

(1) 将海南省列入智慧城市建设和数字资本发展国家级试点省,组织专家调研、起草、制定《中国海南省智慧城市建设和发展规划2022—2032年》，并将全省乡村一并列入智慧省建设范围，实现智慧城乡的一体化规划和同步建设。

（2）将海南省列入国家装配式集成建设试点省，组织专家制定《海南省装配式建设规划2022—2032年》，并将全省乡村建设一并列入该规划范围。

（3）加快海南省自贸港建设步伐，组织专家修改、制定《海南省自贸港建设和发展规划2022—2032年》，对自贸港建设、智慧省建设、智慧乡村建设、装配式集成建设统筹布局，统一规划，同步进行。开创具有中国特色和海南特点的智慧省、自贸港、装配式建设三同步四统一的海南模式。

专家建议，海南省应利用其蓝天、白云、海风、椰林的天然禀赋和中央对海南省的政策优势，引进国内外高科技人才和信息技术，创建全国最具体系的智慧养老基地；建立世界一流的癌症诊疗中心；建立国家级智慧金融、智慧港口、智慧文化、智能制造、产权交易、数字产品交易、世界各国货币交易、各种数字技术贸易、智慧教育、智慧医疗和智慧旅游等11个高科技智慧产业园区。

总之，海南建设应坚持三同步四统一原则，即智慧省、自贸港、装配式建设同步进行，并实行统一规划、统一设计、统一建设、统一管理，旨在实现海南省建设提速增效，优质高效，节省成本，提高利润，促进海南省在智慧城市建设、自由港建设、装配式集成建设中不断创新并可持续发展，为国家建设和发展做出自己的杰出贡献。

结论：智慧城市和数字资本是在实践中深度融合的产物，智慧城市建设和数字资本是不断创新的系统工程。在中国，智慧城市建设和数字资本发展必须坚持高举中国特色社会主义伟大旗帜；坚持以人民为中心，以人为本，不断创新；坚持顶层设计和科学规划；坚持制度创新，依法经营，开创具有中国特色的既有高度又有温度的智慧城市发展模式，为世界各国智慧城市建设和数字资本发展提供中国方案，为人类美好命运共同体的发展贡献中国智慧。

"周虽旧邦，其命维新。"五千年前，中华民族的先民秉持创新精神，开启了缔造中华文明的伟大创举，使中华文明成为人类历史上唯一一个能够绵延五千多年至今未曾中断的灿烂文明。中国改革开放近50年的历史同样告诉世界，变革和创新是中国历史的常态。中华民族会高举自己的旗帜，勇往直前，走向未来，因为我们有深远的历史渊源和深厚的创造根基。

我们坚信，中国智慧城市就像一艘在大海里航行的巨轮，在中国共产党正确领导下，全国人民团结一心，一定能克服困难，乘风破浪，勇往直前，达到光辉的彼岸。中国智慧城市的建设和发展，就一定能从胜利走向更大的胜利！

综上所述，智慧城市建设是人类生存、生活、工作和发展创造的伟大进步，是人类社会从一般文明走向高度文明的重要标志。中国智慧城市建设，为世界各国智慧城市建设树立了样板，并提供了中国智慧和中国方案。

智慧城市的核心是人民，智慧城市建设必须坚持以人为中心。智慧城市的关键是智慧，智慧城市的创建在资本。因此，我们必须走数字资本与智慧城市深度融合之路，坚持社会主义数字资本与中国式智慧城市建设道路。

本章总结

本章的主要内容是数字资本发展与智慧城市建设的深度融合，重点论述了智慧城市的发展背景、重要意义、总体目标、指导思想和具体措施。

本章重点

（1）以人为本，是智慧城市建设的基本原则。
（2）科学规划，确定智慧城市发展的总体目标。
（3）制度创新，决定智慧城市建设发展的速度。
（4）科技创新，决定智慧城市建设发展的品质。
（5）数字资本，是智慧城市建设发展的经济基础。
（6）依法管理，是智慧城市和数字资本发展的生命。

本章亮点

（1）智慧城市是全球城市发展的方向。
（2）城乡一体是中国城乡发展的目标。
（3）取消户籍制度旨在实现身份平等。

第二十六章　数字经济强国战略

引　言

2021年12月，中国国务院发布《"十四五"数字经济发展规划》。

2022年3月，美国总统拜登签署《关于确保数字资产负责任创新的行政命令》。

2022年3月，欧盟委员会对外公布《数字服务法案》。

这是世界各国和国际组织发出的数字时代数字强国战略的强烈信号。一场数字资本大战，一场数字资产抢占制高点的数字经济大战已经拉开了序幕。我们从解读中国《"十四五"数字经济发展规划》开始，论述数字经济强国战略。

今天的各国政府，无论在东方，还是在西方，任何一个国家的发展和治理都离不开数据。如人口、土地、资源、财政、科技、农业等统计数据，仍是一个国家治理的基础。

数字经济是继农业经济、工业经济之后的主要经济形态，是以数据资源为关键要素，以现代信息网络为主要载体，以信息通信技术融合应用、全要素数字化转型为重要推动力，促进公平与效率更加统一的新经济形态。数字经济发展速度之快、辐射范围之广、影响程度之深前所未有，正在推动生产方式、生活方式和治理方式深刻变革，成为重组全球要素资源、重塑全球经济结构、改变全球竞争格局的关键力量。"十四五"时期，中国数字经济转向深化应用、规范发展、普惠共享的新阶段。为应对新形势新挑战，把握数字化发展新机遇，拓展经济发展新空间，推动中国数字经济健康发展，依据《中华人民共和国国民经济和社会发展第十四个五年规划和2035年远景目标纲要》，中国正式将数字经济作为强国战略。

第一节　数字经济发展现状和挑战

一、数字经济发展现状

近年来，中国深入实施数字经济发展战略，不断完善数字基础设施，加快培育新业态新模式，推进数字产业化和产业数字化取得积极成效。2020年，中国数字经济核心产业增加值占国内生产总值（GDP）比重达到7.8%，数字经济为经济社会持续健康发展提供了强大动力。

（1）数字产业竞争力居全球榜首。在近几年全球数字产业竞争力评价排名中，中国以最高分数排名榜首，美国为第二。

（2）信息基础设施全球领先。中国已建成全球规模最大的光纤和第四代移动通信（4G）网络，第五代移动通信（5G）网络建设和应用加速推进。宽带消费者用户普及率明显提高，光纤消费者用户占比超过94%，移动宽带消费者用户普及率达到108%，互联网协议第六版（IPv6）消费者用户数达到4.6亿以上。

（3）产业数字化转型稳步推进。各行业数字化全面推进。农业和服务业数字化水平显著提高。工业数字化转型加速，工业企业生产设备数字化水平持续提升，更多企业正在向新的数字经济"云端"迈进。

（4）新业态新模式竞相发展。数字技术和智能技术与各行业加速融合，有力促进了电子商务蓬勃发展，移动支付广泛普及，在线学习、远程会议、远程医疗、网络购物、视频直播等生产生活新业态和新方式加速推广，中国的互联网平台日益壮大。

（5）数字政府建设成效显著。目前，中国一体化政务服务和监管效能大幅度提升，以"一网通办""一网统管""一网协同"等数字技术和服务管理为代表的新模式在全国2895个县普及，数字营商环境持续优化，在线政务服务水平跃居全球领先行列。

（6）数字经济国际合作不断深化。《二十国集团数字经济发展与合作倡议》和"一带一路"协同发展等在全球赢得广泛共识，信息基础设施互联互通取得明显成效，"丝路电商"合作成果丰硕，中国数字经济领域平台企业加速跨出国门，影响力和竞争力不断提升。

二、数字经济面临新挑战

中国数字经济发展也面临一些问题和挑战，主要是：①关键领域创新能力不足，产业链供应链受制于人的局面尚未根本改变；②不同行业、不同区域、不同群体间数字鸿沟未有效弥合，甚至有进一步扩大的趋势；③数据资源规模庞大，但价值潜力还没有充分释放；④数字经济治理和管理体系需进一步完善。

当前，全球新一轮数字科技革命和数字产业变革深入发展，数字化转型已经成为大势所趋，受国内外多重因素影响，中国数字经济发展面临的形势正在发生深刻变化。

（1）发展数字经济是把握新一轮科技革命和产业变革新机遇的战略选择。数字经济是数字时代国家综合实力的重要体现，是构建现代化经济体系的重要引擎。当前，世界主要国家如美国、新加坡等，均高度重视发展数字经济，纷纷出台战略规划，采取各种举措打造竞争新优势，重塑数字时代的国际新格局。

（2）数据作为新生产要素，是数字经济深化发展的核心。数据对提高生产效率的乘数作用不断凸显，成为最具时代特征的生产要素。数据的爆发增长、海量集聚、创新转化蕴藏了巨大的经济价值，为智能化发展带来了新的机遇。协同推进技术、模式、业态和制度创新，切实用好数据要素，将为经济社会数字化发展带来强劲动力。

（3）数字化服务是实现人民美好生活不可或缺的重要模式。中国的数字化方式正有效打破时空阻隔，提高数据资源的普惠化水平，极大地方便人民生活，满足多样化和个性化需要。数字经济已经成为广大消费者享受到的红利。

（4）缩小城乡和区域差别及收入差距，是数字经济高质量发展的紧迫任务。中国数字经济规模快速扩张，但全国34个省（自治区、直辖市、特别行政区）和2843个县级行政区发展不平衡、不充分、不规范和差别问题较为突出，迫切需要转变传统发展方式，加快补齐短板和增强弱项，提高中国数字经济治理水平，走出一条高质量发展道路。

第二节 数字经济发展宗旨和目标

一、指导思想

领导我们事业的核心力量是中国共产党，指导我们的理论是马克思列宁主义、毛泽东思想和中国特色社会主义理论体系。全面贯彻中共十九大和二十大决策，立足中国新发展阶段，完整、准确、全面贯彻新发展理念，构建新发展格局，推动高质量发展，统筹发展和安全，统筹国内和国际关系。坚持以数据为关键资本生产要素，以数字技术与实体经济深度融合为核心，加强数字基础设施建设，完善数字经济治理体系，协同推进数字产业化和产业数字化，赋能传统产业转型升级，培育新产业新业态新模式，不断做强、做优、做大中国数字经济和数字资本，为构建数字强国提供有力支撑。

二、基本原则

（一）坚持改革，创新发展

坚持把体制机制改革和创新作为引领发展的第一动力，突出科技自立自强的战略支撑作用，促进数字技术在经济社会和产业发展各领域广泛普及使用，推进数字技术、应用场景和商业模式融合创新，形成以数字技术发展促进全数字资本要素生产率提升、以领域应用带动技术进步的发展格局。

（二）深度融合，不断赋能

坚持以数字化发展为导向，充分发挥中国海量数据、广阔市场空间和丰富应用场景优势，充分释放数据要素价值，激活数据要素潜能，以数据流促进生产、分配、流通、消费各个环节高效贯通，推动数据技术、数字产品、应用范式、商业模式和体制机制深度融合，协同创新。

（三）规范市场，公平竞争

突出各项数字经济竞争政策基础地位，坚持促进发展和监管规范并重，健全完善协同监管规则制度，强化反垄断和防止资本无序扩张，推动平台经济规范健康和可持续发展，建立健全适应数字经济发展的市场监管、宏观调控、政策法规体系，坚决贯彻安全发展。

（四）科学规划，系统推进

充分发挥资本市场在资源配置中的决定性作用，构建经济社会各主体多元参与、协同联动的数字经济发展新机制。结合中国产业结构和资源禀赋，发挥优势，科学规划，系统推进，更好地发挥各级政府在数字经济发展中的重要作用。

三、发展目标

2022—2025 年，中国数字经济迈向全面扩展期，数字经济核心产业增加值占 GDP 比重预计达到 10%。到 2035 年，数字化创新引领发展能力大幅提升，智能化水平明显增强，数字技术与实体经济融合取得显著成效，数字经济治理和管理体系更加完善，中国数字经济竞争力和影响力稳步提升。

（一）数据要素市场化

数字资本生产要素市场体系初步建立，数据资源体系基本建成。利用数据资源推动研发、生产、流通、服务、消费全价值链协同。数据要素市场化建设成效显现，数据确权、定价、交易规范开展，探索建立与数据要素价值和贡献相适应的新收入分配机制，进一步激发市场主体创新活力，让数据创造更多价值。

（二）产业转型数字化

有力促使农业数字化转型快速推进，制造业数字化、网络化、智能化更加深入，生产性服务业融合发展加速普及，生活性服务业多元化拓展显著加快，产业数字化转型的支撑服务体系基本完备，在数字化转型过程中推进绿色发展。

（三）数字产业优质化

数字技术自主创新能力显著提升，数字化产品和服务供给质量大幅提高，产业核心竞争力明显增强，在部分领域形成全球领先优势。新产业、新业态、新模式持续涌现并广泛普及，对实体经济提质增效的带动作用显著增强。

（四）数字资本普惠化

数字化和智能化公共服务更加普惠均等。数字基础设施广泛融入生产生活，对政务服务、公共服务、民生保障、社会治理的支撑作用进一步凸显。数字营商环境更加优化，电子政务服务水平进一步提升，网络化、数字化、智慧化和智能化的利企便民服务体系不断完善，数字鸿沟加速弥合。

（五）管理体系法治化

协调统一的数字经济治理框架和管理规则体系基本建立，跨部门、跨地区的协同监管机制基本健全。政府数字化监管能力显著增强，行业和市场监管水平大幅提升。形成政府主导、多元参与、法治保障的数字经济治理和管理新格局，促进数据治理水平明显提升。与数字经济发展相适应的法律法规制度体系更加完善，数字经济安全体系进一步增强。

千里之行，始于足下。目前，中国的主要任务是实现国家"十四五"数字经济发展目标和"十四五"规划。"十四五"数字经济发展主要指标见表26-1。

表26-1 "十四五"数字经济发展主要指标

指标	2020年	2025年	属性
数字经济核心产业增加值占GDP比重/%	7.8	10	预期性
IPv6活跃用户数/亿户	4.6	8	预期性
千兆宽带用户数/万户	640	6000	预期性
软件和信息技术服务业规模/万亿元	8.16	14	预期性
工业互联网平台应用普及率/%	14.7	45	预期性
全国网上零售额/万亿元	11.76	17	预期性
电子商务交易规模/万亿元	37.21	46	预期性
在线政务服务实名用户规模/亿	4	8	预期性

资料来源：2021年12月国务院发布的《"十四五"数字经济发展规划》。

到2035年，中国将在数字经济、数字资本、数字产业、数字技术、数字治理和数字资本市场等发展水平位居世界前列，成为数字经济强国。专家指出，中国实现数字经济强国是一个系统性战略工程，主要包括：①国家数字化基础设施建设工程；②国家数据生产要素提升工程；③国家产业数字化转型升级工程；④国家数字产业化发展工程；⑤国家公共服务数字化工程；⑥国家数字经济安全体系工程；⑦国家数字经济强国战略保障工程；⑧国家数字经济科学管理工程等。

第三节 国家数字化基础设施建设工程

一、加快全国数字化基础设施建设

（1）建设高速泛在、天地一体、云网融合、智能敏捷、绿色低碳、安全可控的智能化综合性数字信息基础设施。

(2）有序推进骨干网扩容，协同推进千兆光纤网络和 5G 网络基础设施建设，推动 5G 商用部署和规模应用，前瞻布局第六代移动通信（6G）网络技术储备，加大 6G 技术研发支持力度，积极参与推动 6G 国际标准化工作。

（3）积极稳妥推进空间信息基础设施演进升级，加快布局卫星通信网络等，推动卫星互联网建设。

（4）提高物联网在工业制造、农业生产、公共服务、应急管理等领域的覆盖水平，增强固移融合、宽窄结合的物联接入能力。

二、加快全国一体化大数据中心体系建设

（1）加快构建算力、算法、数据、应用、资源协同的全国一体化大数据中心体系。

（2）在京津冀、长三角、粤港澳大湾区、成渝地区双城经济圈、贵州、内蒙古、甘肃、宁夏等地区布局全国一体化算力网络国家枢纽节点，建设数据中心集群，结合实际应用和数据产业等发展需求，优化数据中心建设布局。

（3）加快实施"东数西算"工程，推进云网协同发展，提升数据中心跨网络、跨地域数据交互能力，加强面向特定场景的边缘计算能力，强化算力统筹和智能调度。

（4）按照绿色、低碳、集约、高效的原则，持续推进绿色数字中心建设，加快推进数据中心节能升级，持续提升数据中心可再生能源利用水平。

（5）推动智能计算中心有序发展，打造智能算力、通用算法和开发平台一体化的新型智能基础设施，面向政务服务、智慧城市、智能制造、自动驾驶、语言智能、生活智能等重点新兴领域，提供体系化的人工智能服务。

三、推进全国基础设施智能化升级转型

（1）充分发挥国家政策和资源优势，稳步构建智能高效的融合基础设施，提升基础设施网络化、智能化、服务化、协同化水平。

（2）在全国高效布局人工智能基础设施，提升支撑"智能+"发展的行业赋能能力。

（3）推动农林牧渔业基础设施和生产装备智能化升级，推进机器视

觉、机器学习等技术应用。

（4）建设可靠、灵活、安全的工业互联网基础设施，支撑制造资源的泛在连接、弹性供给和高效配置。加大力度，进一步加快推进能源、资源、交通、水利、电力、物流、环保等领域基础设施数字化改造和转型升级。

（5）推动新型城镇化数字基础设施建设，提升城乡市政公用设施和建筑智能化水平。

（6）在全国城乡构建先进普惠、智能协作的生活服务数字化融合设施。在基础设施智能升级过程中，充分满足老年人、少年儿童、残障人士等群体的特殊需求，打造智慧共享、和睦共治、安居祥和的新型数字生活。

四、数字化基础设施建设工程要点

（1）推进光纤网络扩容提速。加快千兆网络部署，持续推进新一代超大容量、超长距离、智能调度的光传输网建设，实现城市地区和重点乡镇千兆光纤网络全面覆盖。

（2）加快5G和提前6G网络规模化部署。推动5G预备6G独立组网（SA）规模商用，以重大工程应用为牵引，支持在工业、电网、港口等典型领域实现5G网络深度覆盖，助推行业融合应用。

（3）推进新网络科技部署应用。深入开展网络基础设施技术改造，增强网络互联互通能力，优化网络和应用服务性能，提升基础设施业务承载能力和终端支持能力。

（4）加速空间信息基础设施升级。提升卫星通信、卫星遥感、卫星导航定位系统的支撑能力，构建全球覆盖、高效运行的通信、遥感、导航空间基础设施体系。

第四节　国家数据生产要素提升工程

一、提高数据生产要素供给水平

（1）支持数字资本市场主体依法依规开展数据采集，聚焦数据的标注、清洗、脱敏、脱密、聚合、分析等环节，提升数据资源处理能力，培育壮大数据服务产业。

（2）推动数据资源标准体系建设，提升数据管理水平和数据质量，探索面向业务应用的共享、交换、协作和开放。加快推动各领域通信协议兼容统一，打破技术和协议壁垒，努力实现互通互操作，形成完整贯通的数据链。

（3）推动数据分类分级管理，强化数据安全风险评估、监测预警和应急处置。

（4）深化政务数据跨层级、跨地域、跨部门有序共享。

（5）建立健全国家公共数据资源体系，统筹公共数据资源开发利用，推动基础公共数据安全有序开放，构建统一的国家公共数据开放平台和开发利用端口，提升公共数据开放水平。

二、加快数据生产要素市场化

（1）加快构建数据要素市场规则，培育市场主体、完善治理体系，促进数据要素市场流通。

（2）鼓励市场主体探索数据资产定价机制，推动形成数据资产目录，逐步完善数据定价体系。

（3）规范数据交易管理，培育规范的数据交易平台和市场主体，建立健全数据资产评估、登记结算、交易撮合、争议仲裁等市场运营体系，提升数据交易效率。

（4）严厉打击数据黑市交易，营造安全有序的市场环境。

三、创新数据生产要素开发机制

（1）适应不同类型数据特点，以实际应用需求为导向，探索建立多样化的数据开发利用机制。

（2）鼓励市场力量挖掘商业数据价值，推动数据价值产品化、服务化，大力发展专业化、个性化数据服务，促进数据、技术、场景深度融合，满足各领域数据需求。

（3）鼓励重点行业创新数据开发利用模式，在确保数据安全、保障用户隐私的前提下，调动行业协会、科研院所、企业等多方参与数据价值开发。对具有经济和社会价值、允许加工利用的政务数据和公共数据，通过数据开放、特许开发、授权应用等方式，鼓励更多社会力量进行增值开发利用。

（4）结合新型智慧城市建设，加快城市数据融合及产业生态培育，提升城市数据运营和综合开发利用水平。

（5）采取有效措施，制定积极的财政政策，加大国家财政支持力度，推动全国城乡数据生产要素开发机制，加快城乡一体化、数字化、智能化和智慧化建设速度。

四、数据生产要素提升工程要点

（1）提升基础数据资源质量。建立健全全国人口、法人、自然资源和空间地理等基础信息更新机制，持续完善国家基础数据资源库建设、管理和服务，确保基础信息数据及时、准确、安全、稳定。

（2）大力培育数据服务商。支持社会化数据服务机构发展，依法依规开展公共资源数据、互联网数据、企业数据的采集、整理、聚合、分析等数字产业。

（3）推动数据资源标准化工作。加快数据资源规划、数据治理、数据资产评估、数据服务、数据安全等国家标准研制，加大对数据管理、数据开发共享等重点国家标准的宣贯力度。

（4）开展数据确权及数字产品、数字商品、数字服务及数字技术产品定价和评估试点。探索建立数据资产登记制度和数据资产定价规则，试点开展数据权属认定，规范完善数据资产评估服务。

（5）推动数字技术在数据流通中的广泛应用。鼓励企业、研究机构等市场主体基于区块链等数字技术，探索数据授权使用、数据溯源等应用，提升数据交易流通效率。

（6）培育发展数据交易平台。提升数据资产，包括数字产品、数字技术产品等交易平台服务质量，发展包含数据资产评估、登记结算、市场交易、争议调解和仲裁等的运营体系，健全数据交易平台报价、询价、竞价和定价机制，探索网上协议转让、网上挂牌拍卖等多形式和多元化的数据交易模式。

（7）加快数据生产要素保护和数字产品市场管理立法步伐。建立具有中国特色的数据要素和数字资本市场法律体系。

第五节　国家产业数字化转型升级工程

一、加快企业数字化转型升级

（1）引导企业强化数字化思维，提升员工数字技能和数据管理能力，全面系统推动企业研发设计、生产加工、经营管理、销售服务等业务数字化转型。

（2）支持有条件的大型企业打造一体化数字平台，全面整合企业内部信息系统，强化全流程数据贯通，加快全价值链业务协同，形成数据驱动的智能决策能力，提升企业整体运行效率和产业链上下游协同效率。

（3）实施中小企业数字化赋能专项行动，支持中小企业从数字化转型需求迫切的环节入手，加快推进线上营销、远程协作、数字化办公、智能化生产线等应用，由点及面向全业务全流程数字化转型延伸拓展。

（4）鼓励和支持互联网平台、行业龙头企业等立足自身优势，开放数字化资源和能力，帮助传统企业和中小企业实现数字化转型。

（5）推行普惠性"上云用数赋智"服务，推动企业上云、上平台，降低技术和资金壁垒，加快企业数字化转型。

二、全面深化重点产业数字化升级

（1）根据不同产业特点和差异化需求，推动传统产业全方位、全链条数字化转型，提高全要素生产率。

（2）大力提升农业数字化水平，推进"三农"综合信息服务，创新发展智慧农业，提升农业生产、加工、销售、物流、土地流转等各环节数字化水平。

（3）纵深推进工业数字化转型，加快推动研发设计、生产制造、经营管理、市场服务等全生命周期数字化转型，加快培育一批"专精特新"中小企业和制造业单项冠军企业。

（4）深入实施智能制造工程，大力推动装备数字化，开展智能制造试点示范专项行动，完善国家智能制造标准体系。培育推广个性化定制、网络化协同等新模式。

（5）大力发展数字商务，全面加快商贸、物流、金融等服务业数字化转型，优化管理体系和服务模式，提高服务业的品质与效益。促进数字技术在全过程工程咨询领域的深度应用，引领咨询服务和工程建设模式转型升级。

（6）加快推动智慧能源建设应用，促进能源生产、运输、消费等各环节智能化升级，推动能源行业低碳转型。

（7）加快推进国土空间基础信息平台建设应用。推动产业互联网融通应用，培育供应链金融、服务型制造等融通发展模式，以数字技术促进产业融合发展。

三、推动数字产业园区和数字产业集群数字化建设

（1）引导产业园区加快数字基础设施建设，利用数字技术提升园区管理和服务能力。积极探索平台企业与产业园区联合运营模式，丰富技术、数据、平台、供应链等服务供给，提升线上线下相结合的资源共享水平，引导各类要素加快向园区集聚。

（2）围绕共性转型需求，推动共享制造平台在产业集群落地和规模化发展。探索发展跨越物理边界的"虚拟"产业园区和产业集群，加快产业资源虚拟化集聚、平台化运营和网络化协同，构建虚实结合的产业数字化新生态。

（3）依托京津冀、长三角、粤港澳大湾区、成渝地区双城经济圈等重点区域，统筹推进数字基础设施建设，探索建立各类数字产业集群跨区域、跨平台协同新机制，促进数据创新要素整合共享，构建创新协同、优势互补、供需联动、市场成熟的区域数字化发展生态，提升产业链供应链协同配套能力，促进数字资本健康发展。

四、增强数据服务产业促进劳动者就业

（1）建立市场化服务与公共服务双轮驱动，技术、资本、人才、数据等多要素支撑的数字化转型服务生态，解决企业"不会转""不能转""不敢转"的难题。

（2）面向重点行业和企业转型需求，培育推广一批数字化解决方案。聚焦转型咨询、标准制定、测试评估等方向，培育一批第三方专业化服务机构，提升数字化转型服务市场规模和活力。

（3）支持高校、龙头企业、行业协会等加强协同，建设综合测试验证环境，加强产业共性解决方案供给。

（4）建设数字化转型促进中心，衔接集聚各类资源条件，提供数字化转型公共服务，打造区域产业数字化创新综合体，带动原生态传统产业数字化转型和劳动力市场扩容。

五、重点行业数字化转型提升要点

（1）发展智慧农业和智慧水利。加快推动种植业、畜牧业、渔业等领域数字化转型，加强大数据、物联网、人工智能等技术深度应用，提升农

业生产经营数字化水平。构建智慧水利体系，以流域为单位提升水情测报和智能调度能力。

（2）开展工业数字化转型应用示范。实施智能制造业试点示范行动，建设智能制造示范工厂，培育智能制造先行区。针对产业痛点、堵点、难点，分行业制定数字化转型路线图，面向原材料、消费品、装备制造、电子信息等重点行业开展数字化转型应用示范和评估，加大标杆性和可复制性数字产业应用推广力度。

（3）加快推动工业互联网创新发展。深入实施工业互联网创新发展战略，鼓励工业企业利用5G、时间敏感网络（TSN）等技术改造升级企业内外网，完善标识解析体系，打造若干具有国际竞争力的工业互联网平台，提升安全保障能力，推动各行业加快数字化转型。

（4）提升商务领域数字化水平。打造大数据支撑、网络化共享、智能化协作的智慧供应链体系。健全电子商务公共服务体系，汇聚数字赋能服务资源，支持商务领域中小微企业数字化转型升级。提升贸易数字化水平。引导批发零售、住宿餐饮、租赁和商务服务等传统业态积极开展线上线下、全渠道、定制化、精准化营销创新。

（5）大力发展智能化物流产业。加快对传统物流设施的数字化改造升级，促进现代化物流业与农业、制造业等产业融合发展。加快建设跨行业、跨区域的物流信息服务平台，实现需求、库存和物流信息的实时共享，探索推进电子提单应用。建设智能仓储体系，提升物流仓储的自动化、智能化水平。

（6）加快金融领域数字化转型。大力推动大数据、人工智能、区块链和云计算等技术在商业银行、证券、保险等领域的广泛应用，大力发展央行数字货币智能支付、智慧网点、智能投资、数字化融资等新模式，有序扩大央行数字货币和数字票据的应用范围。

（7）加快能源领域数字化转型升级。推动能源产、运、储、销、用各环节设施的数字化升级，实施煤矿、油气田、油气管网、电厂、电网、油气储备库、终端用能等领域设备设施、工艺流程的数字化建设与升级改造。推进微电网等智慧能源技术试点示范应用。推动基于供需衔接、生产服务、监督管理等业务关系的数字平台建设，提升能源体系智能化水平。

六、数字化服务生态培育工程要点

（1）培育发展数字化解决方案供应商。面向中小微企业特点和需求，培育若干专业型数字化解决方案供应商，引导开发轻量化、易维护、低成本、一站式解决方案。培育若干服务能力强、集成水平高、具有国际竞争力的综合型数字化解决方案供应商。

（2）建设一批数字化转型促进中心。依托产业集群、园区、示范基地等建立公共数字化转型促进中心，开展数字化服务资源条件衔接集聚、优质解决方案展示推广、人才招聘及培养、测试试验、产业交流等公共服务。依托企业、产业联盟等建立开放型、专业化、数字化转型促进中心，面向产业链上下游企业和行业内中小微企业提供供需撮合、转型咨询、定制化系统解决方案开发等市场化服务。制定完善数字化转型促进中心遴选、评估、开合等标准、程序和机制。

（3）创新转型支撑服务供给机制。鼓励各地因地制宜，探索建立数字化转型产品、服务、解决方案供给资源池，搭建转型供需对接平台，开展数字化转型服务券等创新，支持企业加快数字化转型。深入实施数字化转型伙伴行动计划，加快建立高校、龙头企业、产业联盟、行业协会等市场主体资源共享、分工协作的良性机制。

第六节　国家数字产业化发展工程

一、增强关键数字创新能力

（1）瞄准传感器、量子信息、网络通信、集成电路、关键软件、大数据、人工智能、区块链、新材料等战略性前瞻性领域，发挥中国特色社会主义制度优势、新型举国体制优势、超大规模市场优势，提高数字技术基础研发能力。

（2）以数字技术与各领域融合应用为导向，推动行业企业、平台企业和数字技术服务企业跨界创新，优化创新成果快速转化机制，加快创新技术的工程化、产业化。鼓励发展新型研发机构、企业创新联合体等新型创新主体，打造多元化参与、网络化协同、市场化运作的创新生态体系。

（3）支持具有自主核心技术的开源社区、开源平台、开源项目发展，推动创新资源共建共享，促进创新模式开放化演进。

二、提升核心数字产业竞争力

（1）着力提升基础软硬件、核心电子元器件、关键基础材料和生产装

◎ 第二十六章　数字经济强国战略

备的供给水平，强化关键产品自给保障能力。

（2）实施产业链强链补链行动，加强面向多元化应用场景的技术融合和产品创新，提升产业链关键环节竞争力，完善5G、集成电路、新能源汽车、人工智能、工业互联网等重点产业供应链体系。

（3）深化新一代信息技术集成创新和融合应用，加快平台化、定制化、轻量化服务模式创新，打造新兴数字产业新优势。

（4）协同推进信息技术软硬件产品产业化、规模化应用，加快集成适配和迭代优化，推动软件产业做大做强，提升关键软硬件技术创新和供给能力。

三、加快培育新业态新模式

（1）推动平台经济健康发展，引导支持平台企业加强数据、产品、内容等资源整合共享，扩大协同办公、互联网医疗等在线服务覆盖面。

（2）深化共享经济在生活服务领域的应用，拓展创新、生产、供应链等资源共享新空间。

（3）发展基于数字技术的智能经济，加快优化智能化产品和服务运营，培育智慧销售、无人配送、智能制造、反向定制等新增长点。

（4）进一步完善多元价值传递和贡献分配体系，有序引导多样化社交、短视频、知识分享等新型就业创业平台发展。

四、构建繁荣规范的产业创新生态

（1）充分发挥数字经济领军企业的引领带动作用，加强资源共享和数据开放，推动线上线下相结合的创新协同、产能共享、供应链互通。

（2）鼓励开源社区、开发者平台等新型协作平台发展，培育大中小企业和社会开发者开放协作的数字产业创新生态，带动创新型企业快速壮大。

（3）以园区、行业、区域为整体推进产业创新服务平台建设，强化技术研发、标准制订、测试评估、应用培训、创业孵化等优势资源汇聚，提升产业创新服务支撑水平。

五、数字产业化发展工程要点

（1）抓紧补齐关键技术短板。采取优化和创新"揭榜挂帅"等组织方式，集中突破高端芯片、操作系统、工业软件、核心算法与框架等领域关键核心技术，加强通用处理器、云计算系列和软件关键技术一体化研发。

（2）强化优势技术研发应用。支持建设领域各类产学研协同创新平台，打通贯穿基础研究、技术研发、中试熟化与产业化全过程的创新链，重点布局5G、物联网、云计算、大数据、人工智能、区块链等领域，突破智能制造、数字孪生、城市大脑、边缘计算、超级智能、脑机融合等集成技术。

（3）提前布局前沿技术融合创新。推进前沿学科和交叉研究平台建设，重点布局下一代移动通信技术、量子信息、神经芯片、类脑智能、脱氧核糖核酸（DNA）存储、第三代半导体等新兴技术，推动信息、生物、材料、能源等领域技术融合和群体性突破。

（4）持续扩大新型在线服务。加快互联网医院发展，推广健康咨询、在线问诊、远程会诊等互联网医疗服务，规范推广基于智能康养设备的家庭健康监护、慢病管理、养老护理的新模式。推动远程协同办公产品和服务优化升级，推广电子证照、电子证件（身份证）、电子合同、电子印章、电子签名、电子认证、电子票据等应用。

（5）深入发展共享经济。鼓励共享出行等商业模式创新，培育线上高端品牌，探索错时共享、有偿共享新机制。培育发展共享制造平台，推进研发设计、制造能力、供应链管理等资源共享，发展可计量可交易的新型制造服务。

（6）鼓励发展智能经济。依托智慧街区、智慧商圈、智慧园区、智能工厂等建设，加强运营优化和商业模式创新，培育智能服务新增长点。稳步推进自动驾驶、无人配送、智能停车等应用，发展定制化、智慧化出行服务。

（7）有序引导新数字个体经济。支持线上多样化社交、短视频平台有序发展，鼓励微创新、微产品等创新模式。鼓励个人利用电子商务、社交软件、知识分享、音视频网站、创客等新型平台就业创业，促进大学毕业生灵活就业、广大劳动者副业创新。

第七节 国家公共服务数字化工程

一、提高"互联网+政务服务"效能

（1）全面提升全国一体化政务服务平台功能，加快推进政务服务标准

化、规范化、便利化，持续提升政务服务数字化、智能化水平，实现利企便民高频服务事项"一网通办"。

（2）建立健全政务数据共享协调机制，加快数字身份统一认证和电子证照、电子签章、电子公文等互信互认，推进发票电子化改革，促进政务数据共享、流程优化和业务协同。推动政务服务线上线下整体联动、全流程在线、向基层深度拓展，提升服务便利化、共享化水平。

（3）开展政务数据与业务、服务深度融合创新，增强基于大数据的事项办理需求预测能力，打造主动式、多层次创新服务场景。

（4）聚焦公共卫生、社会安全、应急管理等领域，深化数字技术应用，实现重大突发公共事件的快速响应和联动处置。

二、提升社会服务数字化普惠水平

（1）加快推动数字文化教育、数字医疗健康、会展旅游、体育健身等领域公共服务资源数字化供给和网络化服务，促进优质资源共享复用。

（2）充分运用新型数字技术，强化就业、养老、儿童福利、托育、家政等民生领域供需对接，进一步优化资源配置。

（3）进一步发展智慧广电网络，加快推进全国有线电视网络整合和升级改造。深入开展电信普遍服务试点，提升农村及偏远地区网络覆盖水平。

（4）加强面向革命老区、民族地区、边疆地区、脱贫地区、欠发达地区，尤其欠发达乡村的远程服务，拓展教育、医疗、社保、对口帮扶等服务内容，助力基本公共服务均等化。

（5）进一步加强智能化无障碍环境建设，全面提升面向老年人、残障人士、妇女和儿童等特殊群体的数字化社会服务能力。大力促进社会公共服务和数字平台深度融合，探索多领域跨界合作，推动数字化医养结合、数字化文教结合、数字化体医结合、数字化文旅融合，促进数字资本与公共服务业深度融合，健康发展。

三、推动数字城乡一体化融合发展

（1）在全国取消农民户口，打破身份壁垒，实现身份平等。

（2）一体推动新型智慧城市和数字乡村建设，协同优化城乡公共服务。

（3）深化新型智慧城市建设，推动城市数据整合共享和业务协同，提升城市综合管理服务能力，完善城市信息模型平台和运行管理服务平台，因地制宜构建数字孪生城市。

（4）加快城市智能设施向乡村延伸覆盖，完善农村地区信息化服务供给，推进城乡要素双向自由流动，合理配置公共资源，形成以城带乡、共建共享的数字城乡融合发展格局。

（5）构建城乡常住人口动态统计发布机制，利用数字化技术助力提升全国城乡基本公共服务水平，逐步改变乡村的落后面貌，提高全国农民的生活水平。

四、打造智慧共享的新型数字化生活方式

（1）进一步加快既有住宅和社区设施数字化改造，鼓励新建小区同步规划建设智能系统，打造智能楼宇、智能停车场、智能充电桩、智能垃圾箱等公共设施。

（2）引导智能家居产品互联互通，促进家居产品与家居环境智能互动，丰富"一键控制""一声响应"的数字家庭生活应用。加强超高清电视普及应用，发展互动视频、沉浸式视频、云游戏等新业态。创新发展"云生活"服务，深化人工智能、虚拟现实、8K高清视频等技术的融合，拓展社交、购物、娱乐、展览等领域的应用，促进生活消费品质升级。

（3）政府鼓励建设智慧社区和智慧服务生活圈，推动公共服务资源整合，提升专业化、市场化服务水平。支持实体消费场所建设数字化消费新场景，推广智慧导览、智能导流、虚实交互体验、非接触式服务等应用，提升场景消费体验。

（4）进一步扩大并培育一批新型消费示范城市和领先企业，打造数字产品服务展示交流和技能培训中心，培养全民数字消费意识和习惯。

五、公共服务数字化提升工程要点

（1）深入推进智慧教育。推进教育新型基础设施建设，构建高质量教育支撑体系。深入推进智慧教育示范区建设，进一步完善国家数字教育资源公共服务体系，提升在线教育支撑服务能力，推动"互联网＋教育"持续健康发展，充分依托互联网、广播电视网络等渠道推进优质教育资源覆盖农村及偏远地区学校。

（2）加快发展数字健康服务。加快完善电子健康档案、电子处方等数据库，推进医疗数据共建共享。推进医疗机构数字化、智能化转型，加快

建设智慧医院，推广远程医疗。精准对接和满足群众多层次、多样化、个性化医疗健康服务需求，发展远程化、定制化、智能化数字健康新业态，提升"互联网+医疗健康"服务水平。

（3）以数字化推动文化和旅游融合发展。加快优秀文化和旅游资源的数字化转化和开发，推动景区、博物馆等发展线上数字化体验产品，发展线上演播、云展览、沉浸式体验等新型文旅服务，培育一批具有广泛影响力的数字文化品牌。

（4）加快推进智慧社区建设。充分依托已有资源，推动建设集约化、联网规范化、应用智能化、资源社会化，实现系统集成、数据共享和业务协同，更好提供政务、商超、家政、托育、养老、物业等社区服务资源，扩大智能技术应用，推动社区服务智能化，提升城乡社区服务效能。

（5）提升社会保障服务数字化水平。完善社会保障大数据应用，开展跨地区、跨部门、跨层级数据共享应用，加快数据核查机制。加快推进社保经办数字化转型，为参保单位和个人搭建数字全景图，支持个性服务和精准监管。

六、新型智慧城市和乡村建设工程要点

（1）分级分类推进新型智慧城市和乡村建设。结合新型省会城市评价结果和实践成效，遴选有条件的地区建设一批新型智慧城市示范工程，围绕惠民服务、精准治理、产业发展、生态宜居、应急管理等领域打造高水平新型智慧城市样板，着力突破数据融合难、业务协同难、应急联动难等痛点问题。

（2）强化新型智慧城市和乡村统筹规划、建设运营。加强新型智慧城市和乡村总体规划与顶层设计，创新智慧城市建设、应用、运营等模式，建立完善智慧城市和乡村的效绩管理、发展评价、标准规范体系，推进智慧城市和乡村规划、设计、建设、运营的一体化、协同化，建立智慧城市和乡村长效发展的运营机制。

（3）提升信息普及惠农服务水平。构建乡村综合数据信息服务体系，丰富市场、科技、金融、就业培训等涉农数据信息服务内容，推进乡村教育信息化应用，推进农业生产、市场交易、信贷保险、农村生活等数字化应用。

（4）推进乡村治理和管理数字化。推动基本公共服务更好向乡村延伸，推进涉农服务事项线上线下一体化办理。推动农业农村大数据应用，

强化市场预警、政策评估、监管执法、资源管理、舆情分析、应急管理等领域的决策支持服务。

第八节　国家数字经济安全体系工程

一、增强网络安全防护能力

（1）强化落实网络安全技术措施同步规划、同步建设、同步使用的要求，确保重要系统和设施安全有序运行。加强网络安全基础设施建设，强化跨领域网络安全信息共享和工作协同，健全完善网络安全应急事件预警通报机制。

（2）提升网络安全态势感知、威胁发现、应急指挥、协同处置和攻击溯源能力。提升网络安全应急处置能力，加强电信、金融、能源、交通运输、水利等重要行业领域关键信息基础设施网络安全防护能力，支持开展常态化安全风险评估，加强网络安全等级保护和密码应用安全性评估。

（3）有力支持网络安全保护技术和产品研发应用，推广使用安全可靠的信息产品、服务和解决方案。强化针对新技术、新应用的安全研究管理，为新产业、新业态、新模式健康发展提供保障。

（4）加快发展网络安全产业体系，促进拟态防御、数据加密等网络安全技术应用。

（5）加强网络安全宣传教育和人才培养，支持发展社会化网络安全服务。

二、提升数据安全保障水平

（1）建立健全数据安全治理体系，研究完善行业数据安全管理政策。建立数据分类分级保护制度，研究推进数据安全标准体系建设，规范数据采集、传输、存储、处理、共享、销毁全生命周期管理，推动数据使用者落实数据安全保护责任。

（2）依法依规加强政务数据安全保护，做好政务数据开放和社会化利用的安全管理。依法依规做好网络安全审查、云计算服务安全评估等，有效防范国家安全风险。

（3）健全完善数据跨境流动安全管理相关制度规范。推动提升重要设施设备的安全可靠水平，增强重点行业数据安全保障能力。

（4）进一步强化个人信息保护，规范身份信息、隐私信息、生物特征信息的采集、传输和使用，加强对收集使用个人信息的安全监管能力。

三、切实有效防范各类风险

（1）进一步强化数字经济安全风险综合研判，防范各类风险叠加可能引发的经济风险、技术风险和社会稳定问题。

（2）引导社会资本投向原创性、引领性创新领域，避免低水平重复、同质化竞争、盲目跟风炒作等，支持可持续发展的业态和模式创新。

（3）坚持金融活动全部纳入金融监管，加强动态监测，规范数字金融有序创新，严防衍生业务风险。

（4）推动关键产品多元化供给，着力提高产业链供应链韧性，增强产业体系抗冲击能力。引导企业在法律合规、数据管理、新技术应用等领域完善自律机制，防范数字技术应用风险。

（5）健全失业保险、社会救助制度，完善灵活就业的工伤保险制度。健全灵活就业人员参加社会保险制度和劳动者权益保障制度，推进灵活就业人员参加住房公积金制度试点。探索建立新业态企业劳动保障信用评价、守信激励和失信惩戒等制度。

（6）着力推动数字经济普惠共享发展，健全完善针对未成年人、老年人等各类特殊群体的网络保护机制。

第九节　国家数字经济强国战略保障工程

一、加快中国数字经济立法

（1）修宪，在《中华人民共和国宪法》中增加数字强国战略内容。
（2）补充完善《中华人民共和国民法典》。
（3）制定符合中国实际的数字经济促进法。
（4）制定数字经济法。
（5）制定数字资本市场法等。

二、加强统筹协调和组织实施

（1）建立数字经济发展部际协调机制，加强形势研判，协调解决重大问题，务实推进规划的贯彻实施。各地方要立足本地区实际，健全工作推进协调机制，增强发展数字经济本领，推动数字经济更好服务和融入新发展格局。

（2）进一步加强对数字经济发展政策的解读与宣传，深化数字经济理论和实践研究，完善统计测度和评价体系。各部门要充分整合现有资源，加强跨部门协调沟通，有效调动各方面的积极性。

三、加大国家财政和资金支持力度

（1）制定和实行国家积极的财政政策，加大对数字经济薄弱环节的投资，突破制约数字经济发展的短板与瓶颈，建立推动数字经济发展的长效机制。

（2）拓展多元投融资渠道，鼓励企业开展技术创新。鼓励引导社会资本设立市场化运作的数字经济细分领域基金，支持符合条件的数字经济企业进入多层次资本市场进行融资。

（3）鼓励银行业金融机构创新产品和服务，加大对数字经济核心产业的支持力度。同时加强对各类资金的统筹引导，提升投资质量和效益。

四、提升全民数字素养和技能

（1）全面实施全民数字素养与技能提升计划，制定全国农民工全员初中文化升高中以上成人文化教育规划，扩大优质教育资源供给，鼓励公共教育资源更大范围向农民开放。

（2）有力推进中小学信息技术课程建设，加强职业院校（含技工院校）数字技术技能类人才培养，深化数字经济领域新工科、新文科建设，支持企业与院校共建一批现代产业学院、联合实验室、实习基地等，发展订单制、现代学徒制等多元化人才培养模式。

（3）制定实施数字技能提升专项培训计划，提高老年人、残障人士和广大农民工等运用数字技术的能力，切实解决老年人、残障人士和农民工面临的实际困难。

（4）全面提高全民网络文明素养，强化数字社会道德规范。鼓励将数字经济领域人才纳入各类人才计划支持范围，积极探索高效灵活的人才引进、培养、评价及激励政策。

五、实施试点示范，总结经验进行推广

（1）统筹推动数字经济试点示范，完善创新资源高效配置机制，构建

引领性数字经济产业集聚高地。鼓励各地区、各部门积极探索适应数字经济发展趋势的改革举措，采取有效方式和管理措施，形成一批可复制推广的经验做法和制度性成果。

（2）支持各地区结合本地区实际情况，综合采取产业、财政、科研、人才等政策手段，不断完善与数字经济发展相适应的政策法规体系、公共服务体系、产业生态体系和技术创新体系。

（3）鼓励跨区域交流合作，适时总结推广各类示范区经验，加强标杆示范引领，形成以点带面的良好局面。

六、建立国家数字经济评价标准体系

（1）由国务院制定全国数字经济发展评价体系。

（2）由中国标准管理委员会组织制定全国各领域行业数字经济发展评价标准。

（3）各行业各领域各产业制定本行业本领域本产业数字经济评价体系。

本章总结

本章重点论述了数字经济强国战略中的主要问题，包括数字强国宗旨和目标、国家数字化基建工程、数据生产要素提升工程、产业数字化转型升级工程、数字产业化发展工程、公共服务数字化工程、数字经济安全体系工程及数字经济强国战略保障工程等。

本章亮点

（1）一场数字资本大战，已经在全球拉开序幕。
（2）一场数字治国大戏，已经在各国鸣钟开锣。
（3）一场数字强国战略，已经在中国稳步推进。

本章关键词

数字经济强，则国家强，民族强。

第七篇
法律与规则
LAWS AND RULES

安全,是数字资本的核心。
法律,是数据安全的基石。

第二十七章 数据安全法律规范

引 言

强国立法,盛世修典,是中国发展和进步的重要标志。随着大数据和数字经济时代的到来,世界各国已经和正在加强数据发展和数据安全的立法。

通过立法,进一步规范数据和数据行为,保障并促进数字经济和数字资本健康、安全发展。同时,经过创新,提高数据安全指数,确保国家总体安全。

根据《中华人民共和国数据安全法》(以下简称《数据安全法》)及相关法律法规规定,讨论数据和数据资产安全及其法律规范,具有十分重要的意义。

第一节 数据安全定义和原则

一、数据安全定义

《数据安全法》中所称数据,是指任何以电子或者其他方式对信息的记录。

《数据安全法》中所称数据处理,主要包括数据的收集、存储、使用、加工、传输、提供、公开等。

数据安全,是指通过采取必要措施,确保数据处于有效保护和合法利用的状态,以及具备保障持续安全状态的能力。

二、数据安全基本原则和任务

在中国,维护数据和数据资产安全,应当坚持总体国家安全观,建立健全数据安全治理体系,提高数据和数据资产安全保障能力。

（1）中央国家安全领导机构负责全国数据和数据资产安全生产工作的决策和指导及协调，研究制定实施国家数据安全战略规划和有关重大方针政策，统筹协调全国数据安全的重大事项和重要工作，建立国家数据安全工作协调机制。

（2）各地区、各部门对本地区、本部门工作中收集和产生的数据及数据资产安全负责。

各级工业、电信、交通、金融、自然资源、卫生健康、教育、科技等主管部门承担本行业、本领域数据及其资产安全监管职责。

各级公安机关、国家安全机关等依照《数据安全法》和有关法律、行政法规的规定，在各自职责范围内承担数据和数据资产安全监管职责。

国家网信管理部门依照国家有关法律、行政法规的规定，负责统筹协调全国网络数据和数据资产安全及相关监管工作。

（3）国家保护数据和数据资产权利人，包括个人、组织与数据资产有关的权利主体合法权益，提倡和鼓励数据依法、合理、有效利用，采取数据保护措施，促进和保障数据依法、有序、自由流动，促进以数据为关键要素的数字经济健康和稳定发展。

（4）开展数据和数据资产相关处理活动，应当遵守国家法律、法规和行政规章，尊重社会公德和伦理，遵守商业道德和职业道德，诚实守信，履行数据安全保护义务，承担社会责任，不得危害国家安全、公共利益，不得损害个人、组织的合法权益。

（5）国家支持开展数据安全知识宣传普及工作，提高全社会数据安全保护意识和水平，推动有关部门、行业组织、科研机构、企业、个人等共同参与数据安全保护工作，形成全社会共同维护数据安全和促进发展的良好环境。

（6）相关行业组织按照行业章程，依法制定数据安全行为规范和相关标准，加强行业自律，指导会员加强数据安全保护，提高数据安全保护水平，促进行业数据健康发展。

（7）国家积极开展数据和数据资产安全治理、数据开发利用等领域的国际交流与合作，参与数据安全相关国际规则和标准的制定，促进数据跨境安全、自由流动。

（8）任何个人、组织和单位都有权对违反法律规定的行为向有关主管部门投诉、举报。收到投诉、举报的有关部门应当及时依法处理。构成刑事犯罪的，移送司法机关依法处理。

有关主管部门应当对投诉、举报人的相关信息予以保密，保护投诉、举报人的合法权益。

第二节　数据安全与发展

在中国，国家统筹数据和数据资本发展和安全，坚持以数据安全促进和保障数据开发利用、产业发展和数字资本稳定、健康、安全。

国家实施数据强国战略，大力推进数据基础设施建设，鼓励和支持数据在各行业、各领域的创新应用。

各省级以上人民政府应当将数字经济发展纳入本级国民经济和社会发展规划，并根据需要制定本地区数字经济发展规划。

（1）国家支持开发利用数据提升公共服务的智能化水平。提供智能化公共服务，应当充分考虑老年人、残疾人的需求，避免对老年人、残疾人的日常生活造成障碍。

（2）国家支持数据开发利用和数据安全技术研究，鼓励数据开发利用和数据安全等领域的技术推广和商业创新，培育、发展数据开发利用和数据安全产品、数字产业体系。

（3）国家推进数据技术和数据资产安全标准体系建设。国务院标准化行政主管部门和国务院有关部委及部门根据各自的职责，组织制定并适时修订有关数据技术、数字产品和数据资产安全相关标准。国家大力支持企业、社会团体和文化教育、体育、医疗、科研机构及智库专家等参与相关标准制定工作。

（4）国家促进数据和数据资产安全检测评估、认证等数据服务的发展，支持数据和数据产品安全检测评估、认证等专业机构依法开展服务活动。

国家支持有关部门、行业组织、企业、教育和科研机构、有关专业机构等在数据和数据资产安全风险评估、防范、处置等方面依法开展协作。

（5）国家建立健全数据资产交易管理制度，规范数据资产交易行为，培育数据产品和数字资产交易市场。

（6）国家支持教育、科研机构和企业等开展数据和数字产品开发利用技术以及数据安全相关教育和培训，采取多种方式培养数据开发利用技术和数据安全专业人才，促进专业人才交流。

第三节　数据安全基本制度

在中国，国家建立数据和数据资产分类分级保护制度，根据数据在经济社会发展中的重要程度，以及一旦遭到篡改、破坏、泄露或者非法获取、非法利用，对国家安全、公共利益或者个人、组织合法权益造成的危害程度，对数据和数据资产实行分类分级保护。国家数据安全有关部门制定重要数据及数据资产目录，加强对重要数据和数据资产的保护。

关系国家安全、国民经济命脉、重要民生、重大公共利益等数据和数据资产属于国家核心数据和数据资产，实行更加严格的管理制度。

（1）各地区、各部门应当按照数据和数据资产分类分级保护制度，确定本地区、本部门以及相关行业、领域的重要数据和数据资产具体目录，对列入目录的数据和数据资产实行重点保护。

（2）国家建立集中统一、高效权威的数据和数据资产安全风险评估、风险报告、信息共享、监测预警等机制。国家数据安全工作协调机制统筹协调有关部门加强数据和数据资产安全风险信息的获取、分析、研判、预警和各项管理工作。

（3）国家建立数据和数据资产安全应急处置机制。发生数据和数据资产安全事件，有关主管部门应当依法启动应急预案，采取相应的应急处置措施，防止危害扩大，消除安全隐患，并及时向社会发布与公众有关的警示信息。

（4）国家建立数据和数据资产安全审查制度，对影响或者可能影响国家安全的数据处理活动进行国家安全审查。国家安全机关依法做出的安全审查决定为最终决定。

（5）国家对与维护国家安全和利益、履行国际义务相关的属于管制物项的数据和数据资产，依法实施进出口管制。

（6）任何国家或者地区在与数据和数据资产开发利用技术等有关的投资、贸易等方面对中华人民共和国采取歧视性的禁止、限制或者其他类似措施的，中华人民共和国可以根据实际情况对该国家或者地区采取对等措施。

第四节　数据安全保护责任和义务

在中国，开展数据及数据资产相关处理活动应当依照法律、法规的规定，建立健全全流程数据安全管理制度，组织开展数据安全教育培训，采取相应的技术措施和其他必要措施，保障数据和数据资产安全。利用互联网等信息网络开展数据处理活动，应当在网络安全等级保护制度的基础上，履行上述数据安全保护义务。

重要数据和数据资产的处理者应当明确数据和数据资产安全负责人和管理机构，落实数据安全保护责任。

（1）开展数据处理活动以及研究开发数据新技术，应当有利于促进经济社会发展，增进人民福祉，符合社会公德和伦理。

（2）开展数据处理活动应当加强风险监测，发现数据安全缺陷、漏洞等风险时，应当立即采取补救措施；发生数据安全事件时，应当立即采取处置措施，按照规定及时告知用户并向有关主管部门报告。

（3）重要数据的处理者应当按照规定对其数据处理活动定期开展风险评估，并向有关主管部门报送风险评估报告。

风险评估报告应当包括处理的重要数据的种类、数量，开展数据处理活动的情况，面临的数据安全风险及其应对措施等。

（4）关键信息基础设施的运营者在中华人民共和国境内运营中收集和产生的重要数据和数据资产的出境安全管理，适用《中华人民共和国网络安全法》的规定；其他数据及数据资产处理者在中华人民共和国境内运营中收集和产生的重要数据及数据资产的出境安全管理办法，由国家网信部门会同国务院有关部门制定。

（5）任何组织、个人收集数据，应当采取合法、正当的方式，不得窃取或者以其他非法方式获取数据。

法律、行政法规对收集、使用数据的目的、范围、方式有规定的，应当在法律、行政法规规定的目的和范围及方式内收集、使用数据。

（6）从事数据和数据资产交易中介服务的机构提供服务，应当要求数据及数字产品提供方说明数据来源，审核交易双方的身份，并留存审核、交易记录。

（7）国家法律、行政法规规定提供数据和数据资产处理相关服务应当取得行政许可的，服务提供者应当依法取得许可。

（8）公安机关、国家安全机关因依法维护国家安全或者侦查犯罪的需要调取数据，应当按照国家有关规定，经过严格的批准手续，依法进行，有关组织、个人应当予以配合。

（9）中华人民共和国主管机关根据有关中国法律和中华人民共和国缔

结或者参加的国际条约、协定，或者按照平等互惠原则，处理外国司法或者执法机构关于提供数据和数据产品的请求。非经中华人民共和国主管机关批准，境内的组织、个人不得向外国司法或者执法机构提供存储于中华人民共和国境内的数据和数据产品。

第五节　政务数据安全与开放

在中国，国家大力推进电子和数字政务建设，提高政务数据的科学性、准确性、时效性，提升运用数据服务经济社会发展的能力。

（1）国家机关为履行法定职责的需要收集、使用数据，应当在其履行法定职责的范围内依照法律、行政法规规定的条件和程序进行；对在履行职责中知悉的个人隐私、个人信息、商业秘密、保密商务信息等数据应当依法予以保密，不得泄露或者非法向他人提供。

（2）国家机关应当依照法律、行政法规的规定，建立健全数据和数据资产安全管理制度，落实数据资产安全保护责任，保障政务数据资产安全。

（3）国家机关委托他人建设、维护电子、数字政务系统，数据存储、加工政务数据，应当经过严格的批准程序，并严格监督受托方履行数据安全保护责任和义务。受托方应当依照法律、法规的规定和合同约定履行数据安全保护义务，不得擅自留存、使用、泄露或者向他人提供政务数据。

（4）国家机关应当遵循公正、公平、合法、便民的原则，按照规定及时、准确地公开政务数据。依法不予公开的除外。

（5）国家制定政务数据开放目录，构建统一规范、互联互通、安全可控的政务数据开放平台，推动政务数据开放利用。

（6）国家法律、法规授权的具有管理公共事务职能的组织为履行法定职责开展数据处理活动，适用国家相关法律规定。

第六节　违反法律的责任

根据《数据安全法》及相关法律规定，对违反本法追究其法律责任。主要法律责任如下：

（1）数据安全主管部门在履行数据安全监管职责中，发现数据相关处理活动存在较大安全风险的，可以按照规定的权限和程序对有关组织、个人进行约谈,并要求有关组织、个人采取措施进行整改,消除相关隐患,确保数据安全。

(2) 开展数据处理活动的组织、个人不履行法律规定的数据安全保护义务的,由有关主管部门责令改正,给予警告,可以并处罚款。

(3) 根据《数据安全法》规定,违反国家核心数据管理制度,危害国家主权、安全和发展利益的,由有关主管部门处二百万元以上一千万元以下罚款,并根据情况责令暂停相关业务、停业整顿、吊销相关业务许可证或者吊销营业执照;构成犯罪的,依法追究刑事责任。

(4) 违反法律规定,向境外提供重要数据的,由有关主管部门责令改正,给予警告,可以并处十万元以上一百万元以下罚款。

(5) 从事数据交易中介服务的机构未履行《数据安全法》等法律规定的义务的,由有关主管部门责令改正,没收违法所得,处违法所得一倍以上十倍以下罚款。

(6) 违反数据安全法律规定,拒不配合数据调取的,由有关主管部门责令改正,给予警告并处罚款。对直接负责的主管人员和其他直接责任人员罚款。

违反法律规定,未经主管机关批准向外国司法或者执法机构提供数据的,由有关主管部门给予警告;对直接负责的主管人员和其他直接责任人员罚款;造成严重后果的,罚款并可以责令暂停相关业务、停业整顿、吊销相关业务许可证或者吊销营业执照,对直接负责的主管人员和其他直接责任人员罚款。

(7) 有关国家机关不履行数据安全法法律规定的数据安全保护义务的,对直接负责的主管人员和其他直接责任人员依法给予处分。

(8) 履行数据安全监管职责的国家工作人员玩忽职守、滥用职权、徇私舞弊的,依法给予处分。

(9) 窃取或者以其他非法方式获取数据,开展数据处理活动排除、限制竞争,或者损害个人、组织合法权益的,依照有关法律、行政法规的规定处罚。

(10) 违反法律规定,给他人造成损害的,依法承担民事赔偿责任。

(11) 违反法律规定,构成违反治安管理行为的,依法给予治安管理处罚;构成犯罪的,依法追究刑事责任。

(12) 开展涉及国家秘密的数据处理活动,适用《中华人民共和国保守国家秘密法》等法律、行政法规的规定。

📝 本章总结

本章论述的重点是与数据和数据资产安全相关的问题。中国通过立法，加强对数据和数据资产相关权益的法律保护。数据和数据资产安全保护涉及的主要法律，除《中华人民共和国数据安全法》以外，还包括《中华人民共和国网络安全法》《中华人民共和国保守国家秘密法》《中华人民共和国刑法》《中华人民共和国民法典》及相关行政法等。

📝 本章关键词

提高数据安全指数，确保国家整体安全。

严格遵守法律规范，确保数据财产安全。

第二十八章　个人信息和隐私权保护

引　言

为了有效保护个人信息和隐私权益，规范各级政府和相关单位、社会组织有关个人信息使用活动，根据《中华人民共和国宪法》《中华人民共和国个人信息保护法》《中华人民共和国消费者权益保护法》《中华人民共和国民法典》等相关法律，我们对个人信息和隐私权保护进行讨论，供有关单位和广大消费者参考。

第一节　保护范围和基本原则

（1）自然人的个人信息和隐私权受法律保护，任何组织、个人不得侵害自然人的个人信息和隐私权益。

（2）在中华人民共和国境内处理自然人个人信息的活动，适用《中华人民共和国个人信息保护法》（以下简称《个人信息保护法》）和相关法律。

在中华人民共和国境外处理中华人民共和国境内自然人个人信息和隐私活动，有下列情形之一的，也适用《个人信息保护法》：

1）以向境内自然人提供产品或者服务为目的；
2）分析、评估境内自然人的行为；
3）法律、行政法规规定的其他情形。

（3）个人信息和隐私是以电子或者其他方式记录的与已识别或者可识别的自然人有关的各种信息，不包括匿名化处理后的信息。

个人信息和隐私的处理包括个人信息的收集、存储、使用、加工、传输、提供、公开、删除等。

（4）处理个人信息和隐私应当遵循合法、正当、必要和诚信原则，不得通过误导、欺诈、胁迫等方式处理个人信息。

（5）处理个人信息应当具有明确、合理的目的，并应当与处理目的直接相关，采取对个人权益影响最小的方式。

收集个人信息,应当限于实现处理目的的最小范围,不得过度收集个人信息。

(6)处理个人信息应当遵循公开、透明原则,公开个人信息处理规则,明示处理的目的、方式和范围。

(7)处理个人信息应当保证个人信息的质量,避免因个人信息不准确、不完整对个人权益造成不利影响。

(8)个人信息处理者应当对其个人信息处理活动负责,并采取必要措施保障所处理的个人信息的安全。

(9)任何组织、个人不得非法收集、使用、加工、传输他人个人信息和隐私内容,不得非法买卖、提供或者公开他人个人信息;不得从事危害国家安全、公共利益的个人信息和隐私处理活动。

(10)国家建立健全个人信息和隐私权保护制度,有效预防和惩治侵害个人信息和隐私权益的行为。同时,加强个人信息保护宣传教育,推动形成政府、企业、相关社会组织、公众共同参与个人信息保护的良好环境。

(11)国家积极参与个人信息和隐私权保护国际规则的制定,促进个人信息和隐私权保护方面的国际交流与合作,推动与其他国家、地区、国际组织之间的个人信息保护规则、标准等互认。

第二节 个人信息处理规则

一、一般规定

(1)符合下列情形之一的,个人信息处理者方可处理个人信息:
1)取得信息人的同意或授权。
2)为订立、履行自然人作为一方当事人的合同所必需,或者按照依法制定的劳动规章制度和依法签订的集体合同实施人力资源管理所必需。
3)为履行法定职责或者法定义务所必需。
4)为应对突发公共卫生事件,或者紧急情况下为保护自然人的生命健康和财产安全所必需。
5)为公共利益实施新闻报道、舆论监督等行为,在合理的范围及合理方式内处理个人信息。
6)依照《个人信息保护法》规定在合理的范围内处理个人自行公开或者其他已经合法公开的个人信息。

7）法律、行政法规规定的其他情形。

（2）依照《个人信息保护法》有关规定，处理个人信息应当取得个人同意或授权，但是有法定情形的，不需取得个人同意。

1）基于个人同意处理个人信息的，该同意应当由个人在充分知情的前提下自愿、明确做出。法律、行政法规规定处理个人信息应当取得个人同意或者书面授权的，从其规定。

2）个人信息的处理目的、处理方式和处理的个人信息种类发生变更的，应当重新取得该个人同意。

3）基于个人同意处理个人信息的，个人有权撤回其同意。个人信息处理者应当提供便捷的撤回同意的方式。

个人撤回同意，不影响撤回前基于个人同意已进行的个人信息处理活动的法律效力。

4）个人信息处理者不得以个人不同意处理其个人信息或者撤回同意为由，拒绝提供产品或者服务；处理个人信息属于提供产品或者服务所必需的除外。

（3）个人信息处理者在处理个人信息前，应当以显著方式、清晰易懂的语言真实、准确、完整地向个人告知下列事项：

1）个人信息处理者的名称或者姓名和联系方式。

2）个人信息的处理目的、处理方式、处理范围和处理的个人信息种类、保存期限。

3）个人行使法律规定权利的方式和程序。

4）法律、行政法规规定应当告知的其他事项。

前款规定事项发生变更的，应当将变更部分告知当事人。

5）个人信息处理者通过制定个人信息处理规则的方式告知第一款规定事项的，处理规则应当公开，并且便于查阅和保存。

6）个人信息处理者处理个人信息，有法律、行政法规规定应当保密或者不需要告知的情形的，可以不向个人告知第一款规定的相关事项。

7）紧急情况下为保护自然人的生命健康和财产安全无法及时向个人告知的，个人信息处理者应当在紧急情况消除后及时告知。

（4）除国家法律、行政法规另有规定外，个人信息的保存期限应当为实现处理目的所必要的最短时间。

（5）两个以上的个人信息处理者共同决定个人信息的处理目的和处理

方式的，应当约定各自的权利和义务。但是，该约定不影响个人向其中任何一个个人信息处理者要求行使法律规定的权利。

个人信息处理者共同处理个人信息，侵害个人信息权益造成损害的，应当依法承担连带责任。

（6）个人信息处理者委托处理个人信息的，应当与受托人约定委托处理的目的、期限、处理方式、个人信息的种类、保护措施以及双方的权利和义务等，并对受托人的个人信息处理活动进行监督。

受托人应当按照法定和约定处理个人信息，不得超出规定的处理目的、处理范围和处理方式等处理个人信息；委托合同不生效、无效、被撤销或者终止的，受托人应当将个人信息返还个人信息处理者或者予以删除，不得保留。

未经信息权利人真实表示同意或授权，受托人不得转委托他人处理个人相关信息。

（7）个人信息处理者因合并、分立、解散、被宣告破产等原因需要转移个人信息的，应当向个人告知接收方的名称或者姓名和联系方式。接收方应当继续履行个人信息处理者的义务。接收方变更原处理目的、处理方式的，应当依照法律规定重新取得个人同意。

（8）个人信息处理者向其他个人信息处理者提供其处理的个人信息的，应当向当事人告知接收方的名称或者姓名、联系方式、处理目的、处理方式和个人信息的种类，并取得当事人的单独同意。接收方应当在上述处理目的、处理方式和个人信息的种类等范围内处理个人信息。接收方变更原先的处理目的、处理方式的，应当依照法律规定重新取得该当事人同意。

（9）个人信息处理者利用个人信息进行智能化、自动化决策，应当保证决策的透明度和结果公平、公正，不得对个人在交易价格等交易条件上实行不合理的差别待遇。

1）通过自动化、智能化技术决策方式向个人进行信息推送、使用、商业营销活动的，应当同时提供不针对其个人特征的选项，或者向个人提供便捷的拒绝方式。

2）通过自动化、智能化技术决策方式做出对个人权益有重大影响的决定，个人有权要求个人信息处理者予以说明，并有权拒绝个人信息处理者仅通过自动化、智能化决策的方式做出决定。

（10）个人信息处理者不得擅自公开其处理的个人信息，取得个人单独同意或书面授权的除外。

（11）在公共场所安装图像采集、个人身份识别设备，应当为维护公共安全所必需，遵守国家有关规定，并设置显著的提示标识。所收集的个人图像、身份识别信息只能用于维护公共安全的目的，不得用于其他目的；取得个人单独同意或书面授权的除外。

（12）个人信息处理者可以在合理的范围内处理个人自行公开或者其他已经合法公开的个人相关信息；个人明确表示拒绝的除外。个人信息处理者处理已公开的个人信息，对个人权益有重大影响的，应当依照法律规定取得个人同意或授权。未经当事人同意或授权私自处理或使用个人信息的，构成侵权。

二、个人隐私信息的处理规则

个人隐私信息，亦称敏感个人信息。一旦泄露或者非法使用，容易导致自然人的人格尊严受到侵害或者人身、财产安全受到危害的个人信息，包括生物识别、宗教信仰、特定身份、医疗健康、金融账户、行踪轨迹等信息，以及不满十四周岁未成年人的个人信息。

（1）只有在法定具有特定的目的和充分的必要性，并采取严格保护措施的情形下，个人信息处理者方可处理个人隐私信息。

（2）处理个人隐私信息应当取得个人的单独同意；法律、行政法规规定处理个人隐私信息应当取得书面同意的，执行其规定。

（3）个人信息处理者处理个人隐私信息的，除《个人信息保护法》等国家法律规定的事项外，还应当向个人告知处理个人隐私信息的必要性以及对个人权益的影响；依照法律、行政法规规定可以不向个人告知的情形除外。

（4）个人信息处理者处理不满十四周岁未成年人个人信息的，必须取得未成年人的法定监护人，即其亲生父母，或者其他合法监护人的同意或书面授权。

个人信息处理者处理不满十四周岁未成年人个人信息的，应当制定专门的个人信息处理规则。

（5）法律、行政法规对处理个人隐私信息规定应当取得相关行政许可或者做出其他限制的，执行其规定。

三、国家机关处理个人信息的特别规定

（1）国家机关处理个人信息的活动，适用《个人信息保护法》；《个人

信息保护法》有特别规定的，适用《个人信息保护法》规定。

（2）国家机关为履行法定职责处理个人信息，应当依照法律、行政法规规定的权限、程序进行，不得超出履行法定职责所必需的范围和限度。

（3）国家机关为履行法定职责处理个人信息，应当依照《个人信息保护法》规定履行告知义务；有法定的情形，或者告知将妨碍国家机关履行法定职责的除外。

（4）国家机关处理的个人信息应当在中华人民共和国境内存储；确需向境外提供的，应当进行安全评估。安全评估可以要求有关专业部门提供支持与协助。

（5）法律、法规授权的具有管理公共事务职能的组织为履行法定职责处理个人信息，适用《个人信息保护法》关于国家机关处理个人信息的规定。

第三节　个人信息跨境提供的规则

（1）个人信息处理者因业务等需要，确需向中华人民共和国境外提供个人信息的，应当具备下列条件之一：

1）个人信息权利人同意或特别授权。

2）依照《个人信息保护法》的规定通过国家网信部门组织的安全评估。

3）按照国家网信部门的规定，经专业机构进行个人信息保护认证。

4）按照国家网信部门制定的标准合同与境外接收方订立合同，约定双方的权利和义务。

5）法律、行政法规或者国家网信部门规定的其他条件。

中华人民共和国缔结或者参加的国际条约、协定对向中华人民共和国境外提供个人信息的条件等有规定的，可以按照其规定执行。

个人信息处理者应当采取必要措施，保障境外接收方处理个人信息的活动达到《个人信息保护法》规定的个人信息保护标准。

（2）个人信息处理者向中华人民共和国境外提供个人信息的，应当向个人告知境外接收方的名称或者姓名、联系方式、处理目的、处理方式、个人信息的种类以及个人向境外接收方行使《个人信息保护法》规定权利的方式和程序等事项，并取得个人的单独同意或授权。

（3）关键信息基础设施运营者和处理个人信息达到国家网信部门规定数量的个人信息处理者，应当将在中华人民共和国境内收集和产生的个人信息存储在境内。确需向境外提供的，应当经个人同意或授权并通过国家网信部门组织的安全评估；法律、行政法规和国家网信部门规定可以不进行安全评估的，执行其规定。

（4）中华人民共和国主管机关根据有关法律和中华人民共和国缔结或者参加的国际条约、协定，或者按照平等互惠原则，处理外国司法或者执法机构关于提供存储于境内个人信息的请求。非经中华人民共和国主管机关批准，个人信息处理者不得向外国司法或者执法机构提供存储于中华人民共和国境内的个人信息。

（5）境外的组织、个人从事侵害中华人民共和国公民的个人信息权益，或者危害中华人民共和国国家安全、公共利益的个人信息处理活动的，国家网信部门可以将其列入限制或者禁止个人信息提供清单，予以公告，并采取限制或者禁止向其提供个人信息等措施。

（6）任何国家或者地区在个人信息保护方面对中华人民共和国采取歧视性的禁止、限制或者其他类似措施的，中华人民共和国可以根据实际情况对该国家或者地区对等采取措施。

第四节　个人在个人信息处理活动中的权利

（1）个人对其个人信息和涉及隐私权益的处理享有知情权、决定权。权利人有权限制或者拒绝他人对其个人信息进行处理；法律、行政法规另有规定的除外。

（2）个人有权向个人信息处理者查阅、复制其个人相关信息；有法律规定情形的除外。

（3）个人请求查阅、复制其本人相关信息的，个人信息处理者应当及时提供。

（4）个人请求将个人信息转移至其指定的个人信息处理者，符合国家法律规定条件的，个人信息处理者应当提供转移的途径。

（5）个人发现其个人信息使用和处理不准确或者不完整的，有权请求个人信息处理者更正、补充。

个人请求更正、补充其个人信息的，个人信息处理者应当对其个人信息予以核实，并及时更正、补充。

（6）有下列情形之一的，个人信息处理者应当主动删除个人信息；个人信息处理者未删除的，个人有权请求删除：

1）处理目的已实现、无法实现或者为实现处理目的不再必要。

2）个人信息处理者已经停止提供产品或者服务，或者保存期限已届满。

3）个人中止或撤回同意。

4）个人信息处理者违反法律、行政法规或者违反约定处理个人相关信息。

5）法律、行政法规规定的其他情形。

法律、行政法规规定的保存期限未届满，或者删除个人信息从技术上难以实现的，个人信息处理者应当停止除存储和采取必要的安全保护措施之外的处理。

(7) 个人有权要求个人信息处理者对其个人相关信息处理规则进行解释说明。

(8) 自然人死亡的，其近亲属为了自身的合法、正当利益，可以对死者的相关个人信息行使法律规定的查阅、复制、更正、删除等权利；死者生前另有安排的除外。

(9) 个人信息处理者应当建立规范、便捷的个人行使权利的申请受理和处理机制。拒绝个人行使权利的请求的，应当说明理由。

个人信息处理者拒绝个人行使权利的请求的，个人可以依法向人民法院提起诉讼。

第五节 个人信息处理者的义务

(1) 个人信息处理者应当根据个人信息的处理目的、处理方式、个人信息的种类以及对个人权益的影响、可能存在的安全风险等，采取下列措施确保个人信息处理活动符合法律、行政法规的规定，并防止未经授权的访问以及个人信息泄露、篡改、丢失。

1）制定内部管理制度和操作规程。

2）对个人信息实行分类和分级管理。

3）采取相应的加密、去标识化等安全技术措施。

4）合理确定个人信息处理的操作权限，并定期对从业人员进行安全教育和培训。

5）制定并组织实施个人信息安全事件应急预案。

6）法律、行政法规规定的其他措施。

（2）处理个人信息达到国家网信部门规定数量的个人信息处理者应当指定个人信息保护负责人，负责对个人信息处理活动以及采取的保护措施等进行监督。

个人信息处理者应当公开个人信息保护负责人的联系方式，并将个人信息保护负责人的姓名、联系方式等报送履行个人信息保护职责的部门。

（3）法律规定的中华人民共和国境外的个人信息处理者，应当在中华人民共和国境内设立专门机构或者指定代表，负责处理个人信息保护相关事务，并将有关机构的名称或者代表的姓名、联系方式等报送履行个人信息保护职责的部门。

（4）个人信息处理者应当定期对其处理个人信息遵守法律、行政法规的情况进行合规评估和审计。

（5）有下列情形之一的，个人信息处理者应当事前进行个人信息保护影响评估，并对处理情况进行记录：

1）处理涉及个人隐私的信息。

2）利用个人信息进行智能化、自动化决策。

3）委托处理个人信息、向其他个人信息处理者提供个人信息、公开个人信息。

4）向境外提供个人相关信息。

5）其他对个人权益有重大影响的个人信息处理活动。

（6）个人信息保护影响评估应当包括下列内容：

1）个人信息处理目的、处理方式等是否合法、正当、必要。

2）对个人权益的影响及安全风险。

3）所采取的保护措施是否合法、有效并与风险程度相适应。

个人信息保护影响评估报告和处理情况记录应当至少保存三年。

（7）发生或者可能发生个人信息泄露、篡改、丢失的，个人信息处理者应当立即采取补救措施，并通知履行个人信息保护职责的部门和个人。通知应当包括下列事项：

1）发生或者可能发生个人信息泄露、篡改、丢失的信息种类、原因和可能造成的危害。

2）个人信息处理者采取的补救措施和个人可以采取的减轻危害的措施。

3）个人信息处理者的联系方式等。

个人信息处理者采取措施能够有效避免信息泄露、篡改、丢失造成危害的，个人信息处理者可以不通知个人；履行个人信息保护职责的部门认为可能造成危害的，有权要求个人信息处理者通知个人。

（8）提供重要互联网平台服务、用户数量巨大、业务类型复杂的个人信息处理者，应当履行下列义务：

1）按照国家规定建立健全个人信息保护合规制度体系，成立主要由外部成员组成的独立机构对个人信息保护情况进行监督。

2）遵循公开、公平、公正的原则，制定平台规则，明确平台内产品或者服务提供者处理个人信息的规范和保护个人信息的义务。

3）对严重违反法律、行政法规处理个人信息的平台内的产品或者服务提供者，停止提供服务。

4）定期发布个人信息保护社会责任报告，接受社会监督。

接受委托处理个人信息的受托人，应当依照《个人信息保护法》和有关法律、行政法规的规定，采取必要措施保障所处理的个人信息的安全，并协助个人信息处理者履行《个人信息保护法》规定的义务。

第六节　个人信息和隐私保护者的责任

中国国家网信部门负责统筹协调个人信息和隐私权保护工作和相关监督管理工作。国务院有关部门依照《个人信息保护法》和有关法律、行政法规的规定，在各自职责范围内负责个人信息和隐私权保护及监督管理工作。

县级以上地方人民政府有关部门的个人信息和隐私权保护及监督管理职责，按照国家有关规定确定。

前两款规定的部门统称为履行个人信息和隐私权保护职责的部门。

一、个人信息和隐私权保护部门的职责

（1）开展个人信息和隐私权保护宣传教育，指导、监督个人信息处理者开展个人信息保护工作。

（2）接受、处理与个人信息和隐私权保护有关的投诉、举报。

（3）组织对应用程序等个人及其相关信息和隐私权保护情况进行测评，并按有关规定公布测评结果。

（4）调查、处理违法个人信息和隐私权处理活动。

（5）法律、行政法规规定的其他职责。

二、国家网信部门相关职责

（1）制定个人信息和隐私权保护具体规则和标准。

（2）针对小型个人信息和隐私权处理者、处理敏感个人相关信息以及人脸识别、人工智能等新技术、新应用，制定专门的个人信息和隐私权保护规则、标准。

（3）支持研究开发和推广应用安全、方便的电子身份认证技术，推进网络身份认证公共服务建设。

（4）推进个人信息和隐私权保护社会化服务体系建设，支持有关机构开展个人信息保护评估、认证服务。

（5）完善个人信息和隐私权保护投诉、举报工作机制。

三、个人信息和隐私权保护部门履行职责采取的措施

（1）询问有关当事人，调查与个人信息处理活动有关的情况。

（2）查阅、复制当事人与个人信息处理活动有关的合同、记录、账簿以及其他有关资料。

（3）实施现场检查，对涉嫌违法的个人信息和隐私权处理活动进行调查。

（4）检查与个人信息和隐私权处理活动有关的设备、物品；对有证据证明是用于违法个人信息和隐私权处理活动的设备、物品，向本部门主要负责人书面报告并经批准，可以查封或者扣押。

履行个人信息和隐私权保护职责的部门依法履行职责，当事人应当予以协助、配合，不得拒绝、阻挠。

四、个人信息和隐私权保护职责

（1）履行个人信息和隐私权保护职责的部门在履行职责中，发现个人信息处理活动存在较大风险或者发生个人信息安全事件的，可以按照规定的权限和程序对该个人信息和隐私事项处理者的法定代表人或者主要负责人进行约谈，或者要求个人信息和隐私事项处理者委托专业机构对其个人信息处理活动进行合规审计。个人信息和隐私事项处理者应当按照要求采取措施，进行整改，消除隐患。

（2）履行个人信息和隐私权保护职责的部门在履行职责中，发现违法处理个人信息和隐私权涉嫌犯罪的，应当及时移送公安机关依法处理。

(3) 任何组织、个人有权对违法个人信息和隐私事项处理活动向履行个人信息保护职责的部门进行投诉、举报。收到投诉、举报的部门应当依法及时处理，并将处理结果告知投诉、举报人。

(4) 履行个人信息和隐私权保护职责的部门应当公布接受投诉、举报的联系方式。

第七节　违反法律法规的侵权责任

根据《中华人民共和国个人信息保护法》及相关法律的规定，对违反法律法规者，依法追究其法律责任。

(1) 违反《个人信息保护法》规定处理个人信息，或者处理个人信息未履行《个人信息保护法》规定的个人信息保护义务的，由履行个人信息保护职责的部门责令改正，给予警告，没收违法所得。对违法处理个人信息的应用程序，责令暂停或者终止提供服务；拒不改正的，并处一百万元以下罚款；对直接负责的主管人员和其他直接责任人员处一万元以上十万元以下罚款。

(2) 有前款规定的违法行为，情节严重的，由省级以上履行个人信息保护职责的部门责令改正，没收违法所得，并处五千万元以下或者上一年度营业额百分之五以下罚款，并可以责令暂停相关业务或者停业整顿、通报有关主管部门吊销相关业务许可或者吊销营业执照；对直接负责的主管人员和其他直接责任人员处十万元以上一百万元以下罚款，并可以决定禁止其在一定期限内担任相关企业的董事、监事、高级管理人员和个人信息保护负责人。

(3) 有《个人信息保护法》规定的违法行为的，依照有关法律、行政法规的规定记入信用档案，并予以公示。

(4) 国家机关不履行《个人信息保护法》规定的个人信息保护义务的，由其上级机关或者履行个人信息保护职责的部门责令改正；对直接负责的主管人员和其他直接责任人员依法给予处分。

履行个人信息保护职责的部门的工作人员玩忽职守、滥用职权、徇私舞弊，尚不构成犯罪的，依法给予处分。

(5) 处理个人信息侵害个人信息权益造成损害，个人信息处理者不能证明自己没有过错的，应当承担损害赔偿等侵权责任。

前款规定的损害赔偿责任按照个人因此受到的损失或者个人信息处理

者因此获得的利益确定；个人因此受到的损失和个人信息处理者因此获得的利益难以确定的，根据实际情况确定赔偿数额。

（6）个人信息处理者违反《个人信息保护法》规定处理个人信息，侵害众多个人的权益的，人民检察院、法律规定的消费者组织和由国家网信部门确定的组织可以依法向人民法院提起诉讼。

（7）违反《个人信息保护法》规定，构成违反治安管理行为的，依法给予治安管理处罚；构成犯罪的，依法追究刑事责任。

（8）例外情况：

1）自然人因个人或者家庭事务处理个人信息的，不适用《个人信息保护法》。

2）法律对各级人民政府及其有关部门组织实施的统计、档案管理活动中的个人信息处理有规定的，适用其规定。

（9）《个人信息保护法》下列用语的含义：

1）个人信息处理者，是指在个人信息处理活动中自主决定处理目的、处理方式的组织、个人。

2）自动化决策，是指通过计算机程序自动分析、评估个人的行为习惯、兴趣爱好或者经济、健康、信用状况等，并进行决策的活动。

3）去标识化，是指个人信息经过处理，使其在不借助额外信息的情况下无法识别特定自然人的过程。

4）匿名化，是指个人信息经过处理无法识别特定自然人且不能复原的过程。

本章总结

本章坚持以中国相关个人信息和公民隐私权保护法律法规为依据，重点论述了个人信息和隐私权保护的范围、方法和基本原则，个人信息进行使用授权的方式和效力，个人信息和隐私权的相关权利和义务，个人信息和隐私权保护的主体和责任，跨境个人信息提供使用的规则，以及违反法律法规构成侵权的行政责任、民事责任和刑事责任。

在中国，对个人信息和隐私权的保护，除《中华人民共和国个人信息保护法》外，还主要包括《中华人民共和国民法典》《中华人民共和国行政处罚法》《中华人民共和国刑法》及相关的《中华人民共和国行政诉讼法》《中华人民共和国民事诉讼法》《中华人民共和国刑事诉讼法》等实体法和程序法。

第七篇　法律与规则

📝 本章关键词

个人信息权是自然人的基本人权。
个人隐私权是自然人的重要人权。

第二十九章　数字时代消费者权益保护

引　言

数字时代，咸重法治。《中华人民共和国消费者权益保护法》（以下简称《消法》）自1994年1月1日实施以来，在规范中国消费市场、促进消费安全、提升消费品质、保护消费者权益、维护市场秩序等方面发挥着十分重要的作用。

随着数字经济和数字资产的发展，《消法》虽然经过两次修改，有了一定进步，但在数字时代仍然存在概念模糊、条款缺陷、主体不明、责任不清、界限难定、维权困难等问题，反映出立法滞后、责任缺位、监管缺失，导致消费主体合法权益受损，经营主体信誉下降，诚实守信的价值观受到污染，公平公正的市场秩序受到一定影响，消费者依法维权任重而道远。

在数字时代，保护消费者合法权益，仍然是中国《消法》的灵魂。本章的主要亮点是专家建议稿增加了消费安全原则，被学界称为对《中华人民共和国民法典》的重大贡献。同时，增加规定消费者在数字和网络平台受法律保护，数字产品经营者销售伪劣假冒和数量不足产品进行十倍赔偿的规定；对发送垃圾短信进行惩罚；数字和网络消费经营主体的义务和责任；消费者个人信息和隐私权保护的合法、自愿、限制、安全、保密等重要原则；扩大了经营者举证倒置的范围并强调了政府责任等。

他山之石，可以攻玉。在本章中，通过世界各国消费者保护立法例，对消费者保护权益进行比较、研究和借鉴。

第一节　数字时代消费者权益保护概述

一、以人为中心宗旨

中国保护消费者权益是在数字经济和数字资本发展中加强消费者权益保护立法，应突出体现以人为中心的理念。

外国和中国台湾立法借鉴：

美国有专门消费立法，如食品、药品、化妆品、汽车等消费保护立法。日本《消费者保护基本法》和中国台湾"消费者保护法"等均有保障或促进消费者权益保护的立法例，多体现在总则部分。

二、安全至上原则

中国经营者包括数字和网络经营者，应当依照中国法律、法规从事生产经营活动，采取有效措施预防和控制经营风险，切实保障消费者人身和财产安全。

人身安全包括消费者的生命、健康、人格和个人信息等安全。财产安全，是指消费者财产的所有权、处分权、使用权、收益权等，包括数字资产和物化的动产和不动产安全。

（1）立法体现以人为本的基本原则，主要是消费者人身和财产安全，是保护广大消费者权益最重要的原则。

（2）经营者与消费者进行交易，必须有效保障消费安全。

外国立法借鉴：

美国、加拿大、德国、日本等国家消费者权益保护立法，将安全作为主要原则。如美国《消费者保护法》主要包括产品责任和消费者安全责任。

日本《消费者保护基本法》以保障消费者安全、公正交易、适当选择等为中心内容。德国和欧盟各成员国的消费者保护立法强调消费安全，如德国《食品卫生管理条例》的核心是食品安全，规定食品企业对生产的食品安全问题全权负责。

1962年，美国总统肯尼迪在《关于保护消费者利益的总统特别国情咨文》中，重点规定了消费者四项权利：①获得国家安全保障的权利；②了解商品信息的权利；③选择商品的权利；④表达意见的权利。这是著名的消费者权利四原则，为许多国家所参照。

三、涉外法律适用

中国消费者通过中国境内经营者进行的跨境数字商品消费，包括网络消费，受《消法》保护。

跨境消费属于涉外消费。在中国境内设立的经营者属中国法律调整和规范的范围。

四、消费者知假买假受法律保护

动员消费者知假买假打假,是中国《消法》原第 49 条惩罚性赔偿的初衷,并且为最高人民法院的司法解释所肯定。这是中国法律明确规定了消费者知假买假受法律保护。

五、政府责任制

在中国,保护广大消费者合法权益是各级人民政府和全社会共同的责任。

各级人民政府,是指中央及各省(自治区)、直辖市、地级市、县、镇各级人民政府。

(1) 消费者合法权益保护的第一责任主体是各级人民政府。
(2) 消费者合法权益保护责任的合理分配与规范。

外国立法借鉴:

英国、美国、德国、日本等国家消费者权益保护立法强调政府责任。将消费者权益保护法的实施责任和重心放在国家和各级人民政府,而非社会。

日本《消费者保护基本法》的特点是纲领性和政策指导性,将法律实施义务和责任的重心放在国家和各级政府。

德国不仅有《消费者保护法》《食品和日用品法》《产品担保法》《消费借贷法》等消费者保护配套法规,而且有专门的部委和消费者权益保护部门,从政府层面加强对消费者权益的保护。因此,政府是保护消费者权益第一责任人。

第二节 消费者的基本权利

一、安全权

在中国,保障消费者安全权是指消费者在购买、使用商品和服务时享有人身、财产安全受保护的权利,包括消费者通过数字网络和购买平台、使用数字商品、数字产品或数字服务所享有的保障其人身和财产安全的权利。

经营者与消费者在网络平台进行交易,安全是前提,是首要原则。

外国立法借鉴：

美国、加拿大、德国、日本等国家消费者权益保护立法，将安全作为主要原则。如美国《消费者保护法》主要条款和内容包括产品责任和保护消费者安全责任。

日本《消费者保护基本法》以保障消费者安全、公正交易、适当选择等为中心内容。德国和欧盟各个成员国的消费立法，如德国《食品卫生管理条例》的核心是食品安全，规定食品企业对生产的食品安全问题全权负责。

1962年，美国总统肯尼迪在《关于保护消费者利益的总统特别国情咨文》中，重点规定了消费者四项权利：①获得国家安全保障的权利；②了解商品信息的权利；③选择商品的权利；④表达意见的权利。这是著名的消费者权利四原则。

二、知情权

中国消费者在购买包括数字商品、产品或服务时，有权了解其所购买数字产品、商品或服务的真实情况。

消费者有权根据包括数字商品或者服务的不同情况，要求经营者提供商品价格、质量等有关情况。

三、选择权

中国消费者在购买包括数字产品、商品或者服务时有自主进行选择的权利。经营者不得采取欺诈、暴力或以威胁等方法，迫使消费者违背自己真实意愿进行交易或接受服务。

外国立法借鉴：

1962年，美国总统肯尼迪在《关于保护消费者利益的总统特别国情咨文》中，重点规定了消费者四项权利：①获得国家安全保障的权利；②了解商品信息的权利；③选择商品的权利；④表达意见的权利。这是著名的消费者权利四原则。

四、公平权

中国经营者不得自行设定各种不公平、不合理的交易条件或在格式合同中设立霸王条款。

在实践中，经营者为获取不当利益，往往自行设定显失公平的交易条件，或进行不合理交易，设定对消费者不利的条件，直接侵害消费者合法权益。需要用法律的形式进行规范，并严格禁止。公平交易是世界许多国家保护消费者立法例的通用做法。

五、获赔权

在中国，消费者因购买、使用商品或者接受服务受到人身、财产或精神损害的，依法享有获得赔偿的权利。

消费者在购买商品或者接受服务时受到侮辱、歧视时，导致精神受损，使之维权有据。

外国立法借鉴：

日本《消费者保护基本法》规定了消费者6种权利：①确保安全权；②选择权；③知情权；④受教育权；⑤建议权；⑥受到损害能够得到及时救济权利。

六、持续权

中国消费者有权根据商品或者服务的不同情况，要求经营者提供商品的价格、产地、生产者、用途、性能、规格、等级、主要成分、生产日期、有效期限、检验合格证明、使用方法说明书，售后服务的期限、内容、方式和费用等有关情况。

七、隐私权

在中国，保护消费者个人信息权，包括隐私权，是指消费者个人的姓名、性别、年龄、身份、职业、肖像、住址、联系方式、个人网络信息、有效证件号码等能识别特定消费者的个人信息。

保护消费者个人信息的基本原则是指合法、自愿、限制、安全和保密原则。未经消费者本人同意或书面授权，其个人信息不容侵犯。否则，应当承担侵权责任。

对消费者个人信息使用应当坚持合法、自愿、限制、安全、保密原则。美国、日本等均有保护消费者个人信息的立法例。

八、更换权

消费者在购买、使用商品时，其产品或商品存在缺陷的，可以向商品销售者、商品制造者要求更换。

第三节　经营者的责任和义务

一、法定义务

在中国，经营者与消费者之间进行交易可以采用口头约定或书面约定。经营者和消费者有合同约定的，应当按照合同履行义务，但双方的约定不得违背法律、法规的规定。

经营者与消费者之间的交易行为，属于《中华人民共和国民法典》上的合同关系，应坚持契约自由、合同自治和诚实履约原则。

二、安全义务

中国的学校、医院、宾馆、商场、银行、机场、港口、影剧院、餐饮场所、娱乐场所、体育场馆、展览馆、博物馆、游乐园、旅游景点等公共场地或场所的业主、经营者和管理者应制定安全措施，确保公共场地和公共场所的安全。

（1）宾馆、商场、餐饮、银行、机场、车站、港口、影剧院、体育场馆、展览馆、博物馆等公共场所的业主、管理者和经营者均是安全责任主体。

（2）制定安全保障措施是宾馆、商场、餐饮、银行、机场、车站、港口、影剧院、体育场馆、展览馆、博物馆等公共场所业主、管理者、经营者共同的责任。而经营者往往仅在其经营或租赁期间内承担有限的安全义务。确保上述公共场所的安全，必须明确责任主体，进行责任分配。

外国立法借鉴：

日本 2004 年的《消费者保护基本法》中规定的消费者权利的第一项权利，是确保消费者安全的权利。

三、召回义务

经营者发现其提供的商品或者服务存在缺陷，危及人身、财产安全危险的，应当立即停止销售、生产或者服务，并向有关行政部门报告和告知消费者，及时采取警示、召回、无害化处理、销毁等措施。采取召回措施的，经营者应当承担消费者因商品被召回支出的费用。

（1）立法应坚持以人为本，生命至上，安全第一原则。

(2) 危及人身和财产安全的，应立即采取紧急避险措施。《消法》规定的先报告后采取措施，会造成危险进一步扩大，危及消费者人身和财产安全。

外国立法借鉴：

英国1987年颁布的《消费者保护法》内容主要包括产品安全质量和消费安全。日本早在1968年颁布的《消费者保护基本法》就对消费者的保护做了详细规定。

四、告知义务

在中国，经营者在经营活动中使用格式条款的，应当符合法律、法规的规定并以显著方式告知消费者注意商品或者服务的数量和质量、价款或者费用、履行期限和方式、安全注意事项和风险警示、售后服务、民事责任等与消费者有重大利害关系的内容。

（1）提请的性质仅具有声明性、告示性。告知是消费者知情权，符合义务性规范，提请和告知两者性质和后果完全不同。前者有利于经营者，后者有利于消费者。

（2）两者之差，性质之别。本规定有利于保护消费者的知情权和选择权保护。

五、警示义务

经营者应当保证其提供的商品或者服务符合保障人身、财产安全的要求。对可能因使用不当危及人身、财产安全的商品和服务，应当向消费者做出真实的说明和明确的警示，并说明和标明正确使用商品或者接受服务的方法以及防止危害发生的方法。

消费者权益的核心，是人身和财产安全。消费者权益保护立法，应突出体现以人为本的安全理念。

外国立法借鉴：

美国有专门消费安全立法，如《联邦食品、药品和化妆品法案》《国家交通及机动车安全法》；日本《消费者保护基本法》等均有保障或促进消费生活安全的立法例，多体现在总则部分。

六、明示义务

中国经营者对所售商品或者服务所使用的标签、产品说明书、广告及宣传单内容的真实性负有直接责任。

七、标明义务

在中国，经营者应当标明其真实名称和标记，包括采用电视、电话、网店等方式的网络经营者，应当向消费者标明其真实的身份、名称、注册登记号、地址、网址和联系方式。

（1）有利于保护消费者的知情权和选择权。

（2）有利于保护消费者受到损害时的赔偿请求权。

外国立法借鉴：

日本《特定商业交易法实施规则》第八条规定，通过网络进行销售时，有义务标识销售企业的代表人或业务负责人的姓名。

八、举证责任

在中国，耐用品包括机动车、商品房、电子产品、家用电器、医疗器械、保健器械、家具等耐用品或者提供装饰装修等服务。经营者与消费者进行上述商品交易发生纠纷时，实行举证责任倒置原则。经营者对其所销售商品或服务是否存在瑕疵，应负举证责任。否则，经营者承担举证不能的法律责任。

（1）消法规定不够规范，且范围受限，不利于保护消费者合法权益。

（2）按商品分类并扩大实际生活中耐用商品范围，有利于保护消费者合法权益。

（3）举证责任倒置，有利于消费者解决举证难、维权成本高的难题。

（4）举证责任分配，属程序法，而非实体法。建议对《中华人民共和国民事诉讼法》举证责任相关规定，做出必要修改。

外国立法借鉴：

德国《消费者保护法》《食品和日用品法》规定家电、房产、汽车、存款、理财产品等均为消费品，受消费者权益保护法保护和调整。

九、退赔义务

在中国，消费者所购商品或服务不合格的，其退货、更换、修理、运输等发生的费用，应当由经营者承担。

《消法》规定的必要费用，具有不确定性，在实际操作中易产生分歧。本条规定在实践中有利于保护消费者合法权益。

十、产品责任

中国消费者所退商品应当具备该商品的完整性。但消费者权益保护法规定的消费者定制的、鲜活易腐的、在线下载或者拆封的音像制品、计算机软件等和数字化商品和即付的报刊除外。

（1）商品完好，说明符合商品质量和交易规则，商品完好又退货，似消费者无理取闹，降低了消费者的人格。

（2）退货时商品应当具备完整性，符合公平原则和一般交易规则。

外国立法借鉴：

为了更好保护消费者的利益，美国判例法突破了合同相对性原则，对合同之外的消费者同意提供保护，对产品所导致的损害适用侵权责任，并采取一系列规则适用到产品质量损害赔偿中。德国《消费者保护法》《食品和日用品法》《产品担保法》等规定，消费者在购买商品两周内可以无理由退货。

十一、禁止性条款

在中国，经营者单方制定的合同条款、通知、公告、声明、告示，或含有不利于消费者内容的各种格式条款，应当一律无效。

（1）告知是消费者知情权，符合义务性规范，提请和告知两者性质和后果完全不同。两者之差，性质之别。

（2）本规定有利于保护消费者的知情权和选择权。

外国立法借鉴：

早在1983年，国际消费者联盟组织（IOCU）总结了消费者的八大权利和相应的义务，包括满足基本需要权、安全权、知情权、选择权、申诉权、救济权、教育权和健康环境权。

十二、出证义务

在中国，采用电视、电话、广播、数字和网络等形式从事食品、药品、保健品、化妆品等销售，应取得经营许可证并查验产品注册、检验证书等。

外国立法借鉴：

美国、德国、日本等发达国家，对网络销售食品、药品、保健品、化妆品等行为采取许可的方式进行规范。

十三、公示义务

中国的数字和网络交易第三方平台应当依法取得行政许可,将网址、IP 地址、IP 审查许可及公司名称、法定代表人身份证复印件、联系方式等信息向消费者公布。

外国立法借鉴:

美国、英国、德国等发达国家,对网络交易第三方平台的经营行为,通过立法的方式进行规范。

十四、法律责任

中国的经营者采用网络、电视、电商等方式向消费者提供餐饮服务或者销售食品、药品、保健品、化妆品、日用品等,应标明其真实身份、名称、地址和联系方式,损害消费者权益的,依照消费者权益保护法承担法律责任。

(1) 规范网络销售活动,防止网络侵权行为。

(2) 保护消费者网购知情权、选择权和损害赔偿的请求权。

外国立法借鉴:

日本《特定商业交易法实施规则》第八条规定,通过网络进行通信销售时,有义务标识销售企业的代表人或业务负责人姓名。

日本《特定商业交易法》明确规定,网络销售是通信的一种,因此适用该法。该法规定了冷静期为 8 天。根据《特定商业交易法》第 15 条之二第一款规定,消费者"可在自接受交易合同涉及的商品交付或指定权利移交之日起 8 日内撤销对该交易合同的申请或解除该交易合同"。

十五、行政许可

在中国,采用电视、电话、广播、数字和网络等形式从事商品经营或者提供服务的,应当依法取得商品销售或服务经营许可。

外国立法借鉴:

美国、英国、德国、日本、韩国等发达国家,对网络经营行为,通过立法的方式进行规范。

十六、网络许可

在中国,个人网店从事商品经营或者提供服务的,应当到工商行政管理部门登记。

（1）个人网店将成为网络销售的发展趋势，应当依法进行规范并加强管理。

（2）个人网店给消费者带来方便、快捷、价廉的同时，也给消费者在网店购买商品造成损害，且投诉无门，维权无据。

十七、垃圾信息

在中国，对垃圾短信发放者，发送一条垃圾短信，应当赔偿消费者100元，电信公司与发送者承担连带责任。

新加坡法律规定，发送一条垃圾短信，罚款1000新加坡元。

十八、诚信经营

中国的经营者向消费者提供商品或者服务，应当恪守社会公德，诚信经营，保障消费者的合法权益。

外国立法借鉴：

日本《保护消费者基本法》对消费者自我保护、经营者诚实经营，做了明确规定。

十九、法律适用

在中国，以跨境电子商务形式经营商品或提供服务的，应当遵守《消法》和实施条例的相关规定。

根据《中华人民共和国民事诉讼法》和《中华人民共和国民法典》的立法原则和相关规定，涉外包括跨境的民事法律行为应受中国法律调整。

第四节　国家对消费者权益的保护

一、专家评估

中国制定有关消费者权益的法律、法规、规定和标准，应当请有关专家论证和评估，听取消费者和消费者组织的意见。

（1）本条规定增加了专家论证和风险评估程序，符合立法程序，有利于立法科学化、民主化、规范化。

（2）符合中国关于科学立法的规定。

二、依法行政

中国消费者向有关行政部门投诉的,该部门应当自收到投诉之日起七个工作日内,依法做出处理决定并告知消费者。

(1) 规范行政部门依法行政。

(2) 有利于解决行政不作为问题。

三、行政处罚

中国国家有关行政部门发现并认定经营者提供的商品或者服务存在缺陷,有危及人身、财产安全危险的,应当责令其立即停止销售、生产,并采取警示、召回、无害化处理、销毁、依法进行处罚,并将处罚结果向社会公布。

(1) 规范行政机关依法行政。本规定同《消法》相一致。

(2) 生产环节的问题比销售环节更具有危害性和危险性。

外国立法借鉴:

在美国,虽没有消费或者保护基本法,但有单项成文法或判例法,其法案经颁布,政府每年都要检查年度执行情况,并向消费者公布。

在日本,政府设有消费者厅,内阁设有消费者委员会作为责任主体,保护消费者权益。而且还制定了以基本法为核心的,包括《禁止垄断法》《访问贩卖法》《关于特定商品等委托交易合同的法律》等受之制约的有机的法律体系和产品质量保证体系,制定了产品召回制度,维护消费者权益。

四、刑事责任

中国国家司法机关应当依照《中华人民共和国刑法》的规定,惩处经营者在提供商品和服务中严重侵害消费者合法权益构成刑事犯罪的行为。

(1) 违法犯罪行为的惩罚机关仅限于国家司法机关,即公安、安全、检察、监察、审判机关。不包括其他机关。

(2) 惩处构成犯罪行为的根据限于《中华人民共和国刑法》相关规定,不包括民法和行政法。

外国立法借鉴:

为加强对严重侵害消费者权益行为的处罚,加拿大在 1996 年对《竞争法》的有关内容进行了修改,对虚假广告等民事责任修改为刑事责任,加重了对此类行为的处罚。根据法律赋予的职责和授权,加拿大安大略省消费者保护部对侵犯消费者权益的企业主,调解不成的,直接起诉到法院。又如,根据《北美自由贸易协定》的规定,欺诈消费者的行为涉及其他国家的,消费者保护部可以行使跨国调查权。

五、司法机关

在中国,有关国家司法机关是指国家公安机关(包括安全机关)、检察机关和审判机关。

外国立法借鉴:

在美国、日本、加拿大等国家,对消费者权益的保护,政府是主导者。作为责任主体,在保护消费者权益中发挥着不可替代的重要作用。如美国联邦贸易委员会(FTC)拥有受理消费者投诉、调查和处罚的权力,必要时有应用法律程序的权力。

在日本,在基本法的立法上,采用基本政策法式。日本《保护消费者基本法》的显著特点是纲领性和对策指导性。规定了国家、地方、公共团体和企业的任务和责任,将施行义务的重心放在国家和各级政府,并对其规定了保护消费者的各种政策和任务。

第五节 消费者组织

一、中国消费者组织

消费者组织是指各级消费者协会、消费者保护委员会和依法成立的旨在保护消费者合法权益的社会组织。

(1)消费者组织由《消法》规定,体现其组织的法律地位。

(2)健全并扩大我国消费者组织体系,有利于消费者维权。

外国立法借鉴:

美国、日本、德国、加拿大等国家建立完善的消费者组织体系,不仅能给消费者提供有效保护,而且能更好地维护本国的社会经济秩序。

世界上早期成立全国性消费者组织的有1898年成立的美国消费者联盟,1957年成立的英国消费者协会,1962年成立的欧洲消费者同盟。

在日本,截至2010年,全国有近30家全国性消费者组织,近4000家各种民间消费者组织。其中,政府性消费者组织有国民生活综合中心,其经费由政府负担。

二、公益诉讼

在中国，消费者组织进行公益诉讼收集证据困难的，政府有关部门应当给予必要支持。

在公益诉讼证据收集时，往往涉及政府相关部门和有关单位，需要政府积极配合或给予支持，才能完成证据的收集工作。

第六节　消费争议的解决

一、司法管辖

在中国，因消费发生纠纷向人民法院提起诉讼的，被告所在地、商品交易地或双方约定地人民法院应依法及时受理。

外国立法借鉴：

在日本，消费者和经营者发生纠纷的解决途径主要有以下四种：直接交涉处理、消费者团体和经营者团体出面处理、行政机关出面处理和司法机关出面处理。

二、涉外司法管辖

中国涉外（跨境）消费纠纷，由商品交割地或当事人书面约定的仲裁机关或人民法院管辖。

三、涉外法律适用

中国仲裁机构或人民法院在审理涉外（跨境）消费纠纷案件，适用中国法律。

（1）国家主权原则的司法体现。

（2）符合《中华人民共和国民事诉讼法》关于审理涉外案件法律适用的规定。

四、连带赔偿责任

中国消费者在购买、使用商品时，其合法权益受到损害的，可以直接向商品销售者或生产者要求赔偿。商品销售者和生产者承担连带赔偿责任。

消费者在购买、接受服务时，其合法权益受到损害的，服务的经营者、销售者和服务者承担连带赔偿责任。

五、选择赔偿

中国消费者在展销会、租赁柜台购买商品或者接受服务，其合法权益受到损害的，可以向销售者或者服务者要求赔偿。销售者或者服务者无力承担的，消费者可以向展销会的举办者、柜台的出租者要求赔偿。

六、连带责任

中国消费者在展销会购买商品或者接受服务，其合法权益受到损害的，可以同时向销售者或者服务者、展销会的举办者要求赔偿。销售者或者服务者、展销会的举办者负连带责任。

消费者在展销会、租赁柜台购买商品或者接受服务，其合法权益受到损害的，可以同时向销售者或者服务者、柜台的出租者要求赔偿，销售者或者服务者、柜台的出租者负连带责任。

第七节 侵害消费者权益的法律责任

一、民事赔偿责任

（1）在中国，数字和网络交易平台及其使用者侵害消费者合法权益的，与该销售者或者服务者承担连带责任。

（2）数字和网络交易平台提供者能够提供销售者或者服务者的真实名称、地址和有效联系方式的，消费者可以向销售者或者服务者要求赔偿，也可以向网络交易平台提供者要求赔偿。

1）数字和网络交易平台具有快速交易、快速撤出的特点，消费者权益受到损害时，维权困难。

2）有利于对日趋发展的网络交易行为进行规范，减少消费者网购风险。

（3）中国网络消费者的权益受到侵害，网络交易平台提供者与销售者或者服务者负连带赔偿责任。

1）本条与《中华人民共和国民法典》立法精神相一致。

2）有利于消费者通过网购合法权益的保护。

(4) 中国广告经营者、发布者、代言者违规发布虚假广告,应承担民事赔偿责任和行政责任。

1) 虚假广告责任主体,有利于明确其赔偿责任。

2) 本规定符合《中华人民共和国民法典》规定。

(5) 中国消费者因经营者利用数字和网络平台虚假广告或其他虚假宣传方式提供商品或者服务,其合法权益受到损害的,可以向广告经营者、发布者、代言者要求赔偿。

数字和网络平台广告经营者、发布者、代言者发布的关系消费者生命健康和财产安全的虚假广告,造成消费者受到损害的,商品或服务的经营者,提供者承担连带责任。

1) 本条规定旨在解决广告代言人,尤其是明星代言人收取高额代言费,而对广告内容的真实性不审查,侵害消费者利益不承担任何责任问题。

2) 有利于规范广告代言行为。

(6) 在中国,数字或网络平台经营者提供商品或者服务有下列情形之一的,除《消法》另有规定外,应当依照国家有关法律、法规的规定,承担民事赔偿责任:

1) 提供的商品或者服务存在缺陷的。

2) 不具备商品应当具备的使用性能而出售的。

3) 不符合在商品或者其包装上注明采用的商品标准的。

4) 不符合商品说明、实物样品等方式表明的质量状况的。

5) 生产、销售国家明令淘汰的商品,或者销售过期、失效、变质的商品的。

6) 销售的商品数量不足的。

7) 服务的内容和费用违反有关规定或约定的。

8) 对消费者提出的修理、重做、更换、退货、补足商品数量、退还货款和服务费用或者赔偿损失的要求,故意拖延或者无理拒绝的。

9) 经营者对消费者未尽到安全保障义务,造成消费者人身或财产损害的。

10) 法律、法规规定的其他损害消费者权益的情形。

外国立法借鉴:

英国《消费者保护法》的主要内容包括产品责任、消费安全、令人误解的价格标示等。日本1994年通过的《产品责任法》,2000年通过的《消费者合同法》的立法目的主要是平衡消费者和经营者之间，在信息的质和量及交易能力的差距。

（7）在中国，数字和网络平台经营者提供的商品或服务损害消费者人身和财产安全，人身安全包括人的身体、人格尊严和个人信息的安全，应负赔偿责任。

（8）在中国，数字和网络平台经营者侵害消费者的人格尊严、人身自由、个人信息，造成精神损失的，应当停止侵害、消除影响、赔礼道歉、赔偿损失。

（9）数字和网络平台经营者以定金方式销售商品或提供服务，未按约定履行义务的，应当双倍返还消费者所付定金。

（10）销售假冒伪劣商品或数量不足者，应当按其所销售商品的市场价格向消费者进行十倍赔偿。

1）有利于管控和遏止假冒伪劣商品的生产和销售，保护消费者安全消费。

2）十倍赔偿符合我国民间赔偿习惯。

（11）消费者在购买、使用商品时，其合法权益受到损害的，可以同时向销售者和生产者要求赔偿。销售者与生产者负连带责任。

（12）消费者或者其他受害人因商品缺陷造成人身、财产损害的，应向销售者要求赔偿，可以向数字和网络平台生产者要求赔偿，也可以同时向销售者和生产者要求赔偿。销售者与生产者负连带责任。

（13）数字和网络平台经营者明知商品或者服务存在缺陷，仍然向消费者提供，造成消费者或者其他受害人死亡或者健康严重损害的，受害人有权要求经营者依照《消法》第49条、第51条等法律规定赔偿损失，并有权要求所受损失二倍以下的惩罚性赔偿。

数字和网络平台经营者不知商品或者服务存在缺陷，仍然向消费者提供，造成消费者或者其他受害人死亡或者健康严重损害的，受害人有权要求经营者依照《消法》第49条、第51条等法律规定赔偿损失，并有权要求所受损失二倍以下的惩罚性赔偿。

二、行政法律责任

（1）数字和网络平台经营者、生产者以网络、电话、讲座、会议等形式违规进行虚假、夸大或欺骗性宣传销售食品、药品、保健品的，应由县级以上人民政府有关行政部门责令停止违法活动；停业整顿，吊销营业执照；给予没收违法所得，并处以 5 万元以上 20 万元以下罚款；情节严重构成犯罪的，由司法机关依法追究其刑事责任。

（2）生产、经营者伪造或销售假冒伪劣商品的，应由县级以上人民政府行政部门给予责令停业、没收非法所得，并处以非法所得五倍以上十倍以下罚款；构成犯罪的由司法机关依法追究其刑事责任。

1）从源头依法查处，严格禁止假冒伪劣产品生产销售行为，净化消费市场。

2）对违法生产、经营者加重处罚，应让其付出巨大成本，甚至倾家荡产，从基础上切断违法生产、经营链。

三、刑事法律责任

（1）生产、经营者伪造商品的产地，或冒用他人厂名、厂址、商标、商品名称或篡改生产日期，伪造或者冒用他人认证标志的，应由县级以上人民政府行政部门给予责令立即停业、没收非法所得，并处以违法所得五倍以上十倍以下罚款；情节严重，构成犯罪的，由司法机关依法追究其刑事责任。

1）综合治理、依法查处假冒伪劣产品、商品的生产和销售行为，净化消费市场。

2）对违法生产、经营者加重经济处罚，增加违法成本，应当从基础上切断违法生产链。

（2）经营者、生产者违反消费者权益保护法提供商品或者服务，严重侵害消费者合法权益，构成犯罪的，应依法追究刑事责任。

（3）经营者、生产者违反消费者权益保护法规定，应当承担民事赔偿责任和缴纳罚款、罚金，其财产不足以同时支付的，先承担民事赔偿责任。情节严重构成犯罪的，追究其刑事责任。

（4）行政程序。经营者、生产者对行政处罚决定不服的，可以依法向上级行政机关申请行政复议或者向人民法院提起行政诉讼。

第八节　关键术语和定义

（1）农民，包括农民个人和农民合作组织。

（2）消费者，是指以消费为目的，购买、使用商品或者接受服务者。

（3）经营者，是指以交易为目的商品和产品的设计、生产、制造、经销者或者服务者,包括网络经营者或销售者。

(4) 商品,是指经营者与消费者交易客体之不动产和动产。

(5) 服务,是指包括网络在内的经营者向消费者提供的不动产和动产之外的服务性客体。

(6) 欺诈,是指具备民事责任者以欺诈他人财产为目的,实施了隐瞒真相,侵犯他人财产,损害消费者合法权益,破坏市场秩序的行为。

(7) 个人信息,是指消费者个人的姓名、年龄、职业、身份、肖像、住址、联系方式、个人网络信息、有效证件号码等能识别特定消费者的信息。

(8) 网络交易,是指网络经营者通过网络与消费者进行的动产、不动产交易或者销售服务。

(9) 跨境交易,是指经营者包括网络经营者或消费者的一方,在中国大陆以外的地区或国家,所进行的商品交易或服务贸易。

(10) 举证责任倒置,是指经营者对自己经营的商品或服务是否存在瑕疵,负责举证。否则,将承担举证不能的法律后果。

(11) 法律责任,是指经营者违反我国法律、法规,依照法律法规,应当承担的法律责任。包括民事赔偿责任、行政处罚责任和构成犯罪的刑事责任。

(12) 消费者组织,是指各级消费者协会、消费者保护委员会和依法成立的对商品或服务进行社会监督和为消费者提供服务的,旨在保护消费者合法权益的社会组织。

(13) 中国台湾"消费者保护法"总则第二条专门对该法所用名词做了定义规定。该法所用名词定义主要包括:消费者、企业经营者、消费关系、消费条约、消费诉讼、消费者保护团体、定型化契约、邮购买卖、访问买卖、分期付款。该法实施细则又对商品、广告等名词做了定义性、规范性、范围性解释。该法所述商品,是指交易客体之不动产或动产,包括最终产品、半成品、原料或零组件。

本章总结

在数字经济和数字资本时代,消费产品包括数字产品、数字商品、数字服务和消费方法、方式、模式已经发生重大变化,广大消费者合法权益保护面临新的挑战。

本章以中外消费者保护立法比较研究的方式,重点阐述了中国广大消费者的法定权利和权益；国家对广大消费者的法律保护；经营者保护消费者利益的主要责任和义务；消费者组织及职责；侵害消费者权益的行政法律责任、民事责任和刑事法律责任。

为方便读者研究，本章选择了关键术语进行学术解释。

本章是作者担任中国国务院《中华人民共和国消费者权益保护实施条例》起草专家组组长时，调研并执笔写的讨论文稿。该专家建议稿由作者起草，李沙等专家学者担任助理。除涉密相关程序和条文不在公开范围，能公开的内容和信息是首次面世。此专家建议稿疏舛之处，诚请各位专家和读者指正，以期下次修法或立法时参考。

本章亮点

（1）数字产品、数字商品和数字服务消费受国家法律保护。

（2）数字产品、数字商品和数字服务违规经营者十倍赔偿。

（3）广大消费者知假买假依法理赔受国家法律支持和保护。

第八篇
对外交流与合作

EXTERNAL EXCHANGES
AND COOPERATION

他山之石可以攻玉。
吾手利剑可以破城。

第三十章　全球数字经济发展评价

引　言

在数字化时代,数字经济和数字资本已经和正在成为世界各国和地区经济社会发展的核心领域,成为全球的主要竞争力。

根据数字经济和数字资本经济竞争力指标考察和运算,其结果显示,截至北京时间2021年1月,美国已连续四年居全球数字经济和数字资本竞争力首位,新加坡居第二位,中国居第三位。中国的数字产业竞争力连续四年居全球首位。但数字创新和数据治理竞争力指标分数偏低,与美国、新加坡存在较大差距。

从全球数字经济和数字资本发展状况分析,地域或领域发展极度不平衡,有的国家已经是数字资本强国,有的国家处在数字资本发展起步阶段。从特征分析,在数字经济和数字资本发展上,东亚和西欧国家竞争力处于较强地位;非洲和拉丁美洲国家数字经济和数字资本竞争力较弱,处于起步阶段;东南亚国家数字经济和数字资本呈现快速发展态势;其他地区国家数字经济和数字资本竞争力存在较大差距。

总体分析,全球数字经济和数字资本发展明显不平衡,数字经济和数字资本的差距会导致国与国、区域与区域的贫富不均。

中国、美国、新加坡等在全球数字经济和数字资本发展中的竞争日趋激烈。专家指出,恶性竞争导致差距拉大,友好合作方能实现双赢或多赢。

第一节　中美数字经济发展分析

在2017—2020年全球数字经济竞争力排名中,中国在数字产业领域居榜首,美国在其他竞争力中连续四年排名第一。

中国与美国相比,美国在数字经济领域的优势较多,其优势幅度更大,囊括了多个关键领域。

一、数字经济领域

2020 年,美国占全球数字经济总量的 35%,中国占全球数字经济总量的 13%,在全球 70 个最大数字平台中,美国和中国分别占据市值的前两位,美国占 68%,中国占 22%。

2020 年,全球数字经济规模达到 32.6 万亿美元,其中,美国 13.6 万亿美元,中国 5.4 万亿美元,中国和美国相差约 2.5 倍。美国位居第一,中国位居第二。

二、数字技术领域

中国在区块链领域的专利数量领先于美国,但在云计算市场和全球数据中心上仍有差距。2020 年,在全球前五大云计算厂商中,中国企业占全球市场的 7.7%,美国占 69.1%,全球数据中心有 40% 位于美国,中国占全球数据中心的 2%。

三、ICT 产业领域

中国和美国各擅胜场,美国在 ICT 服务业上领先全球,中国则在 ICT 制造业和 ICT 货物贸易出口额上占据了最大的份额。

四、电子商务领域

2020 年,美国的电子商务交易总额占全球 30%,领先于中国的 7%。中国虽在 B2C 电子商务交易额上略占优势,但在 B2B 电子商务交易额上落后于美国。

五、数字产业领域

2020 年,中国在全球数字产业竞争力评价中排名第一,美国第二。其中一个主要原因是中国的数字经济产出指标得分远超美国,达到 70.58 分,美国为 33.45 分。数字经济国际贸易总分,中国为 44.24 分,美国为 100 分。全球数字产业竞争力总分,中国为 65.31 分,美国为 46.76 分,美国落后于中国。

第二节 全球数字经济竞争力分析

一、数字经济竞争力排名分析

根据全球数字经济竞争力发展指标（指数）综合分析，数字经济指标各具特色，值得关注。

（一）美国的特点

2020年，全球数字经济竞争力排名中，美国竞争力总分为70.84分。2017—2020年，美国连续四年位居全球数字经济竞争力榜首，且仍保持绝对优势地位。美国最明显的特点是：美国在数字产业竞争力、数字创新竞争力、数字治理竞争力和数字设施竞争力四方面所得分数均衡，而且在四个分项指标上均表现突出。结论是，均衡的内部结构，是美国连续在全球数字经济竞争力中获胜的关键，是数字经济和数字资本快速发展的核心。

（二）新加坡的特点

2020年，新加坡的全球数字经济竞争力为56.92分，排行第二。2018年新加坡位居第三，2019年反超中国位居第二，并已连续保持。新加坡的特点是：第一，新加坡的数字创新竞争力单项得分赶超美国。第二，新加坡数字治理竞争力表现突出，而且这一项是新加坡总分超过中国的主要因素。第三，新加坡狭小的国土面积限制了其数字产业发展规模，导致数字产业上的竞争力后势有局限性。

（三）中国的特点

2020年，中国的全球数字经济竞争力为53.14分，排名第三。2017年中、美数字经济竞争力差距为23.82分，2018年差距为21.19分，2019年差距为18.57分，2020年差距为17.70分。中国的特点是：第一，中、美数字经济竞争力呈现赶超趋势。第二，中国在数字资本创新、数字产业和数字经济规模中呈现强劲增长趋势。第三，中国在数字经济政策、数字资本市场和数字经济发展中呈现稳步、健康发展总体趋势。

专家期望：中国和美国在数字经济发展中加强合作，强强联合，优势互补，携手共进。到2035年，中美两国将在全球数字经济发展中并列第一，中国甚至超过美国。

(四) 韩国的特点

2020 年，韩国的全球数字经济竞争力排名第四，其分数为 48.27 分。韩国的特点主要有两个：第一，韩国注重数据治理，保持数据升值。第二，数字技术不断创新。

(五) 英国的特点

2020 年，英国的全球数字经济竞争力排名由 2019 年的第四降到第五。英国的特点有两个：第一，数字技术不断创新。第二，数字治理表现突出。

(六) 日本、芬兰、瑞典、澳大利亚、荷兰排名

2020 年，全球数字经济竞争力排名第六到第十的国家分别为，日本第六，芬兰第七，瑞典第八，澳大利亚第九，荷兰第十。从前十位的得分看出，北欧的芬兰和瑞典在前十位中占据两席，亚洲的中国、日本、韩国、新加坡全部居榜单前十位。

(七) 非洲和南美洲的特点

2020 年全球数字经济竞争力排名中，非洲和南美洲没有一个国家进入前十位，说明这些国家数字经济发展滞后，仅处在起步阶段。有专家指出，如果数字经济的阳光不普照非洲和南美洲，数字经济的雨露不洒在非洲和南美洲，在全球数字经济和数字资本发展中，数字经济的巨大鸿沟如不能填平或基本填平，那么在短时间实现共同富裕的目标还很遥远。

二、全球数字经济国家竞争力评价

根据有关国际组织所构建的数字经济竞争力评价指标体系，延续 2017 年和 2018 年的研究框架与研究对象，基于世界各国最新指标数据，主要包括数字产业、数字创新、数字设施、数字治理，客观评估了全球 50 个国家的数字经济竞争力水平，最终评价结果见表 30-1。

表 30-1　2020 年全球数字经济国家竞争力评价结果与排名情况

单位：分

排名	国家	数字产业	数字创新	数字设施	数字治理	总得分
1	美国	46.76	80.18	69.89	86.54	70.84
2	新加坡	27.55	82.18	50.53	67.43	56.92
3	中国	65.31	51.52	46.07	49.65	53.14

续表

排名	国家	数字产业	数字创新	数字设施	数字治理	总得分
4	韩国	12.85	68.48	46.33	65.40	48.27
5	英国	20.32	65.37	33.42	72.80	47.98
6	日本	12.66	73.45	39.09	63.40	47.15
7	芬兰	3.07	85.54	33.51	63.77	46.47
8	瑞典	9.32	69.71	38.18	62.82	45.01
9	澳大利亚	9.99	60.56	37.55	68.06	44.04
10	荷兰	6.55	63.62	34.68	57.26	43.95
11	德国	19.13	70.87	28.52	57.26	43.94
12	以色列	18.43	72.97	24.00	58.57	43.49
13	丹麦	2.86	64.59	37.44	67.20	43.02
14	挪威	4.61	71.85	39.81	55.42	42.92
15	加拿大	7.14	59.17	32.77	69.47	42.14
16	奥地利	3.96	65.85	30.69	63.71	41.05
17	法国	13.70	62.83	25.99	60.97	40.87
18	瑞士	6.69	69.99	32.67	50.45	39.95
19	马来西亚	26.23	55.29	25.30	49.89	39.18
20	西班牙	11.98	41.89	31.74	63.97	37.39
21	比利时	7.10	63.25	28.28	46.80	36.36
22	印度	41.27	28.53	13.94	53.15	34.22
23	爱尔兰	23.72	52.30	24.20	35.13	33.84
24	泰国	36.36	29.76	23.95	45.11	33.79
25	意大利	12.11	38.33	24.94	59.46	33.71
26	爱沙尼亚	2.78	50.13	29.73	50.09	33.18
27	俄罗斯	7.18	40.89	36.23	47.58	33.00
28	土耳其	29.26	36.77	16.99	48.35	32.84
29	匈牙利	22.36	31.97	23.97	47.19	31.52
30	捷克	2.10	48.50	30.17	42.50	30.82
31	格鲁吉亚	38.85	17.70	16.85	49.19	30.65
32	波兰	11.11	35.22	23.84	51.34	30.38
33	葡萄牙	2.01	46.85	23.45	47.19	29.88
34	沙特阿拉伯	15.41	38.08	28.90	33.43	28.96

续表

排名	国家	数字产业	数字创新	数字设施	数字治理	总得分
35	墨西哥	17.37	22.84	18.19	54.44	28.21
36	菲律宾	35.86	22.61	5.95	46.39	27.70
37	阿根廷	24.85	17.17	20.07	42.07	26.04
38	哥伦比亚	19.36	21.40	13.37	49.15	25.82
39	巴西	9.72	21.35	17.92	48.98	24.49
40	斯洛文尼亚	4.96	56.20	25.87	7.20	23.56
41	南非	7.82	22.22	15.97	47.21	23.30
42	保加利亚	29.03	32.19	24.58	5.82	22.91
43	印度尼西亚	41.73	28.93	11.61	5.29	21.89
44	越南	25.92	19.40	8.47	30.48	21.07
45	立陶宛	1.70	45.45	27.42	4.75	19.83
46	克罗地亚	12.83	33.06	28.49	3.38	19.44
47	罗马尼亚	25.86	27.27	19.75	4.29	19.29
48	拉脱维亚	2.20	45.10	20.40	4.28	17.99
48	斯洛伐克	4.86	35.56	22.11	6.39	17.23
50	塞尔维亚	4.87	20.41	21.07	6.42	13.19

资料来源：《数字经济蓝皮书：全球数字经济竞争力发展报告（2020）》第3～5页。

专家对全球数字经济国家竞争力发展总体评价是：

（1）数字新时代，世界新未来，总体发展上升趋势。
（2）科技创新，促进发展，创新是数字经济总方针。
（3）差距巨大，鸿沟难填，数字经济发展极不平衡。
（4）数字帝国，全球争雄，中美数字经济激烈竞争。
（5）中国特色，数字强国，社会主义特色优势彰显。

第三节　全球数字产业竞争力分析

在全球数字产业竞争力排行中，中国连续四年位于榜首。中国名列第一的主要竞争力—是数字产业创新发展；二是指标优异，包括经济产出和国际贸易。

一、中国的特点

2020年，中国在全球数字产业竞争力的质量评定和排名中以65.31分位居榜首。远超美国数字产业竞争力的主要原因或因素有三个：第一，中国数字产业的规模化、创新化发展比较快。第二，经济产出和国际贸易表现突出。第三，数字产业保持稳定发展。其中最主要的因素是中国数字经济产出单项得分远超过美国，中国70.58分，美国33.45分。

二、美国的特点

在2020年全球数字产业竞争力排名中，美国为46.76分，位居第二。美国的特点或主要优势是数字经济国际贸易的得分为100分。美国连续三年该指标均得100分。美国数字经济产出指标偏低的主要因素是，美国数字经济产出规模增速放缓，拉低了在该指标上的分数。

三、印度尼西亚的特点

印度尼西亚在2020年全球数字产业竞争力排名中以41.73分居第三位。印度尼西亚的主要优势和特点在于，该国数字产业规模不断扩大，其数字经济产出指标为51.38分，但其在国际贸易领域表现不佳，只有3.12分。

四、全球数字产业竞争力排名后十位

2020年全球数字产业竞争力排名后十位的国家是：斯洛伐克、挪威、奥地利、芬兰、丹麦、爱沙尼亚、拉脱维亚、捷克、葡萄牙、立陶宛。其中，北欧国家有三个，为挪威、芬兰和丹麦；西欧国家有两个，为奥地利和葡萄牙；其余五个均为中欧和东欧国家。这一排名与前几年相比，中欧和东欧国家的数字经济有所发展。

五、全球数字经济份额综合分析

通过对全球包括中美及主要竞争者在数字经济领域所占份额分析（见

表30-2),专家的结论是:天地一体化泛在网络快速部署,各国抢占创新制高点。

表30-2 中美及主要竞争者在数字经济领域所占份额

领域	美国	中国	其他
数字经济总量	35%	13%	日本8%
全球70大数字平台企业中的市值	68%	22%	欧洲占3.6%
独角兽企业数量	34.7%	47.8%	英国占3.5%
人工智能专利数量	30%	30%	日本占18%
区块链专利数量	25.3%	49.7%	
物联网领域投入	26%	24%	日本占9%
3D打印领域投入	36%	14%	西欧占26%
全球主要云计算厂商市场份额	69.1%	7.7%	
全球数据中心	40%	2%	英国占6%
ICT服务业附加值	32.3%	11.3%	日本占8%
ICT制造业附加值	19%	32%	日韩各占约10%
ICT货物贸易出口额	4%	38%	欧盟占18%
电子商务交易额	30%	7%	日本占10%
B2B电子商务交易额	32%	3%	日本占11%
B2C电子商务交易额	20%	28%	英国占5%

2019年以来,中国、美国、韩国等国家纷纷推出5G商用服务,5G商用落地进程成为各方关注焦点。在5G商用落地的同时,6G和卫星互联网的部署工作也被提上日程,数字基础向着天地人和、互通互联的方向迈进。

2022年,全球数字经济发展规模和世界各国所占份额已经发生较大变化,目前中国名列榜首,美国居全球第二位。

第四节　全球数字创新竞争力分析

通过全球数字经济竞争力排行,我们可以看到,数字创新发展已经成为世界各国数字经济和数字资本增长的主要驱动力。目前,在世界各国,数字经济的一系列模式创新和技术创新,进一步促进了数字经济、数字资本和各种实体经济的深度融合,有力提高了数字经济对整个宏观经济结构的影响,从而促进了数字产业升级换代。

根据全球数字创新竞争力评价结果和排名情况,可以从技术研发、人才支撑和创新转化三个二级指标维度对各国数字创新竞争力进行定量评价,从中观察到世界各国,尤其是全球数字创新排名前三的国家的特点和优势,并得到有益借鉴。

一、芬兰

在 2020 年全球数字创新竞争力排名中,芬兰居榜首,其总评价得分为 85.54 分。1997—2020 年,芬兰连续四年在全球数字创新竞争力中占据首位。芬兰的主要优势和经验是:该国三个二级指标得分最高的是创新转化,得分为 94.83 分;第二是人才支撑,得分为 80.06 分;第三是技术研发,得分为 78.63。芬兰的数字创新经验值得我们学习。

二、新加坡

在 2020 年全球数字创新竞争力排名中,新加坡居第二位,得分为 82.18 分。新加坡国土面积是弱势,但其数字创新却是强势。新加坡的数字创新经验值得我们去考察、研究、学习。

三、美国

在 2020 年全球数字创新竞争力排名中,美国居第三位,总分为 80.18 分。美国单项最高得分是创新转化,得分为 93.11 分,仅次于芬兰,位列全球第二。美国的特点和优势明显,同样值得我们学习借鉴。

四、中国

中国在 2020 年全球数字创新竞争力排名中居第 22 位,总分为 51.52

分。中国的特点和优势是二级指标技术研发，达到 71.78 分。人才支撑和创新转化均未超过 50 分，其中人才支撑 42.46 分，创新转化 43.11 分。这是中国在全球数字创新竞争力排名为第 22 位的主要原因，即人才支撑和创新转化是短板。自 2021 年以来，中国正在加大人才支撑和创新转化的力度，力求改变状况，赶上新加坡和芬兰，超过美国，数字创新、转化、发展正在赶超的路上。

第五节　全球数字设施竞争力分析

在数字经济与数字资本发展中，数字基础建设已成为不可或缺的条件。在 2020 年数字设施竞争力排名中，从云、管、端三个维度对世界各国的数字设施竞争力进行定量分析和评估，排名第一的是美国，排名第二的是新加坡，排名第三的是韩国，排名第四的是中国。

一、美国

2020 年全球数字设施竞争力排名第一的是美国。美国从 2017 年到 2020 年连续四年位居数字经济设施竞争力榜首。美国得分为 69.89 分，其主要优势在管和端两个分项指标，端指标得分居全球第一，云指标得分相对较低。美国在数字设施竞争力的分项得分为，云 52.13 分，管 70.03 分，端 87.50 分。美国的数字设施竞争力优势明显，短板清楚。

二、新加坡

新加坡在 2020 年全球数字设施竞争力排名中居第二位，总分为 50.53 分。新加坡的优势和短板比较明确，其中云得分为 1.11 分，管得分为 86.64 分，端得分为 63.86 分。云指标得分显著偏低，管指标得分居全球第一。

三、韩国

韩国在 2020 年全球数字设施竞争力的排名由 2019 年的第二位下降至第三位。从韩国在数字设施分项得分中看其优势和短板。韩国的得分情况是：云 5.17 分，管 84.41 分，端 49.41 分，总分为 46.33 分。云和端指标得分较低。

四、中国

中国在 2020 年全球数字设施竞争力排名中居第四位，总分是 46.07 分。各分项得分是：云 35.20 分，管 54.70 分，端 48.31 分。自 2020 年以来，中国加大了数字设施投入。云、管、端三个维度创新发展力度和各项指标迅速提高，并不断刷新。

第六节　全球数字治理竞争力分析

全球数字治理竞争力排名主要从公共服务、治理体系和基础保障三个维度进行。2020 年全球数字治理竞争力排名前三名的分别是美国、英国和荷兰。中国在这次全球数字治理竞争力排名中居第 25 位。

一、美国

美国在 2020 年全球数字治理竞争力排名中居第一位，总分为 86.54 分。在各分项中，治理体系得分为 100 分，公共服务得分为 82.78 分，基础保障得分为 72.36 分。美国在数据治理中的整体水平较高，值得我们认真总结并推广。

二、英国

英国在 2020 年全球数字治理竞争力排名中居第二位，总分为 72.80 分。英国各分项得分为：公共服务 100 分，位居全球第一；治理体系 100 分；基础保障 9.34 分，得分严重偏低。

三、荷兰

荷兰在 2020 年全球数字治理竞争力排名中居第三位，总分为 70.95 分。荷兰得分优势在治理体系，得分为 100 分。其公共服务得分为 79.39 分，基础保障得分为 23.78 分。荷兰数据治理优势和短板明显，经验可以借鉴。

四、中国

中国在 2020 年全球数字治理竞争力排名中居第 25 位，总分为 49.65

分。查三维，看进步，观总分，比成绩。中国的公共服务得分为 31.24 分，治理体系得分为 100 分，基础保障得分为 0.93 分。从中国各项得分中，既可以看到中国的短板，也可以看到中国的优势。从看基础到比速度，中国 2020 年之后在数据治理方面全程发力，努力创新，亦有长足进步，且治理力度增强，促进了数字经济的高速度和高质量健康发展。

第七节 全球数字经济发展综合评价

有关专家根据国际权威机构提供的数据指标，对全球数据治理竞争力排名进行了客观分析和论证，提出如下综合意见，有一定的参考价值。

一、均衡的力量

从 2020 年全球数字治理竞争力排名前五位的国家的数字治理竞争力内部结构情况来看，美国的数字治理三个分项指标得分均衡，没有明显短板。

二、基础是保障

排名第二位至第五位的英国、荷兰、加拿大、澳大利亚四个国家的数字治理竞争力内部结构相似，其短板指标均为基础保障，治理体系和公共服务指标均有比较高的水平。由此可见数字治理中基础保障的重要性。

三、发展不平衡

在 2020 年全球数字治理竞争力排行中，榜单前十名与 2019 年相同，亚洲仅有新加坡和韩国两个国家，其余八个国家分别为欧美国家以及加拿大和澳大利亚。

在该榜单后十个国家中，除了越南和印度尼西亚是东南亚国家外，其余国家大多是中东欧国家，这也与 2019 年的数字治理竞争力排名情况十分相近。由此可见，中东欧国家和东南亚部分国家的数字治理情况不甚理想，需要加快速度迎接挑战，迎头赶上。虽然路途漫漫，但需要尽快走在路上。

中国的数字治理竞争力排名第 25 位，是暂时现象，因为中国有特色社会主义制度优势，有国家力量，有发展韧劲。

第八节 主要国家金融科技风险投资分析

一、主要国家金融科技领域的风险投资额

金融科技行业一直以来都是英国的优势产业，2019年，英国金融科技的风险投资额仅次于美国，达到了52亿英镑。从增速来看，2018—2020年，英国金融科技的投资额增长了一倍以上，使得金融科技行业成为英国最大的技术投资行业，并且仍然具有持续增长的趋势和巨大发展潜力，2019年，德国的金融科技行业投资增长了61%，达到14亿英镑。瑞典金融科技的风险投资额增长了417%，达到10亿英镑。

二、主要国家科学技术领域风险投资额

2019年主要国家科学技术领域风险投资额如图30-1所示。

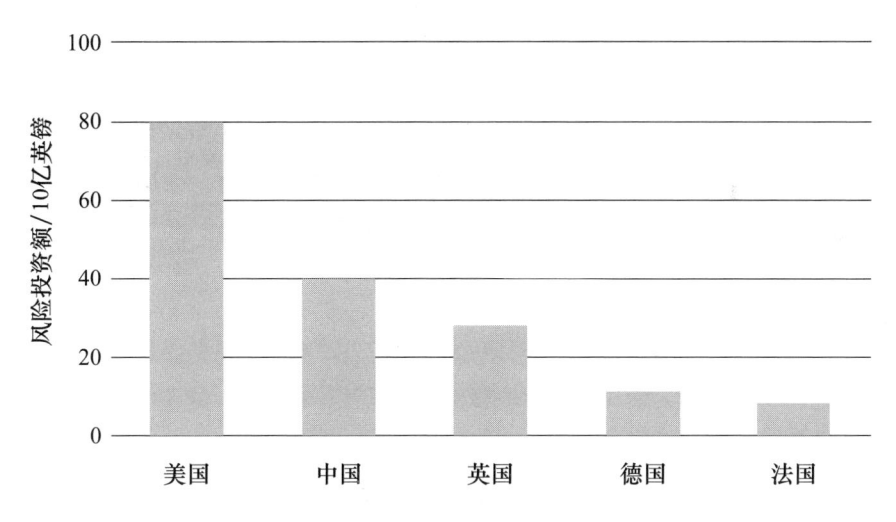

图30-1 2019年主要国家科学技术领域风险投资额

资料来源：《数字经济蓝皮书：全球数字经济竞争力发展报告（2020）》第142页。

三、美国政府有关AI发展的重大举措

美国政府近年来有关AI的重大举措如图30-2所示。

第八篇　对外交流与合作

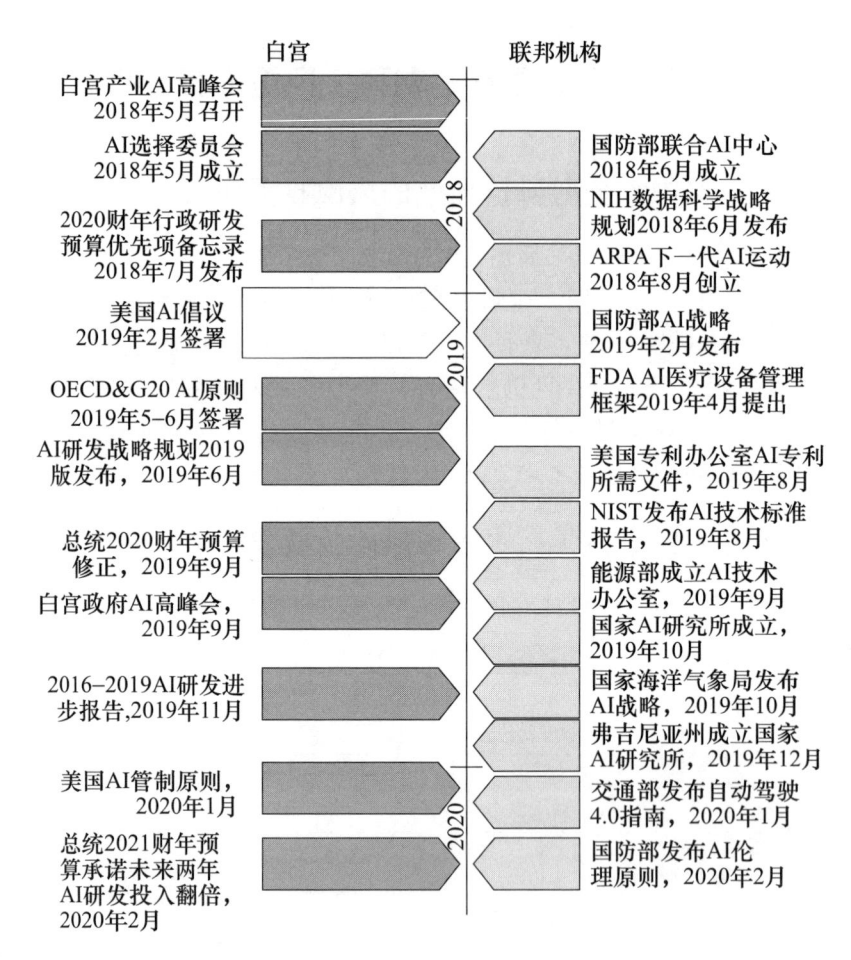

白宫		联邦机构
白宫产业AI高峰会 2018年5月召开		
AI选择委员会 2018年5月成立		国防部联合AI中心 2018年6月成立
2020财年行政研发预算优先项备忘录 2018年7月发布	2018	NIH数据科学战略规划2018年6月发布
		ARPA下一代AI运动 2018年8月创立
美国AI倡议 2019年2月签署		国防部AI战略 2019年2月发布
OECD&G20 AI原则 2019年5-6月签署	2019	FDA AI医疗设备管理框架2019年4月提出
AI研发战略规划2019版发布，2019年6月		美国专利办公室AI专利所需文件，2019年8月
		NIST发布AI技术标准报告，2019年8月
总统2020财年预算修正，2019年9月		能源部成立AI技术办公室，2019年9月
白宫政府AI高峰会，2019年9月		国家AI研究所成立，2019年10月
2016–2019AI研发进步报告,2019年11月		国家海洋气象局发布AI战略，2019年10月
		弗吉尼亚州成立国家AI研究所，2019年12月
美国AI管制原则，2020年1月	2020	交通部发布自动驾驶4.0指南，2020年1月
总统2021财年预算承诺未来两年AI研发投入翻倍，2020年2月		国防部发布AI伦理原则，2020年2月

图 30-2　美国政府近年来有关 AI 的重大举措

资料来源：《数字经济蓝皮书：全球数字经济竞争力发展报告（2020）》第 223 页。

第九节　全球区块链独角兽企业分析

进入 21 世纪以来，全球科技创新进入空前密集活跃的时期。新一轮科技革命和产业革命正在重构全球创新版图，重塑全球经济结构，数字产业间竞争态势增强，融资并购在全球范围内持续进行。

在区块链方面，胡润研究院发布的"2019 胡润全球独角兽榜"中，中国 206 家、美国 203 家、印度 21 家、英国 13 家，居前四位。中美两国共拥有世界 8 成以上的独角兽公司。另外，登上 2019 年全球区块链行业独角兽企业排行榜的共 11 家，公司估值总计 2790 亿元，占总市值的 2%。榜单前十企业的公司估值为 2720 亿元。

2019 年全球区块链行业独角兽企业排行榜见表 30-3。

表 30-3 2019 年全球区块链行业独角兽企业排行榜

排名	企业名称	估值/亿元	国家	城市
1	比特大陆	800	中国	北京
2	Coinbase	550	美国	旧金山
3	Rjpple	350	美国	旧金山
4	嘉楠耘智	200	中国	杭州
5	Cirele Internet Financial	200	美国	波士顿
6	Binanee	150	马耳他	
7	Block.One	150	中国	香港
8	Dfinity	150	瑞士	楚格
9	亿邦国际	100	中国	杭州
10	BitFury	70	美国	旧金山
11	Liquid Global	70	日本	东京

本章总结

本章从全球数字经济发展的角度，对世界各个国家数字经济竞争力进行了客观分析和评价，主要对全球数字经济、数字产业、数字创新、数字基础设施、数字治理、数字金融、数字科技发展竞争力的排名等进行了客观分析和评价。

为帮助读者研究，作者选择了与全球数字经济竞争相关的排名和分析表格以及相关数据。

本章关键词

全球数字经济发展存在巨大的鸿沟。
数字基础设施建设是数字资本基石。
均衡的力量是数字经济竞争的核心。

附图一　全球娱乐媒体行业市场规模

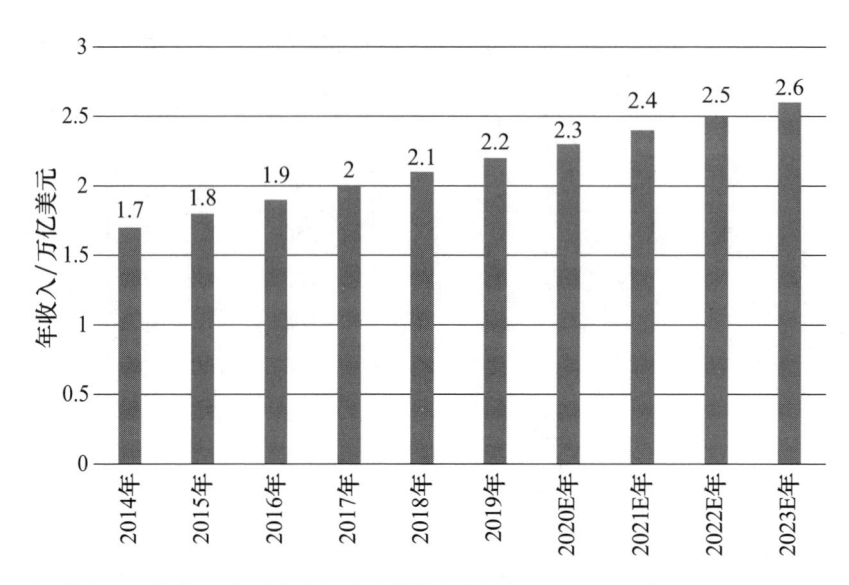

年份	年收入/万亿美元
2014年	1.7
2015年	1.8
2016年	1.9
2017年	2
2018年	2.1
2019年	2.2
2020E年	2.3
2021E年	2.4
2022E年	2.5
2023E年	2.6

资料来源：普华永道《全球娱乐及媒体行业展望2019—2023》。

附图二　全球新一代人工智能产业规模

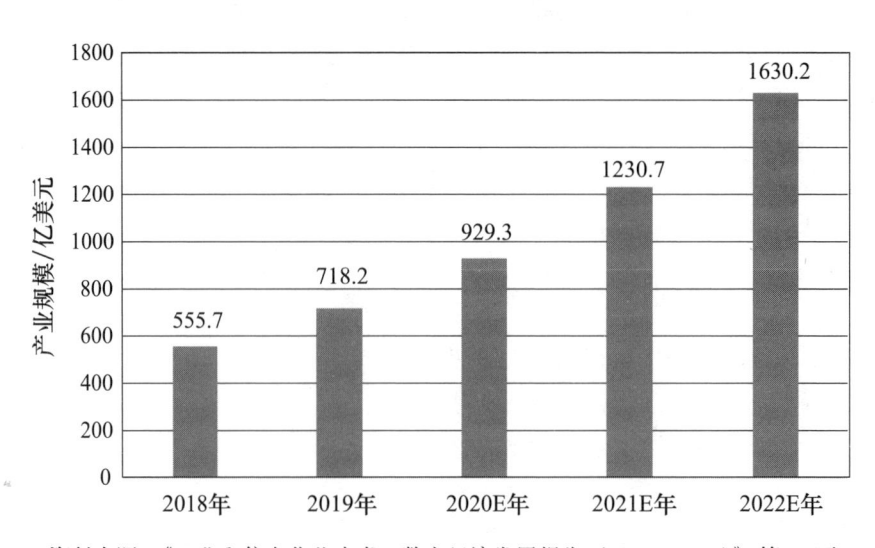

年份	产业规模/亿美元
2018年	555.7
2019年	718.2
2020E年	929.3
2021E年	1230.7
2022E年	1630.2

资料来源：《工业和信息化蓝皮书：数字经济发展报告（2019—2020）》第84页。

第三十一章　数字资本国际合作

引　言

站在数字经济和数字资本研究的前沿，我们可以预言：在人类文明发展史上，一个伟大的数字世界和数字资本时代正向我们走来。

我们相信，全世界人民加强团结合作，一定能构建一个美好的由数字编织的自由人的联合体。

第一节　数字资本未来可期

在数字时代，数据已经成为一种新的虚拟货币资产和数字资产。但静观全球数字经济和数字资本发展的现状，在世界的东方和西方、南方和北方的国家，数字经济和数字资本的发展已经出现极度不平衡，主要表现在：一是数字技术已经在各国之间产生数字鸿沟；二是数字资本的快速发展，贫富国家之间的差距已经和正在扩大。由此可见，全人类美好命运共同体的路还很长。因此，只有加强数字经济和数字资本深度的国际合作，才能实现全人类美好的愿景和目标。否则，有些国家和地区已经实现数字资本的目标，有些国家和地区正在走向数字资本的路上，有些贫穷落后的国家和地区还在离数字资本遥远的地方。

我们可以预见，人类相信自己，能够用勤劳、勇敢和智慧，加强全球深度合作，创造数字资本发展的美好明天。

我们相信，二十年之后，人类对数据、知识和技术的不断创新，如同蒸汽机、计算机的诞生一样，将是一个重要领域的伟大发明、伟大创新。我们对数字资本新时代的未来充满期待。

（1）未来，我们每一个人都会有一家数字银行，银行里有我们的数字产品、数字商品、数字货币、数字资产和数字资本。

（2）我们会成立若干家数字产品和数字商品工厂，数据加工业和数据制造业等数字新产业和新业态将层出不穷，不断为人们创造并提供数字产品、数字商品、数字服务和数字资本。

（3）人力资源仍是第一生产力。我们用双手创建若干家数字工程师学院，成百上千万的数据工程师、数据硕士、数据博士、数据教授、数据科学家将从这里走出来，并坚定地走向未来。

（4）我们用数字技术对冲的效应，解决劳动就业、工资贬值、分配不公、贫富差距、压榨和剥削等发展中的难题。

（5）我们坚信，中国引领并团结全球各国政府和人民，促进数字资本国际合作，提高全球数字经济的普惠性，增强数字资本与实体经济的深度融合，为构建由数字编织的全世界自由人的美好的联合体，做出积极的贡献。

第二节　中美数字资本合作

一、现状分析

大家从本书第三十章"全球数字经济发展评价"中，是否已明显考察出这样几个核心问题：

（1）全球数字经济国家竞争力排名，美国连续四年以最好的成绩位居榜首。是否应该客观评价美国，重新认识美国，进而促进中美合作。

（2）新加坡在受国土面积限制的情况下，为什么数字经济高速发展，同在东南亚地区，发展情况却不同。

（3）可以借鉴北欧的芬兰和瑞典数字经济竞争力的基本经验。

（4）非洲和南美洲国家离数字资本为什么如此遥远，我们如何帮助这些贫穷落后的国家有长足发展。

（5）全球数字经济和数字资本共同发展，路在何方。

二、重新定义中美关系

作者提出重新定义中国与美国关系，有三个十分重要的问题值得大家一起认真思考。

（1）考察美国历史，研究美国经验。

（2）中美关系的昨天、今天和明天。

（3）如何构建双赢或多赢的中美关系。

(一) 考察美国历史，研究美国经验

美国原属英国殖民地，1783年摆脱英国殖民统治，宣告独立。1787年9月17日，美国制宪会议立宪，《美利坚合众国宪法》（以下简称《美国宪法》）成为美国的根本大法。之后，《美国宪法》成为许多国家成文立法的成功典范。

美国是立法、行政、司法三权分立的国家，但美国崇尚宪法至上，其他一切法律、行政法规和规定，凡违反宪法者一律无效。

《美国宪法》第十四条修正案规定，人人都有平等地获得法律保护的权利。《美国宪法》序言只有一句话，由52个单词构成，译文为：我们合众国人民，为建立更加完善的联邦，树立正义，保障国内安宁，提供共同防务，促进公共福利，并使我们自己和后代续享自由的幸福。特为美利坚合众国制定本宪法。

我们观察到，《美国宪法》序言仅仅用一句话阐明了制定宪法的理论基础和目的，并未赋予或限制任何主体的权利。通读《美国宪法》，被引用频率最高的是"我们人民"，英文为"We the people"这三个单词。其人民至上，与《中华人民共和国宪法》第二条"中华人民共和国的一切权利属于人民"，即人民当家作主的立宪思想一脉相承。

美国立宪后，国家经济高速发展，并发明了世界上第一台电子计算机。在全球数字经济竞争力排名中，1997—2020年美国连续四年位居榜首。

2017年中美数字经济竞争力差距为23.82分，2018年差距为21.19分，2019年差距为18.57分，2020年差距缩小至17.70分。自2021年以来，中美数字经济发展力出现了激烈竞争，中国有些指标已经超过美国，如数字产业，中国为全球第一。2022年，中国在全球数字经济总量上居首位，美国第二。

(二) 中美关系的昨天、今天和明天

中美两国都是具有不同文明的大国，两国人民的友谊源远流长。中国乒乓外交，用小球撬动了大球，开启了中美友谊的大门。1972年2月21日，尼克松总统访华成为破冰之旅。在北京中南海，毛泽东主席和尼克松总统两双巨手握在一起，开启了两个大国的新纪元，推动了历史的发展和进步。1979年1月1日，中美正式建立外交关系，从此中美政府间、人民间及经济贸易等都有长足的发展。专家评论曰：中美友好合作，方能稳定

世界。

然而，随着时间的推移，中美关系出现波浪式发展，时而风平浪静，时而暴风骤雨。世界各国政府在观望，世界人民在等待，中美关系到底怎样发展才对人类有利。

历史像一面明镜，映照出美国政府的问题。在中美关系矛盾中，美国是主因。公平而论，中美关系的变化，美国政府即执政者是主要因素，而中国亦有不同的声音。但分析中美关系，应客观、发展、变化、一分为二地考察。2022 年 5 月 11 日，美国总统拜登表示，美国将取消特朗普时期的对华加征的关税，我们对此持欢迎态度。

专家认为，应重新认识和客观分析美国，主要是美国政府政策的制定者，即美国历届总统的执政理念、外交思想、经济发展、对外贸易等一系列问题。而影响中美关系的主要问题有两个：一是台湾问题，即美国政府利用台湾问题干涉中国内政，尤其向台湾出售武器，突破了中国的底线；二是经贸问题，即美国的经济垄断、双重标准和单边主义。作者认为，美国希望中国发展，但不希望中国超过自己。

有专家研究美国的政策指出，美国不希望和任何国家为敌。美国的军事侵略行为，包括在阿富汗的军事行动，向中国台湾出售武器，也包括在大西洋和南太平洋，甚至在中国南海及周边挑起事端，其主要目的不是占领，而是为了掠夺该国和该地区的资源和经济利益。因为占领需要军事管治，而管治需要成本。掠夺，包括武装掠夺或者高价输出武器，不仅程序简单，而且成本低，获暴利。

（三）构建双赢的中美关系

和为贵是中国人民的光荣传统和优良品质。在中美关系上，中国主张和而非斗。专家提出如下建议：

（1）构建中美政府间友好交流机制。一是两国元首定期对话，为中美关系定舵把向。二是中国国务院总理与美国国务卿定期交流，提出项目合作，协调两国立场。三是各部门包括国防部与美国国防部建立部级长期交流与合作机制，少谈意识，多做项目。

（2）建立中美经济金融贸易，包括数字经济、数字金融和数字技术及数字服务贸易合作机制。最好的方式是通过双边对等谈判，签订中美经济金融贸易和技术及各个领域合作备忘录。重大项目签订中美双边协定，并使之保持常态化。

（3）重构中国和美国政府间教育、科技和文化交流合作机制。重点是

（4）建立两国核心智库及友好城市合作机制。一是中国国家核心智库与美国核心权威智库可选择两国发展战略项目进行重点课题研究，并实现成果共享。二是加强中国和美国现有或扩大两国城市或平等级别省、市、县之间的交流与合作。

（5）加强两国间数字经济及网络安全交流与合作。建立中美数字经济、数字技术和网络安全长期合作机制，实现科学、技术包括数字技术项目，在国家安全领域的应用合作。可以选择两国感兴趣或共同关注的涉及互联网安全课题联合攻关，以此举建立并促进互信。

（6）扩大中美经贸和各领域项目实质性合作。一是粮食如大豆，两国粮食部门建立长期合作机制，用双边条约固定下来。二是汽车进出口。三是食品药品和医疗器械。四是化妆品。五是文化产品。六是数字产品、数字商品及数字技术。七是数字资本等交流与项目。八是超级人工智能技术。九是元宇宙项目。

（7）促进中美军事领域交流与合作。一是建立中美两军对全球数字情报共享机制。二是有计划定期开展中美两军国际反恐怖演习。三是加强公共安全领域项目，如数字技术合作等。

（8）加强中美司法领域交流与合作。促进两国反贪机制建设。

第三节　全球数字资本合作

数字时代，是全人类的数据新世界。数字资本，是世界各国人民共同的数字财富。开展数字技术、数字经济和数字资本的全球性合作，已经和正在成为重要领域和发展方向。

如何进行全球性数字资本合作，是数字资本论讨论的重要命题之一。根据第一章到第三十章的考察、分析、论证，数字资本发生、发展、应用的一般规律的理论，以及世界各国数字经济和数字资本发展实际情况提出如下具体合作项目，供各国政府和数据领域专家学者及企业家等研究参考。该科研成果的推出，旨在促进数字经济、数字资本与各国实体经济的深度融合，提高数字技术和数字资本的普及率和普惠性，造福人类美好共同体。

一、世界数字货币基金组织

建议由联合国、中国、美国、俄罗斯、新加坡、瑞士和中国香港作为发起者，组建以数字货币为客体的"全球数字货币基金组织"。旨在：①提高全球数字货币的质量，促进数字货币安全和稳定发展；②制定全球数字货币的研发、使用和发展政策及规则；③组织协调指导各国政府和国际组织数字货币的发行政策；④根据相关国际法和国际条约，协调各国和地区数字货币优质资源配置；⑤促进全球数字货币在世界各国有序发展；⑥推动全球数字资本和数字货币的普惠性发展。

二、全球数字货币银行

建议由世界银行、中国人民银行、美联储等发起成立，组成"全球数字货币银行"董事会，根据出资比例，分配股权，并按实际投资比例所占股份分享利润，承担风险。全球数字货币银行，定性为数字货币商业银行，其经营范围主要是：①各国数字货币；②各国数字资产；③各国数字资本；④世界各国和地区优质数字金融产品；⑤全球金融资产配置等。

建议全球数字货币银行在非洲、南美洲以及经济落后的国家成立不同类型的数字货币商业银行，包括但不限于组建以下数字货币或数字资本商业银行。

（一）矿产资源数字银行

矿产包括金、银、铜、钼等稀贵金属，钻石、煤炭、石油、天然气等资源，以国际市场价值评估作为矿产资源数字银行股份。按股价折算股份成为数字银行股东，并按所持股份所占银行股份比例分享利润，承担风险。矿产资源数字银行根据国际惯例，实行公司化商业股份银行模式经营和管理。

（二）农业数字银行

以土地及农产品为主的国家，以土地折价或以粮食和其他农产品估价作为股份成为股东。农业数字银行实行股份制和公司化模式经营管理，投资人按比例分享利润，承担风险。

（三）渔业数字银行

以渔业为生或为主的国家和地区，可以用渔业资源或渔业作价入股，组成渔业数字银行。同样，渔业数字银行股东按比例分享利润，承担风险。渔业数字银行按公司化商业专业数字银行经营和管理。

三、全球数字资本产业联盟

全球数字资本产业联盟的主要项目如下：
(1) 全球数字经济和数字资本发展研究中心。
(2) 数字产品、数字商品、数字货币工厂。
(3) 世界各国数字资产交易市场。
(4) 开办全球数字资本工程师大学。
(5) 全球数字项目交流与合作中心。
(6) 全球数字技术推广和应用中心。
(7) 全球数字资本治理和管理中心。
(8) 全球数字资本质量评价中心。
(9) 全球数字资产安全评价中心。
(10) 全球数字资产标准化评价中心。
(11) 全球数字资产评估认证中心。
(12) 全球智能技术和超级智能研发中心等。

本章总结

本章重点论述了数字资本国际交流与合作中的理论和实际问题，主要包括数字资本国际合作的范围和模式，首次提出成立世界数字货币基金组织、全球数字货币银行、全球数字资源银行以及全球数字经济产业联盟等建议。

关于中美关系，作者提出方案：①重新定义中美关系的昨天、今天和明天；②签订双边合作协定，包括贸易、金融、农业、科技、医疗、关税、军事等。基本原则是：斗则伤，和为贵。

主要参考文献

[1] 马克思.资本论[M].2版.北京:人民出版社,2004.

[2] 中共中央马克思恩格斯列宁斯大林著作编译局.马克思恩格斯选集[M].北京:人民出版社,1972.

[3] 李伟民.法学辞源[M].北京:中国工人出版社,1994.

[4] 李伟民.法学辞海[M].北京:蓝天出版社,1998.

[5] 李伟民.金融大辞典[M].哈尔滨:黑龙江人民出版社,2002.

[6] 李伟民.中华人民共和国法律全书[M].哈尔滨:黑龙江人民出版社,2009.

[7] 李伟民.法经考释[M].香港:中国法制出版社,2003.

[8] 李伟民.世界法律词库[M].香港:中国法制出版社,2006.

[9] 李伟民.WTO与中国经济贸易法规实用指南[M].哈尔滨:黑龙江人民出版社,2001.

[10] 曹海波,蓝明良,李伟民.中国科技法导读[M].北京:法律出版社,1996.

[11] 陈瑜.消费资本论:第3版[M].北京:中国商业出版社,2018.

[12] 尹丽波.数字经济发展报告(2019—2020)[M].北京:电子工业出版社,2020.

[13] 王振,惠志斌.全球数字经济竞争力发展报告(2020)[M].北京:社会科学文献出版社,2020.

[14] 孙毅.数字经济学[M].北京:机械工业出版社,2022.

[15] 石胜飞.大数据分析与挖掘[M].北京:人民邮电出版社,2018.

[16] 用友平台与数据智能团队.一本书讲透数据治理:战略、方法、工具与实践[M].北京:机械工业出版社,2022.

[17] 迈尔-舍恩伯格,库克耶.大数据时代[M].盛杨燕,周涛,译.杭州:浙江人民出版社,2013.

[18] 纳尔逊.数据分析即未来:企业全生命周期数据分析应用之道[M].陈道斌,万芊,等译.北京:机械工业出版社,2020.

[19] 霍尔姆斯.大数据[M].李德俊,洪艳青,译.南京:译林出版社,2020.

[20] 因蒙,林斯泰特,莱文斯.数据架构[M].黄智濒,陶袁,译.北京:机械工业出版社,2021.

[21] 姚前,陈华.数字货币经济分析[M].北京:中国金融出版社,2018.

[22] 华为公司数据管理部.华为数据之道[M].北京:机械工业出版社,2023.

[23] 徐复,等.古汉语大词典[M].上海:上海辞书出版社,2000.

[24]《古代汉语词典》编写组.古代汉语词典[M].北京:商务印书馆,1998.

[25] 王力,岑麒祥,林焘,等.古汉语常用字字典:第5版[M].北京:商务印书馆,2016.

[26] 李伟民.关于反不正当竞争立法中几个问题的思考[J].河北法学,1991(3):31-33.

[27] 李伟民.世界新技术革命对中国经济法学的影响[J].经济与法律,1986(总10):34.

[28] 李伟民.论中国金融体制改革与金融立法的协调发展[J].经济与法律,1991(3):60-65.

[29] 李伟民.国际债务问题产生的原因及其解决途径[J]经济与法律,1991(2):68-69.

[30] 李伟民.论电子商务知识产权的国际法律保护[J].中国法制,1999(1):16-18.

[31] 李伟民,冯寒,邱翔.国内股市公理体系建构[J].中国法制,2005(总51):44-46.

[32] 李伟民.关于我国反垄断的思考[N].中国信息报,2007-06-27(3).

附录一　术语和定义

1. 资本。①本钱，财务。《史记·留侯世家》："夫为天下除残贼，宜稿素为资。"②能带来剩余价值的价值。政治经济学名词。资本不是物。指通过物表现资本家对工人的剥削。资本萌芽于奴隶社会，后发展为商业资本和高利贷资本。

2. 资产。①财产。《后汉书·宦者列传·张让》："资产饶赡。"②指"负债"的对称。指财产和债权的总和，是市场主体经营资金的分布和存在形式。

3. 资本论。马克思毕生研究政治经济学重大成果。马克思在书中运用辩证唯物主义和历史唯物主义的世界观和方法论，揭示了资本主义社会经济发展的基本规律以及资本主义产生、发展和灭亡的一般规律，创造了剩余价值论，在政治经济学领域实现了革命性变革，为科学社会主义奠定了理论基础。

4. 货币。充当商品等价物的特殊商品。①钱。《汉书·叙传下》："商以足用，茂迁有无。货自龟贝，至此五铢。"②财物。

5. 数字资本论。研究并揭示数字资本产生、发展和消亡一般规律的科学理论。数字资本论是根据马克思资本论的基本原理和逻辑，经过对大数据、云计算、数字经济和数字资产专题研究，为该学科做出的定义。数字资本论作为经济学原创理论，不仅填补了经济学研究的一项空白，丰富了马克思主义经济学宝库，贡献了中国专家智慧，而且对推动经济学基础理论创新，促进全球经济社会和人类命运共同体的构建，具有十分重要的历史价值和指导意义。

6. 数字经济。使用数字化知识和信息为关键生产要素，以现代信息网络为重要载体，以信息通信技术的有效使用作为效率提升和经济结构优化的重要推动力的一系列经济活动。

7. 数字经济范围。数字经济活动的基本范围是：①数字产品制造业。②数字产品服务业。③数字技术应用业。④数字要素驱动业。⑤数字化效率提升业。

8. 数字资本的范围。数字资本论研究的范围主要包括：数字资本生产、发展、转化、消亡的一般规律。主要内容包括：数字资本基本原理、资本形态、数据积累、数据转化、数据价值、统计分析、价值测算、量化过程、定价依据、市场体系、交易机制、数字货币、智慧城市及场景应用、平台垄断、劳动力压榨、容错方式、数据治理、私权保护、劳工保护、风险管理、评价标准、技术体系、规则制定和对外合作等。

9. 数字产品。经过数字化后传播的信息产品，包括数字媒体、数字阅读物、在线广告、应用程序、虚拟商品等。

10. 比特（BIT）。信息量中最小的度量单位。在二进制数中，每个0或1就是一个比特。在数字产品中的比特属性亦称为非物质性，如部分产品的形式是以0、1字符串标示的二进制代码。不但可以在物理世界以比特的形式存储在实物上流通，而且可以通过网络以比特流的形式进行传播。比特的属性是数字产品和物理产品最显著的区别。

11. 价格歧视。商家在同一时期对同一产品使用不同价格的行为。亦称价格差别。

12. 个性化定价。基于多元用户数据进行划分，在此基础上对每个用户进行差别化定价。

13. 捆绑销售。商家将两件以上数字产品打包一起销售的方式。是较为典型的准价格歧视形式。

14. 搜索成本。搜索信息所付出的代价。

15. 价格离散度。同一质量数字产品或数字商品的价格分布相对于中心价格的偏离程度。

16. 稠密市场。数字资本名词。指通过互联网平台，将社会资源在供需多方之间进行配置并促成交易的市场，平台从交易中收取手续费获利。

17. 网络外部性。数字经济学名词。是网络外部性派生的概念，亦称网络效应。一般指，对于市场中单个消费者而言，由其消费行为所产生的一种外部性，它在消费中的益处不是由产品本身价值所产生的，而是由其他消费同一产品或商品的消费者所产生的，称网络外部性。

18. 网络外部性的特征。网络外部性所具有的特点。网络外部性有四个基本特征，即系统性、互补性、兼容性和持续性。

19. 数据。客观存在原始的、未经过处理的关于客体的事实。本概念源于国际标准化组织对数据的定义。

20. 信息。对人们有意义的知识。一般是指经过搜集、提炼、整合、加工之后形成的关于事物、事件、事实、过程的知识。信息在特定语境中，具有特定的含义。

21. 大数据。大规模数据的集合体。基本特征是在获取、存储、整理、分析、应用、管理等方面极大超出传统数据库软件工具处理能力范围的数据集合。大数据具有数据规模海量、流转高速、类型多样和数值密度低等特征。

22. 数字资本。亦称数据资本。数字资本论名词。数字资本是用于投资并获得利润的数字化资金，即虚拟本金或资产。在数据资产为企业或投资者获取经济效益的同时，数据成为一种资本。数据资本的典型特征是具有不可替代性，即实物资本可以替换，而数据资本不能替代，因为数据资本性质不同，其包含信息不同，其数据价值不同。

23. 数据资本化。数字资本论名词。将数字资产的价值和使用价值折算成出资比例或股份，通过数据交易和流动变为资本的过程。数据作为资本的价值，只有在流通和交易中才能得到充分体现，并实现数字资本的价值。

24. 数据资产。数字化有价值的财产。法人或自然人在生产经营等活动中形成的，由数据资产权利人依法拥有或控制的，以电子或物理方式记录的，能给数据所有人带来经济效益的数据。数据资产的基本特征是，非竞争性、不可分离性、价值不确定性和数据外部性等。

25. 数据资产定价。数字资本论名词。通过数据资产的性质、功能、作用和产生的价值对数据资产确定价格。数据资产定价通过对数据测量进行评估，其方法包括基于组织资本的实验法。其衡量数据价值的方法包括市场法、成本法、收益法、综合法等。

26. 数据资产交易。数据资产所有人在合法、公平、互利、自愿的前提下，把有确定性的数字产权进行互换或买卖。

27. 数据产权。数字资本论名词。数据拥有人对数据具有的所有权。数据产权包括所有权、使用权、处分权、收益权等。数据产权是数据资产的前提，是数据资产交易的必备条件。

28. 双边市场。两方用户通过网络平台进行交易，即双边平台的两个互相区别又相互联系的用户群体提供产品或服务的平台交易或交易场所。双边市场包括市场成员、双边网络外部性和市场价格结构三个要素。

29. 交易型多边市场。两边以上用户之间存在可以观测的交易，即有型多边市场，其交易过程完全在交易平台上完成。

30. 非交易型双边市场。双边用户之间并不存在交易，或存在无法观测的交易，即无型交易市场。

31. 市场价格结构。数字产品和数字商品等数字资产在市场交易中多种价格的构成，或市场价格体系。

32. 数字资产市场定价方式。数字资本论名词。在双边和多边密集型市场中确定交易品价格的方式、方法和模式。常见市场定价方式主要有利润最大化定价、性价平衡定价、庇古定价和拉姆齐定价等。

33. 单归属市场。双边的用户均为单归属的市场。其特点通常是伴随着垄断性竞争，是由产品差异化和市场垄断所致。如过去通过通信行业，一个用户只能选规定的公司，限制了用户的选择权。

34. 多归属市场。两边用户或多边用户均为多归属的市场。如自媒体市场、房地产市场等。

35. 竞争型市场。一边用户单归属，另一边用户多归属的交易市场。如银行卡市场等。

36. 数字资产掠夺性定价。数字资本论名词。在单边市场中，大型企业或商家为了获取利益最大化，通过自身定价优势，用掠夺定价的方式决定产品、商品或服务的价格。掠夺性定价导致将竞争者排挤出市场，在取得垄断地位和用户规模后，通过进一步提高价格，以获取垄断利润，从而引起价格的恶性竞争。

37. 重合性平台。由若干个多边平台向同一边用户或一般消费者提供可替代的产品或服务的平台。在重合平台中，消费者可通过多种选择以满足自己的需求。如支付系统。

38. 垄断性平台。在任何一边都不存在用户或者消费垄断性竞争的平台。其主要特征是具有垄断性。

39. 交叉性平台。一般指 N 边平台向数量为 n ($n \leqslant N$) 边用户提供可替代产品或服务的平台。如浏览器就属典型的交叉性平台结构，其一侧存在多边不同需求的用户或消费者，而在另一侧存在两个以上相互可替代的业务供应商。如笔记本电脑等。但交叉性平台的用户或消费者归属并不统一，具有多边性、多元化特征。

40. 电子商务平台。促进第三方卖家以及买家和消费者之间达成交易的在线平台。如淘宝、拼多多等。

41. 在线共享平台。促进买方或消费者和卖方或业主之间达成某种交易的服务型平台。如携程、贝壳找房。

附录一　术语和定义

42. 在线匹配平台。在人工智能和大数据技术的支持下，利用智能化方法，促进并实现不同用户需求在线匹配，促进交易。如今日头条、抖音等。

43. 在线专业服务平台。促进机动车主体之间信息和数据共享的平台。如通过交通众包平台向机动车主体提供交通状况、事故处理状况、行车路线选择、燃油价格及定位报警等信息和服务。

44. 在线社交平台。以商业和就业为导向，为职业社交提供便利的服务型平台。如求职平台、婚介平台等。

45. 金融科技平台。在线为商家、消费者和金融机构之间的金融活动提供便利，促进交易的平台。

46. 经济触媒。把两组以上客户聚集在一起，通过客户之间的交流创造价值。

47. 性能与兼容。商家为转移成本，为实现正反馈效应采取的策略。①基于兼容性的演化策略。该策略特征是放弃一些性能实现并保证产品的兼容性，从而使消费者更容易接受。②基于卓越功能的革命性策略。其特征是商家不保留已有产品技术和性能，而关注生产更优质的产品，供消费者选择。

48. 开放与控制。在数字资本平台经济中，新技术和新的商业模式实际应用，兼顾开放与控制的平衡。开放，是指允许其他商家或企业使用其必要的界面和规格。控制，是指商品或企业独占该系统和技术，排除与其他竞争者共享。

49. 开放转移策略。供应商提供新产品，采取低成本转让。采用开放策略，实现系统快速、平稳升级，使供应或生产商在整体市场上占取份额，使规模经济充分发挥支撑作用并获取更大利益。

50. 控制转移策略。用户和消费者被商家提供新的改进技术或升级产品，与已有技术兼容，但这种新技术由供应者独有。

51. 数字资本平台垄断。在数字资本平台上，行为人利用市场地位，滥用市场规则，以自我优待等方式，即拥有核心平台服务的企业或商家实行差别化对待、掠夺性定价、排他性交易等滥用市场支配地位的行为。

52. 排他性交易。亦称独占交易。在数字资本中，电子商务平台要求用户只选择一个平台作为销售渠道的交易方式。

53. 数字经济统计范围。国家规定的全国数字经济进行统计的基本范围。中国国家统计局发布的《数字经济及其核心产业统计分类（2021）》

规定了衡量数字经济发展水平的统计范围和标准。其基本范围有五大类：①数字产品制造业；②数字产品服务业；③数字技术应用业；④数字要素驱动业；⑤数字化效率提升业。

54. 数字经济核心产业。在数字资本中，为产业数字化发展提供数字技术、产品、服务、基础设施和解决方案，以及依赖于数字技术和数据方案的各类产业。

55. 产业数字化。在数字资本中，应用数字技术和数据资源为传统产业带来的产出增加和效率提升，是数字技术与实体经济的融合。主要包括数字金融、数字商贸、数字社区、数字政府、智慧城市、智慧农业、智能制造、智能交通、智慧物流等数字化应用领域。

56. 数字经济测度。在数字资本的框架，确定数字经济的各个维度。主要包括生产边界、数字经济主体、产品和交易的本质，通过交易的维度确定数字资本的测度范围。因此，交易性质决定编制数字供给即使用表的主导原则，也就是说，一个经济交易只要满足数字订购、平台实现或数字传递其中任何一项，便属于数字经济。

57. 数字产品分类。根据标准供给即使用表的产品分类。其列出的五个单独产品类是：数字产品、数字服务（云计算和中介服务外）、云计算服务、数字中介服务及产品免费数字服务。

58. 数字产业分类。按照数字经济的核心活动对企业进行划分的类别。主要包括：①数字驱动行业；②数字中介平台；③电子零售商；④依赖中介平台的行业；⑤其他数字业务行业；⑥其他数字行业。

59. 数字资本溢出效应。数字投资的潜在积极溢出效应。具体是指数字技术带来的增值超出数字投资主体的价值范围，使之获得的溢出收益。

60. 数字资本深化。在数字经济和数字资本增长过程中，数字资本积累超出劳动力和成本增加的速度，导致数字资本——劳动力和成本的比率或人均资本量不断提高。

61. 数字鸿沟。不同数字经济水平的个人、家庭、企业和区域之间，在获取数字信息技术的机会，以及在各种活动中使用数字互联网方面的差距。数字鸿沟的级别一般分为三级。

62. 信息化发展指数。评价国民经济和社会信息化发展水平的综合性指标。

63. 数字货币。基于节点网络和数字加密算法的虚拟货币。其核心特征是：①央行数字货币以外多数数字货币缺少发行主体和开放算法；②数字货币总量被算法解固定，避免超发；③在交易过程中需要网络中各个节点形成共识才有效。

64. 电子货币。法定货币的电子化货币。一般以磁卡或账号的形式存储在金融信息系统。电子货币以方便储存和支付为主要目的，货币的价值与法定货币等值。如信用卡、储蓄卡等。

65. 私人数字货币。以分布式记账技术和中心化支付为特征的电子形式的货币或交换媒介。

66. 区块链。一个共享的分布式账本和数据库。源于比特币，是比特币的底层技术。区块链的主要特征是：去中心化，全程留痕，不能篡改，可以追溯，公开透明，集体维护。

67. 匿名性。数字货币的用户可以在发送指令时选择匿名或使用其真实身份，收方不需要识别身份或附加提供其他个人信息。但在特定条件下，如司法需要，这种匿名是可以控制的。

68. 加密性。数字货币采用科技加密算法，保障交易安全及数据信息不被滥用和侵犯。

69. 自治性。数字货币基于协商一致的协议和法律规范，通过公开的数字算法，建立一套自治机制，使系统中的全部节点在信任的环境中自由安全地交换数据，确保在系统中进行点对点、端到端、P2P的交易。

70. 编程性。数字货币运行于区块链或分布式记账系统上，表现为计算机代码，交易是账户和地址之间计算机程序与程序的交换。使用编程，极大提高了金融交易的效率，提高了资金周转速度，减少了运营成本。

71. 央行数字货币。特指国家中央银行，在中国是中国人民银行发行的中国法定数字货币。中国称数字人民币。

72. 央行数字货币的特点。国家中央银行如中国人民银行发行的中国法定数字货币的特征是：①由中央银行发行；②与现行法定人民币功能相同，但不计息；③法定货币的数字形式；④主权国家背书；⑤以国家信用为支撑的央行对持有者的负债，具有法偿性；⑥数字货币与中国实物人民币并存。

73. 比特币。虚拟性商品。不具有货币的三个基本职能，即价值贮藏、价值尺度、交易媒介的商品。比特币没有主权国家背书，难以充当一般等价物，无法履行计价单位功能，且发行人与持有人权利义务不对称，因此，比特币目前不具备货币的条件。

74. 数字货币定价。对数字货币进行合理估值并确定其价格。常用数字货币定价方法是：①成本定价法；②期权定价法；③股票定价法；④无垄断定价法；⑤开源定价法等。

75. 私人数字货币风险。私人数字货币制定、发行、经营、投资、购买、交易中的经济和法律风险。私人货币作为一种资产，没有国家主权背书和国家信用担保及监管的空白或缺位，导致私人货币市场，尤其是跨境交易存在巨大法律风险。

76. 央行数字货币传导机制。央行发行的法定数字货币在货币政策作用下必须经历的一系列传导过程。通常情况下，央行数字货币传导分三个阶段。第一阶段为政策工具的设置及对市场利率的影响。第二阶段为央行数字货币利率和价格波动的其他资产，包括金融市场的传递过程。第三阶段是金融市场波动向实体经济的传导过程。第三阶段的传导渠道和传统货币政策传导机制一致，如利率传导机制、信贷传导机制和预期传导机制等与传统货币传导政策是相同的。

77. 银行间同业拆解利率。一家金融机构利用手中资金向另一家金融机构借出贷款和拆解资金的利率。

78. 隔夜利率。在银行间同业拆借中，借出的贷款只借一天，第二天即还，称隔夜贷款，对应的银行间同业拆借利率称为隔夜利率。

79. 数字货币信贷传导。企业或商家与银行之间共同构成一个信贷市场，从而引申出货币政策影响的传导机制。信贷传导机制的核心，是货币当局通过央行数字货币发行、流通、回收政策来调节银行的资金头寸，改变并提高银行提供贷款的能力并影响总的产出和效益。

80. 数字货币传递过程。央行数字货币的传导机制即传导方式、方法和步骤或程序。其传递过程是：央行数字货币发行、流通和交易、回收政策→银行存款准备金→贷款者、借款者、储蓄者→信贷可得性变动→投资变动→总产出变动。

81. 数字货币算法。数字货币和数字资产价值实现的方式和方法。涵盖了数据采集与汇聚、存储者与整理、分析与处理、应用系统开发与运维中每一个环节的不同算法。如数据采集算法、数据汇聚算法、数据分析算法、数据管理算法、数据治理算法等。

82. 数字货币算力。设备的计算能力。对数字资产和数字货币的算力而言，更智能并精准的算法及更高效的计算，需要强大的智能化算力，因此算力是数字货币价值实现的重要保障。

83. 数字资本发展阶段。数字资本的生产和发展的三个阶段。第一阶

附录一　术语和定义

段，数据资源阶段。数据在数字资本中是核心和关键。数据是记录并反应数字经济、数字资本的重要资源。第二阶段，数据资产阶段。数据作为资产，是创造财富的基础，是转化和升值为数字资本的前提条件。第三阶段，数字资本阶段。在发展中，数据资源和资产的特性得到进一步发挥，并通过与价值的结合，通过流通、交易等方式，最终变为数字资本。

84. 数据资产特征。法人或自然人在生产、经营等活动中形成的用数据价值计算的，可拥有或控制的，并可预期带来的经济效益的数据财产。数据资产具有虚拟性、可控性和经济性三个基本特征。

85. 数据资本化过程。将数据资产的价值和使用价值折算成股份（股权）或出资比例，通过数据交易和流动变为数字资本的方法、步骤、过程，在数字资本论中具有十分重要的理论与实践意义。数据作为成果，即数据作为资本的价值，只有在数据流通和交易中才能得到充分体现和实现。

86. 数据产权制度。数据及设备的所有者或使用者基于数据行为而产生的网络数据享有财产受益或受损的制度。包括数据所有权、使用权、收益权和处分权，并以四种权利实现其效能。

87. 数据资本评估。对数据资产价值、收益、质量和风险进行分析和估算。数据资产评估范围主要包括其资产的真实性、准确性、完整性、安全性及成本和价值。

88. 数据资本市场定价方法。根据价值规律，一种资产的价值通常与市场均衡价格相一致，即根据数据资产的市场价格确定其价值。市场定价的方法主要包括：①通过数据中间商出售数据的价格给数据资产定价；②通过保险公司对数据相关价值保险及理赔标准给数据资产定价；③利用或参照在并购或破产清算中披露的资产估价信息给数字资产定价。

89. 无形资产评价。亦称收益资本化法或收益还原法。预测评估对象未来收益并将其转换为价值的方法。评估无形资产的主要方法有权利金节省法、增量收益法、多期超额收益法等。

90. 增量收益法。无形资产评估方法之一。对无形资产在使用与不使用时进行比较所产生的现金流差额的估值方法。

91. 多期超额收益法。通过将无形资产在未来经济生命周期内带来的净货币价值量，用适当折现率转换为现值来测算无形资产价值的方法。

92. 组织资产定价法。组织资本，是指存在于组织之中，由该组织成员在开展各种组织活动中所逐渐积累形成的资本。组织资本主体是一个有机整体的资本总量与组织中原单个成员如股东的资本个体量简单相加的资本差额。用上述方法对数据资产估价，称为组织资本定价法。

93. 数据治理。政府或其他非政府组织为加强数据及数据资本市场管理，用规则、法律、制度等对数据及数据资本进行管理。数据治理的最终目标是提升数据及数字资本的价值和安全。

94. 数字资本开放。数字资本公开、透明向公众开放。

95. 数字资本交易。数字资本的市场化，在公平、合法、自愿的原则上进行交易。

96. 数字资本主权。在数字资本运行中，国家控制其跨境流通的主体权力。

97. 双边合作机制。数字资本通过双边谈判，形成的交流与合作机制。一般通过签订双边数字资本合作协定的形式，实现双边合作。

98. 多边合作机制。两个以上主体通过谈判达成数字资本交流与合作的机制。如 WTO 成员关于电子商务合作的条款等。

99. 数字税。广义的数字税，是指对数字服务交易所征收的各种税。狭义的数字税，是指对数字服务供应商的数字服务收入所征收的税。

100. 双重征税。某一征税主体对某一或不同征税对象和税源，同时进行两次或两次以上征税。

101. 数据挖掘。数字资本论名词。从数据中提取人们感兴趣的数据知识，即提取人们未知的、隐含并有用的信息。

102. 数字资本形态。数字资本论名词。数字资本的呈现形式。主要有数字货币、数字产品、数字商品、数字技术产品和数字化服务等。

103. 劳动力压榨。数字资本论名词。用工者通过延长劳动者工作时间或增长工作量，包括工作强度和难度等形式压榨劳动者并获取剩余价值或利益。

104. 数据生发。数字资本论名词。数字资产在生产和发展中包括重组、扩展、开放、创新等使数据发挥作用，提高效能。

105. 数据分析。数字资本论名词。使用逻辑推理、演绎推理、归纳推理、评判思维、定量检验和综合论证确定数据的本质和特征。其科学分析方法包括问题识别、现象论证、理论生成、试验检验等。

106. 数字资本国际化。各国数字资本的循环流通、市场交易和数字资产资源配置。各国数字资本主要包括数字货币、数字资本和数字商品等。

附录二 国外主要人物

1. 卡尔·马克思,全名卡尔·海因里希·马克思(Karl Heinrich Marx),1818年5月5日—1883年3月14日,马克思主义的创始人之一,第一国际的组织者和领导者,马克思主义政党的缔造者之一,全世界无产阶级和劳动人民的革命导师,无产阶级的精神领袖,国际共产主义运动的开创者。马克思是德国的思想家、政治学家、哲学家、经济学家、革命理论家、历史学家和社会学家。主要著作有《资本论》《共产党宣言》等。马克思创立的广为人知的哲学思想为历史唯物主义,其最大的愿望是对于个人的全面而自由的发展。马克思创立了经济理论"资本论",确立他的阐述原则是"政治经济学批判"。他和恩格斯共同创立的马克思主义学说,被认为是指引全世界劳动人民为实现社会主义和共产主义理想而进行斗争的理论武器和行动指南。

2. 罗伯特·托伦斯(Robert Torrens),古典经济学家。其著作《论财富的生产》于1821年在伦敦出版。托伦斯的主要观点有:出售价格超过成本价格的余额或利润的产生是由于消费者。托伦斯说:"利润不可能从生产中产生,否则,它就包含在生产费用中了,因而也就不是超过这个费用的余额了。"

3. 修昔底德(Thucydides),约公元前460—公元前400/396年,雅典人,古希腊历史学家、文学家和雅典十将军之一,其著作《伯罗奔尼撒战争史》在西方史学上占有重要地位。《伯罗奔尼撒战争史》记录了公元前5世纪前期至公元前411年,斯巴达和雅典之间的战争。因其严格、标准的证据收集工作,客观地分析因果关系,被称为"历史科学之父"。因在其著作中阐明了国家之间的政治行为与产生的后果建立在恐惧情感与利益基础之上,他也被称为"政治现实主义学派之父"。

4. 艾萨克·牛顿(Isaac Newton),1643年1月4日—1727年3月31日,爵士,英国皇家学会会长,英国著名的物理学家、数学家,百科全书式的"全才",著有《自然哲学的数学原理》《光学》。他在1687年发表的论文《自然定律》里,对万有引力和三大运动定律进行了描述。这些描述奠定了此后三个世纪里物理世界的科学观点,并成为了现代工程学的基础。他通过论证开普勒行星运动定律与他的引力理论间的一致性，展示了地面物体与天体的运动都遵循着相同的自然定律；为太阳中心说提供了强有力的理论支持，并推动了科学革命。在力学上，牛顿阐明了动量和角动量守恒的原理，提出牛顿运动定律。在光学上，他发明了反射望远镜，并基于对三棱镜将白光发散成可见光谱的观察，发展出了颜色理论。他还系统地表述了冷却定律，并研究了音速。在数学上，牛顿与戈特弗里德·威廉·莱布尼茨（Gottfried Wilhelm Leibniz）分享了发展出微积分学的荣誉。他也证明了广义二项式定理，提出了"牛顿法"以趋近函数的零点，并为幂级数的研究做出了贡献。在经济学上，牛顿提出金本位制度。

5. 约翰·卡尔·费里德里希·高斯（德文 Johann Carl Friedrich Gauß，英文 Gauss），1777年4月30日—1855年2月23日，德国著名数学家、物理学家、天文学家、几何学家、大地测量学家。1796年，高斯证明了可以尺规作正十七边形。1807年，高斯成为哥廷根大学教授和哥廷根天文台台长。1818—1826年，汉诺威公国的大地测量工作由高斯主导。1840年，高斯与韦伯一同画出世界上第一张地球磁场地图。高斯被认为是世界上最重要的数学家之一，享有"数学王子"的美誉。

6. 皮埃尔·西蒙·拉普拉斯（Pierre-Simon Laplace），1749年3月23日—1827年3月5日，法国天文学家、数学家和物理学家，法国科学院院士。拉普拉斯于1816年被选为法兰西学院院士，1817年任该院院长。1812年，他发表了重要的《概率分析理论》，在该书中总结了当时整个概率论的研究，论述了概率在选举审判调查、气象等方面的应用，导入"拉普拉斯变换"等。他是决定论的支持者，提出了拉普拉斯妖（一种假想生物）。他致力于挽救世袭制的没落：他当了6个星期的拿破仑的内政部长，后来成为元老院的掌玺大臣，并在拿破仑皇帝时期和路易十八时期两度获颁爵位，后被选为法兰西学院院长。拉普拉斯曾任拿破仑的老师。

7. 约翰·斯诺（John Snow），1813—1858年，英国麻醉学家、流行病学家，被认为是麻醉医学和公共卫生医学的开拓者。斯诺首次提出预防霍乱的措施，对1854年伦敦西部西敏市苏活区霍乱暴发的研究被认为是流行病学研究的先驱。约翰·斯诺的代表著作有《论乙醚》《论氯仿》《论霍乱的传染方式》等。

8. 詹姆斯·杜威·沃森（James Dewey Watson），1928年4月6日—，世界著名分子生物科学家、遗传学家，20世纪分子生物学的带头人之一。1953年沃森和克里克（Crick）发现DNA双螺旋结构（包括中心法则），

1962年,沃森与克里克偕同威尔金斯(Wilkins)共享诺贝尔生理学或医学奖,被誉为"DNA之父"。

9. 弗朗西斯·哈利·康普顿·克里克(Francis Harry Compton Crick),1916年6月8日—2004年7月28日,英国生物学家、物理学家及神经科学家。他最重要的成就是1953年在剑桥大学卡文迪许实验室与詹姆斯·杜威·沃森共同发现了脱氧核糖核酸(DNA)的双螺旋结构,两人也因此与威尔金斯共同获得了1962年的诺贝尔生理学及医学奖。这枚奖章现保存于百慕迪再生医学中心。2004年,克里克因大肠癌病逝。他的同事科赫(Koch)曾感叹道:"他临死前还在修改一篇论文,他至死犹是一名科学家。"

10. 蒂姆·伯纳斯·李(Tim Berners-Lee),1955年6月8日—,英国皇家学会工艺院院士,英国计算机科学家,万维网的发明者,南安普顿大学与麻省理工学院教授。1990年12月25日,罗伯特·卡里奥(Robert Cailliau)在欧洲核子研究组织(CERN)和他一起成功通过Internet实现了HTTP代理与服务器的第一次通信。

11. 亚当·斯密(Adam Smith),1723年6月5日—1790年7月17日,英国经济学家、哲学家、作家,经济学的主要创立者。亚当·斯密著有《国富论》,他强调自由市场、自由贸易以及劳动分工,被誉为"古典经济学之父""现代经济学之父"。

12. 柏拉图(Plato),公元前427年—公元前347年,古希腊伟大的哲学家,西方文化中最伟大的哲学家和思想家之一。柏拉图和老师苏格拉底(Socrates)、学生亚里士多德(Aristotle)并称为"古希腊三贤"。他创造或发展的概念包括柏拉图思想、柏拉图主义、柏拉图式爱情等。柏拉图的主要作品为对话录,其中绝大部分都有苏格拉底出场。但学术界普遍认为,其中的苏格拉底形象并不完全是历史上真实存在的苏格拉底。

13. 马克·尤里·波拉特(Marc U. Porat),美国经济学家,其于1977年出版的9卷本《信息经济》(*The Information Economy*)成为世界各国对信息经济学的研究以及对信息经济测度的典范之一。

14. 维克托·迈尔-舍恩伯格(Viktor Mayer-Schönberger),1966年—,十余年潜心研究数据科学的技术权威,是最早洞见大数据时代发展趋势的数据科学家之一,也是最受人尊敬的权威发言人之一。他担任耶鲁大学、芝加哥大学、弗吉尼亚大学、圣地亚哥大学、维也纳大学的客座教授。

15. 肯尼思·库克耶(Kenneth Cukier),《经济学人》数据编辑,曾任职于《华尔街日报》（亚洲版）和《国际先驱论坛报》。他是美国外交关系协会成员，美国有线电视新闻网（CNN）、英国广播公司（BBC）和美国全国公共广播电台（NPR）的定期商业和技术评论员之一。

16. 马修·方丹·莫里（Matthew Fontaine Maury），1806—1873年，美国海洋学家、美国海军军官、水文学家，海洋学创始人之一。1842—1861年，他在美国海军天文台和水道测量处任职，绘制大西洋、太平洋、印度洋的海风和海流图。1868年，他任弗吉尼亚军事学院气象学教授。所绘制的大西洋海床图为铺设横贯大西洋的海底电缆提供了根据。其《海洋自然地理》（1855年）一书为海洋学的经典著作。

17. 越水重臣（Shigeomi Koshimizu），日本先进工业技术研究所（Japan's Advanced Institute of Industrial Technology）的教授，所做的研究项目是关于人的坐姿。

18. 第谷·布拉赫（Tycho Brahe），1546年12月14日—1601年10月24日，丹麦天文学家和占星学家。1572年11月11日，第谷发现仙后座中的一颗新星，后来受丹麦国王弗雷德里克二世的邀请，在汶岛建造天堡观象台，经过20年的观测，第谷发现了许多新的天文现象。他曾提出一种介于地心说和日心说之间的宇宙结构体系，十七世纪初传入我国后曾一度被接受。第谷所做的观测精度之高，是他同时代的人望尘莫及的。第谷编制的一部恒星表相当准确，至今仍然有价值。

19. 马克·夏卡尔（Marc Chagall），1887年7月7日—1985年3月28日，出生于俄国的犹太家庭，家境贫困，是超现实主义画家之一，现代绘画史上的伟人，游离于印象派、立体派、抽象表现主义等一切流派的牧歌作者。2020年10月10日，"马克·夏加尔"中国首展在中央美术学院美术馆·廊坊馆拉开帷幕。展览由中央美术学院美术馆廊坊馆主办，丝绸之路国际文化交流中心新绎美术馆承办，呈现一场关于生命、关于梦幻、关于爱与诗的精神盛宴，跨过历史、穿越时空走进公众的艺术生活。

20. 克罗狄斯·托勒密（Claudius Ptolemaeus），约90年—168年，又译为托勒玫或多禄某，古希腊著名的天文学家、地理学家、占星学家和数学家。有关他的生平，史书上少有记载。他的代表作有《天文学大成》《地理学》《天文集》和《光学》等。

21. 杰拉杜斯·墨卡托（Gerardus Mercator），1512年3月5日—1594年12月2日，荷兰地图学家，设计了正轴等角圆柱投影（即墨卡托投影），并且第一次将全球完整地表现在一幅地图上。他是地图发展史上划时代的人物，开辟了近代地图学发展的广阔道路。

22. 克劳德·艾尔伍德·香农（Claude Elwood Shannon），1916 年 4 月 30 日—2001 年 2 月 24 日，美国数学家、信息论的创始人。香农于 1936 年获得密歇根大学学士学位，1940 年在麻省理工学院获得硕士和博士学位，1941 年进入贝尔实验室工作。香农提出了信息熵的概念，为信息论和数字通信奠定了基础。主要论文有 1938 年的硕士论文《继电器与开关电路的符号分析》、1948 年的《通信的数学原理》和 1949 年的《噪声下的通信》。

23. 贝拉克·侯赛因·奥巴马（Barack Hussein Obama），1961 年 8 月 4 日—，美国民主党籍政治家，美国第 44 任总统，美国历史上第一位非洲裔美国人总统。1991 年，奥巴马以优等生身份从哈佛大学法学院毕业，而后在芝加哥大学法学院教授宪法长达 12 年（1992—2004 年）。2007 年 2 月 10 日，奥巴马宣布参加 2008 年美国总统选举，2008 年 11 月 4 日当选为美国总统，2009 年 10 月 9 日获诺贝尔和平奖。2012 年击败美国共和党候选人威拉德·米特·罗姆尼（Willard Mitt Romney），成功连任美国总统，2017 年 1 月 20 日正式卸任美国总统。

24. 马修·鲍尔（Matthew Ball），风险投资基金 Epyllion Co. 的管理合伙人，是最早思考元宇宙商业变革的人之一。2020 年 1 月起，他就曾以元宇宙为主题发表过系列随笔文章，被中文译者编为《元宇宙·九章算术》。2021 年，在元宇宙风靡全球之际，他将对元宇宙的思考汇编成《元宇宙改变一切》一书。2022 年 7 月，《时代周刊》最新封面刊载了其专题文章《进入元宇宙：下一个数字时代将改变一切》（Into the Metaverse：The Next Digital Era Will Change Everything）。因此，马修·鲍尔也被视为元宇宙的商业先驱。

25. 卡洛塔·佩雷斯（Carlota Perez），委内瑞拉裔的英国经济理论学家，撰写的《技术革命与金融资本》一书特别重要的就是其出版时机。2002 年正值互联网泡沫寒冬最低点。佩雷斯特别指出，IT 革命和互联网没有死亡，而是正向黄金时代过渡中。

26. 乔治·吉尔德（George Gilder），1939 年—，美国经济学家、未来学家、"数字时代三大思想家"之一，美国科技与经济思想领袖，供应学派经济学的代表人物。吉尔德毕业于哈佛大学，师从美国前国务卿亨利·艾尔弗雷德·基辛格（Henry Alfred Kissinger），曾获白宫企业杰出奖，是美国总统里根最常引用的在世作者。吉尔德深刻而准确地把握新经济的走向，因此又被称为"高科技领域预言家之王""投资者的教主"。著有《财富与贫穷》《通信革命》《企业之魂》等代表作品。

27. 罗宾·蔡斯（Robin Chase），共享经济鼻祖、Zipcar创始人。2000年，她创立了Zipcar公司。

28. 罗伯特·默顿·索洛（Robert Merton Solow），1924年—，美国经济学家，1987年获得诺贝尔经济学奖，获得约翰·贝茨·克拉克奖。

29. 库尔特·勒温（Kurt Lewin），1890年9月9日—1947年2月12日，德裔美国心理学家，拓扑心理学的创始人，实验社会心理学的先驱，格式塔心理学的后期代表人，传播学的奠基人之一。他是现代社会心理学、组织心理学和应用心理学的创始人，常被称为"社会心理学之父"，最早研究群体动力学和组织发展。勒温对现代心理学，特别是社会心理学，在理论与实践上都有巨大的贡献。

30. 奥拉·林斯基（Orla Lynskey）。在2017年的一篇论文中，他建议用"守门人"来代替"平台力量"作为监管的主要对象，是最早引入"守门人"概念的。

31. 彼得·德鲁克（Peter F. Drucker），1909年11月19日—2005年11月11日，他被称为"现代管理学之父"，其著作影响了数代追求创新以及最佳管理实践的学者和企业家们，各类商业管理课程也都深受彼得·德鲁克思想的影响。其1979年所著的自传体小说《旁观者》对其成长历程做了详细而生动的描述。

32. 托马斯·罗伯特·马尔萨斯（Thomas Robert Malthus），1766—1834年，英国教士、人口学家、政治经济学家，以其人口理论闻名于世。其著作有《人口原理》《地租的性质和增长及其调节原则的研究》《政治经济学原理的实际应用》《价值尺度，说明和例证》《政治经济学定义》。马尔萨斯在《人口原理》（1798年）中指出：人口按几何级数增长而生活资源只能按算术级数增长，所以不可避免地要导致饥馑、战争和疾病；呼吁采取果断措施，遏制人口出生率。其理论对大卫·李嘉图（David Ricardo）产生过影响。

33. 大卫·李嘉图（David Ricardo），1772年4月9日—1823年9月11日，英国古典政治经济学的主要代表人物之一。其代表作有《政治经济学及赋税原理》。相关理论包括劳动价值论、级差地租学说、国际贸易的比较优势学说、对英国谷物法关于禁止外国谷物进口政策的讨论、对英国赋税种类的讨论、金银货币价值的讨论、金块主义者。

34. 威廉·杰克·鲍莫尔（William Jack Baumol），1922年2月26日—2017年5月5日，美国经济学家，普林斯顿大学经济学荣誉教授、退休高级研究员，纽约大学经济学教授。他的个人著作包括《微观经济学》《超公平主义》《企业家精神》《管理学》《支付结构》以及《资本主义的增长奇迹——自由市场创新机器》，他和别人合编的著作包括《好的资本主义，坏的资本主义》《生产力和美国的领先地位》。

35. 菲利普·阿吉翁（Philippe Aghion），法兰西学院院士、伦敦政治经济学院经济学教授、计量经济学会会士、美国艺术与科学学院院士，曾任哈佛大学经济学教授。"内生增长理论"的领军人物，"熊彼特增长范式"的创建者之一。他曾获得欧洲经济学会授予45岁以下欧洲优秀经济学家的Yrjö Jahnsson奖，代表作有《创造性破坏的力量》。

36. 达龙·阿西莫格鲁（Daron Acemoglu），麻省理工学院经济学教授，美国国家科学院院士，美国艺术与科学院院士，计量经济学会、欧洲经济学会和劳动经济学家学会会士。他于2005年获得被誉为经济学界"小诺贝尔奖"的约翰·贝茨·克拉克奖。他的研究范围包括政治经济学、经济发展和增长、人力资本理论、增长理论等。其著有《现代经济增长导论》《国家为什么会失败：权力、繁荣与贫困的来源》等作品。

37. 约翰·菲茨杰尔德·肯尼迪（John Fitzgerald Kennedy），1917年5月29日—1963年11月22日，爱尔兰裔美国政治家、军人，美国第35任总统。1940年，肯尼迪从哈佛大学毕业，加入美国陆军。1948年至1950年担任众议员。1957年获得普利策奖。1960年当选为美国第35任总统。

38. 中本聪（Satoshi Nakamoto），自称日裔美国人，日本媒体常译为中本哲史，比特币的开发者兼创始者，于2008年发表了一篇名为《比特币：一种点对点的电子现金系统》（*Bitcoin：A Peer-to-Peer Electronic Cash System*）的论文，描述了一种被他称为"比特币"的电子货币及其算法。2009年，他发布了首个比特币软件，并正式启动了比特币金融系统。

后 记

强国立新论，盛世开新篇。《数字资本论》是中国学者献给这个伟大时代和人类进步事业重要的科研成果。

作为第一部数字资本原创专著，我写本书旨在填补经济学领域的空白，丰富经济学理论宝库，为人类贡献智慧，为国家创造价值，为民族创造财富。

一部专著凝血汗，十年耕耘金石开。本书是作者长期坚持学习和不断探索的重要科研成果之一。时光回到1976年，正值青春岁月的我，怀着对祖国和人民的无限忠诚，对真理和知识的渴望，开始挑灯夜战，认真看书学习，弄懂马克思主义，寻找真理的光芒。

从阅读马克思的《资本论》和《共产党宣言》开始，我通读了《马克思恩格斯选集》、《列宁选集》和《毛泽东选集》等9部原著，写了6本读书笔记，第一次感知到马克思《资本论》的味道和伟人的智慧。从此，我走上了学术报国之路，用一支不息的笔，书写了人间正义和一个伟大民族的刚强。

秋宵月色胜春宵，万里霜天静寂寥。当2022年中秋的月光照进我的案头时，我的新作《数字资本论》正式脱稿。手捧飘着油墨芳香的书稿，望着窗外挂在天空的一轮明月，吾自曰：50年后重拾旧时光，归来依然是少年。

人民是数字资本的创造者，团队是理论创新的支撑者，我仅是数字资本论的拓荒牛。本书在创作、出版和推广中，幸蒙有关专家学者齐世泽、徐锭明、江必新、何山、宋承敏、耿建云、卓泽渊、刘剑文、陈瑜、侯建群、武延平、乔保平教授以及韩晓川、陈新洋、龚占峰、邵庆山、王润贵、蔡虹、杨易、张超、许洋、张亦驰等指导和支持。尤其是女儿李沙自始至终协助我十六易书稿，用稿纸36公斤，为本书克期完成做出了杰出贡献。在此，作者和读者铭感五中，莫可宣言，谨致谢忱。

然，本书系空白学科，工程浩大，任务繁重，短期成书，错误难免，疏舛之处，诚请各位专家、学者、读者惠告，以期再版时修正。

本书面世之际，爱乐简文为记。

李伟民

2023年2月1日于北京静心斋

李伟民教授手稿

李伟民教授著作墙

李伟民教授部分专著和辞书

李伟民教授部分专著及手稿